ECONOMICS
OF
CORROSION

腐蚀经济学

王　强

著

化学工业出版社

·北京·

内容简介

本书以腐蚀经济理论为主线,全面、系统地介绍了腐蚀经济学基础知识、腐蚀与腐蚀规律、腐蚀损失与GDP、腐蚀事故风险预测预防、腐蚀防护技术方案比选、腐蚀防护工程项目效益评估、腐蚀防护工程项目可行性分析和项目后评价以及腐蚀问题与可持续发展等内容。书后附有腐蚀防护与工程经济术语、复利系数表,为读者查询、计算提供了方便。

本书有较系统的理论性和可操作性,适合大专院校腐蚀工程类专业、材料学专业、经济管理专业师生学习参考,也可作为腐蚀科学与经济学研究者、政府经济管理部门及企业管理人员、工程技术人员和施工人员的参考书。

图书在版编目 (CIP) 数据

腐蚀经济学 / 王强著. -- 北京:化学工业出版社,2024.11. -- ISBN 978-7-122-45945-9

Ⅰ. F4

中国国家版本馆 CIP 数据核字第 202448C2H3 号

责任编辑:昝景岩 段志兵　　文字编辑:毕梅芳 段曰超
责任校对:赵懿桐　　装帧设计:张　辉

出版发行:化学工业出版社
　　　　　(北京市东城区青年湖南街13号　邮政编码100011)
印　　装:北京盛通数码印刷有限公司
710mm×1000mm　1/16　印张 52½　字数 840 千字
2025年1月北京第1版第1次印刷

购书咨询:010-64518888　　售后服务:010-64518899
网　　址:http://www.cip.com.cn

凡购买本书,如有缺损质量问题,本社销售中心负责调换。

定　价:268.00元　　　　版权所有　违者必究

前言

腐蚀危害堪称地球系统的"群灾之首"。腐蚀日益严重，腐蚀危害所造成的巨大社会经济损失，已成为制约社会经济发展的重要因素。因此，建立腐蚀经济学理论和方法体系，对保障国民经济健康、持续发展具有重要的现实意义。本书正是在这样一个大背景下创作的，试图以本人粗浅之见，为解决严重的腐蚀问题，贡献一份微薄之力。

目前，我国对腐蚀自然属性的研究非常重视，有好多科研成果处于世界领先地位，甚至在国际上填补了空白。但长期以来，人们对腐蚀的社会属性尚缺乏足够的认识，鲜有人对腐蚀的社会属性进行系统的研究。可以说，腐蚀经济问题的系统理论研究不仅是腐蚀学科的薄弱环节，也是经济学科的薄弱环节。将腐蚀问题纳入经济学科进行系统研究，在某种意义上，既丰富了腐蚀科学理论，又完善了经济学科体系，具有重大的理论价值和应用价值。

本书是拓荒之作，自感有独特之处：一是探索构建了腐蚀经济学学科体系，研讨了腐蚀经济学的学科特性，为腐蚀经济学的发展做了前瞻性的探索；二是从经济学角度出发，对腐蚀自然社会现象进行了深入分析，论证了腐蚀的实质即经济问题，解决腐蚀问题的基本手段是经济方法这一命题，从而充实了腐蚀经济学学科的基本理论；三是揭示了腐蚀与人类社会经济的对立统一关系，明确了腐蚀对社会经济的影响和人类经济活动对腐蚀发生具有交互影响的互馈关系，为社会经济可持续发展提供了理论依据；四是运用经济理论分析的方法，为读者提供了防腐工程项目的选择、比较、分析和评价等有关技术方法和理论，为实际操作提供了有力的工具和手段；五是对腐蚀防护效益的分析、评价给出了科学、合理的分析方法和计算指标，为准确评估腐蚀防护效益奠定了基础。可以说，本书既有理论分析依据，又有实际操作方法，构成了较为完整、系统的腐蚀经济学学科体系。

总之，由于目前腐蚀经济学的研究仍属于初创阶段，因而本书所涉及的论述无疑具有开拓性的特征，书中有许多观点与概念、理论与方法系笔者首次提出，不妥之处在所难免，希望读者批评指正。

本书写作过程中，参阅了大量的文献资料，引用了许多与腐蚀经济学相近学科的研究成果。在此，对各有关作者特别是于光远、杜一、郑功成、何爱平、罗云、刘伟、王丹等诸位教授、学者，在灾害经济学、安全经济学领域创造性工作所给予的启发，表示诚挚的感谢！

本书在筹划过程中，广泛听取了专家、学者的意见，胡士信、吴建华、常守文、李淑英、刘贵昌等给予了热情支持，在此对他们一并表示由衷的感谢！

本书能如期面世，得益于化学工业出版社的全力支持。

王　强
于北京

目 录

第一章 绪论 /1

第一节 概述 …………………………………………………………… 2
 一、腐蚀经济学的概念与分类 …………………………………… 2
 二、腐蚀经济学的产生与发展 …………………………………… 6
 三、建立腐蚀经济学的必要性与意义 …………………………… 11

第二节 腐蚀经济学的学科体系 ……………………………………… 15
 一、腐蚀经济学的研究对象与任务 ……………………………… 15
 二、腐蚀经济学的研究内容与方法 ……………………………… 19
 三、腐蚀经济学的研究目标与原理 ……………………………… 35

第三节 腐蚀经济学的学科特性 ……………………………………… 38
 一、腐蚀经济学的学科特点与作用 ……………………………… 38
 二、腐蚀经济学的学科性质与相关学科 ………………………… 43
 三、腐蚀经济学的学科地位与理论框架 ………………………… 46

参考文献 ………………………………………………………………… 51

第二章 腐蚀与腐蚀规律解析 /52

第一节 概述 …………………………………………………………… 53
 一、腐蚀的定义与分类 …………………………………………… 53
 二、腐蚀的危害与控制 …………………………………………… 55
 三、腐蚀的属性与特点 …………………………………………… 60

第二节 腐蚀 …………………………………………………………… 64

一、腐蚀的实质 …… 65
　　二、腐蚀的基本特征 …… 69
　　三、腐蚀的发展趋势 …… 76
第三节　腐蚀具有不可避免的规律 …… 79
　　一、腐蚀是不可避免的 …… 79
　　二、腐蚀是可以减轻的 …… 82
　　三、不可避免规律下的腐蚀经济 …… 84
第四节　腐蚀具有不断发展的规律 …… 86
　　一、腐蚀不断发展的影响因素 …… 86
　　二、腐蚀不断发展的表现形式 …… 91
　　三、腐蚀不断发展的致因 …… 94
第五节　腐蚀具有人-腐互制的规律 …… 101
　　一、人类对腐蚀的制约 …… 102
　　二、腐蚀对人类的制约 …… 105
　　三、人-腐相互制约 …… 109
参考文献 …… 112

第三章　腐蚀损失与GDP　/113

第一节　概述 …… 114
　　一、腐蚀损失的概念与构成 …… 114
　　二、腐蚀损失的特点与评估指标体系 …… 116
　　三、腐蚀损失调查评估的必要性与重要意义 …… 119
第二节　腐蚀经济损失调查评估 …… 121
　　一、腐蚀经济损失调查评估概述 …… 122
　　二、腐蚀直接经济损失调查评估 …… 127
　　三、腐蚀间接经济损失调查评估 …… 133
第三节　腐蚀非经济损失调查评估 …… 137
　　一、腐蚀非经济损失调查概述 …… 138
　　二、腐蚀直接非经济损失调查评估 …… 139
　　三、腐蚀间接非经济损失调查评估 …… 143

第四节　腐蚀损失对 GDP 增长影响分析 ……………………………… 145
　一、腐蚀损失与 GDP …………………………………………………… 146
　二、腐蚀损失与 GDP 增长的辩证关系 ………………………………… 149
　三、腐蚀损失对 GDP 增长影响分析 …………………………………… 152
参考文献 …………………………………………………………………… 161

第四章　腐蚀事故风险分析与损失测算　/ 163

第一节　概述 ……………………………………………………………… 164
　一、腐蚀事故术语与概念 ………………………………………………… 164
　二、腐蚀事故的特点与危害 ……………………………………………… 165
　三、腐蚀事故的类型与构成要素 ………………………………………… 168
第二节　腐蚀事故风险预测与预防 ……………………………………… 169
　一、腐蚀事故风险的基本概念 …………………………………………… 169
　二、腐蚀事故风险概率预测 ……………………………………………… 176
　三、腐蚀事故风险预防 …………………………………………………… 184
第三节　腐蚀事故损失理论分析与测算 ………………………………… 187
　一、腐蚀事故损失概述 …………………………………………………… 187
　二、腐蚀事故经济损失分析评估 ………………………………………… 188
　三、腐蚀事故非经济损失分析评估 ……………………………………… 197
　四、腐蚀事故损失评估研究的现状与存在的问题 ……………………… 205
第四节　典型腐蚀事故损失评估 ………………………………………… 207
　一、腐蚀破坏引发的火灾事故损失评估 ………………………………… 207
　二、腐蚀破坏引发的环境污染事故损失评估 …………………………… 217
　三、腐蚀破坏引发的爆炸事故损失评估 ………………………………… 219
　四、腐蚀破坏引发的水灾害事故损失评估 ……………………………… 221
参考文献 …………………………………………………………………… 224

第五章　腐蚀防护工程项目资金时间价值理论　/ 225

第一节　概述 ……………………………………………………………… 226
　一、资金时间价值理论的意义 …………………………………………… 226

二、资金时间价值产生的原因 …………………………………………… 227
　　三、资金时间价值在腐蚀防护工程项目投资决策中的运用 ………… 228
　第二节　腐蚀防护工程项目的现金流量 ………………………………………… 229
　　一、项目现金流量 ………………………………………………………… 229
　　二、项目现金流量图 ……………………………………………………… 233
　　三、项目现金流量表 ……………………………………………………… 235
　第三节　腐蚀防护工程项目资金的时间价值 …………………………………… 238
　　一、项目资金的时间价值 ………………………………………………… 239
　　二、项目资金时间价值的衡量 …………………………………………… 241
　　三、项目资金时间价值计算的应用 ……………………………………… 248
　第四节　腐蚀防护工程项目资金等值计算 ……………………………………… 254
　　一、项目资金的等值 ……………………………………………………… 254
　　二、项目资金等值计算公式 ……………………………………………… 255
　　三、项目资金等值计算的应用 …………………………………………… 269
参考文献 …………………………………………………………………………………… 273

第六章　腐蚀防护工程项目经济分析基本要素　/ 274

　第一节　概述 ………………………………………………………………………… 275
　　一、项目经济要素分析的含义与构成 …………………………………… 275
　　二、项目经济要素分析的方法与原则 …………………………………… 276
　　三、项目经济要素分析的作用与特点 …………………………………… 279
　第二节　腐蚀防护工程项目投资 ………………………………………………… 281
　　一、项目投资的概念 ……………………………………………………… 281
　　二、项目投资的分类 ……………………………………………………… 282
　　三、项目总投资的构成 …………………………………………………… 283
　　四、项目建设总投资的估算 ……………………………………………… 289
　第三节　腐蚀防护工程项目总成本费用 ………………………………………… 300
　　一、成本与费用的概念 …………………………………………………… 301
　　二、项目总成本费用的分类 ……………………………………………… 302
　　三、项目总成本费用的构成 ……………………………………………… 302

四、项目总成本费用的估算 ················· 306
第四节　腐蚀防护工程项目营业收入、利润与税金 ········ 312
　　一、项目营业收入 ····················· 313
　　二、项目利润 ······················· 314
　　三、项目税金 ······················· 317
参考文献 ··························· 327

第七章　腐蚀防护工程项目单方案的经济评价　/328

第一节　概述 ························ 328
　　一、单方案经济评价的概念与特点 ············· 329
　　二、单方案经济评价的作用与内容 ············· 329
　　三、单方案经济评价遵循的原则与效果评价指标体系 ····· 330
第二节　静态评价法 ····················· 332
　　一、尤利格法 ······················· 332
　　二、尤利格修正法 ···················· 334
　　三、投资收益率法 ···················· 335
　　四、借款偿还期法 ···················· 337
　　五、静态投资回收期法 ·················· 338
第三节　动态评价法 ····················· 340
　　一、净现值法 ······················· 340
　　二、净现值率法 ····················· 342
　　三、净年值法 ······················· 343
　　四、内部收益率法 ···················· 344
　　五、动态投资回收期法 ·················· 346
第四节　费效评价法 ····················· 348
　　一、公益性腐蚀防护工程项目经济评价概述 ········· 348
　　二、公益性腐蚀防护工程项目的费效分析 ·········· 350
　　三、公益性腐蚀防护工程项目的经济评价方法 ········ 353
参考文献 ··························· 363

第八章　腐蚀防护工程项目多方案的经济评价　/364

第一节　概述 …………………………………………………… 364
一、多方案之间的关系类型 …………………………………… 365
二、多方案的可比性 …………………………………………… 365
三、多方案选择的原则 ………………………………………… 367

第二节　独立型多方案的经济评价 …………………………… 369
一、独立型多方案概述 ………………………………………… 369
二、独立型多方案经济评价方法 ……………………………… 370

第三节　互斥型多方案的经济评价 …………………………… 378
一、互斥型多方案概述 ………………………………………… 378
二、互斥型多方案经济评价方法 ……………………………… 379

第四节　相关型多方案的经济评价 …………………………… 388
一、相关型多方案概述 ………………………………………… 388
二、相关型多方案经济评价方法 ……………………………… 389

参考文献 ………………………………………………………… 398

第九章　腐蚀防护工程项目可行性分析　/399

第一节　概述 …………………………………………………… 400
一、项目概述 …………………………………………………… 400
二、项目可行性分析的作用与意义 …………………………… 402
三、项目可行性分析的方法与内容 …………………………… 403

第二节　腐蚀防护工程项目市场可行性分析 ………………… 404
一、项目市场可行性分析概述 ………………………………… 405
二、项目市场可行性分析的方法和内容 ……………………… 407
三、项目市场调查与预测 ……………………………………… 408

第三节　腐蚀防护工程项目技术方案可行性分析 …………… 417
一、项目技术方案可行性分析概述 …………………………… 418
二、项目技术方案可行性分析 ………………………………… 422
三、项目设备方案可行性分析 ………………………………… 426
四、项目工程设计方案可行性分析 …………………………… 429

第四节 腐蚀防护工程项目经济可行性分析 …………………………………… 431
　一、项目经济可行性分析概述 …………………………………………… 432
　二、项目财务经济分析 …………………………………………………… 432
　三、项目国民经济分析 …………………………………………………… 440
第五节 腐蚀防护工程项目环境影响可行性分析 …………………………… 448
　一、项目环境影响可行性分析概述 ……………………………………… 448
　二、项目环境影响分析步骤和内容 ……………………………………… 450
　三、项目环境影响识别 …………………………………………………… 455
　四、项目环境影响评价指标与综合评价方法 …………………………… 459
第六节 腐蚀防护工程项目可持续性分析 …………………………………… 461
　一、项目可持续性分析概述 ……………………………………………… 461
　二、项目可持续性分析的必要性 ………………………………………… 463
　三、项目可持续性分析的内容 …………………………………………… 464
第七节 腐蚀防护工程项目目标设计可行性分析 …………………………… 467
　一、项目目标设计概述 …………………………………………………… 467
　二、项目目标设计步骤与遵循的原则 …………………………………… 468
　三、项目目标设计可行性分析 …………………………………………… 470
第八节 腐蚀防护工程项目可行性分析报告的编制 ………………………… 473
　一、项目可行性分析报告编制概述 ……………………………………… 474
　二、项目可行性分析报告编制的依据与要求 …………………………… 475
　三、项目可行性分析报告编制的内容与文本格式 ……………………… 477
　四、一般工业项目可行性研究报告编制大纲 …………………………… 479
参考文献 ………………………………………………………………………… 489

第十章　腐蚀防护工程项目费用收益分析与评价　/ 491

第一节 概述 …………………………………………………………………… 491
　一、腐蚀经济的意义日益重要 …………………………………………… 492
　二、腐蚀控制效果日益受人关注 ………………………………………… 493
　三、腐蚀防护经济功能日益凸显 ………………………………………… 495
第二节 腐蚀防护工程项目投入与产出理论分析 …………………………… 497

  一、项目投入理论分析 …… 497
  二、项目产出理论分析 …… 503
 第三节 腐蚀防护工程项目费用效益分析与评价 …… 507
  一、项目费用经济效益的分析与评价 …… 507
  二、项目费用非经济效益的分析与评价 …… 513
  三、项目费用效益分析应用举例 …… 515
 第四节 腐蚀防护工程项目费用效果分析与评价 …… 519
  一、项目费用效果分析的概念与方法 …… 519
  二、项目费用效果分析的基本程序与应用 …… 520
  三、项目费用效果分析应用举例 …… 521
 第五节 腐蚀防护工程项目成本效用分析与评价 …… 522
  一、项目成本效用分析的概念与方法 …… 523
  二、项目成本效用分析的基本程序与应用 …… 526
  三、项目成本效用分析应用举例 …… 527
参考文献 …… 532

第十一章 腐蚀防护工程项目后评价 / 533

 第一节 概述 …… 533
  一、项目后评价的概念与特点 …… 534
  二、项目后评价的目的和作用 …… 535
  三、项目后评价与前评价的区别及其程序 …… 537
 第二节 腐蚀防护工程项目后评价的内容 …… 541
  一、项目目标后评价的内容 …… 541
  二、项目过程后评价的内容 …… 543
  三、项目经济后评价的内容 …… 549
  四、项目技术后评价的内容 …… 556
  五、项目环境影响后评价的内容 …… 558
  六、项目可持续性后评价的内容 …… 561
 第三节 腐蚀防护工程项目后评价的指标 …… 562
  一、项目目标后评价的指标 …… 564
  二、项目过程后评价的指标 …… 565

三、项目经济后评价的指标 …………………………………………… 569
　　四、项目技术后评价的指标 …………………………………………… 575
　　五、项目环境影响后评价的指标 ……………………………………… 578
　　六、项目可持续性后评价的指标 ……………………………………… 584
第四节　腐蚀防护工程项目后综合评价的方法 …………………………… 585
　　一、有无对比评价法 …………………………………………………… 586
　　二、成功度评价法 ……………………………………………………… 589
　　三、逻辑框架评价法 …………………………………………………… 593
第五节　腐蚀防护工程项目后评价报告的编制 …………………………… 597
　　一、项目后评价报告编制的要求 ……………………………………… 597
　　二、项目后评价报告编制的内容 ……………………………………… 599
　　三、项目后评价报告编制的格式 ……………………………………… 600
参考文献 …………………………………………………………………………… 609

第十二章　腐蚀问题与可持续发展　/ 610

第一节　概述 ………………………………………………………………… 610
　　一、可持续发展的概念与内涵 ………………………………………… 611
　　二、可持续发展中的腐蚀问题 ………………………………………… 614
　　三、防腐减腐是可持续发展的基础 …………………………………… 628
第二节　日益严重的腐蚀问题，损害可持续发展 ………………………… 630
　　一、人口膨胀，强化了腐蚀问题，损害可持续发展 ………………… 630
　　二、腐蚀浪费资源，延伸了腐蚀问题，制约可持续发展 …………… 637
　　三、腐蚀污染环境，扩大了腐蚀问题，影响可持续发展 …………… 645
第三节　全面腐蚀控制，助力可持续发展 ………………………………… 653
　　一、钢结构物防腐设计 ………………………………………………… 653
　　二、钢结构物运行过程中的腐蚀控制 ………………………………… 664
　　三、钢结构物其他过程中的腐蚀控制 ………………………………… 668
　　四、钢结构物腐蚀的全面管理 ………………………………………… 672
第四节　调整经济与腐蚀之间的关系，推进可持续发展 ………………… 678
　　一、更新思想观念，调整人与腐蚀之间的关系 ……………………… 678
　　二、转变经济增长方式，调整增长与腐蚀之间的关系 ……………… 684

三、优化产业结构，调整产业与腐蚀之间的关系 ·········· 691
参考文献 ········· 697

附录1　金属腐蚀防护与工程经济术语　/ 698

参考文献 ········· 803

附录2　复利系数表　/ 805

后记　/ 823

第一章
绪 论

  腐蚀是由自然因素、人为因素或二者兼有给人类或人类社会造成损害的一种自然社会现象。腐蚀是全球性的重大而持久的现实问题，是目前世界上三大灾害（腐蚀、环境污染、地震）之一，是地球系统的"群灾之首"。它对社会经济发展和人类文明进步产生了巨大影响。

  腐蚀的发生具有普遍性。在时间上，腐蚀无时无刻不在发生。自人类诞生以来，腐蚀就是人类的大敌。随着人类社会的发展和人类文明的进步，人类对腐蚀控制的能力日益增强，同时，腐蚀对人类的反作用日益加剧，严重影响社会经济可持续发展，形成了腐蚀-经济、经济-腐蚀持久性的矛盾。在空间上，腐蚀分布虽然有地域差别，但它却存在于世界的每一个角落，可以说，无处不有，无处不在，凸显了腐蚀"公正性"的特征。

  腐蚀给人类社会造成的损失极为严重而巨大。据推算，2018年我国腐蚀损失高达3万亿元人民币，如果将全世界腐蚀损失加总，将是一个触目惊心的巨大数字，是各类天灾人祸损失总和的4～6倍。即便是严重的地震损失，也没有腐蚀严重。据统计，1990～2006年，全国地震直接经济损失为233.62亿元[1]，平均每年14.6亿元，而腐蚀的年损失则是几千亿元。因此，称腐蚀危害是"群灾之首"一点也不为过。

  如此严重的腐蚀问题，也是一个严重的经济问题，已不能再用传统的理论方法和视角去看待，而是应该站在一个新高度，采用新的理论与方法及视角来审视腐蚀问题,这就需要创建腐蚀经济学。

第一节 概 述

目前,我们正在创建一门新的学科——腐蚀经济学。它与近年来新建立的环境经济学、社会经济学、信息经济学、灾害经济学和安全经济学等学科一样,虽然人们对它还比较陌生,但其特定的产生背景和研究意义越来越显示出强大的生命力。作为腐蚀学与经济学的交叉学科,其价值无疑可以与其他边缘学科等量齐观。本节就腐蚀经济学的概念与分类、产生与形成、建立的必要性与意义作一探讨。

一、腐蚀经济学的概念与分类

关于腐蚀经济学的概念与分类,不同的研究者会从不同的角度提出各自的看法,目前还没有得到统一,是一个亟待探索的问题。我们根据腐蚀自身的特点及腐蚀与人类和人类社会的相互关系,提出腐蚀经济学的概念与分类,以期统一认识,并以此作为本章后续各节展开讨论的基础。

1. 腐蚀经济学的概念

建立和发展一门新兴的学科,首先需要研究其学科的概念问题。尽管腐蚀现象由来已久,但由于缺乏对腐蚀经济问题本身的研究,对于腐蚀经济学的定义一直处在混沌状态,没有明确的统一认识。

既然要将腐蚀经济问题作为一门学科来进行研究,就必须将其学科概念赋予明确的定义,进而划定所要研究的范围。为此,我们将腐蚀经济学作如下定义,以供商榷。

腐蚀经济学是一门探索腐蚀发生、发展与演变规律,揭示其自然社会属性,研究腐蚀与人类社会经济关系的新兴学科。它是在腐蚀学和经济学的交界地带孕育起来的一门边缘学科。腐蚀经济学的研究对象不是腐蚀本身及腐蚀影响因素等方面的问题,而是腐蚀发生过程中一系列的社会经济关系。即腐蚀经济学是专门研究腐蚀经济规律的,其腐蚀经济规律是指腐蚀与腐蚀危害的发生及其防护过程中在经济方面所表现出来的特殊规律性,腐蚀的经济危害规律、腐蚀防护经济投入与产出的规律、腐蚀善后处理经济规律及腐蚀在发生及防护过程中所体现的各种经济关系等。腐蚀与腐蚀危害的这些经济规律在现实经济生活中是客观存在的，需要从理论上加以研究探索，并给出有参考价值的指导意见和结论。因此，有必要建立腐蚀经济学，专门研究和探讨腐蚀与腐蚀危害的有关经济规律与经济问题。

从概念上来说，腐蚀经济学研究的是社会经济属性的学科，其经济属性集中体现在两方面：一是腐蚀产生的社会经济原因，各种自然腐蚀或人为腐蚀以及各种复合型腐蚀，追溯其产生根源，都直接或间接与人类生产方式、经济体制等社会经济因素密切相关，表现为腐蚀-经济、经济-腐蚀对立统一的互馈关系；二是腐蚀不但对人们的生产、生活、物质财产造成直接的负面影响，而且作为重要的社会经济现象，它在很大程度上影响甚至会改变特定的社会生产生活方式。然而，腐蚀经济学研究社会经济属性的同时，离不开以腐蚀自然属性分析研究为前提，自然属性虽然不受特定社会发展阶段、经济类型与社会生产关系的影响，但它是研究分析腐蚀经济关系的客观基础。

2. 腐蚀经济学的分类

有关腐蚀经济学分类的依据与方法尚未确定，由于侧重面不同，分类的目的不同，很难达成统一。最基本的划分方式是按照研究对象、研究范围和研究目的，将其分为微观腐蚀经济学与宏观腐蚀经济学、狭义腐蚀经济学与广义腐蚀经济学、实证腐蚀经济学与规范腐蚀经济学。

（1）按其研究对象划分　可分为微观腐蚀经济学与宏观腐蚀经济学。

① 微观腐蚀经济学。"微观"原意是"小"。微观腐蚀经济学是以单个经济单位（单个生产者、单个消费者、单项市场经济活动）为研究对象分析的一门学科，通过研究单个经济单位的腐蚀经济行为及其对相应的经济变量单项数值的影响，来说明腐蚀消费与腐蚀控制技术决策。

② 宏观腐蚀经济学。"宏观"原意是"大"。宏观腐蚀经济学以整个国民经济为研究对象（国家、地区、产业），研究腐蚀经济的影响和腐蚀控制的经济效果，为制定技术政策、技术路线、技术方针提供理论依据。

③ 微观腐蚀经济学与宏观腐蚀经济学的区别。二者之间的区别主要表现在：

a. 研究对象不同。微观腐蚀经济学的研究对象是单个经济单位发生的腐蚀经济问题；而宏观腐蚀经济学的研究对象则是大范围（通常是一个国家）的腐蚀经济问题。

b. 研究方法不同。微观腐蚀经济学的研究方法是个量分析；而宏观腐蚀经济学的研究方法则是总量分析。

c. 研究的主要目标不同。微观腐蚀经济学是研究个体单位利益最大化；而宏观腐蚀经济学则是社会福利最大化。

d. 研究的核心理论不同。微观腐蚀经济学的核心理论是投入/效益、效果、效用理论；而宏观腐蚀经济学则是国民经济协调发展和可持续发展理论。

微观腐蚀经济学与宏观腐蚀经济学虽有区别，但它们又是相互联系的有机整体。它们从不同的角度分析社会腐蚀经济问题，从这个意义上来说，微观腐蚀经济学与宏观腐蚀经济学不是相互排斥的，而是相互补充的。

微观腐蚀经济学与宏观腐蚀经济学都属于实证腐蚀经济学范畴。微观腐蚀经济学与宏观腐蚀经济学都把社会经济利效作为既定的，不分析社会经济制度变动对经济的影响。这种不涉及制度问题，只分析具体问题的方法就是实证分析。

(2) 按其研究范围划分　可分为狭义腐蚀经济学与广义腐蚀经济学。

① 狭义腐蚀经济学。"狭"的释义是"窄，不宽阔"。狭义腐蚀经济学是指专门研究腐蚀经济某一个方面或某几个方面的内容。目前我们所见到的腐蚀经济学应该属于狭义腐蚀经济学。它们研究的内容，主要是腐蚀防护方案的比选、评价与计算，尚未涉及更多其他方面。

② 广义腐蚀经济学。"广"的释义是"多，范围宽阔"，与"狭"相对。广义腐蚀经济学不仅包括腐蚀经济的具体计算方法，而且包括腐蚀经济理论，有着较为完整的学科体系。

③ 狭义腐蚀经济学与广义腐蚀经济学的区别。其主要区别在于：

a. 概念不同。狭义腐蚀经济学是传统概念，也是目前大多数学者使用的概念，只研究腐蚀经济中某些方面的问题；而广义腐蚀经济学是现代概念，其研究的内容与方法更宽广、更丰富、更系统，是本书采用的概念。

b. 作用不同。狭义腐蚀经济学侧重于实际技能的应用；而广义腐蚀经济学在强调应用技能的基础上，则更加注重于腐蚀经济理论的系统研究。

c. 方向不同。狭义腐蚀经济学比较侧重于即时、即地的腐蚀问题；而广义腐蚀经济学则比较侧重于宏观腐蚀经济发展及未来的影响作用。

(3) 按其研究目的划分　可分为实证腐蚀经济学与规范腐蚀经济学。

① 实证腐蚀经济学。实证腐蚀经济学试图摒弃一切价值判断，只研究腐

蚀经济现象各变量之间客观存在的相互联系和规律，分析预测各种腐蚀经济行为可能带来的各种后果，据此提出自己的政策建议，它主要回答"是什么的问题"。

实证腐蚀经济学的特点：一是以事实为依据，回避价值标准；二是只表述和分析现存的情况，研究经济本身的内在规律；三是所研究的内容具有客观性，结论是否正确可以通过经验事实来进行验证。

原则上说，实证腐蚀经济学是独立于任何特殊的伦理观念的，不涉及价值判断，旨在回答"是什么""能不能做到"之类的实证问题。它的任务是提供一种一般化的理论体系，用来对腐蚀经济对国民经济发展所产生的影响作出正确的预测。对这种理论的解释力，可以通过它所作出的预测与实际情况相对照的精确度、一致性等指标来加以考察。

② 规范腐蚀经济学。规范腐蚀经济学是以既定的价值判断为基础，提出某些分析处理腐蚀经济问题的标准，确立经济理论的前提作为判定腐蚀经济政策的依据，并研究如何才能符合这些标准。它要回答"应该是什么"的问题，简言之，也就是回答"应该怎样，不应该怎样"的问题。

规范腐蚀经济学的特点：一是它主要以既定的价值标准为判断依据，而不是以客观事实为依据；二是它侧重于逻辑推理，不关心经济体制实际如何运行，只关心应该如何运行；三是它所研究的内容不强调客观性，得出的结论也无法通过经验来检验。

例如，腐蚀防护问题，若用规范腐蚀经济学来分析，就是：首先确定一些理想的腐蚀控制参数作为标准，然后再看实际运行是不是符合这些标准，如果不符合，再考虑应该怎样进行调整，等等。

③ 实证腐蚀经济学与规范腐蚀经济学的区别。主要体现在以下三点：

a. 是否以一定的价值判断为依据。如果腐蚀经济理论不是建立在一定的价值判断的基础上，不涉及好坏，仅仅是就事论事，那么就是实证腐蚀经济学。"实证"就是实例证明。反之，则为规范腐蚀经济学。

b. 解决的问题不同。如果解决的是"是什么"的问题，则是实证腐蚀经济学；反之，如果解决的是"应该是什么"的问题，则为规范腐蚀经济学。

c. 是否具有客观性。实证腐蚀经济学是就事论事，所以分析结果是客观的。而规范腐蚀经济学对不同腐蚀行为的成本收益的价值进行分析、判断，往往带有较浓厚的主观成分。

实证腐蚀经济学和规范腐蚀经济学二者并不是绝对排斥的。一般来说，越是具体的问题，实证的成分越多；而越是高层次、带有决策性的问题，越具有规范性。所以，实证腐蚀经济学是规范腐蚀经济学的基础，规范腐蚀经济学又是实证腐蚀经济学的提升。在现实腐蚀经济分析中，两种方法是经常混合使用的。比如，全国腐蚀损失调查统计，通常是对一个个具体单位或行业的腐蚀损失进行抽查或普查，然后加总进行分析评价，并参照国际有关评价标准和方法得出结论性的意见。

二、腐蚀经济学的产生与发展

20世纪是人类科学技术发展和进步最为快速的百年[2]，同时，也是腐蚀科学技术发展和进步最为快速的百年。腐蚀经济学便是在这种大背景下产生的。显然，腐蚀经济学涉及的系统是一个庞大、复杂，以人、社会、环境、技术、经济等因素构成的大协调系统。只有人类科学技术和社会经济发展到一定程度，才能为腐蚀经济学的发展提供条件和基础。

人类社会的发展历程，是以材料为主要标志的，历史上，材料被视为人类社会进化的里程碑。对材料的认识和利用的能力，决定着社会的形态和人类社会的质量。历史学家也把材料及其器具作为划分时代的标志，如石器时代、青铜器时代、铁器时代、高分子材料时代。腐蚀的产生，与材料及其器具的产生、发展密切相关。可以说，没有材料的产生，也就没有腐蚀危害之说，也不会演变为腐蚀问题。

腐蚀自然现象的产生，可以追溯到46亿年前地球形成之时的陨石。铁陨石产生锈蚀的现象，虽然不是真正意义上的金属腐蚀，但它却是人类认识腐蚀现象的起源。在人类没有诞生之前，腐蚀只是一种纯粹的自然现象，并不存在什么危害。

腐蚀危害出现在物质世界，也出现在人类社会。腐蚀由自然现象逐步演进为自然社会现象，可追溯到260万年前，人类以石器为主要劳动工具的早期。自那时起，古猿人开始采用打制或磨制方法将捡来的未燃尽的石质、铁质或是石铁混合的陨石制作成简单的狩猎和采集工具。那时腐蚀开始进入人类社会，扮演着破坏的角色。

腐蚀的产生与步入人类社会的历史漫长而悠久，但腐蚀经济学的产生与形成，却是近三四十年的事。或许是腐蚀的复杂性决定了腐蚀经济学的难产；

也许是腐蚀历史的悠久性，使人们习以为常，并没有拿它当回事，影响了腐蚀经济学的研究。

1. 腐蚀经济学的产生

腐蚀经济学同大多数经济学分支一样，它不是一门先验的科学，而是因为问题而诞生的科学。腐蚀经济学的产生不是偶然的，而是有其一定的历史和科学发展的背景，是在这种大环境下产生的一门新兴学科。

（1）**历史背景** 从历史背景来看，自第二次世界大战结束以来，随着西方资本主义经济的复兴，工业和基础设施建设急剧增加，各种金属资源消耗逐渐引起世界上工业先进国家对腐蚀与腐蚀损失的关注。20世纪70年代前后，许多工业发达国家相继进行过较为系统的腐蚀损失调查，如美国、英国、日本、苏联、联邦德国、波兰、瑞典、澳大利亚等。其结果是，腐蚀损失相当惊人。虽然各国的腐蚀损失额有大有小，但其占各国的国民生产总值（GNP）❶的比例，一般在1%～5%。

我国自1980年开始，首先进行了两次小规模的腐蚀损失调查。自1999年开始，又进行了两次全国性的腐蚀损失调查。一次是1999年开始，根据柯伟和曹楚南两位院士的提议进行的。其结果是，2000年我国的腐蚀损失为5000亿元人民币，占当年GNP的5%。另一次是2014年由侯保荣院士牵头组织的全国腐蚀损失调查。其结果是，2014年我国的腐蚀损失为2.1万亿元人民币，占当年国内生产总值（GDP）的3.34%。

随着腐蚀损失调查的进行，相继发表了一批腐蚀经济及自然学科的研究成果。这些实证性工作，无疑引起各国政府、腐蚀科学工作者和民众对腐蚀问题严重性的深刻认识。同时，也催生了腐蚀经济学。人们将站在一个新的高度重新审视日益严重的腐蚀问题。由此可见，腐蚀损失调查评估阶段，即腐蚀经济学产生的萌芽时期。

（2）**科学发展背景** 现代科学发展有着两个明显的趋向：一是专业化，分工越来越细；二是综合化，多学科相互交叉融为边缘科学。两方面相辅相成，共同促进。腐蚀经济学是腐蚀科学发展延伸的产物，也是腐蚀科学发展综合化的产物。随着科学发展的专业化，产生了许多经济学的分支学科，如

---

❶ 国民生产总值（GNP）等于国内生产总值（GDP）加上来自国外的净要素收入，现已用国民总收入（GNI）代替。本书部分内容保留了这一名称。

灾害经济学、安全经济学、地质灾害经济学、水利经济学、环境经济学、生态经济学、资源经济学、国土经济学和发展经济学等等。腐蚀经济学就是经济学的一个分支，同上述专业经济学等量齐观。腐蚀经济学不单纯是从经济学科中产生出来的，而是腐蚀学科与经济学科互相交叉而形成的，是科学发展综合化的结果。这就是腐蚀经济学产生的科学发展背景。

2. 腐蚀经济学的发展

（1）开创时期　人们对腐蚀经济问题的认识由来已久，但成为一门独立的学科，却始于20世纪80年代初[3]。我们最早见到"腐蚀经济学"一词，是美国《材料性能》杂志1981年第9期发表的M. Wainwright撰写的《腐蚀经济学》（Corrosion Economics）一文，也许自那时起，即宣示了"腐蚀经济学"的诞生。随后的几年，关于腐蚀经济的学术论文、研讨会、期刊、教科书等快速增加。其中，代表性的文献资料有：E. D. Verink. Corrosion Economic Calculations，in Metals Handbook：Corrosion，Metals Park，Ohio，ASM International，1987：369-374；C. Cabrillac，J. S. L. Leach，P. Marcus，et al. The Cost of Corrosion in the EEC，Metals and Materials，3，1987：533-536；等等。

自那时起，"腐蚀经济学"一词偶尔散见于著作和文献之中。但其内容大都集中在关于腐蚀经济的计算与说明，尚未形成系统的理论，因此，严格地说，不完全是真正科学意义上的腐蚀经济学，尚属狭义腐蚀经济学。

（2）发展时期　20世纪90年代以后，腐蚀经济逐渐成为世人关注的焦点。由于经济的快速发展和人们生活水平的普遍提高，腐蚀问题日益严重。在这样的社会背景下，从经济学角度思考腐蚀问题的科学工作者们显然会得到十分重要的启示，发现需要深入研究的领域和问题。这个时期，各国政府开始把腐蚀问题与经济发展关联起来思考，腐蚀工作者开始进行这方面的深入研究。这时对于腐蚀问题的研究，不再仅仅停留在直接经济损失评估，而是涉及腐蚀损失对区域经济产生的影响分析。腐蚀经济研究方法，也有前所未有的创新，许多学者开始运用计量经济学分析方法分析腐蚀经济的影响。这方面的研究，最早是引起了美国腐蚀工程师协会（NACE）的关注，并以协会的名义发表了腐蚀经济学的论述（Economics of Corrosion，NACE3C194，1994，Houston，Tex.，NACE International）。由于NACE在国际社会上具有很大的影响力和权威性，它所提出的问题，一般会得到世界各国的积极响应。自此

"腐蚀经济学"一词才较多见于有关文献。

我国对腐蚀经济学的研究，起步于20世纪80年代末90年代初，自那时起才出现以"腐蚀经济"为课题的研究成果。从掌握的资料来看，何北超先生是我国研究腐蚀经济问题较早的学者之一。他在1989年发表了关于"腐蚀工程经济"的文章，1995年发表了"腐蚀经济分析"研究成果，1996～1997年开展了"腐蚀经济学"讲座，为我国开展腐蚀经济学研究开辟了先河。

21世纪以来，腐蚀经济学理论研究成果开始增多，在一些领域已取得了应用成果。主要标志为：一是发表了一些腐蚀经济学方面的研究文章，对腐蚀经济问题进行探讨。如胡士信等主编的《管道防腐层设计手册》（化学工业出版社，2007）、李金桂著的《腐蚀控制系统工程学概论》（化学工业出版社，2009）等著作中，都有一章专门介绍"腐蚀经济学"方面的内容。二是在个别领域已经取得较为出色的应用成果。如防腐工程经济计算方法标准、腐蚀经济分析软件开发等。三是社会对腐蚀问题有了新的认识，腐蚀防护技术日益得到广泛应用。2014年的腐蚀调查结果与2000年相比，占GDP的比重明显降低，说明社会对腐蚀经济问题开始重视。

当前，在新的世纪里，信息经济对未来社会的发展将产生更加深远的影响。在这样一个越来越经济化的社会里，腐蚀与经济之间的关系比人类历史上任何一个阶段都更为紧密。腐蚀经济学作为最能适应这样一个新的社会形态的学科，其理论和方法在各行各业都将得到广泛的应用。但在世界范围内，腐蚀经济学研究仍处在初创阶段，尚未形成比较完整、系统的腐蚀经济学理论体系，更没有形成完备的腐蚀经济学。这样庞大而复杂的社会经济问题，绝不是一个或几个人、一本著作或几本著作所能解决的，而是需要一大批腐蚀工作者、经济研究学者共同参与才能逐步建立起这门学科。

3. 腐蚀经济学研究中存在的问题与建议

（1）存在的问题　经过几十年的研究探索，腐蚀经济学虽然有了长足的发展，但总体而言，发展是非常缓慢的，至今世界范围内也没有一本系统完整的腐蚀经济学著作用于研究腐蚀经济问题。目前存在的问题，主要表现在：

① 重视了腐蚀自然属性的研究，而忽视了腐蚀社会属性的研究。在近一个世纪的研究中，腐蚀与腐蚀防护学科基本形成了完整、系统的理论体系，从材料的研发、材料的腐蚀性能评价、材料的选择与设计、腐蚀控制应用技术以及腐蚀的理论体系等方面开展了大量的研究工作，积累了丰富的经验。

目前，腐蚀科学与技术研究开发的新前沿扩展到从纳米技术到宏观材料的腐蚀科学与工程。大气腐蚀、石油天然气化工腐蚀、有色金属与合金腐蚀、涂层和表面修饰、不锈钢的腐蚀与金属钝化、阴极保护等腐蚀问题继续受到关注和重视。同国际上相比，我国在这些方面的研究并不逊色于发达国家。而对于腐蚀的社会属性（通常为经济属性）的研究并不深入。这不仅仅是国内的短板，也是国际上的短板。产生这种现象的原因主要有两个方面：一是从社会经济方面来看，人们仍受"上无法则"不可抗拒的观念影响，认为腐蚀是客观存在的，腐蚀损失不可避免，投入是无效益的浪费；学术界面对腐蚀经济难题，因缺乏资金支持，也难有作为。二是从研究本身来看，进展缓慢的原因，则是没有把腐蚀经济学作为综合性边缘学科进行研究，迄今仍按老学科的传统，分门别类孤立地进行单科性、单因子的研究，没有跟上当今科学技术交叉、渗透、综合、系统研究的趋势，因此难有重大突破。

腐蚀社会属性的研究并不深入，是当代经济学研究的重大缺陷，也是腐蚀经济研究中的薄弱环节。要加快推动腐蚀经济学融合发展，构建腐蚀经济新格局，不仅要加大科研力度，而且还要运用政治、法律、行政和经济手段，调动多方面的积极性，才能收到良好的效果。

② 腐蚀经济学的研究仍有较大的局限性。确切地说，目前所见到的腐蚀经济学资料，基本上还是概念性的，尚缺乏完整系统的理论，表现出如下一些特征：

a. 腐蚀经济学研究中，系统的腐蚀经济学基础理论研究比较缺乏。如腐蚀经济学的研究对象、研究内容、研究方法等，都是尚未确定的问题。作为一门新学科，这些基本内容不明确，如何开展研究就成为"空中结楼殿，意表出云霞"。

b. 腐蚀经济学研究中，较多学者注意了腐蚀对经济的破坏作用，而忽视了经济发展对腐蚀的产生、发展带来的影响。对经济发展带来的腐蚀影响研究极少，从而表现出腐蚀经济问题研究的单向性。

c. 腐蚀经济学研究中，注重了腐蚀对即期经济发展的影响，忽视了对经济可持续发展的影响。腐蚀严重冲击着即期经济的同时，又严重冲击着未来经济的发展，随着社会经济的发展，这种冲击力不会减弱，将会给未来经济发展埋下隐患，但我们对这方面的研究还很薄弱。

d. 腐蚀经济学研究中，目前只限于腐蚀防护工作者的参与，而主流经济界尚未有人参与，这便增加了腐蚀经济学研究的局限性。

（2）建议 目前腐蚀经济学尚处于创建阶段，研究机构的设置、管理体制的运行、研究成果的转化等问题亟待解决。

① 研究机构的设置。腐蚀经济研究是一项综合性的多部门、多层次系统工程，需要把分散的研究模式转变为系统的全面的研究，设立专门的腐蚀经济研究机构，集中人力、物力、财力，解决一些当务之急。根据目前腐蚀研究人员分布相对集中的特点和我国现行的科研体制，腐蚀经济研究机构设立于高校较为适宜。当然，也可以从现有的科研院所分离出一部分人员专门从事腐蚀经济的研究。

② 管理体制的运行。开展腐蚀经济研究需要有一套行之有效的管理体制。应该做到上面有主管部门，下面有具体研究单位，主管部门下达科研课题，拨发科研经费，组织科研攻关，地方政府和企业给予有偿支持。

③ 论著刊行。论著刊行是腐蚀经济研究成果表达的一种方式。科学要体制化，研究成果要交流，论著刊行系统是必不可少的。目前，我国尚缺这方面的交流阵地，需创建或开辟。学术著作的印行可以通过不同的渠道给予支持。

④ 成果鉴定。成果鉴定是科学评议系统的基本职能之一。腐蚀经济学是正在创建的一门学科，无论是基础理论方面，还是应用理论与技术方法方面，都需要加大研究力度，每年组织有关专家、学者对国民经济建设中的腐蚀问题做出总结评估，对申报成果者全面考评，注重成果的转化效能。建立奖励制度，以鼓励科研工作者的积极性，推动腐蚀经济发展。

三、建立腐蚀经济学的必要性与意义

腐蚀与人口、资源和环境密切相关，而这三大问题又是世界普遍关注的问题，也是各国政府均需考虑的基本问题。腐蚀冲击着社会经济，带来了严重的破坏和损失。20世纪发生的腐蚀与腐蚀事故表明，发生的频率和破坏的严重性，比以往任何时候都有大幅度增加，随着社会经济发展，这种增加的趋势必将持续下去。其根据是：人口密集，大中型城市不断膨胀，资产和财富密度逐步增加，腐蚀对象高价值设施增多，人财物技术的易损性很大，社会经济受到冲击的可能性很高。面对腐蚀的威胁，政府不得不对腐蚀经济问题进行反思，并把它与经济发展关联起来思考。这既是发展完善经济学的需

要，也是国民经济发展中不可忽视的问题。政治经济学家指出，所有的腐蚀，包括自然腐蚀、人为腐蚀，都反映了人类社会的损失；腐蚀的结果说明，自然和社会的基本结构未能保护人们避开那些威胁其生命财产和社会资产的因素，有时会给正常经济发展带来严重的影响，要预防和减轻腐蚀与腐蚀事故造成的生命健康和财产损失，社会系统和科技系统就需寻求保护现有财富和既得利益不受损失或少受损失的措施，从而实现腐蚀损失最小化的目标。

腐蚀经济学是研究腐蚀经济问题的一门新兴学科，专门揭示与腐蚀经济相关联的各种因素，并确定各种因素与腐蚀经济发展的数量关系，为科学预测和决策经济的可持续发展提供最佳模式和最有效途径。具体而言，其必要性和重要意义有如下几个方面。

1. 建立腐蚀经济学的必要性

腐蚀问题是全球性问题，也是各国经济发展过程中令人头痛的现实问题，无论是发达国家，还是发展中国家，都要为金属材料（实际上也包括非金属材料）腐蚀付出沉重的代价，而且随着经济的发展，这种代价日趋沉重。这些客观现象无疑地应当引起腐蚀学者与经济专家们的高度重视，建立腐蚀经济学应成为腐蚀经济学界的一项重要而紧迫的任务。

腐蚀问题的严重性、普遍性和特殊性，不仅决定了需要从经济学的角度来对各种腐蚀危害进行研究，而且需要建立一门独立的经济学科，才能承担起这一任务。

从目前腐蚀损失调查的情况来看，腐蚀在国民经济建设的过程中，发生了两个严重趋向。一是经济发展使腐蚀问题进一步严重化；二是经济增长将日益受到腐蚀问题的严重制约。腐蚀对国民财富造成如此巨大的损失，对经济增长产生如此巨大的制约作用，表明了从腐蚀经济学角度研究腐蚀问题具有必要性。

（1）日益严重的腐蚀问题，需要建立腐蚀经济学　著名的腐蚀学家 E. D. Verink 教授指出："腐蚀实质上是一个经济问题。"[4] 其理解是：第一，腐蚀损失的主要特征是经济损失；第二，腐蚀控制手段主要是经济投入；第三，腐蚀的消极作用，主要表现为对经济发展的影响。这些内容的研究，是一般经济学所不包容的，只有腐蚀经济学才能担当起这一特殊的职责。这是建立腐蚀经济学必要性的首要论据。

（2）科学评价腐蚀损失与腐蚀防护效益，需要建立腐蚀经济学　腐蚀造成的损失是多方面的，减轻腐蚀损失的措施也是多种多样的，而准确地计量腐蚀损失则是认识腐蚀问题的关键，这是一般经济统计学所不能担当的任务；合理、科学地进行腐蚀防护投资决策源于腐蚀防护效果的评价，这与一般经济效果评价也是不相同的，这一独特的、不可替代的使命与职责，决定了腐蚀经济学建立的必要性。这是第二个论据。

（3）科学分析腐蚀与经济表现出持久的、相互制约的关系，需要建立腐蚀经济学　经济越发展，人们控制腐蚀的能力越强，腐蚀损失比例相对会越小；但经济的发展又通常以对现有资源的消耗和对自然环境不同程度的破坏为基础，以物质财富的高速积累和新的腐蚀风险的高速形成为特征，它会使人为-自然腐蚀和各种人为腐蚀事故剧增。研究经济发展与腐蚀问题之间的内在联系，需要建立腐蚀经济学。这是第三个论据。

（4）完善经济科学的理论体系，需要建立腐蚀经济学　我们知道，经济学仍然只被认为是探求经济增长与发展的学科，经济学研究仍然未能对类似于腐蚀问题造成经济负增长或负发展的现象进行系统研究。而腐蚀经济学则不同，它不研究价值形成和价值增值，而是研究已创价值的保护，专门研究"负增长"问题，从而弥补了当代经济学的缺陷。这种弥补作用亦为建立腐蚀经济学提供了第四个论据。

可以肯定，腐蚀经济学的建立与发展，将不仅能够科学地从经济学的角度总结出各类腐蚀问题的发生与发展规律，阐明腐蚀问题与经济发展关系的基本理论，同时还可以提供控制腐蚀问题的各种经济方法与手段，为社会经济持续、稳定发展提供理论上的依据，并必定会丰富当代经济学的内容。因此，研究腐蚀经济问题，建立腐蚀经济学，既是当代腐蚀问题严重化所决定的，也是对当代经济学理论的完善与发展的需要。

2. 建立腐蚀经济学的意义

建立腐蚀经济学学科体系，既有重大的理论意义，又有很强的实践意义。

（1）理论意义　从理论上讲，腐蚀经济学最大的贡献在于建立了一门新的理论学科，弥补了常规经济学研究的空缺，完善了理论经济学的体系，并且为应用经济学和管理学提供了新的重要的理论基础，有利于建立与完善现代经济学的学科体系。具体说，其理论意义在于：

① 腐蚀经济学修正了经济学的经济增长与经济发展观。长期以来，经济学界的理论都是从财富创造与积累增值的角度来研究经济增长和经济发展的，

而忽视了在经济要素与社会财富密集程度不断提高和腐蚀危害日益剧烈的双重背景下，减轻腐蚀损失就是增产增值，就是促进经济发展的积极而有效的基本措施。腐蚀经济学从已有资源及其创造价值的经济角度研究经济增长，其经济效益体现在避免、减少可能已有物质资源、人力资源和物化劳动的损失上，融合于国民经济总体效益中。由此可见，腐蚀经济学克服了传统经济增长理论的狭隘性和不足之处。

② 腐蚀经济学完善了经济学的研究目标，为绿色发展理论提供了佐证。传统经济模式忽视了如何减轻类似于腐蚀危害损失，以保证人们现有的生活水平和生活质量不被损害的问题，更忽视了一味追求生活水平和生活质量的提高而引发的环境与腐蚀问题，这显然不符合绿色发展所追求的目标。腐蚀经济学的主要研究目标是寻求经济损失最小化，因此它既关注如何保证人们现有生活水平和生活质量不被损害的问题，也更重视如何尽可能降低人类经济活动对环境资源的负面效应，而维持经济-生态-减损的协调发展，即绿色发展问题。

③ 腐蚀经济学丰富了经济学科体系。作为一门交叉的、边缘的新兴经济学科，腐蚀经济学是将经济学与腐蚀学相融合的产物，并逐步形成了相对独立的学科体系，从而丰富了当代经济学的学科体系。

(2) 实践意义　其突出的实践意义表现在：

① 有利于政府制定科学的经济发展决策。政府制定决策必须要有相应的理论支持。而腐蚀经济学揭示了腐蚀与经济增长和经济增长与腐蚀之间的内在关系和运行规律，指导人们选择合理的、科学的腐蚀防护措施和经济增长、发展模式，有助于国民经济协调健康发展。

② 有利于促进产业组织、产业结构和产业布局的合理化。产业组织是否合理，决定着资源在产业内部企业之间配置是否合理，关系到企业的效益能否提高、产业能否顺利发展；产业结构是否优化，决定着资源在产业之间的配置是否合理，关系到国民经济能否高度协调发展；产业布局是否合理，决定着资源在行业之间的配置是否合理，关系到行业经济能否协调健康发展。腐蚀经济学全面系统地研究了产业组织、结构、布局等方面的状况和变化规律对腐蚀经济的影响及变化规律，提出了各种合理化建议、方法和手段。人们掌握了腐蚀经济学的理论，才能自觉有效地推进产业组织、结构和布局的合理化。

③ 有利于提高社会资源利用效率。任何资源都是有限的，腐蚀工程师所肩负的一项重大社会和经济责任就是合理分配和有效利用现有的资源，包括资金、劳动力、原材料、能源等，以满足人类的需要，所以，如何使产品以最低的成本可靠地实现产品的必要功能，是腐蚀工程师必须考虑和解决的问题。而要作出合理分配和有效利用资源的决策，则必须同时考虑腐蚀经济方面的因素，进行腐蚀经济分析。腐蚀经济分析，可为合理利用资金、劳动力、原材料、能源等提供解决问题的路径。

④ 有利于降低防腐工程项目投资风险，提高投资效率。决策科学化是腐蚀经济分析方法的重要体现。在防腐工程项目投资前期进行各种技术方案的论证评价，一方面可以在投资前发现问题，并及时采取措施；另一方面，对于技术经济论证不可行的方案，及时否定，从而避免不必要的损失，使投资风险最小化。如果盲目从事或凭主观意识发号施令，到头来只会造成人力、物力和财力的浪费。只有加强腐蚀经济分析工作，才能降低防腐工程项目投资风险，从而使投资获得预期收益。

总之，研究腐蚀经济学，能够有效地保护已有的劳动成果和自然资源免遭（或减少）损害，从而增强经济发展的后劲，增加人民群众物质收入的同时，又增加了社会福利指数，为社会经济提供高质量的生存与发展环境。从这个意义上讲，研究腐蚀经济学，是建设社会主义物质文明和精神文明所不可缺少的内容。

第二节　腐蚀经济学的学科体系

作为一门独立的学科，必须有自己特有的研究对象、任务、内容，以及独立于其他学科的方法、目标和原理体系；然而，对于正在创建的腐蚀经济学学科来说，其学科体系至今尚未建立健全，许多问题有待于我们去研究和探讨，下面所述只是探索性的，供商榷。

一、腐蚀经济学的研究对象与任务

任何一门科学在客观上都有其自身的研究对象和特定的研究任务，正确认识这点，是建立这门科学的首要前提[5]。如果不明确该学科的研究对象是什么,即不明确这门科学解决的问题,从而就不明确其研究任务,更谈不上建立一门新兴的科学了。

1. 腐蚀经济学的研究对象

科学是人类对现实世界认识成果的系统总结,任何科学都有自己的特定研究对象,都是研究某种特殊运动形式或特殊矛盾的。正是有其研究对象的特殊性,才把不同的科学区分开来[6,7]。因此,腐蚀经济学也有其自身的研究对象和自己的特殊矛盾运动形式。

腐蚀经济学的研究对象,概括地说,就是根据腐蚀-经济对立统一的互馈关系,从理论与方法上研究如何将腐蚀对经济的影响降低到最低限度,以及降低经济发展对腐蚀发生发展的影响,以最佳的方式协调人类社会与腐蚀之间的关系,从而使人类社会取得较好的综合效益。具体说来,腐蚀经济学就是研究腐蚀-经济关系的科学,所谓腐蚀-经济关系,包含以下含义。

(1) 腐蚀经济利益关系 腐蚀经济学研究的不是腐蚀的自然属性,而是腐蚀发生过程中的一系列社会经济关系,或简称为腐蚀经济关系。腐蚀经济利益关系是腐蚀经济关系中的一项重要内容,也可以说是核心内容和本质。它是指腐蚀发生、发展及其善后过程中所发生的微观和宏观经济利益关系,即包括利益分享关系、分担关系、投资与收益关系、受益与受损关系。

从微观的角度来说,腐蚀经济利益关系既影响以企业与个人为代表的个体利益,直接影响企业内部利益分配等关系,又影响个人生命、健康、智力与心理、家庭幸福及收入的得失。

从宏观的角度来说,一是腐蚀在国民经济发展过程中造成了巨大的经济损失,损害了国民经济健康、有序地发展,是一种损益因素;二是腐蚀造成资源和能源的大量浪费,既损害了当代人的利益,又威胁到后代人的利益;三是腐蚀阻碍新技术的发展,影响生产力,阻碍先进技术的推广应用;四是腐蚀造成环境污染,既消耗已创造的财富,又影响人类既得利益和未来利益。

由上可见,无论是从微观的角度,还是从宏观的角度,腐蚀经济利益关系既影响企业、个体经济的发展,又阻碍国民经济的可持续发展。

腐蚀经济利益关系的重要内容是腐蚀防护、腐蚀善后处理过程中投资者、受益者或受害者之间的经济利益关系。这些都是在人们与腐蚀进行斗争的过程中所发生的经济利益关系,正确处理这类经济利益关系,便成为腐蚀经济学研究的重要内容。

(2) **腐蚀经济效益关系** 腐蚀控制作为一种经济活动，就要讲求经济效益，做到以尽可能少的防腐投入获得尽可能多的防腐效果，即腐蚀损失的减少。因而，就产生了投入/产出关系。

① 就微观而言，腐蚀经济效益关系就是企业自身的腐蚀防护投入与产出的关系，即企业投入腐蚀控制活动的人、财、物的总和，腐蚀控制活动所挽回的损失，这种挽回为企业带来的经济效益的增加量的总和三者之间量的比较关系。

② 就宏观而言，腐蚀经济效益关系是指整个社会在腐蚀控制上投入的人、财、物的总和，腐蚀控制活动为社会所挽救的损失，这种挽救为社会带来的经济效益的增加量的总和三者之间量的比较关系。如减少的经济损失，环境污染损失，腐蚀事故安全损失，资源、能源浪费损失，等等。

研究腐蚀经济效益关系，从微观的角度来说，有助于个体经济单位确定腐蚀防护投入的范围、数量，明确腐蚀控制效益的措施与方法；从宏观的角度来说，有助于认清腐蚀危害作用的程度、分布和结构，合理确定腐蚀控制投入总额在国民经济中应占的比重。

(3) **腐蚀经济数量关系** 数量关系的原意是指几个量之间的大小关系，主要包括相等、和差、倍数等关系。腐蚀经济数量关系是指与腐蚀有关的各种经济要素之间的数量依存关系。即指当一种与腐蚀有关的经济要素发生变化时，该变量对腐蚀经济数量变化所产生的影响。这种影响既有正效应，也有负效应。例如，腐蚀防护投入"负负得正"原理就具有这种数量关系。

研究腐蚀经济数量关系，对于科学地掌握腐蚀、控制腐蚀和管理腐蚀等，具有重要的现实意义。

(4) **腐蚀经济协调关系** 总体来说，腐蚀是不可避免的，但腐蚀是可以减轻的。从微观的角度来讲，企业内部腐蚀防护投入、腐蚀管理等，都有利于协调腐蚀经济关系，进而提高企业效益，促进生产力的可持续发展。从宏观的角度来讲，通过调整相关经济政策，改变粗放型的生产方式和盲目追求经济增长模式，把腐蚀对经济的影响和经济对腐蚀的影响降低到最低限度，有利于协调经济发展与腐蚀之间的关系。

总之，腐蚀经济协调关系是腐蚀经济关系存在的前提，它直接与社会生产关系相联系，并直接受生产力发展水平的影响。生产力发展水平越高，科学技术发展水平越高，腐蚀与国民经济的协调关系就越紧密，企业内部的腐蚀管理就越到位。

综上所述，可以认为：腐蚀经济学的研究对象是腐蚀经济系统中的腐蚀经济矛盾运行规律，研究对象的中心内容是人与腐蚀斗争过程中所发生的经济关系，即经济利益关系、经济效益关系、经济数量关系和经济协调关系；而不是研究直接生产中的经济关系，也不是研究交换、分配和消费关系，是有悖常规的、不确定的腐蚀经济关系。由此可见，腐蚀经济学的研究对象有着自己十分鲜明的个性，这种个性特色使腐蚀经济学肩负着重要而独特的使命，并在经济科学中具有无可代替的独特地位。

2. 腐蚀经济学的研究任务

一般认为，腐蚀经济学的研究任务是揭示腐蚀发生、发展及运动的客观规律性，探讨控制腐蚀损失最小化的方法、措施及腐蚀善后的经济问题；同时，也为政府部门科学制定腐蚀防护方针、政策、法规和法律提供理论依据和智力支持，并为企业等组织进行腐蚀安全、防护投入、资源优化配置等提供技术支持和理论指导。

具体而言，腐蚀经济学的研究任务，主要有如下几点。

（1）揭示腐蚀经济问题的基本规律　这是认识腐蚀经济和妥善处理腐蚀经济问题的基础，是腐蚀经济学研究的首要任务。其中包括腐蚀不可避免和相对可以减轻的规律，腐蚀与经济发展对立统一的原理，腐蚀与经济协同发展的规律，等等。

（2）揭示腐蚀事故和腐蚀危害对社会经济的影响规律　研究不同行业、不同地区、不同科学技术水平和生产力水平条件下，腐蚀事故、腐蚀危害的损失规律和对社会的影响规律；探求分析、评价事故和危害损失的理论与方法，特别是根据损失的间接性、隐蔽性、连锁性等特征，探索科学的、精确的测算理论和方法，为掌握腐蚀事故与危害对社会经济的影响规律提供依据。

（3）揭示腐蚀控制效果规律　研究如何科学、准确、全面地反映腐蚀控制的实现对社会、对人类的贡献，即研究腐蚀的利益规律，测定出腐蚀控制的实现对个体、企业、国家，以及全社会所带来的利益，对制定和规划腐蚀防护政策具有重要的意义。

（4）揭示腐蚀控制效益规律　研究探讨腐蚀控制效益理论与评价方法，科学、准确、全面评价腐蚀控制效益，更为重要的是非经济效益的评价。为此，应细致地研究腐蚀控制效益的潜在性、间接性、长效性、多效性、延时性、滞后性、综合性、复杂性等特性规律，把腐蚀控制的总体、综合效益充分地表现出来。

（5）揭示腐蚀经济科学管理规律　腐蚀经济科学管理内容包括：腐蚀损失的科学统计、科学评价和科学分析；腐蚀事故、腐蚀危害的科学评价与管理；腐蚀防护投资方案的选择与可行性分析；腐蚀防护效益、效果评价；等等。

概括起来说，腐蚀经济学的研究任务，是应用辩证唯物主义和历史唯物主义基本原理，以及系统科学、经济科学和腐蚀工程学等学科的基本理论和方法，结合实际情况，对各生产、生活和公共安全领域进行分析和研究，即对生产、生活、经济活动中的腐蚀经济规律进行分析和研究，结合当代世界经济发展和中国经济建设的具体实践，阐明在社会主义市场经济条件下腐蚀在经济活动领域的具体表现形式，探究实现腐蚀安全的途径、方法、措施和政策，为政府、行业和企业科学地制定腐蚀防护政策、措施提供理论依据，从而最大限度地保障人身安全、环境生态安全、社会稳定和经济可持续发展。

二、腐蚀经济学的研究内容与方法

腐蚀经济学的研究内容极为广泛而丰富，其研究方法也是多种多样的。

1. 腐蚀经济学的研究内容

根据腐蚀经济学的研究对象，腐蚀经济学研究的内容归纳起来包括两大方面。一方面是经济学的基本理论与方法，包括确立腐蚀问题的实质是经济问题的哲学思想，腐蚀发生、发展的基本规律，腐蚀损失评估理论与方法，腐蚀与经济增长的相互关系、相互作用、相互协同发展的原理，腐蚀经济分析基本理论，各种技术方案选择、比较、评价的原理与方法，等。另一方面是如何将腐蚀经济理论与方法在实践中得到应用，即对应用原理与方法解决大量实际问题的研究，如投资项目、技术方案经济评价分析，各种产品、工艺开发的技术经济分析，各种引进资金、技术项目的技术经济分析，各种防腐工程项目的可行性研究，技术政策制定的技术经济分析，等。具体而言，腐蚀经济学研究的内容如下：

（1）研究探讨腐蚀危害的一般问题　腐蚀危害的一般问题是腐蚀经济问题研究的基础，是非常必要的。其内容包括：

① 腐蚀危害的定义，包括腐蚀危害的内涵及外延；

② 腐蚀危害的属性，指腐蚀危害区别于其他危害的属性与特点问题；

③ 腐蚀危害的分类，根据研究工作需要，按照不同的标准将腐蚀危害划成的不同类别，以及各种类别腐蚀危害程度的基本描述；

④ 腐蚀危害形成的机理，包括腐蚀危害形成的原因及形成过程的研究；

⑤ 腐蚀危害演化规律，包括腐蚀危害从孕育期起，经过潜伏期、爆发期的演化规律的研究；

⑥ 腐蚀危害引发的有关生态、环境、自然资源等问题的研究与探讨。

总之，腐蚀危害的一般问题较多，波及的范围较广，内容也极为丰富，根据研究的深度可适当增减。

(2) 研究探讨腐蚀经济学学科体系的构建与学科特性确定问题　腐蚀经济学是正在创建的一门边缘经济学，尚未形成比较完整的、系统的腐蚀经济学学科体系，其学科的特性也未确定。这些问题，无疑是发展腐蚀经济学的最大障碍，这些问题不解决，腐蚀经济学难以发展成熟。

关于学科体系的构建，不同的学者有不同的视角，其构建的内容也不尽相同。但通常离不开研究对象与任务、研究内容与方法和研究目标与原理，这是腐蚀经济学学科体系构成的基本内容。目前，国内外腐蚀经济学的研究，从严格的科学意义上来讲，只能称为"腐蚀经济分析"，是腐蚀经济学研究的重要内容的一部分，尚缺乏全面、系统的腐蚀经济理论与方法的研究。

构建腐蚀经济学学科体系，应以经济学的基本理论和方法为指导，以腐蚀经济运行实践为基础，以深化腐蚀经济研究为前提，以总结归纳腐蚀经济规律为保障，吸取多学科的理论，丰富完善腐蚀经济学学科体系。

关于学科的特性问题，实际上是学科定位的问题。如果把它定位于"正经济学"或"积极经济学"，其研究的内容与方法，应该从经济增长与发展的角度去加以研究探讨；如果把它定位于"负经济学"或"消极经济学"，其研究内容与方法则应从"减负""实现最小化目标"的角度去研究探讨。在研究内容、方法上是有根本区别的。笔者在这里把腐蚀经济学定位于"负经济学"或"消极经济学"，"负经济学"也是目前世界研究的热点问题，但尚未形成完整、系统的学科理论。

(3) 研究探讨腐蚀损失统计问题　腐蚀问题的普遍性、严重性，决定了国家与社会必须对腐蚀损失作以统计，以此来分析腐蚀的破坏作用和对经济发展的影响。

① 腐蚀损失统计的基本内容。腐蚀损失统计的目的,是确定腐蚀的实际损失或风险损失。其基本内容包括以下几个方面:

a. 确定腐蚀损失评估的具体对象与评估时段。即一方面应当根据腐蚀破坏的状况,来确定腐蚀危害的具体对象——各种受害体或可能受害体;另一方面,确定评估的时段,即确定评估时间,从什么时间开始,到什么时间为止。

b. 对腐蚀破坏的状况进行实地勘查。包括勘查腐蚀发生的类型、起因、发生的部位(或地点)、危害区域范围、危害的具体对象以及损失后果统计评估等有关情况。

c. 对腐蚀损失从不同角度进行评价。包括:一是从受害体的角度评价,如人员损害评价(包括生命、健康损失评价)、物质损害评价(包括财产物资的毁灭、损坏、贬值等)、社会影响评价(包括生态、环境、社会稳定、经济发展等);二是从腐蚀损失关系角度评价,如直接损失与间接损失的划分、评估与计量等;三是从损失承担的角度评价,如国家社会损失、企业或单位损失、个人家庭损失的评估等;四是从损失的时间角度评价,如腐蚀前损失评估、腐蚀后损失评估等。通过不同角度的评价,对腐蚀损失或可能损失就会有一个较为全面、系统的掌握。

d. 对腐蚀损失进行核实。为了确保腐蚀损失统计评估结果的真实、准确、全面,还应当对其进行复核,做到"不漏项、不拔高、不缩水"。

② 腐蚀损失统计的研究对象与统计方法。腐蚀损失统计的研究对象是一切与社会经济活动有关的,能给人类社会经济带来消极影响的数量方面。

第一,腐蚀损失统计的研究对象不局限于社会经济范畴,而应包括一切能够给人类带来损害、损失的特异现象。只有全面地对腐蚀危害进行统计研究,才能从错综复杂的客观事物中,探求出腐蚀经济发展的基本规律与发展趋向。

第二,腐蚀损失统计的研究对象,不仅包括能直接给人类社会经济带来的直接经济损失,还包括给人类社会带来的间接损失。

第三,腐蚀损失统计的研究方法,可参见社会经济统计学原理中的大量观察法、统计分担法、综合指标法、预计分析法等。

目前,各国腐蚀损失统计方法虽然不尽相同,但总体遵循了传统方法,即 Uhlig 法、Hoar 法和 Battelle 法。这些评估方法,对于早期的腐蚀损失统计，具有很强的针对性和可操作性，被世界各国广泛认可，至今还在延续使用。然而，从现状和未来发展的趋势来看，现有的统计方法需要改革和完善，进一步增强针对性、科学性、准确性和可操作性，否则腐蚀损失统计难以达到较高的可靠性、准确性和可信度。

例如，在人类5000年的文明发展史上，有什么时候能像今天这样关爱生命、健康，尊重自然，关心环境？而这样一个重要的社会问题，却拒腐蚀损失统计之外，显然是非常遗憾的。当然，形成这种现状，也有历史的原因，过去，人们对生命的关爱、对自然环境的尊重是有限的；另外，这类损失的统计也确有困难，在统计技术不发达的当时，也不得不放弃对其统计。然而，21世纪的今天，与20世纪六七十年代相比，已有了较大的进步，无论是社会对这方面的认识，还是统计技术方面，都不可同日而语。对于非经济损失（如生命、健康、自然环境等）的客体属性不一，计量单位各不相同，不便于直接进行比较时，可借助一个统一的计量单位转化为可比的同度量因素。比较好的办法是以价值单位作为统一的计量单位，即把非价值因素价值化，以全部经济损失作为腐蚀损失的衡量标准。非价值因素价值化后的数额＝非价值因素单位×单位价值当量。如此等等的一些问题，都需要研究探讨。

③ 腐蚀损失统计的任务。腐蚀经济损失统计的任务是：准确、及时、全面、系统地搜集、整理和分析腐蚀经济损失统计资料，为准确把握腐蚀危害，制定腐蚀防护措施提供可靠依据，为最大限度地减少腐蚀损失提供服务和保障作用。具体来说，有以下基本任务：

a. 利用调查统计的信息资料，准确把握腐蚀发生、发展的基本规律，探求控制腐蚀的途径和方法；

b. 利用调查统计的信息资料，为政府协调国民经济发展提供依据；

c. 利用调查统计的信息资料，督促各级各层次决策者，重视腐蚀防护工作；

d. 利用调查统计的信息资料，有助于系统研究腐蚀经济问题。

④ 腐蚀损失统计指标体系的设置。根据腐蚀损失统计的研究对象、内容和任务，初步设想这个指标体系应包括腐蚀前统计指标和腐蚀后统计指标两部分。

a. 腐蚀前统计指标。即可以造成腐蚀的客观因素在腐蚀潜伏期的数量表现指标。这是反映腐蚀因素尚未形成腐蚀危害时在量的范围内渐变过程的统计指标，研究它是为了掌握腐蚀因素的变化规律，采取有效防护措施，尽力控制它在可接受的风险内，从而避免或减少腐蚀危害的发生。

b. 腐蚀后统计指标。这是统计腐蚀危害发生造成的损失指标，包括直接损失、间接损失，以及对宏观和微观经济发展等方面的影响。

(4) 研究探讨腐蚀与经济交互影响的互馈关系问题　腐蚀危害是宏观的，会对一个国家乃至全世界的经济产生连锁效应；同时，腐蚀又是微观的，有其具体的承受体，比如企业、家庭和个人以及社会各种组织，无处不有，无处不在。这些微观的经济体通过自身的具体行为，又决定和影响着宏观经济这个整体。由此可见，腐蚀经济问题是由若干个具体因素组成的混合体系。对于错综复杂的腐蚀经济关系，经过长期的观察和研究，可归纳为腐蚀-经济、经济-腐蚀对立统一的互馈关系。

① 腐蚀对社会经济发展的影响。腐蚀对经济发展的消极影响，主要表现在两个方面：一方面，对当期经济发展的影响，集中表现在腐蚀对现存物质资产的破坏，增加了经济发展成本，降低了经济发展速度，影响了扩大再生产，但通常不会动摇GDP，因为GDP核算，只统计物质资产流量的损失，而不统计物质资产存量的损失，腐蚀主要是对物质资产存量的破坏，所以对GDP的影响不大。这种物质资产存量的破坏，可能会使一些宏观经济指标产生波动。另一方面，对未来经济发展的影响，集中表现在资源、环境和人口方面。当今的腐蚀破坏，造成大量资源的浪费，环境污染，动摇了未来经济发展的根本。同时，随着人口的膨胀，稀缺的宝贵资源和生态环境，给后代人生存、发展造成障碍，影响后代人的生活质量。

② 社会经济因素对腐蚀的影响。主要表现在：一是不合理的经济活动，加剧了腐蚀；二是只图经济增长，而忽视了资源耗减成本和环境降级成本，促进了腐蚀；三是社会经济要素的布局与结构不尽合理，加重了腐蚀。

在一定条件下，经济对腐蚀的影响不容小觑，经济对腐蚀发挥着主动的影响作用。经济发展水平的高低，能够对腐蚀产生直接或间接的影响，不同的国家、不同的地区和不同的行业，其经济发展方式和增长模式必然对腐蚀产生不同的影响。对腐蚀的历史性考察表明，腐蚀经济自身有着明显的周期发展特点，其轨迹为：经济越是发达的国家，腐蚀越是严重；经济越是富裕的地区，腐蚀越是严重；财富密度越大的地方，腐蚀越是严重。由此可见，经济发展对腐蚀的影响不仅是主动的，而且是严重的。产生这种现象的原因，简单地说，经济发展了，社会财富积累密集了，腐蚀危害的对象必然会增加。

腐蚀-经济互馈关系由来已久，但长期以来，人们重视了腐蚀对经济的影响的研究，却忽视了人类社会经济活动对腐蚀产生的影响的研究，致使这种互馈关系成为单向发展关系，使腐蚀问题伴随着经济发展愈演愈烈。腐蚀经济学应该加强这种互馈关系的研究，重点放在实证分析上的研究。

从辩证法的角度看，腐蚀-经济对立统一的互馈关系，从某种角度上讲，是论述害的作用和害的关系。实质上，腐蚀也有利的一面，腐蚀可以拉动经济消费、促进经济发展、推动科学技术的发展等，都是利的一面。但总体来说，害大于利，破坏性大于友好性，所以在论述腐蚀经济关系时，人们往往把研究的重点放在害的一面，而不是研究它的利的一面。再者，腐蚀"利"的一面，属于"积极经济学"研究的范畴，而不属于"消极经济学"研究的内容，也是本书不作为重点研究的另一个原因。实质上，害与利之间也是对立统一的关系，只看到害（利），不看到利（害），是片面的。

（5）研究探讨解决腐蚀问题的路径与方法问题　腐蚀经济学是一门应用性科学，它的任务是研究腐蚀经济实践的具体问题，提供具体的解决腐蚀经济中的某些问题的路径与方法，直接指导腐蚀经济实践。

实现腐蚀损失最小化目标，是解决腐蚀问题的根本要求。腐蚀防护方案的经济比较与选择，必须在满足腐蚀损失最小化的同时，保证经济投入的合理性。这就需要根据有关规定和指标，对设计方案进行分析、计算和评价，并对可能采取的多个方案进行比较，从中选出最佳方案。这样可以克服决策上的随意性和盲目性，增强方案的科学性和实用性。

解决腐蚀经济问题，既有技术问题，又有经济问题。腐蚀经济学研究探讨的不是纯技术问题，也不是纯经济问题，而是两者之间的关系，即把技术与经济结合起来进行研究，以选择最佳的技术方案。

腐蚀经济学研究的主要目的是将技术更好地应用以实现腐蚀损失最小的目标，包括新技术和新产品的开发研制、各种资源的综合利用、发展生产力的综合论证。腐蚀经济学把研究腐蚀防护技术问题置于经济建设的大系统中，用系统的观点、系统的方法进行各种技术经济问题的研究。腐蚀经济学把定性研究和定量研究结合起来，并采用各种数学公式、数学模型进行分析评价。腐蚀经济学在研究中采用两种以上的技术方案进行分析比较，并在分析比较中选择经济效果最好的方案。

从全局的范围来看，腐蚀经济学研究解决腐蚀问题的具体路径与方法，包括：腐蚀对经济发展的速度、比例、效果、结构的影响，以及它们之间的最佳关系问题；生产力的合理布局、合理转变问题；投资方向、项目选择问题；能源的开源与节流、生产与供应、开发与发展的最优选择问题；技术引进方案的论证问题；外资的利用与偿还，引进前的可行性分析与引进后经济效果评价问题；技术政策论证问题；等等。

从行业和企业范围来看，腐蚀经济学研究解决的具体问题，包括厂址选择的论证，企业规模的分析，产品方向的确定，技术设备的选择，使用与更新的分析，原材料路线的选择，新技术、新工艺的经济效果分析，新产品开发的论证与评价，等等。

从生产建设的各个阶段来看，腐蚀经济学研究解决的问题，包括试验研究、勘测考察、规划设计、建设施工、生产运行等各个阶段的技术经济问题的研究，综合发展规划和工程建设项目的技术经济论证与评价，等等。

腐蚀经济学解决腐蚀问题的基本手段是：系统综合，即采用系统分析、综合分析的研究方法和思维方法，对技术的研究制定、应用与发展进行评估；方案论证，即技术经济普遍采用的传统方法，主要是通过一套经济效果指标体系，对完成同一目标的不同技术方案的计算、分析、比较；效果分析，是通过劳动成果与劳动消耗的对比分析，效益与费用的对比分析等方法，对技术方案的经济效果和社会效果进行评价，评价的原则是效果最大原则。

（6）研究探讨腐蚀防护效益评价问题　探索腐蚀经济规律，制定相应的腐蚀控制对策，以便用有限的资金取得最好的防护效果，是腐蚀经济学研究的重要内容之一，至于其他方面的任务都是从这里派生出来的。腐蚀防护效益评价问题的研究探讨，集中在以下几个方面：

① 投入产出分析。腐蚀防护投入产出分析，与常规经济投入产出分析，既有共同之处，也有根本的区别。就投入而言，与一般经济投入是一样的，都是一种经济投资行为。投入是指一个项目建设过程中对于各种生产要素的消耗和使用，包括物质和非物质产品消耗、有形和无形产品消耗。有形产品包括原材料、辅助材料、燃料、动力、固定资产折旧、办公用品等；无形产品包括劳动力、金融、保险、技术专利、服务等。但腐蚀防护投入和常规经济投入的目的却有根本性的不同，即要求产生的效果不同。腐蚀防护投入的目的是减轻腐蚀的破坏作用，保护现有财富，维护既得利益；而常规经济投

入的目的是扩大社会再生产，增加社会财富，最大限度地满足社会需求。在产出效果方面，腐蚀防护产出的是促进简单再生产和扩大再生产，即腐蚀防护投入的价值是"减损"产出；另外产出是维护生产过程中的生产工具的安全，防止发生腐蚀而造成停工、停产、产品污染、影响生产效率等，这些都是腐蚀防护产出的"效益"。而常规经济投资效益则是增加产品供给与劳务供给，以获取利润为直接动力和评价投资效果的主要标志。由此可见，腐蚀防护效益的评价显然与常规经济不同。前者的效益主要表现为腐蚀和腐蚀事故造成损失的减少，后者的效益则通常体现在社会财富的增加或经济的增长上。

② 评价指标的确定。腐蚀防护效果评价标准，采用的指标分为效益、效果和效用三种。

a. 效益指标是衡量一项防腐工程项目或一个企业或一个国家运用腐蚀控制措施，获得的能用货币直接计量的收益，即开展防腐活动所取得的综合效益，用公式表示为：防腐效益＝减损效益＋扩展效益－投入。

b. 效果指标是衡量防腐工程项目经济效果大小的一种尺度，它是防腐工程项目建设所取得的有效成果与所消耗或占用的劳动量（人力、物力、财力）之间的对比关系的指标。它适用于效果难以货币化的腐蚀防护项目。

c. 效用指标是反映防腐工程项目的性能和作用，但一般不反映经济效益。例如，在腐蚀防护中，由于及时准确的预测、预防、预报，采取了适当的防护措施所避免或减少的腐蚀损失可采用效用指标来衡量，而通常不采用效益指标，因为效益是产出与投入之差。

③ 防腐项目效果比较。追求较好的投资效果是人类社会经济、生活活动中的一项普遍原则，腐蚀防护活动也是一项经济活动，也应该讲求经济效益原则。然而，对于腐蚀防护效果的评价，却与一般经济项目效果评价不同。防腐项目效果评价，不仅需要考虑经济效果，还需要考虑社会效果。但是经济效果可以用货币计算，而社会效果有时不仅不能直接用货币计算，甚至没有任何数量指标可以衡量。这也是在实际操作中普遍遇到的问题，有人主张采用打分法解决，但笔者认为这只能是不得已的办法，因为这种办法掺入了较多的主观因素，从而降低了它的可信度。要把多种效果，即经济效果和非经济效果综合起来进行比较分析，必须将各项指标数量化、同量化、定量化。因为只有定性的文字说明很难做出科学的评价，必须用数量说明问题。要用量的概念去描述，光有数量还不行，还必须用同样的度量单位才能比较分析，

所以要求同量化。

社会效果评价,极为重要的是腐蚀事故造成人员伤亡的经济影响。人员伤亡不仅给当事者及亲属造成不幸和打击,而且还给社会经济带来许多消极影响,从政治上进行定量分析评价比较困难,相对地从经济上进行评价,探索的一些定量分析的方法还是可以进行估计的,但存在的争论也比较多。这也是腐蚀经济学对非经济损失研究的重要内容之一。

(7) 研究探讨腐蚀经济评价方法问题 腐蚀经济问题评价是腐蚀经济学研究的重点内容之一,也是其任务的一部分。腐蚀经济问题的评价重点是价值的评价和效益的评价。

① 价值的评价。是以腐蚀造成的物化劳动损失的价值计量作为腐蚀经济损失。以防腐投入的活劳动和物化劳动的价值量作为控制腐蚀的耗费,以控制腐蚀引起的经济损失减少部分的价值量作为控制腐蚀的效果。这种评价法的理论基础是马克思主义的劳动价值论,其优点是便于定量计算,尤其是将其与边际分析法结合起来运用,可以作为科学决策的依据。其缺点是在实际操作过程中,没有考虑资源耗减成本和环境污染降级成本的问题,尚有局限性。

② 效益评价。效益评价是以腐蚀造成的物的社会效益损失作为腐蚀的经济损失,以控制腐蚀投入的物的社会效益作为控制腐蚀的耗费,以控制腐蚀引起物的社会效益损失的减少部分作为控制腐蚀的效果。这种评价是建立在相关替代论的基础上的,它是通过连锁式的放射型替代关系来解决不同物的社会效益的同度量问题[5]。但应该注意,这里所指的度量不是物的使用价值,而是指社会属性。效益是人们对腐蚀控制的社会作用的判断结果,当然,这种结果,可以通过货币来加以计量。

(8) 研究探讨腐蚀经济指标体系设置问题 研究腐蚀经济问题,需设置一套反映腐蚀危害作用、腐蚀控制目标、腐蚀控制效果的指标体系,是腐蚀经济学研究过程中必不可少的工作,也是一项工作量极大、困难极多、尚难确定的问题。

腐蚀经济学控制指标体系的构建,主要包括:

① 反映腐蚀程度的指标。这既是一个自然属性问题,也是一个社会属性问题。腐蚀程度是由腐蚀因子决定的,而腐蚀造成的危害则与腐蚀管理水平高低有关。其中有极大的伸缩弹性,常需要一组指标体系来衡量,可用价值

量指标反映腐蚀危害程度。另外，还可以用实际腐蚀指标和相应反映腐蚀程度的标准量指标计算腐蚀相对强度指标。

② 控制指标。控制指标是在腐蚀预测的基础上，采取的防护措施达到的程度的指标，作为腐蚀控制的目标，它是量度型指标。控制指标有积极性控制指标和消极性控制指标两类。积极性控制指标是治本指标，消极性控制指标是治标指标。规定其上下限，便于人们在一个阈值范围内选择腐蚀控制的最优方案。

③ 腐蚀防护效果指标。控制腐蚀危害，实现腐蚀损失最小化目标，是腐蚀经济学研究的主要内容之一。要控制腐蚀危害，首先要对腐蚀可能造成的经济损失，以及经济损失在时间、空间上的分布作切合实际的分析；其次要对控制腐蚀的措施所取得的效果作出准确的评价；最后对可能采取的各种腐蚀控制技术方案进行比较，并确定单项或多项腐蚀控制方案。所以，腐蚀控制效果指标是一个重要的指标体系。

(9) 研究腐蚀防护工程项目决策优化理论问题　腐蚀防护工程项目决策是管理工作的一项基本内容，主要是指对预定目标的各种防腐工程方案所作出的选择和决定。无论是微观经济实体的生产经营活动、宏观经济管理活动，还是防腐工程项目投资建设，都需要进行决策活动。决策优化理论认为，在开展各种各样的防腐工程项目决策时，应尽可能提出解决问题和处理问题的各种方案和方法，然后根据一定的标准和程序，从中选出最佳方案，加以实施，以取得最佳的实际效果，更好地实现预定的决策目标。在进行优化决策时，目标的确定是基础，提出多种可行方案是前提，搞好方案的分析研究和比较是关键，而选出最优方案则是结果[8]。

应该注意的是，所谓优化决策中的最优方案是相对的，因为当时决策时，可能是最优方案，但随着社会的进步和科学技术的发展，最优方案也有被淘汰的可能。因此，多数情况下所选出的最终方案往往是一个合理方案，或是满意方案，但这丝毫不影响优化决策的科学性。

(10) 研究探讨腐蚀与经济可持续发展问题　人类发展经历了远古时代、农业文明和工业文明。工业文明在给人类带来巨大财富和丰富的物质生活的同时，也产生了一系列严重的问题，如资源衰竭、生态破坏、环境污染、自然灾害频繁等，同时也带来了日益严重的腐蚀问题，从而迫使人们不得不重新审视自己的社会经济行为，反省人类的发展观。于是，增长等于发展的观念被抛弃，当前的发展要顾及后代人和未来的可持续发展的观点被人们所接受，并于20世纪90年代在全世界范围内确立了"可持续发展观"。可持续发展观的核心思想是：既满足当代人的需要，又要保护资源、环境，不对后代人的生存和发展构成威胁。然而，腐蚀破坏造成大量不可再生资源和可再生资源的浪费，并造成大气、土壤和水质等自然环境的污染，无疑对后代人的生存和发展构成威胁。可持续发展的思想就是正确处理经济增长和资源、环境、生态保护之间的关系，使它们之间保持协调的和谐关系。

在传统的经济学中，没有充分考虑到照顾子孙后代的需求，而作为一门正在创建的腐蚀经济学学科，则应将可持续发展的思想理念纳入学科研究。

在传统的经济学中，经济系统本身被看作是一个可以无限增长的整体系统，"发展"被等同于GDP增长。这显然并不全面，发展并不仅仅是经济层面的问题。经济收入的贡献也不仅仅是收入的增加，还包括经济增长带来的社会服务的扩展。在腐蚀经济学的框架内，国民经济系统并不是一个纯的增长整体，而是包括类似于腐蚀"负增长"在内的若干分系统。腐蚀系统是有限性、非增长性和物质封闭性的，因此，腐蚀经济学要求发展是有节制的发展，而不是无限增长；腐蚀经济学本身存在着最佳规模，即物质流入流出经济系统的吞吐量低于资源、环境、生态系统的承载能力。工业革命以来的经济增长，极大地缓解了世界上大部分人消费品短缺的状况，取得了很大的成功。然而，当前经济增长正在削弱自然提供物品和服务的能力，自然所提供的物品和服务已经成为新的稀缺资源[9]。

目前，全球正面临着能源短缺、资源枯竭的严重危机。全世界已有60%的地区淡水供应不足，40多个国家和地区缺水；世界石油资源现有可采储量不到9×10^{13} kg，最多可采30年；金属和非金属矿产资源近期探明储量的使用年限实际一般也不超过50年，资源寿命一般不超过100年[10]。

在2001~2012年间，世界的矿物资源价格大幅度上涨，如石油价格由每桶30美元左右上涨到80~100美元的高位，铁矿石价格由每吨27美元上涨到128美元。其中"中国因素"的作用不可忽视[11]。在2001~2011年间，世界石油产量增长了3.41亿吨，其中71.2%源于中国的消费增长。其他大宗商品也有类似的情况。这个趋势和中国经济体量的迅速增长有关[12]。在这期间，2001年，我国钢铁产量为15163万吨，比2000年增长了18.0%，GDP现价总量为1.34万亿美元。而到了2012年，我国钢产量达到71654万吨，比2011年增长了2.9%，GDP为8.56万亿美元。由此可见，"中国因素"中包括了"钢产量因素"，"钢产量因素"中又包括了"腐蚀因素"，这些因素无不与国际油价和铁矿石价格的上涨幅度有着密切的联系，基本上是山鸣谷应。

钢产量迅猛增长的同时，不仅带来了腐蚀消耗的迅猛增长，还带来了大量的污染问题。按公认的比例推算，2001年我国腐蚀掉的钢铁约1500万吨，而2012年腐蚀掉的钢铁约7000万吨。这期间的环境污染也极为严重。据不完全统计，2004年因环境污染造成的经济损失上升到5118亿元，占GDP的3.05%。

除了上述内容外，腐蚀经济学还有一些内容需要研究，其中包括理论性的课题。比如，社会主义市场经济发展规律与腐蚀经济规律、腐蚀经济与国民经济协调发展的关系等。

在腐蚀经济学的研究中，很有必要研究这样一个颇有趣味的课题：腐蚀既然不可完全避免，也就不可能完全消除。更准确地说，只有在某些腐蚀存在的条件下，才能保持适宜经济、社会发展的环境格局。这个课题也许能建立在"熵理论"的基础上，即只有一定的无序才能保证必要的有序。当然，问题仍然在于，要使这种无序所造成的损失最小[5]。

以上讨论的若干问题，基本反映了腐蚀经济学所要研究的内容，其中，有些内容已作了阐述和说明，有些笔者提出来供大家商榷。

2. 腐蚀经济学的研究方法

腐蚀经济学的实用性要求它有一套比较完善的研究分析方法，以适应各类腐蚀经济活动的需要。从总体上讲，由于腐蚀经济学综合了自然科学、社会科学的多个学科，其研究方法也与纯粹的自然科学和社会科学的研究方法不同，带有很强的针对性，很难用一个统一的研究方法，把所有的研究内容包括进去。一般来说，其研究方法可以分为基本研究方法和具体研究方法两大类。

（1）基本研究方法　是人们在从事腐蚀经济学研究中不断总结、提炼出来的。由于人们对腐蚀问题的认识、研究对象的角度不同，采用的研究方法也不尽相同。通常情况下，其基本研究方法如下：

① 理论分析与实证分析相结合的方法。作为一门独立的腐蚀经济学学科，必须有完整的理论体系，必须有一些基本的定义与概念、基本的范畴与原则，这就需要开展腐蚀经济学的理论分析。然而，理论是为实践服务的，

一种理论如果远离实践,无论其逻辑性多强,内容多丰富,都不能解决实践问题。尤其是腐蚀经济学处于刚刚创建阶段,许多现实问题都需要理论工作者积极探索解决途径,这就要求理论工作者重视理论分析。但是,腐蚀经济学又是一门实用经济学,只有理论分析是不够的,还必须开展实证分析,运用理论分析成果,研究和解决腐蚀经济中若干重大实际问题,并提出解决问题的思想及路径。腐蚀经济学是一块有待开垦的处女地,理论分析与实证分析同样重要,理论分析为指导实践提供了方法、理论,实证分析又为理论分析提供了事实依据。

② 静态分析与动态分析相结合的方法。静态分析是在某一时间或较短时期内,对研究对象的"横截面"所作的研究。动态分析是对研究对象的历史和发展规律的研究。对腐蚀经济学的静态分析主要是对企业和行业腐蚀经济关系的现状所作的研究,以谋求解决现实腐蚀经济问题的路径。对腐蚀经济学的动态研究则是对特定企业和行业腐蚀经济学关系的过去、现状和未来发展趋势所作的研究,以期找出腐蚀经济变化的运动规律。可见,静态分析是动态分析的基础,而动态分析是静态分析的延伸,甚至从某种意义上讲,动态分析包含静态分析。因此,腐蚀经济学静态分析与动态分析相结合的方法,是一种更为重要的分析方法。

③ 定量分析与定性分析相结合的方法。在研究工作中成功地运用定量分析方法是某一科学走向成熟的重要标志,可以增强研究问题及其结论的深刻性、精确性。但是,定量方法并不能替代定性方法的作用,因为腐蚀经济学研究内容的广泛性和复杂性,加上许多因素难以采用定量分析的方法,这就决定了定性分析在腐蚀经济学的研究中具有特别重要的作用。即使要对一些经济现象进行定量分析,也首先需要通过定性分析来选择定量分析的主要考虑因素。因此,定性分析又是定量分析的基础和前提。但是,对于复杂的数量关系,定性分析往往难以解决问题,需要通过建立数学模型,以找出腐蚀与经济之间的数量关系,以及腐蚀经济发展变化的规律性。因此,在腐蚀经济研究工作中,应该将定量分析与定性分析有机地结合起来。一方面,腐蚀经济损失的计算、防腐工程项目的经济效益分析等均需采用定量分析方法;另一方面,腐蚀经济规律的揭示、防腐工程项目规划与方案的拟定、腐蚀防护过程的组织等,则需采用定性分析为主的方法,以使腐蚀经济研究更加接近事物本质,更加贴近现实。

④ 微观分析与宏观分析相结合的方法。腐蚀经济学既要研究微观经济问题，又要研究宏观经济问题。所谓微观经济，是指个体单位腐蚀经济行为的研究，这些是腐蚀经济中的一些具体问题；所谓宏观经济，是指研究地区或国家范围腐蚀与区域经济或国民经济发展的关系、腐蚀防护宏观经济政策等，这些是腐蚀经济中的一般问题或共同问题，也是必须研究解决的问题。在腐蚀经济问题研究中，仅有微观分析或仅有宏观分析都是不够的、片面的，应该将两者结合起来，从研究的范围上对腐蚀问题进行全面分析。

⑤ 直接效果分析与间接效果分析相结合的方法。腐蚀损失与腐蚀控制效益分析评价，既要重视直接效果，也要重视间接效果，在许多情况下，间接效果显得更为重要。腐蚀控制作为"守业投入"，花费了大量的人力、物力和财力，其基本含义有两层：一层是为了保护现有财富存量不受损失或少受损失；另一层是保护环境安全、人身安全与健康。减少财富存量损失是直接效果，保护生态环境及人身安全与健康是间接效果，也称流量效果。由此可见，腐蚀经济分析，不仅要重视直接效果，还应该关心间接效果。实质上，直接效果与间接效果是相互联系的，是不可分割的，必须结合起来分析。

(2) 具体研究方法　跨学科的腐蚀经济学，其具体研究方法的确定比较困难，因为它通常不具备传统学科信息资料齐全与可比性强的特点，所以其具体研究方法在很大程度上依赖于宏观统计、推理、不同学科的互补以及高新技术的仿真模拟等。常用的具体研究方法有：逆向思维法、对比分析法、数量分析法、边际分析法、调查研究法和机会成本法等。

① 逆向思维法。也叫求异思维法，它是对司空见惯的似乎已成定论的事物或观点反过来思考的一种思维方式。通常人们习惯于沿着事物发展的正方向去思考问题并寻求解决方法。其实，对于特殊的腐蚀问题，从结果往回推，倒过来思考，从求解回到已知条件，反过去想或许会使问题简单化。

一般经济学研究经济的发展与增长问题，确定的是正常的投入产出关系和正常的经济效益评价方法。腐蚀经济学的着眼点是"腐蚀损失的最小化"，其实质并非直接的经济产出和增长，所以具有"守业"经济学的属性，寻求减少损失的经济规律。而腐蚀经济的投入一般不会有正常的产出，其所追求的效益也不是通常经济的发展和财富的增长，而主要体现在"减负"，所以，在腐蚀经济学研究中，需要逆向追根消除腐蚀产生、发展的条件，这与一般经济研究方法是有区别的。逆向思维法包含着哲学思想，这就是，尽管人们能够在充分认识腐蚀规律的前提下，采取种种行之有效的腐蚀防护措施，促使腐蚀的发生、发展顺向演替，但是逆向演替的环节和部分总是存在着的，尽管目前人们具有较高水平的控制腐蚀能力，但随着科学技术的发展，新开拓的领域，其发生的腐蚀问题，依然需要采用逆向思维法去寻求解决的办法。因为，已有的腐蚀防护技术，并未考虑到陌生环境的腐蚀行为，当碰到陌生的腐蚀问题时，无疑需要逆向追根消除。

② 对比分析法。也称比较分析法，通常是把两个（或更多）相互联系的指标数据进行比较，从数量上展示和说明研究对象规模的大小、水平的高低、速度的快慢以及各种关系是否协调。在对比分析中，选择合适的对比标准是十分关键的步骤，选择得合适，才能做出客观的评价，选择得不合适，可能得出错误的结论。

由于腐蚀经济系统是一涉及面很广、联系因素复杂的多变量、多目标系统，因此，要求研究手段和方法要科学、合理，符合客观的需要。根据腐蚀经济系统之间的联系，将有关的指标进行对比，以分析它们之间的数量对比关系及其形成差异的原因，包括动态分析法和静态分析法两种。前者是以历史时期的腐蚀统计指标为标准，将腐蚀系统的实际发生指标与其历史指标进行对比找出差异，以观察腐蚀经济系统的发展过程与发展趋势；后者则是在同一时期内，对同一指标在不同空间的比较、分析，以找出腐蚀经济系统之间的差异。不过，在应用对比分析法时，需要考虑所取指标在经济范围、统计口径、计算方法上是否一致。不同时期或不同环境指标的一致性是取得正确的对比分析结论的先决条件。

③ 数量分析法。是指从数量的角度分析各种腐蚀经济变量及其相互关系，揭示腐蚀经济现象规律性的方法。根据研究对象的不同，数量分析可以分为个量分析和总量分析。前者以单个消费、厂企为主要对象；后者以整个社会经济为对象，研究社会总的腐蚀与经济增长等问题。从目前研究的整体情况来看，腐蚀微观经济数量分析与宏观经济数量分析都不够深入，长期停留在定性分析上，缺少实证分析和定量分析，所以给出的结论很多是不清晰、不明确、不具体、尚缺说服力的。如腐蚀损失报道，常用"严重""巨大"描述；腐蚀控制效益，常用"明显""良好"描述；腐蚀对经济的影响，常用"严重""非常严重"描述，"严重"到什么程度，不得而知。其中有很多原因，但归根结底还是量化分析不到位。在这种模糊理论的影响下，人们对腐

蚀的破坏作用认识不足，放松了对它的警惕，阻碍了对它的深入研究。

④ 边际分析法。是指把追加的支出和追加的收入相比较，二者相等时为临界点，也就是投入的资金所得到的利益与腐蚀损失相等时的点。

边际分析法是一种定量分析的方法，通常采用生产函数中的边际值进行分析。从腐蚀经济学研究的角度看，边际值提供各种腐蚀控制投入量的增量。一般情况下，随着投入量的增加，控制腐蚀效果会出现不同的水平。即每增加一个单位投入量，相应地会引起腐蚀控制效果的差异。但是，当投入达到一定程度时，其增加投资的效果等于负数，这时收不抵支，是得不偿失的行为；若腐蚀控制投入小于临界点，社会失去尚可提高效果的机会，所以投入的价值应确定在这一临界点。但是，对于人类本身及一些重要生命线工程的保护则另当别论。这时所考虑的追加投入与所得的经济利益将失去"临界点"的平衡，即追加投入的资金与所得到的经济利益并不相等。这是一种社会效益，从某种角度来说，是经济效益的特别表现形式。另外，一些腐蚀控制措施，在技术上可以达到将其发生率控制在较低的水平内，但如果从经济上考虑是不合算的，那么这些腐蚀防护措施就会大打折扣，即一定的生产力水平和经济条件下，允许一定的腐蚀存在是必要的、合算的，这又是一种特殊情况。除此之外，大多数情况下，人们实施防腐的目的可以看作是人类社会的一项投入产出活动，它是讲求投资效果的，即边际分析法可以作为决策依据。

⑤ 机会成本法。机会成本，简单地说就是当把资金投入某一个给定用场时，必须会失去把资金投入另一个用场去的机会，或者说把资金用到 A 处，就失去了用在 B 处的机会。而资金在 A 处所获得的效益，是以失去资金在 B 处获得效益的机会为代价的，因此，资金在 A 处所获效益就称为资金用在 B 处所获效益的机会成本。机会成本是一种观念上的成本或损失，并非是在作出某一选择时实际支付的费用或损失。

从机会成本的定义不难看出，倘若机会成本小于预投资项目效益，则预计项目可行，反之不可行。其实，任何一个腐蚀防护工程投资项目，都存在投到其他项目的机会，因此，都应进行机会成本分析，否则，只评价投资项目本身的可行性，若标准较低，岂不放弃了许多获益更大的机会？要单纯从经济效益考虑，必须在项目自身可行之后，再进行机会成本分析，以便使资金发挥更大效益。例如，为了保证设备、设施不受腐蚀损害造成事故，不得不支出部分资金用于腐蚀控制，支出的这部分资金可能产生的收益就是可用于其他项目收益的机会成本。

⑥ 调查研究法。是指通过考察了解客观情况直接获取有关资料，并对这些材料进行分析的研究方法。

调查研究法是认识腐蚀与腐蚀经济规律的重要方法。腐蚀与腐蚀经济规律，只有在大量调查研究的基础上，才能得以提示和反映。腐蚀的最终结果是经济性，其经济性的形成是由多种因素综合作用的结果。在众多因素中，有一些是主要的、基本的因素，它们决定着各种腐蚀现象和腐蚀经济规律；有些是次要的、伴他的因素，对腐蚀现象与腐蚀经济的本质并无多大影响，但使腐蚀现象与腐蚀经济的数量表现为个别性、偶然性。如果单个地调查每一个个体单位，则看到的只能是具有差异的腐蚀现象的不确定性；如果将这些个体单位综合起来，就会发现次要的、偶然的因素的作用相互削弱、相互抵消，而主要的因素就会随之而扩大、强化、集中，乃至显现出来，这种显现出来的主要因素作用的结果，便是腐蚀与腐蚀经济数量的规律性。

三、腐蚀经济学的研究目标与原理

每一门学科，都有其自己的研究目标和研究原理，它决定着该学科的研究方向和基本的研究方法。腐蚀经济学的研究目标与研究原理，与一般性的经济学不同，具有特殊性。

1. 腐蚀经济学的研究目标

一般而言，经济学都是探讨社会生产力的发展与增长的方式、路径，这是一般经济学寻求的共同目标。

对于腐蚀经济学而言，它研究的目标不是生产力发展与增长的方式、路径，而是寻求腐蚀损失最小化。这是因为，腐蚀是不可避免的，既然腐蚀损失不可避免，人们在发展经济、创造财富的过程中，使用金属材料就必须付出一定的经济代价，这种代价在国际上称为"cost of corrosion"，在我国称为腐蚀损失。显然，腐蚀经济学的研究目标只能是寻求减少腐蚀损失，而不是完全杜绝和阻止腐蚀损失。这是由腐蚀的固有特性所决定的，是客观的自然社会现象，不依人的意志为转移，这也是腐蚀经济学有别于一般经济学的最根本的标志。

具体而言，腐蚀经济学寻求腐蚀损失最小化目标有如下内涵：

（1）在腐蚀与腐蚀损失不可避免的客观条件下，人类只能是寻求腐蚀损

失最小化　古往今来，各种腐蚀都是客观的自然社会现象，其在总体上都具有不可避免性，这一特性作为腐蚀问题的基本规律之一，为腐蚀经济学的研究目标给出了方向，即腐蚀损失最小化。这是经过几千年人类与腐蚀斗争实践所证明的，应当引起腐蚀经济学研究者的重视。

（2）面对腐蚀与经济发展之间存在着持久的相互制约的关系，人类尽可能把消极影响因素控制在最低限度　大量的腐蚀与腐蚀损失统计数据表明，经济越发展，腐蚀带来的损失越严重，同时人类控制腐蚀的能力也日益增强，但在总体上，腐蚀与腐蚀损失随着经济发展呈现非常强的相关关系。即经济发展带来了腐蚀与腐蚀损失的发展，腐蚀与腐蚀损失又阻碍了经济的可持续发展。在这种相互制约的关系中，我们可以通过腐蚀控制等措施，把腐蚀对经济的影响降低到最低限度；通过调整产业结构、布局，改变传统的增长方式等，把经济活动带给腐蚀的影响降低到最低限度；也不因增长，去有意识地无故消耗。

（3）腐蚀损失的最小化，意味着腐蚀防护效益的最大化　腐蚀控制效益是指技术活动中的有效成果与劳动消耗的对比关系，简称"成果与消耗之比"或"产出与投入之比"。其表达式为 $E=B/C$。E 为效果耗费比；B 为有效成果（效益的最大化，表明腐蚀损失的最小化）；C 为劳动消耗，也可称为投入或成本。由此可见，实现防腐效益的最大化，即是实现腐蚀损失的最小化。成本在这里不仅表现为人力、物力和财力，而且包括生态环境、资源、能源和社会经济文明等有关方面。我们不要刻意去追求腐蚀损失的最小化，而造成成本的最大化。除非是有特殊要求，一般投入不大于腐蚀损失，或以牺牲资源、生态环境为代价而去刻意追求腐蚀损失的最小化目标，因为这并不是真正意义上的腐蚀损失最小化，只是将腐蚀直接损失演变为间接损失而已，无论是从经济学还是腐蚀经济学的角度考虑，都是不可取的。

（4）要实现社会经济可持续发展，应当重视腐蚀损失最小化　经济的可持续发展，必须保持自然资源的质量及其所提供良好服务的前提下，使经济发展的净利益增加到最大限度。腐蚀消耗了大量资源、能源，透支了未来经济发展的基础，对满足后代人需要的能力构成威胁。腐蚀损失最小化，既满足了当代人的需要，又不损害后代人的利益，无疑为社会经济可持续发展提供了保障。

2. 腐蚀经济学的研究原理

人类在处理腐蚀经济问题的过程中，逐步总结了一些经验，并将这些经验上升为理论，作为腐蚀经济学研究的基本原理。

(1) 人类必须服从腐蚀客观规律的原理　腐蚀有其自身发生、发展的规律，人类在使用金属材料时，应该服从这些规律。在经济发展过程中腐蚀是不可完全避免的，这一方面说明腐蚀本身是不可完全避免的；另一方面，也说明腐蚀产生的破坏作用和引起的负效应也是不可完全避免的。人类在发展经济的过程中，必须使用金属材料，而使用金属材料，必须尊重腐蚀发生、发展的客观规律。从某种意义上来说，人与腐蚀的客观存在是平等的，都是自然界的一部分，人必须服从腐蚀的客观规律，腐蚀必须服从人的管理。这一点是腐蚀经济学研究过程中首先应该明确的。

(2) 反馈策应的原理　无论是什么类型的腐蚀，其发生均有一定的规律，在时间上大致都服从由孕育期、潜伏期发展到爆发期，最后产生破坏作用的规律。所不同的只是各种腐蚀类型在阶段变化时间上的差异，表现形式上各不相同，有些易于被发现，有些十分隐蔽难以被发现。因此，我们对不同的腐蚀类型及同一类型不同演化阶段所需要作出的决策是不一样的。反馈策应原理是指在反馈控制系统中，控制装置对被控对象施加的控制作用，是取自被控量的反馈信息，用来不断修正被控量与输入量之间的偏差，从而实现对被控对象进行控制的任务。充分发挥信息数字技术的作用，在第一时间周密部署，把腐蚀损失减少到最低限度。如果没有全面、系统的腐蚀信息反馈，就没有处理腐蚀与腐蚀损失的对策。依据信息反馈进行决策的原理为人们控制腐蚀与腐蚀损失提供了科学依据，为腐蚀经济学研究提供了方法和手段。

(3) 治标与治本互促互益的原理　标本兼治的原理突出治标的及时性、有效性，治本的战略性、长效性，将短期措施与长远对策最佳结合辨证施治，使腐蚀转危为安。从实践来看，治标与治本不能截然分开，治标的过程会潜在地产生治本的作用，若干治标措施的综合也就是治本的过程。同样，在治本措施实施中，也会显示出治标的功能。事实上，腐蚀控制也不可能全部采取治本的措施，这一方面由于成本较贵，从经济角度考虑，不合算；另一方面，有一些场合采用治标的措施也可以满足工程的需要，没有必要增加造价成本。例如，钢筋混凝土中使用的钢筋，用不锈钢防腐效果好，使用寿命长，但造价太高；一般钢筋虽然不如不锈钢，但成本较低，施加一些防腐措施，也可以保证建筑物有效寿命期的安全。由此可见，在腐蚀防护实际工作中，应该把治标和治本措施结合起来运用，标本齐治，长期对策和短期对策兼顾，使两者相互促进，形成综合的整体效益。

第三节　腐蚀经济学的学科特性

任何一门学科所要研究的核心问题必将决定该学科的特性。腐蚀经济学的学科特性是由其研究对象、内容、方法所决定的。从根本上来说，是其他学科所不可能包容的，或者说不能完全包容的，这样便形成了腐蚀经济学的学科特性。

一、腐蚀经济学的学科特点与作用

1. 腐蚀经济学的学科特点

腐蚀经济学有其独立的研究对象，因而也有其区别于其他学科的特点。这些特点表现在边缘性、系统性、守业性、应用性、预见性、比较性和定量性。

（1）边缘性　腐蚀经济学是一门多学科交叉、多层次融合的边缘学科，或者说是交叉学科。腐蚀经济学融合了腐蚀学、材料学、灾害学、安全学、环保学、生态学和经济学等多种学科的内容。腐蚀经济学既要研究社会科学，又要研究自然科学；既要研究技术科学，又要研究经济科学。但是，它研究的不是纯技术，也不是纯经济，而是技术和经济的共同领域，是两者之间的关系。所以研究的对象和内容的范围决定了这门学科的理论和方法是在综合了多学科的基本理论和方法的基础上形成的。因此，其在学科的构成方面具有明显的边缘性。

（2）系统性　腐蚀经济问题往往是多目标和多因素构成的复杂问题，这些问题和因素相互影响、相互制约，构成一个有机整体，具有系统性特征。所以在解决腐蚀经济问题时，既要考虑腐蚀本身因素，又要考虑社会环境因素；既要分析即期影响，又要分析未来影响；既要考虑经济损失，又要考虑非经济损失；既要分析存量损失，又要分析流量损失；除此之外，还需要考虑腐蚀防护投入效益、效果问题，等等。这就构成了研究过程和范围的系统性。否则，以狭隘、片面的观点和支离破碎的方法对待和处理问题，是不能得到正确结论的。例如，在考虑腐蚀安全时，既要考虑腐蚀安全的作用能减少人员伤亡和健康损失，又应认识到腐蚀安全能维护和促进生产、保护生态环境，同时还可以稳定社会的正常秩序等。否则，仅从腐蚀安全的减损作用去认识腐蚀防护的经济意义，是不全面、不完整的。为此，腐蚀经济学研究过程中，必须把研究对象视为一个系统。

（3）守业性 腐蚀经济学主要研究资源、能源和已创造财富的保护，一般不研究价值形成和价值增值。我们讲腐蚀经济学具有"守业"经济学的特点就是从这个意义上讲的。一般经济学都是研究价值形成和价值增值的"创业"经济学。"守业"不同于"创业"，这一点正是腐蚀经济学有别于其他经济学的显著特点。"创业"要讲求经济效益，研究投入和产出之间的关系，强调消耗相同的劳动量或资源取得尽可能多的劳动成果，或取得相同的劳动成果下，消耗尽可能少的劳动量或资源。"守业"也要讲求经济效益，但这种效益不同于"创业"的经济效益。它是指在投入相同的劳动量或资源的条件下，尽可能地守住和保护好劳动成果或资源。有时，这种守业投入并不顾及投入是否大于减少的损失价值，不符合经济效益的原则。

腐蚀是不可避免的，腐蚀损失也必然是不可避免的，要减少腐蚀损失是需要投入的，即"守业"需要成本。虽然在腐蚀控制技术上可以将腐蚀与腐蚀损失降低到尽可能地小，但当其"守业"和投入之比不适当时，在经济上就是不合理的。因此，研究腐蚀经济问题所关心的是为"守业"投入多少劳动最为合理。一般来说，当因"守业"所消耗的劳动量能够使更多的劳动成果免遭损失时，则应该继续追加投入，停止投入是不合理的；反之，当因"守业"所消耗的劳动量已不能够使更多的劳动成果免遭损失时，则应停止追加投入，继续追加投入也是不合理的。

实质上，"守业"的过程，也是"创业"的过程，因为守住存量财富免遭腐蚀损失，也等于创造财富。"守业"与"创业"是可以相互转化的，这也是腐蚀经济学应探讨的问题。

（4）应用性 腐蚀经济学是一门紧密联系经济建设和社会发展实践的学科。它的根本任务就是要通过揭示腐蚀产生、发展和变化的规律性，更经济、更有效地控制和减轻可能出现的各种腐蚀与腐蚀经济问题，把腐蚀带给人类的有害影响减至尽可能小的程度。腐蚀经济学是人类与腐蚀作斗争的长期过程中逐步积累、形成的经验总结,并经过提炼形成的理论科学,反过来,又为经济建设服务。

(5) 预见性　腐蚀的产生、发展与腐蚀防护效益的产生,往往具有延时性和滞后性,而腐蚀的预测与其防护的本身却具有超前性和预防性特征。因此,腐蚀经济活动应具备适应腐蚀产生、发展要求的预见性。为此,应做到尽可能地准确把握腐蚀发生、发展的规律和趋势,充分利用掌握的腐蚀信息,最大限度地把腐蚀与腐蚀损失控制在最小的极限范围内。

(6) 比较性　有比较才有鉴别。腐蚀经济学的基本任务就是通过正确地选择防腐技术方案,对达到预定目标的可靠性程度以及预期产生的经济效果进行比较,通过技术与经济的综合评价达到最终选优的目的。因此,腐蚀经济学是一门比较性科学。腐蚀经济学研究要求对任何一个防腐技术方案都要进行技术比较、经济分析、经济评价,从而选择经济效益最好的方案。

(7) 定量性　腐蚀经济学是一门定性分析与定量分析相结合、以定量分析为主的科学,帮助人们在社会实践中计量经济效益。因此,腐蚀经济学要引用量的概念,要有量的规定。腐蚀经济分析常采用数学方法、数学模型等,在采用定性与定量相结合的方法判断方案优劣时,还应尽量将定性指标量化,以便运用现代定量方法得出比较科学的结论。对于大中型防腐工程项目,还需采用电子计算机进行模拟计算。

总之,腐蚀经济学的鲜明特点,使之区别于其他学科,使腐蚀工作者跳出单纯以技术或工程观点认识腐蚀问题、研究腐蚀问题的误区,从更广泛的视野和角度研究腐蚀问题,保障社会经济、生态环境和资源能源健康有序发展。

2. 腐蚀经济学的学科作用

腐蚀经济问题,既是一个微观问题,又是一个宏观问题;腐蚀既对微观经济构成严重危害,又对宏观经济造成严重影响,是经济发展进程中重大的消极因素。腐蚀经济学的创建,其学科给出的路径与方法,无论是对微观经济还是宏观经济都具有重要的作用。

(1) 对微观经济的作用　企业是构成微观经济的主体。企业不仅是腐蚀的制造者,也是腐蚀的受害者,同时又是腐蚀损失的承担者。腐蚀问题是制约企业发展的重要因素之一,也是一个棘手的问题。长期以来,企业发展的关键性技术常与腐蚀捆绑在一起。腐蚀经济学学科的建立,可为企业排忧解难，献计献策。具体而言，主要表现在以下几个方面。

① 降低生产成本，提高产品质量。产品质量是指产品满足规定需要和潜在需要的特征和特性的总和。任何产品都是为满足用户的使用需要而制造的。对于产品质量来说，不论是简单产品还是复杂产品，都应当用产品质量特性或特征去描述。腐蚀影响，无论是对低端产品还是高端产品都会造成质量问题。硫酸应该不算高端产品，然而，硫酸生产的过程中，因生产设备的腐蚀，造成含 Fe 量的增加，降低了硫酸的纯度，影响了终端用户的使用。现代电子技术需要极高纯度的单晶硅半导体材料，单晶硅应该是高端产品，而生产设备受到副产品四氯化硅的腐蚀，不仅损坏了设备，而且污染了目标产品，降低了各种物理性能，影响了材料的使用。类似这样的问题，在生产企业屡见不鲜。腐蚀经济学虽然不能给出解决腐蚀问题的具体方法，更不能给出具体的技术指导，但它可帮助企业进行经济分析，运用经济手段去寻求腐蚀损失最小化的路径，降低生产成本，提高产品质量。

② 降低生产消费，提高企业效益。生产消费是在物质资料生产过程中生产资料和劳动力的使用和耗费。其中生产资料的消费是生产客体的消费，如原料、燃料、辅助材料、机器、厂房、工具等的使用价值的丧失，也是新产品使用价值的形成；劳动力的消费是生产主体的消费。生产消费是生产资料和劳动力结合的过程，它不仅是保存生产资料使用价值的唯一手段，而且也是增加社会财富、扩大再生产的重要途径。腐蚀经济学为解决腐蚀造成的停工、停产和更换设备、管束造成的静止损失，腐蚀损坏管道系统造成的漏水、油、气等原料及修复的损失费用，腐蚀造成的管线堵塞、传热效率降低而泵功率提高的费用，腐蚀造成的产品污染而导致报废等的费用，腐蚀造成的设备、构件装置的过度设计增加的材料费和加工费等，给出科学合理的建议，并能帮助企业选择最优化的腐蚀防护方案，把生产性消费降低至最低，从而提高企业效益。

③ 降低腐蚀风险，提高腐蚀科学管理水平。大量的工程案例表明，腐蚀可怕，腐蚀事故更可怕。常规腐蚀通常是经济损失，而腐蚀事故的损失不仅经济损失巨大，非经济损失（生命、健康、环境污染、社会动荡等）也不容小觑。1985 年，日本一架波音 747 客机因应力腐蚀断裂而坠毁，死亡 500 多人，直接经济损失 1 亿多美元。1986 年 1 月 28 日，美国航天飞机"挑战者号"升空 73 秒，由于燃料箱橡胶密封圈老化开裂造成泄漏着火，空中爆炸，

7名航天员全部遇难,一架航天飞机损失费用12亿美元。这不仅造成了巨大的经济损失,在国际社会上也造成了强烈的反响。腐蚀经济学揭示腐蚀的基本规律,给出了腐蚀风险分析评估的方法,以及有关规避腐蚀风险的手段和路径,可大大降低腐蚀事故造成的损失,为科学管理腐蚀提供了科学依据。

应该说明的是,以上给出的方法、手段及分析等,是一种思维方式的指导,而不是解决具体问题的方法,它不能"包治百病"。在实际应用过程中,应注意理论与实践结合。

(2) 对宏观经济的作用 其主要作用体现在以下几个方面:

① 为制定防腐技术、经济路线、方针、政策提供科学依据。要加快经济建设的步伐,必须研究经济建设中消极因素的影响,腐蚀便是经济发展进程中最大的消极因素,无疑对经济发展构成了威胁。因此,必须采取强有力的技术、非技术等措施加以遏制。这就需要选择技术上可行、经济上合理的防腐技术措施。另外,特别是有关方针、政策的制定必须符合实际,要把政策制定建立在科学决策的基础上,以客观规律为根据。因此,腐蚀经济学就是要为制定技术、经济路线、方针、政策提供科学依据。

② 为重大防腐工程项目的决策提供优化方案。对于重大防腐工程项目的选择与决策,必须通过技术经济分析、评价与论证,以保证被选项目在技术上的可行性与经济上的合理性,从而使防腐工程项目获得较好的经济效益。因此,在对重大防腐工程项目决策之前,必须通过有关的技术经济分析论证,为最终决策提供具体的优化方案。腐蚀经济学就是为决策者科学决策提供方法和手段。

③ 为经济可持续发展提供强有力的保障。据调查统计,自2018年以来,全世界每年因腐蚀报废和消耗的钢铁为2亿多吨,约占当年钢产量的10%~20%。按这一比例推算,我国2018年的钢产量为8.32亿吨,腐蚀报废的钢铁至少是8000万吨。8000万吨钢铁的生产,需要大量的资源、能源,消耗大量的人力、物力、财力,同时还造成大量的污染以及大量的相关损失。由此可见,腐蚀影响不仅表现在对即期经济发展的制约,而且威胁到未来经济的可持续发展,前者是一种显性的现实危害,后者则是对经济发展深层次上的危害。即期的影响,往往能够引起人们的急切关注,而对于长期发展的影响,却容易被人们忽视。

腐蚀经济学的研究目标,即腐蚀损失最小化。解决腐蚀问题,不仅要站在即期经济发展的角度考虑，而且还要站在未来的角度考虑。可持续发展最核心的价值观，就是资源、环境、人口问题。腐蚀问题与这三个基本要素都密切相关，因此，控制腐蚀不仅可使当代人受益，而且可为后代人营造福祉。

二、腐蚀经济学的学科性质与相关学科

腐蚀经济学是刚刚创建的一门经济学，对其学科性质尚缺乏统一的认识，与相关学科之间的联系与区别，尚缺乏系统、深入的研究，下面只是笔者的初步研究，提出来供大家探讨。

1. 腐蚀经济学的学科性质

前面讲了腐蚀经济学的学科特点，学科的特点与学科的性质是不同的，特点是指腐蚀经济学科内在、外在独特的地方，而性质是指腐蚀经济学科区别于其他学科的根本属性。作为初创的腐蚀经济学，其学科性质，可以根据哲学、科学学、系统学、经济学等基础理论，借鉴相近学科及相关应用经济学的应用理论和方法来认识。

（1）从研究的着眼点来看　腐蚀经济学研究的着眼点是"减负"，这不同于一般经济学，一般经济学研究的基本出发点和归宿都是积极的、"正"的经济效益；而腐蚀经济学，不直接研究产品经济价值的形成和价值增值，而是研究已经获得的社会资产财富的破坏和损害。它研究的基本出发点和归宿是如何减少不可抵抗的腐蚀破坏给社会经济带来的损失（也包括非经济损失）。这就是说，腐蚀经济学研究的是"负"的经济效益。减少破坏仍属于"负"的经济效益，不属于谋取"正"的经济效益的范围。正是根据这样的考虑，笔者把腐蚀经济学称作"负经济学"，而一般经济学则称为"正经济学"。总的来说，腐蚀经济学研究的经济效益是"负"的经济效益，即腐蚀损失。

（2）从研究的内容来看　腐蚀经济学研究的内容是消极的，但追求的目标和所起的客观作用却是积极的，它能够指导人们通过自身的努力来主动防止、避免、减轻腐蚀损失的发生，而不是被动地等待腐蚀损失的发生；它还能够指导减轻各种腐蚀损失，避免经济活动中腐蚀损失的扩大化。另外，研究消极内容的经济方面并非单纯是腐蚀经济学的任务，还有一些经济学科也部分地包含着有关"消极经济"方面的内容，如生态经济学中对生态问题的研究，环境经济学中对环境污染防治的研究，资源经济学中对资源价值的研究，安全经济学中对安全效益的研究等，都属于有别常规经济学"积极"的

或"正"的经济的内容。不过，上述经济学科对消极因素的研究，仅仅是为其研究主题服务的，研究主题仍然是积极的经济增长问题，而腐蚀经济学则不同，它始终研究的是腐蚀损失的问题，因此，上述经济学仍然不能划作腐蚀经济学的同类。目前，能与腐蚀经济学划作同类的只有灾害经济学，因为灾害经济学也是研究经济负增长的问题，也属于"负经济学"或"消极经济学"范畴，它们属于同类经济学。

（3）从研究的目标来看　腐蚀经济学研究的目标是"守业"，即保住现有资产财富和既得利益不受损失，或少受损失。腐蚀经济属于守业经济，其特点是"以负换正、减负得正、负负得正"，即防腐只有投入没有物品产出。它是通过防腐投入的"负"效益的影响作用来减少腐蚀损失，减少的部分就是"正"效益。因此，腐蚀经济学通常强调的目标是：为守业而投入的防腐工程资金，通常必须小于或等于由此减少的腐蚀损失。由此可见，腐蚀经济学研究的目标是通过控制腐蚀和调整人类经济活动来实现"守业"的目的。

2. 腐蚀经济学与相关学科

腐蚀的自然属性和社会属性决定了腐蚀经济学的研究必须有自然科学和社会科学的共同参与，才能形成边缘科学。边缘科学是各类参与科学相融合的结果，而不是各类科学相加的结果。腐蚀经济学的创建，需吸纳相邻学科的有关理论、方法和手段，并融入腐蚀经济学学科体系。下面，对腐蚀经济学与相关学科的联系与区别加以阐述，使读者进一步了解腐蚀经济学与相关学科的相关性。

（1）腐蚀经济学与腐蚀学的联系和区别　腐蚀经济学与腐蚀学同属于一级学科体系，两者之间既有密切的联系，又有一定的区别。

两者之间的联系在于，腐蚀经济学与腐蚀学都是研究生产和生活领域腐蚀方面的科学，腐蚀学的普遍原理和基本方法，可以成为腐蚀经济学的理论基础。腐蚀经济学与腐蚀学在原理上有共性，在内容上有交叉。

两者的区别在于，它们各自的研究对象和任务不同。腐蚀经济学研究的对象是揭示腐蚀经济关系的运动规律，而腐蚀学的研究对象则是以研究金属材料在其周围环境下发生破坏作用以及如何减缓这种破坏的原理与规律。因此，腐蚀经济学与腐蚀学是两个研究腐蚀问题的不同学科体系，两者不能互相代替，只能相互补充。

（2）腐蚀经济学与经济学的联系与区别　腐蚀经济学与经济学既有一定

的联系，又有一定的区别，是两个不同的学科体系。

两者之间的联系在于，腐蚀经济学与经济学同属于经济学的范畴，经济学揭示的是社会经济关系的普遍原理和基本方法，可以成为腐蚀经济学的理论基础、基本原理和指导方法。

两者之间的区别在于，它们各自的研究对象和任务不同。腐蚀经济学是以腐蚀经济关系为研究对象，其任务是揭示腐蚀经济关系发生、发展及其运行变化的规律性；而经济学不是对腐蚀领域中经济关系的具体分析，只能为分析腐蚀经济关系提供一些基本的原理和方法，且在本质上大不相同。腐蚀经济学研究的是"减法"问题，而经济学研究的是"加法"问题。

（3）腐蚀经济学与灾害经济学的联系与区别　腐蚀经济学与灾害经济学同属一类科学，既有联系，又有区别。

两者之间的联系在于，它们都属于"消极经济学"或"负经济学"范畴，都是研究资产财富的损失问题，在研究方法、目标及手段等方面有很多共同或相似之处。

两者之间的区别在于，腐蚀经济学是研究社会经济发展过程中腐蚀与经济发展之间的相互关系，而灾害经济学所研究的是人与自然界之间的矛盾，是人与自然的关系。

（4）腐蚀经济学与安全经济学的联系与区别　腐蚀经济学与安全经济学是相近学科，其联系与区别如下：

两者之间的联系在于，腐蚀经济学是研究和解决腐蚀经济问题的，其中包括腐蚀安全问题，安全经济学是研究和解决安全经济问题的，两者不仅运用经济学的一般原理，而且腐蚀经济学也运用安全经济学的某些原理、原则和方法。如腐蚀事故的预测、预防以及善后处理等，与安全经济学都有近似和共同之处。

两者之间的区别在于，腐蚀经济学是一门研究腐蚀发生、发展、善后过程所发生的一系列社会经济关系的学科，是一门特殊的经济学科。而安全经济学则以安全经济关系为对象，其任务是揭示安全经济关系发生、发展及其运动变化的规律性，为安全经济关系的发展提供理论依据和基本方法，为提高安全经济提供基本措施和途径，是经济学和安全科学交叉的学科。

（5）腐蚀经济学与工程经济学的联系与区别　腐蚀经济学与工程经济学是相邻学科，它们之间的联系与区别为：

两者之间的联系在于，腐蚀经济学的创建需要吸纳工程经济学的有关理论、方法。如工程方案的经济性评价、比选、可行性分析与后评价等，都是腐蚀经济学所要吸纳的内容。

两者之间的区别在于，腐蚀经济学与工程经济学的研究方向不同。总体而言，腐蚀经济学研究的是损失"最小化"问题，而工程经济学研究的是利益"最大化"问题。

总之，腐蚀经济学以其自身所特有的研究对象与其他科学相区别，成为一门独立的科学。在研究中，各相近、相邻学科可相互借鉴，取长补短，但不可相互混同。

三、腐蚀经济学的学科地位与理论框架

当现有学科的研究对象、内容、方法不能满足腐蚀经济系统的研究时，则需要重新建立一门新学科——腐蚀经济学学科。而新学科的建立，必有它的特殊地位和理论支撑，以此来区别于现有学科。

1. 腐蚀经济学学科的独特地位

腐蚀经济学是以人类社会的腐蚀经济关系及其运行规律为研究对象的一门特殊的、新型的经济学科。其学科的独特地位体现在独特的理论、独特的视角和独特的作用。

(1) 独特的理论　腐蚀经济学学科解决了一般经济学无法包容的问题。一般经济学研究的是生产、交换、分配和消费关系，研究的着眼点是经济增长与发展。尽管一般经济学也要研究社会生产关系同社会生产力不相适应时这种生产关系的消极作用，但所追求的依然是正的效益，只是在某些情况下得不到正的效益，有时甚至得到负的效益[13,14]。

腐蚀破坏，不是生产。它是消极作用于生产。腐蚀当然也不属于分配，它是客体造成的必然结果，要说是有分配的含义，那就是凡是使用金属材料的地方，都存在腐蚀问题，只是轻重不同而已。这从某种角度上说，是腐蚀分配的公正性。至于造成腐蚀的原因却是错综复杂的。其中既有自然因素，也有人为因素，或者人为因素与自然因素相结合、相互作用的结果。至于腐蚀同交换的关系，只是发生间接关系。消费的原意是生产的消费，它不能用腐蚀去取代。由此可见，常规经济学研究的生产、交换、分配和消费关系，无法包容腐蚀经济关系。腐蚀经济学学科研究的基本出发点和归宿是如何减

少不可抵抗的腐蚀给社会财富存量带来的破坏和损害，即如何控制腐蚀，把这种损害降低到最低限度。这就是说，腐蚀经济学学科研究的是"负"的经济效益。这一独特的理论，为解决极为复杂的腐蚀经济问题开辟了新的路径。

不难看出，腐蚀经济学学科的独特理论，决定了它的独特地位，这是其他学科所不能替代的。

(2) 独特的视角　腐蚀经济学学科是站在一个新的维度重新审视现实腐蚀问题的。腐蚀问题日益恶化，社会经济的可持续发展正在受到日益严峻的挑战。面对愈演愈烈的腐蚀问题，没有哪一门学科能像腐蚀经济学学科那样透彻地分析腐蚀经济关系。长期以来，人们关注更多的是腐蚀的自然属性，很少注意它的社会属性，即便注意了，也很少将其与经济发展关联起来思考。所以腐蚀的社会经济属性，长期以来并未引起人们的高度关注，从而使腐蚀问题愈演愈烈。腐蚀经济学学科的建立，为重新审视由来已久的腐蚀问题，提供了新的视角。具体而言，主要体现在以下几个方面。

① 揭示了腐蚀经济的哲学问题。它是确立腐蚀经济观进而确立腐蚀经济学的理论基点，指明腐蚀经济学的发展方向，提供腐蚀经济理论的思想基础。

② 揭示了腐蚀发生、发展的规律，提出了腐蚀损失最小化目标，有利于强化腐蚀防护意识，减少腐蚀损失。

③ 揭示了腐蚀与经济增长和经济发展与腐蚀之间的内在的、复杂的互馈关系，指导人们选择合理的经济增长或经济发展模式，有助于社会经济的可持续发展。

④ 揭示了腐蚀经济的性质，是"消极经济"或"负经济"和"守业经济"，划清了腐蚀经济与一般经济的界限。

⑤ 揭示了腐蚀损失的深刻内涵，明确了腐蚀损失的范围，不仅包括经济损失，还包括非经济损失，不仅影响即期经济，而且影响未来经济。

(3) 独特的作用　一门新学科的建立，必有其独特的作用，以区别于其他学科，否则也没有其独特的地位。腐蚀经济学学科的独特作用，主要体现在以下几个方面。

① 独特的理论作用。主要有：

a. 腐蚀经济学学科的建立，进一步丰富和完善了当代经济学。我们知道，一般经济学是探求经济增长与发展的学科，它并未对类似于腐蚀问题造成经济负增长或负发展的现象进行系统研究。无论是在国内，还是在国外，未见有专门的腐蚀经济学著作，只有少数腐蚀工作者在自己的专业著作中不同程度地对涉及腐蚀经济问题的某些方面做过探讨。对能够给国民经济的增长与发展、人民生活水平与生活质量产生如此重大影响的腐蚀现象缺乏系统研究，这应当是当代经济学发展的一个重大现实缺陷，而腐蚀经济学学科的建立，弥补了这一缺陷，进而丰富完善了当代经济学。

b. 腐蚀经济学学科的建立，为可持续发展理论提供了佐证。传统的经济发展模式以资源高投入、环境大破坏、灾害事故频繁发生为代价来换取社会经济的发展，这种非可持续发展做法是造成腐蚀与腐蚀损失日趋加剧的重要因素。在这种背景下，一般经济学也仅仅以提高人们的物质生活水平和生活质量为研究目标，忽略了如何减轻类似于腐蚀等危害以保证人们现有的生活水平和生活质量不被损害，更忽视了由于一味追求生活水平和生活质量的提高而引发的环境恶化与腐蚀，这显然不符合可持续发展所追求的"既符合当代人的需求，又不致损害后代人满足其需求的能力的发展"的目标。腐蚀经济学学科的主要研究目标是寻求经济发展过程中腐蚀损失的最小化，因此，它既关注如何保证人们现有的生活水平和生活质量不被损害的问题，也更重视如何尽可能降低人类经济活动对环境资源负面效应而维持国民经济协调发展。

c. 腐蚀经济学学科的建立，为改革 GDP 提供了智力支持。现行 GDP 存在的主要缺陷：一是它掩盖了环境污染对人类和生态带来的负面影响；二是它没有考虑自然资源的亏损和耗减；三是它只强调经济性，而忽视了社会性。自 1993 年以来，许多国家主张对现行 GDP 进行改革，实施绿色 GDP。绿色 GDP 是指一个国家或地区在考虑了自然资源与环境因素影响之后经济活动的最终成果，即将经济活动中所付出的资源耗减成本和环境降级成本从 GDP 中予以扣除。绿色 GDP 这个指标，实质上代表了国民经济增长的净正效益。绿色 GDP 占 GDP 的比重越高，说明国民经济增长的正面效应越高，负面效应越低，反之亦然。

腐蚀消耗了大量的资源、能源，同时又造成了大量的污染。然而，资源耗减成本与环境污染降级成本，在统计 GDP 时，不但没有扣除，反而把它作为增长因素，显然现行 GDP 含有不少应该扣除而没有扣除的因素，致使 GDP 不够准确。

腐蚀经济学学科是专门研究"减负"问题的，其中包括金属材料本身的腐蚀损失，资产、财富损失，同时也包括资源耗减和环境降级损失，类似这样的损害，都应当从 GDP 中扣除。这一研究成果，为将来 GDP 改革提供了强有力的实证分析，无疑是对现行 GDP 缺陷的修补，从而显示出其独特的作用。

② 独特的实践作用。主要有：

a. 腐蚀经济学学科的建立，能够对腐蚀造成的损失进行准确的统计和计量，为控制腐蚀、调整产业结构、优化资源配置、制定国民经济协调发展政策提供科学依据。

b. 腐蚀经济学学科的建立，揭示了腐蚀的实质是经济问题，需要从经济学的角度对其进行系统的研究，有助于人们认识到腐蚀在很大程度上是一种重要的经济现象，腐蚀的消极作用就在于对社会经济的破坏，进而明确，要把这种破坏作用降至最低限度，最主要的方法是经济手段。

c. 腐蚀经济学学科的建立，深刻揭示了腐蚀-经济、经济-腐蚀之间的内在关系，指导人们选择合理的经济增长或经济发展模式，有助于人们掌握经济的适度发展，在获取社会、经济效益的同时，更好地保护资源、能源和生态环境。

d. 腐蚀经济学学科的建立，有助于政府、企业乃至个人对各类腐蚀防护措施的投资效益进行科学评价，强化主动防腐的意识，提高对腐蚀防护投入/产出的认识。

e. 腐蚀经济学学科的建立，能够帮助企业运用腐蚀经济学的理论、方法来系统研究各种腐蚀问题，有利于提高企业预测、控制腐蚀和抵御各种腐蚀危害的能力，进而降低生产成本，提高企业效益。

f. 腐蚀经济学学科的建立，为防腐工程项目的招标、投标、公平竞争，提供了有说服力的防腐施工方案和技术经济分析数据，协助用户选择技术上可行、经济效果最佳的腐蚀防护方案。

2. 腐蚀经济学学科的基本理论框架

腐蚀经济学学科的基本理论框架的构建，也是一个尚待研究的问题。从定义上来讲，理论框架是指利用已有的理论对研究中各概念或变量间的相互关系作以说明，该理论则为该研究的理论框架。理论框架具有系统性，即这些理论是跟研究问题紧密相关的，通过研究问题将这些理论结合在一起，来支持研究。因此，理论框架不是理论的罗列。同时，理论框架是为研究问题服务的，因此，理论一定是研究问题涉及的理论，涉及什么就写什么，涉及理论的某一部分就写某一部分。后续的研究就需要根据理论框架进行具体分析。

根据以上原则，腐蚀经济学学科基本理论框架的构建，通常应包括以下理论。

(1) 基础理论　基础理论的研究，其目的不是解决具体的腐蚀经济问题，而是解决腐蚀经济的基本理论问题，它主要包括腐蚀经济的基本原理或规律和腐蚀经济关系。其中，腐蚀经济的基本原理或规律是腐蚀经济发展的固有规律，它通过腐蚀经济研究是可以发现并得到理论概括的；腐蚀经济关系则是腐蚀与微观经济和宏观经济的发展关系，通过腐蚀经济学学科的研究与探索，它是能够加以科学总结并得到妥善处理的。基础理论是指导微观经济和宏观经济的腐蚀经济理论研究及腐蚀经济实践的理论基础和理论依据。

(2) 方法理论　腐蚀经济学学科的技术与方法理论是研究腐蚀经济中具体实践问题，提供具体的解决腐蚀经济问题的方法与路径，直接指导腐蚀经济实践。如防腐方案选择的经济技术分析，防腐项目投入/产出分析、评价等，都是需要专门研究的处于应用层次的腐蚀经济方法理论，它们为解决腐蚀经济中的具体问题提供科学的方法和手段。

(3) 相关理论　由于腐蚀经济学是正在创建中的一门经济学科，尚未形成自己特定的理论，这就需要研究相关理论，充实、建立自己的理论。与腐蚀经济学相关的学科有：经济学、灾害经济学、安全经济学、工程经济学、生态经济学、环境经济学、资源经济学和发展经济学等。其中，有些原理、方法可直接拿来作为参考，如一般经济学所论述的资金时间价值理论，利润、利税，投入、折旧等；灾害经济学所论述的灾害研究方法、手段，经济分析的路径等；安全经济学所论述的安全事故评估方法、经济性分析等；工程经济学所论述的工程方案比选、评价，可行性分析，项目后评价等，都可借鉴并运用。总之，一门新建学科，离不开相关学科理论的支持，只有在相融合的基础上，才能建立与其他学科相区别且独具特色的理论框架。

总之，腐蚀经济学学科正在创建阶段，很多概念、定义有待于深入研究探讨，很多理论还有待于去创立和发展，很多技术方法还有待于去探索和验证。以上所述，只是笔者研究的初步成果，不足之处，在所难免。笔者希望更多的学者、专家、工程技术人员和管理人员投身于这一行列中来，为创建一门完整、系统、科学的腐蚀经济学学科而作出应有的贡献。

参考文献

[1] 中国地震局震灾应急救援司. 2006~2010年中国大陆地震灾害损失评估汇编. 北京：地震出版社，2015.
[2] 刘伟，王丹. 安全经济学. 徐州：中国矿业大学出版社，2008.
[3] 李金桂. 腐蚀控制系统工程学概论. 北京：化学工业出版社，2009.
[4] Revie R W. Uhlig's Corrosion Handbook. 2nd ed. New Jersey：John Wiley & Sons Inc, 2000.
[5] 杜一. 灾害与灾害经济. 北京：中国城市经济社会出版社，1988.
[6] 罗云. 安全经济学. 北京：中国质检出版社，中国标准出版社，2013.
[7] 罗云. 安全经济学. 北京：化学工业出版社，2017.
[8] 陈文科，熊维明，朱建中，等. 农业灾害经济学原理. 太原：山西经济出版社，2000.
[9] 李玉文，程怀文. 可持续发展中的社会资源研究. 北京：经济科学出版社，2017.
[10] 曲福田，冯淑治. 资源与环境经济学. 3版. 北京：中国农业出版社，2018.
[11] 胡石清. 社会经济人与可持续发展经济学. 北京：社会科学文献出版社，2017.
[12] 姚洋. 发展经济学. 3版. 北京：北京大学出版社，2018.
[13] 郑功成. 灾害经济学. 长沙：湖南人民出版社，1998.
[14] 何爱平. 灾害经济学. 西安：西北大学出版社，2000.

第二章
腐蚀与腐蚀规律解析

腐蚀的历史应追溯到 46 亿年前，最早的腐蚀现象产生于铁陨石、自然铁和自然铜。铁陨石是地球以外脱离原有轨道的宇宙流星或尘碎飞块散落到地球或其他行星表面的未燃尽的石质、铁质或是石铁混合的物质。自然铁主要产于基性、超基性岩浆岩石，极为少见。自然铜是铜元素在自然界天然生成的各种片状、板状、块状集合体。这一类自然元素矿物散落在地球表面，经过风吹、日晒、雨淋后会产生锈蚀现象。但该现象在人类没有诞生之前，对于沉睡的大地而言，无任何影响。人类诞生后，最早使用的金属是陨铁（天然陨石）[1]，金属腐蚀开始由最早的自然现象逐渐演化成自然-社会现象。特别是金属铜与铁诞生以来，人类便与金属有着不解之缘。随着金属工具的广泛使用，人类便与腐蚀建立了相互依存、相互制约、相互促进的互动关系。时至今日，这些关系继续在演化。

从历史看，腐蚀危害是对人类而言的，腐蚀危害相伴人类而生，相伴生产和科技的发展而发展，依次出现了同各个历史时期生产状况、社会文明程度大致相适应的腐蚀-经济关系。

人类与腐蚀形影不离地走过了漫长的岁月，人类对腐蚀的认识也从无到

---

[1] 考古学家曾经在坟墓中发现陨铁制成的小斧；早在古埃及 4000 年前的第五期五朝至第六期五朝的金字塔所藏的宗教经文中，就记述了当时太阳神等重要神像的宝座是用铁制成的。铁在当时被认为是带有神秘性的最珍贵的金属，埃及人将铁叫作"天石"。

有，由浅到深；对腐蚀的研究由点到面，由零碎到系统。目前，人类不仅掌握了腐蚀发生的机理和发展规律，还掌握了控制腐蚀技术，使腐蚀得到了遏制。

第一节 概　　述

一、腐蚀的定义与分类

1. 腐蚀的定义

20世纪50年代前，腐蚀的定义只局限于金属材料。它是指金属在周围介质作用下，由于化学变化、电化学变化或物理溶解而产生的破坏。自20世纪50年代以后，随着非金属材料尤其是合成材料的发展，非金属材料失效的现象也日益突出，而且非金属材料在各个领域有进一步扩大使用的趋势，因此，有些腐蚀学者认为，腐蚀定义应拓宽到所有材料。因而指出，腐蚀是材料受到环境介质的化学、电化学、物理和生物的作用而产生的损坏或变质现象。但在通常情况下，一般是指金属材料腐蚀。本书所涉及的有关腐蚀问题，除注明外，主要是指金属材料腐蚀。腐蚀的后果称为"破坏"（deterioration，NACE定义）或"引起功能损害的性质改变"（changes in the properties of the metal which may often lead to the impairment of the function，ISO定义）。"破坏"的影响，常用"损失"计量。

2. 金属腐蚀的分类

为了系统地了解腐蚀现象及其内在规律，并提出相应的腐蚀防护措施，需对腐蚀进行分类。但是由于金属腐蚀的现象和机理比较复杂，所以金属腐蚀有不同的分类，至今尚未统一。常用的分类方法是按照腐蚀机理、腐蚀形态、腐蚀环境和腐蚀温度分类。

（1）按照腐蚀机理分类　可将腐蚀分为化学腐蚀、电化学腐蚀、物理腐蚀和生物腐蚀。

① 化学腐蚀。是指金属表面与非电解质直接发生化学反应而引起的破坏，在反应过程中没有电流产生。例如，钢铁材料在空气中加热时，铁与空气中的氧气发生化学反应生成疏松的氧化物；铝在四氯化碳、三氯甲烷或乙

醇中的腐蚀等均属于化学腐蚀。

② 电化学腐蚀。是指金属在水溶液中与离子导电的电解质发生电化学反应产生的破坏，在反应过程中有电流产生。例如，金属在大气、海水、土壤、酸/碱/盐溶液中的腐蚀均属于这一类。

③ 物理腐蚀。是指金属和周围的介质发生单纯的物理溶解而产生的破坏。该腐蚀过程没有化学反应，没有电流产生，是一个纯物理过程。例如，金属钠溶于液态汞形成的钠汞齐；钢容器被熔融的液态金属锌溶解，造成钢容器壁减薄破坏等。

④ 生物腐蚀。是指金属表面在某些微生物生命活动的影响下所发生的腐蚀。这类腐蚀很难单独进行，但它能为化学腐蚀、电化学腐蚀创造必要的条件，促进金属的腐蚀。微生物进行生命代谢活动时会产生各种化学物质，如硫细菌在有氧条件下能使硫或硫化物氧化，反应最终将产生硫酸，这种细菌代谢活动所产生的酸会造成金属构筑物的腐蚀。

(2) 按照腐蚀形态分类　可将腐蚀分为全面腐蚀和局部腐蚀两大类。

① 全面腐蚀。是指发生在金属表面的全部或大部分破坏，也称均匀腐蚀。全面腐蚀可以是均匀性的，也可以是不均匀性的。例如，碳钢在强酸、强碱溶液中发生的腐蚀，钢材在大气中的锈蚀等均属于全面腐蚀。

② 局部腐蚀。是指发生在金属表面的狭小区域的破坏。其危害性比全面腐蚀严重得多，它约占设备机械腐蚀破坏总数的 70%，而且可能是突发性和灾难性的，会引起爆炸、火灾等事故。局部腐蚀主要有：电偶腐蚀、小孔腐蚀、缝隙腐蚀、晶间腐蚀、选择性腐蚀、应力腐蚀断裂、腐蚀疲劳及氢脆等。

(3) 按照腐蚀环境分类　可将腐蚀分为干腐蚀和湿腐蚀两大类。

① 干腐蚀。是指在干燥环境中的腐蚀。例如，金属在干燥气体中的腐蚀（氧化）。

② 湿腐蚀。是指金属在潮湿的环境中发生的腐蚀。如自然环境介质中的大气腐蚀、土壤腐蚀、淡水和海水腐蚀、微生物腐蚀；工业环境介质中的酸、碱、盐等的腐蚀，工业水中的腐蚀，石油工业中的腐蚀，电力工业中的腐蚀，核工业中的腐蚀，宇航工业中的腐蚀，等等；生物环境腐蚀，有生物体环境与材料的相容性导致的材料腐蚀，非生物环境与材料的相容性导致的材料腐蚀。

(4) 按照腐蚀温度分类　可将腐蚀分为常温腐蚀和高温腐蚀两大类。

① 常温腐蚀。是指在常温条件下，金属与环境介质发生化学或电化学反应引起的破坏。

② 高温腐蚀。是指在高温（一般温度高于100℃）条件下金属发生的腐蚀。

总之，以上分类方法是从不同角度揭示腐蚀的现象、特点、规律和机制的，各分类方法之间有相互交叉之处。

二、腐蚀的危害与控制

1. 腐蚀的危害

（1）腐蚀危害的定义　腐蚀危害现象由来已久，但腐蚀危害的定义尚无统一认识。国内外众多学者对腐蚀危害都有不同的定义。

既然要将腐蚀作为一门经济学研究，首先必须将腐蚀危害赋予明确的定义，进而划定所要研究的范围。根据腐蚀产生、发展及造成的后果，我们将腐蚀危害作如下定义：由于某种不可控制或未能预料的腐蚀破坏性因素的作用，对生态环境产生突发性或累积性的破坏或恶化，对人身安全和社会财富造成伤害与损失的事件与现象。这个定义包含了以下几层含义：一是突发性，即在人们毫无意识或很少意识到的情况下突然发生；二是危害性，即对人类生命和物质财产产生危害和破坏作用；三是自然性，即通常为自然发生、自然发展，是一种自然-社会现象；四是经济性，即对经济发展起破坏和阻碍作用。

（2）腐蚀危害的成因

① 自身的原因。即金属发生腐蚀其实是一种自发的趋势。在自然界中，少数金属以单质存在，大多数金属都是以化合物，即矿石形态存在。这是因为以这种形态存在最稳定，这称为热力学稳定形态。

② 外部条件作用。与腐蚀密切相关的环境因素有去极化剂种类与浓度、溶液pH值、温度、流速、溶盐与阴阳离子等。

③ 社会经济因素。腐蚀危害形成的原因，不仅与自身因素和外部条件有关，而且与社会经济环境有关，并且这些因素相互交织、协同作用，形成新的危害或加剧了原有的危害。

④ 危害对象。腐蚀危害最根本的共同点就是对人类与人类社会造成危害作用，离开人类社会这一承受体，就无所谓危害。

(3) 腐蚀危害的分类　依据腐蚀危害的成因，可将腐蚀危害分为自然腐蚀危害、人为腐蚀危害、人为-自然腐蚀危害三大类。自然腐蚀危害是人力不能或难以支配和控制的各种自然因素聚集、爆发所致的腐蚀危害；人为腐蚀危害是指在社会经济建设和生活活动中各种不合理行为或故意破坏性行为所造成的腐蚀危害；人为-自然腐蚀危害是指人为因素与自然因素交互作用下导致的腐蚀危害。

① 自然腐蚀危害。包括大气、水、土壤、太空环境等中的腐蚀危害。

a. 大气环境中的腐蚀危害。材料暴露在以地球大气作为腐蚀环境下，由于大气中的水和氧等的化学和电化学作用，而引起的腐蚀破坏称为大气腐蚀破坏。钢铁在大气中生锈就是一种最常见的大气腐蚀现象。统计表明，大约 80% 的金属材料在大气环境下服役。据统计，因大气腐蚀而损失的金属约占腐蚀损失量的 50% 以上，由此可见其危害性之大。

b. 水环境中的腐蚀危害。这里主要是指海水。海水中溶有大量的氯化钠为主的盐类，具有很强的腐蚀作用。各种类型的船舰、海上采油平台、开采和水下输送及储存设备、码头和沿海的各类设施，都面临着严重的腐蚀危害。侯保荣院士指出，海洋环境腐蚀损失约占总腐蚀损失的 1/3，达 7000 亿元。这也反映了我国现阶段海洋环境腐蚀危害现状。

c. 土壤环境中的腐蚀危害。土壤环境腐蚀基本上属于电化学腐蚀。埋设于地下的油、气、水管道，电缆，储罐等，一旦发生腐蚀，导致漏油、气、水或使电信发生故障，给生产、生活和社会的正常秩序都会带来损失危害，有不少灾难性事故便是由地下管道腐蚀引发的。最为典型的案例是山东青岛经济开发区排水暗渠管道发生腐蚀引发爆炸的重大事故，造成 62 人死亡，直接经济损失超过 7.5 亿元。

d. 太空环境中的腐蚀危害。人类探索太空的脚步越来越快，越来越多涉足太阳系的其他星球，在这些星球服役的航天器同样面临着腐蚀危害。如美国的哥伦比亚号航天飞机，2003 年在执行完任务返回地面途中不幸失事，机组成员全部失踪，据分析是由于腐蚀造成的。可见，航天领域的腐蚀不容小觑。

② 人为腐蚀危害。通常发生于以下几种环境。

a. 生产介质。是指酸、碱、盐。石油、化工、化纤、湿法冶金等许多工业部门的生产过程，都离不开它们。但它们对金属的腐蚀性很强，如果在设计、选材、操作中稍有不当，就会导致金属设备的严重腐蚀破坏。石油、化工、化纤等行业的腐蚀之所以比较严重，这是其中一个最为重要的原因。

b. 杂散电流。无论是直流电还是交流电，在运行的过程中，都可能产生杂散电流，杂散电流会对埋设于地下或水中的金属结构物造成腐蚀危害（尤其是线型的管道、电缆一类的设施），甚至会引发严重事故。不少长输管道、电缆由于杂散电流引起腐蚀破坏，并酿成大祸。随着轨道交通业的蓬勃发展，杂散电流腐蚀问题将引起社会的广泛关注。

c. 工业水。包括冷却水、锅炉水及其他工业用水（洗涤水、空调水、工艺用水等）。由于生产工艺的需要，这一类水中通常需要添加一些具有特殊作用的物质，因而强化了腐蚀作用，放大了腐蚀危害。

③ 人为-自然腐蚀危害。例如，人们生产与生活活动造成环境污染，进而造成严重的环境恶化，如酸雨、雾霾、赤潮等即典型的人为-自然现象，进而对金属材料及其相关材料产生腐蚀危害，并造成经济损失。据保守估计，2013年，仅雾霾事件造成的全国交通和健康的直接经济损失约230亿元。将多种损失加总，超过1万亿元，其中腐蚀损失也包括在内。

以上分析表明，无论是自然腐蚀危害，还是人为腐蚀危害或人为-自然腐蚀危害，都是不可完全避免的、客观的自然、社会现象，人类控制腐蚀危害，不是要完全消灭或杜绝腐蚀与腐蚀危害，而是寻求有效的减轻腐蚀危害的措施与路径。

（4）腐蚀危害的规律　腐蚀危害的规律是指各种腐蚀在其由自然现象逐步发展到危害人类与人类社会这一过程中的运动方式与特征。

① 腐蚀危害的突发性与迟缓性。腐蚀危害的形成，通常有两种形式：一是突然爆发；二是缓慢形成。突然爆发的腐蚀危害，通常是人为因素造成的。如直流杂散电流腐蚀，几小时或几十小时，就可以造成腐蚀穿孔。迟缓型的腐蚀危害一般为常规腐蚀型，即日积月累形成的腐蚀破坏。但是，突发性与迟缓性的区分，在很多场合是很困难的。因为突发性的腐蚀危害，也可能是日积月累造成的结果。同样，迟缓性腐蚀危害也有其突发性。迟缓性腐蚀危害在具有一定强度和广度之前，未造成严重的后果，难以被人们察觉，待其强度和范围"突然"扩大到一定值，引起破坏时，才认识到其危害。可见，在这种危害面前，人们很容易放松警惕。

② 腐蚀危害的迁移性和滞后性。腐蚀危害的迁移性是指发生于甲地的腐

蚀能对乙地产生后果；腐蚀危害的滞后性是指腐蚀发生后，其后果不一定全部立即显现出来，有些后果可能会在经过一段时间之后才能显现出来。

③ 腐蚀危害的自然性和社会性。任何腐蚀危害都是多种因子的产物，既有自然界中的因子，也有人类社会中的因子。这两类因子交互作用形成危害，酸雨是最为典型的案例。

(5) 腐蚀危害的作用　腐蚀造成的危害是多方面的，其危害作用主要有以下几点。

① 腐蚀造成巨大的经济损失。主要表现在：一是钢铁材料年腐蚀损失占年产量的10%～20%；二是年腐蚀经济损失占当年GNP的1%～5%，一般$\geqslant 3\%$。世界各国腐蚀损失基本大致相同，说明腐蚀造成如此巨大的经济损失，是全球性的问题。

② 腐蚀造成严重的非经济损失。腐蚀不仅造成巨大的经济损失，而且可能带来严重的非经济损失。非经济损失主要表现在：人的生命、健康损失；环境、资源损失；工效影响损失；声誉影响损失；社会稳定、政治影响损失等。一起重大腐蚀事故，往往在造成巨大经济损失的同时，又造成严重的非经济损失。

③ 腐蚀消耗了有限的资源和宝贵的能源。金属腐蚀是冶金的逆过程，冶金过程是把金属氧化物（矿石）变为金属或合金。钢铁的冶炼过程包括采矿、选矿、炼焦、炼铁、炼钢、轧制等工序。整个过程的各个工序都需要消耗大量的资源能源，而金属腐蚀则是把金属又变回氧化物，无论从哪一方面看，都是浪费，且带来其他一些负面效应。

④ 腐蚀毒化、污染环境。在石油、化工、农药及其他工业中，由于腐蚀造成设备的"跑、冒、滴、漏"，使一些有毒气体、液体泄漏出来，严重毒化、污染环境，后果十分严重。特别是在核工业中，腐蚀引起的泄漏事故，时有所闻。例如，1990年，美国仅轻水堆核电站由于腐蚀不仅引起13亿美元的经济损失，而且导致1万多人被核辐射，并造成环境污染。

⑤ 腐蚀带来了许多灾难性事故。由腐蚀带来的灾难性事故，在世界范围内屡见不鲜。例如，1985年日航一架波音747客机由于机身增压舱端框应力腐蚀断裂而坠毁，机上524人全部遇难。2007年，辽宁省铁岭市某特殊钢有限公司，由于炼钢车间吊运钢水包的起重机主钩在下降作业时，控制回路中的一个联锁常用辅助触点锈蚀断开，致使发生钢水包倾覆特别重大事故，造

成22人死亡，6人重伤，经济损失巨大。

⑥ 腐蚀阻碍新技术的发展。腐蚀问题得不到及时解决会阻碍新工艺、新技术的发展与应用，从而影响生产力的发展和科学技术的进步。例如，在宇宙飞船研制过程中，一个关键问题是如何防止回收舱再入大气层时与大气摩擦生成的热所引起的机体外表面高温（可达2000℃）氧化。经过多年研究发现，采用陶瓷复合材料作表面防护层，此问题方得以解决。近年来，国内外致力于发展的高超声速航天器，其制约研究的瓶颈同样是表面耐热材料及涂层的耐腐蚀问题。

由上可知，腐蚀对国民经济和社会发展的影响是巨大的，它不仅影响着当今社会的发展，而且影响着未来社会的可持续发展，我们应对腐蚀的破坏作用建立起忧患意识，这是一种社会责任，更是一种担当。

2. 腐蚀危害的控制

从以上介绍可知，腐蚀造成的危害极大，不仅带来了巨大的经济损失，而且给人类赖以生存的环境资源造成严重的污染及损耗，与当代倡导的可持续发展理论相悖。因此，加强腐蚀防护技术的研究和推广应用，不仅具有重要的现实意义，而且具有重要的历史意义。

（1）腐蚀的控制方法　经过人类与腐蚀的长期斗争和对腐蚀行为、机理和规律广泛深入的研究，已经建立了一套较为完整的腐蚀防护科学技术理论，探索出一系列行之有效的腐蚀控制方法，并成功地应用于各种腐蚀环境中的金属设备的保护。目前用于控制腐蚀的基本方法有以下措施。

① 开发新型的耐蚀材料。运用腐蚀科学的基础理论，研究和开发新型耐蚀材料，如铁碳合金、高硅铸铁及低合金钢、不锈钢、有色金属及其合金等。

② 电化学保护。对于电化学腐蚀，可以采用阴极保护或阳极保护。

a. 阴极保护。是对被保护金属结构物施以足够阴极电流，使被保护的金属结构物阴极极化而控制腐蚀的方法。

b. 阳极保护。是对被保护的金属设备表面施加足够的阳极电流，使金属的电位达到并保持在钝化区内，以防止被保护金属设备腐蚀的方法。

③ 改变腐蚀环境。采取各种技术措施和手段，降低环境的腐蚀性。

a. 介质处理。包括除去介质中的有害成分（脱气、除氧、脱盐），调节介质的pH值，改变气体介质的温度等。

b. 去应力处理。应力存在将使腐蚀加速，去除应力的处理对控制腐蚀十分重要。

c. 添加合适的缓蚀剂。如果设备某些部位处在封闭或循环体系中,可添加合适的缓蚀剂进行腐蚀控制。

④ 将材料与腐蚀介质隔绝处理。包括各类保护涂镀层、改性技术(通过物理或化学的手段,改变材料表面的结构、力学状态、化学成分等),达到控制腐蚀或隔离材料与腐蚀环境的目的。

⑤ 对腐蚀实施即时监测、监控。通过对腐蚀的即时监测、监控,跟踪了解腐蚀的即时状态,及时调整控制措施,以延长设备的有效服役寿命,把腐蚀和腐蚀事故降低到最小限度。

(2) 腐蚀的综合治理 包括工程与非工程两个方面。在工程防腐方面,着重抓好设备的防腐设计、生产、制造、加工、安装等环节腐蚀因素的控制;在非工程防腐方面,注重抓好腐蚀防护基础知识、腐蚀安全知识、腐蚀救护知识的教育培训,严格操作规程、加强腐蚀管理等。将两者有机融为一体,即称之为"防腐蚀系统工程学"。

大量的腐蚀案例说明,若能充分利用现有的腐蚀防护技术,实施严格的腐蚀管理,就可能使腐蚀损失降低,同时也可节约大量的资源能源,减轻对生态环境的破坏,避免人员伤亡。资料数据显示,充分利用现有的腐蚀控制技术,可降低腐蚀损失30%左右,但仍有60%以上的腐蚀损失尚无行之有效的方法来控制,这将是人类发展进程中的永恒课题。

三、腐蚀的属性与特点

1. 腐蚀的属性

历史唯物主义告诉人们,任何事物的发展都应该从自然环境和人类社会的相互关系、相互作用中去考察。同样,腐蚀作为始终伴随着社会发展的现象,也应该理解为自然现象与社会矛盾的一种演化与冲突。它与自然、社会、经济有着千丝万缕的联系,并在自然演化、社会进步、经济发展的过程中,表现出其特有的自然属性和社会属性。

首先,在远离人类社会的地方(人类诞生以前的地球或荒无人烟的地方),即便是发生腐蚀现象,也不会造成危害。随着人类社会的出现与发展,这些自然现象的纯自然属性被改变了,被赋予了社会经济属性,原本正常、自然的现象,由于对人类与人类社会造成了不利影响,而被称作腐蚀危害。

由此可见，腐蚀危害产生于自然与社会环境。

其次，腐蚀的成因也包括自然因素的作用与社会经济因素的作用，是两类因素相互交织、共同作用的结果。

(1) 腐蚀的自然属性　腐蚀是一种自然演变过程，是自然、社会环境条件的变化引起的，是一种客观存在，具有与自然社会环境变迁及生物相联系的自然属性，这种客观的必然性，就是腐蚀的自然属性。

腐蚀的自然属性可以从以下几个方面进行分析。

① 自然性。腐蚀过程就像水从高处向低处流动一样，是自发进行的。在自然条件下，金属铁自发地转变为能量更低的化合物状态，从不稳定的高能态变为稳定的低能态。

② 周期性。通过对大量腐蚀现象的观察分析，腐蚀自孕育、形成、发展、爆发，有其自身的周期性规律，只是这种内在规律目前还不被人们所掌握。

③ 隐蔽性。腐蚀是一种隐蔽进行的破坏，常不被人们所觉察就可能造成重大经济损失和灾难性事故。

④ 持久性。腐蚀并不会因为人类社会的进步而消失，相反，它随着人类社会的发展而陪伴始终，人类要彻底征服腐蚀，还任重道远。

(2) 腐蚀的社会属性　腐蚀危害是相对人类和人类社会而言的，即使同样的腐蚀，如果发生在非人类存在的空间，也许就不能称为腐蚀危害，即腐蚀具有与人类和人类社会经济活动相联系的社会属性。

腐蚀的社会属性可以从以下四个层次分析，即腐蚀危害的存在、腐蚀危害的产生原因、腐蚀危害过程和腐蚀危害最终结果。

① 腐蚀危害的存在是以人类社会的存在为前提的。在人类诞生以前，腐蚀现象已广泛存在于自然环境中。自从人类社会诞生后，腐蚀危害便有了针对性，即最早是对原始生产工具的破坏，随着人类社会的发展，腐蚀危害也随之发展，并逐步强化。因此，腐蚀危害作用是自人类诞生以后才产生的。换言之，腐蚀影响施加于人类和人类社会的时候，才有了危害。

② 腐蚀危害产生原因的社会性。经济学原理告诉我们，生产力决定生产方式，而生产方式又决定着人们的生活方式，腐蚀的发展即蕴藏于生产力、生产方式和生活方式的发展进程之中。通过对人类历史的考察不难发现，腐蚀是随着生产力、生产方式和生活方式的不断发展而不断趋向膨胀的。

原始社会是人类社会的蒙昧时代，生产力水平极端低下，人们只能以氏族为单位，依靠自然资源如野果、野兽等为生。那时的腐蚀危害极其轻微，原始社会的人类既不明白发生这种现象的原因，也无力去控制它，实际上，也没有必要去控制它。这一时期的腐蚀几乎还是自然现象，并未对人类社会造成多少危害。

进入农牧社会后，人类开始了农牧作物生产和畜牧饲养，社会生产力水平虽然低下，但生产力水平较原始社会却有了明显的提高。生产力水平的提高、生产方式和生活方式的进步，带来的腐蚀问题日益增多，危害结果日益加重。当然，这种现象还基本上局限于自然腐蚀现象的膨胀。

进入工业社会后，人类社会的生产力水平得到显著提高，机器化大生产取代了农牧社会的手工业生产而成为生产的主要方式，社会成员由个体劳动走向社会化。人类为了生存和发展的需要，不断增强了对自然的改造和征服。工业化以来，人类自觉不自觉地向自然界无限制索取各种资源，并将越来越多的废弃物遗弃于地球表面。多种不合理活动的积累都直接或间接地对腐蚀的形成和发展产生越来越大的影响。这种影响范围大、后果严重，不但诱发了许多人为腐蚀，加剧了自然环境腐蚀的严重性，而且大部分腐蚀与腐蚀危害的发生都明显反映出人为化诱因，且加快了腐蚀由自然态向人为态、混合态发展。总之，当今社会，我们几乎可以从所有的腐蚀与腐蚀危害中找到人类行为的烙印。

③ 腐蚀危害过程的社会性。任何腐蚀的过程都是危害社会的过程。人类活动的日益强大对腐蚀与腐蚀危害带来了双重效应。一方面，人类控制腐蚀的能力日益增强，使腐蚀与腐蚀危害可以相对减轻；另一方面，腐蚀与腐蚀危害的程度和破坏性也在大大被强化和放大。产生这种现象的原因，一是取决于生产力和科学技术的发展水平；二是取决于社会制度、社会管理水平和社会成员的素质。腐蚀危害的社会过程表明，腐蚀虽然不可避免，但腐蚀危害是可以相对减轻的，人类应当有所作为，寻求腐蚀最小化和最终控制腐蚀，这是人类最终要实现的目标。

④ 腐蚀危害最终结果的社会性。腐蚀危害的定义是腐蚀自然发生或人为产生的、对人类和人类社会具有破坏性后果的事件。这一定义强调了腐蚀的社会效果，凡是对人类和人类社会造成腐蚀危害的事件，都属于腐蚀危害。概括起来，包括人类创造的资产财富等物质财富的损害，自然人的生命与健

康的损害，各种自然资源的损害，腐蚀事故救援的投入费用等。总之，腐蚀危害的最终结果表明，任何腐蚀危害都是对人类和人类社会造成的破坏性后果，这足以说明腐蚀危害最终结果的社会性。

2. 腐蚀的特点

在这里，腐蚀特点是指由各类腐蚀所组成的腐蚀总体的特点，即各类腐蚀的共同特点，而不是单一腐蚀类型的特点。

(1) 腐蚀的普遍性与恒久性　腐蚀的普遍性是由金属的本质所决定的。因为在自然界中大多数金属常以矿石形式（即金属化合物的形式）存在，而腐蚀则是一种使金属回复到自然状态的过程，即金属由能量高的单质状态自发地向能量低的化合物状态转变的过程。本质是金属物体所固有的根本属性，是不可轻易改变的。所以自人类开始有目的地使用金属材料以来，虽然经过几千年的历史变革，但腐蚀的基本属性没有变。因此，这种属性决定了凡是使用金属材料的地方，都存在腐蚀，从而决定了腐蚀的普遍性与恒久性。

腐蚀的普遍性与恒久性其实质是一致的，都是腐蚀发生的必然性。这种必然性在时间序列上表现为恒久性，在空间序列上表现为普遍性。

腐蚀的普遍性与恒久性在客观上要求人们充分认识腐蚀发生的必然性，并持之以恒地开展腐蚀防护工作。

(2) 腐蚀的多样性与差异性　腐蚀的类型是多种多样的，并且这些腐蚀在形成的原因和机理、产生的过程和方式与后果及其影响的所及对象等方面都存在极大差异。这就产生了腐蚀的多样性与差异性。

不同的腐蚀类型，造成的腐蚀后果是不一样的。通常情况下，局部腐蚀一般要严重于全面腐蚀，灾难性事故大都是由局部腐蚀造成的。

即便是同一种类型的腐蚀，发生在不同的结构上，其后果也是不一样的。如应力腐蚀，发生在油、水管道上与发生在飞机上，其后果会大不相同。

即便是在其他都相同的条件下，所处的环境不一样，其后果也会不一样。发生在工厂、城市一般要重于野外、农村。

腐蚀的多样性与差异性是造成腐蚀复杂性与模糊性的一个重要因素。

(3) 腐蚀的全球性与区域性　腐蚀的全球性是指腐蚀在全球每一个角落都可能发生。即任何使用金属材料的地方，都不能避免腐蚀损害，这体现了腐蚀全球性的同时，也体现了其公正性。

腐蚀的区域性是指腐蚀发生范围的局限性。即不同的地域不同的环境，所造成的腐蚀后果是不一样的。例如，同样的碳钢 Q235、纯锌、黄铜、高强铝合金，在重庆的腐蚀速率分别是北京的 2.4 倍、2 倍、4 倍和 20 倍。

腐蚀的全球性与区域性并不矛盾。前者是就宏观环境而言的，后者是就微观环境而言的。可见，两者具有一致性。

（4）腐蚀的随机性与可预测性　腐蚀的发生发展，受多种因素的影响，就某一腐蚀而言，似乎是不能事先确定的，这就是腐蚀的随机性。而腐蚀的发生发展，总是会有一些异常特征，人们可以利用这些异常特征对腐蚀状态进行预测，这就是可预测性。例如，埋设于地下上千公里长的管道，很难事先确定发生腐蚀穿孔的具体地点，即便是能够预测出大致地段，也难以确定发生的具体时间，这就导致了腐蚀破坏的具体部位和时间的随机性。目前，为了保证埋地油气管道安全运行，常进行密间隔电位测量（CIPS），这一测量不仅可以判定管道上是否有杂散电流干扰存在，及干扰的影响范围大小等，还可以判定管道是否存在"宏电池"，运用"异常状态"来预测分析、判断腐蚀事故发生发展的可能性。因此，腐蚀的随机性与预测性是相对于人类的认识水平而言的，是可以相互转化的，具有对立统一的关系。

（5）腐蚀后果的双重性　腐蚀造成的后果通常是有害的，但也不是所有的后果都是有害的，所以腐蚀的后果具有双重性。如腐蚀破坏可造成设备零部件的损毁，但利用腐蚀的原理，对金属部件进行精加工（如浸蚀、化学加工、抛光等），是目前其他方法所不能代替的，而且在工业中有着广泛的应用，特别是在一些高科技领域具有非常重要的地位。

研究腐蚀后果的双重性，并不是要淡化对腐蚀危害性的认识，而是要客观公正对待腐蚀。

第二节　腐　　蚀

自人类诞生以来，随着社会经济的发展，腐蚀由自然现象逐渐演化成腐蚀问题。可以肯定，没有人类的存在，也不存在腐蚀危害，腐蚀危害是人类在发展经济过程中产生的。因而不难看出，腐蚀危害与人类社会经济的发展密切相关，而且是一个随着人类社会不断发展而不断发展的永久命题。

人类经过长期的观察和探索,发现"腐蚀问题实质是一个经济问题"[1]。说它是一个经济问题,主要依据是:从腐蚀损失的角度来讲,其主要特征是经济损失;从腐蚀控制的角度来讲,其主要措施是经济投入;从腐蚀影响的角度来讲,其主要作用是阻碍经济发展;从腐蚀事故处理的角度来讲,其主要方法是经济手段。

一、腐蚀的实质

(一)从腐蚀损失的角度,其主要特征是经济损失

腐蚀损失涵盖的内容十分广泛,既包括经济损失,又包括非经济损失。再细分的话,经济损失中包括直接经济损失和间接经济损失;非经济损失中包括直接非经济损失和间接非经济损失。实质上,无论是什么样的损失,都是可以计量的损失,只是表现的形式与计量方法不同而已。我们知道,任何腐蚀都是以破坏人类社会的正常生产和生活秩序并导致损失为后果的,各种损失后果是确认腐蚀和衡量腐蚀大小的最直接、最基本的标志,它们都可以根据一定的计算方法进行经济上的量化,这一共同特征使各种腐蚀均有了一个可以通用的表达方式:

$$腐蚀损失 = 可以计量的损失 \qquad (2-1)$$

各种腐蚀造成的损失,可以概括为如下几项:

1. 物质财富损失

物质财富损失,主要包括设备、设施、工器具等固定资产因腐蚀损毁而造成的经济损失;还包括材料、产品等流动资产的物质损失等。这两类损失,一般都可以参照市场价格来计算,也是腐蚀破坏最为直接、最为普遍的后果之一,实质上是人类物化劳动与活劳动的损失,因而也是直接经济损失。

2. 生命健康损失

从经济意义上讲,在现实社会中,自然人的生命与健康都是具有相应的经济价值量的。首先,自然人的成长过程是需要成本的,这种成本是可以计量的;其次,人在创造物质财富的过程中,所付出的代价即经济回报所得也是可以计量的(如工资收入和各种报酬等);再次,当自然人的生命健康受到损害时,为弥补这种损害必须付出相应的代价,这种代价通过有关计算方法和转换技术,也是可以价值化的,即用货币的形式来体现其损失价值。如生

命价值损失,常用人力资本法、工资-风险法和消费市场法来推算,最后以货币赔偿为终结。健康损失亦是可以计价的,详见第四章。

3. 环境资源损失

腐蚀造成的环境资源损失,是指腐蚀造成的环境降级与资源耗减损失。这类损失的统计,目前尚有一定的困难。科学工作者已在这方面做了大量的研究和有益的探索。如环境资源价值损失评估,可运用市场法、替代市场法和条件价值法进行测算。

4. 其他损失

其他损失包括工效、声誉、政治与社会安定损失等,这些也可以用经济价值来衡量。如声誉损失,首先对声誉的价值进行评估,其方法可分为超额收益法和割差法。在得到声誉值的评估价值之后,就可以对腐蚀或腐蚀事故所引起的声誉损失进行评估。即事故引起的声誉损失价值=声誉的评估值×事故引起的声誉损失系数。

由上可见,无论是什么样的损失,最终结果都是以价值量来体现的。其中有些项目的评估存在争议,如生命、健康等一类非经济损失,不同的学者有不同的解释。但无论怎样,现实社会要从实际出发,使极为复杂的社会问题得到解决才是人类智慧的结果。有关讨论详见第四章。

(二)从腐蚀控制的角度,其主要措施是经济投入

解决腐蚀危害问题,尽管需要采取各种法制的、社会的、行政的、工程与非工程的手段,但若离开了经济的支撑,任何其他手段都不可能有所作为,甚至根本不可能实施。

从腐蚀控制的角度,其经济投入主要体现在以下几个方面。

1. 腐蚀前投入

腐蚀前投入是指自设备设计、制造、安装开始前,为防止腐蚀所付出的费用。

设计时,包括材料选择、防腐蚀结构设计、防腐蚀强度设计、符合防腐蚀要求的加工方法、保护措施等,所产生的费用。

制造时,包括为防腐蚀而在加工、装配及制造过程管理中所产生的费用。

安装时,包括为满足包装、运输、施工、安装中的防蚀要求而产生的费用等。

2. 腐蚀时投入

腐蚀时投入是指自设备投入运行后至全寿命期内，为防止腐蚀所付出的费用。

设备运行时，包括正常运行时的腐蚀控制、防腐蚀管理等产生的费用；异常运行时，早期测试、分析，而后排除、维修、保养，后期的试运行产生的费用，以及开车前和停车后的防腐蚀管理所需的费用等。

3. 腐蚀后投入

腐蚀后投入，是指腐蚀损坏造成的损失，包括日常损失和事故损失。

日常损失，包括零部件更换、维修的费用，停产、停业造成的损失，其他关联损失等。

事故损失，包括经济损失，人员伤亡损失，环境污染罚款，救援、补助、赔偿等。

以上种种花费和损失，都需要经济来支撑，没有经济作基础，所有的一切都难以解决，都是纸上谈兵。

（三）从腐蚀影响的角度，其主要作用是阻碍经济发展

尽管腐蚀的不利影响是多方面的，但最为突出的是对经济发展的影响。

1. 影响微观经济发展

从微观的角度看，腐蚀会造成严重的财富及生命健康损失，对微观经济发展产生直接破坏和阻碍作用。对于一个企业来讲，腐蚀造成设备毁坏、零部件维修的花费；引起设备渗漏导致贵重产品的损失；污染使高纯度产品受到影响而产生的损失；增加腐蚀控制投入产生的费用；多余腐蚀裕量的费用等，都是企业生产消费成本支出。此外，如果发生腐蚀事故，还将产生污染罚款、公共责任索赔；导致市政工程受损索赔；产成泄漏产品的清除费；中断生产、停业的损失；事故救援、生产恢复等产生的费用及损失，这些都由企业承担。企业生产成本和非生产性消费的增加，必然会影响其收益，使企业的正常投入和再生产发展受到限制。

另外，因腐蚀事故造成停产、停业，还可能导致企业重要的技术更新改造项目无法按时进行，进而造成产品竞争乏力，最终被迫从市场竞争中退出，企业因此而进入衰退期。在此，腐蚀造成的直接经济损失仅仅是腐蚀事故发生时导致的物质财富的损失，而因停产、停业造成技术更新改造项目不能顺利进行、市场竞争失败等则是腐蚀带来的间接经济损失，这种间接经济损失

对企业的影响也是极为严重的,有时甚至是致命的。

对于一个家庭来讲,如果有人在腐蚀事故中受到伤害,给家庭造成的直接经济打击显而易见,然而,随着时间的推移,间接经济损失及其相关损失将逐步显现出来。如某企业员工在一次腐蚀爆炸事故中伤残,花了几十万元的医疗费,经治疗后不再适应原有工作岗位,另换工作后收入降低了30%,进而导致全家生活水平下降。在此,工伤后的医疗费等是一种直接经济损失,而受害人重新选择适于自己工作能力的岗位而因工资下降所造成的损失是间接经济损失,这种间接经济损失使得受害者家庭成员的生活水平下降。可见,腐蚀造成的间接经济损失是微观受害体遭受腐蚀事故损害的一个重要方面。

2. 影响宏观经济发展

从宏观的角度看,腐蚀危害既是一个个具体的腐蚀展示的微观问题,同时也是一个个具体的腐蚀组合起来的宏观问题。通过对当代社会无数腐蚀危害的观察与研究,我们可以发现,腐蚀对宏观经济的影响,主要表现在:

一是对即期经济发展的影响。一般情况下,腐蚀虽然在短期内能造成一定的负面影响,但是暂时的,对宏观经济指标可能会产生波动,但不会影响GDP。

二是对未来经济发展的影响。腐蚀消耗了大量不可再生资源,挤压了后人发展经济的空间,必然会影响未来经济的发展。

三是对社会经济可持续发展的影响。腐蚀造成环境污染,对人类生存环境造成了威胁,影响人类身体健康,直接影响着社会经济的可持续发展。

(四)从腐蚀事故处理的角度,其主要方法是经济手段

腐蚀事故,一般是指造成死亡、疾病、伤害、损坏或者其他损失的意外情况。处理腐蚀事故,尽管有多种多样的方法,但若离开了经济这一基本要素,任何方法都是苍白无力的。

1. 人类创造的物质财富损失

腐蚀事故的发生直接作用于人类所创造的物质财富,包括一切通过人类劳动创造的各种物质意义上的财产物资,如房屋建筑、机器设备、各种生产消费资料、公共设施等。这些损失的修复和更换都需要经济来支撑,若没有经济作为基础,企业很难从困境中走出,带来的后果将是复杂的。

2. 自然人的生命与健康损失

腐蚀事故的发生不仅直接作用于物质财富，而且直接作用于人类本身，造成自然人的死亡和健康受损。这些问题的处理，亦需要经济来支撑，没有经济作保障，尚难解决。

3. 环境资源损失

腐蚀事故造成环境与自然资源损失，集中表现在：环境质量的降级和资源的破坏。环境资源是人类社会财富极为重要的组成部分，一旦受到破坏，尚需投入财力、物力和人力进行修复，缺了经济因素，将寸步难行。

4. 事故救助、救援费

腐蚀事故发生后，为了今后经济的持续发展和社会稳定，人们必须采取相应的救援措施，投入相应的人力、物力和财力。因此，经济因素是解决腐蚀事故的客观基础。另外，事故救援过程中所消耗的物品、器材、人力等，也是实实在在的经济支出，这些投入都需要经济作基础，没有经济作后盾，将举步维艰。

前面的分析充分表明，从社会意义上讲，腐蚀是相对于人类社会特有的异常现象，它随着人类社会的发展而不断发展，是人类面临的重大负面影响因素；从经济意义上讲，腐蚀是可以计量的损失，是环境资源的破坏、社会财富的毁灭、人员的伤亡、生产的中断和生活的失常，它与经济发展存在着内在的关联，与国民的生存与发展关系紧密；从解决腐蚀危害的角度讲，目标是尽可能地降低腐蚀造成的各类损失，基本方法则是经济手段，其后果在很大程度上取决于经济因素。至此，可以得出"腐蚀的实质是经济问题"的结论。

二、腐蚀的基本特征

通过以上对腐蚀的实质是经济问题的阐释可以看出，各种腐蚀均是不以人的意志为转移的客观的自然-社会现象。腐蚀经济不取决于一国或一地区或一企业或一家庭的经济，而是取决于一国或一地区或一企业或一家庭所遭受或可能遭受的腐蚀危害，即取决于各种腐蚀的发生与发展规律。腐蚀危害具有以下基本特征。

1. 腐蚀随着社会文明的进步而不断发展

随着社会文明的进步，腐蚀也得到了不断发展，腐蚀种类越来越多，腐蚀危害越来越广泛。腐蚀已突破了纯自然发生的范围，不断向传统工业领域延伸，向新生领域扩散。可以说，腐蚀在根植于地球系统任何角度的同时，又向月球、火星等星球扩展，人类文明发展到哪里，腐蚀就会跟随到哪里，哪里就会存在腐蚀危害，这已是被几千年的人类文明发展史所证明的规律。自远古社会，到今天的信息社会，无不留下文明与腐蚀协同发展的烙印。

人类发展的历史，也是与腐蚀不断斗争的历史。早在 36 亿年前，地球上就出现了最古老的原始生命，经过长期演化，终于在距今约 4.5 亿年形成了完整的、连续的生物圈层，又在距今约 200 万～300 万年前出现了人类。腐蚀危害自彼时起，便与人类相生相伴。在远古的旧石器时代，人类的祖先挖穴而居，栖树而息，以采集、渔猎为生，虽有腐蚀危害，但其危害微乎其微。当跨入新石器时代，人类进入农业社会，标志着社会生产力的伟大进步，人类终于把自己从大自然中分离了出来。然而，各种腐蚀不但没有减少，反而更加繁多，更富危害性。200 多年前，人类进入工业时代。工业时代的人类社会，科学技术的发展使得社会生产力飞速发展，机器大生产和冶炼、石油等能源的开发利用创造了巨大的社会财富，人类改造自然的能力大大提高，人类与自然的关系日益深化。然而，与此同时，人类与腐蚀的矛盾也日益激化，腐蚀危害日益扩大化。到了 20 世纪 60 年代，社会便进入信息社会，是脱离工业化社会以后，信息起主要作用的社会。然而，信息化社会给人类带来福音的同时，又进一步加重了腐蚀危害，且愈演愈烈。这不得不引起各国政府的重视，也就在这个时候（20 世纪六七十年代），许多发达国家率先进行了腐蚀损失调查，其结果在国际社会上引起了强烈反响。

随着人类文明的进步，人类活动和自然界相互作用的范围越来越广，彼此之间的影响程度也日益加大，腐蚀危害更多地表现出复杂性的特点，人为和自然-人为腐蚀的影响程度日益加重。但是，人类控制腐蚀的能力也日益增强，腐蚀造成的人员伤亡逐渐减少，但是腐蚀发生的概率和腐蚀造成的危害日益增多，其经济损失不断攀升。

2. 腐蚀随着经济的发展而不断增强

从客观意义上讲，腐蚀的发生、发展有其自身的客观规律，各种腐蚀自古以来便影响制约着人类社会发展。在当代社会，腐蚀已成为地球系统与人类社会系统相互作用的产物。作为影响人类社会正常运行的重大消极因素，腐蚀问题始终伴随着经济的发展。产生这种现象的原因有：

（1）基础设施建设规模不断扩大，腐蚀危害随之扩大　经济发展离不开基础设施建设的助推。基础设施作为经济社会发展的基础和必备条件，可以为发展积蓄能量、增添后劲，而基础设施建设滞后可能成为制约发展的瓶颈。基础设施包括公路桥梁、港口码头、水利工程、电网、通信和城乡供水、供气、供电等。

2008年，中国政府推出"千万亿"经济刺激计划，其中绝大部分是基础设施建设项目。这些项目，大都是耗用钢铁材料比较多的项目。钢铁材料用量越多，腐蚀与腐蚀损失越严重，腐蚀危害越突出，这是腐蚀客观规律造成的。下面有一组调查数据可以充分说明这一点。

2014年，腐蚀调查结果显示，中国公路桥梁领域腐蚀成本总额为623.7亿元，其中514.9亿元用于新建道路和桥梁中的防腐工作，108.8亿元用于道路防腐维护维修。由此可知，公路桥梁领域腐蚀成本约占道路和桥梁建设投资规模（15460.9亿元）的4.03%。

2014年，中国港口码头行业直接腐蚀成本金额为26.3亿元，其中24.4亿元用于新建港口码头的防腐工作，另外约1.9亿元用在港口码头与腐蚀相关工作的维护维修。由此可知，港口码头行业直接腐蚀成本占当年该行业投资总额（1459.9亿元）的1.8%。

2014年，中国水利工程共投资4881亿元。水利工程行业的直接腐蚀成本为99.1亿元，建设过程中防腐蚀技术的应用和金属装置构件的使用成为防腐蚀成本的主要来源，该费用约占水利工程行业投资规模的4.03%。

把各类基础设施腐蚀成本加总，则为814.5亿元，占腐蚀总成本的7%。

随着"一带一路"建设的全面展开，基础设施方面带来的腐蚀危害，将会日益突出，并趋向严重。由此可见，腐蚀危害不仅仅是一个国家的问题，而是国际问题。

（2）随着生产制造业的蓬勃发展，腐蚀危害愈加突出　经济发展，离不开制造业的发展，制造业的发展，又进一步加重了腐蚀危害。制造业是指对制造资源（物料、能源、设备、工具、冶金、技术、信息和人力等），按照市场要求，通过生产制造过程，转化为可供人们使用的大型工具、工业品与生活消费品的行业。制造业直接体现了一个国家的生产力水平，在国民经济中占有重要份额，同时也是腐蚀成本最高的领域。

据 2014 年调查，中国冶金行业直接腐蚀成本为 1040.2 亿元，约占行业产值的 1.40%。化工行业直接腐蚀成本为 1471 亿元，约占整体市场规模的 1.67%。造纸行业直接腐蚀成本估算为 97.8 亿元，约占行业市场规模的 1.24%。电子工业的直接腐蚀成本为 2248 亿元，约占行业规模总投资（23980.20 亿元）的 9.37%。农业机械行业的直接腐蚀成本为 98.7 亿元，约占该行业总产值的 2.50%。文物古迹保护过程中共花费 364 亿元，其中直接腐蚀损失估算为 122 亿元，占保护费的 33.52%。将各类生产制造业及公共事业腐蚀成本加总，则为 5285.4 亿元，占腐蚀总成本的 47%。

为什么生产制造业及公共事业腐蚀成本如此之高呢？究其原因，主要有两点：

一是中国拥有世界上最大的生产制造业，庞大的制造业，必然使用大量的金属材料，大量金属材料的使用，又必然会带来巨大的直接腐蚀成本[1]。再者，中国众多的人口和大量、快速的设备折旧也一定程度上使得该领域腐蚀成本提高。

二是在加工制造过程中，损伤了材料固有的耐蚀性、耐磨性和耐疲劳性能，留下了腐蚀隐患。制造加工产品，在使用运行过程中，动应力、静应力、强度、压力、介质对制成零部件的材料发生了破坏作用。在停机或使用过程中，各种自然环境，包括湿度、温度、气压、大气污染等因素协同作用，互为加强，使材料提前失效，引发种种腐蚀事故，造成经济损失。

（3）随着工业发展，人为-自然环境腐蚀危害日益加剧　随着工业化进程的加快，环境污染问题日益严重，生态环境持续恶化。如全球温室效应、臭氧空洞、厄尔尼诺现象、海洋赤潮、酸雨、雾霾等，几乎都是人类与自然共同作用导致的。环境污染恶化，不仅破坏着整个人类赖以生存和发展的地球生态环境，而且直接销蚀着社会财富，其中，腐蚀危害加重，便是众多问题中的一个方面。

例如，我国酸雨分布面积占国土面积的 30%。酸雨是严重的人为-自然现象，具有很强的腐蚀性，对金属、石灰石、砂石和混凝土都具有腐蚀作用，因而造成工业材料与建筑材料的破坏，引起巨大的经济损失。美国在 1981 年

---

[1] 直接腐蚀成本=总腐蚀成本-间接腐蚀成本；总腐蚀成本=直接腐蚀成本+间接腐蚀成本；间接腐蚀成本=直接腐蚀成本×系数。

因此而损失20亿美元。另据欧洲经济合作发展组织1985年估计，该组织成员国因酸雨造成的建筑材料方面的损失为200多亿美元。中国20世纪90年代末，因酸雨造成材料腐蚀的直接经济损失约为30亿元。

再如，目前我国四大"雾霾带"几乎涵盖了所有工业化城镇化最发达和人口最密集的地区，它不是"单打独斗"，而是组合集群。雾霾也具有较强的腐蚀性，雾霾对电子设备元器件具有很强的腐蚀损伤，在这些电子设备的表面看不到任何影响，但是日积月累就会暴露出问题。雾霾对建筑文物的彩绘和木建筑物件会造成腐蚀损害，特别是对石刻的风化会加剧。雾霾会对电力系统造成腐蚀损坏，导致电瓷瓶被击穿，进而造成线路中断。"雾闪现象"不仅会造成电力机车停运、工厂停电，甚至可能造成市民生活断电等情况发生。雾霾加大了金属表面的腐蚀速率，导致腐蚀破坏速度加快（包括汽车、飞机、火车、船舶等交通运输工具）。雾霾会腐蚀电路板，在导线与导体之间可能产生电弧，这样的电弧通常会烧坏元器件。除此之外，雾霾还有其他破坏作用。

这里只讲述了酸雨与雾霾造成的腐蚀危害，其他现象也会加剧腐蚀，而且这些问题不仅仅是一个国家、一个地区的问题，已是全球性的问题，仅靠一个国家、一个地区的努力还不行，需要全世界联合起来，才可能有成效。

3. 腐蚀随着人口膨胀而不断扩大

腐蚀是客观存在的，不以人的意志为转移。只是人类出现以后，特别是人类进入阶级社会以后，腐蚀与腐蚀危害越来越多地打上了人类活动的烙印。随着生产力的不断发展，人类活动对腐蚀的影响日益扩大。特别是人类社会进入产业革命后的二三百年以来，随着人口的急剧膨胀，工农业的迅速发展，科学技术的飞速进步，人们在生产活动中所掌握的工具和手段的不断更新，活动广度、深度的迅速扩展，腐蚀与腐蚀危害中人口因素的影响越来越大，腐蚀问题日益加剧。

(1) 人口的急剧增长，使腐蚀与腐蚀危害的对象日益增加　一方面，人口急剧增长，必然使受腐蚀威胁的对象增加。纵观人口增长史与腐蚀发展史，我们发现越往前人口增加1倍的时间越长，越往后，增加1倍的时间越短。自公元元年起，人口增长1倍约用了450年，第二次增长1倍时间为400年，接着是100年，45年，目前是35年左右。腐蚀发展的历史与人口增长的历史是协同发展的，人口越少，腐蚀危害的对象越少，腐蚀危害的作用越小。人口增长，腐蚀危害的对象随之增加，腐蚀危害的作用也随之增强。因此，目前腐蚀危害与过去已不可同日而语。同时，随着人口的增长，社会财富也相应增加，必然会使腐蚀危害的物质对象增多。因此，随着人口的急剧膨胀，腐蚀危害对象日益增多，腐蚀损失日益严重，这是已被几千年的人类与腐蚀发展史所证明的基本规律。这种协同发展规律，在一定的时期内，将会延续。

（2）人口持续膨胀，导致环境恶化，使得各种致腐因素不断强化　人口持续膨胀，需要解决的问题很多，其中，与腐蚀危害直接关联的问题是人类要生存、发展，必须扩大再生产。扩大再生产是指在扩大规模上进行的再生产过程。其基础是剩余价值的一部分用于生产性积累。扩大再生产可以分为内涵型扩大再生产和外延型扩大再生产两种。内涵型扩大再生产是生产技术和生产要素的质量不变，单纯依靠增加生产资料、劳动的数量和扩大生产场所来扩大生产规模。外延型扩大再生产亦称粗放型扩大再生产，以生产向广度发展为特征。由此可见，社会再生产，不论是简单再生产还是扩大再生产，就其内容来说，既是物质资料的再生产，又是生产关系的再调整。一方面，再生产必须产出一定的生产资料和生活资料，用来补偿或增加已消耗的物质需要；另一方面，任何生产又都具有一定的社会形式，都是在一定的生产关系下进行的。尽管经济新常态要求经济发展速度从高速增长转为中高速增长，经济结构不断优化升级，发展动力从要素驱动、投资驱动转向创新驱动，但是，新中国成立以来，特别是改革开放以来，所形成的产业布局、经济结构、发展方式等，难以在短时间内快速调整过来，还会惯性运行。而此时，扩大再生产以满足人口持续膨胀又是刚需，一刻也不能停歇。因此，这期间，高投入、高消耗、高污染的问题亦会持续，环境恶化问题依然会蔓延，因而带来的腐蚀危害亦是严重的。

（3）人口持续增长，带来的巨大消费，使腐蚀范围进一步扩大　人口众多，必然带来巨大的消费，巨大的消费又必然带来腐蚀危害的不断扩大。人类消费行为涉及各个方面，如衣着、饮食、居住、出行、用品、行为、爱好等，都会产生致腐效应。特别是不当行为的致腐效应更为突出。如过分地追求住宅豪华、装修豪华、家用电器与交通工具的豪华等，必定需要消耗更多的资源、能源，产生更多的垃圾或废弃物，对现有的环境产生更严重的危害，也必定会使腐蚀与腐蚀危害不断扩大。以家庭消费为例,改革开放前,生活水平较高的家庭,也至多有一台收音机、一台缝纫机和一辆自行车。那时,就腐蚀消费而言很低。而今天,生活水平比较好的家庭,至少有一台电脑、一台电视、一台冰箱、一台洗衣机、一台空调、一辆汽车,各类家用电器应有尽有。一切消费品及其普及化,都标志着我们给腐蚀与腐蚀危害不断扩大创造了条件,从客观上纵容了腐蚀。据2018年统计,我国私家车保有量达1.89亿辆,按平均每辆车的腐蚀成本为7000元计算,将产生1.3万亿元的腐蚀成本。如果再把其他家用电器腐蚀成本加总,将是一笔巨大的腐蚀经济损失。

在腐蚀与腐蚀危害日益严重的当今,人们应该反思自己的思维方式和生活方式,使物质需求和精神需求、消费特征与生活习惯等不断理智化、科学化,将人类生活对环境的破坏与污染减轻到最低限度。然而,人类的反思并不深刻,资源、环境、腐蚀还在持续恶化。

综上所述,影响腐蚀危害特征的主要因素有:

① 自然因素。腐蚀发生的原始动力并不是来自人类社会,而是来自自然因素。如介质的pH值,介质的性质、成分及浓度,介质温度、压力,介质流动等,都可能对腐蚀产生影响。

② 经济因素。经济的快速发展会提高腐蚀发生的频率。因为经济发展的过程中,会造成环境污染、生态破坏,会诱发或产生新的有利于腐蚀发生、发展的环境,增加了致腐源的强度,强化了腐蚀危害链效应,扩大了腐蚀与腐蚀范围,加大了腐蚀风险。

③ 社会因素。社会因素牵连的方面很多,其中,社会职能部门的职能缺位是诱发腐蚀发生、发展的一个重要原因。如果社会职能部门能够实施严厉、有效的腐蚀防护政策和措施,是可以遏制和减轻腐蚀发生的频率及强度,减少腐蚀损失的。但目前我们在这方面还存在缺陷,造成腐蚀发生频率增加,腐蚀危害蔓延,腐蚀损失程度加重。

④ 人口因素。一方面,人口的急剧增长,必然使受腐蚀威胁的对象急剧增加,带来的损害日益严重;另一方面,人口的急剧膨胀还在继续,这必然导致人均资源锐减,生态环境遭到破坏,从而使腐蚀与腐蚀危害日益严重。

三、腐蚀的发展趋势

随着经济社会的不断发展、人口的不断增长和社会财富的不断积累，腐蚀与腐蚀损失也在不断增长，腐蚀危害亦在持续恶化。腐蚀危害的恶化使其对当今经济社会和未来经济社会发展的制约力不断扩大，这是腐蚀危害发展的基本趋势。具体而言，主要表现在以下几个方面。

1. 腐蚀对可持续发展的制约力将会持续扩大

通过对日益严峻的腐蚀危害考察，可以发现它对经济可持续发展的制约力在不断地扩大，将成为经济社会发展永久性的障碍。主要表现在以下几个方面：

（1）腐蚀加重了资源危机，资源危机又直接制约着经济可持续发展　腐蚀造成大量资源的浪费，自然资源环境恶化，不仅危害着当代人的生存与发展，而且危及子孙后代的生存与发展。我们知道，无论是什么样的资源都是有限的，特别是不可再生资源的稀缺性，更显宝贵。日复一日、年复一年的腐蚀，时时刻刻都在销蚀着宝贵的资源，无疑会影响即期经济和未来经济的发展。

自然资源是经济可持续发展的基础。首先，自然资源是社会经济发展的基本前提，既为社会经济生产提供必不可少的空间和场所，也为社会经济生产提供必不可少的原料。如果没有自然资源所提供的各种各样的物质和能量，社会生产就会成为无源之水、无本之木，人类社会也无法维持下去。其次，自然资源是社会经济发展的物质基础，是人类生产资料和生活资料的基本来源，也是技术创新和制度创新的作用对象和产生效益的源泉，是一切社会发展的基础和条件。再次，自然资源既是生态环境的重要组成部分，又对生态环境具有巨大的影响。因此，可持续发展要求自然资源的永续利用和有效利用，要实现经济社会的持续发展，必须实现自然资源的可持续。然而，腐蚀危害加重了资源危机，资源危机又直接制约着经济可持续发展，进而动摇了经济持续发展的根本。

（2）腐蚀污染了环境，损害经济的可持续发展　环境是人类赖以生存的外部世界，如果没有一个良好的环境，那么我们人类的生存空间将会大大减少，人类生存都有问题，何谈可持续发展？

腐蚀造成环境污染，不仅直接销蚀着社会财富，而且通过对全球公共地的影响，破坏着整个人类赖以生存和发展的地球生态环境，尽管其影响对各国经济发展的制约力在现阶段有轻重之别，但从长远来看，它将成为全球经济可持续发展的主要制约因素。

我国是发展中国家，如果因为发展经济而忽视了环境保护，造成经济越发展、环境越恶化、腐蚀越严重的恶性循环状态，那么经济将难以可持续发展。近些年来，党中央和国务院重拳出击，整治污染问题，已收到初步成效。

(3) 腐蚀造成经济发展成本上升，影响着可持续发展　一方面，腐蚀造成的损失日益巨大，导致经济发展成本的上升，影响可持续发展。如2018年，我国的腐蚀损失约为3万亿元，相当于北京市生产总值，是新疆维吾尔自治区、甘肃省、海南省、宁夏回族自治区和西藏自治区5个省区生产总值之和。如此巨大的腐蚀损失，不仅销蚀现存财富，而且影响既得利益，无疑会造成经济发展成本上升，影响可持续发展。另一方面，用于腐蚀控制的投入力度在不断加大，在社会财富一定的条件下，用于腐蚀控制的投入越大，用于社会再生产的投入就会越少，社会再生产的发展必然会受到制约。因此，从这两个方面考虑，腐蚀的持续恶化，会使经济发展速度减缓，发展经济成本上升，对经济发展的消极影响日益凸显。

2. 腐蚀与经济发展的相互制约作用将会持续增强

腐蚀与经济发展之间的关系是非常复杂的相互制约关系。一方面，腐蚀对经济发展具有阻碍作用；另一方面，经济发展又能导致腐蚀的发生与发展。腐蚀阻碍经济发展，经济发展又促进了腐蚀发展，这种相互依赖、相互影响、协同发展的对立统一关系，日益增强。

(1) 腐蚀对经济发展的阻碍作用　腐蚀对经济发展的影响，直接表现为对经济的破坏，它的破坏力比任何天灾人祸都要严重。以2018年为例，中国自然灾害（包括洪涝、台风、干旱、风雹、地震、低温冷冻、雪灾、森林火灾等）直接经济损失为2644.6亿元，而腐蚀损失则为3万亿之多。笔者对2000～2009年我国自然灾害与腐蚀直接经济损失作了统计比较，十年间，自然灾害年均直接经济损失为2618.08亿元，占GDP比重为1.42%。而腐蚀年均直接经济损失为4352.24亿元，占GDP的2.4%。据分析，这种发展态势，在短期内不会有根本性的改变，依然会持续下去。

(2) 经济发展导致腐蚀的发生与发展　不合理的经济活动，使致腐、诱腐因素越来越多，不断地对腐蚀发生、发展起到刺激作用，进而加重了腐蚀危害。经济发展消耗了大量的资源、能源，将各种废弃物不加处理地排放到自然中，进一步恶化了环境，加重了腐蚀，使腐蚀危害不断扩大，更加复杂。

实事求是地讲，腐蚀对经济发展具有阻碍作用，经济发展又诱发了腐蚀。但也有有利的一面，腐蚀阻碍经济发展的同时，又可拉动腐蚀消费，促进经济发展。例如，新兴防腐产业的崛起，就是一个很好的例证。防腐产业从无到有，从弱到强，经过数十年的发展，逐渐成长为一个有着千万人的产业大军、数万亿市场价值的新兴产业，这无不与腐蚀和腐蚀经济的发展有着密切的关联性。再者，经济快速发展导致腐蚀与腐蚀危害的发生概率增大，但同时又提高了人们对腐蚀的警惕性，有利于加大防腐减损的力度，从而创造效益。这些都是对经济发展有利的一面，但"利"与"害"相比，"害"远远大于"利"，我们在进行腐蚀危害分析时，应该抓住重点。

3. 腐蚀与GDP之间的关系将会日趋紧密

长期以来，人们比较习惯用腐蚀损失与GDP之比来说明其损失程度。实际上，现行GDP的考核与腐蚀之间的关系并不紧密，或者说其关联性很差。但是，随着GDP的改革，腐蚀危害与GDP之间的关系将会日趋紧密，或密不可分。

（1）现行关系　腐蚀与现行GDP基本上不相关。GDP指标反映一个国家的生产规模，是国民经济核算体系的核心指标，通常被用于计算国民经济的增长速度，计算产业结构，分析和评价经济发展的态势，其重要性是毋庸置疑的。但GDP也存在着多方面的缺陷，其中，对腐蚀损失评价影响最为突出：一是现行GDP指标不能反映腐蚀对资源环境所造成的负面影响；二是现行GDP强调经济性，而忽略了其社会性，无法包容腐蚀的危害作用；三是现行GDP只统计物质资产流量损失，不统计其存量损失，而腐蚀通常是造成存量损失，只有物质资产的破坏造成生产能力的下降，少生产产品，才会影响GDP。由此可见，现行GDP并不能很好地包容腐蚀与腐蚀问题。它们之间的关系长期处在混沌不清的状态，致使腐蚀经济与国民经济是"两张皮"。

（2）未来关系　随着GDP的改革，腐蚀与GDP之间的关系将会日趋密切。自2020年开始，对现行GDP进行了改革。这次改革：首先，将全国各地区生产总值进行统一核算；其次，编制国家和地方的资产负债表、自然资源负债表；第三，对新经济的核算，包括平台经济等的探索，已取得阶段性成果，走在世界前列。GDP 的改革，无疑为研究腐蚀问题创造了有利条件，有利于人们走出腐蚀与 GDP 之间长期混沌不清的状态。

第三节　腐蚀具有不可避免的规律

自古以来，各种腐蚀都是客观的自然-社会现象，在总体上都具有不可避免的客观性，这一特性是腐蚀研究的基本规律之一，是直接制约腐蚀经济关系存在与发展的关键因素。因此，我们在研究腐蚀经济学的过程中，首先必须正视各种腐蚀具有不可避免的客观性，以及由此带来的腐蚀损失与腐蚀事故不可避免的规律。在不可避免的客观性的基础上，我们再来研究减轻腐蚀危害的途径和方法。

一、腐蚀是不可避免的

腐蚀不可避免，是由金属自身因素与环境因素协同作用的结果。具体包括以下几个方面。

1. 自身因素

金属发生腐蚀，是因为大多数金属（处于不稳定状态）都具有自发地与周围介质发生作用又转化成氧化物状态（化合物）的倾向，即回复到它的自然存在状态（矿石）。所以，金属发生腐蚀是一种自然趋势，是冶金过程的逆过程。金属发生腐蚀是必然的过程，只能采取一些防护措施来减轻而不能完全阻止。

例如，钢铁材料，它们是从含氧化铁和四氧化三铁的矿石中冶炼出来的，很容易再氧化回到氧化状态，红褐色的铁锈主要成分就是氧化铁和四氧化三铁，它们与铁矿石没有太大区别。可用图 2-1 概括金属腐蚀与冶炼过程。

金属化合物通过冶炼还原出金属的过程大多是吸热过程，因此需要提供大量的热能才能完成这种转变过程。而当金属处在腐蚀环境中，金属变为化合物时却能释放能量，其释放的热量正好与冶炼过程中吸收的热量相等。只是这个过程的反应速率非常缓慢而觉察不到。因此，腐蚀现象十分普遍，到处可见。如金属构筑物在大气中锈迹斑斑；埋于地下的金属管道锈蚀穿孔；

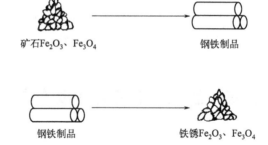

图 2-1 金属的腐蚀与冶炼

钢铁在轧制过程中因高温下与空气中的氧作用产生了大量的氧化皮；在化工生产中金属机械和设备常与强腐蚀性介质（如酸、碱、盐等）接触，尤其是在高温、高压和高流速的工艺条件下，腐蚀危害显得尤为突出、严重。

由此可见，腐蚀是不以人的主观意志为转移的客观自然-社会现象，是人类社会发展过程中不可避免的损害。

2. 环境因素

金属的自身因素是腐蚀不可避免的内因，环境因素是腐蚀发生发展的外因。内因与外因的关系是：第一，内因是腐蚀发生发展的基础；第二，外因是腐蚀发生发展变化的条件；第三，外因通过内因起作用。我们可以设想，如果把金属材料封闭在一个真空环境中，金属则不会发生腐蚀，因为内因要变化，缺少外因条件。但事实上又不可能，因为生产金属材料的目的就是为了使用，只有得到合理的使用，材料才具有真正的意义。

对腐蚀起重要影响的环境因素主要有：

（1）介质的 pH 值　介质的 pH 值变化，对腐蚀速率的影响是多方面的。pH 值较低时，一般来说，有利于阴极过程的进行，从而加速金属的腐蚀。只有 pH 值接近 7 时，金属才具有较小的腐蚀速率。

（2）介质的成分、浓度　介质的成分、浓度对金属腐蚀有着不同的影响。如 H^+、OH^-、溶解氧、Cl^-、Fe^{3+}、Cu^{2+}、SO_4^{2-}、NO_3^- 等，这些物质浓度变化，其腐蚀行为有可能也发生相当大的改变，或加剧腐蚀或使腐蚀速率下降。

（3）介质温度　对于腐蚀而言，温度是一个非常重要的因素，随着温度的改变，腐蚀速率或增加或降低。所以，一般工程材料都有一个极限使用温度，以保证材料使用的安全性。

(4) 介质的流速　当腐蚀介质的流速高时，容易钝化的金属通常耐蚀性更高。而对于一些软的材料（如铅），流速高时容易引起冲刷腐蚀。

(5) 介质的压力　通常系统介质的压力增加，会使金属腐蚀速率增大。这是由于参加反应过程的气体的溶解度加大，从而加速了阴极过程。

3. 人为因素

人为因素，是指由于人类在生产、生活活动中的过错或过失造成的腐蚀。人们已经越来越多地意识到，腐蚀的存在和发展，并不完全是自然产生的，事实上，有相当一部分腐蚀是人为造成的。人为因素对腐蚀造成的影响，在总体上亦是不可避免的。

例如，在城市轨道交通运输系统中，多采用直流供电系统，直流牵引系统在运行时将产生杂散电流。杂散电流会对地下隧道结构钢筋、高架桥结构钢筋、沿线金属管线、屏蔽网等金属设施造成严重的杂散电流腐蚀。资料显示，我国东北原油管道系统的 2000 多公里埋地管线中，受到直流杂散电流干扰的管道约有 5%。在 20 多年内发生的 40 起腐蚀穿孔事故中，有 80% 是杂散电流干扰引起的。在我国，有的埋地管道仅运行三年便发生腐蚀穿孔，平均腐蚀速率为 $2.0 \sim 2.5 mm/a$。有的甚至运行半年就发生腐蚀穿孔，平均腐蚀速度达 $10 \sim 12 mm/a$。由此可见，有时人为因素造成的腐蚀要比自然环境因素严重得多。

人为因素造成的腐蚀，有的可以通过人的努力加以避免或控制。如电焊时产生的杂散电流，通过科学的连接方式，可以避免杂散电流引起的腐蚀破坏。但有些即使通过努力也无法改变。如随着国民经济持续发展，能源工业、电力工业、电气化铁路等都随之得到了极大发展。而交流输电线路和交流电气化铁路与输油、输气、输水管道接近或交叉跨越的情况越来越多。在这种情况下，埋地管线附近的架空高压交流输电线路或交流电气化铁路输电系统将会通过电容耦合、电阻耦合和电感耦合的方式，对埋地管线产生交流干扰影响和交流腐蚀，甚至可能对人身造成威胁。然而，我们不可能为了避免杂散电流干扰，而停止发展电气化铁路。我们能做的就是想方设法阻止或减轻杂散电流造成的危害。因此，人为因素造成的腐蚀，在很多场合亦是不可避免的。

4. 人为-自然因素

人为-自然因素，是指人为因素与自然因素交互作用下导致的腐蚀现象。

例如，人的生产与生活活动造成环境污染，进而造成严重的环境灾害，如大气污染、酸雨、赤潮等，即典型的人为-自然灾害。这些灾害虽然通过环境保护措施会得到一定程度的减轻，但仍然具有不可避免性。因为人类社会已经进入了工业社会，人类生活方式日益现代化，工业化带来的污染在相当长的时期内不可避免，因而对腐蚀的影响亦是不可避免的。

例如，酸雨主要是人为地向大气中排放的大量酸性物质与天上的水蒸气相遇，形成硫酸和硝酸液滴，使雨水酸化，导致落到地面的雨水成了酸雨。酸雨会对环境产生很大的危害，造成巨大的经济损失。酸雨对金属材料和非金属材料都具有强腐蚀性。重庆和贵阳是酸雨比较严重的地区，重庆嘉陵江大桥的钢梁每年必须进行一次除锈和涂漆。重庆市电视塔建成不到三年就生锈，9年内已维修两次。贵阳市碳钢的喷漆、路灯杆和镀锌金属夹具不到一年半即完全锈蚀。由此可见，人为-自然因素也是一种对腐蚀产生重要影响的因素，它对发展中国家社会经济发展的影响尤其严重，并很难完全避免。因此，人为-自然因素造成的腐蚀与腐蚀损失具有不可避免性，是腐蚀经济学必须关注的腐蚀类型。

上述分析表明，无论是什么原因，所造成的腐蚀总体来讲是不可完全避免的，我们控制腐蚀的目的不是要消灭腐蚀，而是寻求有效降低腐蚀的路径和方法。

二、腐蚀是可以减轻的

尽管腐蚀在总体上是无法避免的，但人类通过自己的努力仍然可以对腐蚀进行适度的控制，使腐蚀得以减轻。

我们的祖先在很早以前，就知道腐蚀是可以控制的，虽然对其原理不一定很清楚，但所表现出的作用却是很明显的。如闻名于世的中国大漆在商代已大量使用。在古代的希腊、印度等国家也有不少高超的防腐蚀技术，印度德里铁塔，建造至今已有1500多年，都没有生锈，说明当时的腐蚀防护技术水平已达到相当高的水准。随着科学技术的发展，人类认识腐蚀、控制腐蚀的能力不断提高，使腐蚀控制的成效日益增加。如20世纪70年代，美国可避免的腐蚀损失仅有15％。而随着各种新型耐蚀材料和防腐技术的推广应用，到了90年代，美国可避免的腐蚀损失达到33％。这一事实说明，在腐蚀与腐蚀损失不可避免的条件下，腐蚀防护是有效的，而且是必要的。

1. 充分利用现有的腐蚀防护技术

大量的腐蚀案例分析表明,若充分利用现有的腐蚀防护技术,腐蚀造成的损失中有30%～40%是可以避免的。可见,腐蚀控制的潜在经济效益是不容忽视的。按照这一比例推算,2014年中国可避免的腐蚀损失为0.63万亿～0.84万亿人民币。

2. 实行全面腐蚀控制

减轻腐蚀与腐蚀损失,仅靠防护技术是不够的,还需标本兼治。古往今来的实践已经证明,对腐蚀问题的治理必须既治标、又治本,标本兼治才是解决各种腐蚀问题的最佳选择。具体来说,标本兼治就是要实现全面腐蚀控制,其内容可归为五个方面。

(1) 设计过程中的腐蚀控制　包括选材、工艺设计、强度设计、结构设计及防腐蚀方法选择等。

(2) 加工过程中的腐蚀控制　包括投料、冷加工、焊接、热处理、酸洗、钝化及防腐等每道工序都加以控制,不留下腐蚀隐患和造成腐蚀。

(3) 储运安装过程中的腐蚀控制　包括设备在库存期间应防止大气及污染物的腐蚀,运输、安装过程中防止碰撞、划伤,安装时防止残余应力过大和应力集中。

(4) 生产过程中的腐蚀控制　要严格控制操作过程中的工艺参数,如温度、湿度、压力、加氧量、流速及Cl^-浓度等。

(5) 设备维修过程中的腐蚀控制　必须严格执行维修规程,防止某些工序、工艺造成腐蚀或腐蚀隐患,如清洗、电焊、重新安装等。

3. 加大工程防腐与非工程防腐的投入

投入是一种经济行为,通常包括工程防腐投入与非工程防腐投入两种类型。

(1) 工程防腐投入　是指人类社会通过投入相应的财力、物力、人力来控制腐蚀,以达到防止腐蚀与腐蚀事故发生发展的保护方式。如金属腐蚀机理的深入研究,各种耐腐蚀材料的研发,各类腐蚀防护技术的研发与推广应用,腐蚀监测、监控技术的开发与推广等,都是工程防腐的重要表现形式。

(2) 非工程防腐投入　是指人类社会通过投入相应的财力、物力、人力,利用宣传、教育、培训、管理及经济评价等形式,以减轻腐蚀危害的保护方式。

（3）工程防腐与非工程防腐的区别　工程防腐与非工程防腐是一个目标两个方面：一方面，它们的共同点都是为了减轻腐蚀与腐蚀损失所做的投入；另一方面，它们的差异性表现为担负的使命不同，发挥的功能作用不同。

① 工程防腐的投入往往大于非工程防腐，需要较强的财力作为支撑，而非工程防腐投入一般较少；

② 工程防腐的效果往往表现为直接的防腐效果，而非工程防腐的效果却主要表现为间接的防腐效果，且具有潜在性、滞后性、长效性等特点；

③ 工程防腐的目标、任务往往比较明确、具体，而非工程防腐目标常常是宏观、抽象的。

总之，无论是工程防腐还是非工程防腐，都需投入相应的财力、物力和人力，都需要有组织地实施，才能收到相应的效果。工程防腐与非工程防腐其本质是一致的，只是实施的途径不同而已。

三、不可避免规律下的腐蚀经济

腐蚀的不可避免规律，包含腐蚀与腐蚀损失不可绝对（或完全）避免和可以相对减轻两个方面的内容，它是制约腐蚀经济关系的基本规律。

1. 不可避免的规律，决定了腐蚀损失不可绝对避免和可以相对减轻

（1）腐蚀不可绝对避免，决定了腐蚀损失不可绝对避免　腐蚀不可避免的规律，是金属的自然属性决定的，腐蚀损失不可绝对避免是腐蚀的自然属性与社会属性联合作用的结果。就目前而言，人类无论采取什么样的腐蚀控制手段，想完全避免腐蚀是不可能的，因此，腐蚀损失也是绝对不可完全避免的。腐蚀不可避免的规律，决定了腐蚀永远伴随着人类社会经济继续演化下去；也决定了人类无论什么时候使用金属材料，都必须付出一定的代价。这就是腐蚀不可避免决定了腐蚀损失不可绝对避免。

（2）腐蚀不可绝对避免，腐蚀与腐蚀损失又是可以相对减轻的　人类经过几千年的探索，找到了一些控制腐蚀的基本方法，使得腐蚀与腐蚀损失可以减轻。由此可见，大力推广应用防腐技术是非常必要的，而且是潜力很大的一项投入。

（3）腐蚀不可绝对避免，决定了腐蚀经济研究的出发点　腐蚀与腐蚀损失不可避免的规律，决定了腐蚀经济研究的出发点，必须是在腐蚀与腐蚀损失不可绝对避免的基本前提下，着眼于腐蚀与腐蚀损失的相对减轻，寻求腐蚀损失的最小化。换言之，腐蚀与腐蚀损失不可避免规律，决定了腐蚀经济的基本内容应当是被动的、消极的治标经济关系与主动的、积极的治本经济关系的有机结合，坚持治标与治本相结合的原则，是当代社会处理腐蚀经济问题的基本原则。

2. 不可避免规律下的腐蚀经济特点

腐蚀经济特点，与一般经济特点截然不同，腐蚀发生、发展不需要投入，只要腐蚀环境存在，材料的使用就会产生腐蚀问题。腐蚀作为影响经济和生产的重要消极因素，有其自身特殊的经济特点。

（1）自发性　从客观意义上讲，金属腐蚀的本质就是金属由能量高的单质状态自发地向能量低的化合状态转变的过程，是一种普遍的自然趋势，具有发生的必然性和永久性；从社会意义上讲，腐蚀危害又是相对于人类社会特有的异常现象，它不仅与人类社会的产生与发展进程相伴始终，而且随着人类社会活动范围的扩大而扩展。因此，腐蚀经济作为影响人类社会正常运行的重要负面因素，具有自发性。

（2）普遍性　元素周期表中有三四十种金属元素，除金（Au）和白金（Pt）在地球上以纯金属单体的形态天然存在外，其他金属均以它们的化合物（各种氧化物、硫化物或更复杂的复合盐类）形式存在。所以，地球环境下金属腐蚀不是个别现象，而是普遍存在的现象。腐蚀经济问题，不是一个单位和一个国家的问题，而是全球性的问题。所以，腐蚀经济具有普遍性。

（3）隐蔽性　腐蚀的隐蔽性包含两层含义：一是指腐蚀的发生、发展速度很慢，短期变化很小；二是指腐蚀表现形式可能很难被发现，虽然我们肉眼能分辨出生锈和不生锈的钢铁，但有些腐蚀类型，如孔蚀、缝隙腐蚀、应力腐蚀等，靠肉眼或简单的测量工具是很难发现的。因此，腐蚀的隐蔽性，影响了腐蚀损失的不确定性，从而带来腐蚀经济的隐蔽性。现行 GDP 核算不把巨大的腐蚀经济损失作为考核对象，或许与腐蚀经济损失的隐蔽性有关。

（4）动态性　腐蚀与腐蚀损失是一个动态系统，呈非规律性变化，在腐蚀不可避免的条件下，其腐蚀与腐蚀事故造成损失的大小与腐蚀发生的地点（或位置）、时间段、周围环境、财富状况等因素有关。同样的腐蚀与腐蚀事故，发生的地点、时间段及其环境状况不同，造成的损失也不同。因此，腐蚀经济具有动态性。

（5）可控性　各种腐蚀与腐蚀损失在总体上都是无法避免的，但人类可采取各种腐蚀控制措施对腐蚀与腐蚀损失进行适度的控制。与其他经济现象相比，腐蚀经济本身具有可控性，与市场经济环境无关。人类使腐蚀与腐蚀损失得以控制和减轻的措施主要包括：冶炼过程中的腐蚀控制，生产制造过程中的腐蚀控制，设备（设施）运行过程中的腐蚀控制。总之，治本与治标相结合，就可以使腐蚀与腐蚀损失得以减轻，从而使腐蚀经济有了可控调整的空间。

综上所述，从经济意义上讲，腐蚀损失是可以计量的经济损失，是各种自然资源的破坏、各种社会财富的毁损、人员伤亡、生产中断和生活秩序的失常，它与经济发展存在着密切的互馈关系；从社会意义上讲，腐蚀是相对于人类社会特有的异常现象，它随着人类社会的发展而不断扩展，是人类面临的重要负面因素；从解决腐蚀问题的角度讲，其目标是尽最大可能减轻腐蚀造成的损失，而不是去杜绝腐蚀与腐蚀损失；从腐蚀经济学研究的角度讲，不是研究经济增长、财富增值问题，而是研究腐蚀与腐蚀损失给经济建设带来的消极影响，以及寻求解决腐蚀与腐蚀损失减轻的方法与路径。

第四节　腐蚀具有不断发展的规律

当今的腐蚀与过去的腐蚀，不可同日而语。腐蚀在不可避免的前提条件下，还具有不断发展的规律，且呈现出一些新的特点。如腐蚀环境，日益恶化；腐蚀表现的形式，日益多样化；腐蚀产生的原因，日益社会化；等等。

腐蚀不断发展有两层含义：一是传统腐蚀仍将继续；二是新的腐蚀不断涌现。

一、腐蚀不断发展的影响因素

金属材料自身因素是腐蚀的本质因素，是腐蚀的内因；环境因素、人为因素、人口因素等是腐蚀的条件因素，是腐蚀的外因。内因是腐蚀的内部矛盾，外因是腐蚀的外部矛盾。内因是腐蚀发生发展的基础，它决定了腐蚀发生发展的基本趋势和方向；外因是腐蚀发生发展不可缺少的条件，有时外因甚至对腐蚀的发生发展起着重要的作用。外因的作用无论多大，也必须通过内因才能起作用。

1. 自然环境因素——日益恶化

自然环境包括大气、淡水和海水、土壤和微生物，金属材料服役于这些环境中都会遭受不同程度的腐蚀侵害。自然环境中的腐蚀损失占总腐蚀损失的70%～80%，其中，大气腐蚀损失占了50%之多。由此可见，自然环境对腐蚀的作用至关重要。

自改革开放以来，我国经济及各项事业得到快速发展，由于我们对工业快速发展的负面影响预料不够，防护不力，导致了自然环境的严重污染，虽然经过多年的整治有所好转，但就总体而言，亦是不容乐观。据2015年中国环境公报显示：全国338个地级以上城市中，有73个城市环境空气质量达标，占21.6%；265个城市环境空气质量超标，占78.4%。338个地级以上城市平均达标天数比例为76.7%；平均超标天数比例为23.3%，其中轻度污染天数比例为15.9%，中度污染为4.2%，重度污染为2.5%，严重污染为0.7%。480个城市（区、县）开展了降水监测，酸雨城市比例为22.5%，酸雨频率平均为14.0%，酸雨类型总体仍为硫酸型，酸雨污染主要分布在长江以南、云贵高原以东地区。

全国967个地表水国控断面（点位）开展了水质监测，Ⅰ～Ⅲ类、Ⅳ～Ⅴ类和劣Ⅴ类水质断面分别占64.5%、26.7%和8.8%。5118个地下水水质监测点中，水质为优良级的监测点比例为9.1%，良好级的监测点比例为25.0%，较好级的监测点比例为4.6%，较差级的监测点比例为42.5%，极差级监测点比例为18.8%。冬季、春季、夏季、秋季，劣四类海水海域面积分别占中国管辖海域面积的2.2%、1.7%、1.3%和2.1%。污染海域主要分布在辽东湾、渤海湾、莱州湾、江苏沿岸、长江口、杭州湾、浙江沿岸和珠江口等近岸海域。

全国工业固体废物年产量达8.2亿吨，综合利用率约46%。全国城市生活垃圾年产量为1.4亿吨，达到无害化处理要求的不到10%。塑料包装和农膜导致的白色污染已蔓延至全国各地。

自然环境本身对金属就具有腐蚀性，而受到污染后，积累了大量的有害物质，使其腐蚀进一步加重。自然环境的不断恶化，促使腐蚀不断发展或加重发展，这是社会工业化的结果，在一定的时期内，亦是不可避免的。

2. 工业环境因素——日益严酷

工业环境中的腐蚀，早期主要是以酸、碱、盐等介质为代表。随着工业化的发展，石油工业、化学工业、核电工业和航空航天工业等领域的腐蚀日益成为典型工业环境中的腐蚀。如现代石油化工业，工艺流程日益紧密，工艺介质日益严酷、苛刻，技术含量日益密集，单位效益日益增加，使服役于这些环境中的金属设备面临着更加严重的腐蚀威胁。

例如，石油工业是由石油勘探、钻井、开发、采油、油气集输、油气处理、油气储存、运输、石油炼制等环节组成的，由于石油工业中的特殊环境，采用的材料几乎都是金属，而且金属设备每一个环节都存在腐蚀现象。同时，石油化工生产工艺和生产条件是多种多样的，它的操作温度在196～1100℃之间变化；操作压力从真空到280.0MPa乃至更高的范围内变化。操作介质更是多种多样，主要介质包括剧毒、可燃介质，蒸汽和其他无危险性介质，因此对金属设备的腐蚀破坏比一般工业严重，其腐蚀风险性更高。

再如，随着工业发展对能源的要求与日俱增，核电工业的发展日益加快，核电工业在总发电量中的比例越来越高。核电系统中，由于高温、高压、辐照等特殊工况条件，材料的腐蚀失效对核电站的长期安全运行带来极大威胁。据美国电力研究所（EPRI）估算，每年由于腐蚀问题而造成的核电工业损失在5亿美元以上[2]。核电工业各类腐蚀问题的出现，要求必须采取耗资巨大的改进措施，因此迄今为止仍然是核工业界极为关注的国际问题。据美国电力研究所统计分析，1974～1982年，沸水堆（BWR）管道破裂事故在300起以上；1974～1981年，美国至少有8个核电站发现304不锈钢管因沿晶应力腐蚀开裂（IGSCC）而引起严重泄漏，其中包括三哩岛核电站一号机组废燃料冷却系统以及余热导出系统等。

综上所述，工业环境的日益严酷，是导致腐蚀不断发展的重要工业环境因素，随着工业的发展，人类控制腐蚀能力虽然日益提高，但就总体而言，这种不断发展的趋势亦是不可逆转的。

3. 人为因素——日益突出

人为因素有时又称人为失误，指人未能发挥自身应有的作用，人为使环境系统出现异常或发生机能不良事件的一种错误行为。人类社会的生产、生活活动是引起腐蚀不断发展的人为影响因素，包括生产原因、过失原因和发展原因。

（1）生产原因　即人类社会的生产活动使客观环境没有按照客观规律而是按人为法则演化和发展，从而导致腐蚀不断发生发展。例如，人类在发展工业过程中，导致环境恶化，使腐蚀与腐蚀损失日益严重；人类在大力发展电力工业的同时，又带来了大量的杂散电流，造成杂散电流腐蚀危害日益严重；随着航天工业的发展，太空和天空环境的腐蚀问题日益凸显。如此等等的一系列腐蚀问题，都是人为的结果，然而也是不可完全避免的。

（2）过失原因　即行为人实施行为时没有预见到自己的行为可能发生危害后果，又称为无认识过失。目前，有许多腐蚀问题或腐蚀事故与人的过失因素有直接关系，大至腐蚀爆炸事故，小到生活用品的生锈，或多或少都有人的过失原因。例如，北方城市冬季撒盐融雪化冰，造成的重大基础设施腐蚀破坏；工业生产过程中排入环境的各种废渣、粉尘及其他工业有害固废物，占用大量土地并污染土壤和水体的同时，又加重了埋地金属构筑物（如管道、电缆、接地网）的腐蚀，等等。这些都是人的过失原因造成的。

随着人类的进步，科学水平的提高，有些过失行为会不断得到纠正，但就社会整体而言，人的过失亦是不可避免的。这为腐蚀的发生发展提供了人为空间。

（3）发展原因　社会经济发展亦助长着腐蚀的不断发展，改革开放的40多年，也是中国经济迅速蓬勃发展的40年。1978年到2017年间，我国经济保持平稳快速发展，国内生产总值平均增长9.7%，经济效益明显提高。我国的经济实力和综合国力上了一个大台阶。国内生产总值从3645亿元增长至827122亿元，增长了227倍，GDP跃居世界第二位。然而，中国GDP每增1%就需要消耗1000多万吨钢材，才能满足国民经济发展的需要。由此可见，经济发展是造成腐蚀不断发展的又一个重要因素。

总之，人类社会所面临的种种腐蚀问题，有许多与人为因素有关，尽管人类的物质生产活动给自身带来了利益，但导致了人类无法完全控制的腐蚀问题，造成了各种各样的腐蚀灾害。人类某些有目的的确定性活动产生了超出预期的不确定的灾难性后果。

4. 人为-自然因素——日益复杂

人为因素与自然因素协同作用产生的腐蚀要比单一环境因素复杂。如工业生产、民用生活燃烧煤炭排放出来的二氧化碳，燃烧石油以及汽车尾气排放出来的氮氧化物,经过"云内成雨过程",即水汽凝结在硫酸根、硝酸根等凝结核上,发生液相氧化反应,形成硫酸雨滴和硝酸雨滴;又经过"云下冲刷过程",即含酸雨滴在下降过程中不断合并吸附、冲刷其他含酸雨滴和含酸气体,形成较大雨滴,最后降落在地面上,形成了酸雨,对金属材料及非金属材料有极强的腐蚀性。

再如雾霾天气,雾霾是由气象条件、燃煤污染、机动车尾气排放、扬尘以及区域性影响等多重因素叠加造成的。雾霾主要由空气中的灰尘、硫酸盐、硝酸盐、碳氢化合物等粒子组成,对金属材料亦有较强的腐蚀性。因此,人类的生产与生活活动对腐蚀的产生发展有着巨大的促进作用,人类应对这类腐蚀负主要责任。

5. 人口因素——日益严峻

腐蚀日益严重的趋势,不仅与环境因素、人为因素有着直接的联系,而且与人口膨胀也有着密切的关联。实际上,人口膨胀又是导致资源消耗、环境污染、人为破坏的直接根源。大约100万年以前,人口增长速度缓慢,平均一千年增长2%。到世纪之初,地球上约有2.3亿人口。那时的自然环境不存在污染问题,也没有多少腐蚀问题。到了20世纪,人口开始呈加速度激增。截至2017年,全世界人口达到75亿。如此庞大的人口基数加上过快的增长速度,使得人口的生存压力巨大,发展机会更加艰难。人口的过快增长会导致人类向自然进一步索取,造成更为严重的破坏性后果,进而加重腐蚀;人口的剧增,使腐蚀威胁的对象增加,腐蚀造成的损害后果增大;其生活消费又必然会带来大量的与腐蚀相关的问题。

6. 财富因素——日益丰富

社会进步是历史发展的必然趋势,社会财富日益丰富是社会进步的重要标志,腐蚀日益严重的趋势与日益丰富的社会财富直接相关。

腐蚀跟着财富走。社会财富日益丰富,腐蚀造成的损失就会日益严重。尽管腐蚀造成的损失是多方面的,但其主要损失是现有财富的损失,财富损失是腐蚀破坏的主要特征。因此,财富越丰富,腐蚀破坏的后果越严重。大量的腐蚀破坏案例表明,即便是同样的腐蚀事故,发生在城市所造成的损失要比农村严重;发生在发达地区要比欠发达地区严重。财富的不断积累和日益丰富,也是腐蚀损失日益严重化的重要影响因素。

综上所述,腐蚀不断发生发展受多种因素的影响,在研究腐蚀问题时,不能只将着眼点放在某一方面，要综合考虑，才能做出正确的判断。

二、腐蚀不断发展的表现形式

随着社会经济的发展，科学的进步，社会财富的日益丰富，工农业生产手段的日益更新，人口的快速膨胀，人们生活方式的改变等，都促进了腐蚀的不断发展，且表现出明显的新动态。

1. 腐蚀的范围日益拓宽

随着人类活动空间的不断扩展，金属材料应用范围得到不断拓宽，随之而来的腐蚀问题日益突出。当今的腐蚀已不限于地球范围内，已拓宽到宇宙空间和其他星球。

浩瀚的宇宙中存在着无数的奥秘，它无时无刻不在吸引着人类去探索、发现。为了揭开其神秘面纱，世界各国相继借助于各种航天器访问太空，并建立了可供多名宇航员长期工作和生活的空间站。如人类首个可长期居住的空间研究中心——和平号空间站，在长达15年的在轨时间里，共发生近2000处故障，70%的外体遭到腐蚀，俄罗斯政府无力承担巨额的维修费用，在2001年3月20日不得不将其坠毁。2021年4月29日，中国空间站（天宫空间站）核心舱"天和号"由长征五号B遥二运载火箭成功送入预定轨道，标志着中国空间站在轨组装建造全面展开，成为世界上第三个完整掌握空间交会对接技术的国家。但运行过程中的腐蚀问题亦是不可避免的，这已引起科学家们的注意。

太空环境腐蚀不同于地球环境，太空不仅有宇宙大爆炸时留下的辐射，还有各种天体在向外辐射电磁波，甚至许多天体还向外辐射高能粒子，形成宇宙射线，强辐射环境对航天器的腐蚀伤害十分严重。此外，太空中极端的温度环境也会加速航天材料的腐蚀失效。航天器处于真空环境下，由于没有空气传热和散热，故其受阳光直接照射的一面可产生高达100℃以上的高温，而太阳照射不到的另一面，温度则可低于-200℃。极端温度和大幅度冷热交变会影响材料的应力，降低材料的安全服役寿命。另外，大量存在的太空垃圾也会严重影响材料的安全使用性能。一旦撞击到航空器表面，会严重改变材料的表面性能，有些撞击会使航天器表面材料气化为等离子体云团，加速材料的失效过程。

随着火星、月球及其他行星的开发利用，腐蚀将会扩展到更大的空间，可以说，人活动到哪里，腐蚀就会跟随到哪里，腐蚀破坏就会带到哪里，这就是腐蚀所具有的独特性质。

2. 腐蚀危害的对象日益增多

腐蚀危害的对象不断增加是腐蚀不断发展的又一个重要方面。

(1) 随着人口密度的增加，腐蚀危害的人口对象日益增多　以中国为例，新中国成立初期全国只有5.4亿多人口，其人口密度为56人每平方公里，而目前中国已超14亿人口，人口密度为145人每平方公里。所以目前发生的事故中，大都在造成巨大经济损失的同时，又造成大量的人员伤亡。印度发生的几起重大腐蚀事故就是例证。

(2) 随着社会财富的积累，腐蚀危害的物质对象日益增多　财富是腐蚀危害后果的函数。财富积累得越多，腐蚀破坏的对象越多，腐蚀损失越严重。如核电工业、航空航天工业等新的财富种类的增加，就使腐蚀事故潜在危害的物质对象种类和数量增加了。

(3) 随着文物事业的发展，腐蚀危害的文物对象日益增多　改革开放40多年来，我国文物事业得到快速发展。随着文物的合理开发、利用、保护的深入开展，文物出土后其腐蚀问题日益突出。据资料介绍，20世纪50年代某处出土的486件青铜器，由于缺乏有效的保护措施，致使多数青铜器已锈蚀殆尽。明定陵出土的2000件珍贵文物，包括成匹的丝织品和成箱的衣物，是明代纺织技术和制造工艺的精华，然而，由于缺乏有效的保护手段，很多已经不复存在，现存的部分文物也濒临损毁。再如，据国家文物局2002年至2005年开展的"全国馆藏文物腐蚀损失调查"显示：国内50.66%的馆藏文物存在着不同程度的腐蚀损害，其中，处于濒临腐蚀程度文物29.5万余件（组），重度腐蚀程度文物213万余件（组），中度腐蚀文物501.7余件（组），分别占全国馆藏文物总数的2.01%、14.52%和34.13%。而到了2014年，国家文物局再调查时发现，受重度腐蚀的文物数量上升到230万余件（组），占馆藏文物总量的16.5%。2014年的全国腐蚀调查显示：当年文物古迹保护过程中的花费为364亿元，其中直接腐蚀损失为122亿元[3]。

3. 腐蚀造成的后果日益严重

资源的短缺使各种资源的价值量倍增，而人类生产出的物质产品日益丰富，且因劳动积累与技术含量的提高而使其具有了更高的经济价值量，因此，即便是同样的腐蚀破坏，发生在过去与发生在现在，其价值量是不一样的，后者要高于前者。从下面一组数据，可以看出腐蚀后果日益严重的趋势。

1949年，美国腐蚀损失仅为55亿美元，1998年上升到2757亿美元。1957年，英国腐蚀损失仅为6亿英镑，1969年上升到13.65亿英镑。1975年，日本腐蚀损失为25509.3亿日元，1997年上升到39376.9亿日元。1973年，澳大利亚腐蚀损失为4.7亿美元，1982年上升到20亿美元。2000年，中国腐蚀损失为5000亿元人民币，2014年上升到2.1万亿元人民币。由此不难看出，无论是发达国家还是发展中国家，腐蚀后果日益严重的趋向不言而喻。从宏观的角度看是这样，从微观的角度看亦是如此。就单起腐蚀事故而言，腐蚀损失的代价比以往更为严重，少则几万元，多则上亿元。

4. 腐蚀造成的影响日益增大

腐蚀造成的影响日益增大，主要表现为：

（1）腐蚀总量损失居高不下　无论是发达国家还是发展中国家，腐蚀损失总量都逐年攀升。腐蚀总量损失的增长，必然使腐蚀问题作为当代社会日益严重的现实问题，而更加引起各国政府与全球社会在促进经济发展与经济增长的过程中给予更高的关注与重视。

（2）腐蚀个案损失不断扩大　除了正常腐蚀所造成的腐蚀损失在不断扩大外，新开发利用的领域，腐蚀与腐蚀事故所造成的损失更是不断增加。如核腐蚀事故、航天航空腐蚀事故、海洋钻探腐蚀事故等不断发生，均使一些腐蚀对社会经济发展甚至人的心理的影响急剧增大。

（3）腐蚀的连锁反应日益强烈　一起重大的腐蚀事故，不仅造成重大经济损失，而且还可能带来一系列非经济损失，使得腐蚀影响日益复杂、日益强烈。如印度古吉拉特邦的马丘河大坝崩塌，就是一起典型的腐蚀事故。这场灾难造成3.7万人死亡，莫尔维市人口的1/2死亡，直接经济损失1.3亿美元。这起事故，不仅在印度国内引起强烈的反响，在国际上也引起了巨大的震动。腐蚀引发的重大水灾事故使得莫尔维市消失了。

（4）腐蚀防护投入急剧增加　由于腐蚀问题日益严重，各国用于腐蚀防护的经济投入不得不急剧增加。例如，我国腐蚀调查显示，2000年，应用电化学保护的相关成本仅有1亿～2亿元，缓蚀剂防护费1亿元。而2014年的腐蚀调查显示，电化学保护的相关成本上升到63亿元，缓蚀剂防护类上升到45亿～52亿元，16年间增长了约30倍和50倍。

综上所述,腐蚀系统不但是一个随着时间而发展演化的、非线性的、开放的动态系统,而且是具有社会性、不确定性等特征的系统。腐蚀不断发展的规律是客观的,在这一客观规律面前,我们不能绝对地阻止腐蚀的发展,但也不能消极地看着腐蚀的不断发展,或者不负责任、不顾后果地为局部、短期的利益来加速腐蚀的发展,而应当千方百计寻找控制措施来遏制其不断发展的趋势。

三、腐蚀不断发展的致因

腐蚀不断发展的致因,大致可以归纳为以下几点。

1. 认识上的原因

长期以来,腐蚀一直处于一种隐秘状态,未引起人们足够的重视。时至今日,这种认识依然影响着人们控制腐蚀的自觉性和主动性。

(1) 腐蚀的普遍性,使人们习以为常 人类最早认识腐蚀是感性认识,即发现在自然环境中,铁生锈 [$FeO(OH)$ 或 $Fe_2O_3 \cdot H_2O$]、铜生绿 [$CuSO_4 \cdot 3Cu(OH)_2$] 的现象。在远古时代,这种现象并未对社会发展与进步起到多少破坏作用,所以长期以来人们习惯了这种自然现象,好似水应当由高处向低处流一样,从而使腐蚀日复一日、年复一年地在悄然进行。

(2) 腐蚀的隐秘性,使人们置若罔闻 腐蚀隐秘性的特点,使人们放松了对它的警惕。尽管腐蚀损失极为严重,但因存在隐秘性的特点,容易被人们所忽视。如2008年汶川大地震造成经济损失是0.85万亿元,同年的腐蚀损失为1.5万亿元,接近地震造成经济损失的两倍。汶川大地震造成的影响,不仅惊动了全国人民和国家领导人,还惊动了世界华人华侨、友好人士及有关国家,各类媒体高密度进行跟踪报道,一时聚焦了全世界的关注点。然而,1.5万亿的腐蚀损失却悄无声息。两者如此之大的反差,说明人们通常比较重视"显型"损失,而容易忽视"隐型"损失。因为"显型"损失看得见、摸得着;"隐型"损失是难以觉察的,所以容易被忽视。

(3) 腐蚀的渐进性,使人们麻木不仁 通常情况下,腐蚀需要一个较长的时间过程,这个过程的长短,与材料本身、所处环境条件和人的管理有关。这种渐进性的优点是,给使用者留出了采取腐蚀控制措施的时间;缺点是容易使人们产生麻痹思想,使腐蚀发展有了可乘之机。

（4）腐蚀的突发性，使人们幡然醒悟　通过观察发现，在发生腐蚀或腐蚀事故前，由于疏于腐蚀防护管理而导致腐蚀因素不断积累，最终到全面爆发；在腐蚀事故发生后，政府和企业又往往会痛定思痛，并强化腐蚀防护方面的措施，加大投入、严格管理，使腐蚀防护的能力加强，进而使腐蚀减缓或得到控制，腐蚀损失得以减轻。经过一段的安全期后，管理者又会放松腐蚀管理，为下一步腐蚀事故的形成发展积累有害因素，经过一段时间后，又可能再次发生腐蚀事故。类似这样的发展轨迹在许多行业和部门都可以找到答案。据专家分析，"11·22"青岛输油管道爆炸事件只要投入100万元，就可以避免7.5亿元的经济损失。

2. 经济上的原因

为什么经济越发展，腐蚀与腐蚀损失越严重？究其原因，主要有如下几个方面。

（1）生产力的快速发展，是推动腐蚀的重要条件　生产力的发展在给人类创造了无比丰富的财富和现代文明的同时，又造成了大量的腐蚀问题，腐蚀问题对环境与自然资源的冲击力变得越来越大。如果我们一味追求物质财富的增加，而不考虑自身行为的致腐效应，则不仅会导致现有财富的损毁和即期收益的下降，而且最终可能会使增长产生的负效应超过增长带来的收益，彼时增长也将难以为继。

生产力的发展，首先是从生产工具的发展变化开始的，人类最初使用石块、树枝等作为生产工具，这种低下的生产力使人们朝不保夕。在这漫长的人类发展过程中，腐蚀的破坏作用微乎其微。随着青铜工具的发明和使用，人类的劳动有了剩余。当铁器工具出现，社会生产获得了巨大发展，人类历史产生了深刻变化。自此，腐蚀的破坏作用，日益显露出来，并对生产力的发展起到一定的阻碍作用。尤其是工业革命以来，世界经济和社会发生了翻天覆地的变化，大量的先进技术和先进生产工具的广泛应用，迸发出强大的力量，影响着我们的经济和生活。在推动生产力水平的提高、物质丰富的同时，也给人类社会整体经济、社会、文化和政治的发展带来了众多新的挑战，其中，腐蚀便是诸多挑战中最具有对抗力的重要因素。

当我们对历史进行一番考察，就会发现，每一个时代生产力的发展、生产方式和生活方式的转变，都给社会带来巨大的好处，但必须清醒地认识到我们也因此而正处于一个腐蚀日益膨胀的时代，这是一个必须面对的客观现实。一方面，财富在发展中不断积累，同时也在不断消耗；另一方面，腐蚀在社会发展中不断累积，同时又在不断扩张。腐蚀与发展就是这样相互循环交替、周而复始地进行着。

(2) 生活方式的改变，是加剧腐蚀的重要增长点　随着经济的发展，人民生活水平不断提高，生活质量得到改善。中新社（2018年3月6日）报道，据不完全统计，中国中等收入群体有4亿多人，位居世界第一，而且还在迅速增长中。生活水平的提高和生活质量的改善一方面刺激生产、交换、分配与消费；另一方面又带来大量的腐蚀和腐蚀损失。目前，我国人口数量约为14.1亿人❶，约由4.9亿个家庭组成。据国家统计局数据，2016年我国城镇居民每百户洗衣机保有量约91台，空调保有量90.9台，冰箱保有量93.5台，电视机保有量124台，私家车保有量36辆。大量的家用电器和交通工具走进千家万户，但同时又为腐蚀与腐蚀损失带来了新的增长点。中国汽车工程协会汽车防腐老化分会提供的数据显示：20世纪初，全世界每辆汽车因腐蚀造成的损失平均每年为150~250美元。2015年，我国平均每辆汽车的腐蚀成本为6792.3~8882.3元，产生总腐蚀成本1670亿~2184.8亿元。如果把一个家庭所有的家用电器、交通工具和生活用品的腐蚀成本都考虑进去，一个家庭的腐蚀成本可过千元和上万元，累计全国4.9亿个家庭，将是一笔巨大的腐蚀损失。

由上不难看出，一切生活产品的问世及其普及和生活方式的改变，都影射了人类对腐蚀行为的客观支持，也标志着我们朝着腐蚀的后果又走近了一步。尽管腐蚀造成的后果只是部分地报复了当代人，但它会加倍报复下几代人身上；不仅部分地报复在享乐者自己身上，而且更多地报复在未来享乐者的身上。因而，节制享乐欲望，改变不合理的生活方式，对抑制腐蚀与腐蚀损失具有重要的现实意义和历史意义。

(3) 忽视了腐蚀经济问题的研究，是促进腐蚀的重要理论根源　到目前为止，传统经济学仍然被认为是探求经济增长与发展的学科，传统经济学研究仍然未能对类似于腐蚀问题造成经济负增长或负发展的现象进行系统研究。即使是一些著名的经济学家，也大都是关注经济的增长与发展问题，而极少注意经济正常发展过程中的负面影响，对类似腐蚀问题进行经济学研究者更

---

❶ 2021年5月11日，国家统计局公布第七次全国人口普查主要数据结果。

为罕见。在充分肯定传统经济学为社会的进步和发展做出不可磨灭的贡献的同时，也不得不承认当代经济学存在一个重大现实缺陷，即难以包容类似于腐蚀的负经济增长现象。正是这种缺陷影响了腐蚀经济问题的系统研究，致使腐蚀与腐蚀损失日益严重。

3. 制度上的原因

俗话说：没有规矩，不成方圆。没有规则（即制度）的约束，人类行为就会陷入混乱。这样一个朴素而重要的思想，可能没有人会认为它不正确，但它却一直在腐蚀防护领域被人们忽视了。

我国目前尚缺乏专门的腐蚀管理制度，很多企业有钱购买新设备，而无钱防腐保养。制度缺失是加剧腐蚀的又一个重要原因。

（1）法律制度的缺失，造成腐蚀管理上的漏洞　用法律制度管理腐蚀的缺失，主要表现在以下两个方面。

① 无法可依，无章可循。目前，从国家的层面讲，政府无具体部门管理腐蚀问题，有些工作主要是学术界群众团体组织在负责。虽然他们尽了全力，但权威性不够，对管理腐蚀问题产生的影响有限。

目前，我国以国标的名义颁发的一些标准、规范，大都是专业性的，如防腐施工、检验、评定、设计等，尚缺综合性腐蚀管理的法律条文，使得想执法的企业和负责人无法可依，而不情愿执法的企业和负责人却有了可乘之机，必然会加剧腐蚀与腐蚀损失。

例如，目前我国没有任何一项法令法规对各种直流设备泄入大地的杂散电流进行限制，使地下杂散电流腐蚀日益严重。

② 有法不依，执法不严。有的行业或部门，经常出现腐蚀问题，不是无法可依，而是有法不依，执法不严。例如，输油、气管道腐蚀防护管理有着明确的法律条文规定，必须施加防腐层与阴极保护，并要求经常巡查沿线管/地电位和防腐层检漏等腐蚀性预测，而实际运行中，疏于管理的情况屡见不鲜，致使应该发现的问题没有发现，最后酿成大祸。

（2）经济制度的缺陷，造成公共地悲剧　公共地悲剧，又称公共资源悲剧，说的是牧民与草地的故事。当一块草地向牧民开放喂养牲畜时，每一个牧民都想多养几头牲畜，因为多养一头牲畜增加的收益大于其购养成本，是有利润的。尽管因为平均草量下降，增加一头牲畜可能使整个草地牲畜的单位收益下降，但对于单个牧民来讲，他每增加一头牲畜是有利的。可是如果所有的牧民都增加一头牲畜，那么草地将被过度放牧，从而不能满足牲畜的需要，导致所有牧民的牲畜都饿死。这个故事就是对公共地悲剧的通俗解释。

公共地悲剧的比喻表明如果一种资源没有排他性的所有权，导致社会对这种资源的过度使用，最终导致公共资源的毁灭并进而回报到曾经受益者的身上[4]。当我们把日益严重的腐蚀与"公共地悲剧"联系起来考虑时，就会发现如下问题。

① 城市公共地悲剧。城市公共地悲剧随处可见，其中，与腐蚀问题直接相关而突出的问题有：

一是北方城市冬季"撒盐"融冰防滑。这不仅增加了城市管理费用，而且加剧了金属结构物的腐蚀。为了防"盐腐蚀"，北京的桥进行了外涂层保护，约100万平方米，一次就花费几千万元。其他城市也有类似的问题。

二是地下杂散"电流污染"。由于我国目前尚缺地下杂散电流排放管理的有关规定，使地下杂散"电流污染"日趋严重。地下各种金属构筑物面临着严重的腐蚀安全威胁，特别是地铁杂散电流的影响尤为突出。截至2017年6月，全国开通地铁的城市有33个，随着地铁的大量建设，地下杂散电流造成的"电流污染"日益突出。从理论上计算，1A的直流杂散电流，一年内可腐蚀铁10kg、铜11kg、铅36kg。北京地铁杂散电流的最大值可达220~326A，即便是按较小的杂散电流值220A计算，一年内可腐蚀掉2t钢铁。据美国调查估计[5]，总腐蚀损失中大约5%归因于杂散电流作用，大多数是由电气化运输系统造成的。

三是共享单车。如今，共享单车发展迅速，几乎一夜之间，各种单车犹如雨后春笋般出现在诸多城市的大街小巷。据媒体报道，2016年，近20家企业投放了约200万辆共享单车，2017年，投放量达约2000万辆。每辆共享单车的生产成本约为300~2000元。共享单车的投放使用，方便了人们的绿色出行，缓解了公共交通压力，但也带来了城市公共地悲剧。乱停、乱放，影响市容，损坏率、丢失率和腐蚀破坏状况非常严重。一辆共享单车没用几天，就伤痕累累，锈迹斑斑，大大缩短了使用寿命，在造成巨大经济损失的同时，又造成与腐蚀和腐蚀损失相关的问题。

② 国家公共地悲剧。中国已成为继欧洲和北美之后世界第三大重酸雨区。中国的酸雨主要分布在长江以南、青藏高原以东的广大地区及四川盆地。

华中、华南、西南及华东地区存在酸雨污染严重的区域,北方地区局部区域出现过酸雨。中国酸雨区面积占国土面积的30%,其带来的直接经济损失大约占酸雨分布区域生产总值的0.18%[6]。1999年调查显示,中国酸雨对材料的直接经济损失约30亿元[7]。除此之外,还有其他方面的损失,都不同程度存在着国家公共地悲剧。

③ 全球公共地悲剧。海洋、大气层、太空都是属于全球共有的公共地,随着科学技术的发展,许多国家在获取先进科学技术所带来的巨额财富的同时,也导致了公共地悲剧的发生。如海洋污染日益严重,使处在海洋环境中的金属结构物腐蚀日益严重;大气环境日益恶化,使处在大气环境中的金属设备腐蚀日益突出;各种航天航空器的发射,使得太空环境的腐蚀日趋复杂,如此等等的一些问题,无不与全球公共地有关。

以上事例证明了在当代社会的发展进程中,公共地悲剧是导致许多灾害发生的经常性、普遍性现象。发生这种现象的原因很复杂,既有经济利益因素,又有道德因素,更有经济制度因素等,其中经济制度的缺陷是导致公共地悲剧的最根本的因素。由此可见,公共地悲剧是促使腐蚀不断发展的幕后推手。

4. 人才、科技上的原因

腐蚀日益严重的趋势,不仅与认识、经济、制度有关,还与人才、科技密切相关。在当今时代,人才可以说是最重要的,无论干什么事业,人才都是成功的保障。一方面,当今的腐蚀问题已不是过去那种简单的生锈现象,已成为一门综合性的边缘科学,需要大量各式各样的人才投入这一事业。另一方面,随着社会经济的不断发展,腐蚀防护技术的重要性日益凸显,在国民经济建设的各个领域中,发挥着越来越重要的作用,也需要人才来作保障。

(1) 腐蚀防护科技人员严重匮乏 我国不仅是一个经济大国,而且也是一个腐蚀大国,社会经济的快速发展,需要各种各样的专业技术人才,才能满足社会经济发展的需要。然而,实际上我国的腐蚀防护科技人员与这个腐蚀大国所需相差甚远。首先,腐蚀防护科技人员数量严重不足。据统计,目前工作在生产一线的腐蚀防护工程技术人员约有1万人[7]。这对于一个腐蚀大国来说,似"太仓一稊米,大海一浮萍"。腐蚀日益严重,而腐蚀防护人员却日益短缺,从客观上讲,是纵容腐蚀的发展。其次,高校腐蚀防护专业合并影响了专业人才的培养。以前,我国许多高校都设有腐蚀防护专业,后来教育部将其合并到材料学科里,这是非常可惜的,也对学科发展产生了很多不利的影响。腐蚀防护专业的很多课程与材料学课程是不一样的,合并后,不少科目被取消了,很多学生毕业后想从事腐蚀防护方面的工作,但心余力拙。而目前设有腐蚀防护专业的高校只有北京科技大学、浙江大学、天津大学和武汉大学等为数不多的几所,每年的毕业生自愿到生产一线工作的很少。腐蚀防护人才的培养收窄,必然会影响人才队伍的建设,人才队伍的数量和质量又决定着这个团队的专业水平和竞争能力,同时又影响着生产一线新技术的推广应用。第三,本来腐蚀防护人才就捉襟见肘,在实际应用中又出现改行的现象。例如,20世纪60年代末70年代初,原大连工学院在已逝著名腐蚀学家火时中教授的倡导下,在国内大学中较早设立了"金属腐蚀防护专业",专门为当时的五机部和六机部及军工单位培养高级腐蚀防护人才。然而,72届毕业的35名学生中,组织分配从事专业或曾经从事过专业工作的仅有4人,占毕业生总数的11.4%。

在美国人们比较羡慕腐蚀防护工作,称其为"金饭碗"职业[8]。在这个行业里工作的有93%的腐蚀工程师是男性,年龄普遍都比较大;有40%的人已经在该行业工作了二十多年,大多数都就职于雇员超过500人的大型企业。更令人吃惊的是,他们的学历并不是特别高,本科学历以上的不足1/3,只有1/10拥有研究生学历,而获得博士学位的只有1/16。尽管学历不是很高,但腐蚀工程师的平均年收入却近10万美元,甚至比建筑行业的工程师还高。大约有11%的腐蚀工程师年收入超过15万美元,4%超过20万美元。在国内,腐蚀防护专业似乎不太招人喜爱,这也是造成人才匮乏的一个原因。

另外,现有的腐蚀防护科研、工程技术人员大都是20世纪六七十年代培养的,目前基本上都退休了。因而在人才严重匮乏的情况下,腐蚀与腐蚀损失日益严重就不难理解了。

(2) 现有的腐蚀防护技术没有充分发挥作用　世界普遍认为,如果能够充分发挥现有腐蚀防护技术的作用,可将腐蚀损失降低1/3左右。美国20世纪90年代可避免的腐蚀损失达到33%,英国60年代可达到25%,瑞典80年代中期可达到20%。据分析,我国目前可避免的腐蚀只能达到15%~20%,与美国20世纪70年代的水平相当,每年可避免的腐蚀损失约为4000亿元人民币。

从新技术推广应用的角度来看,我国的防腐费有75%用于传统的油漆、涂装，而日本的涂装费只占总防腐费的 62.5%（1975 年）和 58.4%（1997 年），这说明先进的防腐技术在我国尚未普遍应用。再如，热浸镀锌钢筋作为混凝土结构的防腐蚀钢筋的一种，在发达国家已广泛用于工程，在我国工程应用和有关试验的研究相对较少。电化学保护技术是当代广泛推广的新防腐技术之一，在国外，特别是一些经济发达的国家，广泛用于地下、水下、工业介质中金属结构物的保护，目前已用于暴露在大气环境中钢筋混凝土结构的保护，如大桥面板、停车库楼板、楼房的保护等。在我国这方面的应用还很罕见。目前只有廊坊至涿州高速公路永定河大桥面板采用强制电流法阴极保护，且是试验项目。

从国内腐蚀防护情况来看，重视腐蚀防护与不重视腐蚀防护其效果相差悬殊。石油化工系统对腐蚀问题普遍重视，制度管理比较严格，收效比较突出。如仪征化纤厂通过严格腐蚀管理，使大修周期 1 年改为 2 年，创净利润 22 亿～32 亿元/年。中原油田生产系统管线 1993～1999 年腐蚀穿孔 28012 次，经济损失 56798 万元，而自加强腐蚀管理与防护后，1999 年腐蚀损失比 1993 年减少 72%。如果不严格腐蚀管理与防护，其效益则会成为损失。

综上所述，目前我国的腐蚀与腐蚀损失正处于传统的非可持续发展的模式上高位徘徊，且具有不断发展的趋势，并向新的领域渗透、蔓延，腐蚀和腐蚀损失与经济发展、社会进步具有协同发展的特点。我国是发展中国家，经济发展在很大程度上依赖于工业化，而工业化又带来了严重的腐蚀与腐蚀损失，这种发展模式所带来的腐蚀问题不容小觑。我们必须正视存在的问题，广泛推广腐蚀防护技术，把腐蚀与腐蚀损失降低到最低限度。

第五节　腐蚀具有人-腐互制的规律

从人类文明发展史角度看，人类经历了蒙昧、野蛮而逐步走向文明，从渔猎文明发展到农业文明再发展到现在的工业文明，每一次文明更替都是一次社会革命，都促进了社会经济的大发展、大进步。工业文明虽然取得很大成就，但因其固有问题的严重化，已经开始走向衰退。

当前一种新的文明，作为工业文明的替代力量正在兴起，这种新文明即为生态文明。人类社会也将从工业社会转向生态社会，从工业化发展模式转向生态化发展模式。在这一漫长的历史长河中，社会的发展，人类的进步，使其腐蚀由最简单的生锈现象，发展到今天跃居各类天灾人祸之首位，且日益影响着当今社会和未来社会的发展。然而，经过人类长达几千年的坚忍不拔、百折不挠的探索，人类制约腐蚀的能力日益增强，从7000年前的大漆开始，到今天各种腐蚀控制技术的广泛应用，且收到明显效果，这充分显示，人类是有能力控制腐蚀的。随着科技的进步，人类控制腐蚀的能力将会日益提高，腐蚀破坏影响将会日益减弱。但就总体而言，人类与腐蚀的较量还在继续，人-腐互制还是总的发展趋势。

一、人类对腐蚀的制约

自人类有目的地使用金属时起，就开始寻找控制腐蚀的方法和措施。经过几千年的不懈努力，人类终于对腐蚀有了不同程度的控制。早在公元前3世纪，我国已采用金汞齐鎏金术在金属表面镀金以增加美观，同时达到防腐蚀的目的。2000多年前的春秋战国时期，我们的祖先就知道采用与现代铬酸盐钝化处理相似的方法来保护箭镞。

金属腐蚀防护的历史虽然悠久，但都是属于经验性的，18世纪中叶开始陆续出现对腐蚀现象和防护技术的研究及论述。例如，1748年，俄国科学家Ломоносов指出，金属的氧化乃是金属与空气中最活泼的氧化合所致。1790年，Keir描述了铁在硝酸中的钝化现象。直到20世纪初，腐蚀才成为一门独立的学科。

经过人类漫长的探索，人类制约腐蚀的方法主要有三大类：一是技术防腐；二是非技术防腐；三是综合性防腐。

1. 技术防腐

腐蚀破坏的形式是多种多样的，在不同的条件下引起金属腐蚀的原因是各不相同的，而且影响因素也非常复杂，因此，不同条件所采用的防腐技术也是多种多样的。通常采用的方法有如下几种。

（1）在制造金属零部件的过程中，添加不易与周围介质发生反应的耐腐蚀材料　比如，铬、镍、钛等在空气中能生成致密的氧化膜，可以抵抗酸、碱、盐等腐蚀，加入铁或铜中，即可制成防腐蚀性能优异的金属制品。利用金属粉末冶金可对各种金属元素进行灵活配比，利用添加不同性能的金属粉末来获得防腐蚀性能优异的金属零部件。铁碳合金等金属材料还可通过热处理来防止腐蚀。

(2) 采用涂层法防腐蚀　涂层法包括三大类，即涂覆和喷涂、镀层与化学转化膜。在金属表面上制成保护层，从而隔开金属与腐蚀介质，减轻腐蚀。

涂覆是把有机和无机化合物涂覆在金属表面，常用的方法是涂漆和塑料涂层。喷涂是通过喷枪或碟式雾化器，借助于压力或离心力，分散成均匀而微细的雾滴，施涂于被涂物表面的涂装方法。

镀层法最常见的有：电镀、热镀、喷镀、渗镀、化学镀、机械镀、真空镀等，通过镀层保护基体金属不受腐蚀。

化学转化膜是采用化学或电化学方法使金属表面形成稳定化合物膜层，根据成膜时所采用的介质，可将化学转化膜分为氧化物膜、磷酸盐膜、铬酸盐膜等。

(3) 处理腐蚀介质　处理腐蚀介质就是改变腐蚀介质的性质，降低或消除介质中的有害成分以防止腐蚀。处理腐蚀介质一般分为以下两类。

一是去掉介质中有害成分，改善介质性质。例如，在热处理炉中通过保护气体以防止氧化，在酸性土壤中掺入石灰进行中和以防止土壤腐蚀等。

二是在腐蚀介质中加入缓蚀剂。在腐蚀介质中加入少量的缓蚀剂，可以使金属腐蚀的速度大大降低，从而达到控制腐蚀的目的。

(4) 电化学保护　用直流电改变被保护构件的金属电位，从而使腐蚀减缓或停止的保护法叫作电化学保护。这类保护方法有阴极保护法和阳极保护法两类。

2. 非技术防腐

非技术防腐是指技术防腐以外的各种措施，是相对技术措施来讲的，主要包括法律、经济、行政、宣传、教育、培训和管理等。

非技术防腐的功能与技术防腐不同，非技术防腐是通过社会功能来加强腐蚀防护的，技术防腐是通过技术功能来减轻腐蚀与腐蚀损失的。

(1) 从宏观的角度考虑　国家可以运用经济、行政和法律手段加强腐蚀宏观调控，从不同的角度制约腐蚀。

① 经济手段。是指政府在依据和运用价值规律的基础上借助于经济杠杆的调节作用，对腐蚀防护进行宏观调控。经济杠杆是对社会经济活动进行宏观调控的价值形式和价值工具，主要包括价格政策、税收政策、信贷政策、

利率政策、产品购销政策、产业政策等，通过经济手段对宏观腐蚀与腐蚀损失进行控制。

② 行政手段。是指靠行政机构，采取强制性命令、指标、规定等行政方式来调节腐蚀，以达到宏观调控目标的一种手段。行政手段具有权威性、纵向性、无偿性及速效性等特点。当然，行政手段是短期的非常规手段，不可滥用，必须在充分尊重腐蚀发生发展规律的基础上，从实际出发加以运用。

③ 法律手段。是指政府靠法治力量，通过腐蚀防护立法和司法，运用经济法规来调节腐蚀与经济发展的关系、腐蚀与人类活动的关系、腐蚀与环境资源的关系，以达到宏观调控目标的一种手段。通过法律手段可以有效地保护现有财富和既得利益不受腐蚀损害或减少损害，保证经济可持续发展。

(2) 从微观的角度考虑　企业管理部门和生产单位，应加强企业干部、员工腐蚀防护的宣传、教育、培训。腐蚀是一个悠久而古老的问题，是人们最常见的现象，是最现实利益的损失，是牵连千家万户的事。因此，腐蚀防护的宣传、教育、培训等，对于每一个国家、每一个企业、每一位员工都尤为重要。

① 腐蚀防护宣传、教育、培训必须具有广泛性、持续性。要大力宣传腐蚀防护知识，增强腐蚀防护意识，以人为本，关注腐蚀，唱响安全发展主旋律。要动员各方力量，采取各种手段，形成浓厚的腐蚀防护氛围和普遍的集体意识，在潜移默化中改变人们的思想观念和行为，使"要我防腐"向"我要防腐"转变。要着眼于建立宣传、教育、培训的长效机制，做到时时刻刻都要牢记腐蚀安全就是效益，并使员工参与的广泛性与时间、空间上的持续性紧密结合。

② 腐蚀防护宣传、教育、培训必须具有针对性。宣传、教育、培训必须分析对象、着眼需求，找准突破口。尤其是处在高腐蚀风险设备、设施岗位上的操作人员，附近工作、生活、学习的有关人员，一定要进行腐蚀安全教育，让他们懂得应急避难、自救、健康保护等方面的知识，引导他们去关心、热爱腐蚀防护工作，去呵护腐蚀安全。

③ 腐蚀防护宣传、教育、培训必须抓住重点。首先，抓好企业主管部门和企业生产部门领导干部的宣传、教育、培训，让他们牢固树立安全生产的意识；其次，抓好生产管理人员和岗位工作人员的宣传、教育、培训，让他们懂得，关注安全，就是关爱生命；第三，要加强校企合作、对口单招、订

单式培养等，努力培养一批高素质、高水平的腐蚀防护专业人才；第四，利用慕课（MOOC）平台进行学历教育和培训。

④ 腐蚀防护宣传、教育、培训要注意典型引路。典型引路要注意两手抓：一手抓腐蚀安全文化示范企业、安全发展企业、安全岗位等创建活动，抓好典型带动和示范引领；一手抓典型事故剖析，用教训来培养干部职工安全生产的自觉意识。

3. 综合性防腐

腐蚀现象虽然简单，但腐蚀机理却很复杂。人类在与腐蚀的斗争中领悟到，要真正达到有效地控制腐蚀，任何单一措施的收效都是有限的，必须将腐蚀工程与科学管理相结合，通过设计、选材、制造、储存、运输、安装、运行、维护、维修等工程防腐技术，以及宣传、教育、培训、管理等非工程防腐蚀措施，进行全面腐蚀控制，才能收到良好成效。

随着腐蚀的不断发展，科学技术的不断进步，目前已形成了一门新的学科——防腐蚀系统工程学，即从系统工程的角度出发，对腐蚀进行综合治理。这种方法已在发达国家及我国一些工业部门得到了推广应用。从系统工程角度控制腐蚀，不仅要考虑技术上的有效性，经济上的合理性，还要考虑效果上的社会性。大量工程实践表明，如果一味追求腐蚀控制的有效性，从经济上讲可能是不尽合理的，甚至是得不偿失的。因此，在任何情况下，任何腐蚀控制技术都只能是将腐蚀与腐蚀损失降低，完全杜绝是不可能的。但在有些情况下，我们所考虑的重点是技术上的有效性和效果上的社会性，而不去考虑其经济性，因为经济性的考虑还需服从于社会性。例如，一座交通大桥的腐蚀防护设计，经济效益的考量并不放在首位，重要的是腐蚀安全，保证大桥在有效使用寿命期内不发生腐蚀事故。

二、腐蚀对人类的制约

作用与反作用总是一对等值、反向、共线的力。前面分析了人对腐蚀的制约，反过来腐蚀对人类社会的发展也具有重大的制约影响。腐蚀对人类的制约是多方面的，其中，最为突出的是：对经济发展的制约，对科技进步和资源能源合理开发利用的制约。

1. 腐蚀对经济发展的制约

腐蚀是制约社会经济发展的重要影响因素，腐蚀系统与社会经济系统互相作用，形成了复杂的腐蚀-社会系统。腐蚀对经济发展的制约作用，主要表现在短期和长期影响两个方面。

（1）对短期经济发展的制约　腐蚀是一种破坏，无论是发生在什么地方，无论是从哪个角度来说，都会造成一定的损失。对于遭受腐蚀破坏的企业而言，腐蚀不仅造成存量的损失，而且还可能造成流量的损失。如果发生腐蚀事故，则会造成多方面的影响，既有内部影响，又有外部影响，既有经济损失，又有非经济损失，在短期内，会形成经济-社会损失链，对企业造成沉重的打击，企业经济发展必然会受到创伤。然而，这种创伤的后果与企业的经济实力直接相关。如果企业经济基础雄厚，则会很快得到恢复；如果企业经济本来就不景气，则会雪上加霜，企业发展举步维艰。在短期内，对全国宏观经济而言，一般不会撼动 GDP，但有可能对某些宏观经济数据产生波动。

（2）对长期经济发展的制约　随着腐蚀状况的不断恶化，导致对经济可持续发展的制约力不断扩大。主要表现在：一是腐蚀消耗了大量的资源能源，助长了资源能源危机，从而使经济持续发展的制约力不断扩大，进而动摇经济持续发展的基础；二是腐蚀恶化了自然环境和生态环境，不仅直接销蚀着社会财富，而且破坏着整个人类赖以生存和发展的地球生态环境，使人身健康受到影响，人类为了自身健康的经济代价在持续上升，从而使生命的代价不断扩大，进而极大地削弱经济发展的实力与持续能力，从而使腐蚀成为经济发展的一个日益重要的制约因素；三是腐蚀使经济发展成本上升，收益下降，再生产的发展必然受到制约，而使经济发展速度减缓；四是腐蚀与腐蚀损失日益严重，损害的将不仅仅是个别国家或地区经济的可持续发展，而且必然影响全球经济的可持续发展。

由上可见，腐蚀造成的短期影响，是即时问题，相对容易解决；腐蚀造成的长期影响，是未来问题，是经济发展过程中的深层次问题，是人类社会发展的永久命题。

2. 腐蚀对科学技术进步的制约

一项新工艺、新技术的研发与应用，往往会遇到很多需要克服的问题，其中，腐蚀是常会遇到的实际障碍，如得不到及时解决，就会阻碍这项新工艺、新技术的推广应用。

（1）对新工艺开发应用的制约　许多新工艺研究出来后，由于腐蚀问题得不到解决而迟迟不能大规模工业化生产，严重影响了新工艺的生产应用。

如合成尿素生产工艺，早在1870年就被提出来了，在1951年就已试验成功，但由于高温、高压尿素甲胺的强腐蚀性和连续生产特点，人们为寻找耐蚀材料和防护途径奋斗了大半个世纪。直到1953年，荷兰斯塔米卡邦公司提出在CO_2原料气体中加入氧气作为钝化剂维持不锈钢的钝化，才基本解决了不锈钢作为尿素装置结构材料的腐蚀问题，才使尿素工艺从此真正走上了工业化的道路。

又如，国内三套异丁烯生产装置由于高温稀硫酸腐蚀问题难以解决，加上原料来源等原因，已有两套下马。剩余的一套虽然防腐投资增加到原装置投资的4~5倍，部分管道甚至使用了锆材，但生产仍不正常，生产周期仅为一两个月，产量长期达不到设计要求。还有，人们为了解决易拉罐锈蚀问题，整整花了125年的时间，才将啤酒灌进去，而后又花了25年的时间才认识到铝是易拉罐最好的材料，后来又花了10年的时间才制造出适合装可乐的易拉罐[9]。

(2) 对新技术发展的制约　许多先进科学技术的研发，常因腐蚀问题难以解决，而使其受到阻碍。如在量子合金的固体物理基础研究中，需要高纯度的金属铝与其他元素进行无氧复合，但是由于金属铝的表面非常容易被氧化，至今仍然成为该研究进展的瓶颈。又如，自核电技术应用以来，腐蚀始终是影响安全生产的重要因素。2002年3月，美国戴维斯-贝斯反应堆出现的严重腐蚀导致核电站关闭了两年左右。维修期间，工人在碳钢结构反应堆容器上发现一个约15.24cm深的腐蚀洞。遭腐蚀后的容器厚度只有9.52mm，用以防止灾难性的爆炸和随之而来的冷却剂泄漏。如果附近的控制棒在爆炸中受损，关闭反应堆和避免堆芯熔毁将面临相当难度。2004年8月9日15:22，日本美滨核电厂3号机组蒸气泄漏，造成多人死亡。调查发现，在冷凝器配水管上发现一个腐蚀漏洞，据说是造成这次事故的直接原因。

腐蚀对先进科学技术的制约，不仅表现在当今，而且制约着未来的发展。如随着石油、天然气的日益短缺，利用储藏量巨大的煤转化为气体或液体燃料，具有巨大的意义，但这种转化过程会遇到一系列的腐蚀问题：高温（超过1650℃），高压，庞大的容器，粉尘的磨损腐蚀，硫化氢以及加氢引起的腐蚀，适应高温、高速、高磨蚀的泵和阀等。只有解决了这一系列的腐蚀问题，才可能获得廉价的煤的液化、气化燃料，但至今仍有很多腐蚀问题难以解决，尚难顺利进行。不仅如此，随着深空、深海和深地工程技术的开发利用，腐蚀的阻碍作用亦很突出。

由此可见，古往今来，尽管腐蚀并未能阻挡科学技术的发展，但腐蚀造成许多新工艺、新技术不能如期实施却是事实，因此，腐蚀对科学技术发展的制约作用显而易见。

3. 腐蚀对资源能源合理开发利用的制约

人类社会进入工业社会后，人们对于资源能源的关注，各国对资源能源的争夺，以及学界和政界关于如何充分利用好资源能源、怎样开发新资源能源的探讨从来就没有停止过。然而，在激烈的争夺过程中，人们似乎忘记了腐蚀也在悄然与人类争夺资源与能源。据报道，全世界每年因腐蚀而报废的金属材料约占当年金属生产量的10%~20%，我国每年因腐蚀而不能回收利用的钢铁达1亿多吨，相当于三个宝钢的年生产量。腐蚀浪费了大量资源能源，必然会阻碍有限资源能源的合理开发利用。

从下面的有关数据，可以看出资源能源的宝贵和合理开发利用的重要意义。

(1) 中国现有资源能源现状　根据《2011中国矿产资源报告》，我国重要矿产资源的供需矛盾日益突出，截至2010年末，能源缺口达2.5亿吨标准煤。自2006年至2010年，石油进口由1.82亿吨增至2.76亿吨，年均增长11.0%；2010年我国石油、铁矿石、铜、铝和钾等大宗矿产对外依存度分别为54.8%、53.6%、71%、52.9%和52.4%。一些重要矿产储采比下降，2010年重要矿产储采比为：石油16年、铁矿51年、铜矿38年、铅矿15年、锌矿18年、金矿12年。由此可见，日益严峻的资源能源现状，不仅仅是当今的社会问题，而且是未来社会发展的问题，我们必须从全球视角来研究我国资源能源的安全与可持续供给问题，提高安全保障能力。

目前，人类控制腐蚀的能力还有限：一方面，在经济建设过程中，我们使用金属材料时，必须为腐蚀付出代价，这个代价是不可避免的；另一方面，资源能源的有限性，决定了生产金属材料的局限性，在资源能源和生产的金属材料一定的情况下，被腐蚀消耗的多了，自然会影响其他方面的利用。

(2) 未来中国资源能源需求简单分析　随着经济的发展，在腐蚀不可避免和不断发展的情况下，即使保守估计，到2030年，腐蚀损失约为6万亿~8万亿元人民币。如此巨大的腐蚀损失，需要大量的资源能源来支撑。而目前，石油、天然气人均探明储量分别仅相当于世界平均水平的7.7%和

8.3%，铝土矿、铜矿和铁矿分别相当于世界平均水平的 14.2%、28.4% 和 70.4%；镍矿和金矿分别相当于世界平均水平的 7.9% 和 20.7%；一般认为非常丰富的煤炭人均占有量仅为世界平均水平的 70.9%；铬、钾盐等矿产储量更是严重不足。尽管近年来中国资源能源开发力度加大，供应能力不断增强，但由于需求旺盛，资源能源供应整体上呈现紧张局面。煤炭，天然气，铁矿石，铜、铝等主要有色金属产量增长迅速，但难以满足国内需求，从 2000 年到 2010 年，石油生产增长 24.5%，消费增长 91.5%，精炼铜生产增长 2.3 倍，消费量增长 3.3 倍，大宗矿产品对外依存度持续走高。资源消耗强度大，综合利用率低，导致在资源能源开发利用的过程中出现大量的浪费，这些都给中国的资源能源安全带来巨大的压力。

资料显示[9]，2020 年，我国天然气、铁矿石、铜矿石和铝矿石的供需缺口分别达到 15.06 亿立方米、9.25 亿吨、38.96 万吨和 272.1 万吨；我国 45 种主要矿产中，有 19 种矿产出现不同程度的短缺，其中 11 种为国民经济支柱性矿产。到 2030 年，我国能源需求总量可达到 58 亿吨标准煤左右。可见虽然经济增速在减缓，但是能源需求总量在持续攀升。

面对这样严峻的形势，"日月逝矣，岁不我与"。尽管保护资源能源有多种多样的渠道，但控制腐蚀消耗则是最好、最快、最有效的途径。每年腐蚀消耗了 1 亿多吨的钢铁，假如能节约 50%，就是 5000 多万吨，不论是从经济意义上来讲，还是从战略意义上来讲，都具有重大意义。

三、人-腐相互制约

纵观社会发展史，可以发现，人类与腐蚀之间一直存在着对立统一的关系。一方面，腐蚀总是作为人类的对立面存在，按照自身的规律运动发展，不断地造成人员伤亡和财产损失，不以人类的意志为转移，人腐之间永远存在着矛盾；另一方面，人类通过对腐蚀机理的研究和腐蚀规律的不断探索，在与腐蚀的斗争中，不断地发展自己并日益影响着腐蚀。腐蚀作用于人类，人类反作用于腐蚀，两者之间不断地进行着物质、能量和信息交流，从而形成一个多层次的作用与反作用系统。

1. 转变经济增长方式，遏制腐蚀发展

粗放型的经济增长方式，不仅对腐蚀的发生发展造成严重影响，而且对社会经济发展、人类生活环境等造成严重的负面影响。如果我们再不改变经济增长方式，再靠大量消耗生产要素来求得增长，我们的现代化建设是难以为继的。所以，必须积极推进经济增长方式由粗放型向集约型转变，从主要依靠增加投入，铺新摊子，高投入、高消耗、低质量、低产出的增长方式，转变到主要依靠科技进步和提高劳动者素质上来，转变到生产要素优化组合和充分利用的少投入、低消耗、高技术、高质量、高产出的集约型经济增长方式上来。这样将有利于节约资源能源，提高资源能源的利用率，从而缓解我国经济发展同资源能源严重短缺的矛盾，把有限的资源能源用在刀刃上；有利于减轻环境污染，保护生态，为可持续发展奠定基础；有利于促进科技进步，优化产品结构，提高产品质量，降低生产成本，增强参与国际竞争的能力。

通过实现经济增长方式的转变，来遏制腐蚀的发展，把经济越发展、腐蚀越严重的局面转变为经济越发展、腐蚀与腐蚀损失越低（占 GDP 的比重），逐步实现经济效益最大化、腐蚀损失最小化的目标。有关这方面的讨论，详见第十二章。

2. 转变生活方式，抑制腐蚀发展

当代一些不合理的生活方式，促使人类过度消耗自然资源、恶化生态环境。因为消耗了更多的资源，必定会产生更多垃圾或废弃物，也必然会对现有的环境产生更严重的危害。同时，也必定加重腐蚀损失。1989 年，联合国大会通过的 228 号决议指出：全球环境不断恶化的主要原因，是不可持续发展的生产方式和消费方式。不合理的生活方式动摇了人类社会可持续发展的基础，从客观上加重了资源能源危机，恶化了生态环境，使得腐蚀问题进一步扩大，使可持续发展的空间日益受到挤压。

例如，在世界能源消费大国中，发达国家远远高于发展中国家。20 世纪 90 年代，美国、加拿大和俄罗斯，人均一次能源消费量分别是 10.94 吨、10.76 吨和 8.50 吨；德国、法国、英国和日本是 5～6 吨；而中国和印度则分别为 2.6 吨和 0.53 吨。20 世纪四五十年代，美国二氧化碳排放居全球第一，排放量甚至超过其余国家的总和，是巴西的 336 倍，中国的 47 倍。到了 1989 年，二氧化碳排放量仍然集中在发达国家，人均二氧化碳排放量是发展中国家的 6.52 倍。另外，根据世界银行和美联储的数据，1970 年美国家庭消费支出是 6666 亿美元，到了 2017 年这个数字激增到 13.7 万亿美元，占到 GDP 的将近 70%。美国人口虽然只占全世界的 4.4%，但消费了全世界 22% 的商品。可见，发达国家的生活方式，是建立在能源高消耗、环境高污染和生活高消费的条件下的。在发达国家的极力宣传下，有些发展中国家在国民经济尚未达到发达国家水平时，却有一部分人率先过上享乐型生活，进而影响着一大批人向往这种生活，进一步加重了资源环境压力，使腐蚀影响进一步扩大。

在资源日益短缺、环境日益恶化的今天，人们应该反思自己的生活方式，如不加以改变，或任其发展，人类更可能毁于自己。

树立消费新观念，指导人们适度消费，无废或少废生活；动员全社会力量消除与环境保护明显相悖的生活方式，将人们的消费欲望转向多元化的文化、艺术、知识等精神追求上来[10]。在物质、精神、文化多元化消费中实现质量更高的新生活。这既可降低资源能源的消耗，减轻环境污染，又可以阻挡腐蚀不断发展的趋势，为可持续发展提供保障。

3. 转变思维方式，控制腐蚀发展

与常规经济投入一样，腐蚀控制投入也是一种经济投资行为，但腐蚀控制投入又与常规经济投入存在着巨大的差异性，这种差异性表现出腐蚀控制投入与常规经济投入的效益观不同。

常规经济投入，其主要的目的是扩大社会再生产，增加社会财富，简单地说，是为了价值的形成和增值。而腐蚀控制投入，其主要的目的是减轻腐蚀与腐蚀损失，保护现有财富，维护既得利益。由此可见，常规投入的目标在于获得直接的经济产出和财富的增长，它受制于市场供求规律、价值规律与竞争规律，并以利润为原动力和最主要的考核指标；而腐蚀控制投入则不是以直接的经济产出为目标，它一般不会直接增加财富，其追求的是减少现有财富的损失，在减损中实现自己的投资效益。

从工程实例来看，腐蚀防护投入效益比是很高的。例如，裸金属构筑物阴极保护的费用约占总体投资的 $1\%\sim2\%$，而有覆盖层的金属构筑物占 $0.1\%\sim0.2\%$，对于复杂的环境，如城市、海洋为 $3\%\sim5\%$[11]。日常运行、维护、管理费用也很低。就地下金属管道而言，在不施加阴极保护的情况下，埋地涂有防腐层的管道，一般只能运行 30 年左右，而施加了阴极保护后可延长使用寿命到 60 年，实际上等于重新建造了一条管道。如格-拉输油管线[12]，是 20 世纪 70 年代初建造的，至今运行良好。类似的工程实例举不胜举。据分析，通常腐蚀防护投入效益比在 1∶20 左右。可见，腐蚀防护投入不但是有效益的，而且是巨大的，是高收益的投资。

以上分析表明，腐蚀防护投入不是没有效益，只是所表现的效益概念与常规经济不同而已，一个是减负，一个是增值。从根本上来说，减负也是社会财富积累的一种特殊形式，减负也是增效，这就是腐蚀防护效益观。腐蚀防护投入与常规经济投入之间的差异说明，对待腐蚀防护投入，需要运用有别于常规经济投入的思维方式与考核方法。

参考文献

[1] Revie R W. Uhligs's corrosion handbook. 2nd ed. New Jersey：John Wiley & Sons Inc，2000.

[2] 杨武．核电站材料的腐蚀损失．机械工程材料，1988（2）：63-65.

[3] 侯保荣．中国腐蚀成本．北京：科学出版社，2017.

[4] 郑功成．灾害经济学．长沙：湖南人民出版社，1998.

[5] ［加］罗伯奇．腐蚀工程手册．吴荫顺，李久青，曹备，等译．北京：中国石化出版社，2003.

[6] 张学元，韩恩厚，李洪锡．中国的酸雨对材料腐蚀的经济损失估算．中国腐蚀与防护学报，2002，22（5）：316-319.

[7] 陈武，梅平，赖璐．石油化工特色的《金属腐蚀与防护》课程建设探讨．广东化工，2012，39（11）：197-198.

[8] ［美］乔纳森·瓦尔德曼．锈蚀：人类最漫长的战争．孙亚飞，译．桂林：广西师范大学出版社，2017.

[9] 《世界能源中国展望》课题组．世界能源中国展望．北京：中国社会科学出版社，2016.

[10] 朱锡平，禹小英，陈英，文连阳．我国经济增长过程中的防灾减灾问题．财经科学，2009（11）：117-124.

[11] 日本中川防蚀工业股份有限公司．电气防蚀法（广告）．

[12] 王强．地下金属管道的腐蚀与阴极保护．西宁：青海人民出版社，1984.

腐蚀经济学

第三章
腐蚀损失与 GDP

在地球上最为严重的损失不是山崩地裂的地震,也不是排山倒海的海啸,而是悄然进行的金属腐蚀破坏。据国际腐蚀界权威机构美国腐蚀工程师协会(NACE)公布的最新腐蚀调查结果,2016 年,全球腐蚀损失估算为 2.5 万亿美元,是各类天灾人祸损失的 12 倍。据测算,2016 年我国的腐蚀损失约为 2.5 万亿人民币,是各类自然灾害损失的 5 倍,占全世界腐蚀损失的 15%。

腐蚀是地球上最广泛、最频繁、最严重的破坏现象,它几乎遍及所有行业,如冶金、化工、能源、矿山、交通、机械、航空航天、信息、农业、食品、医药、海洋开发、基础设施及家庭生活等各个领域。当手表的秒针转过一圈半,世界上就有 1 吨钢铁被腐蚀成铁锈。腐蚀破坏资源能源,污染环境,阻碍经济可持续发展,已引起了全世界的广泛关注。

美国著名的畅销书作家乔纳森·瓦尔德曼(Jonathan Waldman)在《锈蚀:人类最漫长的战争》中这样描述:锈蚀是人类最可怕的敌人,被视为"终极毁灭者"。它击落飞机,折断桥梁,撞毁汽车,沉没舰船,毁坏房屋,夺去无数人的生命财产。美国每年为锈蚀付出 4000 亿美元的代价,远超过其他灾害损失的总和。乍听起来,似乎有点危言耸听,其实不然,这是乔纳森·瓦尔德曼踏遍美国南北,在食品加工、油气管道、钢铁制造、交通运输等诸多领域,对锈蚀进行持续多年的密切追踪调查的结果。调查期间他曾会见美国五角大楼最高防锈长官,该官员忧心忡忡地指出:美国海军的最大克星不是哪一个国家，而是锈蚀！

腐蚀与腐蚀损失的日趋严重，不仅引起腐蚀科学家、经济学家和文化学者的关注，而且引起世界腐蚀组织（WCO）的高度重视。为了唤醒各国政府、工业界以及我们每个人意识到腐蚀的严重性，控制和减缓腐蚀的紧迫性，世界腐蚀组织把每年 4 月 24 日定为"世界腐蚀日"。

第一节 概　　述

一、腐蚀损失的概念与构成

1. 腐蚀损失的概念

腐蚀损失是一个广义概念，包括金属材料与非金属材料的腐蚀，同时也是一个具有多内涵的概念，它既包括腐蚀造成的经济损失，也包括非经济损失。但通常情况下，多是指金属腐蚀造成的经济损失。

腐蚀的复杂性，给腐蚀损失定义带来了不确定性。目前对腐蚀损失没有一个规范、统一的定义，不同的国家、不同的行业和不同的学者有着不同的解释。根据有关资料，笔者认为：腐蚀损失是由于腐蚀的存在而导致总费用的增加。换言之，腐蚀损失是指假如腐蚀不存在，则不需要花销的费用。

腐蚀损失的后果是多方面的，既可以是物质财富的丧失和经济利益的丧失，也可以是社会利益、政治利益的丧失；既可以是既得利益的丧失，也可以是预期利益或未来利益的丧失；既可以是内部利益的丧失，也可以是外部利益的丧失，或者是各种利益相互交叉影响同时丧失。可见，腐蚀损失是一个包容了各种利益丧失、内涵与外延都十分广泛的概念。

2. 腐蚀损失的构成

腐蚀损失的构成，是一个涉及对象广泛、影响复杂的问题。从理论上讲，腐蚀损失应该由经济损失与非经济损失两大部分组成。即腐蚀损失＝经济损失＋非经济损失＝直接经济损失＋间接经济损失＋直接非经济损失＋间接非经济损失。

（1）直接经济损失　又简称直接损失。可以理解为腐蚀发生后，因其危害作用对各种客观存在的有形载体破坏后造成的最初经济损失，表现为存量损失。具体表现为实物形态损失，即可用货币直接计量的损失。直接损失又可分为原生直接损失和次生直接损失。原生直接损失是指腐蚀直接引起的财产损失，次生直接损失是由直接损失引起的延伸损失，如引起爆炸、火灾进而造成的损失。例如，"11·22"青岛输油管道爆炸事件就属于腐蚀次生事件。因为腐蚀破坏只是造成管道减薄穿孔漏油，而并未引起爆炸，爆炸是施救人员用冲击钻破碎暗渠盖板引发的火花造成的。

腐蚀直接经济损失主要包括：

① 对设备、装置、构件以防护为目的镀锌、镀镍、涂层、电化学保护、添加缓蚀剂等费用；

② 采用耐蚀合金比采用普通碳钢所增加的额外费用；

③ 更换被腐蚀破坏的设备和构件费、修理费；

④ 储存、运输金属设备及零部件的费用；

⑤ 用于投保腐蚀损失的保险金；

⑥ 用于防腐技术的研发、试验经费；

⑦ 腐蚀导致贵重产品渗漏、污染产生的损失；

⑧ 腐蚀引起的时间损失和附加的多余生产能力造成的额外开支等。

(2) 间接经济损失　简称间接损失。是由直接经济损失派生出来的损失，是直接经济损失的后续效应，除直接经济损失以外的可以直接用货币计量的那一部分损失。间接经济损失是一个流量概念，是指一个时段上所积累变动的量。间接损失又可分为原生间接损失和次生间接损失。原生间接损失是指经济生产中断引起的流量损失，而次生间接损失是经济系统产业链的关联效应损失。例如，某企业因腐蚀造成停产、停业，是原生间接损失；而不能按时履行合同，造成的罚款等是次生间接损失。

腐蚀间接经济损失，主要包括：

① 腐蚀导致的停产、停业损失；

② 腐蚀导致生产效率降低的损失；

③ 为防止设备、构件、装置腐蚀的过度设计而增加的额外费用；

④ 腐蚀事故罚款、诉讼费及赔偿；

⑤ 补充新员工的培训费等。

(3) 直接非经济损失　是指与腐蚀直接相联系的、不能用货币直接计量的损失。直接非经济损失又可分为原生直接非经济损失和次生直接非经济损失。例如，某专业技工在一次腐蚀爆炸事故中身亡，由于父母的过度悲伤而引发疾病，而后相继病逝。在此，某专业技工身亡是原生直接非经济损失，而其父母病逝则是次生直接非经济损失。

腐蚀直接非经济损失，通常包括：

① 腐蚀导致生命、健康的损失；

② 腐蚀导致环境资源的损失；

③ 腐蚀导致贵重文物损毁造成的损失等。

(4) 间接非经济损失　是指与腐蚀间接相联系的、不能用货币直接计量的损失。间接非经济损失，也可分为原生间接非经济损失和次生间接非经济损失。例如，某企业因腐蚀污染食品，对消费者的身心健康造成严重伤害，其声誉受到毁损，造成企业倒闭。倒闭后又因企业内部利益分配不公，引发了大面积的上访。在此，企业工效、声誉损失等是原生间接非经济损失，而上访造成社会安定、机关工作秩序的影响为次生间接非经济损失。

间接非经济损失，通常包括：

① 腐蚀导致的工效损失；

② 腐蚀造成的声誉损失；

③ 腐蚀造成的社会、政治影响损失等。

目前，人们对腐蚀损失的考察，往往侧重于腐蚀的有形损失的评估，即直接经济损失的评估，对间接经济损失及非经济损失的研究比较少，特别是对非经济损失的研究很少有人涉猎。所以在实际操作中，为了便于调查评估，常把非经济损失剔除，只作直接经济损失和间接经济损失的调查评估。这种操作方法的优点是易于操作，可行性强；缺点是不能全面反映腐蚀损失的后果。

二、腐蚀损失的特点与评估指标体系

1. 腐蚀损失的特点

腐蚀损失是腐蚀的后果，也是腐蚀的过程。腐蚀损失的种类和表现形式是多种多样的，但都具有共同的基本特点。

(1) 隐秘性与滞后性　腐蚀损失隐秘性表现为：腐蚀是悄然进行的一种破坏，其损失的形成也常常是隐秘的，不被人们所察觉，直到发生事故。即便是上百万、上亿的腐蚀损失也常常是悄无声息的。腐蚀损失滞后性表现为：

腐蚀破坏不像雷电、暴雨、飓风、冰雹等自然灾害造成的破坏立马表现出来，而是需要一个时间过程，其损失的形成，有的立马就能表现出来，有的则需较长时间才得以显现。例如，腐蚀造成的爆炸事故，对基础设施的毁坏，马上就能反映出来；而腐蚀事故引起的环境污染、对人身健康的影响，常常是需要一定的时间过程才能显现出来的。

(2) 普遍性与持久性　腐蚀损失普遍性表现为：腐蚀是一种客观存在的自然-社会现象，凡是使用金属材料的地方都存在腐蚀，凡有腐蚀必有损失，这是一个普遍现象。腐蚀损失持久性表现为：自金属诞生以来，腐蚀与人类社会发展就如影随形，这种持久性的关联关系无时不有，无处不在，循环往复消耗着人类已创造的财富，损害着人类生命与健康，影响着经济、社会的可持续发展。

(3) 多样性和差异性　腐蚀损失的多样性表现为：既有经济损失，又有非经济损失；如果再细分的话，又可分为直接损失和间接损失；还可以分为原生损失和次生损失。腐蚀损失差异性表现为：即使同样的腐蚀损害，其形成的原因及过程、后果在不同的时空范围内也是不同的。例如，碳钢Q235在海洋大气（湛江）中的腐蚀速率是高原大气（拉萨）的30倍；镀锌层在长江三角洲（宝钢炼铁厂棚下环境）海洋工业大气环境中的腐蚀速率是北京的147倍；南海海域海水中两栖装甲板的腐蚀速率比淡水大10倍[1]。腐蚀速率不同，带来的腐蚀损失也大不一样。

(4) 随机性与可预测性　腐蚀损失随机性表现为：由于人类目前对各种腐蚀现象还不完全了解，不能准确判断金属材料所处的环境、不同时间段各种腐蚀的形成与发展过程，因而腐蚀所造成的损失具有随机性。腐蚀损失可预测性表现为：虽然各类腐蚀现象千姿百态，但每一种腐蚀的发生和发展都有其自身的内在规律，这些规律有些已被人们所发现，利用现有的有关测试技术手段是可以预测的，因而有些腐蚀损失又是可以避免的。

(5) 迁移性与重现性　腐蚀损失迁移性表现为：腐蚀造成的损失，不限于即时、即地，就时间而言，发生在即时，又可能影响到未来；就地点而言，发生在即地（甲地），又可能影响到乙地或丙地。例如，油气管道腐蚀穿孔，不仅影响即时、即地的正常生产、生活秩序，而且影响终端用户乙地和丙地。腐蚀损失重现性表现为：同一种腐蚀类型可能在某一部位反复出现。如杂散电流造成的危害，就有可能在金属结构物的某处反复发生孔蚀，并引发事故，造成重大经济损失。

(6) 经济性与社会性　腐蚀损失的经济性与社会性主要表现在：腐蚀不仅可以造成经济损失，还可能带来社会影响损失。如一起重大腐蚀事故发生后，不仅可造成巨大的经济损失，还可能引起社会的动荡，轻则影响政府的公信力，重则动摇了执政的根基。

2. 腐蚀损失评估指标体系的设置

腐蚀损失评估指标体系，是由一系列相互联系并能全面、系统地反映各种腐蚀与腐蚀损失的统计指标所构成的集合体，是国家或企业评估腐蚀损失依托的科学工具。在经济损失评估方面，目前所依据的主要是 Uhing 法、Hoar 法和 Battelle 法。但随着社会的发展，经济结构的不断调整，腐蚀与腐蚀损失出现了许多新情况，在以传统方法为依托的基础上，还需不断探索完善。因此，尽快建立一套全面化、系统化、标准化的腐蚀损失调查评估指标体系，则成为一项紧迫的任务。

从统计的完整性、科学性和可操作性的角度出发，腐蚀损失调查评估指标体系的设置，应当遵循下列原则。

(1) 实事求是原则　实事求是、从实际出发，是做好腐蚀损失调查评估的基本出发点，也是搞好腐蚀损失调查评估工作所必须遵循的原则。只有坚持实事求是、从实际出发的原则，在深入调查的基础上，客观、真实地查清腐蚀损失的真相，才能给出全面、准确的评价，才能为决策者提供有价值的信息资料。切不可以为了某种"利益"或"特需"将调查结果随意"涨水"或"缩水"。

(2) 标准化原则　腐蚀损失调查评估是通过指标统计、评估方法和评估结果来实现的。因此，这三个方面都必须制定标准规范，即建立系统的指标体系，确定每一项指标的标准等级，建立广泛实用科学的评估模式，制定评估结果统一的表达方式。

指标体系是腐蚀损失调查评估的条件和基础，故每一项指标必须具有明确的含义和统一的统计口径，可以运用一定的统计程序得出其指标值。对于那些含混不清、无法统计的项目，一般不应作为调查评估的内容。另外，对于一些需要耗费大量资金、人力、物力和时间的项目，视需要酌情考虑。

腐蚀损失调查评估的结果是通过规定的评估方法来得出的。评估方法的选择，应遵循简单、易操作的原则。过于复杂的计算和烦琐的操作程序，一般不宜广泛应用。

腐蚀损失调查评估的结果是为决策者提供的最终结果,从表达方式到度量方法都应该制定统一的标准。

(3) 完整性原则　腐蚀损失的构成极为复杂,既有实物损失,又有非实物损失,既有微观损失,又有宏观影响,每一个方面又涉及众多影响因素,从而构成一个庞大、系统的损失体系。在评估时,要全面、准确地反映腐蚀损失,就必须坚持完整性原则,即综合考虑腐蚀损失构成的所有因素,尽可能做到完整、全面、准确。

(4) 数值化原则　在腐蚀损失调查评估中,不论是实物损失或是非实物损失,均应尽量做到数值化;不论采用何种价值指标,均应做到相对统一和可以相互类比。对于环境、生态一类损失的评估虽然可能有困难,但亦应采用相关替代准则来进行,即采用可以观测的一组相关指标去替代一组不可直接观测的指标,或者用指数代替绝对值。

(5) 可操作性原则　是指设计的调查评估指标、操作方法等易于应用。一方面,指标体系所列的指标要具体、可观测、可量化,应为有关方面所接受;另一方面,指标不宜过多过细,否则会给基础资料的采集、整理和汇总、检索带来困难,使分析无从下手。指标因素层和综合层的计算也必须简单易行,使一般的技术人员或工作人员也可以掌握。

三、腐蚀损失调查评估的必要性与重要意义

1. 腐蚀损失调查评估的必要性

腐蚀的普遍性、严重性、危害性,决定了国家与社会应及早采取相关对策,而对策的科学性,又建立在准确的量化分析基础之上。因此,腐蚀损失调查评估对于认识和解决腐蚀问题而言,显然是一个不可或缺的重要工具。

(1) 认识腐蚀损失需要调查评估　腐蚀虽然是客观的自然-社会现象,但要真正认识其危害作用,就必须了解腐蚀损失的发生发展与分布状况,损失后果及其程度等情况,而这些情况只有通过及时、准确的腐蚀损失调查才能提供。因此,腐蚀损失调查评估是人们认识腐蚀损失的必要途径。

(2) 反映腐蚀损失需要调查评估　腐蚀损失既是一个个具体的腐蚀破坏带来的微观经济损失,同时也是由一个个具体的微观经济损失组合起来的宏观经济损失。如果离开了腐蚀损失调查评估,无论是什么样的损失,均无法

得到具体的反映。这一客观事实充分表明了腐蚀损失调查评估是反映腐蚀问题的必需手段。

(3) 减轻腐蚀损失需要调查评估　古往今来，腐蚀损失是人类使用金属材料所需付出的代价，其在总体上具有不可避免性，这一特性作为腐蚀问题的基本规律之一，是直接制约经济发展的重要因素。然而，尽管腐蚀损失在总体上是无法避免的，但通过腐蚀控制技术和管理措施，腐蚀损失又是可以得到减轻的。因为任何减轻对策，都必须建立在对腐蚀发生机理、规律充分认识的基础上才能保证其科学性。因此，腐蚀损失调查评估又是国家、社会、企业乃至家庭或个人采取腐蚀防护对策的依据。

(4) 研究腐蚀问题需要调查评估　腐蚀日益严重的趋势，引起了社会有关方面的关注与担忧。但研究腐蚀问题离不开运用各种腐蚀数据资料和各种腐蚀损失调查，否则，缺乏必要的、准确的腐蚀统计资料，或不重视对腐蚀调查资料与调查结果的运用，腐蚀问题研究成果的质量以及整个腐蚀学科的发展将受到极大的影响。因此，腐蚀调查评估是促进腐蚀研究不断发展，并使腐蚀研究成果科学化的最基本的保证。

2. 腐蚀损失调查评估的重要意义[2]

目前，经济发达国家和地区正在以大幅提高能源效率、资源效率和环境效率作为他们的战略目标和前瞻性投资的依据。由于腐蚀问题已成为影响国民经济和社会可持续发展的重要因素之一，所以各国纷纷通过腐蚀调查对所造成的损失有一个比较准确的估计，以便进一步寻求控制腐蚀的对策和措施，使腐蚀损失降低到最低限度。目前我国经济发展已从求数量型向求质量型转变，即不再是盲目追求数量的增长，而是谋求质量的提升。在这种思想指导下，摸清腐蚀状况，具有重要意义。具体来说，主要有如下几点：

① 利于寻求腐蚀控制对策和措施；

② 利于调整国民经济发展布局，促进腐蚀与国民经济协调发展；

③ 利于推动腐蚀科学和腐蚀防护技术的发展和进步；

④ 利于各级政府、企业和全民重视腐蚀问题；

⑤ 利于减轻腐蚀损失，促进社会经济可持续发展；

⑥ 利于保护资源、环境，保护国民财富不受损失或少受损失；

⑦ 利于立法管理腐蚀问题；

⑧ 利于重视腐蚀科研、教育、管理的投入。

第二节　腐蚀经济损失调查评估

随着经济的发展和人类改造自然的强度日益增大，腐蚀损失有不断增大的趋势，对经济发展的影响日益凸显。然而，被人类忽视了多年的隐秘损失，首先引起发达国家的注意。早在1922年，英国的Hadfild率先发表文章指出，钢铁生锈（包括防蚀和因腐蚀而更换的材料费在内），全世界一年的腐蚀损失超过7亿英镑。1949年，美国的H. H. Uhlig博士计算得出，美国一年的腐蚀损失额为55亿美元。基于腐蚀经济损失的日益突出，许多发达国家于20世纪70年代前后，相继进行过较为系统的腐蚀经济损失调查，如美国、英国、日本、苏联、联邦德国、瑞典、波兰、澳大利亚和印度等。自90年代末以来，美、英、日等国家在70年代调查的基础上，又进行了多次较大规模的腐蚀经济损失调查，其结果：腐蚀损失十分惊人，在全世界引起了震动。这不仅引起了发达国家对腐蚀问题的重视，也引起了发展中国家对腐蚀问题的重视。

与欧美国家相比，我国的腐蚀调查工作起步较晚。最早的腐蚀调查始于20世纪80年代，即1980年7月由国家科委腐蚀学科组组织的调查。先后向化工、石油、冶金、纺织、轻工、二机和建材等7个部门发出了《腐蚀管理与腐蚀损失调查表》，并进行了走访。最后累计化学工业、炼油工业、冶金工业、化纤行业四个工业部门的腐蚀经济损失为12.7亿元人民币，平均占总产值的7.9%。嗣后的1986年，由武汉材料保护研究所负责调查了当年我国机械工业的腐蚀经济损失，其结果为116亿元，占其总产值的5.64%。这两次的腐蚀损失调查，都是局部的、尝试性的，尚缺全面、系统、完备的资料、数据。

随着腐蚀发展形势的日益严重和国家对腐蚀问题的日益重视，我国于1999年4月6日启动了"中国工业与自然环境腐蚀问题调查与对策"咨询项目。本调查历时3年，于2001年底基本完成。其结果显示：2000年，我国腐蚀经济损失（直接经济损失＋间接经济损失）高达5000亿元人民币，约占GNP的5%。这是新中国成立50年来，首次进行的全国腐蚀损失调查，这一活动具有划时代里程碑的意义。自此，中国才有了确凿的腐蚀损失依据。

进入21世纪，我国经济飞速发展，为了进一步摸清在新经济环境下的腐蚀状况，2014年，"我国腐蚀状况及控制战略研究"项目启动。通过大量细致的工作，在对五大领域、30多个行业调查的基础上，参考国内外分析、计算经验，及控制的基本情况，结合我国的国情，结果表明，2014年我国的腐蚀成本约为21278.2亿元人民币，约占当年GDP的3.34%，相当于每位中国公民当年相应承担的腐蚀成本为1555元[3]。

大量的腐蚀调查表明，腐蚀不仅造成巨大的经济损失，而且对环境资源造成严重破坏，对人类生命、健康造成影响；不仅阻碍当期经济发展，而且阻碍未来经济发展，是地球上最严重的隐秘"灾害"，是社会经济发展、科学技术进步的最大"消极因素"，应当引起全社会广泛的重视。

一、腐蚀经济损失调查评估概述

腐蚀经济损失调查评估是指运用科学的方法，有目的地、系统地搜集、记录、整理和分析腐蚀损失的现状、发展趋势，为即期经济发展和可持续发展提供客观准确的依据。

1. 调查资料的搜集

拥有丰富的、真实可靠的第一手资料，是进行腐蚀损失调查评估的基础。在搜集腐蚀损失资料时，常用的方法主要有：

（1）调查法　是腐蚀损失调查中最常用的方法之一。它是指通过交谈、问卷等形式获得原始资料，并对所得资料进行分析、综合、比较、归纳、讨论，从而为调查者提供所需资料的一种调查方法。调查法的最大特点是，能够同时收集到大量的资料，工作方便，并且效率高。常用的调查法有：访谈调查法、电话调查法和问卷调查法等。

① 访谈调查法。访谈调查可以是个别访谈，与被调查者逐个谈话；也可以是集体访谈，即以座谈会的形式开展访谈；还可以是非正式或正式访谈。非正式访谈不必详细设计访谈问题，自由交谈，根据实际情况展开；而正式访谈有预先较完善的计划，按部就班地进行。访谈调查法的优点是，适应范围广泛，灵活性强，成功率高，信息真实具体；缺点是，代价高，易受访谈人员的主观影响，回答的标准性和重复性较差，记录较困难，缺乏隐秘性。

② 电话调查法。是指调查人员通过电话向被调查者进行问询，了解所需情况的一种调查方法。电话调查法的优点是，取得信息资料的速度最快，节

省调查时间和经费，覆盖面广，被调查者可畅所欲言，回答率高；缺点是，由于电话调查的项目过于简单明确，而且受到通话时间的限制，调查内容的深度远不及其他调查方法，并且存在收集资料不全面、不完整的缺陷。电话调查法是通过电话进行的，很难判断所获信息资料的准确性和有效性等。

③ 问卷调查法。是以书面提出问题的方式搜集资料的一种调查方法。调查者将所要调查的问题编制成问题表格，以邮寄、当面作答或者追踪访问方式填答，从而了解被调查者对某一对象或问题的看法和意见，所以又称问题表格法。常用的问卷调查法有四种形式：即选择法、是否法、计分法和等级排列法。问卷调查法的优点是，节省时间、经费和人力，调查结果容易量化，便于统计、处理与分析，可以进行大规模的调查；缺点是，只能获得书面的社会信息，而不能了解到生动、具体的社会情况，缺乏弹性，很难做深入的定性调查，回复率和有效率低。

(2) 提取法　即从各有关文献资料中提取与腐蚀、腐蚀损失、腐蚀防护花费等有关信息、资料和数据，而无需实地调查的一种方法，它是获取次级腐蚀损失统计资料的主要方法。

① 从官方公布的有关统计资料中提取。例如，国家统计部门及政府职能部门出版发行的统计年鉴和工作报告、总结等资料，均可能提取所需的相关资料。

② 从企事业单位的相关资料中提取。企事业单位既是腐蚀的制造者，又是腐蚀损失的承担者，如腐蚀破坏需更换的设备或零部件、污染产品损失等；还有腐蚀控制投入及处理腐蚀事故的花费等，都可从财务账目中查得。其他有关情况，还可以从企事业单位的工作总结等资料中提取。

③ 从社会团体组织相关资料中提取。许多社会团体如各类腐蚀防护协会，乃至各类消费者协会等，均有可能提供与腐蚀相关的信息、资料、数据，这也是腐蚀损失统计次级资料的渠道。

④ 从其他文献中提取。如各种媒体报道、各种腐蚀防护著作、期刊、论文、研究报告，以及历史文献等，均有可能提供有关腐蚀与腐蚀损失信息、资料，因此，在研究考察腐蚀与腐蚀损失时还必须高度重视对各种文献资料的发掘和利用。

(3) 实验法　是指在既定条件下，通过实验对比，对腐蚀、腐蚀损失中的某些变量之间的因果关系及其发展变化过程进行观察分析的一种调查方法。

这种方法的优点是，可揭示因果关系，可重复检验，数量化指标明确，控制程度高；缺点是，样本存在缺陷，容易受主观因素影响。这种方法所得虽然不是现实腐蚀和腐蚀损失统计资料，但对于腐蚀损失调查评估尤其是解决相关问题，具有十分重要的意义。

2. 调查资料的整理

各类调查工作全部结束之后，会搜集到大量的资料。这些资料大都是分散的、杂乱的、不系统的，只能表明各个被调查单位的具体情况，反映腐蚀损失的表面现象或某个侧面，不能说明全貌、总体情况。因此，只有对这些信息、资料、数据进行加工整理，才能认识腐蚀损失的总体及其内部联系。

调查资料的整理，一般包括下列工作程序：编辑、汇总、分类和制表。

（1）编辑　编辑工作的任务，首先是从各方面调查资料中选取一切有关的、重要的参考资料，剔除无关紧要的、没有参考价值的资料。然后，将挑选出来的全部资料按照一定的逻辑顺序排列，使之前后连贯一致，并且根据实际需要，将其中的某些资料数据进行换算或调整，以便进行比较。编辑工作在最后还要查对资料的可靠性，以确保调查资料的合理和准确，如实反映客观情况。

（2）汇总和分类　把调查的数据资料按一定的格式分门别类汇集起来。汇总的方法主要有：手工汇总和计算机汇总。手工汇总一般要自己编制统计图表。统计表可分简单表、分组表和复合表。统计图表能以直观、清晰、简化的形式将汇总的数据资料表现出来。计算机汇总的步骤是：编码、登录、输入和程序编制。

（3）制表　将调查统计所得来的原始资料，经过整理，得到说明腐蚀问题及其发展过程的数据，把这些数据按一定的顺序排列在表格中，就形成"统计表"。统计表是表现数字资料整理结果的最常用的一种形式。

统计表形式繁简不一，通常是按项目的多少，分为单式统计表与复式统计表两种。只对某一个项目数据进行统计的表格，称为单式统计表，也称为简单统计表。统计项目在2个或2个以上的统计表格，称为复式统计表。

统计表的作用：一是用数量说明研究对象之间的相对联系；二是用数量把研究对象之间的变化规律显示出来；三是用数量把研究对象之间的差别表示出来。这样便于调查者用来分析和研究腐蚀问题。

3. 调查资料的分析

将调查所获得的全部原始资料经过编辑、汇总、分类、制表等工作程序后，就可以转入资料分析阶段。这是整个腐蚀损失调查评估工作的最后阶段。资料分析的主要任务是利用经过调查得来的全部信息资料、数据，去验证各种有关因素的相互关系和变化趋势，即将全部的资料适当地组合为足以揭示腐蚀、腐蚀损失及其后果的形式，以具体明确地说明腐蚀与腐蚀损失调查结果。在实际工作中，常运用的分析方法主要有：典型案例分析法、分组分析法、对比分析法、集中趋势分析法、离散趋势分析法和时间趋势分析法等。

（1）典型案例分析法　腐蚀损失调查评估的目的，是要实现对腐蚀问题的整体认识，反映腐蚀的综合特征，揭示腐蚀的内在规律。因此，在腐蚀调查评估中，必须运用大量的典型案例来分析腐蚀现象、腐蚀损失的构成，以及对足够多的调查单位的特点进行观察和分析。因为无论是什么样的腐蚀与腐蚀损失的发生，都是由多种因素相互作用的结果，在众多的因素中，有些是主要的、基本的因素，它们决定着各种腐蚀、腐蚀损失的本质及其规律；有一些是次要的、伴随的因素，对其研究对象的本质并无多大影响，但使腐蚀现象的数量表现为个别性、偶然性。如果单个地观察每一个个体单位，则看到的只能是具有差异的腐蚀、腐蚀损失的不确定性；如果将这些个体单位集合起来观察，就会发现次要的、偶然的因素的作用相互削弱、相互抵消，而主要的因素会随之而扩大、强化、集中，乃至显现出来，这种显现出来的主要因素作用的结果，便是腐蚀、腐蚀损失总体的数量规律性。

例如，Hoar法在调查电力部门腐蚀损失时，通过对火力发电和水力发电机组的调查，推算出：对火力发电来说，腐蚀控制费占基建费和维修费的比例分别为4%和10%，而水力发电相应为0.6%和2%。根据这一比例，便可推算出全国电力部门腐蚀损失总额。铁路车辆、船舶和汽车的腐蚀损失调查类似，先选择代表性型号的车辆，算出其腐蚀损失控制费占制造费和修配费的比例，然后算出该年度各种车辆的生产量和修配量，分别乘以所调查的比例，便可求出当年全国运输部门的腐蚀损失。

（2）分组分析法　腐蚀、腐蚀损失是多种多样的，且发生、发展过程及其后果是极为复杂的，这就需要把错综复杂的现象区分为不同的类型，这就要借助于分组分析法。所谓分组分析法，是通过统计分组的计算和分析，来认识所要分析对象的不同特征、不同性质及相互关系的方法。分组就是根据研究的目的和客观现象的内在特点，按某个标志或几个标志把被研究的总体划分为若干个不同性质的组，使组内的差异尽可能小，组间的差异尽可能大。分组分析法是在分组的基础上，对现象的内部结构或现象之间的依存关系从定性或定量的角度做出进一步分析研究，以便寻找腐蚀发生发展的规律，正确分析问题和解决问题。

例如，一个国家的化工生产企业是各式各样的，为了便于进行腐蚀损失调查统计，Hoar法将化工生产企业分为不同的类型：如新建化工企业、原有的化工企业，原有的化工企业又分为炼油厂和一般化工厂。通过对每一类化工企业腐蚀控制费占销售总额的比例，或腐蚀控制费占年维修费的比例，便可求出每一类化工企业的腐蚀损失，将不同类型的化工企业腐蚀损失加总，便是化工部门当年的腐蚀损失。

(3) 对比分析法　又称类比分析法，是根据一定的标准，对两个或两个以上的研究对象加以对比分析，寻找其异同，探求其普遍规律与特殊规律的方法。对比分析法，按属性的数量，可分为单向比较和综合比较；按时空划分，可分为横向比较与纵向比较；按目标的指向，可分为定性比较与定量比较。在应用对比分析法时，需要考察所取指标在统计范围、统计口径、计算方法上是否一致，不同时期或不同部门指标的一致性是获得正确的对比分析结论的先决条件。如 2000 年的腐蚀损失结果与 2014 年的损失结果就有可比性，因为统计的范围、口径、计算方法大致相同，都是采用的 Uhlig 法和 Hoar 法。与 20 世纪 80 年代的调查结果就没有可比性，因为统计范围不一致。

(4) 集中趋势分析法　是指在大量的调查统计数据分布中，评估数据向中心集中的情况。集中趋势分析常用指标有：平均数、中位数和众数等。这些指标均是腐蚀损失研究中各个个体在量的方面的差异抽象化，以代表腐蚀总体损失中各个个体单位的一般水平的特征值。在腐蚀经济损失统计分析中，常常利用平均数来说明研究对象在一定时间、地点和条件下所达到的一般水平。如目前各国对腐蚀损失的预测，通常是采用集中趋势分析法，常以 GDP 的发展趋势为测算依据。此外，还可以利用平均数进行腐蚀现象的空间对比与时间对比，以分析腐蚀现象之间的差异与发展变化。

(5) 离散趋势分析法　是测度一组数据分散程度的方法。分散程度反映了一组数据远离其中心值的程度，因此也称为离中趋势分析。从集中趋势和分散程度两个方面分析才能完整地说明一组数据的变动趋势。在腐蚀损失统计中，离散趋势分析所用到的指标通常有异众比例、分位差、方差和标准差以及测度相对离散程度的离散系数等。

（6）时间趋势分析法　是指将过去的历史资料及数据作为基础，来预测未来的方法，是一种常用的预测方法。各种腐蚀现象、腐蚀损失从过去、现在到未来，总是有其内在的规律，只有发现并掌握各种腐蚀现象及腐蚀损失的发展过程固有的规律性，才能正确地预见其发展趋势。时间趋势分析法即通过腐蚀现象、腐蚀损失在不同时间上的数量表现值来分析腐蚀发展的中长期趋势，通过外推预测以反映腐蚀问题未来的发展水平，揭示腐蚀问题在时间变化上的规律性，为政府作出腐蚀控制、国民经济布局、产业结构调整提供有效的分析信息。时间趋势分析法有：平均增减量趋势法、平均发展速度趋势法和指数平滑法等。

二、腐蚀直接经济损失调查评估

（一）腐蚀直接经济损失的内涵

腐蚀直接经济损失为各种腐蚀破坏对物质资产存量造成的损失，主要包括设备、设施、工器具等固定资产的腐蚀损毁所造成的损失；材料、产品等流动资产的物质损失等。其损失的结果，可用货币直接计算。

（二）腐蚀直接经济损失调查评估方法[4]

目前，对于腐蚀直接经济损失的调查评估，世界上通用的方法是 Uhlig 法、Hoar 法和 Battelle 法。

1. Uhlig 法

Uhlig 法是一种倒推法，也称逆算法，即从后往前推测。Uhlig 法是从生产、制造方面单纯地累加直接防蚀费用从而评估腐蚀直接经济损失。

Uhlig 法调查评估的内容有七项：即油漆、表面处理、耐蚀材料、防锈油、缓蚀剂、电化学保护和腐蚀研究。其大致的计算方法如下。

（1）油漆费　油漆有防蚀和表面装饰之用，为了明确其用途，Uhlig 给出，在海运方面均作为防蚀计算；在基建方面包括了非金属材料的油漆，故算作 50%；在其他方面以 70% 来计算。油漆费用中，其施工费大于涂料费，Uhlig 把施工费算作涂料费的 2.5 倍。在调查了油漆的产量和用途后便可推算出防腐费。按照 Uhlig 法，2000 年，我国表面涂装费（含涂料费和涂装作业费）为 1518.44 亿元，占总防腐费的比例为 75.63%。2014 年，约为 7037.8 亿元，占 66.15%。

（2）表面处理费　此项费用包括非金属材料和有色金属材料的表面处理费以及电镀等项费用。

钢铁材料表面处理有镀锡、镀锌等，耐大气腐蚀用钢也列入此项。表面处理费是按国内订货量与普通钢板的价格差计算的。

有色金属以铝和铝合金的表面处理费为腐蚀防护费，其中建筑用品占的比例很大。这样，便可推算出金属表面处理所需的腐蚀防护费。2000 年，我国采用 Uhlig 法测算得出，材料表面处理费为 234.16 亿元，占总防腐费的比例为 11.66%。2014 年，约为 1408.2 亿元，占 13.23%。

（3）耐蚀材料　主要包括不锈钢、钛、玻璃钢等。计算方法是先计算出耐蚀材料的用量，再按其与普通钢的价格差计算。2000 年，我国使用耐蚀金属费用为 250.25 亿元，占总防腐费的比例为 12.46%。2014 年，约为 2058.1 亿元，占 19.34%。

（4）防锈油费　防锈油也兼有润滑目的，故防腐润滑油以 50% 计算。凡士林和防锈油以 80% 计算。根据防锈油的产量和单价，按上述比例计算，便可得出防锈油费用。2000 年，我国防锈油费约为 2 亿元，占总防腐费的比例为 0.10%。2014 年，约为 22 亿元，占 0.21%。

（5）电化学保护　以防蚀公司的营业额作为电化学防护费。2000 年以前，我国无一家企业专门经营电化学保护业务。大都为企业自行安装，或由研究部门或高校作为课题研究。我国应用最多的是石油部门，根据胡士信高工提供的数据，2000 年，我国电化学保护费用在 1 亿～2 亿元左右，占总防腐费的比例为 0.10%。2014 年，约为 63 亿元，占 0.6%。

（6）缓蚀剂　用当年的使用量乘以市场价格计算。2000 年，我国缓蚀剂费为 1 亿元，占总防腐费的比例为 0.05%。2014 年，约为 50 亿元，占 0.47%。

（7）腐蚀研究费　主要包括科研人员的工资、研究经费，以及腐蚀和防护协会的会员费。由于各国的国情不一样，开支的渠道也不一样，其结果难以确定，也难作比较。

将以上七项费用累加起来，即为腐蚀直接经济损失。依据 Uhlig 法，

2000年，我国腐蚀直接经济损失约为2007.85亿元人民币。2014年约为10639.1亿元人民币。

2. Hoar法

Hoar法是按各使用领域的腐蚀损失和防蚀费的总和进行推算。实质上是市场调查法，即采用咨询调查表、专家咨询和文献调研的方法。调查的部门包括：能源部门、运输部门、基建部门、化工部门、冶金部门、机械部门6个领域，以评价腐蚀防护费。

（1）能源部门　主要以煤气、自来水、电力为代表进行函调。

① 煤气。主要围绕耐蚀材料费，复合管费，油漆、衬里施工费，镀层、喷锈施工费，防锈剂费，电化学保护费以及零部件更换修理费等防腐费用进行函调。据日本调查，煤气管道设施的腐蚀防护费约占基建费的5.4%。

② 自来水。调查内容包括水处理、净水厂一年内的腐蚀防护费、管道防蚀费、维修费等，合计为腐蚀防护费。据日本调查测算，自来水公司一年内的腐蚀防护费占管道建设费的2.2%，占维修费的7.0%。

③ 电力。对电力公司进行函调，取代表性的机组计算。调查要求，对火力发电来说，腐蚀防护费占基建费和维修费比例分别为4%和10%，而水力发电相应为0.6%和2%，按上述比值，求得基建和维修费用中的防腐费用，即为电力方面的腐蚀损失。

按Hoar法，2000年我国能源部门腐蚀直接经济损失为172.1亿元，占直接经济损失的比例为7.5%；2014年我国能源部门腐蚀直接经济损失约为2260亿元，占16.8%。

（2）运输部门　以铁路车辆、船舶和汽车为主要调查对象。

① 铁路车辆。调查的方式，选择主要的制造公司和主要修配厂，并进行访问调查。调查车辆种类，主要为机车、客车和货车。其计算方法是选择有代表性型号的车辆，算出其腐蚀防护费占制造费和修配费的比例，然后算出年度各种车辆的生产量和修配量，分别乘以上述比例，即为年度制造、修配时的防腐费用。

② 船舶。船舶的腐蚀损失分为造船时的腐蚀损失和航行时的腐蚀损失。调查方法以访问调查方式进行。调查的船舶分货船、油船、矿业用船和其他等四项。先算出腐蚀损失占建造费的比例（为竣工费的9%），然后将竣工费乘以上述比例；航行时的腐蚀损失包括制品的防锈防蚀所需费用；腐蚀裕量；

使用耐蚀材料而增加的费用等。将造船时的腐蚀损失与航行时的腐蚀损失相加，即为船舶腐蚀损失。

③ 汽车。采用访问调查方式，选择有代表性的车型，先分别求得每辆汽车生产时的油漆费；使用后的修理费，乘以生产的辆数，就可算出总的防腐费用。

2000年，我国采用Hoar法调查结果显示：运输部门腐蚀直接经济损失为303.9亿元，占直接经济损失的比例为13.3%。2014年，我国运输部门腐蚀直接经济损失约为2687.2亿元，占20%。

(3) 基建部门 分建筑、桥梁和港湾三个方面。

① 建筑方面。分为轻金属建筑用品和钢铁材料建筑用品两项。

a. 轻金属建筑用品方面有铝和铝合金材料的防腐，几乎都采用阳极氧化处理，其腐蚀防护费为制品价格的30%，不需维护管理费。

b. 钢铁建筑用品，以钢窗框和铁门为主要调查对象，这些制品的腐蚀防护都采用油漆防护措施。估计油漆费占制品价格的10%。

将以上a项与b项相加，即为建筑方面的腐蚀防护费用。

② 桥梁。分桥基、桥身和附属设施（栏杆、桩柱等），其防腐措施都采用油漆。

a. 桥梁新建时的油漆费。桥身构造工程费是×××美元/吨（钢材），其中油漆费所占的比例是：工厂油漆3%，现场油漆6%，总计为9%，将桥梁的钢铁用量乘以桥身构造工程费，再乘以油漆费所占比例，即为桥梁新建时的油漆费。

b. 原有桥梁的修理、油漆费。为了修理原有桥梁，重新油漆费的单价为××美元/m^2，再按年度油漆的面积××××m^2，便可计算出原有桥梁的修理、油漆费。

c. 附属设备的油漆费。先计算出年度附属设备的钢材用量和涂刷面积，再求出单位用量，制造单价是××美元/m^2，其中油漆费占20%，以此比例可求出附属设备的漆油费。

将以上a、b、c三项加起来，再加a、b项费用的20%，则为桥梁方面的腐蚀防护费。

③ 港湾。港湾设施的钢结构物（包括钢板桩、钢管桩、钢制涵等）。其主要防护措施是采用电化学保护，有一部分是油漆和电化学保护联合防腐。

计算方法是，先求出电化学保护施工费，再加上这部分费用的20%（油漆费），即为总的腐蚀防护费（加上维修、更换费和管理、调查费）。

据此估算，2000年我国建筑部门腐蚀直接经济损失为1000亿元，占直接经济损失的比例为43.7%❶；2014年我国基础设施腐蚀直接经济损失约为749.1亿元，占5.6%❷。

（4）化工部门　包括新建的化工厂、原有的炼油厂和原有的一般化工厂。

① 新建的化工厂。若能掌握腐蚀损失额占设备投资额的比例，就能计算出腐蚀损失额。新建的化工厂中腐蚀损失包括使用耐蚀材料和增加腐蚀裕量所提高的成本以及油漆费等。

② 原有的炼油厂。炼油厂中的腐蚀损失包括：

a. 维修费中与腐蚀有关的费用（包括油漆费）；

b. 维修费以外与腐蚀有关的费用（例如缓蚀剂等费用）。

计算方法是，若掌握a、b两项的费用比例，便可求得全国原有炼油厂的腐蚀损失。

③ 原有的一般化工厂。其腐蚀损失应是一年中维修费内与腐蚀有关的费用，如电化学保护费、缓蚀剂费等。1974年，日本调查显示，年维修费总额为年销售总额的1.93%，腐蚀对策费为销售总额的0.498%，而腐蚀对策费却占年维修费总额的25.8%。

将以上①、②、③三项相加，即为化工部门的年度腐蚀损失。

依据Hoar给出的评估方法，2000年，我国化学工业腐蚀直接经济损失为300亿元，占直接经济损失的比例为13.1%。2014年，我国化工部门腐蚀直接经济损失约为1471亿元，占10.9%。

（5）冶金部门　金属冶炼分钢铁、不锈钢、特殊钢、铝、锌、钛和铜，分别对各代表性的冶炼厂进行函调和访问调查。

这一类腐蚀损失调查评估的基本方法是：首先，在这个行业中选择一个有代表性的冶金企业，了解金属材料单位产量腐蚀损失比，或掌握腐蚀损失占钢铁销售额的比例，再以此推算全国冶金部门腐蚀损失总额。

依据Hoar法，2014年我国钢铁冶金行业直接腐蚀成本约占行业产值的

---

❶ 2000年，腐蚀调查将公路、桥梁和建筑腐蚀损失归为建筑部门。

❷ 2014年，腐蚀调查将公路、桥梁、港口码头、水利工程归为基础设施，由于涵盖范围不一样，其结果差异很大，可比性较差，只作参考。

1.40%，也就是1040.2亿元。

（6）机械部门　调查内容从工业机械到家用电器，查明主要产品、产量以及表面处理费占生产总值的比例。表面处理费这一项分成油漆、电镀层、除锈油、包装材料和其他等五个方面。根据商务部门发行的机械统计年报有关资料，调查分析腐蚀造成的损失额。例如，根据某年度机械统计年报，生产总值为××万美元，腐蚀损失所占的比例约为2.5%，故总的腐蚀损失为：生产总值×2.5%。生产上必需的设备维修费，可根据生产总值的0.03%进行估算。将这两项费用相加，即为机械产品和设施的腐蚀防护费。

依据Hoar法，2000年，我国机械工业部门腐蚀直接经济损失512.43亿元，占直接经济损失的比例为22.4%。

综上，2000年，我国采用Hoar法调查，腐蚀直接经济损失为2288.43亿元。2014年约为13489.8亿元。该数值高出Uhlig法得到的结果。根据以前同类腐蚀调查分析，该差别主要源于：一是Hoar法既考虑了防腐蚀投资，又考虑了维护费用，而Uhlig法只考虑了前者；二是不同行业之间的重合造成不可避免的重复计算。

3. Battelle法[5]

Battelle法由BCL/NBS（Battelle Columbus Laboratories/National Bureau of Standards）提出。Battelle法采用投入/产出（input/output，I/O）模式，分析特定经济系统内投入与产出间数量依存关系的原理和方法。该方法很全面，有足够的因素来分析腐蚀损失，其中包括生产费用、资金损失、替代品损失以及超出资本能力等，且所有的这些方面以及它们之间的交互作用都可以用同等的系统化方法来估算。这对于估算整个社会的腐蚀损失非常关键。

（1）I/O分析法使用的腐蚀损失因素　该分析法综合考虑了130多个经济因素，其中与腐蚀损失相关的因素有：应用涂料、阴极保护、涂层及缓蚀剂等保护措施所带来的材料和人员费；为防止腐蚀，额外的材料和人员费；部分腐蚀损失导致的替代品花费和产品损失；信息、技术转让、研究以及验证所采取的方法对于减少腐蚀损失是否有效所带来的花费。其中每个方面都用一个生产函数表示，这个函数由该方面的正的附加价值所引起的输入值组成。其结果可以合并相关的详细工业腐蚀损失数据，得到模拟目的中的模式。

I/O分析法中涉及的腐蚀损失包括直接损失和间接损失。直接损失包括流量输入、功能扩充和代替品的资金投入以及价值增加等。间接损失包括输入需求减少、生产过程中的节约而使输入费减少、生产水平上各种降低等。

除上之外，I/O分析法还考虑了工资、租金、利润、利息、税款及折旧费用等。可以说，凡是能够考虑到的因素都纳入其中，具有全面、周密、细致的特点。

（2）I/O分析法的基本情节　I/O分析法使用了三个情节量化腐蚀损失，即：

世界Ⅰ：现实的有腐蚀的世界；

世界Ⅱ：不存在腐蚀的假想世界；

世界Ⅲ：腐蚀被理想控制的世界。

从不同世界的GDP差值可以得到真实的腐蚀损失和可以避免的腐蚀损失。计算方法为

$$腐蚀损失 = GDP(世界Ⅱ) - GDP(世界Ⅰ) \quad (3-1)$$
$$可避免的腐蚀损失 = GDP(世界Ⅲ) - GDP(世界Ⅰ) \quad (3-2)$$

NBS的报告发现美国1975年可避免的腐蚀损失大约是整个损失的15%，但据估计，可避免的腐蚀损失可能在10%～45%之间。

I/O分析法虽然具有全面、细致、周密等优点，但也有缺陷。即该法考虑的因素大都是静态的，没有考虑生产产量的变化给腐蚀损失带来的影响；对经济系统弹性考虑不足，往往使腐蚀损失评估的结果偏大。1995年，日本应用Uhlig法和Battelle法分别评估腐蚀损失，其结果：Uhlig法为3.9万亿日元，占GDP 0.77%；Battelle法则为9.7万亿日元，占GDP 1.88%。差距大的原因不单是计算方法上的差异，还有涵盖内容的差异，后者考虑了间接损失。

综上，无论是Uhlig法，还是Hoar法和Battelle法，都被公认是最科学、最简便、最实用的评估腐蚀损失方法，所以被世界广泛采用。但值得注意的是，以上三种方法，都未考虑腐蚀造成的非经济损失以及事故损失，给出的结果通常是日常腐蚀直接经济损失。

三、腐蚀间接经济损失调查评估

（一）腐蚀间接经济损失的内涵

腐蚀间接经济损失为直接损失的后果，为生产和服务的流量损失。间接损失包括腐蚀导致生产效率降低，设备零部件为防止腐蚀增加的裕量，腐蚀

破坏造成的罚款、赔偿，以及因腐蚀造成的停产、停业损失等。腐蚀间接损失是直接损失的延续影响，或扩展影响。这一类损失是可以用货币直接计算的。

（二）腐蚀间接经济损失调查评估方法

腐蚀间接经济损失是腐蚀总损失的一部分，而且是重要的一部分。腐蚀间接经济损失影响因素多，延续时间长，影响范围大，不确定性突出，是腐蚀经济损失调查评估的难点。目前对腐蚀造成的间接经济损失的评估还是以传统方法为主，如调查统计法、倍比系数法、投入产出法和公式法等。最常用的是倍比系数法。

1. 调查统计法

调查统计法，是在调查的基础上，对腐蚀导致的停产、停业，生产效率降低，罚款、诉讼费、赔偿，补充新员工的培训费等进行逐项统计计算，最后相加汇总。该法的优点是，统计结果比较真实、可靠，可信度较高；缺点是，项目多，影响因素复杂，工作量大，实际操作困难。对于一个企业、一个部门来讲，尚有可能。对于一个庞大系统、一个地区或一个国家而言，困难则很大。

2. 倍比系数法

倍比系数法，是假定腐蚀间接经济损失与直接经济损失之间存在一定的比例关系（系数），通过计算腐蚀直接经济损失与这个系数的乘积，得到腐蚀间接经济损失的方法。倍比系数法的优点是，易于操作，方法简便、快捷；缺点是"系数"难以确定，借鉴外来数据可能会引入较大误差。

由于各国的腐蚀状况不同，其"系数"的确定也不尽相同。美国是将腐蚀直接经济损失加倍计算总腐蚀损失，即腐蚀间接经济损失与直接经济损失相当[6]。日本评估腐蚀间接经济损失，是将腐蚀直接经济损失乘以1.43。据柯伟院士分析[2]，我国控制腐蚀的水平远不如美国、日本，设我国腐蚀间接经济损失是直接经济损失的1.5~2倍。

根据各国的分析情况来看，腐蚀所造成的间接经济损失与直接经济损失之间存在一定的比例关系。这种关系可用下式表示：

$$C_{间} = kC_{直} \tag{3-3}$$

式中　$C_{间}$——腐蚀间接经济损失；

　　　k——倍比系数，取1~2；

$C_直$——腐蚀直接经济损失。

应该注意的是，倍比系数的确定需谨慎，国与国之间差异不是很大，通常在1~2之间，而行业间的差异却很大。调查资料显示，我国石油行业腐蚀间接经济损失为直接经济损失的3倍[7]，某化纤厂为6~8倍[8]，某电厂为1.3倍[9]。由此看来，倍比系数的确定须慎之又慎。

3. 投入产出法（I/O法）

投入产出法，是许多国际组织进行间接损失评估的传统分析方法，在灾损和风险评估方面有着广泛的应用。在国内也曾应用该法分析自然灾害引起的农业总值损失及所造成的其他部门间接损失。对于腐蚀间接经济损失的评估，也可采用I/O模式分析法，但分析过程比较复杂。

4. 公式法

腐蚀科学家曾设想，如果能设计出一个简单公式来评估腐蚀间接损失，将会极大方便腐蚀损失的调查评估。然而，时至今日，尽管是经过科学家多年的努力探索和实践，目前尚未提出一个可普遍接受的公式，因为腐蚀与腐蚀损失面临众多的不确定因素的影响，用一个简单的计算公式来涵盖很多难以确定的问题，显然是有困难的。因此，"公式法"只是一种尝试性的想法，运用于实际评估尚未见到有关报道。

综上，大量的腐蚀损失调查数据显示[1]，腐蚀造成的间接经济损失比直接损失一般要大，且难统计。例如，中原油田1993年管线与容器腐蚀穿孔8345次，更换油管590公里，直接经济损失7000万元，而产品流失、停产、效率下降、环境污染等间接损失可达2亿元。再如，30万吨乙烯生产装置停产1天损失750万元。发电用原子反应堆的不锈钢管因应力腐蚀开裂，引起设备停产，据说每台每天的损失可达1亿日元。2000年，华东电网锅炉"四管"腐蚀爆漏导致非计划停车115次，损失电量29亿千瓦时，经济损失7.7亿元。

（三）腐蚀间接经济损失调查评估的难点

通常情况下，腐蚀直接经济损失调查评估比较直观，相对容易，而间接经济损失的调查评估比较复杂，具体表现为如下几点：

1. 腐蚀间接经济损失的空间扩散和时间延续难以确定

腐蚀造成的间接经济损失具有向空间扩散和延时效应。在空间上，受到腐蚀影响的承受体通过腐蚀损失链把损失扩散到没有受腐蚀影响的扩散空间是很复杂的,且难以界定。例如,腐蚀事故造成的大气污染,这个空间扩散范围其边缘的确定就比较困难,最后可能就会形成"公共地悲剧"。延时效应亦是难以确定,如腐蚀造成重金属污染,在短期内不一定有什么反应,而随着时间的延续,对人身的健康影响才会逐步表现出来,有的甚至隔辈影响,那么,危害时间延续到什么时候为终止呢?

为了便于分析,下面以时间为背景来分析直接经济损失与间接经济损失的概念,如图 3-1 所示。

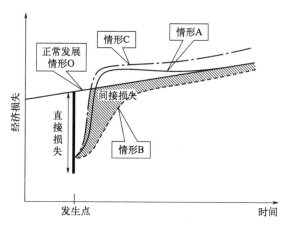

图 3-1　直接经济损失与间接经济损失的概念[10]

腐蚀刚发生时造成的损失为直接损失,是静态的,可以看成是腐蚀的初始损失(图中用黑粗线表示)。与区域经济正常发展趋势(情形 O)相比,腐蚀最终可产生三种情形:第一种是能恢复到正常发展状态(情形 A);第二种是低于正常发展状态(情形 B);第三种是高于正常发展状态(情形 C)。而间接经济损失则是指每一种情形下,位于正常状态线(情形 O)下方的损失,即图中阴影部分。由此可见,间接经济损失的大小与腐蚀后恢复到原有状态的时间有着直接的关系,而这个恢复时间不仅受直接破坏程度影响,也和经济投入、技术投入有着密切的联系。

2. 腐蚀间接经济损失的定义和区分标准难以界定

虽然腐蚀直接经济损失与间接经济损失有一个简单的定义,但实际情况有时要比定义复杂得多,从而表现出界定难的问题。从腐蚀损失的表现上看,有的学者认为直接经济损失表现为实物形态,而间接经济损失表现为非实物形态。也有的学者从作用时间的角度来理解,直接经济损失是腐蚀后立即就产生的损失和影响，间接经济损失是腐蚀后较长时间后表现出来的损失和影响。可见，直接经济损失和间接经济损失在概念上的界定是难以确定的，从而带来区分难的问题。

例如，1985年苏联有一条输气管道发生腐蚀泄漏，当时正好两列火车对开进入泄漏区，火车摩擦产生电火花引起泄漏的可燃气体发生爆炸，造成600多人死亡，烧毁数百公顷森林，造成重大伤亡和经济损失。事故的原因表明，腐蚀只是破坏了管道造成漏气，并未引起爆炸，爆炸是因为火车摩擦产生的电火花。爆炸造成的重大损失应归于直接损失还是间接损失？从表面上看，似乎应归于间接损失，但实际上是次生直接损失。

3. 腐蚀间接经济损失难以评估和验证

由于腐蚀造成的间接经济损失往往比较复杂，评估与验证常需投入大量的人力、物力和财力以及时间。这正如有的经济学家所说，间接损失与其说是现实，不如说是一种可能性，很难判断结果的准确性。

例如，1984年12月3日凌晨，印度中部博帕尔市北郊的美国联合碳化物公司印度公司的农药厂发生氰化物泄漏事件（因阀门腐蚀失效造成的），造成十几万人伤亡和巨大经济损失，污染了40多平方公里的环境，如此严重的特别重大腐蚀事故，经历了5年多的诉讼，印度最高法院才于1989年2月14日作出裁决。这期间，既有工作效率低下的问题，也有评估验证难的问题，使各类赔偿迟迟得不到解决。

第三节　腐蚀非经济损失调查评估

腐蚀破坏不仅可造成巨大的经济损失，还可造成严重的非经济损失。如果发生重大腐蚀事故，可能会引起社会秩序动荡，假如被别有用心的人利用，将可能影响政局的稳定。例如，1986年4月26日凌晨，苏联切尔诺贝利核电站（位于今乌克兰北部地区）的一个反应堆爆炸，核物质泄漏逾8吨，造成6万多平方公里土地被直接污染，320多万人受到不同程度的核辐射侵害。这是至今为止，人类在和平利用核能过程中，发生的最为严重的一次事故。事故发生的原因是错综复杂的，虽然不敢肯定这次事故与腐蚀相关，但有一点可以肯定，切尔诺贝利核电站爆炸事故是加速苏维埃联邦政府解体[11]的催化剂。

以上案例，虽然是个别的特例，但却反映出非经济损失的严重性万万不可小视！非经济损失，虽然不能简单地用货币计量，但在实际经济活动中，需要对其作出客观合理的评价，以对事故后果作出全面、系统、综合的评估。因此，腐蚀经济学不仅需要对有形价值因素进行准确的测算，而且需要对非价值因素作出客观的测算和评价。但目前各国对腐蚀损失的调查评估都未考虑非经济损失，只作经济损失调查评估。产生这种现象的原因可能是，单纯从可以通过价值尺度来反映，并能够用货币计量的角度来考虑的。

一、腐蚀非经济损失调查概述

1. 腐蚀非经济损失的概念

腐蚀非经济损失是相对于经济损失而言的，是指经济损失以外的其他各种利益损失。从微观角度来讲，包括人的生命健康、工效、声誉影响损失；从宏观角度来讲，包括环境资源及社会稳定等方面的损失。

腐蚀非经济损失和经济损失的划分是相对的，因为经济损失中某些时候可能就包括了非经济损失，而非经济损失中也可能包含了经济损失。在有些情况下，腐蚀非经济损失和经济损失也常有混算的，即把所有的损失都归为经济损失。

2. 腐蚀非经济损失的特点

如前所述，腐蚀造成的经济损失为有形损失，非经济损失为无形损失。从基本的概念上就可以发现，"有形"与"无形"之间的区别。

（1）非经济损失与经济损失相比，更难以识别和评估　从腐蚀损失发生的时间来讲，既可发生于即时，又可发生于延后；从发生的地点来看，既可发生于即地，又可发生于异地；从造成的损失来看，既有静态的，又有动态的；从破坏影响来看，既有微观的，又有宏观的，如此等等一些问题，都是难以识别和评估的，从而增加了非经济损失识别评估的难度。

（2）非经济损失不像经济损失那样易于验证，很难判断其结果的准确性

到目前为止，腐蚀造成的经济损失的评估，已初步形成一套比较科学、规范、统一的测算评估方法，有所遵循。而非经济损失的评估还处在探索阶段，尚无规范、统一的测算评估方法，虽然有些方法，但也是粗估，难以验证其可靠性和准确性。

（3）非经济损失的评估需要投入大量的人力、物力和较长时间　由于非经济损失牵涉的因素多，情况复杂，且存在动态变化，要对其进行调查评估，需要大量的投入。例如，生命健康、环境资源损失的考察，少则几个月，多则需要几年的时间，都难下结论。因此，非经济损失的调查评估，其成本常常会高于经济损失，且在实际操作中，会遇到意想不到的问题。

3. 腐蚀非经济损失日益受到社会的重视

随着人类社会的进步和经济的发展，人们越来越意识到非经济损失的重要性。因此，在腐蚀经济学的研究中，把腐蚀造成的非经济损失纳入考察是必要的。腐蚀非经济损失虽然并不表现为经济损失，但它对受害体的负面影响却是很大的。例如，1979年8月11日，印度马丘河大坝崩塌事件（因闸门锈蚀引发的），不仅造成即时巨大经济损失，而且造成灾后巨大非经济损失。例如，洪灾后，印度数以亿计的人对洪水十分恐惧，大街小巷谣言四起，民心极度不安，既影响政府的公信力，又影响社会的稳定，既影响正常生产、生活，也损害人们的身心健康；洪水带来的许多家庭的毁灭性打击和数以万计的残疾人，至今仍然是原莫尔维市居民的心理隐痛。

通常情况下，腐蚀造成的非经济损失，表现得不是很明显，但一旦发生腐蚀事故，特别是重大腐蚀事故，便会显露出大量的非经济损失问题。这时如果忽视了非经济问题，将会引发大量的社会问题，后果难以预料。

腐蚀造成的非经济损失，尽管难以评估，但人们从未间断寻求解决办法。值得欣慰的是，在经济学家们的努力探索和尝试下，终于找到了可以用来粗估非经济损失的一些基本方法。

二、腐蚀直接非经济损失调查评估

腐蚀直接非经济损失是指因腐蚀或腐蚀事故造成人的生命与健康价值损失，环境资源破坏价值损失等。这一类损失，不能直接用货币去度量，需要采用转换技术方可进行粗估。

1. 人的生命与健康价值损失评估

个人生命的价值，其实就是个人的价值。因为个人的生命是个人存在的前提。一旦失去了生命，个人本身就不存在了。健康，是个人生命发挥作用的保障，没有健康的体魄，个人的能力就得不到充分发挥，甚至会成为社会和家庭的负担，个人还会遭受疾病的折磨，个人的价值就要大打折扣了。

人类社会的第一个前提是有生命的个人的存在。因此生命对于社会来说是无比宝贵的，对于个人来说也是无比宝贵的。生命对于任何人都只有一次。这种唯一性，更加说明生命的宝贵。个人珍视自己的生命与健康，既是个人的本能，又是个人自我价值的构成部分。生命的珍贵在于生命价值。生命的价值，就是有生命的个人对于社会、国家、集体和他人的贡献。在现实生活中，当涉及生命与健康价值损失时，如一味强调"生命无价""健康至上"，就会导致有关赔偿无法合理进行。实际上，人有自然属性和社会属性，评价人的生命、健康价值，更多的是从人的社会属性出发，从经济人的角度来探究。现实中虽然人们常常没有给人的生命一个明确的价值，但任何涉及死亡风险的个人决策或公共决策都隐含着生命的价值。但这个价值不能简单地用货币来衡量，而是通过转换技术尽量用货币值或经济当量来反映。于是经济学家推出各式各样的方法，对人的生命与健康价值进行定量分析。人的生命价值的评估，最常用的方法是人力资本法和支付意愿法。有关介绍，详见第四章。

2. 环境资源价值损失评估

腐蚀造成环境污染和自然资源耗减，给人类社会带来了很大的危害，对这种损失进行经济计算，进而以货币形式表示，是一项非常有意义但又十分困难的事。其困难主要表现在，环境资源的价值难以度量。如唯一性、真实性、破坏不可逆性、时间演变性、外部性、整体性、内容延展性、价值变量的多样性、功能多样性、价值的地域性等，都是难以确定的特性因素。尽管有实际困难，但还是可以寻找到一些粗估的方法。

（1）环境与自然资源价值观念的形成　传统的经济和价值观念认为，没有劳动参与的物质，没有价值，或者说没有交易的物质没有价值。环境与自然资源似乎没有人类劳动参与，有些也不能市场交易，所以被认为没有价值，人类可以自由取用。

传统价值观对环境资源发展带来了一系列的负面影响：一是在生产过程中，因为环境资源无价，人们千方百计以最少的劳动消耗获取最大的经济效益，因此经济人就最大限度地开采使用，而不珍惜和保护它，使环境资源的消耗得不到合理补偿，恢复、更新、增殖的途径受阻；二是在消费过程中，因为环境资源无价，人们缺乏珍惜和节约的意识，造成环境资源极大的浪费，使环境日益恶化，资源日益紧缺；三是在价格制定上，因为环境资源无价，在产品价格的制定上只考虑了人的劳动价值，而没有考虑环境资源本身的价值；四是在政策管理上，因为环境资源无价，对环境资源的管理保护缺少强有力的措施，并视为"公共地"任意破坏，造成了世界性危机。

随着工业文明的发展，环境资源日渐稀缺，已成为社会可持续发展的瓶颈和障碍。经过人类近代的研究，环境资源与其他有用物品一样，都具有使用价值。无论过去、现在还是未来，也无论任何经济时期，环境资源都始终居于客体的地位，并直接或间接参与物质生产部门的生产，通过产品交换实现其价值。如石油、矿石、天然气等资源，人类通过具体劳动利用其特性生产出物质产品，从而实现其价值。因此，环境资源是有价值的。因此，不难看出，保护环境资源，珍惜环境资源，不仅关系到当代社会经济的发展，而且影响着未来经济的发展和人类的生存。

（2）环境与自然资源总经济价值分类　环境经济学家将环境与自然资源的价值称为总经济价值（TEV）。环境资源的总经济价值分为使用价值（UV）和非使用价值（NUV）两部分。如果再细分，使用价值又可分为直接使用价值（DUV）和间接使用价值（IUV），直接与间接使用价值还可再细分。非使用价值可分为选择价值（OV）、存在价值（EV）和遗送价值（RV），如图3-2所示。

图3-2　环境资源总经济价值构成图

用公式表示为

$$TEV=UV+NUV=(DUV+IUV)+(OV+EV+RV) \qquad (3-4)$$

① 使用价值（UV）。是指当某一物品被使用或消费的时候，满足人们某种需要或偏好的能力。

a. 直接使用价值（DUV）。是指环境资源直接满足人们生产和消费需要的价值。

b. 间接使用价值（IUV）。是指人们从环境资源所提供的用来支持目前的生产和消费活动的多种功能中间接获得的效益。

② 非使用价值（NUV）。是指基于某种物品的内在属性，与人们是否使用它无关。

a. 选择价值（OV）。又称期权价值，是指人们为了保存或者保护某一环境资源，以便将来用作各种用途而愿意支付的货币数额。选择价值类似于为保证一种环境资源的服务的供应所支付的保险金，确保在未来不确定的情况下某一环境资源的供给。因而选择价值衡量的是未来的直接或间接使用价值。

b. 存在价值（EV）。是指与环境资源直接或间接的、现在或将来的利用与效益都无关的价值。它是人们为使某一环境资源存在而愿意支付的费用。

c. 遗送价值（RV）。是指可以作为礼物送给他人，作为继承物留给后代等方面的价值。

（3）环境资源价值损失评估方法　根据环境资源价值评估的理论依据，可以把评估方法划分为3种类型，即直接市场评估法、替代市场评估法和条件价值评估法。

① 直接市场评估法（市场价值评估法）。又称常规市场评估法、物理影响市场评估法，是指直接运用市场价格对可以观察和度量的环境资源价值变动进行测量的一种方法。由于直接市场评估法是建立在充分的信息和比较明确的因果关系基础上的，所以用直接市场评估法进行的评估比较客观，争议较少。但是采用直接市场评估法，不仅需要足够的实物量数据，而且需要足够的市场价格数据，而相当一部分自然资源没有相应的市场，也就没有市场价格；或者其现有的市场只能部分反映自然资源数量和质量变动的结果。在这种情况下，直接市场评估法的应用或者不可行，或者有很大的局限性。

直接市场评估法有：生产率变动法、机会成本法、疾病成本法和人力资本法等。有关介绍，详见第四章。

② 替代市场评估法（显示偏好评估法）。也称间接市场评估法，就是使用替代物的市场价格来衡量没有市场价格的环境物品价值的一种方法。它通过考察人们与市场相关的行为，特别是在与环境联系紧密的市场中所支付的价格或它们获得的利益，间接推断出人们对环境的偏好，以此来估算环境质量变化的经济价值。

替代市场评估法有：后果阻止法、资产价值法、工资差额法、旅行费用法等。有关介绍，见第四章。

③ 条件价值评估法（意愿调查评估法）。属于陈述偏好法，它是生态系

统服务价值评估中应用最广泛的评估方法之一，适用于缺乏实际市场和替代市场交换商品的价值评估，它的核心是直接调查咨询人们对生态环境服务的支付意愿（WTP），以支付意愿和净支付意愿（NWTP）对环境物品的经济价值进行计量的一种方法。

条件价值评估法有：投标博弈法、比较博弈法和无费用选择法等。有关介绍，请参见第四章。

综上所述，腐蚀直接非经济损失调查评估，是当今社会非常关注的热点问题，同时也是难点问题。说它是热点问题，关键是在当今世界上没有比生命、健康、环境、资源再宝贵的了，而且没有可逆性；说它是难点问题，是因为目前受多方面的限制，尚难全面、准确评估其损失价值，只能是作一些粗略的估计。随着社会的发展，人类对非经济损失准确评估的要求会日益强烈，研究、探索的力度也会随之日益加大。

三、腐蚀间接非经济损失调查评估

腐蚀间接非经济损失是指因腐蚀或腐蚀事故造成的工效、商誉、社会和政治安定影响损失。这一类损失，也不可以直接用货币去度量，需要采用转换技术方能进行估算。

腐蚀造成的间接非经济损失，主要是以社会损失为主要特征，社会本身就错综复杂，加之外来因素的扰动，使其产生的损失引入了很多不确定因素，因而评估难度较大。有些损失可以采用以下转换技术进行量化测算。

1. 工效影响损失评估[12]

所谓工效影响损失，是指由于腐蚀或腐蚀事故，特别是重大伤亡事故的发生，给员工心理带来了极大的影响，使得某些员工的劳动效率无法达到事故发生前的正常值，在其工作效率达到正常值之前的一段时间内所造成的经济损失。其计算方法可用时间效率系数法。请参见第四章。

2. 商誉影响损失评估[12]

商誉是指在同等条件下，由于某企业所处地理位置的优势，或由于经营效率高、历史悠久、人员素质高等多种原因，能获取高于正常投资报酬率所形成的价值。根据实际情况的不同，商誉的估价方法可分为超额收益法和割差法。

（1）超额收益法　超额收益法是以企业的超额收益为基础，以之评估企业商誉的方法。这种方法的基本思路是直接用企业超过行业平均收益来对商誉进行估算，理论依据是商誉的定义。根据企业获得超额收益的年限不同，这种方法一般可进一步分作两种方法。

① 超额收益资本金价格化法。超额收益资本金价格化法是把被评估企业的超额收益经本金化还原，来确定该企业商誉价值的一种方法。基本思路是超额收益是商誉创造的利益，按一般资本报酬率，需要多少价值的资产才能创造这一利益，据此确定商誉价值。计算公式为

$$G = \frac{D - RC}{j} \tag{3-5}$$

式中　G——企业商誉的评估值；

D——预期收益额；

R——行业平均收益率；

C——企业各项资产评估值之和；

j——本金化率（把企业的预期超额收益进行折现，把折现值作为商誉价格的评估值）。

② 超额收益折现法。超额收益折现法是把企业可预测的若干年预期收益进行折现，把其折现值确定为企业商誉价值的一种方法。基本思路是企业商誉这项无形资产能给企业在未来时期内带来多少超额收益，这些超额收益按一定的资本报酬进行折合的现值，以之作为商誉的评估值。计算公式为

$$G = \sum_{t=1}^{n} B_t (1+i)^{-t} \tag{3-6}$$

式中　G——企业商誉的评估值；

B_t——第 t 年企业预期超额收益；

i——折现率；

n——企业预期具有超额收益的年限。

（2）割差法　又称余值法，是用企业的总体价值扣除各项有形资产和可辨认的无形资产价值后的差额，以之来确定企业商誉价值的一种评估方法。计算公式为

商誉的评估值＝企业整体资产评估值－各单项有形资产评估值之和－

可辨认无形资产评估值之和　　　　　　　　　　(3-7)

在商誉得到评估之后，就可以对事故所引起的商誉损失进行评估。计算

公式为

事故引起的商誉损失值＝商誉的评估值×事故引起的商誉损失系数

(3-8)

$$商誉损失系数\ C_i = F(Y_i, W_i, M_i, N_{10})\quad(3\text{-}9)$$

式中　C_i——企业 i 发生事故引起的商誉损失系数；

　　　Y_i——企业 i 发生事故的严重程度；

　　　W_i——企业 i 发生事故的影响范围；

　　　M_i——企业 i 发生事故后受媒体的关注程度；

　　　N_{10}——企业 10 年内发生事故的频率。

3. 政治与社会安定影响损失评估[12]

腐蚀或腐蚀事故造成的政治与社会影响损失是一种隐秘损失，评估起来较为困难，但并非无计可施。可用占事故的总经济损失比例（或用占事故间接非经济损失的比例）来估算。请参见第四章。

总之，腐蚀或腐蚀事故造成的非经济损失涵盖的内容非常广泛，但目前人们所能作出度量的损失还是很有限的，尚有大量的问题需要进一步研究探索。

第四节　腐蚀损失对 GDP 增长影响分析

经济增长，狭义指 GDP 增长。腐蚀损失对经济增长的影响是极为复杂的，通过对大量腐蚀问题的观察分析发现，腐蚀损失对经济增长既有负效应，又有正效应。负效应主要表现在，在短期内，腐蚀破坏有可能使一些宏观经济指标产生波动。因为腐蚀破坏了大量的资本存量，使生产受到影响，生产效率下降的同时，还要投入大量的资产补偿腐蚀损失，使计划内投资和正常生产秩序受到影响，企业收益下降，为国家的贡献减少。正效应主要表现在，从中长期来看，腐蚀损失又会拉动经济增长。正如英国经济学家和哲学家约翰·穆勒（John Stuart Mill）所认为，资本得以一代一代地存在下去，靠的不是保存，而是不断地消费、再生产。资本的这种不断的消费和再生产，可用来解释腐蚀消费为什么会拉动 GDP 增长。但这种解释并不完整，它仅仅考虑了资本的再生产过程，而忽视了腐蚀控制投入、管理以及腐蚀事故破坏救援等损失。

一、腐蚀损失与 GDP

1. GDP 的含义

国内生产总值（gross domestic product，GDP）是指一定时期内（一个季度或一年），一个国家或地区的经济中所生产出的全部最终产品和劳务的价值，常被公认为是衡量国家经济状况的最佳指标。它不但可反映一个国家的经济表现，还可以反映一国的国力与财富。这一概念有以下几个方面的含义：

① GDP 是一个市场价值的概念，各种最终产品的市场价值就是用这些最终产品的价格乘以相应的产量之后的加总。

② GDP 测度的是最终产品的价值，中间产品价值不计入 GDP，否则会造成重复计算。

③ GDP 是一定时期内所生产的而不是所销售的最终产品价值。

④ GDP 是计算期内生产的最终产品价值，因而是流量而不是存量。

⑤ GDP 一般仅指市场活动导致的价值，家务劳动、自给自足生产等非市场活动不计入 GDP 中。

2. 腐蚀损失与现行 GDP

由于现行 GDP 存在一些缺陷，不能准确、全面反映腐蚀损失与经济增长之间的关系，致使 GDP 忽视或掩盖了巨大的腐蚀损失。

(1) GDP 不能客观反映腐蚀损失　我们知道，腐蚀损失是资本存量的破坏，在损失评估过程中称为直接损失，而直接损失又是腐蚀损失的重要特征，但当年的 GDP 不包括物质资产的破坏，只有物质资产的破坏造成生产能力的下降，少生产产品的情况下，才会影响 GDP。

(2) GDP 掩盖了因腐蚀造成环境污染对人类和生态带来的负面作用　GDP 指标不能提示一个国家或地区为经济发展付出的环境代价，相反，环境质量的恶化还会促进 GDP 的增长。例如，腐蚀造成的环境污染而引发疾病，造成人身健康影响，增加了人们医疗费的开支；环境受到污染，治理环境投入的大量资金又都累计在 GDP 之内。因此，腐蚀造成的污染越严重、治理污染投入越多，所产生的新 GDP 就越高，反而表现出更快的经济增长。

(3) GDP 没有考虑腐蚀造成的自然资源的亏损和耗减　GDP 指标完全不反映经济发展过程中自然资源价值的丧失程度。GDP 只有在自然资源的价值进入货币经济，即被消费之后才能衡量其价值。例如，石油、天然气、各类矿产资源等，为人类经济社会的发展作出了重要贡献，但如果这些资源没有被开采成工业原料，它们对国内生产总值来说就毫无价值。而在这一点上，GDP 没有将没有开发的原油、天然气、各类矿产贡献计算在内，却将对自然资源的透支计入 GDP。由于腐蚀消耗了大量的资源能源，并未作为一种价值损失，在客观上 GDP 是鼓励那些对有限资源的消耗的做法的。

（4）GDP 不能识别"好的""坏的"产出　GDP 衡量的是经济过程中通过交易的产品与服务增加值的总和，而在交易过程中是增加社会财富还是减少财富，它并不能加以辨识，结果 GDP 将"好的""坏的"产出一视同仁地算在经济指标之中。

由上可见，现行 GDP 核算法未能全面反映经济活动所付出的代价，只反映了经济活动为社会创造财富的"正效应"，没有客观反映在这一过程中所造成的"负效应"。这从客观上来讲，是支持了腐蚀的发展。所以长期以来，腐蚀破坏的不断发展和日益严重化，一直不被社会所重视，或许与 GDP 核算法存在的缺陷有关。

3. 腐蚀损失与绿色 GDP

（1）绿色 GDP 的含义　绿色 GDP 是绿色经济 GDP 的简称。从 GDP 中扣除自然资源耗减价值与环境污染损失价值后剩余的国内生产总值，称可持续发展国内生产总值，是 20 世纪 90 年代形成的新的国民经济核算概念。绿色 GDP 可分为总值与净值。总值即 GDP 扣减资源耗减成本和环境降级成本。净值即 GDP 扣减资源耗减成本、环境降级成本和固定资产折旧。中国科学院可持续发展课题研究组提出的绿色 GDP 为：GDP 扣减自然部分的虚数和人文部分的虚数。

（2）绿色 GDP 核算法　绿色 GDP，包括资源核算和环境核算，旨在以原有国民经济核算体系为基础，将资源环境因素纳入其中，通过核算描述资源环境与经济之间的关系，提供系统的核算数据，为可持续发展的分析、决策和评价提供依据。

绿色 GDP 核算方法是，从 GDP 中扣除自然资源耗减价值与环境污染损失价值后剩余的国内生产总值。即

$$绿色 GDP = GDP 总量 - (资源耗减成本 + 环境降级成本) \quad (3-10)$$

资源耗减成本，是指经济过程中利用消耗自然资源所形成的成本，也就

是自然资源存量由于经济利用而减少的价值，比较侧重于自然资产的数量利用方面。在资源损益核算中，记录了当核算期发生的各种资源的增加或减少量，以及资源增减数量相抵后的净值，即资源当期增加或减少的净价值。在社会经济活动中，资源的变化量一般以减少为主，表现为资源的净减少，这就是资源耗减成本。资源核算目前还未纳入国民经济核算体系的主要核算体系中，因此应以当期的社会经济活动造成的资源净减少量作为资源耗减成本，对国民经济核算的相关指标进行调整[13]。

环境降级成本，是指由于经济活动造成环境污染而使环境服务质量下降的代价，比较侧重于自然资产的质量方面。在环境损害核算中，记录了当年核算期发生的环境收益和环境损失，以及环境收益和环境损失相抵以后的净值，即环境损益净价值。目前，环境收益一般小于环境损失，所以环境损益净价值一般表现为环境净损失。环境净损失中的直接损失目前尚未纳入国民经济核算体系之中，但是这种净损失是从事社会经济活动所付出的环境代价，因此应作为环境退化成本对国民经济核算的相关指标进行调整[13]。

由于资源环境问题主要产生于经济行为的外部效应，在很大程度上不具有市场性，或者是不完全具有市场性，因此，如何进行资源耗减成本和环境降级成本评估，在技术上仍然存在较大困难。不能简单地沿用经济产品、经济资产的方法，以市场为依据进行评估，而是需要综合考虑。在有市场依据的情况下可以采用市场评价法，在无市场依据的情况下应寻找其他替代方法。

绿色 GDP 是一个科学的可持续发展概念，但目前推行还有一些现实的困难有待解决。

① 自然资产的产权界定及市场定价较为困难。自然资产一般既具有生产性资产的属性，又具有非生产性资产的属性。因此，其产权界定非常困难。如何界定自然资产产权并为其合理定价，是绿色 GDP 核算中的一个难点。

② 环境成本的核算较难处理。环境成本核算是绿色 GDP 核算的基础。环境成本包括环境退化成本和环境治理成本。环境成本的核算问题主要体现在对环境成本的时间因素和空间因素上的核算问题。从时间因素看，污染造成的危害有一个循序渐进的过程，时间难以确定；从空间因素上看，由于环境污染损失的不确定性，很难对某一污染所造成的损失因子考虑周全。

③ 量化估价困难。环境资源要素没有完全进入市场买卖，给环境资源的量化估价带来了困难。

除上之外，尚有对绿色GDP核算的必要性认识不足、核算方法不统一、核算制度不健全等问题。

尽管构建绿色GDP核算体系存在一定的困难，目前还没有被世界广泛采用，但其研究工作正在紧锣密鼓进行着，如法国、英国、巴西等20多个国家的政府都在为推行绿色GDP核算进行有益的探索和研究工作。我国于2004年发布了第一份绿色GDP核算研究报告，这些理论研究和实证分析工作的开展，说明世界各国都在为构建绿色GDP核算体系做各方面的准备工作，一旦时机成熟，便会迅速展开。

（3）腐蚀损失与绿色GDP　目前，国内外对腐蚀损失的考核，主要是对腐蚀造成的经济损失的考核，并未包括非经济损失，非经济损失当中，资源耗减成本和环境降级成本又占有相当大的一部分。如果按照绿色GDP核算的话，腐蚀损失的构成则为

$$腐蚀损失 = 经济损失 + 非经济损失 = (固定资产损失 + 流动资产损失$$
$$+ 停产、停业损失 + \cdots\cdots) + (生命与健康损失$$
$$+ 资源耗减成本 + 环境降级成本 + 工效损失$$
$$+ 商誉损失 + \cdots\cdots) \tag{3-11}$$

由上可见，绿色GDP这个指标，实质上代表了国民经济增长的净正效应。绿色GDP的比重越高，表明国民经济增长的正面效应越高，负面效应越低，反之亦然。现行GDP只反映了经济活动的正面效应，而没有反映负面效应的影响，因此是不完整的，是有局限性的，是不符合可持续发展战略的。但目前，推行绿色GDP核算法尚有一些具体问题难以确定，所以腐蚀损失的评估，暂时还只能按照传统的方法进行核算，当推行绿色GDP核算法时，腐蚀损失的评估方法需重新制定。

二、腐蚀损失与GDP增长的辩证关系

中国古代著名思想家老子曰："祸，福之所倚；福，祸之所伏。"通过对腐蚀损失与经济增长关系的分析，可以得出以下基本规律（图3-3）：

① 当经济处于发展初期时（$X_1 < X < X_2$），社会经济结构正在改革变化，社会财富的积累很少，生产活动不是那么活跃，且范围有限，所以腐蚀造成的损失也就较小，不过随着经济的不断发展，腐蚀损失呈上升的趋势。

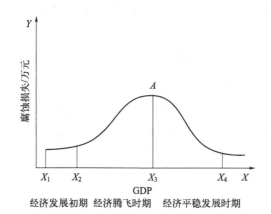

图 3-3 腐蚀损失与经济发展之间的关系

② 当经济腾飞时期($X_2<X<X_3$),社会经济快速发展,带来了生产方式、生活方式的剧变,在人们追求经济增长的同时,又带来了大量的腐蚀问题,使腐蚀损失达到最高点 A。

③ 当腐蚀损失上升到最高点 A 时,经济发展已经达到很高程度,腐蚀控制水平进一步提高,人们对腐蚀的认识进一步深刻,自觉控制腐蚀损失的积极性进一步提高,腐蚀损失将随之下降,并达到一个平稳期或呈小幅度增长的态势。

通过以上分析不难看出,腐蚀损失与社会经济发展、增长之间具有相互依存、相互渗透、相互贯通、相互促进的密切关系。

一方面,经济发展、增长会促进腐蚀与腐蚀损失的不断发展、增长;另一方面,腐蚀与腐蚀损失对经济的发展、增长又具有阻碍作用,作用与反作用的影响是对立统一的辩证关系。

1. 对立关系

随着社会经济的发展,人类活动范围的不断扩展,腐蚀与经济发展之间互相排斥、互相斗争的对立关系愈加突出。其原因在于:

(1)腐蚀客体在不断增加 随着人口的迅速增长,社会经济的发展,国民财富的日益丰富,腐蚀造成的损失必然会增加。

(2)人为破坏作用在增加 随着工业化的迅速扩张,在带来巨大物质财富的同时,也会带来大量的负面效应,进而加大了腐蚀与腐蚀损失。如酸雨腐蚀、杂散电流腐蚀等,都是工业化的负效应。

(3) 腐蚀类型在增长　由于科学技术的发展，人类认识腐蚀的能力也在提高，对腐蚀的认识广度和深度也在增强。从腐蚀表面现象的了解，到腐蚀内部机理的研究，对腐蚀的发生、发展有了更加深入的掌握，从而使腐蚀类型也在增加。

(4) 分布范围在扩大　腐蚀随人运动，人走到哪里，腐蚀就会带来哪里，哪里就会产生腐蚀与腐蚀损失。目前，腐蚀与腐蚀损失不再限于地球环境，而是扩展到宇宙空间环境。然而，航天历史上留给人们的灾难性事故永远不会忘记[14]。

2. 统一关系

腐蚀与经济之间，在一定条件下相互依存、相互转化、不可分割，这种统一关系揭示了腐蚀与社会的内在联系。

(1) 没有人就没有腐蚀危害　因为有了人及其活动，才使本来就存在的、正常的腐蚀现象成为非正常的自然-社会现象。腐蚀的危害程度，也取决于经济发展水平。同样的腐蚀，发生在不同的国家、不同的地区，产生的破坏作用是不一样的。

(2) 有些腐蚀与人类活动有关　有大量的腐蚀问题是自然产生的，而有些是人为造成的。如工业化带来的酸雨、雾霾和杂散电流等，使腐蚀进一步加重，都是人为造成的。

(3) 腐蚀还可带来某些好处　腐蚀是一把"双刃剑"，既有"害"的一面，又有"利"的一面。从经济损失的角度，腐蚀是一种破坏，从市场的角度，腐蚀可刺激消费，拉动经济增长；从科技的角度，腐蚀阻碍新工艺、新技术的发展应用，但也可推动科学技术的进步。如在半导体制造工艺中，"刻蚀"是一种相当重要的步骤，在电子工业有着广泛的应用。

(4) 人类逐渐学会了与腐蚀共处　经过几千年的发展，人类逐渐学会了与腐蚀和谐相处共同生存。一方面，腐蚀给社会经济发展带来了明显的消极作用；另一方面，腐蚀又给社会经济发展增添了活力，这种双重作用的格局已定。人类想彻底征服腐蚀目前还是不可能的。然而，腐蚀征服人类也是不可能的。随着社会的进步和科学技术的发展，腐蚀总有一天会被人类彻底征服的。

3. 辩证发展的关系

从人类与腐蚀的关系演化历史看，其辩证发展的关系大致经历了四个阶段。

(1) 被动无力阶段　在人类早期社会，腐蚀仅仅是一种自然现象，随着生产工具的发展，才逐步显示出其破坏作用，约7000年以前，人类面对腐蚀现象，表现出一种无奈、无知和无力，根本无法逃避腐蚀的破坏，只能任其发展。

(2) 较主动的防护阶段　随着社会的发展，人类逐渐对腐蚀现象有了初步认识，约在17世纪开始陆续出现腐蚀防护技术，使有些腐蚀现象有所控制。

(3) 再被动应对阶段　由于工业的不断发展，新的腐蚀问题不断涌现，人类再次被腐蚀困扰，直到大约18世纪中叶。

(4) 主动防控阶段　自18世纪中叶以来，特别是20世纪初，人们对腐蚀与防护有了较为深刻的研究，无论是腐蚀机理、防护技术，还是各类耐蚀材料的研发，及各类腐蚀监测、监控技术等，都得到了飞速发展，人类逐渐掌握了各类腐蚀控制的主动权，从而大大减轻了腐蚀与腐蚀损失。这一阶段不是最后阶段，是主动防控阶段的开始。

随着我国经济的快速发展，腐蚀与经济之间的关系日益深刻，如何让两者协调发展成为困扰人类经济社会的热点问题。我国是发展中国家，在发展经济和促进社会进步，确保经济稳定增长的同时，还要考虑未来经济的发展。正确认知腐蚀与经济增长之间的关系，探寻腐蚀与经济发展之间的内在规律，将有助于进一步明确腐蚀在经济发展中的地位；有助于促进腐蚀防护技术的推广；有助于保护环境资源，为可持续发展提供保障。

三、腐蚀损失对GDP增长影响分析

鉴于腐蚀与腐蚀损失日趋严重，人们已经开始对腐蚀问题与经济发展进行关联式的思考与初步研究。腐蚀损失研究不仅是经济学的薄弱环节，同时也是腐蚀科学研究中的薄弱环节。

腐蚀与一般的自然灾害不同，它形成的破坏力虽然是隐秘的，但其持久性和突发性强，且牵连因素多，影响复杂。为了便于分析，下面用图示的方法进行解析，见图3-4。

图中显示了腐蚀对GDP长期增长影响可能的情况。图3-4(a)和(b)中，腐蚀没有影响经济增长。腐蚀对GDP在短期内产生负面影响，在恢复过

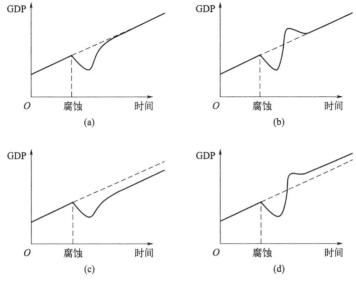

图 3-4 腐蚀损失对经济增长可能产生的影响

程中，GDP 得到恢复，产出水平恢复到原来的长期的均衡状态。在图 3-4(c) 中，腐蚀永久地破坏资本存量，在长期内达到一个新的均衡，但这一均衡要低于原来的 GDP 水平。在图 3-4(d) 中，由于恢复过程中，新资本的应用导致技术进步，从而增加经济增长率。

以上分析只是大致情形，实际上腐蚀损失对经济增长的影响十分复杂，由于腐蚀损失的情形不一样，对经济影响的程度也不尽相同。图 3-4（a）和（b）适合于描述常规腐蚀情形。图 3-4(c) 和（d）更适合于描述腐蚀事故。

下面，针对腐蚀损失对经济增长产生的负效应和正效应进行分析。

1. 腐蚀损失对 GDP 增长产生的负效应

腐蚀造成的损失，最终都体现为国民财富总量的损失。也就是说，无论其经由怎样的渠道和方式，它都有损于经济体可资利用的国民财富的存量水平。国民财富的存量和不断累积是社会福利增长的基础和前提，社会福利水平的不断增长是通过国民财富的积累和消费这两种基本形式，通过维持均衡的可持续发展来实现的。腐蚀损失所带来的经济资产和自然资产的毁损和消亡，从根本上看是一种国民财富的损失。腐蚀损失从经济体运行角度看，相当于"负储蓄"，直接影响国民经济中的积累和消费水平，从而影响和制约可持续发展的实现。

(1) 腐蚀损失对微观经济增长的不利影响　企业是构成微观经济的单位，它们既是社会财富的创造者，又是腐蚀损失的承担者。企业的腐蚀与腐蚀损失直接影响着企业当期的发展。其主要表现为：

① 日常腐蚀损失。日常腐蚀损失是指平日、平时腐蚀破坏所造成的损失。日常腐蚀损失，通常表现在两个方面。

一是直接腐蚀损失。如设备、设施、工器具等固定资产因腐蚀毁损造成的损失；原材料、成品、在制品因腐蚀影响造成的损失；生产过程中，工业生产介质"跑、冒、滴、漏"造成的环境污染的处理费、罚款等。

二是间接腐蚀损失。由于腐蚀造成的停产、停工和更换设备、管束造成的损失；腐蚀损坏造成工作系统中泄漏水、油、气等原料及修复的损失费用；腐蚀产物堆积、附着造成管路堵塞、降低热传递效率而提高泵功率等费用；腐蚀泄漏造成产品污染而导致产品质量降低或报废等造成的损失，等等，都会增加企业生产成本，降低收益，直接影响着企业当期经济效益。

② 腐蚀事故损失。腐蚀事故损失是指造成死亡、疾病、伤害、损坏或者其他损失的意外损失。腐蚀事故造成的损失，要比日常腐蚀损失复杂，依据《企业职工伤亡事故经济损失统计标准》（GB 6721—86）的计算方法，可将事故造成的损失划分为直接经济损失和间接经济损失两部分。

直接经济损失包括：人身伤亡后所支出的费用；医疗费用（含护理费）；丧葬及抚恤费用；补助及救济费用；歇工工资；处理事故的事务性费用；现场抢救费；清理现场费；事故罚款和赔偿费；固定资产损失价值；流动资产损失价值等。

间接经济损失包括：停产、减产损失价值；工作损失价值；资源损失价值；处理环境污染的费用；补充新员工的培训费；其他损失等。

腐蚀事故给企业、个人、社会造成的总经济损失如图 3-5 所示。

企业承担的伤亡事故经济损失是伤亡事故给企业造成的多支出、少收入和潜在影响的总和，可以概括为：用于伤亡者的费用；物质损失；生产成果的减少；因劳动能力的丧失而引起的劳动价值的损失；因事故引起的其他损失。

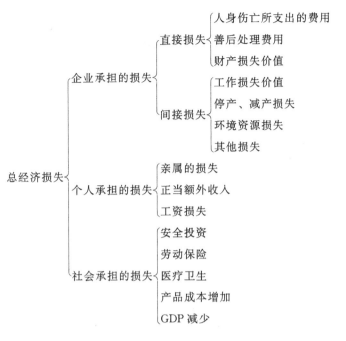

图 3-5 经济损失构成

由上可见，企业或经济体，不仅要承担日常腐蚀损失，而且还可能需要承担腐蚀事故造成伤亡等方面的损失，其中，有些方面由国家或社会保险机构负担，但大多数损失则由企业承担。不言而喻，非生产性支出增多了，必然会影响生产性投入，企业收益会减少，职工福利待遇会降低。总之，国家、企业及个人，都会不同程度受到关联影响。

(2) 腐蚀损失对宏观经济增长的不利影响　腐蚀损失对宏观经济增长的不利影响不同于微观经济。宏观影响主要表现在对经济可持续发展的影响，微观影响主要表现在对即期经济发展的影响，两者是有区别的，前者是经济发展的深层次问题，后者是即期经济发展的问题。通过对腐蚀损失的考察分析，可以发现腐蚀损失对宏观经济增长的不利影响，主要表现在：

① 助长了资源危机，资源危机又直接制约着经济的可持续发展。自然资源是人类安身立命的基本条件，是人类生存的基础和财富的源泉，人类生活和生产活动离不开自然资源，人类自诞生以来，就一刻也没有停止对自然资源的获取。如果人类对自然资源的获取速度，超过了自然资源的补给、再生和增长速度，则会出现：可再生资源短缺，不可再生资源耗竭。腐蚀吞噬了大量的资源能源，进一步加大了资源能源危机，资源能源危机对经济持续发

展的制约是最直接的制约。

②恶化了生态环境,损害了经济可持续发展。由于人们对工业高度发达的负面影响预料不够,预防不力,导致了全球性的三大危机:资源短缺、环境污染、生态破坏。腐蚀消耗了大量金属材料,而金属冶炼对环境污染造成的损害是极为严重的,主要是废水、废气、废渣。废水——主要是湿法冶炼过程中(酸性浸出、碱性浸出、制备硫酸、洗渣等)排放的工业废水,一般含有重金属,如铜、锌、铅、镉、钴等,这些废水未经处理或未达标排放,会直接污染海和江河,造成危害。废气——主要是火法冶金排放的废气,其中主要含有二氧化硫等有害的气体。含二氧化硫的气体遇到雨天就会变成酸雨,酸雨对土壤、植物、江河等有很大的危害,特别是对金属材料(包括非金属材料)的腐蚀极为严重。废渣——无论是湿法冶金还是火法冶金都有废渣。这些废渣中,有的含有不稳定的化合物,堆放时间长了或露天堆放遇到雨水,其中不稳定的化合物(如有害金属离子)会分解进入水中,危害人畜的健康。因此,这些生产环节造成的环境污染,从某种角度上来讲,亦是腐蚀造成的。因为钢铁的生产,有相当一部分是用于补偿腐蚀损失的。由此可见,腐蚀不仅直接耗减了资源能源存量,销蚀着社会财富,而且通过"公共地"的影响,破坏着整个人类赖以生存和发展的地球生态环境。尽管目前人们加大了对环境治理的力度,但并没有从根本上扭转这种不断恶化的趋势,从中长期来看,它将成为中国乃至全球经济可持续发展的主要制约因素。

③造成经济发展的成本上升,收益减少。一方面,腐蚀不断膨胀,迫使各国不得不加大腐蚀控制投入的力度,从而成为经济发展过程中所必须采取的措施,这增加了经济发展成本;另一方面,一定时期内的社会财富是额定的,若腐蚀控制投入扩大,则用于直接发展经济的投入必然减少,社会再生产的发展必然受到制约。因此,从正反两个方面考虑,腐蚀损失的持续增长会导致经济收益的减少,使经济发展速度减缓,其对经济持续发展的消极作用显而易见。根据有关资料分析,目前我国腐蚀经济损失会导致经济增长率下降 $0.4\% \sim 0.55\%$。

2. 腐蚀损失对 GDP 增长产生的正效应

毛泽东主席在《矛盾论》中指出:"世界上一切事物无不具有两重性。"意思是说,坏事中包含着好的因素,好事中包含着坏的因素,在一定条件下,坏的因素可以引出好的结果,好的因素也可以引出坏的结果,腐蚀问题亦不会超越这一基本规律。如果我们对腐蚀问题进行全面客观的考察，就会发现，腐蚀并非只有"弊"的一面，它也有"利"的一面，"弊"与"利"的发展过程不是一成不变的，它们处在对立统一的矛盾运动过程中。腐蚀所表现出的"利"的一面，主要表现在以下几个方面。

(1) 拉动内需，促进经济增长　从腐蚀损失的特点来看，腐蚀损失可造成当期社会财富损失的负面影响，但从长期来看，腐蚀损失又可拉动内需，促进经济增长。基于目前的经济形势，"拉动内需"是促进我国经济增长最有效的手段，腐蚀破坏了大量的资本存量，无疑会增加投入和拉动消费。"投资、消费、出口"是拉动GDP增长的"三驾马车"。在"三驾马车"中消费需求是生产的目的，可以创造出生产动力、刺激投资需求。目前，国内腐蚀防护有2万亿～3万亿元的市场容量，巨大的腐蚀市场潜力，必然会拉动生产力的发展，进而也必然会拉动GDP的增长。2016年，我国最终消费支出对经济增长的贡献率为64.6%。其中，据理论分析，腐蚀防护消费支出对经济增长的贡献率约为6%。

应该注意的是，腐蚀消费拉动内需是一个阶段性的发展，只有存在大量的腐蚀问题且没有得到有效控制，造成巨大经济损失的情况下，才会起到这种作用。经济健康、稳定、持续发展还需要我们在经济社会发展中进一步践行科学发展的路径，优化发展环境、优化产业结构、调整经济增长方式、增强国际竞争力和防范风险的能力。因此，消费刺激经济发展是有质量、有效益的，而腐蚀消费拉动内需则是不持续的。

中国作为一个发展中国家，又是一个腐蚀大国，资源禀赋面临持续收紧的压力，绝不能对巨大腐蚀损失持宽容理解的态度，在经济发展中必须旗帜鲜明地提倡大力推广腐蚀防护技术，加强腐蚀管理，保护既有财富和既得利益不受损失或少受损失，促进社会经济健康、有序地发展。

(2) 催生了新兴产业，培育了新的经济增长点　如腐蚀防护产业就是在经济建设大潮中涌现出的新兴产业，这一产业的出现是一个重要的经济现象，并受到地方政府和学术界的关注，新兴的腐蚀防护产业在区域经济发展中的作用越来越明显。

20世纪三四十年代，腐蚀防护技术主要是油漆涂装，小作坊生产方式，生产效率很低，且污染环境，影响人身健康。全国几乎没有专业的防腐蚀企业，只在大型企业中有防腐蚀车间或工程队。现在防腐专业施工企业遍布全国，生产企业可以生产门类齐全、适用于各种环境的防腐蚀产品。在施工管理方面，逐步由过去的粗放式向规范化、标准化发展。施工人员持证上岗，施工工艺规范化，施工单位资质化。各施工单位和防腐蚀产品生产企业都在努力完善质量保证体系，提高科学管理水平，逐步走向规范化、标准化、现代化的轨道。在施工技能方面，逐步走向专业化、机械化和现代化，施工装备机具和检验、试验仪器设备不断更新换代，涌现了一批实力强、水平高的明星企业。

例如，河南长垣防腐业占据全国防腐市场半壁江山。其防腐业起步于20世纪60年代初，发源于黄河滩区的苗寨乡。起初他们是小打小闹踏入了这个领域，靠自己的辛勤劳动挖到"第一桶金"。随着经济的积累，70年代初开始涉足工业领域从事金属/非金属设备的防腐。到了1975年左右，全县从业人员达到5000余人。目前，长垣有国家一级资质防腐企业10家，二级资质防腐企业14家。其中11家防腐企业通过ISO国际质量体系认证。施工面覆盖全国31个省、自治区、直辖市，并扩展到德国、卡塔尔、伊拉克、苏丹等10多个国家和地区。从业人员8万余人，年实现劳务收入3.6亿元左右。

新兴腐蚀防护产业的崛起，是腐蚀影响带来的结果。它经历了由无到有，由弱到强，完成了一次次化蛹为蝶的蜕变，最后成为地方经济的支柱产业，为拉动区域经济发展做出了重要贡献。

(3) 促进了科学技术的进步，推动了生产力的发展　腐蚀破坏是对人类已有的科学知识的突破，是对科学发展的挑战。摆脱腐蚀的困扰，是人类自古以来就梦寐以求的愿望。正因为如此，腐蚀对科学的挑战，往往促进了科学的进步。腐蚀本身也包含着丰富的信息，是我们窥探自然和社会的一个窗口；研究腐蚀不仅需要多种手段和多学科的配合，同时，又往往是边缘学科新的生长点所在。腐蚀发生的原因、条件、环境一旦被认识，科学就发展了，社会生产力就会得到极大提高。

例如，硝酸工业得以实现大规模生产，是因为不锈钢的问世；尿素的工业化生产得以实现，是因为解决了熔融尿素对钢材的腐蚀难题；法国的拉克气田是在解决了设备发生H_2S应力腐蚀开裂问题之后，才得以全面开发。大量的生产实践证明，腐蚀防护技术的进步，是科学技术发展的基础，科学技术的发展，又是推动经济发展的驱动力，以前如此，现在如此，将来亦是如此。

腐蚀问题不仅影响着当今社会经济的发展与增长，而且影响着未来社会经济的发展方向和增长方式。未来，人类用什么方法生产乃至以什么方式生活，在一定程度上依赖于科学技术的进步。例如，随着航天技术的不断发展和相关应用的不断深入，"太空经济"时代已经到来。"太空经济"包括各种太空活动所创造的产品、服务和市场，如空间技术与产品、卫星应用、空间科学、太空工业、太空农业、太空资源利用、太空能源、太空旅游、航天及太空文化产业、航天支援与保障服务以及其他相关产业等。"太空经济"规模在50多年里增长了上千倍，是增长最快的经济形态之一。新兴的"太空经济"正在改变地球上人类生活的方方面面。"太空经济"日益呈现出基础性、强关联性、高促进性和高增长性的特征，成为世界经济发展和人类生活的重要组成部分。未来的"太空经济"有着长远而持久的发展，其行业规模将会增长至数万亿美元，是一个全新的经济增长点。

然而，"太空经济"的开发利用，需研究制造各类航天器。但由于太空环境不同于地球环境，所以金属材料的使用就会面临着与地球环境不同的腐蚀。在太空中，不仅有宇宙大爆炸时留下的辐射；还有各种天体向外辐射的电磁波，许多天体还向外辐射高能粒子形成宇宙射线。许多天体都有磁场，磁场俘获上述高能带电粒子，形成辐射性很强的辐射带。由此可见，太空还是一个强辐射环境。其中，短波太阳辐射会导致氧分子分解，产生高活性原子氧，原子氧具有极强的氧化性，可与空间飞行器的表面材料反应，尤其是当原子氧遇到聚合物材料，发生的反应更剧烈。原子氧所形成的高热能离子流足以使航天器材料中的许多化学键破裂，导致材料发生性能变化，例如使卫星、空间站等在轨航天器的保护层逐渐氧化变薄失效。即使是金属材料，在原子氧的作用下也会发生明显的腐蚀氧化。太阳紫外线辐射是导致材料失效的另一个重要因素。紫外线虽然仅占太阳光的5%左右，但是能量却很大。在太空中，由于缺少大气层对紫外线的阻挡，航天器完全暴露在极强的紫外线辐射之下。高分子聚合物制品吸收紫外线后，能引发聚合物自我氧化、降解，破坏聚合物的化学键，使其断裂、交联，进而导致高分子聚合物制品的力学性能发生恶变，使用寿命缩短。

为了确保航天器的安全运行，世界各国材料方面的科学家对减少航天器材料腐蚀这一课题进行了积极的研究和探索。我国的众多航天器（如神舟、天宫、嫦娥等）也都需要解决腐蚀防护问题，包括地面存放时不发生腐蚀，太空运行时要抵抗太空原子氧的腐蚀，同时要满足电磁屏蔽、冷热循环等综合性能要求。为了实现减重，航天器使用了大量轻合金，镁合金是减重常用材料，但其腐蚀问题成为关键技术难题。中国科学院金属研究所在这方面做了大量的创新研究。如嫦娥三号上使用的镁质航天器部件采用了化学镀技术处理，长征系列运载火箭的镁质惯组支架采用了微弧氧化技术等，可同时满足地面储存耐腐蚀、使用时高低温、强辐射等综合性能要求，这些航天器的成功发射也证明了以上防护涂层技术的可靠性和先进性。

大力发展"太空经济"、争夺太空资源开发利用权，是世界各国尤其是航天大国孜孜以求的目标。太空、宇宙不仅可以商用，而且与国家安全密切相关，一个国家要抢占未来发展的制高点，就要大力发展能够兼顾国家安全与国际竞争力的"太空经济"。专家预测，中国经济总量将会在未来30年内比肩美国。可以预见的是，要达到这样的目标绝不能仅靠现有的经济发展模式，要实现经济社会又好又快发展，中国需要新的经济增长点、技术创新的新驱动力，需要不断创造新的、具有高度带动性和广泛应用性的产品和服务。中国要想在未来激烈的国际竞争中占据有利位置，实现国家战略目标，必然继续开展基于太空的创新，必须毫不犹豫地加入"太空经济"的竞争。迎接"太空经济"时代，站在新的历史起点上，构建创新型、开放型、融合型航天科技工业新体系，实现"太空经济"的新跨越，引领"太空经济"发展的产业基础、带动科技发展的创新基础，为实现未来经济的可持续发展提供技术保障。

由上可见，高新技术的发展，包含着腐蚀防护技术及其他技术的进步，只有相互促进、协调发展，才能推动经济的快速增长。

高新技术的发展虽然会消除一些传统工业生产所带来的腐蚀问题，但又会带来一些新的腐蚀危害。因此，人类在享受高新技术产业中所带来的丰厚利润时，亦应关注并重视减轻新技术产业中的腐蚀问题，尤其是应当从经济可持续发展的角度来更加重视腐蚀防护工作。

问题讨论到这里，或许有的读者会提出，腐蚀破坏可以增加消费，拉动内需，促进经济增长，拟似"破窗理论"。其实不然，"破窗理论"原意是玻璃门窗被砸破，虽然造成了一定的损失，但使玻璃制造商、建筑商受益，从而引发新的建设链条的发展，推动经济增长。于是得出结论：打破一块玻璃，提供了无数金钱和就业机会，得大于失。实质上腐蚀破坏拉动内需，促进经济增长，其内涵与"破窗理论"是有本质上的区别的：

一是前提条件不一样。腐蚀破坏的前提是腐蚀不可避免地造成的客观后果，不是人们的主观愿望，即便是采取强有力的保护措施，也是不可完全避免的，因为它的破坏与材料因素、环境因素和人为因素有关，与市场需求无关；而"破窗理论"的前提是假设，在市场处于饱和的状态下，供需大体一致，不存在新的需求，也不存在新的供给，若生产能力增加，就意味着生产过剩。而此时只要让物品的占有者遭受一次损失，为了弥补这个损失，就会产生对商品新的需求，这个需求缺口就能带来供给的增加，重新使得供需达到平衡。这一假设在现实中是不存在的，因为市场饱和的状态很难发生，供需失衡是经济的常态，要么存在过剩的供给，要么就是过旺的需求。政府虽然会做些调整，总供给和总需求也很难达到完全一致的状态，所以这种假设没有实践的空间。

二是指导思想不一样。腐蚀破坏不是人为的破坏，而是自然-社会客观现象，是不可逆转的。而"破窗理论"是人为的破坏，是以寻求经济增长为目的。试图通过破坏创造需求的行为，会造成有限资源的浪费，产生"双重成本"：一是机会成本，这部分有限的资源本来可以挪作他处，用来创造更多的财富；二是毁灭成本，就是对已有财富的破坏造成的巨大损失。

三是客观效果不一样。腐蚀破坏可以创造需求，促进经济发展，是因为腐蚀损失本身是不可避免的，腐蚀消费是必需的消费，从而拉动经济增长。而"破窗理论"虽然也可以创造消费，但不是必需的消费，而是用破坏创造消费，试图拉动经济增长。这实质上是对破坏的补偿，就财富总量而言，并没有增加。

总之，腐蚀破坏创造需求，促进经济发展，是经济社会发展的客观需求；而"破窗理论"创造需求，只是一种补偿所需。

参考文献

[1] 柯伟. 中国工业与自然环境腐蚀调查. 全面腐蚀控制, 2003, 17 (1): 1-10.
[2] 柯伟. 中国腐蚀调查报告. 北京: 化学工业出版社, 2003.
[3] 侯保荣. 中国腐蚀成本. 北京: 科学出版社, 2017.

[4]　黄国柱.日本腐蚀损失调查报告.材料保护,1980(3):34-41.
[5]　[加]里维 R W.尤利格腐蚀手册.杨武,等译.北京:化学工业出版社,2005.
[6]　Report FHWA-RD-01.156. http:www.corrosion cost.com/home.html.
[7]　翁永基.电化学腐蚀理论.防腐保温技术,2001,9(2):44.
[8]　王翔云,李爱民,韩成林,张亚明.仪征化纤股份有限公司化工厂腐蚀调查.
[9]　杨帆.广东核电腐蚀调查.
[10]　尹古娥,许世远.城市自然灾害风险评估研究.北京:科学出版社,2012.
[11]　Mileti D S.人为的灾害.谭徐明,等译.武汉:湖北人民出版社,2004.
[12]　罗云.安全经济学.北京:中国质检出版社,中国标准出版社,2013.
[13]　裴辉儒.资源环境评估与核算的研究.北京:中国社会科学出版社,2009.
[14]　王强.电化学保护简明手册.北京:化学工业出版社,2012.

腐蚀经济学

第四章
腐蚀事故风险分析与损失测算

从前面的介绍可知,腐蚀具有不可避免的规律,决定了腐蚀事故风险存在的客观性。腐蚀事故风险通常是一种潜在的危险,随着外部条件和内部结构的变化,事故风险可能发展成风险事故或风险事件的现实,以致造成人员伤亡和财产损失的偶发事件。

腐蚀事故风险普遍存在的规律,包含腐蚀事故风险与腐蚀事故不可绝对避免和可以相对减轻两个方面的内容,它是腐蚀经济学研究腐蚀经济问题的基本规律。一方面,尽管人们通过各种预测预防手段对腐蚀事故风险进行防范,能够使腐蚀事故损失在一定程度上得以减轻,但腐蚀事故造成的损失不可完全避免仍然是总体的、基本的规律,这一规律决定了任何时候、任何国家或地区的腐蚀经济关系,均不能只有单纯的腐蚀事故前的防护投入与防腐效益关系,而是必然包含着事故的抢险与事故后的恢复、赔偿问题;另一方面,既然通过人类自身的努力,可以使腐蚀事故损失在一定程度上得以减轻,我们就应该主动对腐蚀事故风险进行预测预防,而不是被动、消极地任其发展。

腐蚀事故风险与腐蚀事故的不可避免规律,决定了腐蚀经济学研究的出发点,必须是在腐蚀事故风险与腐蚀事故不可避免的基本前提下,着眼于腐蚀事故风险与腐蚀事故的相对减轻,寻求腐蚀事故损失最小化的路径。

本章围绕着腐蚀事故风险预测预防以及腐蚀事故损失分析、测算和评估两个方面展开讨论,以期为读者了解腐蚀事故风险、防止腐蚀事故发生,提供一些基本方法和思路,以及为腐蚀事故发生后造成的人员伤亡、财产损失、环境破坏等经济损失和非经济损失的分析测算提供一些方法。

第一节 概　　述

安全生产、防止事故,实际上已经成为各个单位和各级领导经常性的动员口号和行为监督规则,因此我们有必要对腐蚀事故的一些基本概念有所了解,为腐蚀事故分析及损失测算提供理论基础。

一、腐蚀事故术语与概念

1. 腐蚀事故术语

基本术语主要有:

(1) 腐蚀(corrosion)　广义定义:是指材料受到环境介质的化学、电化学和物理作用而产生的损坏或变质现象。狭义定义:是指金属在周围介质作用下,由于化学变化、电化学变化或物理溶解而产生的破坏。

(2) 腐蚀事故(corrosion accident)　是指由腐蚀引起的意外损失或灾祸。

(3) 腐蚀事故损失(corrosion accident loss)　是指由腐蚀事故造成的生命与健康丧失,物质或财产毁坏,环境和生态破坏,商誉与时间损失等。

(4) 腐蚀事故直接损失(direct loss of corrosion accident)　是指与腐蚀事故事件直接相联系的、能用货币直接或间接估价的损失。包括腐蚀事故造成的直接经济损失和直接非经济损失。

(5) 腐蚀事故直接经济损失(direct economic loss of corrosion accident)　是指与腐蚀事故当时的、有直接联系的、能用货币直接估价的损失。

(6) 腐蚀事故直接非经济损失(direct non economic loss of corrosion accident)　是指与腐蚀事故直接相联系的、不能用货币直接估价(只能间接估价)的损失。

(7) 腐蚀事故间接损失(indirect loss of corrosion accident)　是指与腐蚀事故间接相联系的、能用货币直接或间接估价的损失。包括腐蚀事故造成的间接经济损失和间接非经济损失。

(8) 腐蚀事故间接经济损失（indirect economic loss of corrosion accident） 是指与腐蚀事故间接相联系的、能用货币直接估价的损失。

(9) 腐蚀事故间接非经济损失（indirect non economic loss of corrosion accident） 是指与腐蚀事故间接相联系的、不能用货币直接估价（只能通过转换技术计算）的损失。

2. 腐蚀事故概念

事故一词极为通俗，事故现象也屡见不鲜，但对于事故的确切内涵国内外有关学者却有着多种多样的解释。如有的学者认为，事故是一种发生在人类生产、生活活动中的特殊事件；也有的学者认为，事故是一种突然发生、出乎人们意料的意外事件；还有的学者认为，事故是一种迫使进行着的生产、生活活动暂时或永久停止的事件。那么"事故"到底如何去定义呢？根据有关资料，笔者将其归纳为：事故是指造成人员伤亡、疾病、伤害，造成财产损失、生态环境毁坏或其他损失的意外事件。

腐蚀事故的概念是指由腐蚀引起的意外损失或灾祸。腐蚀事故可能造成经济损失和非经济损失。总之，腐蚀事故引发的损失是多方面的，既有物质的，也有非物质的。其表现的形态主要有三种：一是数量损失，即腐蚀事故导致整体物质财富的完全灭失；二是质量损失，即腐蚀事故虽然未造成整件物质财富的完全灭失，但损害了其使用价值；三是数量与质量损失的组合，即腐蚀事故中既造成了部分物质财富的完全灭失，又造成了部分物质财富的贬值或需付出相应的维修费用，因而是前两种形态的组合形态。例如，水受到污染后，不仅使水的质量受到破坏，其用途也受到限制。

二、腐蚀事故的特点与危害

1. 腐蚀事故的特点

腐蚀事故的特点，主要表现如下：

(1) 隐蔽性　是指腐蚀事故在尚未发生或未造成后果前，各种腐蚀事故征兆是被掩盖的，从系统表面看似乎处于"正常"和"平静"状态。但实际上腐蚀事故风险因素已客观存在，只要这些事故风险因素未被消除，腐蚀事故终会发生。腐蚀事故这一特征使得人们认识事故、弄清事故发生的可能性及预防事故成为一件非常困难的事情。这就要求人们消除盲目性和麻痹思想，要常备不懈，居安思危，在任何时候、任何条件下都要把腐蚀安全放在第一位。

（2）偶然性　是指对于一起腐蚀事故，因各种原因无法预测其未来，而只能通过大量的观察和预测来统计分析其结果，以概率来描述其再次发生的可能性大小的一种方法。一般与必然性相对。

（3）必然性　是指腐蚀发展、变化中的不可避免和必定趋势。必然性是由腐蚀的本质所决定的，也就是说，腐蚀事故的发生是腐蚀本质的必然。因为大多数金属，处在任何一种或多种交叉环境中，都具有自发地与周围介质发生作用并转化成氧化物状态（化合物）的倾向，即回复到它的自然存在状态（矿石）：金属 $\underset{\text{冶金过程}}{\overset{\text{腐蚀过程}}{\rightleftharpoons}}$ 矿物（化合物状态）。所以，金属发生腐蚀是一种必然自发倾向，且到处可见，是冶金过程的逆过程。由此可看出，金属的本质是必然发生腐蚀事故的基础，腐蚀事故是金属本质的必然结果。

（4）因果性　是指发生腐蚀事故的原因与结果之间的必然联系。产生腐蚀事故的原因是多方面的，既有金属自身的原因，又有使用环境和操作条件的原因，还有人为的原因等。这些原因引发腐蚀事故的结果，结果是由于原因的作用，原因串联而引起结果。因果关系表现为继承性、原因的多层次性和演化性。

（5）不可逆性　是指腐蚀事故只能是单向进行的过程，也可称为事故的"单向性"。各类腐蚀事故遵循一定的规律，有些腐蚀事故风险可以通过预测预防，从根本上消除腐蚀事故发生的基本条件，有些即便是经过人们的努力也难以改变其发展变化特性。这一特性强调人们对腐蚀事故本身规律的认识，坚决反对不顾事故规律的蛮干，以保证腐蚀安全。

（6）关联性　是指腐蚀事故的发生是由很多互相关联的因素共同作用的结果。最常见的因素是材料本身因素、环境条件因素、使用操作因素和防护管理因素等。这些因素往往共同作用才能导致腐蚀事故的发生，这是腐蚀事故风险演变的重要特征。

（7）危害性　是指腐蚀事故的破坏性一般是比较大的。首先，腐蚀事故不仅会造成巨大的经济损失，而且还可能造成人员伤亡；其次，会造成政治与社会的不稳定，影响党和政府的形象，妨碍社会经济可持续发展。

（8）低频性　是指腐蚀事故风险发生的频率比较低。因为金属材料自开始发生腐蚀，到形成腐蚀事故风险，一般情况都需要一个时间过程，这个过程长短取决于多种因素相互作用形成的侵蚀能力。事故低频性是一把"双刃剑"，好的方面是为用户留出了宝贵的时间进行腐蚀事故风险的预测、预防，只要在发生腐蚀事故之前消除腐蚀隐患，事故将会得到抑制；不好的方面是长期不发生腐蚀事故会让使用者产生麻痹思想，为腐蚀事故风险的发生创造了发展时间条件。

（9）突发性　是指腐蚀事故风险突然发生，是一种紧急情况，常常使人感到措手不及。所以，凡是存在腐蚀事故风险比较严重的场合，必须建立有效的营救预案，把腐蚀破坏控制在最小的范围，把事故造成的损失降低到最小限度。

（10）可预防性　是指充分利用现有的腐蚀监控、监测和预防手段，把腐蚀事故风险消灭在萌芽状态，以保证人员、财产的安全。从理论上讲，任何事故风险都是可以预防的。认识这一特性，对坚定信念、防止事故发生有促进作用。因此，人类应该通过各种合理的预测方法，从根本上消除腐蚀事故风险隐患，把腐蚀事故风险降低到最小限度是可能的。

2. 腐蚀事故的危害

腐蚀事故的危害，集中体现在以下几个方面。

（1）腐蚀事故可造成严重的人员伤亡　造成人员伤亡是腐蚀事故比较突出的特征。如1949年10月，美国俄亥俄州煤气公司天然气储罐腐蚀破裂，造成128人死亡。1985年，日本一架波音747客机因应力腐蚀断裂而坠毁，造成500人死亡。类似的事故，举不胜举。

（2）腐蚀事故可造成巨大的经济损失　这是它的又一特征。如1986年1月28日，美国航天飞机"挑战者"号升入高空73秒燃料着火，空中爆炸，7名航天员全部遇难，一架航天飞机损失费用12亿美元，事故是由燃油箱橡胶密封圈老化开裂造成的。1990年，美国轻水堆核电站由于腐蚀不仅引起13亿美元的经济损失，而且导致人员被辐射达10^4人·R（1R=2.58×10^4C/kg）。

（3）腐蚀事故可造成严重的环境污染　这是腐蚀事故危害的第三个特征。如1997年，俄罗斯某原油管道因腐蚀破裂泄漏，造成1200吨原油流失，其中400吨流入伏尔加河。在马耳他注册的"埃里卡"号邮轮因年久失修、严重腐蚀和船员驾驶不当的原因，在法国西北部海域遭遇风暴后断裂沉没。2

万多吨的重油排入海中,导致该地区400多公里的海岸线受到污染,引发了严重的生态灾难,对当地渔业、旅游业、制盐业等产业造成了沉重打击。

(4) 腐蚀事故可造成严重的扩展影响 腐蚀事故与其他事故一样,它不仅可以造成人员伤亡和经济损失,而且还可造成严重的扩展影响。如伤亡事故,它会损害劳动者的基本权利,给劳动者及其家庭带来灾难,影响企业的生产和工作,使企业遭受重大经济损失甚至减产,加大企业的生产成本和降低企业在市场中的竞争力,成为企业改革的障碍,制约国民经济可持续发展,影响社会安定,影响各级政府、企业领导抓经济发展的力度,使一些领导干部受到行政处分,影响国家、地区、部门的形象,等等,这些都是腐蚀事故带来的负面作用,即扩展影响。

三、腐蚀事故的类型与构成要素

1. 腐蚀事故的类型

腐蚀事故按照其性质,可分为以下几种。

(1) 人为差错事故 可以分为显性差错和隐性差错两类。显性差错,是指从其结果立刻就可得出发生了差错的结论。如强制电流法阴极保护,如果正负极接反了,通电后,构筑物/电解质电位变正,必须立即更正,否则将会造成被保护体快速电解腐蚀,危险性极大。所谓隐性差错,是指因其结果不会立刻显示出不良影响,因而不知道已出现了差错的情况。如埋地管道阴极保护,如果汇流点电位超过$-1.25V$(vs. $Cu/CuSO_4$),就可能析氢破坏防腐层,但并不能马上觉察到。

(2) 技术事故 是指因技术设备条件不良而发生的事故。技术事故由于是技术设备条件造成的,因而具有不可避免性。并非所有由于设备原因引起的事故都是技术事故,因为设备是由人操作的,同样也是由人护理的。如果设备出现障碍,操作者或者护理者应当发现却未发现而造成重大事故的,仍然属于责任事故。

(3) 随机事故 是指在一定条件下腐蚀事故可能发生也可能不发生。应该注意的是,腐蚀事故的结果是相应于"一定条件"而言。例如,油气管道腐蚀泄漏,如果处在安全的条件下,也可能不会引起火灾或爆炸事故。反之,就会引发事故。

(4) 自然事故 是指自然原因而引起的腐蚀事故,这种自然原因不以人们的意志为转移，非人力所能控制，因而行为人对由于自然原因所造成的损害结果，客观上没有因果关系，主观上没有过错，不应对其承担任何责任。例如，雷击电流可能损坏阴极保护电源设备，致使阴极保护系统瘫痪，从而发生腐蚀。

2. 腐蚀事故的构成要素

腐蚀事故发生的原因不尽相同，各式各样，但通过对大量腐蚀事故的剖析，可知每一特定腐蚀事故，都是由一些基本要素所构成的，即与人、物、环境和管理四要素直接关联。

（1）人的因素　指在生产活动中，来自工作人员或人为性质的危险和有害因素。

（2）物的因素　指设备、设施、材料本身存在的危险和有害因素。

（3）环境因素　指金属结构物所处的环境中存在的危险和有害因素。

（4）管理因素　指管理和管理责任缺乏所导致的危险和有害因素。

以上"四要素"，在实际腐蚀事故中都可得到验证。

第二节　腐蚀事故风险预测与预防

腐蚀事故风险发生的过程往往是由于腐蚀危险因素的积聚逐渐转变为腐蚀事故风险隐患，再由风险隐患发展为事故。因此，腐蚀事故是腐蚀危险因素积聚发展的必然结果。

腐蚀事故风险是随机事件，表面看它没有规律可循，其实，腐蚀事故风险偶然性的表象，是始终受其内部规律所支配的，这种规律已被大量腐蚀事故的研究结果所证实，它是客观存在的。因此，利用腐蚀事故的客观发展规律，对其进行风险分析、识别、预防，对减少或控制腐蚀事故至关重要。

一、腐蚀事故风险的基本概念

（一）腐蚀事故风险的概念与特征

1. 腐蚀事故风险的概念

"风险"一词的由来，最为普遍的说法是，在远古时期，以打鱼捕捞为生的渔民们，每次出海前都要祈祷，祈求神灵保佑自己能够平安归来，其中主要祈祷内容就是让神灵保佑自己在出海时能够风平浪静、满载而归。他们在长期的捕捞实践中，常常体会到"风"给他们所带来的无法预测、无法确定的"危险"。他们认识到，在出海捕捞打鱼的生活中，"风"即意味着"险"，因此便有了"风险"一词。

风险是一个重要的科学术语，但目前学术界对"风险"一词并没有一个统一严格的定义。在不同的研究领域甚至在不同的语言环境下，风险都表现出不同的意义。现代意义上的风险一词，已经大大超出了"遇到危险"的狭义，风险一词越来越概念化，并随着人类活动的复杂性和深刻性而逐步深化，并被赋予了哲学、经济学、社会学、统计学甚至文化艺术领域的更广泛更深层次的含义，且与人类的决策和行为后果联系越来越紧密，风险一词也成为人们生活中出现频率很高的词。

腐蚀事故风险的概念是指金属结构物在特定的环境条件下服役，由于腐蚀侵蚀，在某一特定时段内，某种腐蚀事故发生的可能性。即腐蚀事故风险是腐蚀事故发生概率及可能危害后果的函数。通常表达式为

$$R = f(P, C) \tag{4-1}$$

式中 R——腐蚀事故风险指数；

P——腐蚀事故发生的概率；

C——腐蚀事故损失大小程度。

随着人们对腐蚀安全的重视，腐蚀事故风险指数的表达式加入了人为减小腐蚀事故风险指数的风险抵消因子 S，即

$$R = f(P, C, S) \tag{4-2}$$

2. 腐蚀事故风险的特征

经过长时间的观察和研究，人们发现腐蚀事故风险是一种不以人的意志为转移，独立于人的意识之外的客观存在。通常具有以下特征。

（1）客观性　腐蚀事故风险是依赖于腐蚀有害因素的存在而存在。腐蚀事故风险的客观性，决定了腐蚀事故的可能性。人们只能在一定的范围内改变风险形成和发展的条件，降低事故风险发生的概率，减少腐蚀损失的程度，但不能彻底消除风险。

（2）普遍性　腐蚀现象的普遍性，决定了腐蚀事故风险存在的普遍性。腐蚀事故风险存在于工业、农业、国防工程建设及生活环境中的各个领域，

可以说无处不在、无时不有，并威胁着人类的生命财产安全。随着经济建设的发展，人类将面临更多、更新的腐蚀事故风险，事故风险造成的损失将会越来越大。

(3) 不确定性　腐蚀事故风险是客观的、普遍的，但就某一具体腐蚀事故风险而言，发生是不确定的，是一种随机现象。因此，有时是不可预知的，需要人们加强腐蚀防护和提高防护的意识。

(4) 损失性　腐蚀事故风险发生后必然会给人们造成某种损失，然而对于损失的发生人们却无法预料和确定。人们只能在认识和了解腐蚀事故风险的基础上严防腐蚀事故风险的发生和减少风险所造成的损失，损失是风险的必然结果。

(5) 可测性　单一腐蚀事故风险的发生虽然具有不确定性，但对总体腐蚀事故风险而言，事故风险的发生是可预测的，即运用经验法和概率法等对总体腐蚀事故风险的发生是可以进行统计分析的，以研究风险的规律性。

(6) 社会性　没有人和人类社会，就谈不上风险。腐蚀事故风险与人类社会的利益密切相关，时刻关系着人类的生存与发展，即具有社会性。随着腐蚀事故风险的发生，人身健康将受到伤害，财产将受到损失，既得利益将受到损害。

(二) 腐蚀事故风险产生的原因与形成过程

1. 腐蚀事故风险产生的原因

腐蚀事故是既成的现实，是呈现在人们面前的表面结果，是一种现象。在客观世界中，一定事物现象的发生必然有它的原因，无因之果是不存在的。腐蚀事故的发生也必然有一定的原因。腐蚀事故千差万别的多样性，相应地也有其原因的多样性。事故与原因的因果关系不是单一的、直线式的，而是纵横交错在一起的。这就要求我们在分析腐蚀事故的原因时，应尽可能全面、正确地认识发生腐蚀事故的原因，把握其相互间的联系，科学掌握因果关系。腐蚀事故风险产生的主要原因，有以下几个方面。

(1) 环境因素　主要是指环境的组分、浓度、温度、压力、酸度、导电性等物理、化学及电化学性能，这些参数与腐蚀过程息息相关，因此，在进行腐蚀事故分析时，首先必须弄清金属结构物所处的环境介质条件。

(2) 材质因素　大家知道，腐蚀过程是环境介质与金属材料表面或界面发生的物理、化学或电化学反应过程，因此，金属材料是腐蚀破坏的承载体。

从材质上来说,金属发生腐蚀是因为本身存在的缺陷与环境作用的结果。假如金属材料不存在腐蚀有害因素,则发生腐蚀的可能性大为降低。

(3) 结构设计加工制造因素　包括设计因素、加工制造因素、装配因素等。如果这些环节没有腐蚀有害因素的侵入,腐蚀破坏的可能性也会大为减轻。

(4) 操作因素　金属设备(或金属结构物)在运行过程中,由于物料变化或者操作不当而引起的超温、超负荷运行,都可能引起局部腐蚀破坏而引发事故;由于设备保养不良、维修不及时等原因,也可能导致设备产生腐蚀破坏。

(5) 储运包装因素　设备零部件制成后,由于储运包装不善也可能引起腐蚀,为以后安装运行留下腐蚀隐患而造成事故。

(6) 偶然因素　指意外情况而发生的改变,引发了腐蚀或加剧了腐蚀而发生的腐蚀事故。如雷击的损坏也可能引发腐蚀。

(7) 监管因素　主要是对生产工艺设备的腐蚀安全监管不力,造成设备腐蚀失效,从而引发事故。

(8) 人力因素　指人未能发挥自身应有的功能,人为使系统出现故障或发生机能不良事件的一种错误行为。如腐蚀监测不及时等造成的腐蚀事故。

2. 腐蚀事故风险的形成过程

腐蚀事故风险的形成是有一时序过程的,不是金属材料投入使用之时就形成风险,而是由于金属材料本身潜伏着危险因素的同时,在外部环境条件的综合作用下逐渐形成的。其风险形成过程一般有四个阶段。

(1) 孕育期　腐蚀事故风险的孕育是一个复杂的过程,各种腐蚀因素相互作用,为腐蚀事故风险的发生储备能量。有时一种腐蚀因素的作用即可引发一场腐蚀事故,但更多的情况是多种腐蚀因素交互作用的结果。影响腐蚀事故风险发生的自身因素、环境因素和人的因素对腐蚀事故风险的孕育都会产生作用。如油气管道腐蚀爆炸,不仅与管道材质有关,而且与输送压力、环境条件及管理等都有关系,当其中某一因素得到有效控制时,腐蚀事故风险发生的概率就会降低,反之,则会继续发展。

(2) 潜伏期　经过孕育期的发展,腐蚀事故风险因素开始进入量的积累阶段,但这些因素对于正在服役的设备、设施并不产生明显的破坏作用,腐蚀事故风险处于"暗发生"阶段,以致人们往往不能觉察腐蚀事故风险的存在。腐蚀防护措施对于腐蚀因素的扩充、发展能起到一定的抑制作用,对腐蚀因素的侵袭能得到有效控制,因而腐蚀破坏作用并不明显。当各种腐蚀因素综合作用的对抗能力超过腐蚀防护控制能力时,腐蚀事故风险将由潜伏期向一个更危险的方向发展。

(3) 预兆期　当腐蚀因素经过量的变化,积累达到一定程度后,往往在结构的外观形态或电性变化方面表现出某种特殊迹象,常常预示着不久之后腐蚀事故将可能发生。这种预兆有直接预兆、间接预兆和随机预兆之分。不过腐蚀事故风险的预兆期一般很短也很隐蔽,令人难以捕捉。

(4) 爆发期　腐蚀破坏因素由于量的饱和,开始对设备、设施产生破坏作用的阶段称为爆发期。这个时候腐蚀事故风险则演变为腐蚀事故,该事故隐患随着事故的发生而消亡。

(三) 腐蚀事故风险的分类与识别

1. 腐蚀事故风险的分类

风险的定义告诉我们,风险可以通过各种渠道、以各种不同的方式发生。为了更好地辨别这些风险,我们可以依据不同的标准把它作如下分类。

(1) 依据腐蚀事故风险的后果划分　可分为未知风险、可预见风险。

① 未知风险。是指腐蚀后果不能完全确定的风险。

② 可预见风险。是指这种腐蚀事故风险的发生概率和后果在某种程度上是可以被预测的,从而有利于预防。

(2) 依据腐蚀事故风险的存在划分　可分为潜在或无意识风险和有意识风险。

① 潜在风险或无意识风险。是指腐蚀不明显或不易被感官所觉察的风险。处在这种风险状态时人们常常感觉似乎一切正常而实际已陷入风险。

② 有意识风险。是指人们明确知道的腐蚀事故风险。即风险已被感知,或已采取腐蚀控制措施。

(3) 依据腐蚀事故风险的主动性划分　可分为自愿风险和强制风险。

① 自愿风险。也称为可接受风险。即腐蚀事故风险存在,但不至于引发腐蚀事故,是依据科学分析而承受的风险。

② 强制风险。是指人们不希望某种腐蚀事故风险的存在,但目前人们又无能力去消除这种风险。

(4) 依据腐蚀事故风险的主体划分　可分为个人风险和社会风险。

① 个人风险。是指可能对人身造成伤害的腐蚀事故风险。

② 社会风险。是指会引发社会不安定因素的腐蚀事故风险。

2. 腐蚀事故风险因素的识别

所谓腐蚀事故风险因素的识别,是指通过连续、系统、全面的判断与分析,确定腐蚀事故风险对象的风险类型、危险部位、风险源、严重程度等,并且发掘风险因素引发风险事故导致风险损失的作用机理的动态行为或过程。

下面以埋地金属管道为例[1],进行腐蚀事故风险因素识别。

(1) 管道腐蚀事故风险识别的一般要求　通常包括:

① 风险识别宜每年进行一次;

② 风险识别应尽可能地全面,找出所有不利因素;

③ 风险识别应充分借鉴已有经验和失效历史,使其具有前瞻性和预测性。

(2) 管道腐蚀事故风险分析的内容　对埋地管道构成腐蚀危害的风险因素主要有以下几个方面。

① 内腐蚀。是指管道输送的油气引起管道内壁的腐蚀减薄,典型的有油气含水、含H_2S等。

② 外腐蚀。阴极保护和防腐层失效时,管道外部环境中的土壤、杂散电流引起管道外壁的腐蚀减薄,典型的有阴极保护电位不足或过高、杂散电流干扰、防腐层破损和剥离、套管处阴极保护电位不足,加剧了外腐蚀。

③ 管体制造与施工缺陷。是指管道制造过程或现场施工敷设过程中造成的管道本体和焊缝的缺陷,典型的有管道划伤、凹坑、焊缝缺陷、管道外壁直接与坚硬的岩石接触等。

④ 第三方破坏。是指第三方对管道造成的损伤和破坏,典型的有野蛮施工造成的破坏、交通运输造成的破坏、农民耕作造成的破坏、意外破坏等。

⑤ 自然与地质灾害。是指由天灾人祸造成的损害。典型自然灾害有地震、滑坡、泥石流、洪水、飓风、雷击等。

⑥ 其他。如管理原因和误操作等。

(3) 管道腐蚀事故风险识别的基本方法　通常有如下几种方法。

① 现场调查。沿管线巡线、管道开挖等。

② 资料查阅。查阅各种运行报表(如阴极保护运行参数)、失效记录、各种检测分析报告等。

③ 人员访谈。与巡线人员、对腐蚀状况熟悉的工程技术人员、沿线周围居民等进行访谈等。

④ 检测与监测。对管道实施内检测、外检测、应力应变监测等是识别管道本体缺陷最好的方法。

（四）腐蚀事故风险预测的原理与方法

1. 腐蚀事故风险预测的原理

腐蚀事故风险的表现形式是千差万别的，形成事故风险的因素、条件也是多种多样的。每一起腐蚀事故的发生，从表面看是偶然的，但正如恩格斯所说："在表面上是偶然性起作用的地方，这种偶然性始终是受内部的隐蔽着的规律支配的，而问题只是在于发现这些规律。"[2]

腐蚀事故风险的产生、发展究竟有无规律可循？在长期的社会实践中，人们经历了从未知到认识，从不自觉到自觉的过程[3]，发现腐蚀事故风险发生有以下原理可遵循。

（1）可知性原理　根据科学实验和腐蚀事故经验，人们可以获得关于预测对象发展规律的感性和理性认识，从中发现腐蚀事故的影响因素，通过总结过去和现在来推测未来的变化趋势和可能出现的腐蚀风险，这是一切预测活动的基础。

（2）连续性原理　是指任何一种腐蚀事故风险因素的发展都有一定的延续性，没有一种腐蚀事故风险因素的发展与过去的行为没有联系。也就是说，预测对象的腐蚀发展是连续的过程，现在的腐蚀不安全状态是过去安全状态的演变结果，未来的腐蚀不安全风险是现在腐蚀不安全状态的演化。对于同一结构而言，可以根据腐蚀发展的惯性，来推断未来的腐蚀发展趋势，这是预测中时序关系预测法的理论基础。

（3）可类推原理　许多腐蚀现象在发生腐蚀变化时有类似之处。可以根据某一腐蚀事故风险变化体现出的规律，来推测相似腐蚀对象的未来发展变化情况，把某一腐蚀事故风险的表现过程类推到另一发展对象上去，并对另一发展对象的趋势作出预测。类推方法包括局部推测整体、整体推测局部、相似腐蚀之间内推。

（4）相关性原理　是指任何腐蚀事故风险因素的发展变化都不是孤立的，都与其他一个或多个腐蚀因素的发展变化相互联系、相互影响，这种发展变化过程中的相互联系就是相关性。相关性有多种表现形式，其中最主要的是因果关系。特点：原因在前，结果在后，并且原因和结果之间常常具有近似函数关系的密切联系。

（5）概率原理　概率，又称或然率、几率或可能性，它是概率论的基本概念。概率是对随机事件发生的可能性的度量，一般以一个 0～1 之间的实数表示一个事件发生的可能性的大小。越接近 1，该事件越可能发生；越接近 0，则该事件越不可能发生，其是客观论证，而非主观验证。引入概率的原理，来度量某结构物腐蚀事故风险发生的可能性大小。

2. 腐蚀事故风险预测的方法

腐蚀事故风险预测的方法很多，应用比较广泛的有检查表法、评分法和概率法。

（1）检查表法　根据经验或系统分析的结果，把预测项目自身及周围环境的潜在危险因素集中起来，列成检查项目清单，预测时依据清单逐项检查和评定。这是一种典型的定性预测法，因种种原因，其结果可能存在较大差异。

（2）评分法　又称指数法，是根据预测对象的具体情况选定预测项目，每个预测项目均定出评价的分值范围，在此基础上由预测人员给各个预测项目评分，然后通过一定的运算方法求出总分值。根据总值的大小对预测系统进行腐蚀事故风险分级。

（3）概率法　是根据腐蚀事故风险因素的发生概率，应用概率预测方法，求取整个系统腐蚀事故发生的风险预测法。其评价结果是计算出事故发生的概率或频率，再和风险评价标准来比较，判断是否达到规定的腐蚀安全要求。

简单的风险概率预测法主要有事故树预测法、事件树预测法和因果预测法。

二、腐蚀事故风险概率预测

腐蚀事故风险概率的预测，是指预测人员依据已掌握的现实资料，运用统计的、逻辑的、数学的以及其他现代科学技术手段，分析与腐蚀事故现象有关的各种因素和条件的相互联系和变化状态，从而对腐蚀事故风险的发展趋势进行科学的预测。这种预测是防止腐蚀事故发生的前提和必不可少的基础，是帮助人们认识和掌握腐蚀事故风险发展规律的一种科学方法。为了对腐蚀事故风险预测有一个比较系统的了解，下面就一些常用的预测法作以下介绍。

(一)腐蚀事故风险概率定性分析

定性分析有直接观察法、评分法和预先危险性分析法等。

1. 直接观察分析法

直接观察法是指调查人员利用自己的感官和借助有关仪器设备去直接观察被研究对象,从而获得腐蚀事故风险信息的一种方法。例如,交流干扰对埋地管道造成的腐蚀影响分析,通常可通过以下几个途径进行定性预测。

(1) 从环境状态进行判断 主要是调查了解被干扰管道附近(大约在10公里的范围内)有无干扰源,没有则可排除干扰影响。如有则需详细了解运行状态、设置状况、接近程度等有关情况。

(2) 从腐蚀部位的外观特征进行判断 从腐蚀部位的外观特征来看,管道上交流腐蚀的特点是腐蚀发生在防腐层破损处,腐蚀形态呈圆滑形,腐蚀产物松散,很容易成片剥落,存在磁性氧化物,除去腐蚀产物后,便可发现一层硬黑层。

(3) 通过测量被干扰管道的电学状态进行判断 所采用的评价指标主要是交流干扰电压、电流密度和 I_{AC}/I_{DC} 之比。通过这些评价指标,可判断出管道即时的腐蚀状态。

2. 评分分析法

评分法有多种多样的形式,有因素评分法、综合评分法、专家评分法、加权评分法、点数评分法等。

(1) 因素评分法 是对所评价对象确定一些主要的腐蚀因素,每个因素按标准评出一个相应的分数,然后根据所评价对象总分确定相应的等级,以此来确定腐蚀事故风险发展的大致趋向。

(2) 综合评分法 是一种用于评价指标无法用统一量纲进行定量分析的场合,用无量纲的分数进行综合评价。综合评分法是先分别按各个指标的评价标准对各个评价指标进行评分,然后进行综合评价。

(3) 专家评分法 也是一种定性描述定量化方法,它首先根据评价对象的具体要求选定若干个评价项目,再根据评价项目制定出评分标准,聘请若干腐蚀专家凭借自己的经验按此评价标准给出各项目的评价分值,然后对其进行结集,并分析腐蚀事故风险有无可能发生。

(4) 加权评分法 根据评价项目的重要程度确定加权系数,然后与评价分数相乘,达到对评价结果进行修正的目的。

(5) **点数评分法** 先给每个项目分配一定的点数，然后对各个项目进行评估打分，最后将点数转换为百分比或总得分，以评价事故风险趋向。

3. 预先危险性分析法

预先危险性分析，又称初始危险分析，是安全评价的一种方法，是在评价对象投入使用前，特别是在设计的开始阶段，对系统存在的腐蚀风险类别、出现条件后果等进行概略的分析，尽可能评价出潜在的腐蚀危险性。

(1) 所需资料

① 各种设计方案的系统和分系统部件的设计图纸和资料；

② 在系统预期的寿命期内，系统各组成部分的活动、功能和工作顺序的功能流程图及有关资料；

③ 在预期的试验、制造、储存、修理、使用等活动中与腐蚀安全要求有关的背景材料。

(2) 分析步骤

① 调查了解和收集过去的经验和相似环境腐蚀事故发生情况；

② 辨别、确定危险源，并分类制表格，危险源的确定可通过经验判断、技术判断和实况调查或腐蚀检查表等方法进行；

③ 研究危险源转化为腐蚀事故的触发条件；

④ 制定相应腐蚀防护措施。

(3) **危险性等级** 按危险、有害因素导致的腐蚀事故危险（危害）程度，将危险、有害因素划分为四个危险等级。如表 4-1。

表 4-1 腐蚀危险性等级划分

级别	危险程度	可能导致的后果
Ⅰ级	安全	可忽略
Ⅱ级	临界	处于事故边缘状态,暂时尚不能造成人员伤亡和财产损失,应予排除或采取防控措施
Ⅲ级	危险	会造成人员伤亡和系统损坏,要立即采取防控措施
Ⅳ级	破坏性	会造成灾难性事故,必须立即排除

（二）腐蚀事故风险概率定量分析

定量分析是以系统发生风险的概率和后果来分析其危险程度。常用的方法主要有：事故树法、事件树法和因果法。这类预测法，可以定量预测，也可以定性预测，视需要而定。

1. 事故树分析（fault tree analysis, FTA）

（1）事故树分析的基本概念　事故树也称故障树，形似倒立着的树。树的"根部"顶点节点表示系统的某一个事故，树的"梢"底部节点表示事故发生的基本原因，树的"树杈"中间节点表示由基本原因促成的事故结果，又是系统事故中的中间原因；事故因果关系的不同性质用不同的逻辑门表示。这样画的一个"树"用来描述某种事故发生的因果关系，称之为事故树，其分析方法称为事故树分析法。

事故树分析法是一种图形演绎方法，这种方法把系统可能发生的某种事故与导致事故发生的各种原因之间的逻辑关系用树形图表示，通过对事故树的定量与定性分析，找出事故发生的主要原因，为采取有效防控措施提供可靠依据。

（2）事故树分析的基本步骤　完整的事故树分析的基本步骤可分为以下几步：

① 确定系统与熟悉系统。首先要合理地处理好所要分析腐蚀系统与外界环境及其边界条件，确定所要分析腐蚀系统的范围，明确影响腐蚀系统的主要因素。熟悉腐蚀系统是事故树分析的基础和依据，只有熟悉腐蚀系统，才能作出切合实际的分析。包括腐蚀系统的结构、性能、工艺流程、运行条件、事故类型、维修状况、环境因素等。

② 收集调查腐蚀系统中发生的各类事故。收集、调查所分析系统曾经发生过的腐蚀事故和将来可能发生的事故，同时还要收集、调查本单位与外单位、国内与国外同类系统发生的腐蚀事故。全面收集、调查各类腐蚀事故有利于确定事故类型。

③ 确定顶上事件。要分析的腐蚀对象即为顶上事件。对所调查的腐蚀事故进行全面分析，从中找出后果严重且较易发生腐蚀事故的作为顶上事件。

④ 确定目标值。根据经验教训和腐蚀事故案例，经统计分析后，求解腐蚀事故发生的概率，以此作为要控制的腐蚀事故目标值。

⑤ 调查原因事件。调查与腐蚀事故有关的所有原因事件和各种因素。

⑥ 画出事故树。从顶上事件起，逐级找出直接原因的事件，直至所要分析的深度，按其逻辑关系，画出事故树。

⑦ 进行定量和定性分析。事故树定量分析主要是根据引起事故发生的各

基本事件的发生概率,计算事故树顶上事件发生的概率,根据定量分析的结果以及事故发生以后可能造成的危害,对系统进行风险分析,以确定下一步工作的方向。事故树定性分析主要是按事故树结构,求取事故树的最小割集或最小径集,以及基本事件的结构重要度,根据定性分析的结果,确定预防事故的防护措施。

⑧ 事故树分析的结果总结与应用。事故树分析耗费大量的人力、物力和财力,其主要目的是为了应用,因此必须及时对事故树分析的结果进行整理、储存,并为应用提供科学依据,同时也为以后分析储备各种资料、数据。

(3) 事故树分析的优缺点　我国从1978年开始,在航空、化工、核工业、冶金、机械等行业,对这一方法进行了研究与应用。实践证明,事故树分析法是安全评价的重要分析方法之一,其优点是:方法简便,形象直观,逻辑严谨,可利用计算机运算。缺点是:该法需耗费较多的人力、物力和时间,建树过程复杂,需要经验丰富的专业技术人员参加,人的失误因素很难量化等。

事故树分析虽然经过了40年的研究与应用,但目前仍处于发展完善之中,尚有很多技术问题需进一步研究,以求新的发展和突破。

2. 事件树分析(event tree analysis, ETA)

(1) 事件树分析的概念　事件树分析是安全系统工程中常用的一种归纳推理分析方法,起源于决策树分析(DTA)。它是一种按事故发展的时间顺序由初始事件开始推测可能的结果,从而进行危险源辨识的方法。这种方法将系统可能发生的某种事故与导致事故发生的各种原因之间的逻辑关系,用一种称为事件树的树形图表示,通过对事件树的定量与定性分析,找出事故发生的主要原因,为制定安全对策提供可靠依据,以达到预测与预防事故的目的。事件树与事故树的主要区别在于:事件树是由起因推理的过程,是正向逻辑推理过程。而事故树则是由结果分析原因,最终得到影响事故发生的根本事件,是一个逆向逻辑推理过程。

(2) 事件树分析的步骤

① 确定初始事件。初始事件是指腐蚀事故在未发生时,其发展过程中的危害事件或危险事件,初始事件的选定是事件树分析的重要一环。初始事件的确定有两种方法:一种是根据腐蚀系统设计、腐蚀系统危险性评价、腐蚀系统运行经验或腐蚀事故经验等确定;一种是根据腐蚀系统重大故障或事故

树分析，从其中间事件或初始事件中选择。

② 找出与初始事件相关的环节事件。所谓环节事件就是出现在初始事件后的一系列可能造成事故后果的其他原因事件。

③ 绘制事件树。从初始事件开始，按事件发展过程自左向右绘制事件树，用树枝代表事件发展路径。首先考察初始事件一旦发生时最先起作用的控制功能，把可以发挥功能的状态画在上面的分枝，不能发挥功能的状态画在下面的分枝。然后依次考察各种控制功能的一两种可能状态，把发挥功能的状态（又称成功状态）画在上面的分枝，把不能发挥功能的状态（又称失败状态）画在下面的分枝，直到达到系统故障或事故为止，如此得到事件树。

④ 编制评价结果。事件树的最后一步是将分析研究的结果汇总，分析人员应对初始事件、一系列的假想和事件树模式等进行详尽的分析，并列出事故的最小割集。可列出讨论的不同事故后果和从事件树分析得到的建议措施。

（3）事件树分析的优缺点　事件树分析产生于20世纪70年代初，经过几十年的发展，目前已成为许多国家的标准化分析法。事件树分析的优点：一是简单易懂，启发性强，能够指出如何不发生事故，便于采取防控措施；二是能简洁、形象地表示出事故和各种原因之间因果关系及逻辑关系；三是既可以定量分析，又可以定性分析。缺点：一是要绘制好事件树图必须对系统非常熟悉和有丰富的经验，并且要准确地掌握好分析方法；二是对很复杂的系统，编出的事件树会很庞大，这给定量分析带来一定的困难；三是要对系统进行定量分析，必须知道事件树中各事件的故障率，如果这些数据不准确则定量分析便不可能。

3. 因果分析（cause-consequence analysis，CCA）

（1）因果分析的概念　因果分析是通过因果图表现出来的，因果图又称特性要因图、鱼刺图，是事故树分析与事件树分析的结合，是将树逆推的特点融为一体的方法，使用双向展开的图解法，向前是事件结果，向后是事件原因。因果分析原因部分是指系统所要面临的希望发生和不希望发生的事件或条件，不希望发生的事件通常为事故树顶上事件，而且可以求出其发生概率。结果所体现的是对中间事件控制措施的成功和失败的状态，可以获得每个中间事件的成功或失败的概率数据。

因果分析是在充分融合事故树和事件树分析的优点，弥补它们缺点的基础上推出的一种分析方法，因而其涉及的基本概念，如初始事件、中间事件、事故情境和事件树的相同，逻辑符号的使用与事故树的相同。

(2) 因果分析的基本步骤　因果分析的基本步骤与事故树和事件树有些类似，大致步骤有：

① 确定要分析的腐蚀系统。确定所要分析腐蚀系统与外界环境、边界条件、分析的范围。

② 熟悉腐蚀系统。对于已确定的腐蚀系统进行深入的调查研究，收集腐蚀系统的有关资料与数据，详细了解与分析与腐蚀系统相关的内外部有关情况。

③ 辨识事故情境。事故情境是指导致事故的一系列事件。通过进行腐蚀系统评估和危险分析以辨识腐蚀系统设计中存在的危险和事故情境，如工艺设计不合理，材料选择不当等。

④ 辨识初始事件。初始事件是指导致故障或不希望事件的系统事件的起始事件，如自然灾害或人为破坏造成的阴极保护失效，杂散电流干扰引起的金属结构物腐蚀等。

⑤ 辨识中间事件。中间事件又叫环节事件或枢轴事件，是初始事件与最终结果之间的事件。中间事件是腐蚀系统设计时阻止初始事件演变为腐蚀事故的安全控制措施。如埋地或海底输送管道外涂防腐层＋阴极保护，海洋平台腐蚀风险预警措施等。

⑥ 构建因果图。从初始事件开始进行演绎分析，逐级找出所有直接原因事件，直至所要分析的深度。

⑦ 获取各事件失败的概率。获取或计算初始事件和中间事件在事件树框图的发生概率。

⑧ 评估风险。计算事件树每一分支的概率以求总概率。

⑨ 控制措施。如果某分支腐蚀风险不可接受，则需要提出腐蚀防护营救措施，以防止腐蚀风险扩大而引发腐蚀事故。

⑩ 建档储存。将所有因果分析的有关资料、数据整理、储存，以备后用。

(3) 因果分析的优缺点　自20世纪70年代推出因果分析法以来，一些国家和地区核电站进行可靠性分析和风险分析收到比较显著的成果。在实际应用中，发现因果分析法的优点：直观、清晰、逻辑性强。缺点：一是对于导致风险事故原因调查的疏漏，会影响因果图分析的结论；二是不同分析管理者对风险因素重要性的认识不同，会影响因果图分析的结论；三是风险管理者的观念影响因果图识别风险的结论。

（三）腐蚀事故风险评估

腐蚀事故风险评估是指在腐蚀事故风险发生之前或之后（但还没有结束），对该事故给人们的生活、生命、财产等各个方面造成的影响和损失的可能性进行量化评估的工作。即：腐蚀事故风险评估就是量化测评某一腐蚀事故风险带来的影响或损失的可能程度。有关事故风险评估的方法很多，这里只介绍矩阵图法。

1. 矩阵图法的基本概念

矩阵图法，是利用数学矩阵的形式表示因素间的相互关系，从中研究问题所在并得出解决问题的设想。它是进行多元思考、分析问题的方法。矩阵图法就是从多维问题的事件中找出成对因素，排列成矩阵图，然后根据矩阵图来分析问题，确定关键点的方法，它是一种通过多因素综合思考，探索问题的好方法。如图 4-1 所示。

失效概率 \ 失效后果	轻	重	很严重	灾难性
经常	中	高	高	高
偶尔	低	中	高	高
不太可能	可忽略	低	中	高
不可能	可忽略	可忽略	低	中

图 4-1 腐蚀风险矩阵图

2. 矩阵图使用方法

（1）危害识别　列出需要评估的危险状态；

（2）危害判定　根据规定的定义为每个危险状态选择一个危险等级；

（3）损害估计　对应每个识别的危险状态，估计其发生的可能性；

（4）风险评估　根据步骤（2）和（3）的结果，在矩阵图上找到对应的交点，得出风险结论。

3. 腐蚀事故风险等级判定

根据数值的大小分为经常、偶尔、不太可能和不可能 4 级。失效后果根据严重程度分为轻、重、很严重和灾难性 4 个级别。

在风险矩阵中，风险水平沿左下方到右上方对角线逐渐升高，分为低风险、中风险、中高风险和高风险 4 个等级。将失效概率和失效后果级别归入风险矩阵中,所在区域即代表了被评设备的风险等级,即非常严重、严重、一般和较轻。

(1) 非常严重　指一旦腐蚀事故风险发生,会导致灾难性的伤害。该类伤害可能导致死亡、身体残疾,资产、物品等受到非常严重的破坏,生态环境受到非常严重的影响。

(2) 严重　指一旦腐蚀事故风险发生,会导致不可逆的伤害。该类伤害对人身可能造成严重的影响,对资产、物品等可能造成严重破坏,对生态环境等可能造成严重影响。

(3) 一般　指一旦腐蚀事故风险发生,可能会导致人员伤害,资产、物品等受到一定的影响。

(4) 较轻　指一旦腐蚀事故风险发生,对人员的伤害,资产、物品等的损坏比较轻微或影响很小。

根据腐蚀事故风险的等级,采取相应的腐蚀控制措施,尽可能将高等级的腐蚀风险降低,低等级的腐蚀风险保持稳定或进一步降低。

4. 矩阵图法的优缺点

优点是:寻找对应元素的交叉点很方便,而且不会遗漏,显示对应元素的关系也很清楚。缺点是:由于量化腐蚀事故风险往往受到资料收集不完善或技术上无法精确估算的限制,其量化的数据存在着极大的不确定性,而且实施它需花费较多的时间与精力。

三、腐蚀事故风险预防[4]

腐蚀事故风险的发生与否和后果的严重程度是由腐蚀系统中的固有风险和现实风险决定的,所以控制腐蚀系统中的风险就能够预防腐蚀的发生或控制事故的发展。从理论上说,任何事故的发生都是可以预防的,其后果是可控制的。事故的可预防性、因果性、随机性和潜伏性都是事故的基本特性。人类应该通过各种科学、合理的预测、识别、评价和预防等措施,从根本上消除事故发生的隐患,降低风险,把事故发生的概率降低到最小限度。

腐蚀事故风险预防的精确性源于两个基本前提:一是可知的信息。人类经过几千年与腐蚀斗争的经验表明,腐蚀事故风险的预防应从金属冶炼就开始考虑，直到应用过程的防腐。用专业术语称为"全面腐蚀控制"。二是科学的腐蚀事故风险预测方法。目前有关腐蚀事故风险的预测理论与方法、监测、预警等手段已与过去不可同日而语，各种先进的监测、预警手段蓬勃发展，并用于各种环境条件下腐蚀事故风险的预测、预防，收到一定的效果。当然，这仅仅是刚刚起步，要达到精确"预报"的程度，尚有大量的工作要做。

腐蚀事故风险是技术系统的不良产物。技术系统是"人造系统"，是可控的。我们可以从结构设计、制造、防护、监测、管理等环节进行有效控制，从而实现对腐蚀事故风险的管理和控制，实现对事故的预防。

1. 从设计的角度减轻腐蚀事故风险

从设计的角度考虑，减轻腐蚀事故风险的主要做法有如下几点。

（1）合理选材　合理选材是对成套设备的设计成功与否很关键的一环。材料的选择首先应了解材料的力学、物理性能；其次从腐蚀角度考虑，应知道该材料在各种介质环境中的耐腐蚀性能；还应综合考虑加工工艺性能和经济性。

（2）合理设计　对于不同的腐蚀因素，可通过改进设备构件的几何形状，以及合理的装配等措施来达到减轻或防止腐蚀的目的。其中包括：结构件形状应尽可能简单和合理，便于制造、维修或局部更换；消除滞流液、沉积物引起的腐蚀；防止不利的连接、接触方式引起的腐蚀；避免冷凝液引起的腐蚀（露点腐蚀）；避免应力集中和消除工件中残余应力；等等。

（3）合理设计防蚀强度　合理防蚀强度的设计主要考虑的问题有三点：

① 腐蚀裕量的选择。腐蚀裕量的选择应根据构件使用部位的重要性及使用年限来决定。

② 局部腐蚀的强度设计。局部腐蚀类型是多种多样的，而且因材料、环境、条件不同而不同。遗憾的是目前还很难根据局部腐蚀的强度，采用公式计算的方法来估计腐蚀裕量。一般是采用经验办法或实验的方法来确定。

③ 合理加工及施工处理。在加工及施工处理时，可能会引起材料耐蚀强度特性的变化，应加以注意。如某些不锈钢在焊接时，由于敏化温度影响而造成晶间腐蚀，使材料强度下降而会在使用中造成断裂事故。

2. 从防护的角度预防腐蚀事故风险

预防是一种主动的腐蚀事故风险管理策略，经过长期的实践，人们研究了许多行之有效的腐蚀防护技术。通常的防护方法有：

(1) 表面保护技术　包括金属镀层和非金属涂层。金属镀层又包括：电镀、热浸镀、喷镀、扩散镀、化学镀、离子注入和金属衬里等。非金属涂层包括：有机涂层（如油漆、塑料、橡胶、防锈油等）和无机涂层（如石墨、混凝土和陶瓷等）。

(2) 环境（介质）处理　包括除去环境中的有害成分（干燥、脱气、脱盐等），添加缓蚀剂（有机类缓蚀剂、无机类缓蚀剂）。

(3) 电化学保护　包括阴极保护（有强制电流法、牺牲阳极法）和阳极保护（有外电源法和保护器法）。

3. 从技术的角度转移腐蚀事故风险

采用技术手段将腐蚀事故风险转移出去是腐蚀防护中常采用的手段。如地铁杂散电流干扰腐蚀的防护，常采用"排"的方法去疏通杂散电流，保护铁轨及其构件免遭腐蚀或对其他仪器的干扰。如杂散电流收集网、杂散电流排流柜、控制铁轨电压恒定装置、采用埋地电极吸收漏泄电流的装置、牺牲阳极法和排流保护法等。

4. 从监测的角度规避腐蚀事故风险

规避腐蚀事故风险因素，常是通过监测手段来实现的。

(1) 离线监测　是指设备运行一段时间后，检查设备的腐蚀状况，如有无裂纹、剩余壁厚、剩余强度以及是否有局部腐蚀穿孔的危险。常见的离线监测技术有超声波法、涡流法等。

(2) 在线监测　是指设备处于运行状态，利用各种在线检测手段（如电阻探针、电感探针等）测量其即时腐蚀速率，以及能影响其腐蚀速率的各种工艺参数（如pH值、温度、压力等）。目前大型结构装置为了保证腐蚀安全，通常都安装了遥控遥测装置。如长输油气管道、海洋采油平台、大型桥梁等，都可以实现即时监测，把腐蚀事故风险降至最低。

5. 从科学的角度接受腐蚀事故风险

接受腐蚀事故风险也是应对事故风险的策略之一，它是指有意识地选择承担事故风险后果。当认为能够接受某事故风险时，就可以采用这种策略。例如，在实际应用中，阴极保护所能提供的保护程度，不是越高越好，只要保证阻止金属最危险的溃疡腐蚀，即可认为是适宜的。在这种保护程度下，允许钢以不大的腐蚀速度（0.1mm/a）进行均匀腐蚀，便是可以接受的腐蚀风险。再如，交流干扰的判定，CEN/TS 15280：2006规定，交流电流密度

<30A/m² 时，其金属的腐蚀量很低，是可以接受的，不必采取排流措施。

值得注意的是，接受事故风险是以科学依据为基础的，不是为了省钱、省事而采取的应付措施。其中关键的问题是正确识别事故风险和评估事故风险。在这个基础上才能确认事故风险能否接受。

6. 从安全的角度建立腐蚀事故风险应急预案

腐蚀的普遍性、复杂性，决定了某些腐蚀事故风险的不确定性和必然性。因此，为了保护人员、财产的安全，应建立应急预案。

应急预案指面对突发腐蚀事故的应急管理、指挥、救援计划等。应急预案系统的构成为：完善的应急组织管理指挥系统；强有力的应急工程救援保障系统；综合协调、应对自如的相互支持系统；充分备灾的保护供应体系；强有力的综合救援应急队伍等。通过这些应急措施，把事故损失降低到最小。

第三节 腐蚀事故损失理论分析与测算

尽管进行了腐蚀事故风险的预测和预防，但腐蚀事故风险依然存在，这是腐蚀本质所决定的。事故是一种动态事件，它开始于危险的激化，并以一系列原因事件按一定的逻辑顺序流经系统而造成损失，即造成人员伤亡、财产损失、资源损失和环境破坏，大的事故还会影响社会的安定，给个人、企业、国家带来巨大的经济损失和非经济损失。为了全面评估腐蚀事故造成的影响，需对腐蚀事故造成的各类损失进行测算。

一、腐蚀事故损失概述

1. 腐蚀事故损失的定义

腐蚀事故损失是指因腐蚀破坏引起的意外而造成的生命与健康损失、物质或财产毁坏、时间损失、环境破坏等。腐蚀事故损失从理论上可分为直接经济损失、间接经济损失、直接非经济损失、间接非经济损失。腐蚀事故直接经济损失，指与腐蚀事故直接相关联的、能用货币直接评估的损失；腐蚀事故间接经济损失，指与腐蚀事故间接相联系的、能用货币直接评估的损失；腐蚀事故直接非经济损失，指与腐蚀事故直接相联系的、不能用货币直接定价的损失；腐蚀事故间接非经济损失，指与腐蚀事故间接相联系的、不能用货币直接定价的损失。

2. 腐蚀事故损失的分类

（1）按损失与腐蚀事故的关系划分　可分为直接损失和间接损失。

（2）按损失的经济特征划分　可分为经济损失和非经济损失。

（3）按损失与腐蚀事故的关系和经济特征进行综合划分　可分为直接经济损失、间接经济损失、直接非经济损失、间接非经济损失。

（4）按损失的承担者划分　可分为个人损失、企业（集体）损失和国家损失。

（5）按损失的时间特性划分　可分为当时损失、事后损失和未来损失。当时损失是指腐蚀事故当时造成的损失；事后损失是指腐蚀事故发生后随即伴随的损失；未来损失是指腐蚀事故发生一段时间后才会显现出来的损失。

（6）按损失的状态划分　可分为固定资产损失和流动资产损失。

3. 腐蚀事故损失的等级划分

目前尚无专门用于评定腐蚀事故等级的标准、规范，通常依据安全生产事故造成的人员伤亡或者直接经济损失划分为以下等级。

（1）特别重大事故　是指造成30人以上死亡，或者100人以上重伤，或者1亿元以上直接经济损失的事故。

（2）重大事故　是指造成10人以上30人以下死亡，或者50人以上100人以下重伤，或者5000万元以上1亿元以下直接经济损失的事故。

（3）较大事故　是指造成3人以上10人以下死亡，或者10人以上50人以下重伤，或者1000万元以上5000万元以下直接经济损失的事故。

（4）一般事故　是指造成3人以下死亡，或者10人以下重伤，或者1000万元以下直接经济损失的事故。

二、腐蚀事故经济损失分析评估[5]

（一）腐蚀事故经济损失的基本概念

1. 腐蚀事故经济损失概念

腐蚀事故经济损失是腐蚀事故危害的最一般、最直接的、通常也是最重要的表现形式。腐蚀事故经济损失包括一切经济价值的减少、费用支出的增加、经济收入的减少。

归纳起来，腐蚀事故经济损失的含义为：因腐蚀的原因致使国家或各组织团体、居民家庭及个人丧失的各种既得利益或预期经济利益。

2. 腐蚀事故经济损失分类

按照传统分类方法，腐蚀事故经济损失可分为直接经济损失和间接经济损失。直接经济损失是指直接造成设备、设施、工具器具、建筑物等固定资产的破坏，以及材料、产品、在产品等流动资产的损失等。一般是可以用市场价格来计算的。间接经济损失包括现场抢救与处理费，赔偿费，罚款，劳动时间损失，停工停产损失，人员伤亡的丧葬、抚恤、医疗护理、补助及救济费用等。间接经济损失也是直接估价的损失。

3. 腐蚀事故经济损失程度分级

GB 6721—86《企业职工伤亡事故经济损失统计标准》，规定了事故经济损失程度分级，腐蚀事故经济损失可参照。

(1) 特大损失　指经济损失大于 100 万元（含）的事故。

(2) 重大损失　指经济损失大于 10 万元（含），但小于 100 万元的事故。

(3) 较大损失　指经济损失大于 1 万元（含），但小于 10 万元的事故。

(4) 一般损失　指经济损失小于 1 万元的事故。

（二）腐蚀事故经济损失分类方法与统计范围的界定

目前，有关事故经济损失的分类与统计范围的界定，亦是一个很有争议的问题，各国之间、各地之间、各行业之间，由于各自出发的角度、目的和要求不同，具有不同的分类方法和统计范围，腐蚀事故也是一样。下面简要介绍国内外一些有代表性的观点和做法，以供参考。

1. 国内标准规定的分类方法与统计范围

(1) GB 6721—86《企业职工伤亡事故经济损失统计标准》　规定了企业职工伤亡事故经济损失的分类方法与统计范围，即企业职工在劳动生产过程中发生伤亡事故所引起的一切经济损失，包括直接经济损失和间接经济损失。

① 直接经济损失统计范围。直接经济损失指因事故造成人身伤亡及善后处理支出的费用和毁坏财产的价值。统计范围包括：

a. 人身伤亡后所支出的费用。包括医疗费用（含护理费用），丧葬及抚恤费用，补助及救济费用和歇工工资。

b. 善后处理费用。包括处理事故的事务性费用，现场抢救费用，清理现场费用，事故罚款和赔偿费用。

c. 财产损失价值。包括固定资产损失价值和流动资产损失价值。

② 间接经济损失统计范围。间接经济损失指因事故导致产值减少、资源破坏和受事故影响而造成其他损失的价值。统计范围包括：

a. 停产、减产损失价值。

b. 工作损失价值。

c. 资源损失价值。

d. 处理环境污染的费用。

e. 补充新职工的培训费用。

f. 其他损失费用。

(2) XF 185—2014《火灾损失统计方法》 规定了分类方法与统计范围，即火灾直接经济损失和人身伤亡。火灾直接经济损失包括火灾直接财产损失、火灾现场处置费用、人身伤亡所支出的费用。人身伤亡分为死亡、重伤和轻伤三类。

2. 国外组织及学者给出的分类方法与统计范围[6～8]

对于事故造成的直接经济损失的分类与统计范围，世界范围内大同小异，差异比较大的是事故间接损失的分类与统计范围。国外有关组织及学者有各种各样的规定和说法。

(1) NSC 指导下由 Simonds 开发的方法（间接费用） 该法把支付未受伤害工人损失工作时间的工资，损坏物料或设备的费用，支付受伤害工人损失工时的费用，由于事故迫使加班的额外费用，事故发生后监督人员不得不进行某些活动所花费时间的工资，受伤害工人返回工作岗位后产量降低期间的工资差额，训练新工人的费用，公司负担的非保险的医疗费用，高级管理者及职员在事故调查处理补偿申请所花时间的费用，以及各种其他费用等列为间接损失。

(2) 法国国家安全所研究（INRS）D. Pham 提出的方法（间接费用） 该所把工资的费用、生产损失、物质损失、管理费用、会计的费用、商业上的费用、惩罚性的费用、社会上的费用、预防措施方面的费用和其他费用列为间接损失。

(3) 海因里希（W. H. Heinrich）方法（间接损失） 他把一起事故的损失划分为两类：由生产公司申请、保险公司支付的金额划为"直接损失"，把除此之外的财产损失和因停工使公司受到损失的部分作为"间接损失"。

间接损失统计范围：负伤者的时间损失，非负伤者由于好奇心、同情心、帮助负伤者等原因而受到的时间损失；工长、管理干部及其他人员因营救负伤者，调查事故原因，分配人员代替负伤者继续进行工作，挑选并培训代替负伤者工作的人员，提出事故报告等的时间损失；救护人员、医院的医防人员及不由保险公司支付的时间损失；机械、工具、材料及其他财产的损失；由于生产阻碍不能按期交货而支付的罚金以及其他由此受到的损失；员工福利保健制度方面遭受的损失；负伤者返回工作后，由于工作能力降低在相当长的一段时间内照付原工资而受到的损失；负伤者工作能力降低、不能使机械全速运转而造成的损失；由于发生事故，操作人员情绪低落，或者由于过分紧张而诱发其他事故而受到的损失；负伤者即使停工也要支付的照明、取暖以及其他与此类似的每人的平均费用损失。

（4）法国学者 P. Bernard 提出的方法（间接费用） 即将时间损失的工资费用、人员管理费用、物质损失、其他费用归为间接损失。

由以上可见，对于事故间接经济损失的分类与统计范围的界定是各式各样的，这一方面说明事故间接损失的复杂性；另一方面说明它的不确定性，给事故损失分析评估增加了难度。

3. 事故经济损失分类方法与统计范围差异分析

由以上介绍可知，国内外对于事故经济损失分类方法与统计范围的界定可以说是五花八门，各种各样的说法也是众说纷纭，那么，为什么会产生这些差异呢？分析起来主要有如下几个方面的原因。

（1）各国的国情不一样 如美国全美安全理事会（NSC）认为："直接"费用与"间接"费用之间的区别很难划分清楚，所以主张废弃以前说法改用更确切的说法，即"保险"的费用与"非保险"的费用。这样，公司估算其事故费用的数据会更具准确性。具有权威性影响的人物，美国学者海因里希（W. H. Heinrich）和西蒙兹（R. H. Simonds）也主张，把"由保险公司支付的金额"定为直接损失，把"不由保险公司补偿的金额"定为间接损失。他们的方法在美国得到广泛的应用。这对于保险业发达程度很高的国家来说，将事故损失完全划分为保险损失与非保险损失，并据此划分为直接损失与间接损失，显然是一种可以通用的计算事故损失的方法。但对于发展中国家不一定适用，因为发展中国家的保险业发达程度有限，保险损失补偿只是事故损失补偿中的一部分，以此划分显然欠妥。但是，发展中国家是不断发展的，随着保险业的发展和完善，逐步实行"保险"与"非保险"的分类方法也是可能的。

(2) 定义的界定不统一　目前对于"直接经济损失"与"间接经济损失"的定义缺少准确、统一的界定，因此随意性较大。

定义1：事故直接经济损失是指直接造成的设施破坏、产量或质量下降所引起的损失，一般是可以用市场价格来计算的。

定义2：事故直接经济损失是指受害体在遭受事故破坏后，其自身价值降低或者丧失所直接造成的经济损失。

定义3：事故直接经济损失是指生产经营活动中，因事故造成的财产损失价值和处理事故所支出的费用合计。

定义4：事故直接经济损失是指因事故造成人身伤亡及善后处理支出的费用和毁坏财产的价值。

事故直接经济损失的定义多种多样。事故间接经济损失同样如此。

定义1：事故间接经济损失是指由直接经济损失引起和牵连的其他损失，包括失去的在正常情况下可以获得的利益和为恢复正常的管理活动或者挽回所造成的损失所支付的各种开支、费用等。

定义2：事故间接经济损失就是既得利益的丧失，即应当得到的利益因受事故影响而没有得到，包括人身伤害造成的间接损失。

定义3：事故间接经济损失是指事故造成的总经济损失中直接经济损失以外的经济损失，是事故引起的间接的对经济的影响，是一种深层次的经济损失。

定义4：事故间接经济损失是指与事故事件间接相联系的、能用货币直接估价的损失。

由上可看出，由于其定义的界定不统一，必定会给实际操作带来差异。

(3) 行业之间不统一　我国由于对事故损失的统计制度不健全，加之分割式管理，不同的行业、不同的部门具有不同的分类方法和界定范围。

例如，GB 6721—86规定了企业职工伤亡事故经济损失的统计范围为：直接经济损失和间接经济损失。XF 185—2014规定了火灾损失统计包括火灾直接经济损失和人身伤亡。

美国全美安全理事会（NSC）认为，"对于事故损失的统计一般不考虑行业之间的危险的差别，也不考虑公司之间的安全绩效的差别"。这说明，行业之间有关事故的分类方法和统计范围差异较大是不尽合理的。为了便于比较应当设立统一、规范的分类方法、统计范围、计算方法和参数选择。

（三）腐蚀事故经济损失评估

腐蚀事故经济损失评估就是腐蚀事故对经济造成的危害的量化表示，通常用货币单位计量。腐蚀事故经济损失是由直接经济损失和间接经济损失构成的。计算公式为

$$C_{总}=C_{直}+C_{间} \tag{4-3}$$

式中　$C_{总}$——腐蚀事故经济损失；

　　　$C_{直}$——腐蚀事故直接经济损失；

　　　$C_{间}$——腐蚀事故间接经济损失。

1. 腐蚀事故直接经济损失的评估

腐蚀事故造成的直接经济损失是指腐蚀事故发生后，因事故对各种客观存在的有形受害体破坏后造成的最初经济损失。该损失是在较短时间内造成的静态的实物损失。

（1）固定资产损失的评估　主要包括设备、设施、工器具等固定资产损失的评估。

固定资产年折旧率的计算公式为

$$年折旧率=(1-预计残值率/折旧年限)\times 100\% \tag{4-4}$$

当固定资产全部报废时，其损失为资产净值与净残值之差，即

$$C_1=固定资产净值-净残值 \tag{4-5}$$

当固定资产可修复时，其固定资产的损失可由下式计算。

$$C_1=修复费用\times 修复后设备功能影响系数 \tag{4-6}$$

（2）流动资产损失的评估　主要包括材料、燃料、产品、在产品等流动资产损失的评估。

① 材料、燃料、辅助材料等损失的计算，即

$$C_m=M_q(M_c-M_n) \tag{4-7}$$

式中　C_m——材料的损失价值；

　　　M_q——材料的损失数量；

　　　M_c——材料的账面单位成本；

　　　M_n——材料的残值。

② 产品、半成品和在产品损失的计算，即

$$C_p = P_q(P_c - P_n) \tag{4-8}$$

式中 C_p——成品、半成品、在产品的损失价值；

P_q——成品、半成品、在产品的损失数量；

P_c——成品、半成品、在产品的生产成本；

P_n——成品、半成品、在产品的残值。

因此，材料、产品等流动资产的物质损失为

$$C_2 = C_m + C_p \tag{4-9}$$

（3）腐蚀事故现场抢救与处理费用 C_3 根据实际开支统计。

（4）腐蚀事故事务性开支统计 C_4 根据实际开支统计。

（5）腐蚀事故罚款、诉讼费及赔偿损失统计 C_5 根据实际开支统计。

（6）人员伤亡的丧葬、抚恤、医疗和护理、补助及救济费用 C_6 根据实际开支统计。

（7）歇工工资损失的计算 即

$$C_7 = \sum_{i=1}^{n} MT_i \tag{4-10}$$

式中 C_7——歇工工资损失；

i——第 i 个有劳动能力的伤残人员（$i=1,2,\cdots n$）；

M——伤残人员正常条件下日平均劳动收入；

T_i——伤残后实际歇工的时间。

因此，腐蚀事故直接经济损失为

$$C_直 = C_1 + C_2 + C_3 + C_4 + C_5 + C_6 + C_7 \tag{4-11}$$

2. 腐蚀事故间接经济损失的评估

腐蚀事故造成的间接经济损失是因直接经济损失后延作用而派生的破坏损失，它是直接经济损失的后延效应，一般属于动态的、常是非实物性的破坏损失。由于间接经济损失是动态的后延效应，所以可能延续较长的时间，并涉及较大范围。

腐蚀事故间接经济损失的评估，可以采用逐项相加法或直间倍比系数法。

（1）逐项相加法 指将腐蚀事故造成的各项间接经济损失逐项计算，最后累加。

① 停产及减产的损失计算。即

$$C_8 = BDY \tag{4-12}$$

式中 C_8——停产及减产的损失;

B——按生产计划预计的单位产量收益;

D——腐蚀事故造成的工作时间损失;

Y——正常生产条件的全员劳动生产率。

② 补充新职工的培训费用。计算公式为

$$C_9 = \alpha m + \beta n \tag{4-13}$$

式中 C_9——补充新职工的培训费;

α——补充1名新技术工人的培训费;

m——新增技术工人人数;

β——补充1名新技术人员的培训费;

n——新增技术人员人数。

③ 休工过程中的劳动价值损失。计算方法:

a. 损失工作日的计算,即

$$D = D_z + k D_g \tag{4-14}$$

式中 D——伤害对应的损失工作日;

D_z——治疗时间;

D_g——伤害部位最大功能值;

k——伤害折算系数。

b. 休工的劳动价值损失计算,即

$$C_{10} = D_L T_E / (NH) \tag{4-15}$$

式中 C_{10}——休工的劳动价值损失;

D_L——企业总损失的工作日数;

T_E——企业全年利税;

N——上年度职工人数;

H——企业全年法定的工作日数。

④ 自然资源遭受破坏的价值损失计算。即

$$C_{11} = P_i \sum_{i=1}^{n} Q_i \tag{4-16}$$

式中 C_{11}——自然资源遭受破坏的价值损失;

P_i——受污染或破坏物种的市场价格;

Q_i——某产品在 i 类污染或破坏程度的损失产量;

i——自然资源遭受破坏的程度，$i=1、2、3$，分别表示轻、重、严重破坏。

⑤ 处理环境污染的费用 C_{12} 的计算。按实际开支统计。

因而，腐蚀事故间接经济损失为

$$C_{间}=C_8+C_9+C_{10}+C_{11}+C_{12} \tag{4-17}$$

（2）直间倍比系数法　由于事故的间接经济损失很难被直接统计出来，于是人们尝试由事故直接经济损失来推算出间接经济损失，因而提出直间倍比系数法。

海因里希最早进行了这方面的研究。他通过 5000 余起伤亡事故经济损失的统计分析，得出直接经济损失与间接经济损失的比例为 1:4 的结论，即伤亡事故的总经济损失为直接经济损失的 5 倍。这一结论至今仍被国际劳联所采用，作为评估各国伤亡事故经济损失的依据。

继海因里希研究之后，许多国家的学者探讨了这一问题。经过长时间的研究，人们认为，由于生产条件、经济状况和管理水平等方面的差异，伤亡事故直接经济损失与间接经济损失的比例在较大范围内变化。不同的国家、不同的行业、不同的时期和不同的研究者，给出的直间倍比系数差异很大，低者 1:(2~3)，中者 1:(10~20)，高者 1:(30~50)，最高者可达 1:100。据分析，腐蚀事故直间倍比系数取 1:4 为宜。

根据腐蚀事故直接和间接损失的倍比系数的概念和理论，可以得到下面的损失估算公式：

$$C_{总}=(1+k)C_{直} \tag{4-18}$$

式中　$C_{总}$——腐蚀事故总经济损失；

　　　$C_{直}$——腐蚀事故直接经济损失；

　　　k——腐蚀事故直间倍比系数。

直间倍比系数法，在各类伤亡事故损失的评估中有着广泛的应用。美国安全专家海因里希和我国的有关评估标准都采用了这种方法来评估事故造成的间接经济损失。

由于间接损失项目多、发生时间长、牵涉的问题错综复杂，采用"直间倍比系数法"进行评估，需要足够大量的统计数据支持，否则也难以计算准确。

三、腐蚀事故非经济损失分析评估

事实上,事故造成的非经济损失并非近几十年才发现的,而是自有事故以来就最早、最先被人们所认识,人们从事故中直接感受到因事故造成的伤亡所带来的悲痛、惊吓、恐惧;因事故伤害给生活、家庭、婚姻、就业、情感等方面所带来的影响;因事故给生活环境造成的毁坏所带来的烦恼,等等。然而,长期以来,由于受统计科学的限制,人们一直无法准确测算,所以有关事故非经济损失的分析评估,长期处于"空档"运行状态。然而,随着社会经济和科学文化的发展,以及人们生活模式、价值观念的变化,事故非经济损失的研究日益成为热门话题。

(一)腐蚀事故非经济损失的基本概念

1. 腐蚀事故非经济损失的概念

非经济损失是指不能直接用货币计量,一般是通过间接的转换技术对其进行测算的损失。通常包括人的生命与健康价值损失、精神损害损失、环境资源破坏损失、生态系统内部失衡损失、工效影响损失、商誉影响损失,以及政治与社会安定影响损失,等等。

归纳起来,腐蚀事故非经济损失的含义为:是指除经济损失之外的一切既得利益或预期利益的损失。

2. 腐蚀事故非经济损失分类

在分类方法上,腐蚀事故非经济损失与经济损失一样,也可分为直接非经济损失和间接非经济损失。直接非经济损失是指与腐蚀事故直接相联系的、不能用货币直接定价的损失。间接非经济损失是指与腐蚀事故间接相联系的、不能用货币定价的损失。

3. 腐蚀事故非经济损失有关问题

目前,关于事故非经济损失的研究仍是一个有争议的问题,其中最为突出的问题有如下几点。

(1)非经济损失的概念尚难确立　目前实施的有关事故损失统计标准、规定中,都没有明确提出非经济损失的概念,都将一切损失统称为经济损失。在讨论这个问题时,有的学者认为,无论是直接用货币计量的损失还是通过转换技术后用货币计量的损失,都属于经济损失。也有的学者认为,非经济损失客观存在,但在实际操作中难以精确测算,不如剔除。还有的学者认为,既然非经济损失客观存在,就应当面对现实,视而不见是不负责任的。如此等等的争议,尚在继续。

(2) 非经济损失中的热点问题尚难确认　例如,关于人的生命与健康损失价值的评估,是事故非经济损失研究的热点问题。有一种观点认为,人的生命与健康,不是商品,不能简单、直接地用货币衡量它的价值。还有一种观点认为,人的生命与健康是有价值的,目前各国的人员伤亡赔偿、生命保险等都是基于生命价值的货币体现。如美国1995年工业事故的人均生命损失代价是75万美元;日本工伤死亡一人的赔偿高达7000万日元。国外的"非价值对象损失价值技术"考虑的主要是给整个社会造成的经济损失。

(3) 非经济损失的统计范围尚难确定　目前对于事故非经济损失的统计范围尚未有过统一、规范的说法,实际操作中,常常是以虚掩实、以心掩物、以抽象掩具体、以略过掩详述等,从而使非经济损失的概念"虚化"。

(二) 腐蚀事故非经济损失评估

1. 腐蚀事故直接非经济损失评估

腐蚀事故直接非经济损失的评估,通常包括人的生命价值损失、健康价值损失、环境资源破坏损失等。

(1) 人的生命价值损失评估　较经济损失评估,自然人的生命价值损失的评估要复杂一些,因为对人的价值的衡量并不像物质财富那样有一个客观的计价标准。在国际上,对人的生命价值损失亦有不同的评估方法。目前比较有影响的评估方法是人力资本法和支付意愿法。

① 人力资本法。也称工资损失法,它是通过市场价格和工资多少来确定个人对社会的潜在贡献,并以此来估算人的生命价值,即某人的生命价值是他预期未来一生收入的现值。估算公式为

$$L_T = \sum_{t=T}^{\infty} Y_t P_T^t (1+r)^{-(t-T)} \tag{4-19}$$

式中　L_T——在第 T 年死亡的人损失的劳动力价值;

　　　Y_t——预期个人在第 t 年内所得到的总收入扣除他拥有的非人力资本的收入;

　　　P_T^t——个人在第 T 年活到第 t 年的概率;

　　　r——预计到第 t 年有效的社会贴现率。

人力资本法的优点是:对数据要求低,指标采取容易,计算相对简单。

缺点是：指标比较单一，忽视了人类最基本的自由和偏好，如社会价值、思想价值、感情价值等人创造的非物质的财富，更重要的是该法隐含着低收入者的生命价值低于高收入者，极端的情况是，当没有收入者（如无工作人员和丧失劳动能力的人）在评估时，其生命价值可能等于零，这显然不科学。同时，人力资本法对贴现率大小非常敏感，贴现率越大，则未来收入的现值就会越小；贴现率越小，则现值就越大。而贴现率的确定又是一个非常困难的事，因此这种方法的应用越来越少。

② 支付意愿法。是通过分析调查对象为降低风险愿意付出多大代价而计算其自我认定的生命价值。其计算公式为

$$生命价值 = \frac{支付意愿}{死亡风险降低的概率} \tag{4-20}$$

（2）人体健康价值损失评估　腐蚀事故造成环境污染，影响人体健康。环境是支持人类生命的基础，环境受到污染导致支持生命的改变，将会引起疾病发生率上升，对健康的损害增加，还会降低人们对生命的预期。

目前对人体健康价值损失的评估有多种多样的方法，比较简单的评估方法是用工作能力的影响性来测算，即

$$健康价值损失 = dv(1-k) \tag{4-21}$$

式中　k——健康的身体功能恢复系数，以小数计；
　　　d——复工后至退休的劳动工日数，可用复工后的可工作年数乘以300计；
　　　v——考虑了劳动工日价值增值的工作日价值。

（3）环境资源破坏价值损失评估[9~11]　所谓环境资源破坏价值损失估算，指的是人们采用环境资源价值来表征某项行为对环境资源的破坏。其主要目的是为了衡量和防止人类社会活动对环境资源的损失。腐蚀造成的环境污染、资源耗减是常见的破坏形式，有必要对其进行评估。环境资源破坏价值损失评估方法有：直接市场法、替代市场法和条件价值法。

① 直接市场法。所谓直接市场法，是对企业生产经营过程中所引起的，并可以观察和度量的环境资源质量变化进行测算，度量被评价的环境资源质量和环境资源标准之间的变动，然后直接运用市场价格对这一变动的条件或结果进行测算的一类方法。常用的计算方法有：

a. 剂量反应法。通过一定的手段评估环境变化给受害者造成影响的物理

效果，来度量环境变化（如空气污染对材料的腐蚀、水污染对游泳者健康的影响等）对受影响者的实际影响。估算公式为

$$S_1 = QP \tag{4-22}$$

式中　S_1——损失的环境成本；

　　　Q——环境变化的影响量；

　　　P——单位成本。

b. 机会成本法。以稀缺资源投入某特定用途后所放弃的在其他用途中所能获得的最大利益。适用于对自然保护区或有唯一性特征的自然资源的开发项目的评估。估算公式为

$$S_2 = V_1 W \tag{4-23}$$

式中　S_2——损失的机会成本值；

　　　V_1——某资源的单位机会成本；

　　　W——某种资源的污染或破坏量，其估算方法与环境要素和污染过程有关。

当某些非价格形态环境资源的生态社会效益不能直接评估时，采用反映资源最佳用途价值的机会成本是一种有效可行的方法。

c. 生产率变动法。环境是一种生产要素，环境质量的变化，导致生产率和生产成本变化，从而导致生产的利润和生产水平的变化，而产品的价值、利润是可以用市场价格来计量的，市场价值就是利用因环境质量引起的产品产量和利润变化来计量环境质量变化的经济损失，用公式表示为

$$S_3 = V_2 \sum_{i=1}^{n} \Delta R_i \tag{4-24}$$

式中　S_3——环境污染或生态破坏的价值损失；

　　　V_2——受污染或破坏物种的市场价格；

　　　ΔR_i——某种产品在 i 类污染或破坏程度时的损失产量；

　　　i——一般分为 3 类（$i=1,2,3$），分别表示轻、重、严重污染或破坏。

② 替代市场（显示偏好）法。在很多情况下，环境造成的损失是没有市场价格可参考的，在这种情况下，可以通过考察人们的市场行为来考察人们的偏好，从而对环境损失进行评估，这就是替代市场法。替代市场法有：工程费用法、旅行费用法和工资差额法等。

a. 工程费用法。指利用工程设施进行防护、恢复或取代原有的环境功能

的费用，来估算环境污染或破坏的损失。估算公式为

$$S_4 = V_3 Q \tag{4-25}$$

式中　S_4——污染或破坏的防治工程费用；

　　　V_3——防护、恢复、取代现有环境功能的单位费用；

　　　Q——污染、破坏或将要污染、破坏的某种环境介质与物种的总量，其估算方法也与环境要素和污染破坏过程有关。

b. 旅行费用法（TCM）。常常用来评价那些没有市场价格的自然景点或者环境资源的价值。这种方法认为，旅游者的旅行费用既反映了旅游者对这类舒适性资源的支付意愿，又在一定程度上间接地反映了旅游者对其工作和居住地环境质量的不满，通过估算人们为了去风景点、野外等所支付的旅行费用，来估计其为某景点所带来的收益。

这类场所的真正价值＝使用者的直接付费＋使用者的总消费剩余

旅行费用法适用于评估森林公园、城市公园、自然景观等的游憩价值。

c. 工资差额法。工资差额法依据是在其他条件相同时，劳动者会选择工作环境较好的职业，为了吸引劳动者从事环境条件比较差的职业，厂商不得不从工资、工时、休假等方面补偿环境污染给劳动者造成的损失，所以工资差异也可用来评价环境价值。即

$$S_5 = \sum \Delta P_i \cdot Q \tag{4-26}$$

式中　S_5——污染造成的经济损失；

　　　ΔP_i——污染区与非污染区的工资差额，可取其平均值；

　　　Q——在某一地区工作的工人数。

③ 条件价值法。也称问卷调查法、意愿调查评估法等。该法是当前世界上流行的对环境资源等具有无形效益的公共物品进行价值评估的方法，主要利用问卷调查方式直接考察采访者在假设市场里的经济行为，以得到消费者支付意愿，从而对商品或服务的价值进行评估的一种方法。条件价值法包括：投标博弈法、比较博弈法和无费用选择法等。

a. 投标博弈法。是指被调查者说出要求估价的对象物品若干不同水平的支付意愿或接受补偿的意愿调查法。

投标博弈法的步骤是：首先，调查者详细描述商品的数量、质量、时间等所有特性。其次，提出一个起点投标，询问被调查者对该商品是否愿意支付那么多钱。如果回答是肯定的，就记下该数，并提高投标，一直提高到回答否定时为止。最后，被调查者再逐渐降低投标，以找到愿意支付的精确数值。

b. 比较博弈法。又称权衡博弈法，通过被调查者在不同的方案组合之间进行选择，调查被调查者的受偿意愿，最后确定环境质量的货币价值。

c. 无费用选择法。该法是通过询问被调查者在不同无费用方案之间选择，调查被调查者的方案选择意愿，每一个方案都不用付钱，最后通过比较得出环境质量的货币价值。

现将有关评估方法的适用条件和优缺点列于表 4-2。

综上所述，在评估环境损失时，原则上应尽可能地采用直接市场法；如果不具备采用直接市场法的条件，则可以用替代市场法；只有在上述两类方法都无法应用时，才不得不采用条件价值法。

表 4-2 环境价值损失评估方法比较

类型	具体评估方法	适用条件	优点	局限性
直接市场法	剂量反应法 机会成本法 生产率变动法 人力资本法 恢复费用法或重置成本法 影子项目法 防护费用法	有市场价格的物品和服务	简单易行,结果较客观	只能评估直接实物使用价值；行为与产出的物理关系难以估算
替代市场法	工程费用法 旅行费用法 工资差额法 规避行为法 享乐定价法	适合于能够观察或找到替代某种生态服务功能的情况	比较成熟,特别适用于评估间接使用价值	需要大量的数据调查；替代品选择可能影响结果的真实性；存在取样偏差
条件价值法	投标博弈法 比较博弈法 无费用选择法 特尔菲法	要求样本人群具有代表性,对所调查的问卷感兴趣并且有一定的了解；有充足的资金、人力和时间	能够揭示生态系统服务的存在价值,是最后的方法	存在信息偏差、战略偏差等；WTP 与 WTA 结果不同；确定相关群体的困难性；价格与范围的敏感性；评估结果的可信度变化幅度大

2. 腐蚀事故间接非经济损失评估

腐蚀事故间接非经济损失评估，实际操作较为困难，但并非无计可施。根据安全经济学家给出的评估方法，作为一种损失概估还是有一定参考价值的，可为全面评价事故损失提供有价值的信息。评估的内容包括：工效影响损失、精神损害损失和商誉损失等。

（1）工效影响损失评估　是事故间接非经济损失统计中最有影响的要素，它凸显了事故破坏的广泛性、复杂性、严重性和持续性。

① 工效影响损失的概念。根据工效工作总量/时间则知，当工作总量一定时，所完成的时间越少，工效则越高；所用时间越长，工效则越低。由于腐蚀事故造成了工作人员的心理影响，必然会影响工作人员的工作热情和积极性，从而导致工作效率的降低。

② 工效影响损失评估。可使用价值指标、利税指标、净产值指标等。使用价值指标，即以企业在事故发生前后的平均增加价值的减少额来衡量工效的损失价值。也可采用时间效率系数法，即

$$工效影响损失 = 影响时间(日) \times 工作效率(产值/日) \times 影响系数 \quad (4-27)$$

从上式可看出，运算过程中，"影响系数"是较难确定的，"影响系数"的高低直接影响工效损失，因而"影响系数"的确定应由具有丰富企业管理经验的管理人员提供。

（2）精神损害损失评估　精神是指生物体脑组织所释放的一种不可见的暗能量，当受到外部环境不良因素的影响时，这种"暗能量"将随之降低。随着社会的发展和文化的进步，人们越来越重视精神权利的价值，重视个人感情和感受对于人存在的价值，重视精神创伤和精神痛苦对人格利益的损害。近些年来，这方面诉讼增多，日益引起社会各方面的重视。

① 精神损害损失的概念。精神损害，是指事故所导致的受害人心理和感情遭受创伤和痛苦，无法正常进行日常活动的非财产上的损害。如精神上的悲伤、失望、忧虑等。

② 精神损害损失的评估。关于事故造成的精神损害损失的评估，可借鉴法律条文规定进行赔偿。

2014年7月，最高人民法院出台的《关于人民法院赔偿委员会审理国家赔偿案件适用精神损害赔偿若干问题的意见》第七条，"综合酌定精神损害抚慰金的具体数额"中规定：精神损害抚慰金的具体金额原则上不超过人身自由赔偿金、生命健康赔偿金总额的35%，最低不少于1000元。

（3）商誉影响损失评估　企业商誉是使公众认知的心理转变过程，是企业行为取得社会认可，从而取得资源、机会和支持，进而完成价值创造的能

力的总和。如 2016 年,根据哈里斯民意调查发布的年度美国商誉调查,受到 Galaxy Note 7 爆炸等事件的影响,韩国三星排名由原来的第 7 名下滑至 49 名,商誉指数得分从 80.44 分降至 75.17 分,对三星的商誉造成重大冲击。受三星 Note 7 爆炸事件影响,手机业务所在的 IT 和移动通信部 2016 年第三季度运营利润比前一年下降 96%。

① 商誉的概念。良好的商誉是企业拥有的独特资源,它能在企业经营的各个方面提升企业竞争力。但是,商誉是一个企业的内在价值,它不能独立存在,具有附着性特征,与企业的有形资产和企业的环境紧密相联系。它既不能单独转让、出售,也不能单独地转让价值,只能依附于企业整体。商誉的价值是通过企业整体收益水平来体现的。

② 商誉影响损失评估。商誉影响损失评估可采用系数法计算,即

$$商誉损失 = 原有的销售价值 \times 事故影响系数 \qquad (4-28)$$

(4) 政治与社会安定影响损失评估　政治与社会安定,既是重要的社会问题,也是重大的政治问题;不仅关系到人民群众的安居乐业,而且关系到国家和社会的安定和发展。特别是重大腐蚀事故,不仅会造成巨大的经济损失、生命与健康损失、环境损失,而且还可能会带来政治与社会安定影响损失。比如,1984 年 12 月 3 日凌晨,美国联合碳化物公司设在印度博帕尔市的农药厂,因储气罐阀门锈蚀失效,致使 450t 用来制造农药的液态剧毒性甲基异氰酸酯泄漏,直接致死 2800 多人,2 万多人住院治疗,5 万多人终生受害[12],受害面积达 40km²。如此惨重的腐蚀事故,不但责任人没有受到法律的制裁,受害人也没有得到合理的赔偿,环境污染也没有得到应有的治理,一起严重的腐蚀事故,引发了社会各种不安定因素,致使地方的经济、政治等受到严重创伤。

① 政治与社会安定影响损失的概念。政治与社会安定影响损失是指,因腐蚀事故的发生,对社会稳定、和谐的状态,以及对经济、政治、文化等各种人类活动造成的负面效应,是一个历史的、综合的、动态的概念。

② 政治与社会安定影响损失的表现形式。特别是重大腐蚀事故,最容易引起群体事件,当群体事件形成一定规模后,对政府、对社会具有巨大的负面影响,主要有:

a. 影响经济秩序。群体事件作为体制外的非常规行为,不可避免地影响社会正常生产经营活动,破坏经济的正常发展,负面影响十分明显,尤其是

当参与群体阻塞交通、冲击政府、包围企业等极端行为发生时，经济秩序的各个环节都会受到不同程度的影响，其负面作用更为巨大。

b. 影响政治稳定。政治稳定是社会稳定的前提，当群体事件的参与者采取体制外的非常规的极端形式时，原有的政治秩序就受到了冲击，执政党和行政职能部门的形象遭到破坏，削弱了能够凝聚人心的政府公信力，阻碍了重大政策的执行，从根本上破坏了安定团结的局面。

c. 影响社会秩序。在群体事件中，参与者往往采用极端行为，把事情搞大，以期引起主管部门关注。

d. 影响安定团结。群体事件破坏了人心的稳定，降低了人们对美好未来的预期，造成了参与者的非理性的冲动情绪在更大范围的扩大，形成不满情绪在不同群体间的快速传递，引发社会动荡。

③ 政治与社会安定影响损失的评估。关于政治与社会安定影响损失的评估，目前尚无精确的计算方法，只能用占事故的总经济损失比（或占间接经济损失比例）来进行粗估。

四、腐蚀事故损失评估研究的现状与存在的问题

1. 腐蚀事故损失评估研究的现状

腐蚀事故的本质是因为金属在周围介质作用下，因化学变化、电化学变化或物理溶解而产生的破坏，直接或间接对人类社会和经济活动造成危害。腐蚀危害是一种典型的自然-社会现象，具有两重性，即自然属性和社会经济属性。因此，对腐蚀事故的研究应从自然属性和社会经济属性两方面进行研究。然而，长期以来，国内外学者对腐蚀危害的研究多集中于腐蚀的自然属性的研究，如对腐蚀原理、腐蚀过程、腐蚀规律和腐蚀防护等的研究，而忽视了对腐蚀危害（特别是腐蚀事故）社会经济属性的研究。这一方面是由于腐蚀危害的自然属性乃是腐蚀危害的本质属性，另一方面是由于研究腐蚀危害的人员，大多是自然科学工作者，而研究经济科学或社会科学的学者，很少涉猎这方面的内容。

随着腐蚀危害的日益突出和人们对腐蚀危害的日益重视，目前国内外有一些从事腐蚀研究的科研人员，开始联系腐蚀危害的自然属性向研究腐蚀危害的社会属性深化，并引起一些社会科学工作者的注意。但尚未形成强有力的研究团队，只是少数人的行为。

腐蚀经济学是处女之地，尚有大量的研究工作要做，其中，腐蚀事故损失评估是一个重要的内容，需要进一步加强理论与实际操作方法的研究，使其尽快与社会经济协调发展。

2. 腐蚀事故损失评估存在的问题[13~15]

有关腐蚀事故损失的评估与其他各类事故损失的评估一样，普遍存在如下问题。

(1) 对事故损失的理论研究缺乏系统性　统览国内外事故损失的研究现状可以看出，事故损失理论的提出虽然比较早，但其发展比较缓慢，目前尚有很多应用还是 20 世纪 20~30 年代的理论，远远满足不了社会发展所需。就世界范围而言，事故损失的研究仍处在发展阶段，尚未形成比较完整的、系统的事故损失研究理论体系，更没有形成完备的事故经济科学。腐蚀经济学是一门新兴的边缘科学，对于腐蚀事故损失的研究，应当立足于事故损失的属性特征、计算范围、测算方法、分类与评价等基本问题展开。但从目前的研究情况来看，多数学者关注于某一具体事故的研究，而缺乏事故损失的理论性研究；从研究方法上看，对事故损失的研究成果大都限于定性分析和逻辑推理研究，少量的定量分析和实证分析也大多针对某些具体的事故。因此，国内外对事故损失的研究还缺乏科学的系统性。

(2) 对事故损失的分类缺乏全面性　事故造成的损失具有多属性特征。它既可以造成物质方面的损失，也可以造成非物质方面的损失，如果再细分的话，又可以分出多种类型。目前发布的标准、规定，把复杂的事故损失简单地归纳为直接经济损失和间接经济损失，或简单地归纳为直接经济损失和人员伤亡损失，显然涵盖不了腐蚀事故实际带来的损失。把大量的隐型损失剔除，是对事故损失评估的最大失误。其后果直接导致人们对事故危害及对事故损失的严重程度认识不足，使其责任人或责任单位没有对事故损失付出应有的代价，不足以引起充分的重视。

(3) 对事故损失统计范围的界定缺乏规范性　由于对事故损失的分类比较简单，随之带来了统计范围的随意性。有的学者将其间接损失的统计范围界定得很宽、很细，无限向外延伸，甚至把分析事故的报表所花费的费用都统计在其中。也有的过于简单，只把事故造成的直接经济损失和人员伤亡作为统计范围。过于复杂容易给工作造成困难；过于简单，不能全面、准确、系统、科学地反映事故造成的损失。因此，迫切需要对事故损失的统计范围作进一步的规范。

（4）对事故间接损失的评估缺乏科学性　在评估事故造成的间接损失时，比较普遍的做法是采用"直间倍比系数法"。这一方法虽然为测算者带来了方便，但其带来的差异显而易见。随着社会的发展，人们对事故造成的间接损失的评估要求越来越高，这种方法显然满足不了人们的期望。

（5）对事故损失评估方法缺乏统一性　目前对事故损失的评估方法既多又乱，实际操作很难掌握。仅环境污染影响损失评估方法就有几十种，有关人的生命损失价值的估算也有很多种。方法多的优点是，为测算者提供了方便；缺点是，方法多，不确定性高，致使评估者举棋难定。如果能统一标准和方法，将会大大缩小测算方法之间的差异。

第四节　典型腐蚀事故损失评估

大量的腐蚀事故分析研究表明，局部腐蚀通常是造成腐蚀事故的主要原因。局部腐蚀包括电偶腐蚀、小孔腐蚀（点腐蚀）、晶间腐蚀、应力腐蚀、腐蚀疲劳、磨损腐蚀和细菌腐蚀等。目前局部腐蚀的预测和预防仍存在困难，以致腐蚀事故往往在没有明显的预兆迹象下突然发生，危害性相当大。1976年，日本三菱化工机械公司化工装置损坏调查结果表明[16]：全面腐蚀仅占8.5%，应力腐蚀破裂占45.6%，小孔腐蚀占21.6%，腐蚀疲劳占8.5%，晶间腐蚀占4.9%，高温氧化占4.9%，氢脆占3.0%。

腐蚀引发的事故是各式各样的，典型腐蚀事故主要有：火灾事故、环境污染事故、爆炸事故和水灾害事故。

一、腐蚀破坏引发的火灾事故损失评估

腐蚀事故引发的火灾是近年来常见的一类事故，通常是在腐蚀破坏的基础上，由于自然环境的不安全、救援方法的疏忽或当事人的错误操作引起的次生事故。例如，苏联1985年建成的一条输气管道腐蚀发生泄漏，当时正好两列火车开进泄漏区，火车摩擦产生电火花引燃泄漏的可燃气体发生爆炸，造成600多人死亡，烧毁数百公顷森林，造成巨大的生命财产损失。

腐蚀破坏引发的火灾事故常见的有单起火灾和森林火灾。

（一）单起火灾损失评估[17]

XF 185—2014 规定了对单起火灾直接经济损失和人身伤亡损失的评估方法，为火灾损失统计提供了标准依据。但此"规定"不适用于军事设施、矿井地下部分、核电厂、海上石油天然气设施、森林和草原等场所的火灾损失评估。

1. 单起火灾的定义

单起火灾是在时间和空间上失去控制的燃烧所造成的灾害，是腐蚀事故中发生的较为常见且破坏性严重的一种灾害。

单起火灾的种类很多，通常包括建筑、油类以及可燃气体和粉尘爆炸所引起的火灾。

2. 单起火灾等级分类

根据 2007 年 6 月 26 日公安部下发的《关于调整火灾等级标准的通知》，新的火灾等级标准由原来的一般火灾、较大火灾和重大火灾三个等级调整为一般火灾、较大火灾、重大火灾和特别重大火灾四个等级。

（1）一般火灾　指造成 3 人以下死亡，或者 10 人以下重伤，或者 1000 万元以下直接财产损失的火灾。

（2）较大火灾　指造成 3 人以上 10 人以下死亡，或者 10 人以上 50 人以下重伤，或者 1000 万元以上 5000 万元以下直接财产损失的火灾。

（3）重大火灾　指造成 10 人以上 30 人以下死亡，或者 50 人以上 100 人以下重伤，或者 5000 万元以上 1 亿元以下直接财产损失的火灾。

（4）特别重大火灾　指造成 30 人以上死亡，或者 100 人以上重伤，或者 1 亿元以上直接财产损失的火灾。

3. 单起火灾损失构成

据 XF 185—2014 火灾损失统计方法，火灾损失包括火灾直接经济损失和人身伤亡。

（1）火灾直接经济损失分类　包括火灾直接财产损失、火灾现场处置费用、人身伤亡所支出的费用。

（2）人身伤亡分类　分为死亡、重伤和轻伤三类。

火灾直接经济损失统计分类，见图 4-2。

4. 单起火灾损失评估方法

单起火灾损失评估的内容主要包括四大项：即火灾直接财产损失、火灾现场处置费用、人身伤亡所支出的费用和人身伤亡。根据现场损失情况，选择不同的评估方法。

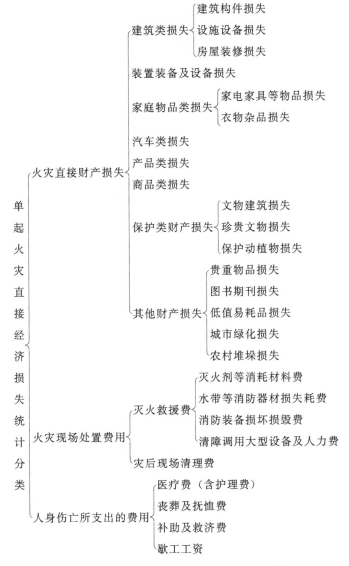

图 4-2　单起火灾直接经济损失统计分类[17]

（1）总量估算法　先估算损失物灾前财产总量价值，再通过损失程度估算一个损失百分比，两者相乘结果即为损失物的损失值。

总量估算法适宜于低值易耗品、家庭物品等损失的估算。

（2）实际价值法　对灭火救援中损耗损毁的物品（如灭火剂、燃料、水带等）按当时当地实际价值统计；对灭火救援中调用大型设备、人力雇用以及灾后清理现场等费用按实际发生额计算。

实际价值法适宜于现场处置费用。

(3) 重置价值法 适用于计算建筑构件、房屋装修、设备设施及装置（包括储罐）、汽车、城市绿化以及家庭中家电家具等物品损失。计算公式为

$$L_r = V_r R_r R_d \tag{4-29}$$

式中 L_r——损失额；

V_r——重置价值；

R_r——成新率❶；

R_d——烧损率❷。

(4) 修复价值法 适用于计算建筑构件、房屋装修、设备设施及装置（包括储罐）、汽车、消防装备、贵重物品及家电家具等损失。其计算公式为

$$L_v = C_r \tag{4-30}$$

式中 L_v——损失额；

C_r——修复费。

修复费大于受损前财产价值的，损失按受损前财产价值计算。汽车受损前价值可参照二手车市场估算价值。

(5) 成本-残值法 适用于计算产品类和商品类损失。其计算公式为

$$L_c = C - V_c \tag{4-31}$$

式中 L_c——损失额；

C——成本；

V_c——残值。

商品的成本只计算购进价、税金、运输费、仓储费等。

(6) 市值-残值法 适用于计算金银首饰等贵重物品、图书期刊、家具家电、农村堆垛以及家庭粮仓损失。其计算公式为

$$L_m = M - V_c \tag{4-32}$$

式中 L_m——损失额；

---

❶ 成新率反映灾前建筑、设备等财产的新旧程度，即灾前财产的现行价值与其他全新状态重置价值的比率。详见 XF 185—2014 附录 B。

❷ 烧损率是指财产在火灾中直接被烧毁、烧损、烟熏、砸压、辐射、爆炸，以及在灭火抢险中因破拆、水渍、碰撞等所造成的外观、结构、使用功能、精确度等损伤的程度。用百分比（%）表示。详见 XF 185—2014 附录 C。

M——市值；

V_c——残值。

当市场没有相同的物品时，可按类似的物品计算。图书、农村堆垛、粮食等烧损后不能再使用的，其残值视为0。

（7）文物建筑重建价值法　计算公式为

$$L_b = C_b(k_b + k_a)R_d \tag{4-33}$$

式中　L_b——文物建筑损失；

C_b——文物建筑重建费，按国家有关部门颁布的古建筑修缮概（预）算定额取费；

k_b——保护级别系数，取值按 XF 185—2014 附录 D 确定；

k_a——调节系数，取值按 XF 185—2014 附录 D 确定；

R_d——烧损率，取值按 XF 185—2014 附录 C 确定。

有关人身伤亡所支出的费用，按照 GB 6721—86《企业职工伤亡事故经济损失统计标准》的有关规定统计。

（二）森林火灾损失评估[18]

长输油气管线穿越森林、草原，因腐蚀泄漏引发的森林火灾，是一种比较容易发生的事故。腐蚀事故引发的森林火灾与自然森林火灾除了原因不一样外，所造成的损失和危害是一样的。因此，可以按照 LY/T 2085—2013《森林火灾损失评估技术规范》规定的损失分类、损失计算方法进行评估。

1. 森林火灾的定义

森林火灾，是指除城市市区以外的森林发生的火害。由于其烧毁林木资源，林内动物、植物、微生物资源，林区生产与生活设施，造成人员伤亡以及破坏资源等，所造成的一定数额的经济价值损失，即为森林火灾损失。

森林火灾是一种突发性强、破坏性大、处置救援较为困难的灾害。

2. 森林火灾等级分类

根据《森林防火条例》规定：按照受害森林面积和伤亡人数，森林火灾分为一般森林火灾、较大森林火灾、重大森林火灾和特别重大森林火灾。

（1）一般森林火灾　受害森林面积在 1hm² 以下或者其他林地起火的，或者死亡 1 人以上 3 人以下的，或者重伤 1 人以上 10 人以下的；

（2）较大森林火灾　受害森林面积在 1hm² 以上 100hm² 以下的，或者死亡 3 人以上 10 人以下的，或者重伤 10 人以上 50 人以下的；

(3) 重大森林火灾　受害森林面积在 100hm² 以上 1000hm² 以下的，或者死亡 10 人以上 30 人以下的，或者重伤 50 人以上 100 人以下的；

(4) 特别重大森林火灾　受害森林面积在 1000hm² 以上的，或者死亡 30 人以上的，或者重伤 100 人以上的。

3. 森林火灾经济损失构成

根据 LY/T 2085—2013 规定，森林火灾损失由直接经济损失和间接经济损失构成。

(1) 直接经济损失　是指因森林火灾造成的"受灾体"的毁坏或损耗，引起"受灾体"在经济价值方面的灾前与灾后差异，并可用前后对比的原则，直接用货币量来体现的损失。直接经济损失包括：林木资源价值损失、木材损失、固定资产损失、流动资产损失、林副产品损失、农牧产品损失、火灾扑救费用、人员伤亡损失、居民财产损失和野生动物损失。

(2) 间接经济损失　是指森林火灾"受灾体"对其他"受灾体"的影响，或"受灾体"不能马上表现出经济损失而是通过影响本身的内部机制而造成的衍生的经济损失。间接经济损失包括：停（减）产损失、灾后处理费用、森林生态价值损失等。

森林火灾损失构成，见图 4-3。

4. 森林火灾损失评估方法

(1) 森林火灾直接经济损失的评估　其主要项目有：

① 林木资源价值损失评估。林木资源价值损失是指森林火灾造成的活立木和枯立木价值损失。林木资源价值应根据不同的林种、树种，选择适用的评估方法和林分质量调整系数进行评定估算，评估方法主要有以下几种。

a. 成熟林、过熟林采用市场价格倒算法；

b. 中龄林、近熟林采用收获现值法、收益现值法或年金资本化法；

c. 幼龄林采用重置成本法。

对于名木古树等有特殊价值的林木及少林地区的林木资源价值损失，可根据当地实际情况计算。

② 木材损失评估。木材损失是指火烧区内采伐迹地、山楞、中楞等木材的损失。

$$木材损失额(元)=过火木材材积(m^3)\times木材市场价格(元/m^3)-残值(元) \tag{4-34}$$

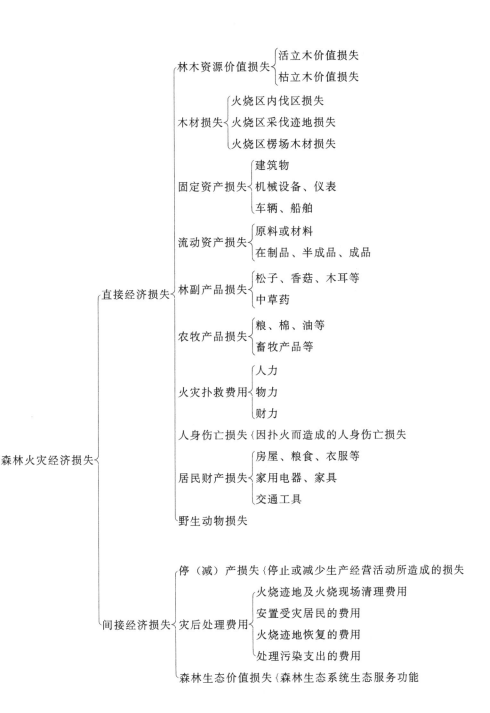

图 4-3 森林火灾损失构成图

③ 固定资产损失评估。固定资产损失是指由于森林火灾烧毁的固定资产损失，包括林业用建筑物、机械设备、仪表、船舶、林区道路、桥、涵、输变电线及防火设施等。

$$固定资产损失额(元) = 重置价值(元) \times$$
$$(1 - 年平均折旧率 \times 已使用年限) \times 烧毁率 \quad (4-35)$$

④ 流动资产损失计算。流动资产损失是指森林火灾烧毁在生产经营过程中参加循环周转、不断改变其形态的资产损失，包括原料、材料、在制品、半成品和成品等的经济损失。流动资产损失按不同流动资产的种类分别计算。

$$流动资产损失额(元) = 流动资产数量(kg、台) \times$$
$$购入价(元/kg、元/台) - 残值(元) \quad (4-36)$$

⑤ 林副产品损失评估。林副产品损失是指火烧区内林副产品（如香菇、木耳、中草药等有采集、加工价值的副产品等）的损失。林副产品损失金额分别按不同品种和不同的现行市场价格进行计算。

$$林副产品损失额(元) = 林副产品损失数量(kg) \times 市场平均现行价(元/kg) \quad (4-37)$$

⑥ 农牧产品损失计算。农牧产品损失是指火烧区内的农业作物（如粮、棉、油等）和畜牧产品（如牲畜、家禽等）的损失。农牧产品损失分别按照农产品、农作物、牲畜及家禽损失累计核算。

a. $$农产品损失额(元) = 农产品损失数量(kg) \times 市场平均现行价(元/kg) \quad (4-38)$$

b. $$农作物损失额(元) = 农作物损失面积(hm^2) \times$$
$$该农作物生产成本(元/hm^2) \quad (4-39)$$

c. $$畜禽损失额(元) = 牲畜及家禽数量(头或只) \times$$
$$成畜及家禽市场价格(元/头或元/只) \quad (4-40)$$

⑦ 火灾扑救费用计算。火灾扑救费用是指在扑救森林火灾过程中所投入的人力、物力、财力以及所带来的附加损失。计算方法为

$$P = \sum_{i=1}^{n} P_i \quad (4-41)$$

式中　P——总火灾扑救费用；

P_i——扑救火灾支付的某项费用，元。

P_i 具体包括：飞机、船、车、马租金、交通费等的价值；燃料、材料费的价值；扑救人员的工资、伙食费等费用；消耗的消防器材、装备、机具等的价值；扑救森林火灾的组织管理费用；其他因扑救森林火灾而支付的费用等。

⑧ 人员伤亡损失计算。人员伤亡损失额按轻伤、重伤和死亡三类分别进行计算。具体损失费用参考《最高人民法院关于审理人身损害赔偿案例适用法律若干问题的解释》《工伤保险条例》、GB 6441 等确定。

⑨ 居民财产损失计算。居民财产损失是指由于森林火灾造成火烧区居民财产受到的损失，包括房屋、粮食、衣服、家具等。居民财产损失按不同财产的种类分别计算。

$$居民财产损失额(元) = 财产数量(kg、台、件) \times 购入价(元/kg、元/台、元/件) \times (1 - 年均折旧率 \times 已使用年限) \quad (4-42)$$

⑩ 野生动物损失评估。野生动物损失是指因森林火灾所造成的野生动物的损失。

$$野生动物损失额(元) = 烧死的野生动物数量(头、只) \times 野生动物价格(元/头、元/只) - 残值(元) \quad (4-43)$$

(2) 森林火灾间接经济损失的评估　其主要内容有：

① 停（减）产损失计算。停（减）产损失是指受灾林区内木材生产、制材、加工、机械和其他部门的工厂及林产品经销、商业等单位遭受森林火灾影响而停止生产经营活动，所减少的产量和营业额收入等。

停（减）产损失按停工损失、停产损失和停业损失累计核算。

a. $$停工损失(元) = 停工人数(人) \times 停工天数(天) \times 日均工资[元/(人 \cdot 天)] \quad (4-44)$$

b. $$停产损失(元) = 所减少的产品数量(件/天) \times 停产时间(天) \times 产品出厂价(元/件) \quad (4-45)$$

c. $$停业损失(元) = 日营业额(元) \times 停业天数(天) \quad (4-46)$$

② 灾后处理费用计算。灾后处理费用是指森林火灾扑灭后用于处理各种后果的费用，包括社会性后果处理费用和火场处理费等。计算公式为

$$Q = \sum_{i=1}^{n} Q_i \quad (4-47)$$

式中　Q——灾后处理总费用，元；

Q_i——灾后处理的某项费用,元。

灾后处理的某项费用Q_i具体包括：火烧迹地及火烧现场清理费用；安置受灾居民的支出费用；火烧迹地补植、补种的支出费用；处理火灾产生的一些有毒物质对环境的污染的支出费用,等等。

③ 森林生态价值损失计算。森林生态价值损失是指森林火灾对森林生态系统中非林木资源的有机体及整个生态环境所造成的一切后果而带来的全部损失,如水土流失,地力降低,森林旅游和狩猎价值减少,火灾产生的一些有毒物质对环境的污染,大量烟雾对交通能见度的影响等。具体包括以下内容：

a. 防风固沙效益损失(元)＝受害森林面积(hm^2)

$$\times 森林抑制风沙产生的效益(26.8 元/hm^2) \quad (4\text{-}48)$$

b. 改善小气候效益损失(元)＝受害森林面积(hm^2)

$$\times 森林改善小气候年效益(361 元/hm^2) \quad (4\text{-}49)$$

c. 吸收二氧化碳效益损失(元)＝0.95355×林分蓄积量变化的绝对值(m^3)

$$\times 二氧化碳固定成本(273.3 元/t) \quad (4\text{-}50)$$

d. 净化粉尘效益损失(元)＝受害森林面积(hm^2)×林地滞尘能力(t/hm^2)

$$\times 消减粉尘单价(170 元/t) \quad (4\text{-}51)$$

森林滞尘能力：针叶林的滞尘能力为 $33.2 t/hm^2$,阔叶林的滞尘能力为 $10.11 t/hm^2$。

e. 吸收有害气体效益损失(元)＝受害森林面积(hm^2)×林地年吸收有害气体 SO_2 和 NO_x 的能力(t/hm^2)

$$\times 消减 SO_2 和 NO_x 的单价(元/t) \quad (4\text{-}52)$$

森林对 SO_2 的吸收能力：阔叶林为 $88.65 kg/(hm^2 \cdot a)$；针叶林为 $215.6 kg/(hm^2 \cdot a)$,每削减 1t SO_2 的投资成本为 600 元。森林对 NO_x 的吸收能力为 $0.38 t/(hm^2 \cdot a)$,每削减 1 吨 NO_x 的投资成本为 250 元。

f. 减轻水旱灾害效益损失(元)＝受害森林面积(hm^2)

$$\times 森林减轻水旱灾害的年效益(65 元/hm^2) \tag{4-53}$$

g. 保护野生生物效益损失 = 受害森林面积(hm^2)

$$\times 森林野生生物的保护效益(110.40 元/hm^2) \tag{4-54}$$

二、腐蚀破坏引发的环境污染事故损失评估

因腐蚀引起"跑、冒、滴、漏"而造成较为严重的环境污染,也是一种比较典型的腐蚀事故。例如,"11·22"青岛输油管道因腐蚀减薄破裂爆炸特别重大事故,不仅造成 62 人死亡、136 人受伤,经计算认定,原油泄漏量约 2000t,原油污染路面约 $1000m^2$,海面过油面积约 $3000m^2$,造成大量的海生物死亡,直接经济损失 7.5 亿元。再如,国内某化工厂由于腐蚀造成物料泄漏,引起爆炸和氯气泄漏,死亡和失踪 10 人,10 多万人被迫疏散,事故中为吸收氯气所消耗的消防水 1.5 万吨,经济损失难以估量。2010 年 4 月 20 日,英国石油公司墨西哥湾"深水地平线"钻井平台海底阀门失效导致爆炸,造成 11 人死亡,随后 3 个月海底原油不断涌出,溢出量超过 400 万桶,成为美国海域最严重的环境灾难。由于 3000m 深海环境的复杂性,历时 3 个多月,几乎动用了所有的力量才堵住了海底原油的泄漏。

1. 环境污染的定义

环境污染指自然或人为地破坏,向环境中添加某种物质而超过环境的自净能力而产生危害的行为。如使环境的构成或状态发生变化,环境素质下降,从而扰乱和破坏了生态系统和人类的正常生产和生活条件的现象。

2. 环境污染损害的特点

污染物不同,其特点也不同,一般来说,环境污染损害有下列特点。

(1) 环境污染损害具有复杂性 多种污染物在环境中发生各种各样的相互作用,有联合、有拮抗、有协调,使环境因素十分复杂,也加重了人类对环境污染治理的难度。同时,也给环境损失评估带来了复杂性。

(2) 环境污染损害具有潜伏性 环境损害一般具有较长的潜伏期,这是因为环境本身具有消化人类废弃物的机制,但环境的这种自净能力是有限的,如果某种污染物的排放超过环境的自净能力,环境不能消化掉的那部分污染就会慢慢地蓄积起来,最终导致损害的发生。

(3) 环境污染损害具有持续性　环境损害常常透过广大的空间和长久的时间，经过多种因素的复合积累后才形成，因此造成的损害是持续的，不因损害行为的停止而停止。

(4) 环境污染损害具有广泛性　环境污染涉及的地区大，受害对象广泛，利益损失多样。

(5) 环境污染损害具有多样性　造成污染的因素有化学因素、物理因素和生物因素，其中由化学物质进入环境而造成的环境污染占 80%～90%。环境污染对人身伤害有急性的和慢性的，甚至在人类后代身上发生遗传性影响。

3. 环境污染损失评估

面对千差万别的环境污染对象，人们使用过各式各样的方法来评估环境的价值，同时在不断开发新的环境价值评估技术。目前有关评估环境价值的方法有很多，除了本章第三节介绍的之外，还有人力资本法、隐含价格法、生产力损失法、恢复或重置费用法、影子工程法和防护费用法等。为了压缩篇幅，这里不一一介绍。

值得注意的是，对于环境污染经济损失的计量，尽管环境经济学家对环境污染造成的经济损失进行了大量研究，并作了大量案例分析，但到目前为止能够给出的评估方法，在性质上都不是"真值"，而只是"计算值"。出现这种情况的主要原因在于，环境污染的物理量与经济损失值之间，不存在直接的一一对应关系[19]。相反，两者之间的关系，受环境污染所产生的时间和地域的各种因素的影响。类似的情况，在许多环境经济学著作中都有报道。如丁·塞尼卡（J. Seneca）在《环境经济学》一书中说："大多数环境问题的损害数量是难以估算的……要想根据效益和费用的概念来阐述准确的计算内容是不可能的"[20]。欧洲经济委员会的报告也指出："用数量形式来表示环境受损害的程度是非常困难的"。所以，目前对于环境污染损失的计算，在国际、国内还不是完全成熟的，估算污染损失的方法还不能令人满意。但环境污染造成了社会损害，是一个客观事实，这种损害相当于一个经济价值量，也是一个客观事实[20]。因此，人们想方设法通过各种不同的形式和方法对其进行估算。其结果虽然不是"真值"，但它有助于人们定量地认识环境污染的严重程度，有助于人们增强环保意识，有助于为决策者提供强有力的信息支持。今后，对于环境污染损失的评估，重点工作在于：一是规范环境代价计量的概念、方法、基础数据和参数；二是规范环境代价在国民核算系统中的表达；三是规范各种评估方法，提高其科学性；四是规范环境代价的计量范围，以便于评价和比较。

三、腐蚀破坏引发的爆炸事故损失评估

腐蚀破坏引发的爆炸事故，在各类事故中占有一定的比例。如 2011 年 3 月 11 日，日本福岛发生严重的核泄漏及爆炸事故。据日本专家分析，其事故的原因是设备老化，包括原子炉压力容器的中性子脆化、压力抑制室出现腐蚀等。从这次事故发生后出现阀门失灵现象也能证实这一点。

再如，2014 年 8 月 2 日 7 时 34 分，江苏省苏州市昆山市昆山经济技术开发区昆山中荣金属制品有限公司抛光二车间特别重大铝粉尘爆炸事故，共造成 97 人死亡、163 人受伤，经济损失 3.51 亿元。这起重大事故的直接原因是，事故车间 1 号除尘器集尘桶锈蚀破损，桶内铝粉受潮，发生氧化放热反应，达到粉尘云的引燃温度，引发除尘系统及车间的系统爆炸。

类似以上事故，在工业生产过程中时有所见。因此，有必要作为一种典型案例进行剖析。

1. 爆炸的定义

爆炸是一种极为迅速的物理或化学的能量释放过程。在此过程中，空间内的物质以极快的速度把其内部所含能量释放出来，转变为机械功、光和热等能量形态。所以一旦失控，发生爆炸事故，就会产生巨大的破坏作用。爆炸发生破坏作用的根本原因是构成爆炸的体系内存有高压气体或在爆炸瞬间产生高温高压气体。爆炸体系和其周围介质之间发生急剧的压力突变是爆炸的最重要特征，这种压力差的急剧变化是产生爆炸破坏作用的直接原因。

腐蚀引发的爆炸事故，通常是次生事故。一般来讲，次生事故的破坏作用要比原生事故大得多。腐蚀破坏引发设备、装置穿孔，造成泄漏，假如环境是安全的，其损失价值一般比较低，反之则损失巨大。

2. 爆炸事故的分类

按照爆炸的性质不同，爆炸可分为物理性爆炸、化学性爆炸。

（1）物理性爆炸　是由物理变化（温度、体积和压力等因素）引起的，在爆炸的前后，爆炸物质的性质及化学成分均不改变。如锅炉腐蚀爆炸。

（2）化学性爆炸　是由化学变化造成的。化学爆炸的物质不论是可燃物质与空气的混合物，还是爆炸性物质（如炸药），都是一种相对不稳定的系

统，在外界一定强度的能量作用下，能产生剧烈的放热反应，产生高温高压和冲击波，从而产生强烈的破坏作用。如"8·2"特别重大铝粉尘爆炸事故就是典型的化学性爆炸事故。

3. 爆炸事故损失评估

（1）固定资产类损失评估　固定资产指使用期限超过1年的房屋、机器、机械、建筑物、运输工具以及其他与生产、经营有关的设备、工具、器具等。

① 对于房屋、建筑物损失的评估。房屋、建筑物的爆炸损失额按重置完全价值折旧方法计算，即

$$爆炸损失额 = 重置完全价值 \times (1 - 年平均折旧率 \times 已使用时间) \times 破坏率$$

(4-55)

式中　重置完全价值——指重新建造或重新购置所需的金额或按现行固定资产调拨价计算；

年平均折旧率——1/规定的使用年限；

破坏率——指实际破坏的程度，按百分比计算。

② 对于机器、设备、工具、仪器、交通运输工具等受爆炸影响的损失额的评估。也按重置完全价值折旧方法计算，计算方法同上。

③ 对于交通运输企业和其他企业专业车队的客货运汽车、大型设备、大型建筑施工机械等损失的评估。根据国家有关文件规定，按工作量进行折旧。

④ 对于固定资产的使用已接近、等于或超过规定的使用年限，但仍有使用价值的，其爆炸影响损失额的评估。按重置完全价值的20%~30%计算。

⑤ 对于一些固定资产类，当重置完全价值无法确定时，可采用原值代替重置完全价值计算。

⑥ 对于古建筑损失的评估。按修复费计算或根据古建筑的保护级别，分别按建筑费用计算。

（2）流动资产类损失评估　流动资产是指企业可以在一年或者超过一年的一个营业周期内变现或者运用的资产。在实物形态上，流动资产大致包括处于生产和消费准备状态的流动资产、处于待售状态的流动资产、处于生产过程中的流动资产。

对于流动资产类损失额的评估，可按购入价扣除残值计算，有的可按国内牌价计算。如油气损失。

因腐蚀爆炸引发的其他损失，如环境污染损失、火灾损失等，参照以上

给出的评估方法进行测算。

四、腐蚀破坏引发的水灾害事故损失评估

与"火灾""环境污染""爆炸事故"相比，腐蚀破坏引发的水灾害事故相对较少，但其发生的概率却依然存在。因为水环境中金属的腐蚀要比其他环境更普遍、更具危险性。水工金属结构物是水电站、水库、水闸、船闸等水工建筑物的重要组成部分。水工金属构筑物主要包括闸门、钢管、拦污栅、各种埋件、清理机和启用机等，它们都是大型水利水电工程常用的设施，由于其所处环境恶劣，长期受气候变化、日光照射、干湿交替、高速水流冲击或其他环境因素影响，很容易产生腐蚀问题，不出事则已，一出事就不得了。

例如，1979年8月11日印度马丘河大坝崩塌惨案[21]，就是一起典型由腐蚀造成的事故。1979年8月11日印度吉拉特邦突降大雨，日降雨量达525毫米。洪水滔滔流入马丘河，当马丘河2号大坝快要漫顶的时候，工人迅速启动闸门泄洪，谁知闸门生锈，提不起来，眼看大坝难保，工人忙拉汽笛报警，谁知水电有机组因故障断电，汽笛发不出声响。大坝很快被洪水推倒，决坝洪水似万马奔腾，咆哮而下，迅速扫向10公里处的莫尔维市，仅用15分钟便已到达。没有听到警报的7万市民在毫无准备的情况下被10米高的巨浪吞没。不到半小时，全城被淹没在9米深的洪水之中，只剩下几座高楼和冒尖树木。从此，莫尔维市在地图上抹掉了，水泥架子、树桩、墙基潴留着死尸、腐畜，臭气冲天。这场惨绝人寰的灾难，造成3.7万人死亡，莫尔维市人口的1/2死亡，周围68个村落也被毁灭，直接经济损失1.3亿美元。

印度马丘河大坝崩塌惨案，引起我们深刻的反思。

反思一：众所周知，浸泡在水环境中的金属结构物会生锈发生腐蚀隐患，造成安全事故，而为什么当时设计建造时没有考虑这一问题，是工作疏忽，还是对腐蚀的无知？应归因于设计人员的主观过错。

反思二：汛期来临之前，水库管理者应当对有关设备、设施进行全面的检查，以防出现意外，保证正常运行，而为什么没有检查？这时闸门已锈蚀固结提不动，为什么没有发现？应追究水库管理者、岗位工作人员的法律责任。

反思三：在20世纪七八十年代，对于这一类装置的腐蚀防护已有比较成熟的措施，即涂料防腐、阴极保护＋涂料联合防腐。即便是建造时没有考虑防腐保护，过后的几年，其生锈现象也应该引起管理者的注意，采取补救措

施。而他们却无动于衷,最后酿成大祸,应当追究管理者的失职。

反思四:实际上,马丘河大坝泄洪闸门,只要投入几万元最多几十万元的腐蚀防护费用,或稍加留心注意,就可以避免1.3亿美元的经济损失、保护3.7万人的生命安全。这又应该追究谁的责任呢?!

总之,这是一起重大责任事故。

据2019年统计,我国有大型水库744座、中型水库3978座、小型水库93390座,合计98112座。目前,我国大型水库用于调节上下游水位和流量的闸门,都采用了金属喷镀技术、涂料保护或阴极保护与涂料联合保护技术,以确保腐蚀安全。如我国三峡船闸钢闸门采用阴极保护技术和涂料联合保护,真正把三峡大坝建成了"防腐大坝"。

然而,中小型水库有关设备、设施是否采用了有关防腐技术,保证其安全,笔者没有做过详细调查,不得而知。希望相关人员恪尽职守,人命关天,万万不可亡羊补牢。

智者,以别人的惨痛教训警示自己;愚者,用自己沉重的代价唤醒别人。

1. 水灾害的定义

水灾害泛指洪水泛滥、暴雨积水和土壤水分过多对人类社会造成的灾害。一般所指的水灾害,以洪涝灾害为主。水灾害威胁人民生命安全,会造成巨大财产损失,并对社会经济发展产生深远的不良影响。

2. 水灾害损失分类

水灾害对自然系统和社会系统的不利影响是多方面的,但目前尚缺统一规定的分类方法。按照理论分类方法,可将水灾害损失分为直接经济损失、间接经济损失、直接非经济损失和间接非经济损失。

水灾害造成的直接经济损失包括水灾淹没造成的不动产和动产损失。根据实物形态,可分为建筑物的破坏,农、林、牧、渔淹没损失等。

水灾害造成的间接经济损失包括现场救援费用,开辟临时交通、通信、供电、供水等费用,停产、交通、通信受阻及运输中断造成的损失,农业减产的损失,以及非淹没区经济活动受到波及的损失等。

水灾害造成的直接非经济损失包括人员伤亡、健康损失、自然环境损失等。

水灾害造成的间接非经济损失包括淹没区内工矿企业、事业单位工效损失,社会稳定影响损失等。

3. 水灾害损失评估

（1）水灾害直接经济损失评估[22,23]　水灾害直接经济损失指洪水直接造成的物质方面的损失，评估时可根据不同的资料条件，按生产产值直接估算。即

$$S_D = a_G S_G (1+f_G)^T \tag{4-56}$$

或

$$S'_D = \sum_{i=1}^{N}\sum_{j=1}^{M}\sum_{k=1}^{L} U_{ijk}(h,t) V_{ijk} = \sum_{j=1}^{M} S_{Dj} \tag{4-57}$$

式中　S_D——洪水淹没区单位面积直接经济损失，元/亩；

　　　a_G——洪水淹没损失率，%；

　　　S_G❶——洪水淹没区单位面积产值，元/亩；

　　　f_G——洪水淹没区洪水损失增长率，%；

　　　T——计算洪灾经济损失的年数，$T=0$ 为统计的当年，$T=1$ 为统计年份的后一年，……；

　　　S'_D——洪灾损失率计算的一次洪灾引起的直接经济损失值；

　　　S_{Dj}——第 j 类财产的直接经济损失值；

　　　U_{ijk}——第 k 种淹没程度下第 i 个经济分区内第 j 类财产的损失率，它是淹没深度 h 和淹没持续时间 t 的函数；

　　　V_{ijk}——第 k 种淹没程度下第 i 个经济分区内第 j 类财产值；

　　　N——淹没区内按经济发展水平划分的分区数；

　　　M——第 i 个经济区内的财产种类；

　　　L——淹没程度等级数；

（2）水灾害间接经济损失评估　间接经济损失很难作直接测算，通常采用系数折算法。即间接经济损失与直接经济损失之间的关系为

$$S_I = \sum_{j=1}^{M} a_j \cdot S_{Dj} \tag{4-58}$$

式中　S_I——洪水给淹没区造成的间接损失值；

　　　a_j——第 j 类财产的关系系数。

洪水灾害造成的总经济损失为

$$S_o = S_D (\text{或 } S'_D) + S_I \tag{4-59}$$

（3）水灾害直接非经济损失评估　请参见本章第三节。

（4）水灾害间接非经济损失评估　请参见本章第三节。

---

❶ S_G 可用国内生产总值（GDP）或工农业生产总值除以淹没区面积来计算。

参考文献

[1] 董绍华. 管道完整性管理技术与实践. 北京：中国石化出版社，2015.

[2] 中共中央马克思恩格斯列宁斯大林著作编译局. 马克思恩格斯选集：第四卷. 北京：人民出版社，2012：243.

[3] 蔡世经，聂文学. 事故与对策. 西安：陕西人民教育出版社，1989.

[4] 王强. 电化学保护简明手册. 北京：化学工业出版社，2012.

[5] 徐静，潘广铎. 企业事故损失评估方法探讨. 山东交通学院学报，2004，12（3）：70-72.

[6] 罗云. 安全经济学. 北京：中国质检出版社，中国标准出版社，2013.

[7] 宋大成. 企业安全经济学（损失篇）. 北京：气象出版社，2000.

[8] 刘伟，王丹. 安全经济学. 徐州：中国矿业大学出版社，2008.

[9] 杨开忠，白墨. 关于意愿调查评估值法在我国领域应用的可行性探讨——以北京居民支付意愿研究为例. 地球科学进展，2002，17（3）：420-425.

[10] 张茵，蔡运龙. 条件估值法评估环境资源价值的研究进展. 北京大学学报（自然科学版），2005，41（2）：317-328.

[11] 于波，张峰，陆文彬. 对环境资源价值评估方法——条件价值评估法的综述. 环保论坛，2010（1）：1040-1041.

[12] 李原，黄资慧. 20世纪灾祸志. 福州：福建教育出版社，1992.

[13] 侯云峰. 事故损失的评价理论与方法研究. 徐州：中国矿业大学，2007.

[14] 于庆东. 灾害损失评估理论、方法和应用研究. 上海：同济大学，1995.

[15] 党鹏. 自然灾害经济损失的评估方法研究. 哈尔滨：黑龙江大学，2012.

[16] 叶康民. 金属腐蚀与防护概论. 北京：人民教育出版社，1980.

[17] XF 185—2014. 火灾损失统计方法.

[18] LY/T 2085—2013. 森林火灾损失评估技术规范.

[19] 夏光. 中国环境污染损失的经济计量与研究. 北京：中国环境科学出版社，1998.

[20] 塞尼卡 J D，陶西格 M K. 环境经济学. 熊必俊，等译. 南宁：广西人民出版社，1986.

[21] 郭强，陈兴民，张立汉. 灾害大百科. 太原：山西人民出版社，1996.

[22] 谢永刚. 水灾经济学. 北京：经济科学出版社，2003.

[23] 傅湘，纪昌明. 洪水损失评估指标的研究. 水科学进展，2000，11（04）：432-435.

第五章
腐蚀防护工程项目资金时间价值理论

腐蚀防护工程项目的类型是多种多样的，无论是什么样的类型，所发挥的经济效益或所消耗的各种资源，最后基本上都可以用货币形式，即资金的形式表现出来。资金运动反映了物化劳动和活劳动的运动过程，而这个过程也是资金随时间运动的过程。所以资金时间价值理论，在各类腐蚀防护工程项目经济分析、评价中具有十分重要的作用。

资金时间价值理论，既是项目决策者、工程技术人员、经济管理人员和项目计划人员所需掌握的经济基础知识，同时也是生产经营者、投资者所需掌握的财务知识。

目前，防腐工程项目大都具有投资规模大、建设周期长的特点。资金往往通过多种渠道筹措，除项目投资人自有资金、政府各类财政性资金外，还可以利用银行信贷资金、非银行金融机构的信贷资金、国际金融机构和外国政府提供的信贷资金或赠款，以及通过企业、社会团体等多种渠道融资。多种多样的融资渠道给投资者带来了极大方便，同时，也给投资者带来了极大的压力。如何运用信贷资金或自有资金，是投资者最为关心的问题。这时就需要运用资金时间价值理论进行分析评价，最后得出是否可行的结论。

在腐蚀防护工程项目方案经济分析中，经常会遇到诸如投资时间不同的方案评价、投产时间不同的方案评价、使用寿命不同的方案评价、实现技术方案后多年经营费用不同的方案评价等。这些问题都存在时间因素的不可比现象，要正确评价项目技术方案的经济效果，就必须研究资金的时间价值及其计算，从而为消除方案时间上的不可比奠定基础。因此，在腐蚀防护工程项目的研究与论证中，资金时间价值对于技术经济分析、评价有重要的意义。

第一节　概　　述

对于工期长、投资大的腐蚀防护工程项目，资金时间价值的考虑是不可缺少的。在进行技术方案可行性分析、效益（效果）评价时，首先，要计算确定建设项目的现金流量；其次，要依据我国现行的计息制度和资金等值原理进行资金时间价值计算和比较；最后，才能决定项目方案的取舍。

一、资金时间价值理论的意义

资金时间价值理论，也称货币时间价值理论，在西方，早已广泛用于分析评价各种经济活动，如投资决策、成本效益分析等；目前在我国也有一定的应用。例如，在进行项目方案经济可行性分析时，常采用动态评价法评价所选项目的经济效益或经济效果，以为科学决策提供依据。把有限的资金用在刀刃上，以防失误造成经济损失。具体来讲，资金时间价值理论的重要意义有以下几点。

1. 资金时间价值是进行投资决策、评价投资效益的重要依据

一项投资活动是存在一定风险的，并不是只要把一笔资金投入某一生产经营活动就能带来资金的增值。资金的增值是有条件的，只有把资金投到符合国家和地区政策鼓励发展的项目、符合国家和地区规划的项目、符合市场需求的项目才会带来效益，像一些重复建设的项目、违规建设的项目，不但造成了资金的长期占用，而且浪费了资源，如果投资者能认识到资金时间价值的作用，就会合理有效地利用资金。

2. 资金时间价值是进行融资决策、评价融资效益的重要依据

不同的资金来源，意味着不同的资本成本和不同的资金收益率。随着我国经济建设的不断发展，对外政策越来越开放，利用外资的形式也越来越多，如何合理用好国外资金、提高投资效果，已显得越来越重要，尤其是利用国外借款进行投资的项目，经一段时间后需要还本付息。即使世界银行的低息贷款，也比国内的一般利率高，所以，如果不预先搞好外资项目的经济和财务分析，就会有项目投资收益率低于外资借款利率而还贷不起，最终使我国蒙受经济损失的风险。所以，务须应用资金时间价值理论进行动态分析，充分考虑利息与时间的因素，同时还要考虑项目效益因素。这样在建设项目的运作过程中，使得资金有计划、有控制地投入使用，提高投资项目的安全性和确保投入资金的预期收益率。

3. 资金时间价值是进行生产经营决策、评价经营效果的重要依据

资金时间价值不仅对投资决策具有重要的意义，对生产经营决策来说，同样也是重要的依据。比如对流动资本周转速度的决策来说，提高流动资本的周转速度，不仅可以使手中的流动资本得到充分的利用，同时也有利于提高剩余价值率，使得企业的收益得到最大化，达到企业追求利润的目标。

4. 资金时间价值是进行资源优化决策、评价科学配置的重要依据

在当今资源稀缺的情况下，当有的企业占据过多资源而形成闲置时，就形成了资源的一种浪费。在闲置时间里，原本可以投入生产、创造价值的资源失去活力。将手中闲置资金交予资源短缺的对方，由对方创造经济效益，然后回报资金时间价值，从而达到双赢的效果，不但使资源得到充分的利用，同时也为双方带来经济效益。

二、资金时间价值产生的原因

资金时间价值的实质是指资金在投资使用中随时间的推移而产生的增值。一定量的货币必须投入生产经营活动中才能产生增值，如果将资金闲置不用，则不会增值。因此，并不是所有的货币都有时间价值，而只有把货币作为资金投入生产经营才能产生时间价值。其产生的原因就是马克思在政治经济学中阐述的"剩余价值"。"剩余价值"实质上不是由"时间"创造的，而是由工人的劳动创造的，如果没有工人的劳动，就不会有资金的时间价值。

对于资金时间价值的产生可以从以下几个方面理解。

1. 资金随着时间的推移，其价值增值

将资金投入生产或流通领域，经过一段时间之后将可以得到一定的收益或利润，从而使资金随着时间的推移而产生增值。从投资者的角度来看，资金的增值特性使资金具有时间价值。

2. 资金一旦用于投资，就不能用于现期消费

放弃资金的使用权利，相当于失去收益的机会，也即相当于付出了一定的代价，这种代价或者说是机会成本，就是资金的时间价值。

从消费者的角度来看，资金时间价值体现为对放弃现期消费的损失应作的必要补偿。

3. 资金因通货膨胀，需要通过资金时间价值对其损失作以补偿

人们手持货币总是用于购买所需的物品与服务，而社会平均物价水平从总体上看是不断上涨的。同样数量的货币因通货膨胀而贬值，意味着其价值随时间的增加而减少。因此，要通过资金的时间价值对其损失作出补偿。

三、资金时间价值在腐蚀防护工程项目投资决策中的运用

项目决策通常包括三大环节，即项目计划、项目可行性分析和项目后评价。其中，每一个环节牵连的因素都很多，但最为重要的是资金时间价值的分析、评价。企业投资的最主要动机是取得投资效益，投资决策就是要在若干待选方案中，选择投资小、收益大的方案。因此，资金时间价值是项目决策分析不可或缺的重要手段。

1. 项目计划的重要杠杆

项目计划是根据对未来的项目决策，项目执行机构选择制定包括项目目标、工程标准、项目预算、实施程序及实施方案等的活动。在这一活动中，需要考虑的问题是多方面的，其中，项目效益是项目计划中的重中之重，如果拟建项目没有效益，那将从根本上失去了项目计划的意义。因此，只有项目有效益或效益较大的项目，投资者才有积极性。那么效益的衡量标准是什么？即资金时间价值。项目投资数额、投资时点及投资效益等，都是项目决策分析要考虑的因素。在这里，资金时间价值便是项目计划的重要杠杆。

2. 项目决策的重要砝码

项目计划是项目决策的先行步骤，项目计划后还要进行该项目的可行性分析，即项目可行性分析是项目决策的重要环节。项目可行性分析包括：既定项目目标正确性与合理性分析、对项目目标实现情况后分析、建设项目实施效果后分析、建设项目技术后分析、建设项目财务后分析、建设项目国民经济后分析、建设项目社会影响后分析等。尽管要分析的内容很多，但其中一项重要的内容则是建设项目财务和国民经济的分析。该项包括项目赢利能

力、清偿能力、外汇效果等分析。其结果是项目取舍的重要砝码。

3. 项目后评价的重要工具

项目经过计划、可行性分析等程序后，决定了拟建项目。建设项目实施后，其效益到底如何，还要进行项目后评价。这时则需要采用净现值（NPV）法、净年值（NAV）法和内部收益率（IRR）法等进行动态分析论证。把投资项目在不同时点的现金流量转换成同一时点的值或等值序列，计算出项目方案的特征值（指标值），然后依据一定的标准在满足时间可比的条件下，进行评价比较，以确定项目的实际效益（效果）。

从以上分析可知，资金时间价值在腐蚀防护工程项目投资决策中具有极其重要的作用，作为投资者、防腐工程技术人员是必须掌握的知识，从而制定出科学、合理的项目决策，有效规避投资风险，使投资者获得最大的经济效益。

第二节　腐蚀防护工程项目的现金流量

任何一项腐蚀防护工程项目的实施，总是伴随着一定的物质流和货币流，也就是说存在资金流。在工程经济分析中，我们把这种在所研究的经济系统中各个时点上实际发生的资金流出或流入称为现金流量。

一、项目现金流量

明确现金流量的概念，弄清现金流量的内容，正确估算现金流量，是进行腐蚀防护工程项目投资方案效益分析的前提，也是进行科学决策的基础。

1. 现金流量的概念

现金是通用的交换媒介，也是对资产计量的一般尺度，会计上对现金有狭义和广义之分。狭义的现金仅仅是指库存现金，即企业金库中存放的现金，包括人们经常接触的纸币和硬币等。广义的现金包括金库存现金、银行存款和其他货币资金三部分。

所谓现金流量，是指在一个计算期内，现金和现金等价物的流入和流出的数量。

现金流入（cash inflows，CI）是指项目的整个计算期内流入项目系统的资金，如销售收入、捐赠收入、补贴收入、期末固定资产回收收入和回收的流动资金等。

现金流出（cash outflows，CO）是指在项目的整个计算期内流出项目系统的资金，如企业投入的自有资金、上缴的销售税金及附加、借款本金和利息的偿还、上缴的罚款、购买原材料设备等的支出、支付工人的工资等都属于现金流出。

净现金流量（net cash flow，NCF）是指项目的整个计算期内每个时刻的现金流入与现金流出之差（CI－CO）。当现金流入大于现金流出时，净现金流量为正，反之为负。

防腐工程项目经济分析的目的就是要根据所考察的经济系统的预期目标和所拥有的资源条件，分析该系统的现金流量情况，选择合适的工程技术方案，以获得最佳的经济效益。

需要说明的是，以上给出的"现金流入"定义，是常规经济学界定的，它并没有考虑类似于腐蚀防护工程项目一类经济的特殊性，即并没有考虑"减负"也是一种"收入"的特殊形式。在腐蚀经济分析中，我们把"减负"作为一种"收益"来看待，这种"收益"有别于一般经济学，即把腐蚀防护减少的各种物质财富的损失、自然人生命与健康损失、各种资源损失，以及挽回腐蚀可能造成的人们日常生产与生活秩序的紊乱，并带来精神等诸多方面的损害等，作为"收益"，即货币量化后作为"现金流入"。只有这样才能科学、准确、公正地评价腐蚀防护工程项目的现金流入和流出。

腐蚀防护工程收益的计量十分复杂，需运用会计学、生态学、资源学与数学等多学科的知识。由于计量方法的局限性，还需要采用一定方法进行估计，但只要估计得合理，就可以认为其计量结果具有可靠性。另外，有些收益无法用货币计量，但其产生的效益对企业来说非常重要，对这部分内容，可采用批注的形式在相关会计报表中进行说明。例如，腐蚀产生"跑、冒、滴、漏"造成环境污染，进而造成人身伤害，增加了受害人的医疗费用，还可能造成严重的伤残和生命危险。采用了腐蚀防护措施后，使其危害大为降低，这对企业和职工来说，无疑是一种隐型效益。但这种效益通常又是难以用货币计量的，因此，只能采用实物量方式在相关报表中说明。

2. 现金流量的识别

准确识别现金流量，对于项目的科学评估至关重要。在具体操作中，应注意以下几点[1]：

(1) 现金流量的计量，应该是与项目相关的增加额　所谓增加额，是指接受或拒绝某个投资方案后，企业总现金流量因此发生的变动。只有那些由于采纳某个项目引起的现金支出增加额，才是该项目的现金流出，只有那些由于采纳某个项目引起的现金收入的增加额，才是项目的现金流入。

(2) 现金流量的计量，应该是当期实际发生的现金流，而不是会计账面数字　净现金流量不是利润。净现金流量是按照"收付实现制"原则确定的，不仅包括税后利润，还包括非现金支出的费用（折旧费、摊销费）。会计账面数字是按照"权责发生制"原则确定的，两者是有区别的。

(3) 现金流量的计量，不考虑沉没成本因素，计入会计成本　沉没成本是指在正式投资决策之前已发生的支出，这部分支出不会影响投资方案的选择，现在的决策不为过去的决策承担责任，故不考虑沉没成本。会计成本是指企业在经营过程中实际发生的一切成本，包括工资、利息、土地和厂房的租金、原材料费用、折旧等。会计成本是显性成本，它可以用货币计量，故应计入现金流量中。

(4) 现金流量的计量，采用"有无对比法"比"前后比较法"更能准确地反映项目的真实成本和效益　"有无对比法"是将有项目时的成本（效益）与无项目时的成本（效益）进行比较，所得两者差额，就是增量成本（效益）。"前后比较法"是指将项目前的情况与项目后的情况进行对比，以确定项目产生的作用。这两种比较方法都是防腐工程项目经济分析中常用的方法。比较而言，"有无对比法"比"前后比较法"更能准确地反映项目的真实成本和效益。因为"前后比较法"没考虑不上项目时项目的变化趋势，而是假设当年的状况不变，将上项目以后的成本（效益）与当年的数据进行静态的比较，没有考虑无项目时费用和收益在计划期内是可能发生变化的，这样就会夸大或降低项目的效益。"有无对比法"对不上项目时企业的变动趋势作预测，将上项目以后的成本（效益）逐年作动态比较，因此得出的结论更合理。

3. 现金流量的组成

建设项目的完整现金流量通常由三部分组成，即反映项目运营活动的现金流、反映项目筹资活动的现金流和反映项目投资活动的现金流。每一种活动产生的现金流又分别揭示了现金流入和现金流出情况。现金流量的组成是反映企业财务状况的一个重要方面，保持合理的现金组成是企业发展的基础。

(1) 反映项目运营活动的现金流　该项主要包括购销商品、提供和接受服务、经营性租赁、缴纳税款、支付劳动报酬、负担经营费用等活动形成的现金流入和现金流出。

(2) 反映项目筹资活动的现金流　该项主要包括吸收投资、发行股票、发行债券、借款、分配利润、偿还债务资金等筹措项目投资所需要的资金活动而形成的现金流。

(3) 反映项目投资活动的现金流　该项主要包括购建和处置固定资产、无形资产等长期资产，以及取得和收回不包括在现金等价物范围内的各种股权与债权投资等收到和付出的现金。

在腐蚀防护工程项目经济分析中，一般认为，建设项目的投资活动现金流（如建设投资、流动资金投资等）发生在期初，建设项目的生产活动现金流（如营业收入、经营成本等）发生在期末。实际上，在腐蚀防护工程项目计算期内的各个阶段，都有可能发生现金流量，必须逐年估算每一时点的现金流入量和现金流出量。

4. 现金流量的意义

现金流量在财务和企业管理中的意义主要有以下几点：

(1) 从提供信息的角度看　现金流量反映企业在一定会计计算期内现金和现金等价物流入和流出信息，它从动态的角度反映了企业的财务状况，这有利于会计报表的使用者了解和评价企业获取现金和现金等价物的能力，并据此预测企业未来的现金流量，以对企业的盈利质量进行评价。

(2) 从企业价值的角度看　现金流是企业生存的"命根子"，是提升企业价值的唯一途径。在企业持续经营的情况下，企业的价值主要由其每年自由现金流量和贴现率决定，现金流增加就代表着企业价值的增长。可见，企业现金流的数量和速度决定了企业的价值。因此，企业价值的最大化就是现金流的最大化。

(3) 从市场价值的角度看　现金流决定着企业的市场价值。现金流信息能帮助投资者看清企业的真正面貌，能真实地反映企业的投资价值。现金流充足，说明企业的经营状况良好，承受风险的能力强，投资者的信心足。

(4) 从企业经营管理的角度看　现金流是企业生存和发展的"命脉"。在企业的经营管理活动中，资金的运动从货币形态到实物形态再到货币形态，周而复始，不断运转，以实现其价值的增值。

二、项目现金流量图

现金流量图是现金流量表达方式的一种,也是一种比较常用的表达方式。

1. 现金流量图的概念

现金流量图是一种反映经济系统资金运动状态的方式,即把经济系统的现金流量绘入一时间坐标图中,表示出各现金流入、流出与相应时间的对应关系。其中,流入为正(即收入),在现金流量时间标尺上用向上的箭头表示;流出为负(即支出),在标尺下方用向下的箭头表示。各个箭头都画在每个计息周期的开始,也就是上个计息周期的终点。运用现金流量图,可全面、形象、直观地表达经济系统的资金运动状态。如图 5-1 所示。

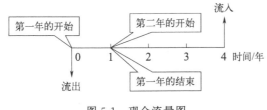

图 5-1 现金流量图

2. 现金流量图的作用

其主要作用有:

① 反映企业的现金流量,评价企业未来产生净现金流量的能力;

② 评价企业偿还债务、支付投资利息的能力,判断企业财务状况;

③ 分析净收益与现金流量间的差异,并解释差异产生的原因;

④ 通过对现金投资与融资、非现金投资与融资的分析,全面了解企业财务状况。

3. 现金流量图的绘制

一项腐蚀防护工程项目的建设和实施通常要经历很长一段时间,在这个时间内,现金流量发生的次数非常多,且不同的时间点上发生的现金流量是不完全相同的。例如,在项目的建设期,有自有资金的投入、银行贷款的获得、贷款还本付息的支出等;在生产期,有销售收入的获得、利息补贴返还、经营成本的支出、利息的偿还、税金的缴纳、固定资产残值的回收及流动资金的回收等。为了便于分析,常采用图的形式来表示各个时间点上发生的现金流量。其绘制的方法如下。

(1) 横轴为时间轴　在绘制时，向右进行延伸，轴线可以分为若干间隔，一个间隔就代表了一个时间，通常为年，也可以是季或半年。从时间轴上的时间点来看，主要用于表示该年的年末，同时表示下一年的年初。零点就是第一年开始时点，这是现值的时间点。

(2) 垂直于横轴的箭线代表现金流量的大小　箭头表示现金流动的方向，箭头向上表示现金流入，即表示效益；箭头向下表示现金流出，即表示费用或损失。

(3) 在现金流量图中，箭线的长短应与现金流量的数值大小成正比　实际工作中，由于各时点现金流量常常因数值差额悬殊而无法成比例绘出，因而在现金流量图的绘制中，箭线的长短只能适当体现各时点现金流量数值的差异，可在上方标出实际数值。

(4) 箭线与时间轴的交点为现金流量发生的时点　时点指现金流入或流出所发生的时间。时点通常表示的是该年的年末，同时也是下一年的年初。如 0 代表第一年的年初，1 代表第一年的年末和第二年的年初，依次类推。

【例 5-1】　某防腐工程项目建设期为 2 年，生产期为 8 年。第一、二年的年初固定资产投资为 500 万元，第三年年初投入的流动资金 200 万元，并一次全部投入。投产后每年获销售收入 600 万元，年经营成本及销售税金合计支出 400 万元，生产期的最后一年年末回收固定资产净残值 100 万元及全部流动资金。该项目的现金流量图如图 5-2 所示。

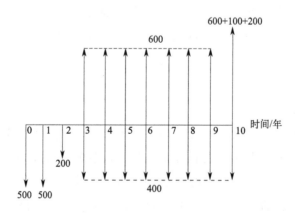

图 5-2　【例 5-1】现金流量图（单位：万元）

三、项目现金流量表

现金流量表是现金流量的另一种表达方式,是财务报表的三个基本报告之一。我国财政部1998年10号文印发了《企业会计准则——现金流量表》,要求企业从1999年1月1日起编制现金流量表,这是对我国现行会计报表体系做出了一项重大改革。

1. 现金流量表的概念

现金流量表集中反映了一定期间内企业现金的来源和支出运用情况。我国现行的会计制度规定,现金流量表一年编一次。实际上现金流量的一定期间就是从年初到年末。现金流量表要披露的信息,就是企业从年初到年末这段时间的现金流入量、现金流出量和净现金流量三个方面的内容。

2. 现金流量表的功能

现金流量表绘出的数据,为我们分析、比较和研究企业的财务状况及现金流量情况,发现企业在财务方面存在的问题,预测企业未来的财务状况,分析企业的支付能力,为企业的科学决策提供依据。具体来说,其主要功能有如下几点:

(1) 有助于分析企业一定期间内现金流入和流出的原因　现金流量表的结构包括流入结构、流出结构。通过流入结构分析,可以看出企业现金流入量的主要来源;通过流出结构分析,可以看出企业当期现金流量的主要去向,有多少现金用于偿还债务,以及在经营、投资和筹资三项活动中,支付现金最多的用于哪些方面。

(2) 有助于分析企业未来发展变化趋势　趋势分析法也叫多期比较分析法,是通过观察连续数期的现金流量表,比较各期的有关项目金额,分析某些指标的增减变动情况,并在此基础上判断其变化趋势,从而对未来可能出现的结果作出预测的一种分析方法。趋势分析通常采用编制历年现金流量表方法,将连续多年的报表,至少是最近几年的现金流量表并列在一起加以分析,以观察变化趋势。

(3) 有助于分析企业财务状况和经营成果的可靠性　资产负债表不能反映财务变动的原因,也不能表明这些资产、负债给企业带来多少现金,又用去多少现金;利润表只能反映利润的构成,而不能反映经营活动、投资活动和筹资活动给企业带来了多少现金,支付了多少现金,而且利润表不能反映投资和筹资活动的全部事项。

现金流量表可以反映企业在报告期内由经营活动、投资活动和筹资活动获得的现金，以及企业获得的这些现金是如何运用的，并能够说明资产、负债、净资产变动的原因，对资产负债表和利润表起到补充说明的作用。借助现金流量表提供的信息，可以帮助报表使用者分析和判断企业财务状况和经营成果的可靠性。

（4）有助于分析企业的偿债能力和支付股利的能力　投资者投入资金、债权人提供企业短期或长期使用的资金，其目的主要是获利。通常情况下，报表阅读者比较关注企业的获利情况，并且往往以获得利润的多少作为衡量标准。企业获利多少在一定程度上表明了企业具有一定的现金支付能力。但是，企业一定期间内获得的利润并不代表企业真正具有的偿债或支付能力。在某些情况下，虽然企业利润表上反映的经营业绩很可观，但财务困难，不能偿还到期债务；还有些企业虽然利润表上反映的经营成果并不可观，但却有足够的偿付能力。产生这种情况有诸多原因，其中会计核算采用的权责发生制、配比原则等所含的估计因素也是其主要原因之一。现金流量表完全以现金的收支为基础，消除了会计核算中由于会计估计等所产生的获利能力和支付能力。通过现金流量表能够了解企业现金流入的结构，分析企业偿债和支付股利的能力，增强投资者的投资信心和债权人收回债权的信心；通过现金流量表，投资者和债权人可了解企业获取现金的能力和现金偿付能力，从而使有限的社会资源流向最能产生效益的地方。

（5）有助于分析企业未来获取现金的能力　现金流量表反映企业一定期间内的现金流入和流出的整体情况，说明企业现金从哪里来，又运用到哪里去。现金流量表中的经营活动产生的现金流量，代表企业运用其经济资源创造现金流量的能力；投资活动产生的现金流量，代表企业运用资金产生现金流量的能力；筹资活动产生的现金流量，代表企业筹资获得现金流量的能力。通过现金流量表及其他财务信息，可以分析企业未来获取或支付现金的能力。

3. 现金流量表的编制方法

现金流量表的编制方法很多，这里引用了"中国会计网"给出的编制方法，以供参考。

现金流量表主表项目，包括的内容有如下三个方面。

（1）经营活动产生的现金流量　其内容包括：

① 销售商品、提供劳务收到的现金；

② 收到的税费返还；

③ 收到的其他经营活动有关的现金；

④ 购买商品、接受劳务支付的现金；

⑤ 支付给职工及为职工支付的现金；

⑥ 支付的各项税费；

⑦ 支付的其他与经营活动有关的现金。

（2）投资活动产生的现金流量　其内容包括：

① 收回投资所收到的现金；

② 取得投资收益收到的现金；

③ 处置固定资产、无形资产和其他长期资产收到的现金；

④ 收到的其他与投资活动有关的现金；

⑤ 购买固定资产、无形资产和其他长期资产支付的现金；

⑥ 投资所支付的现金；

⑦ 支付的其他与投资活动有关的现金。

（3）筹资活动产生的现金流量　其内容包括：

① 吸收投资所收到的现金；

② 借款所收到的现金；

③ 收到的其他与筹资活动有关的现金；

④ 偿还债务所支付的现金；

⑤ 分配股利、利润或偿付利息所支付的现金；

⑥ 支付的其他与筹资活动有关的现金。

以上各项内容，有规范的编制要求和计算方法，可查阅有关资料，这里不一一列出。

现金流量表常见的格式，如表 5-1 所示。

表 5-1　项目投资现金流量表　　　　　　　　　　单位：万元

序号	项目	合计	计算期					
			1	2	3	4	……	n
1	现金流入							
1.1	营业收入							
1.2	补贴收入							

续表

序号	项目	合计	计算期					
			1	2	3	4	……	n
1.3	回收固定资产余值							
1.4	回收流动资金							
2	现金流出							
2.1	建设投资							
2.2	流动资金							
2.3	经营成本							
2.4	营业税金及附加							
2.5	维持运营投资							
3	所得税前净现金流量(1~2)							
4	累计所得税前净现金流量							
5	调整所得税							
6	所得税后净现金流量(3~5)							
7	累计所得税后净现金流量							

计算指标：
项目投资财务内部收益率(%)(所得税前)
项目投资财务内部收益率(%)(所得税后)
项目投资财务净现值(所得税前)
项目投资财务净现值(所得税后)
项目投资回收期(年)(所得税前)
项目投资回收期(年)(所得税后)

注：调整所得税为以息税前利润为基数计算的所得税，区别于利润与利润分配表、项目资本金流量表和财务计划现金流量表中的所得税。

第三节　腐蚀防护工程项目资金的时间价值

资金时间价值对于防腐技术经济分析至关重要。任何一项技术方案、技术措施的实施，都必须通过投入资本、劳务、技术等要素，向社会提供有用的物品或服务。它用市场价格量化建设项目的投入和产出，并使之在不同的方案之间具有时间上的可比性，是腐蚀防护技术经济分析的基础工作，也是正确计算项目技术经济效果指标的前提。本节围绕项目资金时间价值理论、计算方法等进行介绍，为项目技术经济分析奠定基础。

一、项目资金的时间价值

1. 资金时间价值的概念

资金时间价值，是指资金在周转过程中，随着时间的推移而产生的增值。增值的原因是由于资金的投入和再投入，它是社会劳动创造价值能力的一种表现形式。这一资金在经济活动中不断增值的客观规律，称为资金时间价值原理。

在腐蚀防护工程项目的研究与论证中，不仅要对方案资金的数额大小进行分析，而且也要考虑资金发生的时点。因为今天可以用来投资的一笔资金，即使不考虑通货膨胀的因素，也比将来同等数量的资金更有价值。这是由于当前可用的资金能够立即用来投资，带来收益。其收益的部分就是原资金的时间价值。

对于资金时间价值的含义，可以从以下两个方面加深理解。

首先，如果将资金用作某项投资，由于资金运动（流通—生产—流通）可得到一定的收益或利润，即资金发生了增值。资金在这段时间内所产生的增值，就是资金的时间价值。

其次，如果放弃了资金的使用权利，就相当于失去了收益的机会，也就相当于付出了一定的代价。在一定时间内的这种代价，也是资金的时间价值。比如，把一笔现金存入银行，银行将支付一定数量的利息，这既是对存款者的鼓励，也是对其损失的一种补偿。

任何腐蚀防护工程项目的建设和运行，都有一个时间上的延续问题。首先是投资的支出，然后发生一系列的经营费用和销售收入，资金的价值就取决于实际使用、收入的时间。因此，时间因素对于评价防腐项目建设投资的经济效益有着十分重要的实用价值。

2. 资金时间价值影响因素

在腐蚀防护技术方案的比选和经济效果评价过程中，必须考虑时间因素对资金价值的影响，通过分析不同因素对资金时间价值的影响，选择资金时间价值增值最大的方案为首选。

资金的时间价值主要与资金基数的大小、资金使用时间的长短、投资收益率的大小、资金投入项目的时间点、资金周转速度等有关。

(1) 资金时间价值与投入的资金基数有关 在单位时间利率一定的条件下，资金基数越大，资金的时间价值就越大；反之，资金基数越小，则资金的时间价值就越小。

(2) 资金时间价值与资金使用时间的长短有关 在单位资金和利率一定的条件下，资金的使用时间越长，资金的时间价值越大；反之，资金使用时间越短，则资金时间价值越小。

(3) 资金时间价值与投资收益率有关 在单位资金和利率一定的条件下，投资收益率越大，资金时间价值越大；反之，投资收益率越小，资金时间价值就越小。

(4) 资金时间价值与资金投入和回收的特点有关 在总投资一定的情况下，前期投入的资金越多，资金的时间价值越小；反之，后期投入的资金越多，资金的时间价值越大。在资金回收额一定的情况下，前期回收的资金越多，资金的时间价值越大；反之，后期回收的资金越多，资金的时间价值越小。

(5) 资金时间价值与资金周转的速度有关 在单位时间、单位资金和利率（利息）一定的条件下，资金周转越快，资金的时间价值越大；反之，资金周转越慢，资金的时间价值越小。

通过以上的讨论，可以清楚地看到资金时间价值是一个重要的经济概念，不管是企业投资决策，还是个人投资决策，都将会产生重要的影响。在进行投资决策时，一定要考虑资金的时间价值，重视资金的时间价值，作出科学的决策。当然，一个项目的投资决策不能只考虑资金时间价值，还要考虑项目自身的一些技术因素、环境因素，各级政府的产业政策，以及一些特殊情况，这些都要给予相应的考虑，在综合平衡的基础上作出抉择。

3. 资金时间价值的实质[2]

资金时间价值的实质到底是什么？科学社会主义的两大基石——剩余价值论和历史唯物主义告诉我们：资金时间价值的实质是工人劳动创造的剩余价值[3]。下面用简图揭示资金时间价值的实质，见图 5-3。

(1) 生产前流通领域（$G \rightarrow W$） 在产品生产前，首先需要投入一笔资金（G），用来建设厂房、建筑物，购买机器设备、仪器、运输工具等固定资产。固定资产是企业的劳动手段，也是企业生产经营的主要资产。同时还需要垫付一定数额的流动资金用来采购日常生产所需的原材料、

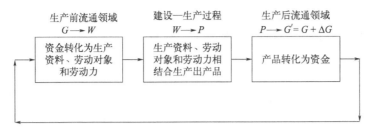

图 5-3　资金增值过程示意图

燃料、辅助材料等劳动对象和支付员工工资。流动资产在周转过程中,从货币形态开始,依次改变其形态,最后又回到货币形态,即资金以物化形式出现(W)。

(2) 建设—生产过程($W \rightarrow P$)　劳动者运用生产资料对劳动对象进行加工、生产和劳动,生产制造出新的产品,新产品(P)比原先投入的资金(G)具有更高的价值(G')。

(3) 生产后流通领域($P \rightarrow G' = G + \Delta G$)　这些新产品($P$)必须在生产后的流通领域(商品市场)里作为商品出售给用户,才能转化为具有新增价值的资金(G'),使物化的资金(P)转化为货币形式的资金(G'),这里的$G' = G + \Delta G$,从而使生产过程中劳动者创造的资金增值部分 ΔG 得以实现。这样就完成了"$G \rightarrow W \rightarrow G'$"形式表示的、完整的资金增值过程。

综上所述,资金的时间价值并不是由"时间"创造的,而是由工人劳动创造的。即资金时间价值的真正来源是工人劳动创造的剩余价值,如果没有工人的劳动,就算有一大笔资金也不会产生时间价值,这就是资金时间价值的实质。

二、项目资金时间价值的衡量

资金时间价值可以用绝对数表示,也可以用相对数表示,即以利息或利率来表示。但是在实际工作中对这两种表示方法并不做严格的区别,通常以利率进行计量。利率的实质是社会资金利润率。各种形式的利率(贷款利率、债券利率等)的水平,就是根据社会资金利润率确定的。但是,一般的利率包含了资金时间价值因素。资金时间价值通常被认为是没有风险和通货膨胀条件下的社会平均资金利润率,这是利润平均化规律作用的结果。作为资金时间价值表现形式的利率,应以社会平均资金利润率为基础,且不应高于该资金利润率。

（一）资金时间价值绝对衡量——利息

1. 利息的含义

资金的时间价值表现形式为利润或利息，利息是指借款人因占用资金而支付的代价，或贷款人因放弃资金使用而得到的补偿。利息是资金时间价值的重要体现之一，是资金时间价值的绝对衡量。如果将一笔资金存入银行，这笔资金就称为本金。经过一段时间后，储户在本金之外再得到一笔利息。利息的计算公式为

$$I = F - P \tag{5-1}$$

式中　I——利息；

　　　F——本利和；

　　　P——本金。

在经济学中，利息常常被看成是资金的一种机会成本。这是因为，如果债权人放弃了现有资金的使用权利，也就放弃了现期消费的权利，但其目的是在将来获得更多的资金使用权利，以便享受更多的消费。为此，债务人就要为占用资金而付出一定的代价。

2. 单利的计算

所谓单利，是指在计算利息时，仅计算本金的利息，而对本金产生的利息不再计算利息。单利是不论年限多长，每年均按最初本金计息，而已取得的利息不再计息，即通常所说的"利不生利"的计算方法。计算单利的公式推导过程见表 5-2。

表 5-2　单利计息公式推算过程

计息期 n	期初资金 P_j	当期应计利息 I_j	期末资金（本利和）F_j
1	P	Pi	$P + Pi = P(1+i)$
2	$P(1+i)$	Pi	$P(1+i) + Pi = P(1+2i)$
3	$P(1+2i)$	Pi	$P(1+2i) + Pi = P(1+3i)$
$\vdots$	$\vdots$	$\vdots$	$\vdots$
n	$P[1+(n-1)i]$	Pi	$P[1+(n-1)i] + Pi = P(1+ni)$

按照单利法，n 年末本利和计算公式为

$$F = P + I = P(1+in) \tag{5-2}$$

式中　F——本利和、终值、未来值；

　　　P——本金，现值；

　　　I——利息；

　　　i——利率；

　　　n——计息周期数。

n 年末总利息的计算公式为

$$I = Pin \tag{5-3}$$

【例 5-2】 某企业在银行存入 1000 万元，存期 5 年，年利率为 3%，问 5 年到期本利和及总利息为多少？

【解】 $P=1000$ 万元，$i=3\%$，$n=5$，由式(5-2)，得 5 年末本利和为：

$$F = 1000 \times (1 + 3\% \times 5) = 1150 (万元)$$

由式(5-3)，得 5 年末总利息为：

$$I = 1000 \times 3\% \times 5 = 150 (万元)$$

3. 复利的计算

所谓复利，是指将上期利息结转为本金来一并计算本期利息的计算方式。也就是不仅本金"生利"，而且利息也"生利"，即所谓的"利滚利"的方法。

复利法的计算出发点就是资金再投入生产后的当年所得效果，作为生产资金重新投入生产领域，按投资收益率为社会提供更多的积累，如此循环，不断扩大再生产，它是以等比级数不断增加资金来扩大再生产的资金循环。而单利计算则是以等差级数增加社会财富的简单再循环。

假设以复利借入一笔资金 P，年利率为 i，借款年限为 n，设本利和为 F，则每年应计利息及本利和见表 5-3。

表 5-3　复利计息的推导表

计息期 n	期初本金 P_j	当期应计利息 I_j	期末资金(本利和)F_j
1	P	Pi	$P+Pi=P(1+i)$
2	$P(1+i)$	$P(1+i)i$	$P(1+i)(1+i)=P(1+i)^2$
3	$P(1+i)^2$	$P(1+i)^2 i$	$P(1+i)^2(1+i)=P(1+i)^3$
⋮	⋮	⋮	⋮
n	$P(1+i)^{n-1}$	$P(1+i)^{n-1} i$	$P(1+i)^{n-1}(1+i)=P(1+i)^n$

按照上面的推导过程，复利计息的本利和公式为

$$F=P(1+i)^n \tag{5-4}$$

复利计息的利息公式为

$$I=P(1+i)^n-P \tag{5-5}$$

【例 5-3】 某防腐企业向银行贷款 1000 万元，贷款年利率为 10%，贷款期为 4 年，4 年末偿还，试计算各年利息及本利和。

【解】 计算过程如表 5-4 所示。

表 5-4 复利计息计算表　　　　　　　　单位：万元

年份	借款本金	利息	本利和	偿还额
0	1000			
1		1000×10%=100	1100	0
2		1100×10%=110	1210	0
3		1210×10%=121	1331	0
4		1331×10%=133.1	1464.1	1464.1

如果将【例 5-3】按单利计算 4 年末应偿还的资金数额为：

$$F=P(1+ni)$$
$$=1000\times(1+4\times10\%)$$
$$=1400(万元)$$

由上可见，同一笔资金，在年利率和计息年限相同的情况下，由于计息方式不同，利息的结果也不同，复利计息计算出来的本利和比用单利计息计算出来的本利和数目大，且本金越大、利率越高、计息时间越长，两者间的差距就会越大。

复利计息有间断复利和连续复利之分。按期（年、半年、季、月、周、日）计算复利的方法称为间断复利（即普通复利）；按瞬时计算复利的方法称为连续复利。

（二）资金时间价值相对衡量——利率

1. 利率

(1) 利率的含义　在经济学中，利率的定义是从利息的定义中衍生出来的。也就是说，在理论上先承认了利息，再以利息来解释利率。在实际计算中，正好相反，常根据利率计算利息，利息的大小用利率来表示。

利率是一定时期内所付利息额和所借资金金额之比，即利息与本金之比，是资金时间价值的相对指标，一般以百分数表示。其表达式为

$$i = \frac{I_1}{P} \times 100\% \qquad (5\text{-}6)$$

式中　i——利率；

　　　P——本金；

　　　I_1——一个计息周期的利息。

【例 5-4】　某防腐企业借得本金 1000 万元，一年后付息 100 万元，试计算其年利率。

【解】　年利率为：

$$\begin{aligned} i &= \frac{I_1}{P} \times 100\% \\ &= \frac{100}{1000} \times 100\% \\ &= 10\% \end{aligned}$$

利率是经济学中一个重要的金融变量，几乎所有的金融现象、金融资产均与利率有着或多或少的联系。合理的利率，对于防腐工程项目的选择具有重要的经济杠杆作用，而合理利率的计算方法是防腐工程师在进行项目经济分析时所关心的问题。

(2) 影响利率高低的因素　主要有以下几点：

① 社会平均利润率。平均利润率是决定利率高低的最基本因素。平均利润率是利率的最高限，零则是利率的最低限。假如所选择的防腐项目收益（或称利润率）低于利率，那么投资者就无利可图，当然，在有些特殊情况下，即便是无利可图，为了腐蚀安全，也需要投入，情况不同，选择的角度也不同。

② 货币资金的供求状况。在货币供给一定时，货币需求增加导致利率上升，货币供给减少导致利率下降。而在货币需求一定时，货币供给的增加导致利率下降，货币供给减少导致利率上升。所以，资金供求情况是影响利率变动的一个重要因素，它决定着某一时期利率的高低。

③ 通货膨胀因素。通货膨胀对利息的波动有直接影响，物价水平发生变动会使借贷成本或收益也发生相应的变化，即通货膨胀时，物价上涨，会使

债权人获得的实际利率下降。为了弥补通货膨胀给债权人带来的损失，一般将名义利率上调；反之，通货紧缩时会使实际利率上升，因此，一般下调名义利率。

④ 政策性因素。国家把利率作为调节经济的一种重要工具。利率不能完全随借贷资金的供应状况自由波动，而必须受到宏观经济政策的调控，因此而产生的一些代表国家意向的经济政策就对利率产生直接的干预和影响。比如，国家为扶持农业，对购买种子、化肥等实行低息贷款，农民拿到的此类贷款就是贴息贷款。

⑤ 国际利率水平。国际利率水平对国内利率的变化具有一定的影响，当国际利率水平较低而国内利率水平较高时，会使外国货币资本流入国内；反之，则会流入国外。所以，为了平衡国际的收支，往往参照国际利率水平调整国内利率水平，以减少国际收支逆差或顺差。

除此之外，银行所承担的贷款风险、借出资本的期限长短等，也都可能影响利率水平。

2. 名义利率

名义利率又称非有效利率 r，是指计息周期利率 i 乘以一年内的计息周期数 m 所得的年利率。其表达式为

$$r = im \tag{5-7}$$

通常所说的年利率都是名义利率。

【例 5-5】 某防腐公司抵押贷款按月还本付息，其月利率为 0.5%，试求名义利率。

【解】 根据式(5-7) 得：

$$r = im = 0.5\% \times 12 = 6\%$$

这里的年利率 6% 即称为名义利率。

3. 实际利率

实际利率又称为有效利率，是指考虑了计息周期内的利息增值因素，并按照计息周期利率运用间断复利法计算出的利率，其计算公式为

$$i = (1 + r/m)^m - 1 \tag{5-8}$$

式中　i——实际利率；

　　　r——名义利率；

　　　m——在一年中计息的次数。

一年后的本利和计算公式为

$$F = P(1+r/m)^m \tag{5-9}$$

【例 5-6】 若有一笔资金，本金为 100 万元，年利率为 15%，每月计息一次，试求其实际利率及第 1 年年末本利和。

【解】 由题意则知，$P=100$ 万元，$i=15\%$，$m=12$，$n=1$ 年。

实际利率计算得：

$$\begin{aligned} i &= (1+r/m)^m - 1 \\ &= (1+15\%/12)^{12} - 1 \\ &= 16.075\% \end{aligned}$$

本利和计算得：

$$\begin{aligned} F &= P(1+r/m)^m \\ &= 100 \times (1+15\%/12)^{12} \\ &= 116.08 (万元) \end{aligned}$$

4. 名义利率与实际利率的关系

名义利率与实际利率存在以下关系：

① 当 $m=1$ 时，名义利率等于实际利率；

② 当 $m>1$ 时，名义利率小于实际利率；

③ 当 $m<1$ 时，名义利率大于实际利率；

④ 当 $m \to \infty$ 时，表示一年中无限多次计息，称为连续复利计息。连续复利计息的实际利率（也称为连续复利率）为

$$\begin{aligned} i &= \lim_{m \to \infty} \left[\left(1+\frac{r}{m}\right)^m - 1 \right] \\ &= \lim_{m \to \infty} \left[\left(1+\frac{r}{m}\right)^{\frac{m}{r}} \right]^r - 1 \\ &= e^r - 1 \end{aligned} \tag{5-10}$$

由此可见，同一笔资金在占用总时间相同的情况下，所付的利息会有明显的差别。结算次数越多，给定利率产生的利息就越多。因此，在进行方案的经济比较时，必须把各方案中的名义利率全部换算成实际利率，然后进行比较。

（三）利息利率在工程活动中的作用

利息利率在工程活动中的作用，主要表现在以下几个方面。

1. 促使企业选择国家优先发展的项目

利息利率是国家调整产业结构的重要手段,如对于限制发展的项目和产业,利率会规定得高一些;对于扶植发展的项目和产业,利率会规定得低一些,从而引导企业和部门的生产经营服从国民经济发展的总方向。

2. 促使企业选择资金占用时间短、见效快的项目

企业占用资金是要付出代价的,资金占用时间越短,付出的代价越小;反之,付出的代价越大。这样就会促使企业选择资金占用时间短、见效快的项目。

3. 促使企业自愿性投资

许多工程项目是以融资的形式建设的,其利息利率则是自愿性投资的动力。例如,对于一个投资企业或个人来说,他首先要考虑的是投资某一项目所得到的利息或利润是否比把这笔资金投入其他项目所得的利息或利润多。如果多,其就可能给这个项目投资;反之,其就可能不会投资这个项目。

4. 促使企业加强经济核算,节约使用资金

企业借贷款是需要付利息的,会增加支出的负担,这就促使企业必须精打细算,把借贷资金用到刀刃上,减少借贷资金的占用时间以少付利息,同时,可以使企业自觉压缩库存限额,减少各环节占压资金。

三、项目资金时间价值计算的应用[4]

资金时间价值是腐蚀防护工程经济分析过程中经常会遇到的概念,广泛用于财务管理、投资决策、资产评估等领域。通过解析以下几个案例,以进一步加深对资金时间价值的理解。

1. 计算资金的未知量

【例 5-7】 某防腐公司向金融部门借款 100 万元,偿还期为 10 年,若年利率为 12%,试确定以下三种偿还借款方案的偿还数额。

① 每年年末只偿还所欠利息,第 10 年年末一次还清本金;

② 在第 10 年年末一次还清本息;

③ 在 10 年中每年年末等额偿还。

【解】 按题意分别计算如下:

① 由于本金不变,所以每年所还的利息为:

$$100 \times 12\% = 12(万元)$$

故 10 年共偿还金额为：
$$100+10\times12=220(万元)$$

② 由一次支付复利公式得第 10 年年末一次偿还的本息为：
$$\begin{aligned}F&=P(F/P,i,n)\\&=100(F/P,12\%,10)\\&=100\times3.106\\&=310.6(万元)\end{aligned}$$

③ 将现值 100 万元折算成 10 年的等额年值：
$$\begin{aligned}A&=P(A/P,i,n)\\&=100\times(A/P,12\%,10)\\&=100\times0.17698\\&=17.698(万元)\end{aligned}$$

即每年等额偿还 17.698 万元，所以 10 年共偿还金额为：
$$10\times17.698=176.98(万元)$$

从以上计算结果可看出，三种偿还的总值是不相同的，这三个不同偿还方案与 100 万元本金是等价值的。

从投资者立场来看，三种方案中任何一种都可以偿付其现在的投资。从贷款者的立场来看，只要其同意在今后以三种方式的任何一种来偿还，现在都可得到 100 万元的使用权。

【例 5-8】 某防腐工程项目建设采用银行贷款，贷款数额为每年年初贷款 50 万元，连续 5 年向银行贷款，年利率为 12%，求 5 年贷款总额的现值及第 5 年年末的未来值各为多少？

【解】 绘制现金流量图，如图 5-4 所示。

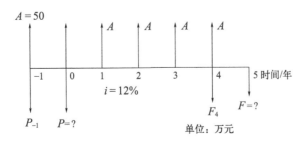

图 5-4 【例 5-8】现金流量图

已知 $A=50$ 万元，$i=12\%$，求 P，F。

解法一：先求 P_{-1}，再求 P，F：

$P_{-1}=A(P/A,12\%,5)=50\times3.6048=180.24$（万元）

$P=P_{-1}(F/P,12\%,1)=180.24\times1.120=201.87$（万元）

$F=P_{-1}(F/P,12\%,6)=180.24\times1.974=355.79$（万元）

解法二：先求 F_4，再求 P，F：

$F_4=A(F/A,12\%,5)=50\times6.353=317.65$（万元）

$P=F_4(P/F,12\%,4)=317.65\times0.6355=201.87$（万元）

$F=F_4(F/P,12\%,1)=317.65\times1.12=355.77$（万元）

2. 计算未知利率

在评价防腐技术方案等值时，有时会遇到这种情况，即现金流量 P、F、A 以及计算期 n 均为已知量，而利率 i 为待求的未知量。比如，求方案的收益率、国民经济的增长率等就属于这种情况。这时，可以借助查复利系数表利用线性内插法近似地求出 i。其计算公式为

$$i=i_1+\left|\frac{f_0-f_1}{f_2-f_1}\right|(i_2-i_1) \tag{5-11}$$

【例 5-9】 已知现在投资 200 万元，8 年后可一次获得 400 万元。求利率 i 为多少？

【解】 利用 $F=P(F/P,i,n)$ 可知：

$$400=200\times(F/P,i,8)$$

$$(F/P,i,8)=400/200=2.00$$

从复利系数表中查到，当 $n=8$ 时，2.00 落在利率 8% 和 9% 之间。从 8% 的位置上查得 1.9990，从 9% 的位置上查得 2.1719。

已知 $i_1=8\%$，$i_2=9\%$，$f_0=2$，$f_1=1.9990$，$f_2=2.1719$。

根据式 (5-11) 得：

$$\begin{aligned}i&=i_1+\left|\frac{f_0-f_1}{f_2-f_1}\right|(i_2-i_1)\\&=8\%+\left|\frac{2-1.9990}{2.1719-1.9990}\right|\times(9\%-8\%)\\&\approx8\%\end{aligned}$$

采用线性内插法是含有误差的，但由于线性内插是在极小的范围内进行

的，所以，这种误差对工程经济分析来说可以忽略，不影响分析结论。

【例 5-10】 某防腐公司欲购买一台防腐设备，卖方提出两种付款方式：

① 若买方将款项一次付清，优惠价为 30 万元。

② 若买方第一次付款 10 万元后，以后 24 个月内每月支付 1 万元。

当时银行利率为 10%，问若这两种付款方式在经济上是等值的话，那么，对于等值的两种付款方式，卖方实际上得到了多大的名义利率与实际利率？

【解】 两种付款方式中有 10 万元现值相同，剩下 20 万元付款方式不同，根据题意，已知 $P=20$ 万元，$A=1$ 万元，$n=24$ 个月，求月利率 i。

$$P=A(P/A,i,n)$$
$$20=1\times(P/A,i,24)$$
$$(P/A,i,24)=20/1=20=f_0$$

查复利系数表可知：

$i_1=1\%$ 时，$(P/A,1\%,24)=21.2434=f_1$

$i_2=2\%$ 时，$(P/A,2\%,24)=18.9139=f_2$

这说明，所求月利率 i 介于 i_1 与 i_2 之间，利用式(5-11) 得：

$$\begin{aligned}i&=i_1+\left|\frac{f_0-f_1}{f_2-f_1}\right|(i_2-i_1)\\&=1\%+\left|\frac{20-21.2434}{18.9139-21.2434}\right|\times(2\%-1\%)\\&=1\%+0.534\%\\&=1.534\%\end{aligned}$$

那么，卖方得到年名义利率 $r=12\times1.534\%=18.408\%$。

卖方得到实际利率：

$$\begin{aligned}i&=\left(1+\frac{r}{n}\right)^n-1\\&=\left(1+\frac{18.408\%}{12}\right)^{12}-1\\&=(1+0.01534)^{12}-1\\&=20.04\%\end{aligned}$$

计算结果表明，无论是名义利率（18.408%）还是实际利率（20.04%）都高于当时银行利率（10%），因此，第一种付款方式对买方有利，应选择第一种。而第二种付款方式对卖方有利，按银行利率，卖方所得的现值为：

$$P = P_1 + A(P/A, i, n)$$
$$= 10 + 1 \times (P/A, 1\%, 24)$$
$$= 10 + 1 \times 21.2434$$
$$= 31.2434(万元)$$

3. 计算未知年数

在评价分析腐蚀防护工程方案等值的过程中，可能会遇到另一种情况是：已知方案现金流量 P、F 或 A，以及方案的利率 i，而方案的计算期 n 为待求的未知量。例如，要求计算方案的投资回收期、借款清偿期就属于这种情况。这时仍可借助复利系数表，利用线性内插法近似地求出 n。其求解的方法与计算未知利率 i 大致相同。其计算公式为

$$n = n_1 + \left| \frac{f_0 - f_1}{f_2 - f_1} \right| (n_2 - n_1) \tag{5-12}$$

【例 5-11】 假定某防腐企业经济收入的年增长率为 6%，如果使企业经济收入翻两番，问从现在起需多少年？

【解】 设现在的防腐企业经济收入为 P，若干年后翻两番则为 $4P$，得：

$$F = P(F/P, 6\%, n)$$
$$4P = P(F/P, 6\%, n)$$
$$(F/P, 6\%, n) = 4$$

查复利系数表则知，当 $i=6\%$ 时，4 落在年数 28 年和 29 年之间。当 $n=28$ 年时，$(F/P, 6\%, 28) = 3.9201$；当 $n=29$ 年时，$(F/P, 6\%, 29) = 4.1161$。

已知 $n_1 = 28$，$n_2 = 29$，$f_0 = 4$，$f_1 = 3.9201$，$f_2 = 4.1161$。

根据式(5-12) 得：

$$n = n_1 + \left| \frac{f_0 - f_1}{f_2 - f_1} \right| (n_2 - n_1)$$
$$= 28 + \left| \frac{4 - 3.9201}{4.1161 - 3.9201} \right| \times (29 - 28)$$
$$= 28.41(年)$$

【例 5-12】 某防腐企业向银行贷款 400 万元新上一条生产线，第 3 年投产，投产后每年净收益 80 万元，若年利率为 10%，问投产后多少年能归还 400 万元贷款的本息。

【解】 绘制现金流量图，见图5-5。

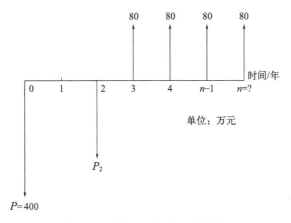

图5-5 【例5-12】现金流量图

为使计算方案能利用公式，将第2年年末（第3年年初）作为基期，计算P_2：

$$P_2 = 400(F/P, 10\%, 2) = 400 \times 1.210 = 484(万元)$$

然后，计算从投产后算起的偿还期n：

$$P = A(P/A, 10\%, n)$$
$$484 = 80(P/A, 10\%, n)$$
$$(P/A, 10\%, n) = \frac{484}{80} = 6.05 = f_0$$

在$i=10\%$的复利系数表上，6.05落在第9年和第10年之间，当$n_1=9$时，$(P/A, 10\%, 9) = 5.7590 = f_1$；$n_2=10$时，$(P/A, 10\%, 10) = 6.1446 = f_2$。

根据式(5-12)得：

$$n = n_1 + \left|\frac{f_0 - f_1}{f_2 - f_1}\right|(n_2 - n_1)$$
$$= 9 + \left|\frac{6.05 - 5.7590}{6.1446 - 5.7590}\right| \times (10 - 9)$$
$$= 9 + 0.7547$$
$$= 9.7547(年)$$

即投产9.8年后能全部还清贷款的本息。

第四节 腐蚀防护工程项目资金等值计算

在腐蚀防护工程经济分析中,等值是一个十分重要的概念,它为我们提供了计算某一经济活动有效性或者进行方案比较、优选的可能性,因为在考虑资金时间价值的情况下,其不同时间发生的收入或支出是不能直接相加减的。而利用资金等值的概念,就可以把不同时点上发生的现金流量换算成同一时点上的等值资金,然后再进行比较。所以,在腐蚀防护工程经济分析中,在很多情况下方案的评选,采用等值的概念来进行分析、评价和选定。

一、项目资金的等值

1. 资金等值的概念

资金等值是指在考虑了时间因素之后,把不同时刻发生的数值不等的现金流量换算成同一时点上,从而满足收支在时间上可比的要求。例如,在年利率为10%的条件下,现在的10000元资金在一年后将增值:$10000\times(1+10\%)=11000$(元)。即现在的10000元与年后的11000是等值的。

资金等值的特点是:资金的数额相等,发生的时间不同,其价值肯定不等;资金的数额不等,发生的时间也不同,其价值却可能相等。

2. 资金等值的影响因素

影响资金等值的因素有三个,即资金额的大小、资金发生的时间和利率,它们构成现金流量的三要素。

在三要素中,利率是关键因素,在处理资金等值问题时必须以相同利率作为比较计算的依据。

3. 资金等值计算的相关参数

在进行资金等值计算的过程中,不仅需要利用现金流量图对资金进行分析和计算,而且需要掌握资金等值相关参数的含义。

(1) 折现 也叫贴现,是指把将来某一时点的资金金额换算成现在时点的等值金额。折现时所用的利率叫作折现率或者贴现率。

(2) 利息周期 通常用 n 来表示。在腐蚀防护工程经济分析中,利率的利息周期若为年,可以省略,否则一定要说明。另外,除非有特别的说明之外,它适用于 n 个利息周期之中。

(3) 现值 (present value,P) 是指资金发生在某一特定时间序列始点上的价值。在腐蚀防护工程经济分析中,现值表示在现金流量图中 O 点的投资数额或投资项目的现金流量折算到 O 点时的价值。

(4) 终值 (future value,F) 是指资金发生在某一特定时间序列终点上的价值。其含义是指期初投入或产出的资金转换为计算期末的终值,即期末本利和的价值。

(5) 等额年金 (annual value,A) 也叫年金或等额年值,是指各期等额收入或支付的金额,通常以等额序列表示,即在某一特定时间序列期内,每隔相同时间收支的等额款项。

在腐蚀防护工程项目经济分析中,以上五个参数只要已知三个,就可以求出另外两个。其中,利率 i 是核心,在进行工程分析时,常根据利率作出决策。

二、项目资金等值计算公式

每个腐蚀防护工程项目的现金流的发生是不尽相同的,有的项目是一次投资,多次收益;有的项目是多次投资,多次收益;有的项目是多次投资,一次收益;也有的项目是一次投资,一次收益。因此,为了解决以上各种投资项目的经济分析计算,现将资金等值计算公式绘制于图 5-6。

图 5-6 资金等值计算公式

（一）一次支付类型的资金等值计算

一次支付类型是指分析的现金流量，无论是现金流入还是现金流出，均发生在一个时点上，如图 5-7 所示。

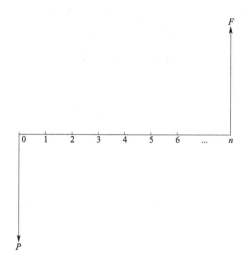

图 5-7 一次支付现金流量图

一次支付情形的复利计算公式是复利计算的基本公式。

1. 一次支付终值公式（已知现值 P，求终值 F）

一次支付终值公式即本利和公式，是指一项资金 P 按年利率 i 进行投资，求 n 年后的本利和。计算公式为

$$F = P(1+i)^n \tag{5-13}$$

式中，$(1+i)^n$ 称为一次支付终值系数，用 $(F/P, i, n)$ 表示。据此，式 (5-13) 又可改写为

$$F = P(F/P, i, n) \tag{5-14}$$

【例 5-13】 某企业为了更新电化学保护测试设备，向银行借款 400 万元，其年利率为 10%，计划在 5 年后一次归还，问到期归还银行的本利和是多少？

【解】 由式(5-13) 和式(5-14) 可得：

$$\begin{aligned} F &= P(1+i)^n \\ &= 400 \times (1+10\%)^5 \\ &= 644.2(万元) \end{aligned}$$

或

$$F = P(F/P, i, n)$$

$$= 400 \times (F/P, 10\%, 5)$$
$$= 400 \times 1.611$$
$$= 644.2(万元)$$

即到期归还银行的本利和是 644.2 万元。

2. 一次支付现值公式（已知终值 F，求现值 P）

一次支现值公式是指想要在 n 年后得到一笔资金 F，在利率为 i 的情况下，求现在应投入的资金数，即已知 F、i、n，求现值 P。很显然，一次支付现值的求解过程是一次支付终值求解的逆运算。计算公式为

$$P = F(1+i)^{-n} \tag{5-15}$$

式中，$(1+i)^{-n}$ 称为一次支付现值系数，用 $(P/F, i, n)$ 表示。据此，式 (5-15) 又可改写为

$$P = F(P/F, i, n) \tag{5-16}$$

【**例 5-14**】 某企业计划 5 年后从银行提取 10 万元，如果银行利率为 12%，问现在应存入多少钱？

【**解**】 由式 (5-16) 计算得：

$$P = F(P/F, i, n)$$
$$= 10(P/F, 12\%, 5)$$
$$= 5.7(万元)$$

即现在应存入 5.7 万元。

在腐蚀防护工程项目经济分析中，现值比终值使用更为广泛。但在进行工程项目分析时，应该注意两点：一是正确选取折现率。折现率对现值大小的影响比较大；二是要注意现金流量的合理分布。投资时间的早晚及集中投资还是分散投资，对投资现值都有不同程度的影响。

（二）等额分付类型的资金等值计算

一项防腐工程项目经济系统分析期内的现金流量，有的是集中发生在一个时点上的，此时可以用一次支付类型的计算公式进行计算；而在很多情况下，现金流量是分布在整个分析期内的，即发生多次支付。现金流入和流出在多个时点上的现金流量，其数额可以是不等的，也可以是相等的。等额系列现金流，是指所分析的系统中现金流入与现金流出可在多个时间点上发生，即形成一个序列现金流量，并且这个序列现金流量额的大小是相等的。等额分付类型包括四个基本公式。

1. 等额分付终值公式（已知 A、i、n，求终值 F）

等额分付终值的含义是在一个时间序列中，在利率为 i 的情况下，连续在每个计息期的期末支付一笔等额年金 A，计算 n 个计息周期结束时所有年金的本利和 F，类似于银行储蓄中的零存整取。其现金流量图如图 5-8 所示。

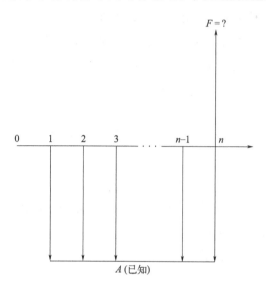

图 5-8　等额分付终值的现金流量图

由图 5-8 推导出：

$$F = \sum_{t=1}^{n} A_t (1+i)^{n-t}$$
$$= A[(1+i)^{n-1} + (1+i)^{n-2} \cdots + (1+i) + 1]$$

利用等比级数求和公式得

$$F = A\left[\frac{(1+i)^n - 1}{i}\right] \tag{5-17}$$

式中，$\dfrac{(1+i)^n - 1}{i}$ 称为等额分付终值系数，亦可记为 $(F/A, i, n)$。据此，式 (5-17) 可改写为

$$F = A(F/A, i, n) \tag{5-18}$$

【**例 5-15**】　某企业在 10 年内，每年末等额存入 10 万元，年利率为 8%，问 10 年末本利和为多少？

【**解**】　由式 (5-18) 计算得：

$$F = A(F/A, i, n)$$

$$= 10(F/A, 8\%, 10)$$
$$= 10 \times 14.487$$
$$= 144.87(万元)$$

2. 等额分付偿债基金公式（已知 F、i、n，求偿债基金 A）

等额分付偿债基金公式是等额分付终值公式的逆运算，该公式的经济含义是，在利率为 i 且复利计息的条件下，若要在第 n 期期末能一次收入 F 数额的现金流量，求在这 n 期内连续每期期末的等额偿债基金值 A。这个过程的现金流量如图 5-9 所示。

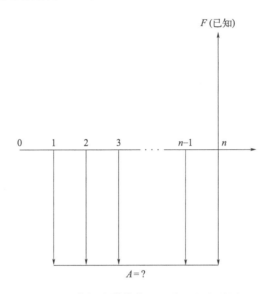

图 5-9 等额分付偿债基金的现金流量图

等额分付偿债基金公式可表示为

$$A = F\left[\frac{i}{(1+i)^n - 1}\right] \tag{5-19}$$

式中，$\frac{i}{(1+i)^n - 1}$ 称为等额分付偿债基金系数，亦可记为 $(A/F, i, n)$。据此，式(5-19)又可改写为

$$A = F(A/F, i, n) \tag{5-20}$$

【例 5-16】 某企业欲积累一笔基金用于 5 年后更新防腐设备，更新费为 80 万元，银行利率为 10%，求每年至少要存款多少？

【解】 由式(5-20)可得：

$$A = F(A/F, i, n)$$
$$= 80(A/F, 10\%, 5)$$
$$= 80 \times 0.1638$$
$$= 13.1(万元)$$

即每年至少要存款 13.1 万元。

3. 等额分付资金回收公式（已知 P、i、n，求年值 A）

等额分付资金回收是指期初一次性发生一笔投资 P，在利率为 i 的情况下，用每个计息期等额、连续发生的年值来回收，所需要的等额年值 A 是多少？其现金流量图如图 5-10 所示。

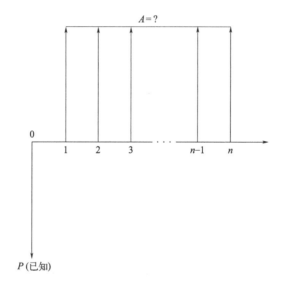

图 5-10 等额分付资金回收的现金流量图

等额分付资金回收公式为：

$$A = P\left[\frac{i(1+i)^n}{(1+i)^n - 1}\right] \tag{5-21}$$

式中，$\frac{i(1+i)^n}{(1+i)^n - 1}$ 称为等额分付资金回收系数，可记为 $(A/P, i, n)$。据此，式(5-21)又可改写为

$$A = P(A/P, i, n) \tag{5-22}$$

【例 5-17】 某防腐厂现在计划投资 200 万元扩大再生产，预计年利率为 6%，分 8 年等额回收，每年可回收资金多少？

【解】 由式(5-21)和式(5-22)可得：

$$A = P \times \frac{i(1+i)^n}{(1+i)^n - 1}$$
$$= 200 \times \frac{6\% \times (1+6\%)^8}{(1+6\%)^8 - 1}$$
$$= 32.2(万元)$$

或

$$A = P(A/P, i, n)$$
$$= 200(A/P, 6\%, 8)$$
$$= 200 \times 0.1610$$
$$= 32.2(万元)$$

即每年可回收资金 32.2 万元。

4. 等额分付现值公式（已知 A、i、n，求现值 P）

等额分付现值公式是换算在利率为 i 的情况下，为了能在未来 n 年中每年年末提取相等金额 A，求现在必须投资多少？其现金流量图如图 5-11 所示。

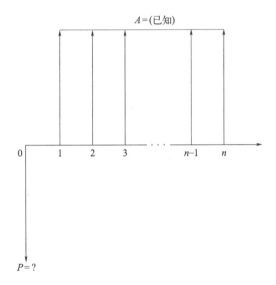

图 5-11 等额分付现值的现金流量图

等额分付现值是等额分付资金回收的逆运算。可推导出等额分付现值公式为

$$P = A\left[\frac{(1+i)^n - 1}{i}\right](1+i)^{-n}$$

$$= A\frac{(1+i)^n - 1}{i(1+i)^n} \tag{5-23}$$

式中，$\frac{(1+i)^n - 1}{i(1+i)^n}$ 称为等额分付现值系数，可记为 $(P/A, i, n)$。据此，式(5-23)又可改写为

$$P = A(P/A, i, n) \tag{5-24}$$

【例 5-18】 某种防腐涂料的经济寿命为 5 年，预计年净收益 45 万元，残值为 0，若投资者要求收益率至少为 15%，则投资者最多愿意出多少钱购买该涂料？

【解】 由题意知，$A = 45$，$n = 5$，$i = 15\%$。

依据式(5-23)和式(5-24)得：

$$P = A\frac{(1+i)^n - 1}{i(1+i)^n}$$

$$= 45 \times \frac{(1+15\%)^5 - 1}{15\% \times (1+15\%)^5}$$

$$= 45 \times 3.3523$$

$$= 150.85(万元)$$

或

$$P = A(P/A, i, n)$$

$$= 45(P/A, 15\%, 5)$$

$$= 45 \times 3.3523$$

$$= 150.85(万元)$$

即投资者最多愿意出 150.85 万元购买该涂料。

（三）等差支付类型的资金等值计算

在许多腐蚀防护工程经济分析中，常会遇到某些现金流量每年均有一定数量的增加或减少，如果每年现金流量的增加或减少额相等，则称之为等差序列。等差支付类型的现金流量图，如图 5-12 所示。

常用的等差支付类型现金流量计算公式有以下三种。

1. 等差支付终值公式（已知等差额 G 和 i、n，求终值 F）

等差序列现金流量是在一定的基础数值上逐期等差增加或逐期等差减少

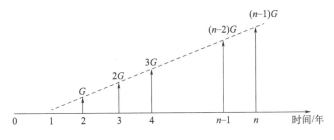

图 5-12 等差支付类型的现金流量图

的现金流量。一般是将第 1 期期末的现金流量作为基础数值,然后从第 2 期期末开始逐期等差递增或逐期等差递减。其流量图如图 5-13 所示。

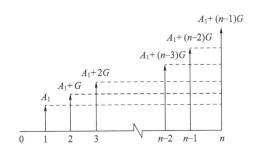

图 5-13 等差支付类型终值现金流量图

图 5-13 的现金流量可分解为两部分:第一部分是由第 1 期期末现金流量 A_1 构成的等额支付现金流量,第二部分是由等差额 G 构成的递增等差支付序列现金流量。

由 A_1 构成的等额支付现金流量的终值 $F=(A_1)=A_1(F/A,i,n)$。由 G,$2G$,$3G$,$\cdots$,$(n-1)G$ 组成的等差序列的未来值为

$$F(A_2)=G(1+i)^{n-2}+2G(1+i)^{n-3}+3G(1+i)^{n-4}+\cdots+(n-1)G$$

$$=\frac{G}{i}\times\left[\frac{(1+i)^n-1}{i}-n\right] \tag{5-25}$$

式中,$\frac{1}{i}\times\left[\frac{(1+i)^n-1}{i}-n\right]$ 称为等差支付终值系数,可记为 $(F/G,i,n)$。据此,式(5-25) 又可改写为

$$F=(A_2)=G(F/G,i,n) \tag{5-26}$$

【例 5-19】 某防腐工程项目费用现金流量如图 5-14 所示,年利率为 8%,求 4 年全部费用终值。

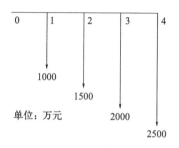

图 5-14 【例 5-19】现金流量图

【解】

$$F = 1000(F/A, 8\%, 4) + 500(F/G, 8\%, 4)$$
$$= 1000 \times 4.5060 + 500 \times 6.324$$
$$= 7668(万元)$$

2. 等差支付现值公式（已知等差额 G 和 i、 n，求现值 P）

根据等差支付终值公式和一次性支付现值公式即可推导出等差支付现值公式为

$$P = \frac{G}{i} \times \left[\frac{(1+i)^n - 1}{i} - n \right] \times \frac{1}{(1+i)^n} \quad (5-27)$$

式中，$\frac{1}{i} \times \left[\frac{(1+i)^n - 1}{i} - n \right] \times \frac{1}{(1+i)^n}$ 称为等差支付现值系数，可记为 $(P/G, i, n)$。据此，式(5-27) 又可改写为

$$P = G(P/G, i, n) \quad (5-28)$$

【例 5-20】 题意同【例 5-19】，求 4 年全部费用现值。

【解】

$$P = 1000(P/A, 8\%, 4) + 500(P/G, 8\%, 4)$$
$$= 1000 \times 3.3121 + 500 \times 4.650$$
$$= 5637.1(万元)$$

3. 等差支付等额年值公式（已知等差额 G 和 i、 n，求年金 A）

假定将等差序列现金流量总和平均分摊到各年，每年应分摊多少？类似这样的问题可以用等差支付等额年值公式计算。计算的方法是先将等差序列现金流的现值计算出来，然后再将此值折算成等额年值。

由式(5-21) 和式(5-25) 得

$$A = G(P/G, i, n)(A/P, i, n)$$

$$= \frac{G}{i} \times \left[\frac{(1+i)^n-1}{i} - n\right] \times \frac{1}{(1+i)^n} \times \frac{i(1+i)^n}{(1+i)^n-1}$$

$$= G\left[\frac{1}{i} - \frac{n}{(1+i)^n-1}\right] \tag{5-29}$$

式中，$\left[\dfrac{1}{i} - \dfrac{n}{(1+i)^n-1}\right]$ 称为等差支付等额年值系数，亦可记为 $(A/G, i, n)$。据此，式(5-29) 又可改写为

$$A = G(A/G, i, n) \tag{5-30}$$

【例 5-21】 题意同【例 5-19】，求 4 年的等额年值。

【解】

$$A = 1000 + 500(A/G, 8\%, 4)$$
$$= 1000 + 500 \times 1.4040$$
$$= 1702(万元)$$

（四）等比支付类型的资金等值计算

在某些防腐技术经济分析中，会遇到收支常呈现为以某一固定的百分比逐期递增或递减的情形。此时，现金流量就表示为等比序列，其现金流量图如图 5-15 所示。

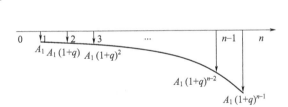

图 5-15 等比支付类型的现金流量图

1. 等比支付终值公式　[已知等比序列递增（减）率 q，求终值 F]

$$F = A_1(1+i)^{n-1} + A_1(1+q)(1+i)^{n-2} + \cdots$$
$$+ A_1(1+q)^{n-2}(1+i) + A_1(1+q)^{n-1} \tag{5-31}$$

在式(5-31) 两边同时除以 $(1+i)^{n-1}$ 得

$$\frac{F}{(1+i)^{n-1}} = A_1 + A_1\frac{1+q}{1+i} + \cdots + A_1\frac{(1+q)^{n-2}}{(1+i)^{n-2}} + A_1\frac{(1+q)^{n-1}}{(1+i)^{n-1}} \tag{5-32}$$

对式(5-32) 进行整理得

(1) 当 $i=q$ 时
$$F = nA_1(1+i)^{n-1} \tag{5-33}$$

(2) 当 $i \neq q$ 时
$$F = A_1\left[\frac{1-(1+i)^{-n}(1+q)^n}{i-q}\right] \times (1+i)^n \tag{5-34}$$

式中，$\left[\dfrac{1-(1+i)^{-n}(1+q)^n}{i-q}\right] \times (1+i)^n$ 称为等比序列终值系数，也可记为 $(F/A,i,q,n)$。据此，式(5-34) 又可改写为
$$F = A_1(F/A,i,q,n) \tag{5-35}$$

2. 等比支付年金公式 ［已知等比序列递增（减）率 q，求年金 A］

(1) 当 $i=q$ 时
$$A = F(A/F,i,n)$$
$$= \frac{nA_1(1+i)^{n-1}i}{(1+i)^n-1} \tag{5-36}$$

(2) 当 $i \neq q$ 时
$$A = A_1\left[\frac{1-(1+i)^{-n}(1+q)^n}{i-q}\right] \times \frac{i(1+i)^n}{(1+i)^n-1} \tag{5-37}$$

式中，$\left[\dfrac{1-(1+i)^{-n}(1+q)^n}{i-q}\right] \times \dfrac{i(1+i)^n}{(1+i)^n-1}$ 称为等比序列年金系数，亦可记为 $A=A_1(A/A_1,i,q,n)$。据此，式(5-37) 又可改写为
$$A = A_1(A/A_1,i,q,n) \tag{5-38}$$

3. 等比支付现值公式 ［已知等比序列递增（减）率 q，求现值 P］

(1) 当 $i=q$ 时
$$P = A_1\frac{n}{1+i} \tag{5-39}$$

(2) 当 $i \neq q$ 时
$$P = A_1\left[\frac{1-(1+i)^{-n}(1+q)^n}{i-q}\right] \tag{5-40}$$

式中，$\dfrac{1-(1+i)^{-n}(1+q)^n}{i-q}$ 称为等比序列现值系数，亦可记为 $(P/A,i,q,n)$。据此，式(5-40) 又可改写为
$$P = A_1(P/A,i,q,n) \tag{5-41}$$

【例 5-22】 某防腐公司拥有的某种施工设备维修费第 1 年为 9000 元，预

计今后10年内每年维修费递增6%，假定资金的利率为15%，求该等比支付的终值、年金及现值。

【解】 由题意知，$A_1=9000$ 元，$i=15\%$，$q=6\%$，$n=10$。

① 根据式(5-34)，该等比支付的终值为：

$$F=A_1\left[\frac{1-(1+i)^{-n}(1+q)^n}{i-q}\right]\times(1+i)^n$$

$$=9000\times\left[\frac{1-(1+15\%)^{-10}(1+6\%)^{10}}{15\%-6\%}\right]\times(1+15\%)^{10}$$

$$=9000\times 6.1926\times 4.0456$$

$$=225472.69(元)$$

② 根据式(5-37)，该等比支付的年金为：

$$A=A_1\left[\frac{1-(1+i)^{-n}(1+q)^n}{i-q}\right]\times\frac{i(1+i)^n}{(1+i)^n-1}$$

$$=9000\times\left[\frac{1-(1+15\%)^{-10}(1+6\%)^{10}}{15\%-6\%}\right]\times\frac{15\%\times(1+15\%)^{10}}{(1+15\%)^{10}-1}$$

$$=9000\times 1.2339$$

$$=11104.95(元)$$

③ 根据式(5-40)，该等比支付的现值为：

$$P=A_1\left[\frac{1-(1+i)^{-n}(1+q)^n}{i-q}\right]$$

$$=9000\times\left[\frac{1-(1+15\%)^{-10}(1+6\%)^{10}}{15\%-6\%}\right]$$

$$=9000\times 6.1926$$

$$=55733.4(元)$$

综上所述，在腐蚀防护工程项目的经济分析评价中其资金等值计算公式有以上12个，分四大类型。其中，一次支付终值公式、一次支付现值公式、等额分付终值公式、等额分付偿债基金公式、等额分付现值公式、等额分付资金回收公式6个是比较常用的公式，也称之为基本公式。为了便于理解和掌握资金等值计算法，现将四大类型、12个计算公式汇总于表5-5。

表 5-5　资金等值计算公式汇总表[5]

类别	已知	求解	系数名称及符号	系数代数式	公式
一次支付	P	F	一次支付终值系数 $(F/P,i,n)$	$(1+i)^n$	$F=P(1+i)^n$ $F=P(F/P,i,n)$
一次支付	F	P	一次支付现值系数 $(P/F,i,n)$	$\dfrac{1}{(1+i)^n}$	$P=F\dfrac{1}{(1+i)^n}$ $P=F(P/F,i,n)$
等额分付序列	A	F	等额分付序列终值系数 $(F/A,i,n)$	$\dfrac{(1+i)^n-1}{i}$	$F=A\dfrac{(1+i)^n-1}{i}$ $F=A(F/A,i,n)$
等额分付序列	F	A	等额分付偿债基金系数 $(A/F,i,n)$	$\dfrac{i}{(1+i)^n-1}$	$A=F\dfrac{i}{(1+i)^n-1}$ $A=F(A/F,i,n)$
等额分付序列	A	P	等额分付现值系数 $(P/A,i,n)$	$\dfrac{(1+i)^n-1}{i(1+i)^n}$	$P=A\dfrac{(1+i)^n-1}{i(1+i)^n}$ $P=A(P/A,i,n)$
等额分付序列	P	A	等额分付资金回收系数 $(A/P,i,n)$	$\dfrac{i(1+i)^n}{(1+i)^n-1}$	$A=P\dfrac{i(1+i)^n}{(1+i)^n-1}$ $A=P(A/P,i,n)$
等差支付序列	G	F	等差支付终值系数 $(F/G,i,n)$	$\dfrac{1}{i}\times\left[\dfrac{(1+i)^n-1}{i}-n\right]$	$F=\dfrac{G}{i}\times\left[\dfrac{(1+i)^n-1}{i}-n\right]$ $F=G(F/G,i,n)$
等差支付序列	G	P	等差支付现值系数 $(P/G,i,n)$	$\dfrac{(1+i)^n-1}{i^2(1+i)^n}-\dfrac{n}{i(1+i)^n}$	$P=\dfrac{G}{i(1+i)^n}\left[\dfrac{(1+i)^n-1}{i}-n\right]$ $P=G(P/G,i,n)$
等差支付序列	G	A	等差支付等额年值系数 $(A/G,i,n)$	$\dfrac{1}{i}-\dfrac{n}{(1+i)^n-1}$	$A=G\left[\dfrac{1}{i}-\dfrac{n}{(1+i)^n-1}\right]$ $A=G(A/G,i,n)$
等比支付序列	q	F			当 $i=q$ 时,$F=nA_1(1+i)^{n-1}$ 当 $i\neq q$ 时,$F=A_1\dfrac{(1+i)^n}{i-q}\times\left[1-\left(\dfrac{1+q}{1+i}\right)^n\right]$
等比支付序列	q	P			当 $i=q$ 时,$P=nA_1(1+i)^{-1}$ 当 $i\neq q$ 时,$P=\dfrac{A_1}{i-q}\left[1-\left(\dfrac{1+q}{1+i}\right)^n\right]$
等比支付序列	q	A			当 $i=q$ 时,$A=\dfrac{nA_1(1+i)^{n-1}i}{(1+i)^n-1}$ 当 $i\neq q$ 时,$A=A_1\dfrac{1}{i-q}\left[1-\left(\dfrac{1+q}{1+i}\right)^n\right]\dfrac{i(1+i)^n}{(1+i)^n-1}$

三、项目资金等值计算的应用[5~7]

资金时间价值原理和等值计算方法广泛应用于工程建设领域。通过以下几个例题,可以进一步加深对资金时间价值和资金等值计算的理解。

【例 5-23】 某防腐公司拟建一个新的防腐项目,第 1、2、3 年初的投资分别是 200 万元、250 万元和 280 万元;第 3 年至第 10 年获得收益,其中每年的营业收入为 300 万元,经营成本为 180 万元,不考虑税收缴交,投资者希望的收益为 15%,试问企业投资该项目是否合算?

【解】 绘制现金流量图,如图 5-16 所示。

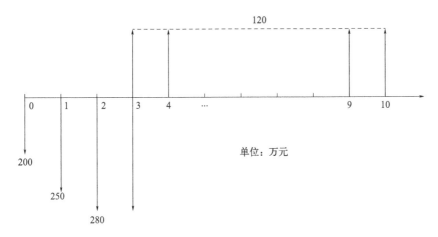

图 5-16 【例 5-23】现金流量图

方法一:将投资和收益换算成现值之后进行比较

(1) 该项目投资的现值是:

$$P_1 = 200 + \frac{250}{1+15\%} + \frac{280}{(1+15\%)^2} = 629.1(万元)$$

(2) 该项目收益的现值是:

$$P_2 = 120 \times \frac{(1+15\%)^8 - 1}{15\% \times (1+15\%)^8} \times \frac{1}{(1+15\%)^2} = 407.1(万元)$$

上述计算结果表明,若按照 15% 的收益进行计算,获得这样的收益则需要 407.1 万元,而实际投入 629.1 万元,因此表明此项投资是不合算的,企业不应接受该投资项目。

方法二:将投资和收益换算成终值之后进行比较

(1) 该项目投资的终值是:

$$F_1 = 200(1+15\%)^{10} + 250(1+15\%)^9 + 280(1+15\%)^8 = 2545.1(万元)$$

(2) 该项目收益的终值是:

$$F_2 = 120 \times \frac{(1+15\%)^8 - 1}{15\%} = 1647.2(万元)$$

以上计算结果表明,收益的终值小于投资的终值,表明此项目投资达到15%的收益率,故企业投资该项目是不合理的。

【例 5-24】 某防腐企业拟建一新项目,预计项目的建设期为 3 年,其中,第 1 年年初投资 300 万元,第 2 年年初投资 400 万元,第 3 年年初投资 300 万元,第 4 年起开始获得收益,每年获取的净收益均相同,项目的收益年限为 6 年,若该企业要求的最低收益率为 10%,问企业每年应至少收益多少万元?

【解】 绘制项目现金流量图,见图 5-17。

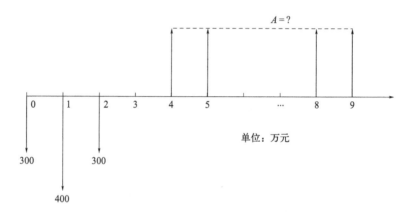

图 5-17　【例 5-24】现金流量图

(1) 该项目投资的现值是:

$$P_1 = 300 + \frac{400}{1+10\%} + \frac{300}{(1+10\%)^2} = 911.57(万元)$$

(2) 该项目收益的现值是:

$$P_2 = A \times \frac{(1+10\%)^6 - 1}{10\% \times (1+10\%)^6} \times \frac{1}{(1+10\%)^3}$$

(3) 在 10% 的收益率下,项目投资的现值等于收益的现值

$$A \times \frac{(1+10\%)^6 - 1}{10\% \times (1+10\%)^6} \times \frac{1}{(1+10\%)^3} = 911.57(万元)$$

$$A = 209.56(万元)$$

则企业每年的净收益至少为 209.56 万元，才能保证企业获得 10% 的收益率。

【例 5-25】 某防腐公司拟购买一台设备，预计该设备有效使用寿命为 8 年，在寿命期内每年能产生年纯收益 9.5 万元，若该公司要求的最低投资收益率为 12%，问该公司可接受的设备价格为多少？

【解】 设可接受的价格为 P，P 实际上就是投资额，该投资获得的回报即在 8 年内每年有 9.5 万元的纯收益，为了保证获得 12% 的投资收益率，则：

获得第 1 年的 9.5 万元，允许的最大投资：
$$P_1 = 9.5/(1+12\%)$$

获得第 2 年的 9.5 万元，允许的最大投资：
$$P_2 = 9.5/(1+12\%)^2$$

……

获得第 5 年的 9.5 万元，允许的最大投资：
$$P_5 = 9.5/(1+12\%)^5$$

因此，$P = P_1 + P_2 + P_3 + P_4 + P_5$
$$= 9.5\,(P/A, 12\%, 8)$$
$$= 47.19\,（万元）$$

所以，公司可接受的最高价格为 47.19 万元。

【例 5-26】 某防腐企业拟购买大型施工设备，价值为 800 万元，有两种付款方式可供选择：

① 一次性付款，优惠 12%；

② 分期付款，则不享受优惠，首次支付必须达到 40%，第 1 年年末付 30%，第 2 年年末付 20%，第 3 年末付 10%。

假若防腐企业购买施工设备所用资金是自有资金，自有资金的机会成本为 10%，问应选择哪种付款方式？又假若防腐企业用借款资金购买施工设备，借款的利率为 16%，则应选择哪种付款方式？

【解】

（1）若所用资金为自有资金，资金的机会成本为 10%，则：

① 一次性付款，实际支出 = 800×88% = 704（万元）

② 分期付款，相当于一次性付款值为：
$$P = 800 \times 40\% + \frac{800 \times 30\%}{1+10\%} + \frac{800 \times 20\%}{(1+10\%)^2} + \frac{800 \times 10\%}{(1+10\%)^3} = 730.49\,(万元)$$

（2）若采用借款资金购买施工设备，资金的利率为 16%，则：

① 一次性付款支出 $=800\times 88\%=704$(万元)

② 分期付款，相当于一次性付款值为：

$$P=800\times 40\%+\frac{800\times 30\%}{1+16\%}+\frac{800\times 20\%}{(1+16\%)^2}+\frac{800\times 10\%}{(1+16\%)^3}=697.06(万元)$$

计算结果表明，对该防腐企业来说，若采用自有资金，资金机会成本为10%，则应选择一次性付款；若采用借款资金，资金利率为16%，则应选择分期付款。

【例 5-27】 某防腐企业 5 年前以 400 万元价格购置了一厂房，在过去的 5 年内每年获得年净现金收益 50 万元，现在该厂房能以 500 万元出售。若投资者要求的年收益率为 15%，问此项投资是否合算？

【解】 其现金流量图如图 5-18 所示。

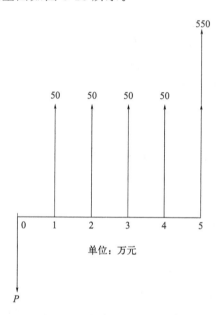

图 5-18 【例 5-27】现金流量图

方法一：按 15% 的年收益率，投资 400 万元该获得：

$$F_1=400(F/P,15\%,5)=400\times 2.0110=804.4(万元)$$

而实际收益：

$$F_2=50(F/A,15\%,5)+500=50\times 6.7420+500=837.1(万元)$$

$F_1<F_2$，则此项投资达到 15% 的收益率，故合算。

方法二：将收益折算成现值：

$$P_2=50(P/A,15\%,5)+500(P/F,15\%,5)$$

$$= 50 \times 3.3522 + 500 \times 0.4972$$
$$= 416.21(万元)$$

结果表明，若按 15% 的收益率，需投资 416.21 万元，而实际投资 400 万元，因此是合算的。

参考文献

[1] 李圆. 工程经济学. 广州：中山大学出版社，2013.
[2] 梁学栋. 工程经济学. 3 版. 北京：经济管理出版社，2017.
[3] 张树标. 论货币时间价值. 徐州：中国矿业大学出版社，2011.
[4] 孟新田，刘建业，任晓宇. 工程经济学. 上海：上海交通大学出版社，2018.
[5] 李明孝. 工程经济学. 2 版. 北京：化学工业出版社，2018.
[6] 李红艳，朱九龙. 工程经济学. 2 版. 北京：北京师范大学出版社，2018.
[7] 虞晓芬，龚建立，张化尧. 技术经济学概论. 5 版. 北京：高等教育出版社，2018.

腐蚀经济学

第六章
腐蚀防护工程项目经济分析基本要素

腐蚀防护工程项目经济分析基本要素，是借助于现金流量进行的，投资、成本、费用，收入、利润与税金等经济量是构成经济分析体系中现金流量的基本要素。经济要素分析是以各种经济理论为基础，以各项基本资料为依据，运用各种指标和模式，对某一腐蚀防护工程项目在某一时期内的经济活动以及其产生的效果进行分析研究，以为项目选择、评价和决策提供科学依据。

需要说明的是，腐蚀防护工程项目种类繁多，大中型项目在进行经济决策时，一般都要进行经济要素分析。就项目"投入"而言，无论是什么样的项目，所包含的内容基本上是一样的，即投资、成本、费用。而"产出"却不尽相同，生产性腐蚀防护工程项目的产出，与一般性工业生产项目是一样的，而应用技术性腐蚀防护工程项目，则与一般工业生产性项目是不一样的，因为腐蚀防护应用技术项目投入的目的，是有效地防止腐蚀与腐蚀事故的发生及其带来的价值损失，从而对社会、企业和个人产生正效果。这类工程项目的投入所产生的产出，是"减负"，而不是"增值"。产生这种效果也不是在投入实施之时就能立刻表现出来，而是在其后的一段时间内发挥作用。而且所表现的"产出"在很多场合又是难以用货币直接衡量的，即用"收入""利润"表示。由此可见，腐蚀防护应用技术项目与一般生产经营性项目的产出是不一样的。在进行经济要素分析时，应注意它们之间的区别。本章所讨论的内容更多是针对生产经营性腐蚀防护工程项目，而有关腐蚀防护应用技术项目"产出"的详细分析见其后有关章节。

第一节 概　述

腐蚀经济学是专门研究腐蚀经济问题的科学，而"投入"与"产出"则是腐蚀经济学研究的重要内容之一。即选择什么样的项目，在使用过程中能以最小的投入获得预期的产出，或者说如何以等量的投入获得最大产出，如何应用最低的寿命周期成本实现产品、作业以及服务的必要功能。

一、项目经济要素分析的含义与构成

1. 经济要素的含义

工程项目经济要素的分析研究，实质上是对工程项目经济效益的分析研究，而工程项目经济效益是项目"投入"与"产出"比较的结果。投入与产出是两个综合性的经济概念，投入主要包括投资、成本、费用等，产出主要包括收入、利润等。这些便构成了工程项目经济的基本要素，所表现的形式便是现金流量。在进行工程项目经济分析、评价与决策时，通常是把一个工程项目看作一个经济系统，研究分析现金流入与流出之间的比例关系。经济效益是资金占用、成本支出与有用生产成果之间的比较。所谓经济效益好，就是资金占用少，成本费用少，获得的收入等有用成果多。因此，提高企业经济效益，必须减少物化劳动的消耗，生产出适应市场需要的产品。

2. 经济要素的构成

工程项目经济要素的构成，包括投资、成本费用、营业收入、利润与税金等。

（1）投资　是指企业为了在未来可预见的时期内获得收益或资金增值，在一定时期内向一定领域投放足够数额的资金或实物的货币等价物的经济行为。工程项目总投资由建设投资、建设期利息和流动资金构成。

①　建设投资。是指在工程项目筹建与建设期间所产生花费的全部建设费用。按概算法分类，其包括工程费、工程建设其他费用和预备费用。

②　建设期利息。是指筹措债务资金时在建设期内发生并按规定允许在投产后计入固定资产原值的利息，即资本化利息，包括借款（或债券）利息和

融资费用。

③ 流动资金。是指在投资前预先垫付,在投产的生产经营中用于购买原材料、燃料动力、备品备件,支付工人工资和其他费用以及在制品、成品和其他存货所占用的全部周转金,它是流动资产和流动负债的差额。

(2) 成本费用 是两个既相互联系又存在重大区别的会计概念,就一般意义而言,成本费用泛指企业在生产经营中所发生的各种资金耗费。企业的成本费用,就其经济实质来看,是产品价值构成中 $C+V$❶两部分价值的等价物,用货币形式来表示,也就是企业在产品经营中所耗费的资金的总和。

总成本费用由生产成本和期间费用组成。生产成本是指为生产产品或提供服务而发生的直接费用和制造费用。期间费用是指与产品生产无直接关系的费用,由管理费用、财务费用和销售费用构成。

(3) 营业收入 是指企业销售商品中,提供服务以及让渡资产使用权等日常活动中所形成的经济利益的总收入。营业收入包括主营业务收入、其他业务收入和补贴收入。

(4) 利润 是企业经营效果的综合反映,也是其最终成果的具体体现。利润的本质是企业盈利的表现形式。利润反映的是收入减去费用,利得减去损失后的净额。因此,利润的确认主要依赖于收入和费用以及利得和损失的确认,其金额的确定也主要取决于收入、费用、利得、损失金额的计量。

企业利润总额由营业利润、投资收益和营业外收支差额三个主要部分构成。

(5) 税金 是指企业发生的除企业所得税和允许抵扣的增值税以外的各项税金及其附加。税金通常包括纳税人按规定缴纳的税类,有流转税类、所得税类、财产税类、资源税类、行为税类和特定目的税类等。每一税类又包括不同的税种。

二、项目经济要素分析的方法与原则

1. 经济要素分析的方法

经济要素分析就是借助于一系列经济指标,对不同的技术方案进行分析、比较、评价,寻求技术与经济之间最佳关系,使设计方案技术上的先进性和

---

❶ C 是指包含在产品中的生产资料的转移价值。V 是指凝结在商品中由工人必要劳动时间创造的价值。

经济上的合理性有机地统一，进而作出决策。经济要素分析的方法很多，最常用的有如下几种。

（1）方案比较分析法　任何一项腐蚀防护工程项目的选择，都含有多方案的分析比较。方案比较分析就是借助于一组能从各方面说明方案技术经济效果的指标体系，对实现同一目标的几个不同方案进行计算、分析、比较，从中选择出最优方案的一种分析方法。

该法的使用，首先要正确选择对比方案，并确定对比方案的指标体系，然后把比较方案的有用成果（使用价值）等同化，对各方案进行计算、分析和比较，得出定量和定性的分析结果，再通过对整个指标体系进行定量和定性的综合比较分析，最后选出最优方案。

（2）成本效益分析法　成本效益分析法是通过比较工程项目的全部成本和效益来评估项目价值的一种方法。成本效益分析法作为一种经济决策方法，将其运用于政府部门或企业的项目选择决策之中，以寻求在投资决策上以最小的成本获得最大的收益。

成本效益分析法的基本原理是：针对某项腐蚀防护工程项目支出目标，提出若干实现该目标的方案，运用一定的技术方法，计算出每种方案的成本和收益，通过比较方法，并依据一定的原则，选择出最优的决策方案。

（3）投资分析法　投资分析是对固定资产和流动资产投资的经济效果进行分析的一种方法，是在工程项目效益论证中常使用的一种分析方法。

投资分析法的内容是分析投资项目的技术性、经济性和社会性三个方面，具体来说应从不同方案的技术效果经营费用、投资总额、投资回报率、保障社会环境安全等方面进行比较分析，以指导投资决策，力求取得最佳投资效益。

（4）系统分析法　系统分析法是将一个工程项目需要解决的问题作为一个系统，对其经济要素进行综合分析，找出解决问题的可行方案的咨询方法。系统分析是一种研究方略，它能在不确定的情况下，确定问题的本质和起因，明确咨询目标，找出各种可行方案，并通过一定标准对这些方案进行比较；帮助决策者在复杂的问题和环境中作出科学决策。

2. 经济要素分析的原则

腐蚀防护工程项目，既有工业生产加工项目，又有应用技术项目，在进行经济要素分析时，既要遵循一般工业项目的分析原则，又要针对特殊情况另辟蹊径。比如，腐蚀防护应用技术项目效益的评价和确认，就不能直接采用"营业收入""利润"的概念去衡量。因为腐蚀防护应用技术所表现出的产出，不是产品，而是服务效果。如延长设备使用寿命，保障生产安全，保护生态环境，提高产品质量，降低生产成本，等等。所以，在进行经济要素分析时，应该考虑到腐蚀防护应用技术项目有其特殊性。通常而言，腐蚀防护工程项目经济要素分析，应遵循以下基本原则。

(1) 微观经济效益分析与宏观经济效益分析相结合的原则　微观经济效益是从局部利益的角度出发来考察方案的经济效益，宏观经济效益是从整个国民经济的角度出发来考察方案的经济效益。在进行腐蚀防护工程项目经济要素分析时，既要考虑到微观经济效益，又要考虑到宏观经济效益。通常来讲，腐蚀防护工程项目微观经济效益和宏观经济效益是一致的，但有时也会出现矛盾。也就是说，有时从一个企业、一个部门或一个地区来看所选择的项目是有利的，但从整个国民经济的角度考察不一定是有利的。此时，就需要处理好局部利益与整体利益的关系，在局部利益服从整体利益的基础上，选择宏观经济效益最佳的方案。

(2) 近期经济效益分析与长远经济效益分析相结合的原则　近期经济效益与长远经济效益相结合，实质上就是要正确处理当前利益与长远利益之间的关系。有些腐蚀防护工程项目从近期的角度来看，其效益并不突出，但从长远的角度考察，则是国家优先发展的项目，在进行经济要素分析时，应当把拟建方案从投资开始到使用期终为止的全部过程作为一个整体进行分析与评价，不仅应注意到方案近期的经济效益，而且更应注意到方案未来发展的前景。也就是说，要用动态发展的眼光去评价选择项目，以避免由于贪图眼前小利而为后来的发展埋下隐患。

(3) 直接经济效益分析与间接经济效益分析相结合的原则　直接经济效益是指由项目本身产生的产出物或提供的服务所产生的效益，通常是可以用货币直接计量的效益。间接效益是指项目本身得益之外又对社会作出的贡献。这种效益是由项目引起的、对整个国民经济其他部门（行业）和社会或其他项目的影响，但在项目直接经济效益中没有得到反映的那一部分效益。间接经济效益以直接经济效益为基础。只有直接经济效益与间接经济效益有机地结合起来，才能在经济活动中取得良好的经济效益。因此，项目的选择、评价和分析，不能只看直接经济效益，必须把直接经济效益与间接经济效益统一起来考虑。

(4) 经济效益分析与社会效益分析相结合的原则　经济效益是人们在社会经济活动中所取得的收益性成果；社会效益则是在经济效益之外对社会有益的效果。经济效益与社会效益，两者既有联系又有区别。经济效益是讲求社会效益的基础，而追求社会效益又是促进经济效益提高的重要条件。两者的区别主要表现在，经济效益比社会效益更加直接，显而易见，可以运用若干经济指标来计算；而社会效益则难以直接计量，必须借助于转换方法去考核。

对于腐蚀防护技术项目而言，在许多场合，社会效益常大于经济效益，这时就不能简单地运用"收入""利润"去衡量，而是要去衡量它对社会的价值，如降低腐蚀风险，保护生态环境，保障人身安全、健康等。

(5) 定量分析与定性分析相结合的原则　以定性为主的传统的决策方法，是一种在占有一定资料的基础上，根据决策人员的经验、直觉、学识、洞察力和逻辑推理能力来进行的决策方法，是一种主观性、经验型决策方法。20世纪50年代以后，随着应用数学和计算机科学的发展，在经济决策中引入了更多的定量分析方法，通过定量计算分析，对问题的有关因素进行更精细的研究，以发现研究对象的实质和规律，使决策更具科学性。腐蚀防护工程项目经济要素分析，有的项目所表现出的"产出"特征，适用于定性分析评价，而有的则适用于定量分析评价；或者有的项目，既有定性分析评价的内容，又有定量分析评价的内容，在这种情况下，就更需要将定性分析评价与定量分析评价有机结合起来，以利于正确地选择最优方案。

(6) 静态分析与动态分析相结合的原则　所谓静态分析和动态分析是相对而言的。静态分析侧重于分析经济变量的均衡条件以及某一经济现象的均衡状态。动态分析是在静态分析的时间因素影响下，随着时间的推移过程来研究各种经济要素影响经济效益变化的过程。

在工程项目决策分析与评价中可以根据工作阶段深度要求的不同，采用静态分析与动态分析相结合，以动态分析为主、静态分析为辅的决策分析与评价原则。

三、项目经济要素分析的作用与特点

1. 经济要素分析的作用

经济要素分析是人们认识客观经济活动的一个重要方法，它通常是以经济理论和经济政策为指导,以会计核算、计划指标和调查情况为依据,运用科学的分析方法,对某一经济组织的经济活动或某一经济现象进行分析研究,从中探索经济规律,评价成败得失,探讨其中原因,寻求改进方法,达到提高经济效益的目的。其具体作用主要有:

(1) 开展经济要素分析,是提高社会资源利用效率的有效途径　如何以最低的成本可靠地实现产品的必要功能,是腐蚀防护工程项目经济要素分析的一个重要内容。也就是说,要作出合理分配和有效利用资源的决策,必须同时考虑技术与经济方面的因素;相反,不重视经济要素分析,投资效果很差,社会资源的合理利用就会受到阻碍。

(2) 开展经济要素分析,是企业生产决策的重要前提和依据　只有做好经济要素的分析论证工作,才能制定正确的技术政策,提出合理的技术措施,选取最优的技术方案。而这些都是企业生产决策的重要前提和依据,没有可靠的经济要素分析,就难以保证决策的正确。

(3) 开展经济要素分析,是降低项目投资风险的可靠保证　工程经济要素分析,是决策科学化的重要基础,在工程项目投资前期进行各种技术方案的论证评价,一方面可以在投资前发现问题,以便及时采取相应措施;另一方面对技术经济论证不可行的方案,及时否决,以减少决策的盲目性,避免不必要的损失,使投资风险趋于最小。

2. 经济要素分析的特点[1]

经济要素分析是多学科交叉运用,多方法、多途径分析评价的过程。其主要特点有:

(1) 分析手段的综合性　经济要素分析,既要研究技术的先进性,又要研究经济的合理性,并且分析的问题多、涉及面广。所以,在进行经济要素分析时,必须综合应用多方面的综合知识,才能对技术方案的技术先进性、经济合理性、是否符合国家发展方向和社会生产发展的需要等作出科学的分析与评价。

(2) 分析方法的系统性　经济要素分析的对象,是客观的经济活动。经济活动本身是错综复杂的系统,是由若干相互联系的因素组成的有机整体。所以,在分析一个具体对象时,不能孤立、片面地解决某一个因素,而应当把分析对象看作一个整体,运用系统分析的方法,着眼于总体的适用性和经济效益的合理性来对待各个因素。这样才能准确地分析各个影响因素对分析对象的影响程度,做到局部利益服从整体利益,从而实现总体优化的目标。

(3) 分析技术的预测性　预测是决策的基础。经济要素分析是对未来要实施的技术方案和技术措施等进行科学分析与论证,而任何一个技术方案在实施之前,均存在一些未知因素、未知数据和预想不到的偶然情况,在进行经济要素分析时,往往都要进行预先的分析、预测、估计和必要的假设与科学的推理,并且要预计得较为准确,这就离不开预测技术和方法。

(4) 分析过程的优选性　任何一项腐蚀防护工程项目的选择,都可以提出众多可供选择的方案,且这些方案在技术经济上各有利弊。技术经济要素的分析,就是要从这许多可供选择的方案中选择出投入少、效益好的方案。由于技术经济要素涉及的问题多而复杂,需采用多种多样的计算分析技术,这个综合分析的过程,实质上是一个方案优选的过程。

(5) 分析结论的实用性　经济要素分析的结论,是科学决策的基础,具有极强的实用性。它所研究分析的项目方案,应用的资料、数据、信息等来源于生产实践,而研究分析的结论又应用于实践,并通过实践检验其正确性。从宏观的角度讲,研究分析的结论往往是经济发展规划的依据;从微观的角度讲,所选出的方案往往是企业决策的基础,直接应用于一个企业的产品开发、设计、制造等企业的建设中,所以,经济要素分析是用于实践、指导实践的应用科学。

第二节　腐蚀防护工程项目投资

项目投资是一种以特定项目为对象,直接与新建项目或更新改造项目有关的长期投资行为。投资分析与估算是进行经济评价、制定资金筹措计划、编制初步设计概算的依据,准确、全面地估算建设项目投资,是腐蚀防护工程项目可行性研究乃至整个项目前期决策阶段的重要任务。

一、项目投资的概念

投资可分为实物投资、资本投资和证券投资。实物投资是以实物作为出资方式投资,以期将来获得资本增值的经济行为。资本投资是货币投入企业,通过生产经营活动取得一定利润。证券投资是以货币购买企业发行的股票和公司债券，间接参与企业的利润分配。

腐蚀防护工程项目投资是指人们的一种有目的的经济活动，即为了制造防腐设备、工器具，生产防腐用品，提供腐蚀防护服务技术，以及为了减轻腐蚀破坏或避免腐蚀风险等，进行的资金投放活动，或实物的货币等价物的经济行为。

二、项目投资的分类

投资是一项很复杂的经济活动，为了加强管理和提高投资效益，有必要对投资进行科学的分类。根据不同的目的，有不同的腐蚀防护工程项目投资分类方法，常用的分类方法有如下几种。

1. 按投资的作用分类

按投资的作用分类，可分为预防性投资、控制性投资。

（1）预防性投资　指为了预防腐蚀与腐蚀事故而进行的腐蚀防护投资。包括腐蚀防护措施、防护用品、应急救援、保险等预防性投入。

（2）控制性投资　指腐蚀与腐蚀事故发生中或发生后为控制伤亡程度和损失后果而进行的投入。如事故营救、职业病的诊治、设备（设施）的修复等。

预防性投资也称为主动性投资，而控制性投资也称为被动性投资。

2. 按投资运用方式分类

按投资运用方式分类，可分为直接投资和间接投资。

（1）直接投资　是指投资者将货币资金直接投入投资项目，形成实物资产或者购买现有企业的投资。通过直接投资，投资者便可以拥有全部或一定数量的企业资产及经营的所有权，直接进行或参与投资项目的经营管理。

直接投资包括对厂房、机械设备、交通工具、通信、土地或土地使用权等各种有形资产的投资和对专利、商标、咨询服务等无形资产的投资。

（2）间接投资　是指投资者以其资本购买公司债券、金融债券或公司股票等各种有价证券，以期获取一定收益的投资。由于其投资形式主要是购买各种各样的有价证券，因此也称为证券投资。

3. 按投资的用途分类

按投资的用途分类，可分为生产性投资和非生产性投资。

（1）生产性投资　是指直接用于物质生产或满足物质生产需要的投资，

其直接结果是货币转化为生产性资产。它又分为固定资产投资和流动资产投资。生产性投资通过循环周转，不仅能回收投资，而且能实现投资的增值和积累。

（2）非生产性投资 是指投入非物质生产领域，形成各种类型的非生产性资产的投资，其结果是货币转化为非生产性资产。主要用于满足人们物质和文化生活需要。如将资金投入科学技术、文化教育、社会福利事业、城市基础设施、党政机关和社会团体等，就属于非生产性投资。

无论是生产性投资还是非生产性投资，所投入的资金既可以是现金，也可以是人力、物力、技术或其他资源。

4. 按投资建设性质分类

按投资建设性质分类，可分为新建项目投资、改建项目投资、扩建项目投资、恢复项目投资和迁建项目投资。

（1）新建项目投资 一般是对从无到有、平地起家项目的投资；

（2）改建项目投资 是指现有企业、事业单位对原有厂房、设备、工艺流程进行技术改造或固定资产更新的项目投资；

（3）扩建项目投资 是指现有企业为扩大生产场所的建设所进行的投资；

（4）恢复项目投资 是指原有企业厂房、生产设备、器具等因偶然事故造成破坏，现要按原规模重新建设的项目投资；

（5）迁建项目投资 是指对为改变生产力布局而进行的全厂性迁建工程的投资。

5. 按投资的目的分类

按投资的目的分类，可分为经营性投资和非经营性投资。

（1）经营性投资 是以营利为目的，以商品或服务的形式进行经营活动，也就是说为了利润而经营。绝大多数生产经营性腐蚀防护工程项目的投资即属于这种类型。

（2）非经营性投资 是不以营利为目的的投资项目，为社会提供服务和使用功能，不收取费用或只收取少量费用，旨在实现社会目标和环境目标，为社会公众提供产品或服务的非营利性投资项目。腐蚀防护应用技术项目在很多场合即属于这种类型。

三、项目总投资的构成

建设项目总投资主要由工程建设投资、建设期利息和流动资金构成，见图 6-1。

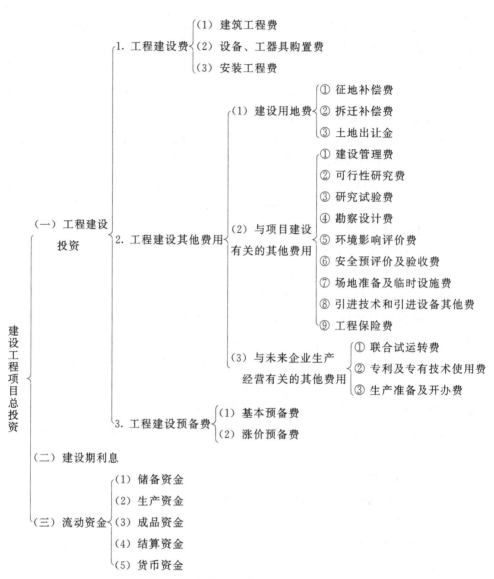

图 6-1 建设工程项目总投资构成图

（一）工程建设投资

工程建设投资是指按拟定的建设规模、产品方案、建设内容所需要投入的资金。工程建设投资包括工程建设费、工程建设预备费和工程建设其他费用。工程建设投资是经济分析中的重要组成部分，是项目工程经济要素分析的重要基础数据。

1. **工程建设费**

工程建设费包括建筑工程费,设备、工器具购置费,安装工程费。

(1) 建筑工程费 是指为建造永久性建筑物和构筑物所需要的费用。包括建筑物、构筑物自身的建筑费,列入建筑工程预算的供水、供电、供暖、通风、煤气、卫生等设备费用,列入建筑工程预算的管道、线缆等费用,施工场地清理、平整费用,环境绿化、美化费用,项目外围的输水管线、排水系统、高压输变电、物料管线、通信系统、专用码头、专用公路、铁路专用线、销售仓库和货物转运站等。

(2) 设备、工器具购置费 是指为购置生产运营设备及辅助生产设备、工具、器具而发生的费用。主要包括设备及工器具的购置费、运输装卸费、包装费、采购费等(见图6-2)。

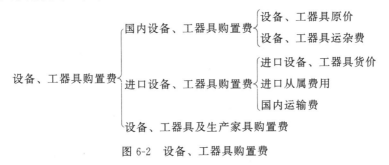

图6-2 设备、工器具购置费

(3) 安装工程费 是指为安装定位生产经营设备所需要的费用。安装工程费一般包括:各种需要安装的机电设备、专用设备、仪器仪表等设备的安装费,各专业工程的管道、管线、电缆等材料费和安装费,设备和管道的保温、绝缘、防腐等的材料费和安装费等。

2. **工程建设其他费用**[2,3]

工程建设其他费用指根据有关规定应计入固定资产投资的除建筑、安装工程费用和设备、工器具购置费以外的一些费用。

工程建设其他费用按其内容大体可以分为三类。第一类为建设用地费;第二类是与项目建设有关的其他费用;第三类是与未来企业生产经营有关的其他费用,见图6-1。

(1) 建设用地费 是指为获得工程项目建设用地的使用权而在建设期内发生的费用。建设用地如通过行政划拨方式取得,则须承担征地补偿费用或对原用地单位或个人的拆迁补偿费用;若通过市场机制取得,则不但承担以上费用,还须向土地所有者支付有偿使用费,即土地出让金。

① 征地补偿费。征地补偿费是建设项目通过划拨方式取得土地使用权，依照《中华人民共和国土地管理法》等规定所支付的费用。征地补偿费主要包括土地补偿费、安置补助费以及地上附着物和青苗补偿费等。

② 拆迁补偿费。在城市规划区国有土地上实施房屋拆迁，拆迁人应当对被拆迁人给予补偿、安置。包括拆迁补偿金，搬迁、安置补助费。

③ 土地出让金。土地出让金是指各级政府土地管理部门将土地使用权出让给土地使用者，按规定向受让人收取的土地出让的全部价款。

（2）与项目建设有关的其他费用　包括建设管理费、可行性研究费、研究试验费、勘察设计费、环境影响评价费、劳动安全卫生评价费、场地准备及临时设施费、引进技术和引进设备其他费、工程保险费等。详见图 6-1。

① 建设管理费。是指组织完成工程项目建设，在建设期内发生的各类管理性质费用。建设管理费包括建设单位管理费、工程监理费、工程造价咨询费。

② 可行性研究费。是指在工程项目投资决策等阶段，对有关建设方案、技术方案或生产经营方案进行的技术论证，以及编制、评审可行性研究报告等发生的费用。

③ 研究试验费。是指为本建设项目提供和验证设计参数、数据、资料等所进行的必要的试验，和按照设计规定在施工过程中必须进行的试验项目所发生的费用，以及支付科研成果、专利、先进技术的一次性转让费。

④ 勘察设计费。是指建设单位自行或委托勘察设计单位进行工程水文地质勘察、设计所发生的各项费用。包括工程勘察费用和设计费用。

⑤ 环境影响评价费。是指为全面、详细评价建设项目对环境可能产生的污染或造成的重大影响所需的费用。包括编制环境影响报告书、环境影响报告表，以及对上述文件进行评估等所需的费用。

⑥ 劳动安全卫生评价费。是指为预测和分析建设项目存在的职业危险、危害因素的种类和危险危害程度，并提出先进、科学、合理可行的安全技术和管理对策所需的费用。包括编制建设项目安全预评价大纲和安全评价报告书，以及为编制上述文件所进行的工程分析和环境现状调查等所需的费用。

⑦ 场地准备及临时设施费。场地准备费是建设项目为达到工程开工条件而进行的场地平整和对建设场地余留的有碍于施工建设的设施进行拆除清理的费用。

临时设施费是指建设单位为满足工程建设、生活、办公的需要，而提供的未引入工程费用的临时水利、电力、公路、通信等工程和临时仓库等建

（构）筑物的建设、维修、租赁、使用所发生或摊销的费用，以及铁路、码头租赁等费用。

⑧ 引进技术和引进设备其他费。是指本建设项目因引进技术和设备而发生的相关费用。主要包括：技术引进费、担保费、分期或延期付款利息、进口设备检验鉴定费、出国人员费用、国外工程技术人员来华费用等。

⑨ 工程保险费。是指建设项目在建设期间根据需要实施工程保险所需的费用，其包括建筑安装工程一切险、工程质量保险、进口设备财产保险和人身意外伤害保险等。

(3) 与未来企业生产经营有关的其他费用　包括联合试运转费、专利及专有技术使用费、生产准备及开办费。

① 联合试运转费。是新建或新增加生产能力的工程项目，在竣工验收前，按照设计规定的工程质量标准和技术要求，进行整个生产线或装置的负荷联合试运转或局部联动试车所发生的费用。费用内容包括：试运转所需的原料、燃料、油料和动力的消耗费；机械使用费；低值易耗品及其他物品的费用；联合试运转人员工资、施工单位参加试运转人工费、专家指导费等。

② 专利及专有技术使用费。包括：国外设计及技术资料费，引进技术费，国内有效专利、专有技术使用费，技术保密费，商标权、商誉和特许经营权费等。

③ 生产准备及开办费。是指为保证建设项目正常生产（或营业、使用）而发生的人员培训费、提前进厂费，以及投产使用必备的生产、办公、生活用具等的购置费用。

3. 工程建设预备费

工程建设预备费是指为解决在施工过程中经上级批准的设计变更和国家政策性调整所增加的投资，以及为解决意外事故而采取措施所增加的工程项目和费用，又称工程建设不可预见费。一般主要指设计变更及工程建设不可预见费。建设预备费，分为基本预备费和涨价预备费。

(1) 基本预备费　是指在初步设计和概算中难以预料的费用。基本预备费包括：进行技术设计、施工图设计和施工过程中，在批准的初步设计范围内所增加的工程及费用；由于一般自然灾害所造成的损失和预防自然灾害所采取的措施费用；工程竣工验收时，为鉴定工程质量，必须开挖和修复的隐蔽工程的费用。

(2) 涨价预备费　是对建设工期较长的投资项目，由于在建设期内可能发生材料、设备、施工机械、人工等价格上涨，以及费率、利率、汇率等变化,而引起投资增加,需要事先预留的费用,亦称价格变动不可预见费。

(二)建设期利息

建设期利息是指工程项目在建设期间内筹措资金的融资费用和债务资金利息等。主要包括在建设期内应偿还的国内银行或金融机构的贷款、外国政府或国际商业银行的贷款、出口信贷、境内外发行的债券等借款的利息。建设期利息实行复利计息原则,而银行则实行"随支随贷"的贷款原则,即银行各年对于工程建设项目的借款并非在年初支出,而是在整个建设期内按月、按季均衡发生,所以银行贷款可视为在各年内均衡发放。

(三)流动资金

对于生产经营性腐蚀防护工程项目来说,总投资中还包括流动资金。流动资金是指企业为进行正常生产运营,用于购买材料、燃料、动力,支付职工工资和其他生产费用所需要的处于生产领域和流通领域供周转使用的资金。一般而言,流动资金根据其在生产过程中的价值形态,可分为储备资金、生产资金、成品资金、结算资金和货币资金五种。流动资金构成如图6-3所示。

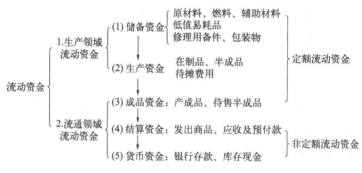

图 6-3 流动资金的构成

(1) 储备资金 是指企业从用现金购买各种材料物资开始,到把它们投入生产为止的整个过程所占用的资金。储备资金的实物形态表现为各种库存材料和工具等。储备资金通常有定额,属于定额流动资金。

(2) 生产资金 是指从原材料投入生产开始,直到产品制成入库为止的整个过程所占用的资金,即从投入生产到产品完成这一阶段(即企业生产过程中)所占用的那部分流动资金。

(3) 成品资金 是企业从产品制成验收入库,到发出商品取得货款或结算借款整个过程所占用的资金。主要包括库存待销、包装、选配、发运的产成品和企业外购的配套产品占用的资金。

(4) 结算资金　是指单位或个人之间由商品交易、劳务服务等经济往来所引起的货币收付行为。分为现金结算和非现金结算两类。

(5) 货币资金　是指企业拥有的、以货币形式存在的资产。包括现金、银行存款和其他货币资金。货币资金是企业资金运动的起点和终点，是企业生产经营的先决条件。

四、项目建设总投资的估算

投资的估算是指对拟建项目固定资产投资、建设期利息和流动资金的估算。

投资估算作为论证拟建项目的重要经济条件，既是建设项目技术经济评价和投资决策的重要依据，又是该项目实施阶段投资控制的目标值。投资估算在建设工程的投资决策、造价控制、筹措资金等方面都有重要的作用。

① 投资估算是项目主管部门审批项目建议书的依据，也是编制项目规划、确定建设规模的参考依据。

② 投资估算是项目投资决策的依据，也是研究、分析和计算项目投资经济效果的重要条件。

③ 投资估算是项目资金筹措及制定建设贷款计划的依据，建设单位可根据批准的项目投资估算额，制定融资方案、进行资金筹措计划和申请银行贷款。

④ 投资估算是设计阶段造价控制的依据，设计概算不得突破有关部门批准和投资估算，并应控制在投资估算额以内。

⑤ 投资估算是进行工程设计招标、优选设计方案的依据，也是工程限额设计的依据。

⑥ 投资估算是核算建设项目固定资产投资需要额和编制固定资产投资计划的重要依据。

（一）项目建设投资的估算

项目建设投资的估算，主要包括工程建设费、其他费用和预备费。

1. 工程建设费估算

根据概算法，工程建设费估算包括：建筑工程费，设备、工器具购置费和安装工程费的估算。

(1) 建筑工程费估算　建筑工程费是指建造建筑物和构筑物所需要的费用。建筑工程费的估算方法有单位建筑工程投资估算指标法、单位实物工程量投资估算法和概算指标投资估算法。

① 单位建筑工程投资估算指标法。是以单位建筑工程量投资乘以建筑工程总量来估算建筑工程费的方法。例如，生产厂房建筑造价＝生产厂房建筑面积×单位面积造价。

② 单位实物工程量投资估算法。是以单位实物工程量投资乘以实物工程量总量来估算建筑工程费的方法。例如，钢结构主体工程造价＝钢结构总重量(吨)×单位重量造价(元/吨)。

③ 概算指标投资估算法。在估算建筑工程费时，对于没有上述估算指标，或者建筑工程费占建设投资比例较大的项目，可采用概算指标投资估算法。建筑工程概算指标通常是以整个建筑物为对象，以建筑面积、体积等为计量单位来确定劳动、材料和机械台班的消耗量标准和造价指标。采用此种方法，应占有较为详细的工程资料、建筑资料价格和工程费用指标，投入的时间和工作量大。

(2) 设备、工器具购置费估算　是指为建设项目购置或自制的达到固定资产标准的各种国产或进口设备、工器具及生产家具所花费的相关费用。

① 设备购置费估算。设备购置费由设备原价和设备运杂费构成。其计算公式为

$$设备购置费＝设备原价＋设备运杂费 \qquad (6-1)$$

式中，设备原价是指固定设备原价或进口设备原价。国产设备原价是指设备制造厂的交货价，即出厂价，或设备成套供应公司的订货合同价。进口设备原价＝货价(FOB)＋国际运费＋运输保险费＋银行财务费＋外贸手续费＋关税＋增值税＋海关监管手续费＋其他费。

设备运杂费是指设备原价之外的费用，包括运费和装卸费、包装费、设备供销部门手续费、采购与保管费等。其计算公式为

$$设备运杂费＝设备原价×设备运杂费费率 \qquad (6-2)$$

式中，设备运杂费费率按有关规定计取。

② 工器具及生产家具购置费估算。是指新建项目初步设计规定所必须购置的不构成固定资产的设备、仪器、工夹模具、器具、生产家具和备品备件等的费用，其一般计算公式为

$$工器具及生产家具购置费＝设备购置费×定额费率 \qquad (6-3)$$

【例 6-1】　某防腐有限责任公司拟从国外进口一套施工设备，质量为 150 吨，离岸价为 40 万美元。其他有关费用参数为：国外运费标准为 360 美元/吨；海上运输保险费费率为 0.266％；中国银行手续费费率为 0.5％；外贸手

续费费率为1.5%；关税税率为22%；进口环节增值税税率为17%；人民币外汇牌价为1美元兑换6.45元人民币；设备的国内运杂费费率为2.5%。试对该套设备购置费进行估算。

【解】 根据以上给出的各种费用公式，得出各项费用分别为

① 进口设备离岸价：$40 \times 6.45 = 258$（万元）

② 国外运费：$360 \times 6.45 \times 150 \div 10000 = 34.83$（万元）

③ 海运保险费：$\dfrac{258 + 34.83}{1 - 0.266\%} \times 0.266\% = 0.78$（万元）

④ 进口关税：$(258 + 34.83 + 0.78) \times 22\% = 64.59$（万元）

⑤ 进口环节增值税：$(258 + 34.83 + 0.78 + 64.59) \times 17\% = 60.9$（万元）

⑥ 外贸手续费：$(258 + 34.83 + 0.78) \times 1.5\% = 4.40$（万元）

⑦ 银行财务费：$258 \times 0.5\% = 1.29$（万元）

⑧ 国内运杂费：$258 \times 2.5\% = 6.45$（万元）

⑨ 设备购置费：$258 + 34.83 + 0.78 + 64.59 + 60.9 + 4.40 + 1.29 + 6.45 = 431.24$（万元）

(3) 安装工程费估算　安装工程费通常根据行业或专门机构发布的安装工程定额、取费标准进行估算。具体计算可按安装费费率、每吨设备安装费指标或单位安装实物工程量费用指标进行估算。计算公式为

$$\text{安装工程费} = \text{设备原价} \times \text{安装费费率} \qquad (6-4)$$

或 $$\text{安装工程费} = \text{设备吨位} \times \text{每吨设备安装费指标} \qquad (6-5)$$

或 $$\text{安装工程费} = \text{安装实物工程量总量} \times \text{单位安装实物工程量费用指标} \qquad (6-6)$$

2. 工程建设其他费用的估算[2,3]

工程建设其他费用的估算，主要包括三大类：即与土地使用有关的费用、与建设项目建设有关的费用、与未来企业生产经营相关的费用。它通常按各项费用科目的费率或者取费标准估算。

(1) 建设用地费用的估算　包括征地补偿费用、拆迁补偿费用和土地出让金的估算。

① 征地补偿费用的估算。包括土地补偿费、安置补助费以及地上附着物和青苗补偿费的估算。

a. 土地补偿费的估算。征收耕地的土地补偿费，为该耕地被征收前三年平均年产值的 6～10 倍补偿，具体按当地统计部门审定的基层单位统计年报和经物价部门认可的单位为标准。

征收其他土地的土地补偿费标准，由省、自治区、直辖市参照征收耕地的土地补偿费的标准规定。

b. 安置补助费的估算。征收耕地的安置补助费，按照需要安置的农业人口数计算。需要安置的农业人口数，按照被征收的耕地数量除以征地前被征收单位平均每人占有耕地的总量计算。每一个需要安置的农业人口的安置补助费标准，为该耕地被征收前三年平均年产值的4~6倍。但是，每公顷被征收耕地的安置补助费，最高不得超过被征收前三年平均年产值的15倍。

c. 地上附着物和青苗补偿费的估算。被征收土地上的附着物和青苗的补偿标准，由省、自治区、直辖市人民政府规定。

② 拆迁补偿费用的估算。包括拆迁补偿金和搬迁、安置补助费。

a. 拆迁补偿金的估算。根据被拆迁房屋的区位、用途、建筑面积等因素，以房地产市场评估价格确定。

b. 搬迁、安置补助费估算。搬迁、安置补助费的标准，由省、自治区、直辖市人民政府制定。

③ 土地出让金的估算。城市土地使用权的出让和转让，可以采用招标、拍卖或者双方协议的方式计费。协议出让最低价不得低于新增建设用地的土地有偿使用费、征地（拆迁）补偿费以及按照国家规定应当缴纳的有关税费之和。有基准地价的地区，协议出让最低价不得低于出让地块所在级别基准地价的70%。

【例 6-2】 某防腐工程建设项目，需要征收耕地150亩，该耕地被征收前三年平均亩产值分别为2500元、2400元和2300元，土地补偿费标准为前三年平均年产值的10倍；被征收单位人均占有耕地1.5亩，每个需要安置农村人口的安置补助费标准为该耕地被征用前三年平均年产值的6倍；地上附着物共有树木3500棵，补偿标准为45元/棵，青苗补偿标准为250元/亩，试对未包括征地搬迁费和其他税费在内的使用该土地的费用进行估算。

【解】 根据题意计算如下：

① 土地补偿费的计算。根据有关规定，土地补偿费得

$$土地补偿费 = \frac{2500+2400+2300}{3} \times 150 \times 10$$
$$= 360(万元)$$

② 人均安置补偿费。根据有关规定得

$$人均安置补助费 = \frac{2500+2400+2300}{3} \times 1.5 \times 6$$

$$=2.16(万元/人)$$

③ 需要安置的农业人口数。计算得

$$需要安置的农业人口数=150÷1.5=100(人)$$

④ 安置补助费。计算得

$$安置补助费=2.16×100=216(万元)$$

⑤ 地上附着物补偿费。计算得

$$地上附着物补偿费=3500×45=15.75(万元)$$

⑥ 青苗补偿费。计算得

$$青苗补偿费=250×150=3.75(万元)$$

⑦ 合计。得

$$使用该土地的费用=360+216+15.75+3.75=595.5(万元)$$

(2) 与项目建设有关的其他费用的估算

① 建设管理费的估算。包括建设单位管理费、工程监理费和工程造价咨询费的估算。

a. 建设单位管理费的估算。其估算公式为

$$建设单位管理费=工程费用×建设单位管理费费率 \qquad (6-7)$$

式中,建设单位管理费费率按照建设项目的不同性质、不同规模确定。

b. 工程监理费的估算。按照国家发展改革委《关于进一步放开建设项目专业服务价格的通知》(发改价格 [2015] 299 号)规定进行,此项费用实行市场调节价。

c. 工程造价咨询费的估算。具体收费标准可以参照《中国建筑工程造价管理协会关于规范工程造价咨询服务收费的通知》(中价协 [2013] 35 号)。

② 可行性研究费的估算。此项费用可参照《关于印发〈建设项目前期工作咨询收费暂行规定〉的通知》(计价格 [1999] 1283 号)规定执行,或按委托咨询合同的咨询费数额估算。

③ 研究试验费的估算。该项费用按照设计单位根据工程项目的需要提出的研究试验内容和要求计算。

④ 勘察设计费的估算。该项费用按照"发改价格 [2015] 299 号"规定执行,此项费用实行市场调节价。

⑤ 环境影响评价费的估算。此项费用的估算,可参照《关于规范环境影响咨询收费有关问题的通知》(计价格 [2002] 125 号)规定计算。

⑥ 安全预评价及验收费的估算。依照建设项目所在省、自治区、直辖市劳动行政部门规定的标准计算,或者按劳动安全预评价委托合同所列数额

估算。

⑦ 场地准备及临时设施费的估算。新建项目的场地准备和临时设施费应根据实际工程量估算，或按建设安装工程费的一定比例计算，通常比例为1%。改扩建项目一般只计算拆除清理费。具体估算公式为

$$\text{场地准备和临时设施费} = \text{工程费用} \times \text{费率} + \text{拆除清理费} \tag{6-8}$$

式中，拆除清理费可按新建同类工程造价或主材费、设备费的比例计算。凡可回收材料的拆除工程费用以料抵工方式冲抵拆除清理费。

⑧ 引进技术和引进设备其他费的估算。引进技术和引进设备其他费是指引进技术和设备发生的但未计入设备购置费中的费用。包括引进设备材料国内检验费；引进项目图纸资料翻译复制费、备品备件测绘费；出国人员费；来华人员费；银行担保及承诺费的估算。

a. 引进设备材料国内检验费的估算。以进口设备材料离岸价为基数乘以费率计算，引进设备材料国内检验费费率一般为0.5%。

b. 引进项目图纸资料翻译复制费、备品备件测绘费的估算。引进项目图纸资料翻译复制费根据引进项目的具体情况估算，或者按引进设备离岸价的比例估算；备品备件测绘费按项目具体情况估算。

c. 出国人员费的估算。出国人员费依据合同或协议规定的出国人次、期限以及相应的费用标准计算。其中生活费按照财政部、外交部规定的现行标准计算，差旅费按中国民航公布的现行标准计算。

d. 来华人员费的估算。来华人员费依据引进合同或协议有关条款及来华技术人员派遣计划进行估算。来华人员接待费可按每人次费用指标计算。具体费用指标按照部门或行业的规定执行。

e. 银行担保及承诺费的估算。银行担保及承诺费应按担保或承诺协议计取。投资估算时可按担保金额或承诺金额为基数乘以费率计算（一般可按承保金的5‰计算）。

⑨ 工程保险费的估算。根据不同的工程类别，分别以建筑、安装工程费乘以建筑、安装工程保险费率计算。

民用建筑工程保险费率为建筑工程费的2‰~4‰；其他建筑工程保险费率为建筑工程费的3‰~6‰；安装工程保险费率为建筑工程费的3‰~6‰。

（3）与未来企业生产经营有关的其他费用的估算　包括联合试运转费、专利及专有技术使用费和生产设备及开办费的估算。

① 联合试运转费的估算。联合试运转费一般根据不同性质的项目，按需要试运转车间的工艺设备购置费的百分比估算。具体费用按照部门或行业的

规定执行。

② 专利及专有技术使用费的估算。专利及专有技术使用费应按专利使用许可协议和专有技术使用合同确定的数额估算。

③ 生产准备及开办费的估算。其估算方法有两种：

a. 新建项目按设计定员为基数计算，改扩建项目按新增设计定员为基数计算。其计算公式为

$$\text{生产准备费} = \text{设计定员} \times \text{生产准备费指标}(元/人) \tag{6-9}$$

b. 可采用综合的生产准备费指标进行计算，也可以按费用内容的分类指标计算。

3. 工程建设预备费的估算

按我国现行规定，预备费包括基本预备费和涨价预备费。

(1) 基本预备费的估算　基本预备费按工程费用即建筑工程费、设备及工器具购置费、工程建设其他费用和安装工程费之和乘以基本预备费费率计算。其计算公式为

$$\text{基本预备费} = (\text{建筑工程费} + \text{设备及工器具购置费} + \text{工程建设其他费用} + \text{安装工程费}) \times \text{基本预备费费率} \tag{6-10}$$

式中，基本预备费费率由工程造价管理机构根据项目特点综合分析后确定。

【**例 6-3**】 某防腐涂料生产项目建筑工程费为 5000 万元，设备及工器具购置费、工程建设其他费用和安装工程费等 1300 万元，试估算该项目的基本预备费。

【**解**】 参照化工建设项目的规定，基本预备费费率取 12%。

根据式(6-10)得

$$\text{基本预备费} = (5000 + 1300) \times 12\% = 756(\text{万元})$$

(2) 涨价预备费的估算　涨价预备费的估算方法一般根据国家规定的投资综合价格指数，按估算年份价格水平的投资额为基数采用复利计算。其计算公式为

$$P_c = \sum_{t=1}^{n} I_t [(1+f)^t - 1] \tag{6-11}$$

式中　P_c——涨价预备费；

I_t——第 t 年的建筑工程费、设备及工器具购置费、工程建设其他费用和安装工程费之和；

f——建设期价格上涨指数；

n——建设期。

关于建设期价格上涨指数，政府部门有规定的按照规定执行，没有规定的由可行性研究人员预测。

【例 6-4】 某防腐工程建设项目在建设期初的建筑安装工程费和设备及工器具购置费为 2000 万元，项目建设期 2 年，投资分析使用比例为：第一年 50%，第二年 50%。在基本预备费费率为 5%，年平均价格总水平上涨率为 10% 的情况下，该项目建设期的涨价预备费是多少？

【解】 根据式(6-11)计算得

第一年的涨价预备费 $=2000×50\%×[(1+10\%)^1-1]=100$（万元）

第二年的涨价预备费 $=2000×50\%×[(1+10\%)^2-1]=210$（万元）

整个建设期涨价预备费 $=100+210=310$（万元）

（二）建设期利息的估算

建设期利息应按借款要求和条件计算。国内银行借款按现行贷款计算，国外贷款利息按协议书或贷款意向书确定的利率按复利计算。为简化计算，在编制投资估算时通常假定借款均在每年的年中支用，借款第一年按半年计息，其余各年份按全年计息。计算公式为

建设期各年应计利息＝(年初借款本息累计＋当年借款额/2)×年利率

(6-12)

或

$$Q=\sum_{t=1}^{n}\left[\left(P_{t-1}+\frac{A_t}{2}\right)\times i\right] \quad (6\text{-}13)$$

式中　Q——建设期利息；

P_{t-1}——按单利计息为建设期第 $t-1$ 年末借款累计，按复利计息为建设期第 $t-1$ 年末借款本息累计；

A_t——建设期第 t 年当年借款额；

i——借款年利率；

t——年份。

如果贷款规定按年初用款计算，则式(6-13)中本年借款额就不要除以 2，即借款发生当年也要按全年计算。计算公式为

$$Q=\sum_{t=1}^{n}[(P_{t-1}+A_t)\times i] \quad (6\text{-}14)$$

【例 6-5】 某腐蚀防护工程项目建设期为 4 年，每年贷款额分别为 200 万元、200 万元、250 万元、350 万元，总计 1000 万元。年利率为 6%，计算建

设期贷款利息。

【解】 根据题意，应用式(6-12)得

第一年应计利息＝200/2×6％＝6(万元)

第二年应计利息＝(200＋6＋200/2)×6％＝18.36(万元)

第三年应计利息＝(400＋6＋18.36＋250/2)×6％＝32.96(万元)

第四年应计利息＝(650＋6＋18.36＋32.96＋350/2)×6％＝52.94(万元)

合计：110.26(万元)

（三）流动资金的估算

建设项目流动资金的估算，可采用分项详细估算法，也可采用扩大指标估算法。

1. 分项详细估算法

分项详细估算法是根据周转额与周转速度之间的关系，对构成流动资金的各项流动资产和流动负债分别进行估算。计算公式为

$$流动资金＝流动资产－流动负债 \tag{6-15}$$

$$流动资产＝应收账款＋预付账款＋存货＋现金 \tag{6-16}$$

$$流动负债＝应付账款＋预收账款 \tag{6-17}$$

$$流动资金本年增加额＝本年流动资金－上年流动资金 \tag{6-18}$$

流动资金估算的具体步骤是首先确定各分项最低周转天数，计算周转次数，然后进行分项估算。

(1) 周转次数计算 其计算公式为

$$周转次数＝\frac{360 天}{最低周转天数} \tag{6-19}$$

存货、现金、应收账款和应付账款的最低周转天数，可参照同类企业的平均周转天数并结合项目的特点确定。通常，最低周转天数为 15～60 天。

(2) 流动资产估算 流动资产估算包括应收账款、预付账款、存货和现金的估算。

① 应收账款估算。应收账款指企业因销售商品、提供服务以及办理工程结算业务，应向购货单位、接受服务的单位收取的账款。计算公式为

$$应收账款＝\frac{年经营成本}{应收账款周转次数} \tag{6-20}$$

$$年经营成本＝年总成本－折旧费－摊销费－借款利息 \tag{6-21}$$

应收账款周转天数一般取 30 天。

② 预付账款估算。预付账款是指企业（公司）为购买各种材料、半成品

或服务所预付的款项。计算公式为

$$预付账款 = \frac{外购商品或服务年费用}{预付账款周转次数} \qquad (6-22)$$

③ 存货估算。存货指企业在生产经营过程中为销售、生产或耗用而储备的物资。主要包括商品、产成品、半成品以及各类材料、燃料和动力、包装物、低值易耗品等。计算公式为

$$存货 = 外购原材料、燃料动力 + 其他材料 + 在产品 + 产成品 \qquad (6-23)$$

$$外购原材料、燃料动力 = \frac{年外购原材料、燃料动力费}{周转次数} \qquad (6-24)$$

周转天数取值：当地原材料一般取 30 天；外地原材料一般取 60 天；进口原材料一般沿海取 100 天，内地取 180 天；燃料动力一般取 15 天或 30 天。

$$其他材料 = \frac{年其他材料费}{其他材料周转次数} \qquad (6-25)$$

$$在产品 = \frac{年外购原材料、燃料动力费 + 年工资及福利费 + 年修理费 + 年其他制造费}{在产品周转次数}$$

$$(6-26)$$

在产品的周转天数一般为 9 天，或按工艺而定。

$$产成品 = \frac{年经营成本 - 年其他营业费}{产成品周转次数} \qquad (6-27)$$

产成品周转天数一般取 15 天或 30 天。

④ 现金估算。现金是为维持正常生产经营必须预留的货币资金。计算公式为

$$现金 = \frac{年工资及福利费 + 年其他费用}{现金周转次数} \qquad (6-28)$$

年其他费用 =（制造费用 + 管理费用 + 营业费用）
　　　　　－（以上三项费用中含的工资及福利费 + 折旧费 + 摊销费 + 修理费）

$$(6-29)$$

或

其他费用 = 其他制造费用 + 其他营业费用 + 其他管理费用 + 技术转让费
　　　　　+ 研究与开发费 + 土地使用税 　　　　　　　　　(6-30)

(3) 流动负债估算　流动负债是指在一年或超过一年的一个营业周期内，需要偿还的各种债务，包括短期借款、应付票据、应付账款、预收账款、应付工资、应付福利费、应付股利、应交税金、其他暂收应付款项、预提费用和一年内到期的长期借款等。在项目技术经济分析中，流动负债的估算一般

只考虑应付账款和预收账款两项。

① 应付账款的估算。其计算公式为

$$应付账款 = \frac{外购原材料、燃料动力及其他材料年费用}{应付账款周转次数} \quad (6\text{-}31)$$

应付账款的周转天数一般取 30 天。

② 预收账款的估算。其计算公式为

$$预收账款 = \frac{预收的营业收入年金额}{预收账款周转次数} \quad (6\text{-}32)$$

以上给出的周转天数供参考。

【例 6-6】 某防腐材料生产厂定员 550 人，工资及福利费按照每人每年 7.2 万元估算，每年其他费用为 750 万元（其中：其他制造费为 540 万元），年外购原材料、燃料动力费为 9100 万元；年经营成本为 1200 万元，年销售收入 9600 万元，年修理费占年经营成本 10%；年预付账款为 580 万元，年预收账款为 670 万元。各项流动资金最低周转天数分别为：应收账款为 30 天，现金为 40 天，应付账款为 30 天，存货为 40 天，预付账款为 30 天，预收账款为 30 天。用分项详细估算法估算拟建项目的流动资金。

【解】 计算如下：

(1) 流动资产估算　依据式(6-20)、式(6-22) 分别得

① 应收账款 = 1200/(360/30) = 100(万元)

② 预付账款 = 580/(360/30) = 48.33(万元)

③ 存货估算。依据式(6-24)、式(6-26)、式(6-27) 分别得

a. 外购原材料、燃料动力 = 9100/(360/40) = 1011.11(万元)

b. 在产品 = (9100+550×7.2+1200×10%+540)/(360/40) = 1524.44(万元)

c. 产成品 = 1200/(360/40) = 133.33(万元)

d. 存货 = 1011.11+1524.44+133.33 = 2668.88(万元)

④ 现金估算。依据式(6-28) 得

现金 = (550×7.2+750)/(360/40) = 523.33(万元)

因此，流动资产 = 100+48.33+2668.88+523.33 = 3340.54(万元)

(2) 流动负债估算　依据式(6-31)、式(6-32) 分别得

① 应付账款 = 9100/(360/30) = 758.33(万元)

② 预收账款 = 670/(360/30) = 55.83(万元)

流动负债 = 758.33+55.83 = 814.16(万元)

(3) 流动资金估算　依据式(6-15)得

　　　　流动资金=3340.54-814.16=2526.38(万元)

2. 扩大指标估算法

扩大指标估算法，也称类比估算法、比率估算法，是按照同类企业流动资金占某种基数的比率来估算流动资金。扩大指标估算法简便易行，但准确度不如分项详细估算法，在某些流动资金需要量小的行业项目或非制造业项目可以采用扩大指标估算法。具体有如下几种方法。

(1) 按产值（或销售收入）资金率估算　这种方法较多运用于一般加工工业项目所需流动资金的估算。其估算公式为

项目流动资金额=项目年产值(或销售收入)×产值(或销售收入)资金率

(6-33)

(2) 按经营成本（或总成本）资金率估算　因为经营成本（或总成本）指标可以比较综合地反映项目的物质消耗、生产技术和经营管理水平以及自然资源禀赋条件的差异实际状况，所以常被采用。其估算公式为

项目流动资金额=项目年经营成本(或总成本)×经营成本(或总成本)资金率

(6-34)

经营成本（或总成本）资金率估算法，较多地运用于采掘工业项目所需流动资金的估算。

(3) 按固定资产价值资金率估算　这种估算法比较适用于那些固定资产与流动资金有着比较稳定的比例关系的项目所需流动资金的估算。其估算公式为

　　项目流动资金额=项目固定资产价值总额×固定资产价值资金率(6-35)

式中，固定资产价值资金率是流动资金占固定资产价值总额的百分比。

(4) 按单位产量资金率估算　这种方法是利用同类项目单位产量占用的流动资金来估算项目所需流动资金，较适用于产品单一的项目所需流动资金的估算。其估算公式为

　　　　项目流动资金额=项目年产量×单位产量资金率　　(6-36)

第三节　腐蚀防护工程项目总成本费用

成本与费用是经济分析的基本要素之一，作为从劳动耗费角度衡量技术

方案投入的基本指标，可以综合反映腐蚀防护工程项目的技术水平、资金利用情况、工艺完善程度、劳动生产力与经营管理水平。

一、成本与费用的概念

成本与费用是两个既相互联系又存在重大区别的会计概念，就一般意义而言，成本与费用泛指企业生产经营中所发生的各种资金耗费。企业的成本与费用，就其经济实质来看，是产品价值构成中 $C+V$ 两部分价值的等价物，用货币形式来表示，也就是企业在产品经营中所耗费的资金的总和。

成本与费用具体的概念是：成本是指企业为生产产品或提供劳务等日常活动所发生的各种资源或资金的耗费；费用是指企业为生产产品或提供劳务等日常活动而发生的经济利益的流出[4]。

企业应当合理划分期间成本和费用的界线。期间成本应当计入所生产的产品、提供劳务的成本；费用应当直接计入当期损益。

企业应将当期已销产品或已提供劳务的成本转入当期的费用；商品流通企业应将当期已销商品的进价转入当期的费用。

由此可见，成本与费用既有联系又有区别。

1. 成本与费用的联系

① 成本与费用都是企业除偿债性和分配性支出以外的支出；

② 成本与费用都是企业经济资源的耗费；

③ 生产费用的发生过程同时也是生产成本的形成过程，生产费用构成生产成本的基础。

2. 成本与费用的区别

① 成本是针对一定的成本计算对象，是对象化的费用；

② 费用是针对一定期间内发生的通用货币计量的耗费，包括生产费用和期间费用；

③ 成本是由费用组成的，但费用不一定计入成本。

成本与费用的关系如图 6-4 所示。

需要说明的是，在讨论项目成本费用时，有不少文献资料将成本费用称之为总成本费用。虽然一字之差，但给出的概念是有一定区别的，就一般而言，成本费用泛指企业在生产经营中所发生的各种资金耗费。总成本费用是指当期为生产经营产生的全部成本、费用。

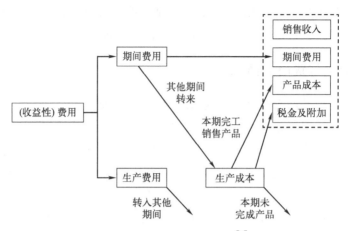

图 6-4 成本与费用的关系[5]

二、项目总成本费用的分类

根据不同的计算方法，可将总成本费用划分为不同的类型。通常可按制造成本法分类，也可按生产要素法分类。

1. 按制造成本法分类

按制造成本法分类，可将总成本费用划分为生产成本和期间费用。

（1）生产成本 又称制造成本，是指生产活动的成本，即企业为生产产品而发生的成本。

（2）期间费用 是指企业为组织和管理生产经营、筹集生产经营所需资金以及销售商品等发生的各项费用。

2. 按生产要素法分类

按生产要素法分类，可将总成本费用划分为可变成本、固定成本和半变动成本。

（1）可变成本 是指随着产品产量的增减而成正比例变化的各项费用。

（2）固定成本 是指成本总额在一定时期和一定业务量范围内，不受业务量增减变动影响而能保持不变的成本。

（3）半变动成本 是指总成本虽然受产量变动的影响，但是其变动的幅度并不同产量的变动保持严格的比例。半变动成本是一种同时包含固定成本和可变成本因素的混合成本。

三、项目总成本费用的构成

总成本费用的构成具有很强的行业特点，在划分和计算时应紧密结合行业特点选择合适的方法。目前,主流总成本费用构成有制造成本法和生产要素法。

1. 按制造成本法总成本费用的构成

按制造成本法计算工程建设项目的总成本费用,可分为生产成本和期间费用。如图 6-5 所示。

(1) 生产成本 是指企业在生产经营商品和提供服务时发生的各项直接支出,包括直接人工费、直接材料费、制造费及其他直接费用。

① 直接人工费用。包括企业直接从事产品生产或服务人员的工资、奖金、津贴和补贴。

② 直接材料费用。是指企业在生产中用以形成产品的各种材料支出,一般包括企业在生产经营过程中实际消耗的原材料、辅助材料、备品备件、外购半成品、燃料、动力、包装物以及其他直接材料的费用。

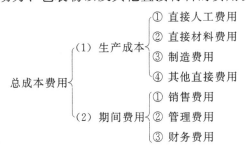

图 6-5 根据制造成本法总成本费用的构成

③ 制造费用。是指企业各个生产单位(分厂、车间、工程处等)为组织和管理生产所发生的各项费用,包括生产单位管理人员工资、职工福利费,生产单位房屋建筑物、机器设备的折旧费、修理维护费、低值易耗品、取暖费、水电费、办公费、差旅费、运输费、保险费、设计制图费、试验检验费、劳动保护费、季节性及修理期间的停工损失等费用。

④ 其他直接费用。是指除材料、辅料、工资之外而又直接为生产产品而支出的费用,如直接从事产品生产人员的职工福利费、培训费、社保费等。

(2) 期间费用 是指企业日常活动发生的不能计入特定成本核算对象,而应计入发生当期损益的费用。

不计入特定的成本核算对象,主要是因为期间费用是企业为组织和管理整个经营活动所发生的费用,与可以确定特定成本核算对象的材料采购、产成品生产等没有直接关系。即容易确定其发生的期间,而难以判别其所应归属的产品,因而不能列入产品制造成本,而在发生的当期从损益中扣除。

期间费用包括销售费用、管理费用和财务费用❶。

① 销售费用。是指企业在销售产品和材料、提供服务的过程中发生的各种费用。包括企业负担的运输费、装卸费、包装费、保险费、委托代销费、广告费、展览费、租赁费、销售服务费、销售人员工资、职工福利费、差旅费、办公费、折旧费、修理费、物料消耗、低值易耗品摊销以及其他费用等。但企业内部销售部门属于行政管理部门，所发生的经费开支，不包括在销售费用之内，而应列入管理费用。

② 管理费用。是指企业为组织和管理企业生产经营所发生的管理费用。包括的内容较多，以工业企业为例，具体包括公司经费、工会费、职工教育费、劳动保险费、待业保险费、董事会费、聘请中介机构费、咨询费、诉讼费、审计费、排污费、土地使用费、税金、技术转让费、研究与开发费、无形资产摊销、业务招待费、计提的坏账准备和存货跌价准备、存货盘亏、毁损和报废损失、其他管理费。

③ 财务费用。是指企业为筹集生产经营所需资金等而发生的筹资费用。包括利息支出、汇兑损失、金融机构手续费以及筹集生产经营资金过程中发生的其他费用等。

2. 按生产要素法总成本费用的构成

由于工程经济分析一般发生在项目实施之前，详细分析和估算出以上相关成本费用是很困难的，这时可采用生产要素法分析估算总成本费用。根据生产要素法，总成本费用构成如图6-6所示。

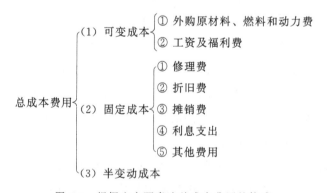

图6-6 根据生产要素法总成本费用的构成

---

❶ SY/T 0042—2002规定："在防腐工程方案比较时不考虑销售费用、管理费用和财务费用"，而生产经营性项目则需考虑这方面的费用。

(1) 可变成本 又称"变动成本",是指在总成本中随着产量的变化而变动的成本项目,包括外购原材料、外购燃料和动力、工资及福利等费用。

① 外购原材料、燃料和动力费。燃料主要包括煤、柴油、燃料油、液化石油气、天然气等,外购动力主要包括电、水、压缩空气、蒸汽等。外购燃料及动力的数量应全面包括生产工艺用量、公用和辅助工程用量及其他用量。

② 工资及福利费。是指企业为获得职工提供的服务而给予的各种形式的报酬以及其他相关支出,其内容包括职工工资、奖金、津贴、补贴和职工福利费。福利费实际发生额不超过应付职工薪酬里面工资的14%,可以税前扣除。超过部分本期和以后年度都不得税前扣除。

(2) 固定成本 又称"固定费用",相对于变动成本,是指成本总额在一定时期和一定业务量范围内,不受业务增减变动影响而能保持不变的成本。固定成本包括修理费、折旧费、摊销费、利息支出和其他费用。

① 修理费。是指为保持固定资产的正常运转和使用,对其进行必要修理所发生的费用。一般来说,修理费用通常包括物料消耗、劳务费用、补助费用、保险费和其他有关税费。

② 折旧费。是固定资产在使用过程中,因磨损而转移到产品成本中的那部分价值,固定资产在其有效使用期间内,始终保持完整的实物形态,但由于磨损(有形损耗)和科学技术的发展(无形损耗),固定资产价值逐渐减少,为了保证固定资产实物的再生产,对于固定资产由于使用而发生的磨损值就以计提折旧费的方式,作为期间费用从产品销售收入中得到补偿形成一种基金准备,用于固定资产的更新和改造。

③ 摊销费。是指无形资产和递延资产在一定期限内分期摊销的费用,也指投资不能形成固定资产的部分。待摊费用指已经发生或支付,但需要逐步分批摊入产品成本的各项费用,如引进技术项目的许可证费、专利费、设计费、咨询费等,这些费用一般在项目投产前支付,投产后一次或分批列入成本。

④ 利息支出。利息支出属于财务费用,是企业为筹集所需资金而发生的费用,包括利息支出、汇兑损失以及相关手续费。工程经济分析通常只考虑借款利息支出。

⑤ 其他费用。是指构成总成本费用的所有项目中,除上述成本费用以外的所有其他成本费用,包括生产部门的其他制造费用、管理部门的其他管理

费用和销售部门的其他费用。

(3) 半变动成本 又称为"半变动费用"、"标准式混合成本",是指总成本虽然受产量变动影响,但是其变动的幅度并不与产量的变动保持严格的比例。这类成本通常有一个初始量,类似于固定成本,在这个初始量的基础上,随产量的增长而增长,又类似于变动成本,但增长的幅度并不都与业务量成严格的比例关系。例如,热处理的电炉设备,每班需要预热,因预热而耗电的费用,属于固定成本性质;而预热后进行热处理的耗电费用,随着业务量的增加而逐步增加,又属于变动成本性质。

四、项目总成本费用的估算

为了便于讨论和计算,这里采用生产要素法估算项目总成本费用。其计算公式为

$$总成本费用 = 可变成本 + 固定成本 + 半变动成本 \quad (6-37)$$

在实际计算中,半变动成本常被忽略不计。

1. 可变成本的估算

可变成本包括外购原材料、外购燃料和动力、工资及福利等费用的估算。

(1) 外购原材料、燃料和动力费的估算 其估算公式为

$$外购原材料、燃料和动力费 = 年产量 \times 单位产品外购原材料、燃料和动力成本 \quad (6-38)$$

或

$$外购原材料、燃料和动力费 = \Sigma 年消耗数 \times 原材料、燃料及动力供应单位 \quad (6-39)$$

式中,年产量可根据设计能力和投产期各年的生产负荷确定;单位产品外购原材料、燃料和动力成本可依据原材料消耗定额和单位确定。

(2) 工资及福利费的估算 工资及福利一般按照项目建成投产后各年所需的职工总数即劳动定员数和人均年工资及福利水平测算,同时可以根据工资及福利的历史数据并结合现行增长趋势确定一个合理的年增长率,在各年的工资及福利水平中反映出这种增长趋势。其常用计算公式为

$$年工资及福利费 = 企业职工定员数 \times 人均年工资及福利额 \quad (6-40)$$

2. 固定成本的估算

固定成本的估算包括:修理费、折旧费、摊销费、利息支出、其他费用。

(1) 修理费的估算　修理费的估算一般可按固定资产原值(扣除所含建设期利息)的一定百分比,或按折旧费的一定百分比计算。计算公式为

$$修理费 = 固定资产原值 \times 修理费综合费率 \quad (6-41)$$

或

$$修理费 = 固定资产折旧额 \times 修理费综合费率 \quad (6-42)$$

(2) 折旧费的估算　固定资产折旧的方法有平均年限法(又称直线法)、工作量法、双倍余额递减法和年数总和法。一般常用平均年限法或工作量法。

① 平均年限法。是按固定资产的使用年限平均地计提折旧的一种方法。其计算公式为

$$年折旧率 = \frac{1 - 预计净残值率}{预计使用年限} \times 100\% \quad (6-43)$$

$$\begin{aligned}年折旧额 &= 固定资产原值 \times 年折旧率 \\ &= \frac{固定资产原值 \times (1 - 预计净残值率)}{预计使用年限}\end{aligned} \quad (6-44)$$

注意,预计净残值指固定资产在折旧寿命期末的残值扣除预计处理费后的余额;预计净残值率指固定资产预计净残值与固定资产原值的比率,通常取 3%~5%。

【例 6-7】　某防腐企业有一设备,原值为 100 万元,预计可使用 20 年,按照有关规定,该设备报废时净残值率为 3%,求该设备的月折旧率和月折旧额。

【解】　根据式(6-43),计算月折旧率得

$$年折旧率 = \frac{1 - 3\%}{20} \times 100\% = 4.9\%$$

$$月折旧率 = 4.9\% \div 12 = 0.41\%$$

根据式(6-44),计算月折旧额得

$$月折旧额 = 100 \times 0.41\% = 0.41(万元)$$

② 工作量法。是按照固定资产预计可完成的工作量计提折旧额的一种方法。其基本计算公式为

$$固定资产年折旧额 = \frac{固定资产应计折旧额}{固定资产预计使用年限} \quad (6-45)$$

某项固定资产月折旧额 = 该项固定资产当月工作量 × 单位工作量折旧额

$$(6-46)$$

日常应用的工作量法有以下两种方法：

a. 行驶里程法。该法适用于车辆、舰船等运输工具的计提折旧。其计算公式为

$$单位里程折旧额 = \frac{原值 \times (1-预计净残值率)}{规定的总行驶里程} \quad (6-47)$$

$$年折旧额 = 单位里程折旧额 \times 年行驶里程 \quad (6-48)$$

b. 工作小时法。该法适用于机器、设备等的计提折旧。其计算公式为

$$每小时折旧额 = \frac{原值 \times (1-预计净残值率)}{规定的总工作小时} \quad (6-49)$$

$$年折旧额 = 每工作小时折旧额 \times 年工作小时 \quad (6-50)$$

【例 6-8】 某防腐企业有一台防腐生产设备原值为 360000 元，预计总工作小时数为 60000 小时，预计其报废时的净残值率为 4%，本月工作 850 小时。试计算该设备本月折旧额。

【解】 根据题意得

$$每小时折旧额 = \frac{360\,000 \times (1-4\%)}{60\,000} = 5.76(元)$$

$$本月折旧额 = 850 \times 5.76 = 4896(元)$$

③ 双倍余额递减法。是指在不考虑固定资产预计净残值的情况下，根据每期期初固定资产原值减去累计折旧后的金额和双倍的直线法折旧率相乘计算固定资产折旧的一种方法。计算公式为

$$年折旧率 = \frac{2}{折旧年限} \times 100\% \quad (6-51)$$

$$年折旧额 = 固定资产净值 \times 年折旧率 \quad (6-52)$$

应该注意的是，采用此法，应当在其固定资产折旧年限到期前两年内，将固定资产净值扣除预计净残值后的净额进行平均摊销。

【例 6-9】 某种防腐设备固定资产原值为 200 万元，预计净残值为 5 万元，使用年限为 5 年，求该设备的各年折旧额。

【解】 根据式(6-51)，先求出年折旧率

$$年折旧率 = \frac{2}{5} \times 100\% = 40\%$$

根据式(6-52)，各年折旧额为

第一年折旧额 = 200 × 40% = 80(万元)

第二年折旧额=(200-80)×40%=48(万元)
第三年折旧额=(200-128)×40%=28.8(万元)
第四年折旧额=(200-156.8-5)/2=19.1(万元)
第五年折旧额=(200-156.8-5)/2=19.1(万元)

④ 年数总和法。是将固定资产的原值减去残值后的净额,乘以一个逐年递减的分数来计算每年的折旧额。其计算公式为

$$年折旧额=(固定资产原值-预计净残值)\times 年折旧率 \quad (6\text{-}53)$$

$$年折旧率=\frac{预计使用年限-已使用年限}{[预计使用年限\times(预计使用年限+1)]/2}\times 100\% \quad (6\text{-}54)$$

或

$$年折旧率=\frac{尚可使用年限}{预期使用年限的年数总和}\times 100\% \quad (6\text{-}55)$$

【例6-10】 某防腐设备的原始价值为100 000元,预计净残值为4 000元,预计使用年限为5年,试用年数总和法计算各年的折旧额。

【解】 根据题意计算得

计算折旧基数=100 000-4 000=96 000(元)
年数总和=5+4+3+2+1=15(年)
第一年的折旧额=96 000×5/15=32 000(元)
第二年的折旧额=96 000×4/15=25 600(元)
第三年的折旧额=96 000×3/15=19 200(元)
第四年的折旧额=96 000×2/15=12 800(元)
第五年的折旧额=96 000×1/15=6 400(元)

以上四种折旧费的估算方法,都有自己的优点和缺点,计算出的折旧额也不尽相同,因此,折旧方法的选择给企业带来的影响不可忽视。企业可利用不同的折旧方法所产生效果的差异来比较分析,以选择最优的折旧方法,达到最佳的收益。

首先,从计算方法的角度看,上述方法中,最为简便快捷的是平均年限法。只要采用该法计算出某项固定资产的月折旧额,即可一劳永逸,无须每年计算折旧额,直到固定资产报废,而其他的折旧法计算起来就显得比较麻烦。但平均年限法每年的折旧额相同,这会虚增企业其间的利润,虚减企业后期的利润。

其次,从企业税负的角度看,在不同的税率下,企业有着不同的税负。

在累进税率[1]的情况下，采用平均年限法使企业承担的税负最轻，工作量法次之，双倍余额递减法和年数总和法最重。因为平均年限法使折旧平均摊入成本，有效地遏制了某一年内利润过于集中或某一年份利润又骤减的情况。因此，纳税金额和税负都比较轻。相反，双倍余额递减法和年数总和法把利润集中在后几年，必然导致后几年承担较高的税率，加重了企业税负。但在比例税率[2]的情况下，双倍余额递减法和年数总和法对企业更为有利。因为这两种折旧方法可使固定资产成本在使用期限内加快得到补偿，企业前期利润少，纳税少；后期利润多，纳税较多，从而起到延期纳税的作用。

第三，从经营管理的角度看，双倍余额递减法和年数总和法较其他方法更显优势。一是可以促进企业设备更新和技术进步，提高企业竞争能力。因为加速折旧年限缩短，固定资产更新周期加快，通过提高折旧水平可及早收回投资，既可以减少无形损耗、通货膨胀带来的风险，也可以及时充实资金积累，增强设备更新改造能力。二是采用双倍余额递减法和年数总和法有利于产业结构的调整，国家可以用不同的折旧率区别对待各种设备投资，有意识地来引导主导产业的设备投资和技术改造。

值得一提的是，目前我国石油行业采用的 SY/T 0042—2002《防腐蚀工程经济计算方法》，按照我国的财务制度，并未考虑折旧因素，因此，当评价项目需要考虑折旧因素时，不宜采用。NACE RP0272—72《腐蚀控制措施经济评价直接计算方法》，则考虑了折旧因素，可作参考。

（3）摊销费的估算　无形资产的摊销通常运用平均年限法，且不考虑残值。在具体财务分析中，无形资产一般包括投资中的技术使用、技术转让、商标权等费用，无形资产年摊销额计算公式为

$$无形资产年摊销额 = \frac{无形资产原值}{无形资产摊销年限} \tag{6-56}$$

（4）利息支出的估算　利息支出指建设投资借款在运营期内发生的利息净支出。计算公式为

$$各年支付的利息 = 年初本金累计额 \times 年利率 \tag{6-57}$$

流动资金属于短期借款，通常都是按期末偿还、期初再借的方式处理，

---

[1] 是随着征税对象数额的增加而逐级提高税率的税种。包括全额累进税率、超额累进税率和超率累进税率。

[2] 是对同一税收对象，不论数额多少，均按同一比例征税统计。

并按一年期利率计息。流动资金借款利息计算公式为

$$流动资金利息 = 流动资金借款累计金额 \times 年利率 \tag{6-58}$$

（5）其他费用的估算　一般参照同类工程项目的其他费用水平进行估算。也可根据总成本费用中的外购原材料、外购燃料及动力费、工资及福利费、折旧费、修理费、维简费及摊销费之和的一定比率进行简单估算；也可将其他费用拆分为其他制造费、其他管理费和其他营业费三项费用详细估算。

① 其他制造费用估算。其他制造费用是指从制造费中扣除修理费、折旧费、管理人员工资及福利费后的其余部分。其他制造费可以按固定资产原值（扣除所含有建设期利息）的一定比例估算，也可按人员定额估算，具体估算方法可以从行业规定中查到。

② 其他管理费用估算。其他管理费用是指从管理费中扣除修理费、折旧费、摊销费、工资及福利费、技术转让费、研究与开发费以及土地使用税后的其余部分。其他管理费可以按工资及福利费总额的一定比例估算，也可以按人员定额估算。具体估算方法可从行业规定中查到。

③ 其他营业费用估算。其他营业费用是指从营业费中扣除修理费、折旧费、工资及福利费后的其余部分。其他营业费用一般按营业收入的一定比例估算。

3. 半变动成本的估算

根据成本核算原理：成本＝产量×单位变动成本＋固定成本。假如已知半变动成本总数，而只要采用联立方程式，便能分解出半变动成本中的变动成本和固定成本。如设 y＝半变动成本总数，x＝产量，m＝半变动成本中的变动成本，c＝半变动成本中的固定成本，即可用公式表示为

$$y = mx + c \tag{6-59}$$

为了从中找出它与产量的关系，可取上期若干月的资料代入公式。

【例 6-11】　假设，某防腐公司租赁了一台生产设备，租约规定每年支付固定租金 5 万元，同时，设备运行 1 小时支付租金 0.6 元，试求该设备的半变动成本。

【解】　根据题意，设备的总成本就是半变动成本。其中 5 万元是固定成本，0.6 元是变动成本。设其成本为 y，运转时间为 x 小时。

根据式(6-59)得

$$y = 0.6x + 50\,000$$

第四节　腐蚀防护工程项目营业收入、利润与税金

一般而言，无论是什么样的腐蚀防护工程项目的投入，都是为了取得经济效益性成果而组织实施的，投资者追求良好的经济效益，不仅是投资者出于积累资金、自我发展的需要，而且更重要的是能够促进社会进步、国民经济的发展以及社会生产力的提高。因此，讲求经济效益是项目投入的最终目的。

前面，我们介绍了投资、成本费用有关问题，这些要素都是项目的投入。投入是为了产出，投入与产出之间的关系是因果关系。任何项目的投入都有预定的目标，为了达到预定目标，可以制订多种不同的备选方案，并通过技术经济分析评价，从多个备选方案中选择相对最优的方案组织实施。预定目标通常是经济效益（也包括社会效益）目标。所谓经济效益是指人们在经济实践活动中取得的劳动成果与劳动耗费的比较，或产出的经济效果与投入的资源总量的比较。

投资是一项复杂的经济活动，其产生的效益也由多方面的内容和环节构成，任一经济效益指标只能反映其中的一个侧面。因此，为了能够全面、客观地反映投资的经济效益，必须从多角度进行考核，采用一系列相互关联、相互交叉的指标即指标体系进行系统的衡量与评价。而项目营业收入、利润与税金则是公认的衡量投资效益的定量标准与尺度。因此，"营业收入、利润与税金"则成为本节讨论的主要内容。

需要指出的是，项目营业收入、利润与税金的分析，就工业生产性腐蚀防护工程项目而言，与一般工业性项目基本上是一样的；而腐蚀防护应用技术项目，与一般工业性项目则完全不同，腐蚀防护投入，从根本上来说，是为了腐蚀安全，而通常不是为了直接的"收入"和"利润"。在进行经济分析时，应将腐蚀防护应用技术项目与一般生产经营性腐蚀防护工程项目的"产出"区别开来，准确把握腐蚀防护应用技术项目"产出"的分析至关重要。有关讨论见其后有关章节。

一、项目营业收入

营业收入是指企业在从事销售商品、提供劳务和让渡资产使用权等日常经营业务过程中,所形成的经济利益的总流入。它是经济要素分析的重要概念。

(一)营业收入的概念

营业收入是指项目销售商品或提供服务等取得的收入。它是反映项目总量劳动成果的效益类指标,是营业数量和价格的乘积。

营业收入是项目建成投产后回收投资、补偿成本、上缴税金、偿还债务、保证企业再生产正常进行的前提,是估算利润总额、销售税金及附加的基础数据。

(二)营业收入的分类

营业收入的分类方法很多,从不同的角度,有着不同的分类方法,其行业的性质不同,营业收入的分类也不尽相同。通常而言,其分类的方法如下。

1. 按收入的性质划分

按收入的性质划分,营业收入可分为建造(施工)合同收入、销售产品收入、提供服务收入和让渡资产使用权收入等。

(1)建造(施工)合同收入　是指企业通过签订建造(施工)合同并按合同要求为客户设计和建造建筑物、构筑物以及制造设备、工器具等而取得的收入。

(2)销售产品收入　是指企业通过销售本企业生产的产品或商品和为转售而购进的商品所取得的收入。如,工业企业生产的产品、商业企业购进的商品等;企业销售的其他存货,如原材料、包装物等。

(3)提供服务收入　是指企业提供劳务作业或技术服务而取得的收入。腐蚀防护工程企业提供劳务和技术服务,主要包括机械作业、运输服务、设计业务、设备和工器具的安装等。

(4)让渡资产使用权收入　让渡资产是指企业及个人所持有的可用于借出及出租并获取租金及利息的资产,包括资金、固定资产及无形资产等。让渡资产借出及出租的是让渡资产使用权,并不改变资产的所有权。

2. 按企业营业的主次划分

按企业营业的主次划分,可分为主营业务收入和其他业务收入。

(1)主营业务收入　是指企业从事某种主要生产、经营活动所取得的营业收入。主营业务收入就是主要业务收入，也称基本收入，一般占企业收入的比重较大，对企业的生产、发展具有较大的影响。

（2）其他业务收入 是指各类企业主营业务以外的其他日常经营活动所取得的收入。一般情况下，其他业务收入不大，发生频率不高，在收入中占的比重较小。

（三）营业收入的估算

营业收入是反映工程项目真实收益的参数，是技术经济分析中现金流入的重要项目，直接影响着项目的经济效益，同时也直接影响着项目的选择。对于生产经营性腐蚀防护工程项目来说，其营业收入的计算公式为

$$营业收入 = 产品销售量（或服务量）\times 产品单价（或服务单价） \quad (6-60)$$

工业项目评价中营业收入的估算基于一项重要假定，即当期的产出（扣除自用量后）当期全部售出，也就是说当期产品产量等于当期销售量。产品（或服务）单价应为以市场价格为基础的预测价格。

二、项目利润

利润是企业的经营成果，是企业经营效果的综合反映，也是其最终成果的具体体现。

（一）利润的概念

利润是企业盈利的表现形式，即一定期间企业的全部收入扣除为取得这些收入而发生的全部成本、费用、税金后的余额，又称净利润或净收益。利润是衡量企业管理水平、经营效益的重要指标。

（二）利润的分类

利润的分类，目前没有统一的划分方法，从不同的角度有着不同的分类。就生产经营性企业而言，其利润的分类有以下几种。

1. 营业利润

营业利润是指企业主营业务收入（营业额）扣除材料或商品采购成本、人员工资、设备损耗与折旧、营业税金及附加、资产减值损失、公允价值变动损失之后的余额。

2. 利润总额

利润总额是企业生产经营各方面的最终成果，是企业主营业务、其他业务、对外投资、营业外业务各环节经济效益的综合反映，也是对企业获利能力和投资效益评价、进行利润分配等的主要依据。

3. 投资利润

投资利润是指企业长期投资收益和短期融资收益与有关费用的差额,反映企业长期投资、短期借贷等各项金融活动的经济效益。

4. 营业外利润

营业外利润是指营业外收入与支出的差额,反映企业营业外收支的平衡情况。

(三) 利润的构成

根据我国现行《企业会计准则》规定,企业的利润主要由营业利润、利润总额和净利润组成。

1. 营业利润

营业利润是指企业在一定期间内取得的主营业务利润和其他业务利润之和扣除期间营业费用、管理费用和财务费用之后的余额。

2. 利润总额

利润总额是指企业在一定期间内各项收支相抵后的盈亏总额,包括营业利润、投资收益、营业外收支净额和补贴收入。

3. 净利润

净利润是指企业当期利润总额减去所得税后的金额,即企业的税后利润。所得税是指企业将利润总额按照所得税法规定的标准向国家缴纳的税金,它是企业利润总额的扣减项目。

(四) 利润的估算

企业利润的估算,主要包括营业利润、利润总额和净利润。

1. 营业利润的估算

营业利润是企业利润的主要来源,分为主营业务利润和其他业务利润。

(1) 营业利润的估算　其公式为

营业利润 = 主营业务利润 + 其他业务利润 - 营业费用 - 管理费用 - 财务费用

(6-61)

(2) 主营业务利润的估算　其公式为

主营业务利润 = 主营业务收入 - 主营业务成本 - 主营业务税金及附加

(6-62)

(3) 其他业务利润的估算　其公式为

$$\text{其他业务利润} = \text{其他业务收入} - \text{其他业务支出} \tag{6-63}$$

2. 利润总额的估算

利润总额主要由营业利润、投资收益、补贴收入、营业外收支净额构成。其估算公式为

$$\text{利润总额} = \text{营业利润} + \text{投资净收益} + \text{补贴收入} + \text{营业外收入} - \text{营业外支出} \tag{6-64}$$

式中，投资净收益是指企业对外投资所取得的收益，减去发生的投资损失和计提的投资减值后的净额。投资净收益包括对外投资分得的利润股利和债券利息等。投资损失包括投资作价损失、投资到期收回或者中途转让取得款项低于账面净值的差额等。

补贴收入是指企业按规定实际收到包括退还增值税的补贴收入，以及按销量或工作量等和国家规定的补助定额计算并按期给予的定额补贴。

营业外收入是指企业发生的与其日常经营活动无直接联系的各项利得，主要包括非流动资产处置利得、非货币性资产交换利得、债务重组利得、罚款利得、捐赠利得、盘盈利得、政府补贴等。

营业外支出是指企业发生的与其日常经营活动无直接关系的各项损失，包括非流动资产处置损失、非货币性资产交换损失、债务重组损失、罚款支出、捐赠支出、盘亏损失和非常损失等。

3. 净利润的估算

净利润是指企业当期利润总额减去所得税后的金额，即企业税后利润。估算公式为

$$\text{净利润} = \text{利润总额} - \text{所得税} \tag{6-65}$$

利润是一个企业经营的最终成果，净利润越多，企业的经营效益就越好；净利润越少，企业的经营效益就越差，它是衡量一个企业经营效益的主要指标。

按公司法规定，净利润是可供分配的，其分配顺序为：被没收的财务损失、支付各项税收的滞纳金和罚款；弥补企业过去年度亏损；提取法定公积金；提取公益金；向投资者分配利润。

【例 6-12】 某防腐工程公司2019年生产A产品1.5万件，生产成本180万元，当年销售4万件，销售单价270元/件，全年发生管理费15万元，财务费用11万元，销售费用为销售收入的3%，若税金及附加相当于营业收入

的 5%，所得税税率为 25%，企业无其他收入。该企业 2019 年的利润总额、净利润是多少？

【解】 根据式(6-64)，利润总额为

利润总额 = 270×4 − 180÷1.5×4 − 15 − 11 − 270×4×3%
　　　　　− 270×4×5% = 487.6(万元)

根据式(6-65)，求得净利润为

净利润 = 487.6 − 487.6×25% = 365.7(万元)

三、项目税金[①]

税金是指企业发生的除企业所得税和允许抵扣的增值税以外的各项税金及附加。

（一）税金的概念

税金是国家依法对有纳税义务的单位和个人征收的财政资金，是纳税人为国家提供积累的重要方式。其具有强制性、无偿性和固定性的特点。合理计算各种税费，是正确计算工程建设项目效益与费用的重要基础。

（二）税金的分类

税金分类是从一定的目的和要求出发，按照一定的标准，对不同税种隶属税类所做的一种划分。通常有如下分类方法。

1. 按征税对象分类

征税对象又叫课税对象、征税客体，是征纳税双方权利义务共同指向的客体或标的物，是区别一种税与另一种税的重要标志。我国现行的税制结构分为七大税类，共有二十多个税种。

（1）流转税类　是以商品生产、商品流通和劳务服务的流转额为征收对象的各种税，包括增值税、消费税和关税。

（2）所得税类　是指以单位或个人在一定时期内纯所得额为征收对象的一类税。包括企业所得税、外商投资企业和外国企业所得税、个人所得税。

（3）资源税类　是对开发利用各种自然资源征收的一类税。包括资源税、

[①] 按照我国财务的有关规定，防腐工程项目不考虑纳税和折旧等因素，计算税前的现值和年费用。而 NACE 的方法在计算公式中对防腐工程考虑纳税和折旧因素。因此，当评价项目要考虑纳税和折旧因素时，不宜采用 SY/T 0042—2002 给出的计算方法。

城镇土地使用税等。

(4) 财产税类　是指以纳税人所拥有或支配的财产为课税对象的一类税。包括房屋、土地、物资、有价证券等。

(5) 行为税类　是国家为了对某些特定行为进行限制或开辟某些财源而征收的一类税收。如针对一些奢侈性的社会消费行为，征收娱乐税、宴席税；印花税、契税和环保税等。

(6) 特定目的税类　是指国家为了达到某种特定目的而对特定对象和特定行为征收的一类税。如城市维护建设税等。

(7) 农业税类　从 2006 年 1 月 1 日起废止农业税条例，这意味着在我国沿袭两千年之久的这项传统税收的终结。但是，为了保护耕地，目前国家有了新规。即 2018 年 12 月 29 日第十三届全国人民代表大会常务委员会第七次会议通过《中华人民共和国耕地占用税法》，此法于 2019 年 9 月 1 日开始实施。

2. 按计税标准分类

按计税标准分类，可分为从价税和从量税。

(1) 从价税　是以征税对象的价值形式为计税依据，按一定的比例计征的一类税。

(2) 从量税　是以征税对象重量、容积、面积、数量等作为计税依据，按固定税额计征的一类税。

3. 按税收管理和使用权限分类

按税收管理和使用权限分类，可分为中央税、地方税和中央地方共享税。

(1) 中央税　即属于中央财政固定收入，归中央集中管理和使用的税种。如我国现行的关税、消费税和中央企业所得税等。

(2) 地方税　即属于地方财政固定收入，归地方管理和使用的税种。如地方企业所得税、城镇土地使用税和土地增值税等。

(3) 中央和地方共享税　即由中央和地方共同管理与使用的税种。如增值税、资源税、证券交易税等。

4. 按税负能否转嫁分类

按税负能否转嫁分类，可分为直接税和间接税。

(1) 直接税　一般是指税收负担直接由纳税人负担，税负不能转嫁的税种，如企业所得税、个人所得税等。

(2) 间接税　一般是指税收负担可以转嫁给他人负担的税种，如消费税、增值税等流转税。

5. 按税收与价格的关系分类

按税收与价格的关系分类，可分为价内税和价外税。

(1) 价内税　指税金是价格的组成部分，必须以含税价格作为计税依据的税种，如消费税、关税等。

(2) 价外税　指税金是价格之外的一个附加额，必须以不含税价格作为计税依据的税种，如增值税、车辆购置税等。

6. 按税率形式分类

按税率形式分类，可分为比例税、累进税和定额税。

(1) 比例税　即对同一种课税对象，不论数额多少，均按同一比例征收的税种。如产品税、增值税、关税、私营企业所得税等。

(2) 累进税　即随着课税对象数额的增加而逐级提高税率的税种。如我国现行的集体企业所得税、个人所得税中工资薪金所得等。

(3) 定额税　是对每一单位的课税对象按固定税额征税的税种。如现行税制的资源税中盐以吨数作为计量单位，天然气以立方米为计量单位。

除上之外，尚有其他一些分类方法。如以征收的延续时间为标准，可分为经常税和临时税；根据税收是否具有特定用途为标准，可分为一般税和目的税；根据税制的总体设计类型，可分为单一税和复合税；等等。

（三）税金的构成

我国现行税制体系是一个由多种税组成的复税制体系，这个复税制体系可以使我国税收多环节、多层次地发挥作用。

具体税种架构由以下税制构成。

(1) 流转税制　包括增值税、消费税、关税。

(2) 所得税制　包括企业所得税、个人所得税。

(3) 资源税制　包括资源税、城镇土地使用税。

(4) 财产税制　包括房产税、车船使用税、船舶吨税。

(5) 行为税制　包括购置税、印花税、契税、环境保护税。

(6) 特定目的　包括城市维护建设税、土地增值税。

(7) 农业税类　包括耕地占用税、烟草税。

在腐蚀防护工程项目经济分析中，涉及的税种主要有增值税、消费税、资源税、土地增值税、附加税、关税、所得税和耕地占用税等。

1. 增值税

增值税是以商品（含应税劳务）在流转过程中产生的增值额作为计税依据而征收的一种流转税。在我国境内销售货物或者提供加工、修理修配劳务以及进口货物的单位和个人，都应缴纳增值税。

2. 消费税

消费税是国家为体现消费政策，对生产、委托加工、零售和进口的应税消费品征收的一种税。现行消费税的征收范围主要包括烟、酒、鞭炮、焰火、化妆品、成品油、贵重首饰及珠宝玉石、电池、涂料等税目，有的税目还进一步划分为若干子目。

3. 资源税

资源税是以各种应税自然资源为课税对象，为了调节资源级差收入并体现国有资源有偿使用而征收的一种税。资源税征税范围包括原油、天然气、煤炭、其他非金属矿原矿、黑色金属矿原矿、有色金属矿原矿、盐等七类。

4. 土地增值税

土地增值税是指转让国有土地使用权、地上的建筑物及其附着物并取得收入的单位和个人，以转让所取得的收入（包括货币收入、实物收入和其他收入）减去法定扣除项目金额后的增值额为计税依据，向国家缴纳的一种税赋，不包括以继承、赠予方式无偿转让房地产的行为。当前中国的土地增值税实行四级超率累进税率，对土地增值率高的多征，增值率低的少征，无增值的不征。

5. 附加税

附加税是在正税征收的同时，再对正税额外加征的一部分税收，通常以正税的应纳税额为其计税依据。如城市维护建设税，是以增值税、消费税的税额作为计税依据。除此之外，附加税还有教育费附加和地方教育附加。

6. 关税

关税是引进出口商品经过一国关境时，由政府所设置的海关向其引进出口商所征收的税收。在进行腐蚀防护工程项目经济分析时，可能涉及引进出口防腐设备、零部件、工器具、原材料等，都应按关税法和国家税收政策缴纳关税。

7. 所得税

所得税是国家税收机关根据企业或个人所得情况，按规定税率开征的一种税收。税率一般是按所得额总额累进计算，即多得多纳、少得少纳或免纳，与纳税人的纳税能力相适应。所得税包括企业所得税、外商投资企业和外国企业所得税和个人所得税。

8. 耕地占用税

耕地占用税是我国对占用耕地建房或从事非农业建设的单位或个人所征收的一种税收。征税的目的在于限制非农业建设占用耕地，建立发展农业专项资金，促进农业生产的全面协调发展。

（四）税金的计算

税金的征收是以税法规定为根据的，税法包括税收法令、条例、税则、施行细则、征收办法及其他有关税收的规定。不言而喻，税金的缴纳是据税法规定给出的纳税人、课税对象、税率，以及纳税环节、纳税期限、减免税和违章处理等为纳税法律根据。

1. 增值税的计算

增值税的应纳税额是销项税额与进项税额的差额，计算公式为

$$增值税应纳税额 = 销项税额 - 进项税额 \qquad (6-66)$$

$$销项税额 = 应税销售额 \times 增值税税率 \qquad (6-67)$$

$$进项税额 = 购进应税商品的购进价 \times 增值税税率 \qquad (6-68)$$

当期应税销售额可采用销售额和销项税额合并定价的方法计算。即

$$应税销售额 = 含税销售额/(1+税率) \qquad (6-69)$$

【例 6-13】 某防腐材料生产项目，根据生产计划方案，计划在生产期间每年购进应税原料价格 1600 万元，增值税税率 11%；年计划销售自产产品 8000 吨，含税销售额为 1900 万元，增值税税率 11%。试计算该厂建成达产后预计增值税应纳税额。

【解】 根据题意，一般纳税人增值税税额计算方法分三步进行。

首先，计算应税销售额。据式(6-69) 得

$$应税销售额 = 1900/(1+11\%) = 1711.71(万元)$$

第二，计算销项与进项税额。据式(6-67)、式(6-68) 得

$$销项税额 = 1711.71 \times 11\% = 188.29(万元)$$

$$进项税额 = 1600 \times 11\% = 176(万元)$$

第三，计算应纳税税额，据式(6-66)得

增值税应纳税额=188.29-176=12.29(万元)

计算结果表明，该防腐厂达产期各年增值税应纳税额为12.29(万元)。

2. 消费税的计算

消费税的计算有三种方法：

(1) 从价定率法　其计算公式为

$$应纳消费税额 = 应税消费品销售额 \times 适用税率$$
$$= 销售收入(含增值税) \div (1+增值税税率) \times 消费税率$$
$$= 组成计税价格 \times 消费税率 \tag{6-70}$$

(2) 从量定额法　其计算公式为

$$应纳消费税额 = 应税消费品销售数量 \times 定额税率 \tag{6-71}$$

(3) 复合计算法　其计算公式为

$$应纳消费税额 = 应税消费品销售额 \times 适用税率 + 应税消费品销售数量 \times 定额税率 \tag{6-72}$$

【例 6-14】 某涂料厂为增值税一般纳税人，2018年5月向某单位销售涂料一批，开具增值税专用发票，取得不含税销售额55万元，增值税额9.5万元，同年11月向某单位销售涂料一批，开具普通发票，取得含增值税销售额40万元。该涂料适用的消费税率为4%。计算该企业应缴纳的消费税额。

【解】 根据式(6-69)，应税销售额为

$$应税销售额 = 55 + \frac{40}{1+17\%} = 89.18(万元)$$

$$应缴纳的消费税额 = 89.18 \times 4\% = 3.57(万元)$$

3. 资源税的计算

资源税根据资源不同分别实行从价定率和从量定额的方法计算。

(1) 从价定率计算法　目前我国的资源税目共包括七大类，对于这七大类资源的应纳税额应按从价定率计算。其计算公式为

$$应纳资源税额 = 课税数量 \times 单位税额 \tag{6-73}$$

(2) 从量定额计算法　对于分散经营的黏土、砂石等，按照从量定额法计征，即按应课税资源的产量乘以单位税额计算。

$$应纳资源税额 = 课税产量 \times 单位税额 \tag{6-74}$$

【例 6-15】 某油田2019年6月份销售原油500万吨，其适用的单位税额

为 12 元/吨，计算该油田应缴纳的资源税额。

【解】 根据式(6-73)得

$$应纳资源税额 = 500 \times 12 = 6000(万元)$$

4. 土地增值税的计算

土地增值税应纳税额的计算，按以下方法进行。

(1) 应税收入的确定　纳税人转让房地产所得收入，是指包括货币收入、实物收入和其他收入在内的全部价款及有关的经济利益，实物收入要按当时的市场价格折算为货币收入。

(2) 扣除项目的确定　根据《中华人民共和国土地增值税暂行条例》及其实施细则的规定，准予纳税人从转让收入额减除的扣除项目有三类：一是土地使用人将未建建筑物或其他附着物的土地使用权出售给买受人时，允许从收入额中扣除的项目；二是纳税人取得土地使用权后，建造商品房，并将建造的商品房连同使用范围内的土地使用权出售给买受人，允许扣除的项目；三是纳税人出售上述两种情况之外的其他房地产，如出售旧房及建筑物，允许扣除的项目。

(3) 土地增值额的确定　土地增值税纳税人转让房地产取得的收入减除规定的扣除项目金额后的余额，为土地增值额。其计算公式为

$$土地增值额 = 应税收入 - 扣除项目 \tag{6-75}$$

(4) 土地增值税的计算　土地增值税应纳税额按照纳税人转让房地产所取得的增值额和规定的适用税率计算征收。其计算公式为

$$应纳税额 = \sum(每级距的土地增值额 \times 适用税率) \tag{6-76}$$

在实际征收中，为了方便计算，土地增值税税额可采用简便方法计算：

$$应纳税额 = 增值额 \times 适用税率 - 扣除项目金额 \times 速算扣除系数 \tag{6-77}$$

土地增值税实行四级超率累进税率，具体计算方法如下：

① 增值额未超过扣除项目金额 50% 的，计算公式为

$$土地增值税应纳税额 = 增值额 \times 30\% \tag{6-78}$$

② 增值额超过扣除项目金额 50%，未超过 100% 的，计算公式为

$$土地增值税应纳税额 = 增值额 \times 40\% - 扣除项目金额 \times 5\% \tag{6-79}$$

③ 增值额超过扣除项目金额 100%，未超过 200% 的，计算公式为

$$土地增值税应纳税额 = 增值额 \times 50\% - 扣除项目金额 \times 15\% \tag{6-80}$$

④ 增值额超过扣除项目金额 200% 的，计算公式为

土地增值税应纳税额＝增值额×60％－扣除项目金额×35％　　（6-81）

式中，5％、15％、35％分别为二、三、四级的速算扣除系数。

【例6-16】 某防腐企业转让防腐场地取得的收入为400万元，其扣除项目金额为100万元，计算该企业应纳土地增值税税额。

【解】 根据式(6-75)计算增值额得

$$土地增值额＝400－100＝300（万元）$$

增值额与扣除项目金额之比为

$$增值额与扣除项目金额之比＝(300÷100)×100％＝300％$$

由此可见，增值额超过扣除项目金额200％，其适用的简便计算公式为

$$土地增值税应纳税额＝增值额×60％－扣除项目金额×35％$$
$$＝300×60％－100×35％$$
$$＝145（万元）$$

5. 附加税的计算

附加税的计算，包括城市维护建设税、教育费附加和地方教育附加。

(1) 城市维护建设税的计算　城市维护建设税是国家为加强城市的维护建设，扩大和稳定城市维护建设资金来源而征收的一种税。其计算公式为

$$城市维护建设税＝(增值税＋消费税＋营业税)×适用税率　　（6-82）$$

城市维护建设税，根据项目所在地的不同，采用差别税率。纳税人所在地为市区的，税率为7％；所在地为县城、乡镇的，税率则为5％；所在地不在市区、县城或者乡镇的，税率为1％。

【例6-17】 某县城防腐企业2018年6月份实际缴纳的增值税税额为100万元，消费税税额为400万元，营业税税额为200万元。计算该企业2008年6月应缴纳的城市维护建设税。

【解】 根据式(6-82) 得

$$应纳税额＝(100＋400＋200)×5％＝35（万元）$$

(2) 教育费附加的计算　教育费附加是加快地方教育事业，扩大地方教育经费来源，计征用于教育的政府性基金。计算公式为

$$教育费附加＝(增值税＋消费税＋营业税)×适用税率　　（6-83）$$

教育费附加的计征依据是各缴纳人实际缴纳的增值税、消费税和营业税的"三税"税额，征收率为3％。

【例6-18】 某县防腐材料生产厂2018年5月缴纳增值税税额为15万元，

消费税税额为35万元，计算该厂本月应缴纳的教育费附加。

【解】 根据式(6-83)得

$$教育费附加=(15+35)\times 3\% =1.5(万元)$$

(3) 地方教育附加的计算 地方教育附加是各省、自治区、直辖市根据国家有关规定，开征的一项地方政府性基金，主要用于地方教育经费的投入补充。计算公式为

$$地方教育附加=(增值税+消费税+营业税)\times 适用税率 \quad (6-84)$$

6. 关税的计算

关税的计算基础是进出口货物的完税价格。一般贸易中的进口货物是以海关审定的成交价格为基础的到岸价格作为完税价格，出口货物是以海关审定的货物售予境外的离岸价格扣除关税后作为完税价格。不同进出口货物的税率不同。关税的计算公式为

$$应纳关税税额=应税进出口货物数量\times 单位货物关税价格\times 适用税率$$

$$(6-85)$$

7. 所得税的计算

所得税的征计分以下三种情况。

(1) 企业所得税的计算 企业所得税是指我国境内的所有企业（除外商投资企业和外国企业），就其在我国境内、境外进行生产和经营所得或其他所得进行纳税的税种，企业所得税计算公式为

$$应纳税额=应纳税所得额\times 适用税率-减免税额-抵免税额 \quad (6-86)$$

适用税率的确定原则为：一般企业的法定税率为25%，国家重点扶持的高新技术企业为15%，小型微利企业为20%，非居民企业为20%。

(2) 外商投资企业和外国企业所得税的计算 外商投资企业和外国企业所得税是指我国境内的外商投资企业和外国企业在经营活动过程中就其经营所得和其他所得进行纳税的税种。其中外商投资企业是指外资企业、中外合作经营企业或中外合资经营企业；外国企业是指中国境内设立机构、场所或虽未在中国境内设立机构、场所，却有来源于中国境内所得的从事生产和经营的外国公司、企业或其他经济组织。外商投资企业和外国企业所得税的相关税率为30%，另需附加3%的地方所得税，两项合计负担率为33%。

对于开办生产性企业；从事农、林、牧业和设在经济不发达的边远地区的外商投资企业；对设在经济特区的外商投资企业和外国企业，以及设在经

济技术开发区的生产性外商投资企业；对外商开办的产品出口企业；对扩大和增加资本投资的企业，给予税收优惠。

(3) 个人所得税的计算　自 2019 年 1 月 1 日起，我国个人所得税的免征金额由 3500 元提高到 5000 元。2019 年新个税调整后的对应的个人所得税税率，见表 6-1。

表 6-1　个人所得税税率表

起征点	全年应纳税所得额	税率/%
5000 元	不超过 36000 元的	3
5000 元	超过 36000 元至 144000 元的部分	10
5000 元	超过 144000 元至 300000 元的部分	20
5000 元	超过 300000 元至 420000 元的部分	25
5000 元	超过 420000 元至 660000 元的部分	30
5000 元	超过 660000 元至 960000 元的部分	35
5000 元	超过 960000 的部分	45

自 2019 年开始，个税的计算公式为

个人所得税＝(个人收入－5000－专项扣除❶－专项附加扣除❷)×对应个人税率 (6-87)

【例 6-19】　某人月薪 1 万元，每月社保、公积金缴纳金额合计 1000 元，其有一个子女正上学，每月可扣除 1000 元，那么其个人应纳税额是多少呢？

【解】　根据式(6-87)得

个人应纳税额＝(10000－1000－1000－5000)×3％＝90(元)

8. 耕地占用税的计算

耕地占用税以纳税人实际占用的耕地面积为计税依据，以每平方米土地为计税单位，按适用的定额税率计算。其计算公式为

应纳税额＝实际占用耕地面积(平方米)×适用定额税率　　(6-88)

耕地占用税在税率设计上采用了地区差别定额税率，其标准取决于人均占有耕地的数量和经济发展程度。《中华人民共和国耕地占用税法》第四条规定的耕地占用税的税率如下：

---

❶ 专项扣除，通常指"五险一金"。
❷ 专项附加扣除，是指 2019 年新推出的子女教育、继续教育、住房租金、住房贷款、赡养老人以及大病医疗费用专项扣除。

① 人均耕地不超过一亩的地区（以县、自治县、不设区的市、市辖区为单位，下同），每平方米为 10～50 元；
② 人均耕地超过一亩但不超过二亩的地区，每平方米为 8～40 元；
③ 人均耕地超过二亩但不超过三亩的地区，每平方米为 6～30 元；
④ 人均耕地超过三亩的地区，每平方米为 5～25 元。

值得注意的是，以上给出的税率是现行税率，随着经济的发展及政策的调整，有关税率会发生变化，在进行腐蚀防护工程项目经济要素分析时，应查证即时税率。

参考文献

[1] 赵莉君. 技术经济分析方法及应用研究. 成都：西南石油学院，2000.
[2] 张彦春. 工程经济与项目管理. 北京：中国建筑工业出版社，2018.
[3] 郝彤，郭春显. 工程经济学. 3 版. 郑州：郑州大学出版社，2017.
[4] 企业会计制度. 财会 [2000] 25 号.
[5] 石振武，苏义坤. 工程经济学. 2 版. 北京：科学出版社，2017.

腐蚀经济学

第七章
腐蚀防护工程项目单方案的经济评价

我国是一个经济大国，同时也是一个腐蚀大国，严重的腐蚀损失已引起政府和有关部门的关注。随着腐蚀形势的日益严重，各类耐蚀产品生产项目应运而生，各种防腐控制技术应用日益广泛，新兴的腐蚀防护市场日益蓬勃。然而，腐蚀越发展，其经济分析越重要，经济评价的作用越深刻。

腐蚀防护工程项目的经济评价指标是多种多样的，它们从不同角度反映项目的经济性。按是否考虑资金的时间价值划分，经济评价指标可分为静态评价指标和动态评价指标；按经济评价指标的性质划分，经济评价指标可分为时间性指标、价值性指标、比率性指标；按建设项目经济评价的内容划分，经济评价指标可分为财务盈利能力分析指标和清偿能力分析指标。各类指标的适用范围和应用方法也是不同的。本章结合静态评价指标、动态评价指标和费效评价指标，介绍腐蚀防护工程项目单方案的经济评价方法。

第一节 概 述

腐蚀防护工程项目经济评价的实施是对其建设项目的必要性、经济性、合理性、风险性、不确定性的评价，是减少项目决策失误的必要措施。

一、单方案经济评价的概念与特点

1. 单方案经济评价的概念

单方案均为独立方案,或者说,单方案是独立方案的特例,是指与其他投资方案完全互相独立、互不排斥的一个或一组方案。本方案决策过程中,选择或拒绝某一单方案与其他方案的选择毫无关系。更严格地讲,单方案意味着:若方案间加法法则成立,则这些方案彼此是独立的。

2. 单方案经济评价的特点

① 单方案只需要与零方案进行比较即可决定方案的取舍。

② 在一组单方案中,各方案的寿命期可以相同,也可以不同,并不影响决策的结果。

③ 多个单方案可供选择时,可以接受其中一个或几个方案,也可以一个也不接受,这取决于与零方案比较的结果。

二、单方案经济评价的作用与内容

1. 经济评价的作用[1]

① 为正确反映项目对社会经济的净贡献提供佐证。

② 为政府合理配置资源提供信息资料。

③ 为行政审批或核准项目提供重要依据。

④ 为市场化运作提供财务方案。

⑤ 为比选和优化项目方案提供方法。

⑥ 为实现企业利益、地区利益与全社会利益有机地结合和平衡提供手段。

2. 经济评价的内容

(1) 投资净产值分析 主要分析投资净产值率。

(2) 投资纯收入分析 主要分析投资利税率、投资回收期。

(3) 投资净效益分析 经济净现值和经济内部收益率分析。

(4) 外汇效益分析 主要分析经济外汇净现值和经济换汇成本。

(5) 社会效益分析 主要分析相关投资效益、就业效果、能源效果、环境保护、分配效果等。

三、单方案经济评价遵循的原则与效果评价指标体系

1. 单方案经济评价遵循的原则

(1) 定性分析与定量分析相结合，以定量分析为主 定性分析和定量分析是对同一个腐蚀防护工程项目或方案进行分析的两个方面，定性分析是进行定量分析的重要前提，如果缺少定性分析，那么，一系列的定量分析则是毫无价值和盲目的。在进行定性分析之后，就必须采用更加科学准确的定量分析，通过定量分析，对问题的有关因素进行更精细的研究，以发现研究对象的实质和规律，使决策更具科学化。特别是对决策中出现的不确定因素和风险问题，可以做更准确的判断分析，有助于决策者选择。

(2) 静态分析与动态分析相结合，以动态分析为主 静态分析不涉及时间变量，即不考虑资金的时间价值，分析经济现象的均衡状态以及达到均衡状态的条件。动态分析则是对经济变动的实际分析，其中包括分析有关变量在一定时间过程中的变动，即考虑了资金的时间价值，分析这些经济变量在变动过程中的相互影响和彼此制约关系，以及它们在每一时点上变动的速率等。静态分析只能作为粗估，腐蚀防护工程项目或方案的最终决策还是需要进行动态分析，作最后的判断。

(3) 微观分析与宏观分析相结合，以宏观分析为主 微观分析是指站在集体、企业或个人的角度分析腐蚀防护工程项目或方案带来的收益。宏观分析是指站在国家的角度分析腐蚀防护工程项目或方案带来的净贡献。二者之间存在紧密的联系，是互为条件、互为依赖的辩证统一体。但是，当两者发生冲突时，则应以宏观分析为主，即国家的利益高于企业或个人的利益。

(4) 即时分析与未来分析相结合，以即时分析为主 腐蚀防护工程项目既有即时效益，又有未来效益，即时效益主要体现在减损效益、增值效益、扩展效益等方面；未来效益主要体现在生态环境、资源能源的节约与保护所创造的价值。鉴于未来效益目前实际操作尚有一定的困难，所以在实际操作时，应把腐蚀防护工程项目的即时效益作为重点归集，并兼顾未来创造的价值效益。

(5) 显型分析与潜型分析相结合，以显型分析为主 腐蚀防护工程项目既可以创造显型效益，又可以创造潜型效益。显型效益是看得见、摸得着的

效益。潜型效益是看不见、摸不着的效益。显型效益多是直接效益，潜型效益常包含在间接效益之中。鉴于统计技术的限制，目前对潜型效益的分析统计尚缺规范统计方法，所以在实际操作中，以显型效益分析为重点，适当兼顾潜型效益。

(6) 经济分析与非经济分析相结合，以经济分析为主 腐蚀防护工程项目既可以产生经济效益，又可以产生非经济效益。经济效益主要体现在：腐蚀防护投入实现了安全条件，在生产和生活过程中保障技术、环境及人员的能力和功能，并提高其潜能，从而为社会经济发展带来利益。非经济效益是通过减少人员的伤害、环境的污染来体现的。目前对非经济效益的评估尚有一定的难度，在实际操作中，首先应全面、准确评估项目的经济效益，同时需兼顾一些能价值化的非经济效益。

(7) 减损分析与增值分析相结合，以减损分析为主 腐蚀防护工程项目的减损分析是指腐蚀控制后降低了腐蚀与腐蚀事故经济损失的减少量。增值分析是指通过腐蚀控制投入，使之被保护设备的技术功能或生产能力得以保障和维护，从而使生产的总值达到应有量的增加部分。在实际操作中，增值的分析评价往往有很多不确定的因素，难以量化，因而减损分析则成为重点。

以上原则，只是粗略的概括，可能有交叉，实际操作时应防止重叠。

2. 单方案经济效果评价指标体系

经济效果评价指标体系，是对腐蚀防护工程项目或方案进行评价常用的一些量化的基本指标。经济评价指标体系从不同的角度可以有不同的分类，这里介绍的是按照是否考虑资金时间价值进行的分析，见图 7-1。

值得注意的是，图 7-1 给出的评价指标，有的只适用于单方案的评价，不适用于多方案的评价；有的既适用于单方案的评价，又适用于多方案的评价。比如，尤利格所给出的评价方法，一种只适用于单方案的评价，而不适用于多方案的评价；另一种可用于多方案的经济优劣评价，即 $A = C/\Delta T + T[\Delta T/T(1+L/C) - \Delta C/C]$。净现值法既适用于单方案的评价，又适用于多方案的评价。

图 7-1 腐蚀防护工程项目经济效果评价指标体系

第二节 静态评价法[2~4]

静态评价法是指在不考虑资金时间价值的前提下,对项目或方案的收入、支出、利润和资金占用、周转等方面的影响,直接进行汇总计算,评价指标的方法。静态评价法,主要用于技术经济数据不完备和不准确的腐蚀防护工程项目初选阶段,通过粗略评价,进行项目筛选。这一类指标的优点是,简单、直观、使用方便;缺点是,不能精确地反映投资经济效益。用于腐蚀防护工程项目单方案经济评价的静态评价法主要有尤利格法、尤利格修正法、投资收益率法、借款偿还期法和静态投资回收期法等。

一、尤利格法

尤利格(H. Uhlig)是腐蚀科学的奠基人之一,在国际上享有很高的声誉,他的巨著《尤利格腐蚀手册》闻名于世。

1. 基本概念

尤利格通过大量的腐蚀调查研究,提出了采用"项目有无对比"来推断腐蚀防护工程项目效益的一种分析方法。即运用采用防腐项目后经济效果增加的比值与投资花费的比值的差值来推断防腐方案是否可行。

2. 计算公式

尤利格单方案的计算公式为

$$100\left[\frac{\Delta T}{T}\left(1+\frac{L}{C}\right)-\frac{\Delta C}{C}\right]>0 \tag{7-1}$$

式中　ΔT——采用防腐方案后增加的使用寿命，年；

　　　T——设备未采用防腐方案的使用寿命，年；

　　　L——设备本身的安装费，元；

　　　C——设备本身的购置费，元；

　　　ΔC——采用防腐方案所需的费用，元；

$\Delta T/T$——设备的寿命延长率；

$\Delta C/C$——方案的花费增加率。

3. 评价准则

对单方案而言：

若计算结果＞0，则方案可行；

若计算结果＜0，则方案不可行。

4. 优缺点

（1）优点　简单、直观、数据获取容易。

（2）缺点　没有考虑资金的时间价值，效益因素考虑得比较简单。

5. 适用范围

尤利格法适用于腐蚀防护工程项目单方案的评价，是一种专用计算公式。

6. 应用举例

【例 7-1】　某化工厂的一台大型立式储罐，其有关费用和数据如表 7-1 所示，现提出两个防腐方案，试用尤利格法判断方案的可行性。

表 7-1　大型立式储罐防腐蚀方案数据表

项目	费用/万元	方案		
		无保护	涂料保护	阴极保护
购置费	20	使用 2 年即腐蚀穿孔泄漏	使用寿命延长到 4 年，但需多花费 4.5 万元	使用寿命可达到 8 年，但需多花费 10 万元
安装费	1.6			
日常维护费	1.2			
报废后回收费	1.0			

【解】 根据式(7-1)分别得

(1) 采用涂料保护方案时

$$100\left[\frac{\Delta T}{T}\left(1+\frac{L}{C}\right)-\frac{\Delta C}{C}\right]$$
$$=100\times\left[\frac{2}{2}\times\left(1+\frac{1.6}{20}\right)-\frac{4.5}{20}\right]=86>0$$

(2) 采用阴极保护方案时

$$100\left[\frac{\Delta T}{T}\left(1+\frac{L}{C}\right)-\frac{\Delta C}{C}\right]$$
$$=100\times\left[\frac{6}{2}\times\left(1+\frac{1.6}{20}\right)-\frac{10}{20}\right]=274>0$$

以上两个方案的计算结果都大于零,说明采用任何一个方案都可行。

二、尤利格修正法

尤利格修正法是在原来计算公式的基础上加修正因素。

1. 基本概念

在实际操作中,考虑到设备的维修费、回收费等具体问题,为使评价结果更加科学合理,在原尤利格计算公式的基础上,又加入了一些修正因素,使评价的结果更接近实际。

2. 计算公式

尤利格修正法计算公式为

$$100\left[\frac{\Delta T}{T}\left(1+\frac{L+m}{C}\right)-\frac{\Delta C}{C}-\frac{(T+\Delta T)d}{TC}\right]>0 \qquad (7-2)$$

式中 m——设备维修费,元;

d——旧设备报废后的回收费,元。

其他符号的意义同上。

3. 评价准则

与尤利格法一样,对单方案而言:

若计算结果>0,则方案可行;

若计算结果<0,则方案不可行。

4. 优缺点

(1) 优点 简单、快捷、直观。

(2) 缺点　虽然进行了一些修正，但变化不大。

5. 适用范围

与尤利格法相同。

6. 应用举例

【例 7-2】　条件同【例 7-1】，试用尤利格修正法评价方案是否可行。

【解】　根据尤利格修正法计算得

(1) 采用涂料保护方案时

$$100\left[\frac{\Delta T}{T}\left(1+\frac{L+m}{C}\right)-\frac{\Delta C}{C}-\frac{(T+\Delta T)d}{TC}\right]$$

$$=100\times\left[\frac{2}{2}\times\left(1+\frac{1.6+1.2}{20}\right)-\frac{4.5}{20}-\frac{(2+2)\times 1}{2\times 20}\right]=100\times 0.82=82>0$$

(2) 采用阴极保护方案时

$$100\left[\frac{\Delta T}{T}\left(1+\frac{L+m}{C}\right)-\frac{\Delta C}{C}-\frac{(T+\Delta T)d}{TC}\right]$$

$$=100\times\left[\frac{6}{2}\times\left(1+\frac{1.6+1.2}{20}\right)-\frac{10}{20}-\frac{(2+6)\times 1}{2\times 20}\right]=100\times 2.72=272>0$$

尤利格修正法与尤利格法虽然考虑的因素略有不同，但计算结果非常接近，可作概略估算用。

三、投资收益率法

1. 基本概念

投资收益率（return on investment，ROI）又称投资利润率，是指投资方案在达到设计一定生产能力后，一个正常年份的年净收益总额与方案投资总额的比率。

2. 计算公式

投资收益率的计算公式为

$$R=\frac{NB}{K} \tag{7-3}$$

式中　R——投资收益率；

　　　NB——正常年份的净收入，按分析目的不同，可以是利润也可以是利税总额或净现金流入等；

　　　K——投资总额，包括固定资产投资和流动资金等。

在不同层次上规定的 NB 的具体内容不同,得出的收益率指标不同。若 NB 被规定为利润,R 就为投资利润率;若 NB 被规定为利税之和,R 就为投资利税率。即

$$投资利润率 = \frac{年利润总额或年均利润总额}{项目投资总额} \times 100\% \qquad (7-4)$$

$$投资利税率 = \frac{年利税总额或年均利税总额}{项目投资总额} \times 100\% \qquad (7-5)$$

3. 评价准则

用投资收益率指标评价投资方案的经济效果,需要与根据同类项目的历史数据及投资者意愿等确定的基准投资收益率作比较。设基准投资收益率为 R_b,对单方案而言,评价准则为:

若 $R \geqslant R_b$ 时,则项目可以考虑接受;

若 $R < R_b$ 时,则项目应予以拒绝。

4. 优缺点

(1) 优点 指标的经济意义明确、直观、计算简便,在一定程度上反映了投资效果的优劣,可用于各种投资规模。

(2) 缺点 没有考虑资金时间价值因素,忽视了资金具有时间价值的重要性;指标计算的主观随意性强;不能正确反映建设期长短及投资方式不同和回收额的有无对项目的影响。

5. 适用范围

投资收益率(ROI)指标主要适用于计算期较短,不具备综合分析所需详细资料的项目盈利能力分析,尤其适用于建设期项目方案制订的早期阶段,或工艺简单而生产变化不大的建设项目的投资经济效果评价。

6. 应用举例

【例 7-3】 某防腐蚀工程项目经济数据如表 7-2 所示,假定全部投资中没有借款,现已知基准投资收益率 R_b 为 17%,试以投资收益率指标判断项目的取舍。

表 7-2 某防腐蚀工程项目的投资及年净收益表 单位:万元

年份 项目	0	1	2	3	4	5	6	7	8	9	10	合计
(1)固定资产投资	150	200	50									400
(2)流动资金			250									250

续表

年份 项目	0	1	2	3	4	5	6	7	8	9	10	合计
(3)总投资=(1)+(2)	150	200	300									650
(4)现金流入				200	300	400	450	450	450	500	500	3250
(5)现金流出				100	150	200	250	300	300	300	300	1900
(6)净收入=(4)-(5)				100	150	200	200	150	150	200	200	1350
(7)净现金流累积	-150	-350	-650	-550	-400	-200	0	150	300	500	700	

【解】 根据式(7-3)可得

$$R = \frac{NB}{K} = \frac{150}{650} = 0.23 = 23\%$$

计算结果表明,$R > R_b$,故项目可以考虑接受。

四、借款偿还期法[5]

1. 基本概念

借款偿还期(loan repayment period,P_d)是指以建设项目投产后获得的可用于还本付息的资金,还清项目投资的借款本金和利息所需要的时间,一般以年为单位表示。该指标是反映建设项目借款偿还能力的重要指标,也是贷款银行和其他债权人特别关注的指标,具有衡量借款风险的作用。

2. 计算公式

借款偿还期的计算公式为

$$P_d = (借款偿还开始出现盈余年份 - 1) + \frac{盈余当年应偿还借款额}{盈余当年可用于还款的余额}$$

(7-6)

3. 评价准则

若借款偿还期(P_d)满足贷款机构或债权人的要求期限,即认为项目是有借款偿还能力的;

若借款偿还期不能满足贷款机构或债权人的要求期限,即认为项目是没有借款偿还能力的。

4. 优缺点

(1)优点 能反映项目的清偿能力,容易理解、直观,便于衡量投资风险,同时在一定程度上能反映投资效果的优劣。

（2）缺点　没有考虑资金时间价值，且筹资风险大，使用限制多，筹资数量有限。

5. 适用范围

借款偿还期（P_d）适用于不预先给定借款偿还期限，且按最大偿还能力计算还本付息的建设项目。对于预先给定借款偿还期的建设项目，应采用利息备付率和偿债备付率指标分析项目的偿债能力。

借款偿还期是世界银行发放贷款时最注重考察的指标之一。

6. 应用举例

【例 7-4】　某大型防腐工程项目建设期初向国内某金融机构贷款，从其借款还本付息表中查得，在计算期的第 10 年开始有盈余资金，当年（第 10 年，后同）可用于还本的未分配利润为 8600 万元，当年可用于还本的折旧费和摊销费共计 3200 万元，还款期间的企业留利为 200 万元，当年偿还本金为 3800 万元，当年支付利息为 286 万元。试求借款偿还期。

【解】　当年应偿还借款额是指当年应偿还的本金额，因为当年的利息在计算未分配利润时已扣除，所以这里的借款不应包括利息部分，即

$$P_d = (10-1) + \frac{3800}{8600 - 200 + 3200} = 9.33(年)$$

该项目的投资贷款本息将在自投产开始年算起的第 10 年全部还清，计算结果表明，贷款偿还期为 9 年 4 个月左右。

五、静态投资回收期法

1. 基本概念

静态投资回收期（payback time of investment，P_t），简称回收期，是指以投资项目经营净现金流量抵偿原始总投资所需的全部时间。

2. 计算公式

静态投资回收期的计算公式为

$$\sum_{t=0}^{P_t}(CI-CO)_t = 0 \tag{7-7}$$

式中　P_t——静态投资回收期；

$(CI-CO)_t$——第 t 年净现金流量。

静态投资回收期（P_t）的计算，具体有两种情况：

① 当腐蚀防护工程项目建成投产后运营期各年的净收益均相同时，可简

化为

$$P_t = \frac{I}{A} \tag{7-8}$$

式中　I——防腐工程项目总投入；

　　　A——防腐工程项目实施后各年的净收益，即 $A=(CI-CO)_t$。

② 当腐蚀防护工程项目建成投产后运营期各年的净现金流量不同时，静态投资回收期（P_t）是腐蚀防护工程项目累计净现金流量由负值转为零的时点，其计算公式为

$$P_t = (T-1) + \frac{\text{第}(T-1)\text{年的累计净现金流量的绝对值}}{\text{第 }T\text{ 年的净现金流量}} \tag{7-9}$$

式中　T——项目累计净现金流量首次为正值或零的年份数。

3. 评价准则

用静态投资回收期评价投资项目时，需要与根据同类项目历史数据和投资者意愿确定的基准投资回收期相比较，设基准投资回收期为 P_c。对单方案的判断准则为：

若 $P_t \leqslant P_c$ 时，项目可以考虑接受；

若 $P_t > P_c$ 时，项目应予以拒绝。

4. 优缺点

（1）优点　在一定程度上反映出项目方案的资金回收能力，便于理解，计算也比较简单，有助于对技术上更新较快、资金短缺或未来情况难以预测的项目进行评价。

（2）缺点　没有考虑资金时间价值因素和回收期满后继续发生的现金流量，不能正确反映投资方式不同对项目的影响。

5. 适用范围

静态投资回收期（P_t）只能作为一种辅助指标，不能单独使用，其原因是无法全面地反映项目在整个计算期内的盈利水平。然而，建设项目的经济评价一般都要求计算静态投资回收期（P_t），以反映拟建项目总投资的补偿速度和风险性。尤其是技术更新迅速或资金相对短缺的建设项目，或未来的情况很难预测而投资者又特别关心资金补偿的建设项目，采用静态投资回收期（P_t）来评价更具现实意义。

6. 应用举例

【例 7-5】　某防腐蚀工程项目现金流量如表 7-3 所示，基准投资回收期为 5 年，试用静态投资回收期法判断该项目是否可行。

表 7-3 某防腐蚀工程项目的现金流量表   单位：万元

年份 项目	0	1	2	3	4	5	6
总投资	600	400					
收入			500	600	800	800	750
支出			200	250	300	350	350
净现金流量			300	350	500	450	400
累计净现金流量	−600	−1000	−700	−350	150	600	1000

【解】 根据式(7-9)可得

$$P_t = 4 - 1 + \frac{350}{500} = 3.7 (年)$$

计算结果表明，$P_t < P_c$，故该项目可行。

第三节 动态评价法

动态评价法是在充分考虑了资金时间价值的基础上，根据方案在计算期内（研究期内）的现金流量，对其经济效益进行分析、计算、比较、评价的一种方法。与静态评价法相比，动态评价法的优点是，在很大程度上弥补了静态评价法的不足；缺点是计算时需要更多的数据，且计算过程复杂。用于腐蚀防护工程项目单方案评价的动态评价法有净现值法、净现值率法、净年值法、内部收益率法和动态投资回收期法等。

一、净现值法

1. 基本概念

净现值（net present value，NPV）是把项目在整个寿命期内的净现金流量按预定的目标收益率全部换算为等值的现值之和。净现值之和亦等于所有现金流入的现值与所有现金流出的现值的代数和。

2. 计算公式

净现值的计算公式为

$$NPV = \sum_{t=0}^{n} (CI - CO)_t (1+i)^{-t} \tag{7-10}$$

式中 NPV——净现值；
　　　CI——现金流入量；
　　　CO——现金流出量；
　　　i——基准折现率（基准收益率、基准贴现率）；
　　　n——寿命年限；
　　　t——第 t 年。

3. 评价准则

对单方案而言：

若 NPV>0 时，则项目可行；

若 NPV=0 时，则项目一般可行；

若 NPV<0 时，则项目应予以拒绝。

4. 优缺点

（1）优点　不仅考虑了资金时间价值，还全面考虑了项目在整个计算期内的费用和收益情况；经济含义明确直观，计算简便。

（2）缺点　需要先设定一个符合经济现实的基准收益率，而基准收益率的确定通常是比较困难的；不能从动态的角度直接反映投资项目的实际收益水平；项目投资额不等时，无法判断方案的优劣。

5. 适用范围

净现值（NPV）属于动态、价值型指标。它既可对绝对效果进行评价，也可对相对效果进行评价；既可以根据 NPV≥0 条件判断项目是否可行，又可以按照净现值最大准则对项目进行排序或优选。总之，净现值（NPV）是建设项目经济评价中广泛应用的指标。

6. 应用举例

【例 7-6】　如表 7-4，某防腐工程项目期初一次性投资 150 万元，计算期各年收益均为 50 万元，计算期为 5 年，基准收益率 $i=10\%$，试用净现值指标判断项目的可行性。

表 7-4　某防腐工程项目的现金流量表　　　　　　单位：万元

年份	0	1	2	3	4	5
净现金流量	−150	50	50	50	50	50

【解】　该项目的净现值为

$$NPV = -150 + 50(P/A, 10\%, 5)$$
$$= -150 + 50 \times 3.7908$$
$$= 39.55(万元)$$

由于 NPV>0，故该项目在经济上是可以接受的。

二、净现值率法

1. 基本概念

净现值率（net present value rate，NPVR）又称净现值比、净现值指数，是指项目净现值与项目总投资现值之比。其经济含义是单位投资现值所能带来的财务净现值，是一个考察项目单位投资盈利能力的指标。

2. 计算公式

净现值率的计算公式为

$$NPVR = \frac{NPV}{I_p} \tag{7-11}$$

式中　NPVR——净现值率；

I_p——项目总投资（包括固定资产投资和流动资金）的现值。

3. 评价准则

对单方案而言：

若 NPVR≥0 时，则方案可行；

若 NPVR<0 时，则方案不可行。

4. 优缺点

（1）优点　从动态角度反映项目投资的资金投入与净产出之间的关系。

（2）缺点　无法直接反映投资项目的实际收益率水平。

5. 适用范围

净现值率（NPVR）适用于原始投资不同但是建设期相同的项目之间的比较。

6. 应用举例

【例 7-7】　条件同【例 7-6】，试求净现值率，并评价项目的可行性。

【解】　由【例 7-6】则知，项目投资的净现值 NPV 为 39.55 万元。根据净现值率的计算公式求得

$$NPVR = \frac{NPV}{I_p} = \frac{39.55}{150} = 0.26(万元)$$

由于 NPVR>0,故该项目可以接受。

三、净年值法

1. 基本概念

净年值（net annual value，NAV）又称余额年值、等额年金，是指按给定的折现率，通过等值换算将方案计算期内各个不同时点的净现金流量分摊到计算期内各年的等额年值。

2. 计算公式

净年值的计算公式为

$$NAV = NPV(A/P, i, n) \tag{7-12}$$

式中 NAV——净年值。

其他符号的意义同上。

3. 评价准则

对单方案而言：

若 NAV≥0 时，则方案可行；

若 NAV<0 时，则方案不可行。

4. 优缺点

净年值作为净现值的等效指标，具有与净现值指标大致相同的优缺点。

5. 适用范围

净年值适用于对多个建设项目作经济评价，尤其适用于多个项目计算期不同的评价，采用净年值法对多方案比选是最简便、最快捷的方法。

6. 应用举例

【例 7-8】 一台防腐设备，初始投资为 180 万元，寿命期 6 年，期末残值为 0，该设备前 3 年每年净收益 40 万元，后 3 年每年净收益为 50 万元。若基准收益率 $i=10\%$，试用净年值指标评价其可行性。

【解】 由净现值（NPV）计算公式知

$$NPV = -180 + 40(P/A, 10\%, 3) + 50(P/A, 10\%, 3) \times (P/F, 10\%, 3)$$
$$= -180 + 40 \times 2.4869 + 50 \times 2.4869 \times 0.7513$$
$$= 12.90 (万元)$$

由净年值（NAV）计算公式得

$$NAV = 12.90(A/P, 10\%, 6)$$

$$=12.90 \times 0.2296$$
$$=2.96(万元)$$

由于 NAV>0,故该项目可行。

四、内部收益率法

1. 基本概念

内部收益率(internal rate of return,IRR)是当建设项目净现值(NPV)为零时的折现率。该指标反映了项目以每年净收益归还总投资后所能获得的投资收益率,是项目整个计算期的内在的、真正的收益水平。

2. 计算公式

内部收益率的计算公式为

$$\mathrm{NPV}=\sum_{t=0}^{n}[(\mathrm{CI}-\mathrm{CO})_t \times (1+\mathrm{IRR})^{-t}]=0 \qquad (7\text{-}13)$$

内部收益率是一个未知的折现率,由式(7-13)可知,求方程中的折现率是对一元高次方程的求解,用代数法求解较为复杂,在实际应用中,常采用"线性插值法"求内部收益率的近似解。

首先计算该项目净现值(NPV)分别为正值和负值时的两个贴现率 i_1 和 i_2,为保证内部收益率的近似解有足够的精度,一般要求 $|i_2-i_1|$ 不超过 5%,内部收益率(IRR)的近似解计算公式为

$$\mathrm{IRR}\approx i=i_1+\frac{\mathrm{NPV}_1}{\mathrm{NPV}_1+|\mathrm{NPV}_2|}\times(i_2-i_1) \qquad (7\text{-}14)$$

3. 评价准则

设基准折现率(也称基准收益率)为 i,对单方案而言:

若项目的 IRR$\geqslant i$,则项目可行;

若项目的 IRR$<i$,则项目不可行。

4. 优缺点

(1)优点 ①内部收益率法比较直观,概念清晰、明确,并可直接表明项目投资的盈利能力和反映投资使用效率的水平。②内部收益率是内生决定的,即由项目的现金流量系统特征决定的,不是事先外生给定的。这与净现值法和净年值法等都需要事先设定一个基准折现率才能进行计算和比较来说,操作起来困难小,容易决策。

（2）缺点 ①内部收益率指标计算烦琐，对于非常规项目存在多解和无解问题，分析、检验和判断比较复杂；②内部收益率指标虽然能明确表示出项目投资的盈利能力，但实际上当项目的内部收益率过高或过低时，往往失去实际意义；③内部收益率适用于单一方案的经济评价，但对于多方案分析的比选，内部收益率最大的准则并不总成立，用内部收益率法与净现值法得出的结论有时会出现矛盾，需要结合净现值与内部收益率综合考虑。

5. 适用范围

内部收益率（IRR）是考察项目盈利能力的主要动态评价指标，用于确定项目的可行性。IRR反映了投资的使用效率，它由项目现金流量决定，即项目内生决定。但是，内部收益率反映的是项目寿命期内没有回收的投资的盈利率，而不是初始投资在整个寿命期内的盈利率。因为在项目的整个寿命期内始终存在未被回收的投资，而在项目寿命期结束时，投资恰好被全部收回。内部收益率法不能直接用于多方案的比选。

在国际上，世界银行特别是国际开发中心及亚洲开发银行、国际贷款组织将IRR列为财务评价主要和最常用的指标，位置放在NPV之前[6]。

6. 应用举例

【例7-9】 某防腐材料生产项目净现金流量如表7-5所示。假设基准收益率 $i=12\%$，试用插值法计算内部收益率，并判断该项目的经济性。

表7-5 【例7-9】的现金流量表　　　　　　　　单位：万元

年份	0	1	2	3	4	5
净现金流量	−220	45	65	45	85	85

【解】 第一步，令 $i_1=12\%$，计算 NPV(i_1) 的值：

$$NPV(i_1) = -220 + 45(P/F,12\%,1) + 65(P/F,12\%,2) + 45(P/F,12\%,3) + \\ 85(P/F,12\%,4) + 85(P/F,12\%,5)$$

$$= -220 + 45 \times 0.8929 + 65 \times 0.7972 + 45 \times 0.7118 + \\ 85 \times 0.6355 + 85 \times 0.5674$$

$$= 6.28(万元)$$

第二步，令 $i_2=14\%$，计算 NPV(i_2) 的值：

$$\begin{aligned}
\text{NPV}(i_2) =& -220+45(P/F,14\%,1)+65(P/F,14\%,2)+45(P/F,14\%,3)+\\
& 85(P/F,14\%,4)+85(P/F,14\%,5)\\
=& -220+45\times 0.8772+65\times 0.7695+45\times 0.6750+\\
& 85\times 0.5921+85\times 0.5194\\
=& -5.65(万元)
\end{aligned}$$

第三步，用线性插值法求得内部收益率 IRR 的近似值：

$$\text{IRR}\approx 12\%+\frac{6.28}{6.28+|-5.65|}\times(14\%-12\%)$$
$$=13.1\%$$

由于 IRR=13.1%，大于基准收益率 12%，故该项目在经济上可以接受。

五、动态投资回收期法

1. 基本概念

动态投资回收期（T'_p）是指在考虑了资金时间价值的情况下，以项目每年的净收益回收项目全部投资所需要的时间，是考察项目在财务上投资实际回收能力的动态指标。动态投资回收期就是净现金流量累计现值等于零时的年份。

2. 计算公式

动态投资回收期的计算公式为

$$\sum_{t=0}^{T'_p}\left[(\text{CI}-\text{CO})_t(1+i)^{-t}\right]=0 \tag{7-15}$$

式中　T'_p——动态投资回收期；

　　　i——基准折现率。

其他符号的意义同上。

也可用全部投资的财务现金流量表中的累计净现金流量折现值计算求得。计算公式为

$$T'_p=(累计折现值出现正值的年数-1)+\frac{|上年累计净现金流量折现值|}{当年净现金流量折现值}$$

$$\tag{7-16}$$

3. 评价准则

用动态投资回收期 T'_p 评价投资项目的可行性，需要与根据同类项目的历

史数据和投资者意愿确定的基准动态回收期相比较。设基准动态投资回收期为 T'_b，对单方案而言，判断准则为：

若 $T'_p \leqslant T'_b$ 时，则项目可以考虑接受；

若 $T'_p > T'_b$ 时，则项目应予以拒绝。

4. 优缺点

（1）优点　动态投资回收期法考虑了资金时间价值，克服了静态投资回收期法的缺陷，因而优于静态投资回收期法。

（2）缺点　存在主观性，同样忽略了回收期以后的净现金流量。当未来年份的净现金流量为负数时，动态投资回收期可能变得无效，甚至作出错误的决策。

5. 适用范围

动态投资回收期（T'_p）通常只适用于辅助性指标，因为动态投资回收期（T'_p）也没有考虑回收期以后的经济效果，因此不能全面反映项目在寿命周期内的真实效益。

6. 应用举例

【例 7-10】　某防腐工程项目有关数据如表 7-6 所示，基准折现率 $i=12\%$，基准动态投资回收期 $T'_b=6$ 年，试计算动态投资回收期，并判断该项目能否接受。

表 7-6　某防腐蚀工程项目的净现金流量及其折现值　　　单位：万元

项目＼年份	0	1	2	3	4	5	6
年净现金流量	－60	－50	30	30	40	40	40
$i=12\%$ 时的一次现值系数	1	0.8929	0.7929	0.7118	0.6355	0.5674	0.5066
当年净现金流量折现值	－60	－44.65	23.92	21.35	25.42	22.70	20.26
累计年净现金流量折现值	－60	－104.65	－80.73	－59.38	－33.96	－11.26	9

【解】　根据公式(7-16)可求得

$$T'_p = 6 - 1 + \frac{|-11.26|}{20.26} = 5.6 (年)$$

计算结果表明 $T'_p < T'_b$，项目可以接受。

第四节 费效评价法

前面介绍的经济评价方法,主要是针对营利性腐蚀防护工程项目,或者说,主要指生产经营性腐蚀防护项目。在实际操作中,常会遇到非营利性项目,即公益性项目应用腐蚀防护技术,如阴极保护应用于地下市政污水、自来水、燃气管道等的保护,市政基础设施、国防工程项目等的保护,都属于这一类情况。这种公益性项目的经济性质决定了应用腐蚀防护技术项目的经济属性。由于这一类项目的现金流结构具有特殊性,评价方法也要相应改变。费效法是评价这类项目的重要方法。

一、公益性腐蚀防护工程项目经济评价概述

1. 公益性项目的概念

公益性项目是指为满足社会公众公共需要的项目。概括地讲,公益性项目包括全部所形成的资产处于非生产经营领域的项目,例如国防、行政、司法部门,文化、教育、科技、体育、卫生、环保等各项事业,以及社会团体的投资项目。公益性项目具有消费的非排斥性和收费比较困难的特点。

公益性项目可分为两类:一类是免费供社会公众消费,如公共交通、城市美化等;一类是有偿供社会公众消费,如公立学校、文化设施等。

腐蚀防护应用技术项目通常没有自己的经济属性,常附着于主体工程项目。主体工程项目为营利性项目,服务于主体工程项目的防腐项目自然成为营利性项目;同理,服务于非营利性工程项目,便成为非营利性防腐工程项目。

2. 公益性项目的特点

公益性项目的目的是提供公共物品,满足公共需求。它不以商业利润为基本出发点,而以社会公众利益为主要目标。这就决定了公益性项目具有以下基本特点。

(1) 社会性 是指项目不以经济利益为第一目标,而是以社会效益为第一目标,主要为社会提供使用价值和其他有用效果。

(2) 外部性 是指项目的外部收益和外部成本。外部收益是指项目投

经营主体之外的收益，由其他方免费获得。外部成本是指在项目投资经营主体之外的社会成本。该成本不由投资经营主体给予等价补偿，却由项目以外的个人、团体或社会来承担，如腐蚀造成的环境污染和生态破坏的治理通常属于外部成本。

（3）多元性　是指项目通常都具有多种用途和多目标性。

（4）无形性　是指所提供的产品大多是无形的服务，而不是有形的物质产品。

（5）福利性　是指所提供的产品或服务有很大成分是社会福利性质。

3. 公益性项目评价的原则

公益性项目追求社会效益的最大化，这是公益事业项目建设的目的，也是公益事业项目评价的基本目标。这一目标的广泛性和复杂性特征，决定了公益性项目评价应遵循以下原则。

（1）既关心微观经济效益，更关心宏观经济效益　由于公益性项目是以提供公共物品为特征的项目，对其评价不应局限于项目本身的微观经济效益（经济收入），而应以增加社会效益和改善社会福利为基本评价依据。因此，公益性项目评价不能仅着眼于项目本身的微观经济效益，更关心社会和国家的宏观效益。

（2）既关注直接效果，更关注间接效果　公益性项目除了产生直接经济效果外，还会产生许多涉及社会各方面的间接效果。间接效果的产生、形成、传导、评价等都是十分复杂的，在实际操作中尚难精确估计。这是公益性项目效果评价所面临的重要难题。

（3）既强调定量分析，更强调定性分析　公益性项目不仅会产生有形效果，而且会产生大量无形效果，有形效果可以用货币计量单位（价格）或实物计量单位予以计量；而无形效果是一些难以货币计量又难以采用其他计量单位度量且缺乏物质形体的效果。公益性项目无形效果的计量虽然有困难，但不能因为有困难而忽略。因此，定性分析有时显得更为重要。

4. 公益性项目与非公益性项目评价的区别

公益性项目与非公益性项目评价的区别主要体现在以下几点。

（1）评价指标与参数不同　就评价指标而言，非公益性项目主要是以盈利能力、贷款清偿能力评价指标为主，以判断项目的优劣；公益性项目投资的目的不是为了经济效益，而是以谋求社会效益为主，一般采用费用效益分析法，在区分并度量费用和效益的基础上，比较费用和效益的大小，以此来判断项目的优劣。就收益标准而言，非公益性项目评价中使用的基准收益率是建立在行业的投资利润率基础上的可以接受的最小报酬率来计算财务效果，而公益性项目评价要分析整个社会为项目付出的代价和项目为社会福利所做出的贡献，故公益性项目评价中使用社会折现率计算费用效益。

（2）费用和效益针对的主体对象不统一　非公益性项目所付出的费用和获得的收益都是针对投资主体，费用和收益的度量都采用货币化的数量分析，直接应用各种财务评价指标计算即可；公益性项目的费用的付出主要是投资主体对项目的投入，而其收益则是社会公众受到的好处，有很多方面是无形效果，很难赋予货币价值，需寻求其他转换方法对无形效果进行价值化处理。

（3）评价结论协调难易不同　对于非公益性项目财务评价，尽管各个利益主体之间可能会出现不一致，但其评价结果协调起来还是比较容易的；而公益性项目常具有多指标、多目标，公众对各个指标关注的侧重点不同，难有较为统一的认可，所以评价结果协调起来难度比较大。

二、公益性腐蚀防护工程项目的费效分析

公益性腐蚀防护工程项目的费效分析，是费用效益、费用效果和成本效用分析的简称。因为这类项目追求的是社会效益，它不同于非公益性项目，所以，对于这一类项目的经济评价应另当别论。

1. 公益性项目费效的分类

（1）费用的分类　费用与效益是对应的，有什么样的费用，就应该产生什么样的效益。

① 内部费用和外部费用。内部费用是指项目经营主体为获得一定利得所承担的支出。如项目研究、勘察、设计、建设和运行费用是内部费用。

外部费用是指项目以外的费用。如城市管道腐蚀损毁给车辆和行人带来不便所造成的损失就是外部费用。

② 直接费用和间接费用。直接费用是指项目在整个生命周期内直接产生的全部费用。如市政管道防腐的勘察、设计、施工、维护管理等都是直接费用。

间接费用是指直接费用以外的费用。如市政基础设施因腐蚀而拆建，造成交通阻塞、环境污染等所产生的损失都是间接费用。

③ 有形费用和无形费用。有形费用是指具有物质形态的费用，一般可以用货币单位或实物单位计量。

无形费用是指缺乏物质形态的费用。通常无形费用的计量难以货币化或实物化。

（2）效益的分类　从效益发生后受益范围来划分，可以分为内部效益和外部效益；从效益作用的方式和效果来划分，可以分为直接效益和间接效益；从效益表现的形态来划分，可以分为有形效益和无形效益。

① 内部效益和外部效益。内部效益是指项目自身能够得到的效益。如市政建设项目实施防腐保护后，由于基础条件改善、工作效率提高，对于公共设施使用者成本下降就是内部效益。

外部效益是指项目建成后，被投资者以外社会的其他人无偿取得的效益。例如，腐蚀得到控制、生态环境得到改善后，带动和促进了区域经济的发展和国民收入的提高，这就是典型的外部效益。

② 直接效益和间接效益。直接效益是指在项目的直接作用下产生和归集的效益。如管道阴极保护项目效益可以说有相当一部分是直接效益；项目外部效益也有一部分是直接效益，例如，管道阴极保护项目建成后，提高了管道的运输质量、改善了环境、保证了安全等方面，既是项目外部效益，也是直接效益。

③ 有形效益和无形效益。有形效益是指可以直接用货币衡量的效益。如管道阴极保护后运输成本降低所产生的效益可以用货币数量来计量，就是有形效益。有形效益可以是内部效益，也可以是间接效益。

无形效益是指难以用货币衡量的效益。如腐蚀控制后，改善了工作、生活条件，减少了环境污染，提高了市民工作、生活的舒适程度等，都是无形效益。这类效益，目前还不能直接用货币计量，需要采用一定的转换技术方可计量。

2. 公益性项目费效分析遵循的原则

公益性项目费效的识别、计算、分析，有时很复杂，难用一个标准模式作以规定，因此只能从分析方法原则上加以约束。

（1）实事求是的原则　实事求是是费用效益分析应遵循的最基本原则。"实事"，就是客观发生和存在的一切费用与效益；"是"，就是客观费用与效益内在的必然联系，即规律性；"求"，就是去研究和探讨。鉴于这样一个基本原则，公益性腐蚀防护工程项目的分析，要从项目的实际出发，全面分析项目投资及运营活动耗用资源的真实价值，以及项目为社会成员福利的实际增加所做出的贡献。

（2）分析范围一致的原则　是指在考察分析腐蚀防护工程项目费用与效益时，必须遵循费用与效益在空间分布和时间分布上的一致性。

遵循空间上的一致性，一是要确定考察腐蚀防护工程项目费用效益的合理空间；二是要使费用和效益的计量在相同的空间范围内进行。

遵循时间上的一致性，一是要明确计量的时间，一般以腐蚀防护工程项目的整个生命周期为费用效益计量的时间范围；二是要使费用和效益的计量在同一时间范围内。

（3）"有无对比"的原则　"有无对比"分析，实质上是一种增量分析，是指"有项目"相对"无项目"的对比分析。"无项目"状态是指不对该项目进行防腐投资时，在计算期内，与项目有关的费用、效益、资产的预计发展状态；"有项目"状态是指对该项目进行防腐投资后，在计算期内费用、效益、资产的预计情况。"有无对比"求出项目的增量效益，扣除了项目实施以前各种费用、效益、资产，突出项目实施的后果。

（4）机会成本的原则　机会成本又称择一成本、替代性成本。该原则是指为了建设这个项目而所要放弃另一些项目的最大价值；也可以理解为在面临多方案择一决策时，被舍弃的选项中最高价值方案是本次决策的机会成本。例如，政府在一块土地上，如果选择了公益性项目就不能选择商业性项目，公益性项目的机会成本就是被放弃的商业性最高收益。为了满足社会的需求，提高公众福利，有的公益性项目便是坚持了机会成本的原则而建设的。

（5）支付意愿（willingness to pay，WTP）的原则　又称价格意愿原则，是指消费者接受一定数量的消费物品或劳务所愿意支付的金额。项目效益可由社会成员意愿为项目产出的效益所支付的价值，是消费者对特定物品或劳务的个人估价，带有强烈的主观评价成分。例如，腐蚀事故造成人的生命、健康等非经济价值损失，最常用的评价方法就是人力资本法和支付意愿法。

（6）受偿意愿（willingness to accept，CTA）的原则　是指项目成本可由社会成员接受项目所带来的不利影响所得到的补偿的价值原则。如某政府部门拟对一座大型废弃的垃圾厂实施绿化、净化、美化改造，同时建造"老人儿童活动中心"，项目建设期间和投入使用后，可能会对附近居民的工作、休息等有不利影响，这时就需要采用受偿意愿的原则对项目建设造成的不利影响的计算遵循受偿意愿的原则。

3. 公益性项目费效分析的步骤

一般地说，费效分析过程由以下几步构成：

① 识别，判断项目所希望达到的目标；

② 调查，主要是了解能实现该目标的各项可能的投资方案；

③ 收集信息，主要是获取有关各备选投资方案效果及费用的有关资料；

④ 选择，通过定量、定性等有关指标分析，以确定各个项目或方案的优劣次序；

⑤ 决策，要以上述步骤获得的资料为依据，并要视限制条件而定。

三、公益性腐蚀防护工程项目的经济评价方法

公益性项目的特点，决定了其经济评价应以国民经济评价为主，并以费用和效益比较为基础。如果项目的费用和效益都能采用货币单位计量，则可采用费用效益分析法；如果费用能用货币单位计量，而效益不能用货币单位计量，则可采用费用效果分析法；如果项目产出，既不能用费用效益法，也不能用费用效果法，或采用费用效益法和费用效果法都不能准确反映项目产出的本质属性时，则可采用成本效用法。

（一）费用效益分析（cost benefit analysis，CBA）法

费用效益分析，是指通过权衡各种备选项目的全部预期费用和全部预期效益的现值来评价这些备选项目，以作为决策者进行选择和决策的一种方法。

1. 概述

（1）费用效益分析法的由来　费用效益分析在 20 世纪 30 年代开始运用，第二次世界大战期间得到了推广和发展。60 年代后期美国规定对新建项目方案要采用费用效益法进行评价。与此同时，发展中国家开始引入该分析法，对有关项目进行评价，进一步丰富和发展了费用效益分析的理论和方法，形成了现代费用效益分析方法。

（2）费用效益分析的特点　费用效益分析着重于费用与效益两方面的分别计量与相互比较。但它与财务会计核算不同，不是从企业角度而是从社会角度来计量的；不是只分析直接的费用和效益，而是包括间接费用与效益在内的全部费用与效益；不限于货币收支的比较，还包括不能用货币反映甚至

较难数量化的一些费用与效益的比较；不是考虑过去实际发生的费用与效益，而是预期决策后与行动方案选择有关的未来的费用与效益。具体来说，一个方案或项目的费用包括基本费用（指投资费用和经营费用）、辅助费用（为充分发挥效益而产生的有关费用）、无形费用（生态破坏、环境污染等产生的有关费用）；一个方案或项目的效益相应地也包括基本效益（能直接提供的产品或服务的价值）、派生效益（也称扩展效益，指项目的实施所增加的其他利得）、无形效益（如生产、人身健康、生态环境安全等方面的效益，多是非经济效益）。

2. 计算公式

费用效益比法是常用的分析方法，也称效益费用比法，是把项目对社会的全部影响和效果折算为用货币单位表示的效益和费用，通过对项目发生的效益和费用的对比，按净效益对项目的经济性做出评价。计算公式为：

（1）常规计算方法

$$R_{B/(C+M)} = \frac{B}{C+M} \tag{7-17}$$

（2）修正计算方法

$$R_{(B-M)/C} = \frac{B-M}{C} \tag{7-18}$$

（3）简化计算方法

$$R_{B/C} = \frac{B}{C} \tag{7-19}$$

式中　$R_{B/C}$——效益费用比；

　　　B——项目带来的社会效益❶；

　　　C——项目投资成本❷；

　　　M——项目运营成本❸。

3. 判断准则

单方案：

若 $R_{B/C} \geqslant 1$，则方案可以接受；

---

❶ 对于非货币性效益，要合理地将其转化为货币性效益。
❷ 对于非货币性成本，要合理地将其转化为货币性成本。
❸ 有些腐蚀防护项目的运营成本比较低，为了计算方便，有时可将其省略。

若 $R_{B/C}<1$，则方案不可以接受。

多方案：

效益费用比（$R_{B/C}$）最大的方案，为最优方案。

4. 适用范围

适于那些非货币性效益可以转化为货币性效益的公益性项目的评价。

5. 应用举例

【例 7-11】 某市政有一设施，因腐蚀严重，导致设备经常性破坏，进而污染环境，影响了周边地区居民的生活，损害了周边的生态环境，在社会上造成不良影响。为了改变上述状况，决定对现有设施防腐改造，并对周边地区实施绿化、美化改造，工程投资额预计 8 亿元，工期 3 年完成。该改造工程项目的收益、费用经预测和估算列于表 7-7。$i=6\%$，试作该工程项目的经济分析。

表 7-7 某市政设施改造项目的费用收益计算表　　　　单位：万元

项目 \ 年份	1	2	3	4～33
1. 收益				
1.1 直接经济收益				9000
1.2 节约环保费用				250
1.3 企业间接收益				400
1.4 周边地区间接收益				250
1.5 其他收益				25
收益合计(1.1+1.2+1.3+1.4+1.5)				9925
2. 费用				
2.1 投资支出	20000	45000	25000	
2.2 占地损失				30
2.3 管理、维护等运行费用				125
费用合计(2.1+2.2+2.3)	20000	45000	25000	155
3. 净收益（收益合计－费用合计）	－20000	－45000	－25000	9770

【解】（1）计算收益现值与费用现值得

① 收益现值 $=9925(P/A,6\%,30)\times(P/F,6\%,3)$

$$= 9925 \times 13.7648 \times 0.8396$$
$$= 114702.49(万元)$$

② 费用现值 $= 20000(P/F, 6\%, 1) + 45000(P/F, 6\%, 2)$
$\qquad + 25000(P/F, 6\%, 3) + 155(P/A, 6\%, 30) \times (P/F, 6\%, 3)$
$= 20000 \times 0.9434 + 45000 \times 0.8900 + 25000 \times 0.8396 +$
$\quad 155 \times 13.7648 \times 0.8396$
$= 81699.32(万元)$

(2) 计算收益费用比

$$收益费用比 = B/C = 114702.49/81699.32 = 1.4$$

计算结果表明，本改造项目效益费用比 1.4＞1，即该方案可以考虑实施❶。

（二）费用效果分析 (cost effectiveness analysis) 法

费用效果分析是指费用采用货币计量，效果采用非货币计量的经济效果分析方法。由于很多公益性项目的社会效益不适用于用货币单位计量，只能代之以实物单位来计量。在这种情况下，费用效果分析是一种有效的工具。

1. 概述

（1）费用效果分析的由来　费用效果分析起源于第二次世界大战后的美国，从 20 世纪 60 年代起，这种方法广泛流行于各工业部门。为了实现某种经济上或军事上的目的，可供选择的经济技术方案很多，这些方案在实现的效果上和消耗的费用上各不相同。通过效用分析可以从这些方案中找出给定效果，采用费用最低的方案。

（2）费用效果分析遵循的原则　费用效果分析遵循多方案比选的原则，所分析的项目应满足下列条件：

① 备选方案不少于两个，且为互斥方案或可转化为互斥的方案；

② 备选方案应具有共同的目标，目标不同的方案、不满足最低效果要求的方案不可进行比较；

③ 备选方案的费用应能货币化，且资金用量不应超过资金限制；

④ 效果采用同一非货币计量单位衡量，如果有多个效果，其指标加权处

---

❶ 实际上，即便是 $R_{B/C} < 1$，该项目也需要进行改造，因为环境保护是行政强制性措施，通常不以营利为目的。

理形成单一综合指标；

⑤ 备选方案应具有可比的生命周期，生命周期不一致的，应采用费用年值法。

（3）费用效果分析的特点　费用效果分析的特点是分析时用货币指标度量费用，用物理指标度量效果，然后对各方案的费用与效果进行比较，评选出最佳方案。

2. 计算公式

计算指标，一般可用效果费用比（$R_{E/C}$）表示，即

$$R_{E/C} = \frac{E}{C} \tag{7-20}$$

式中　$R_{E/C}$——效果费用比；

E——项目效果；

C——项目计算期费用现值或年值❶。

3. 判断准则

投入费用一定，效果最大的方案，为最优方案；或产出效果一定，投入费用最小的方案为最优；或效果费用比（$R_{E/C}$）最大的方案为最优。

4. 适用范围

适于那些项目产出效果难以或不能货币化，或货币化后不是项目目标的主体产出的公益性项目的评价。

5. 应用举例

【例 7-12】 某海底国防设备有四种阴极保护方案，以可靠性作为评价效果的主要指标，即在一定条件下不发生事故的概率。四种阴极保护方案的有关数据见表 7-8，预算限制为 80 万元，应选哪个方案？

表 7-8　阴极保护方案基础数据表　　　　　　　　单位：万元

方案	费用	可靠性
1	80	0.99
2	80	0.98
3	72	0.96
4	72	0.94

---

❶ 由投资与年经营费用组成。

【解】 采用固定费用法应淘汰方案 2 和 4。

最后剩下方案 1 和 3。计算 $R_{E/C}$ 作出权衡判断。

$$(R_{E/C})_{方案1}=0.99/80=1.2‰$$
$$(R_{E/C})_{方案3}=0.96/72=1.3‰$$

按每万元取得的可靠性判断,应选方案 3。

(三) 成本效用分析 (cost-utility analysis) 法

当公益性项目的经济效果可用货币单位计量时,可采用费用效益法;当效益不能用货币单位计量时,可采用费用效果法;当效果既不能用效益表示,也不能用效果表示,或用效益与效果表示都不能准确、恰当地反映项目产出主体效果时,可采用成本效用法。

1. 概述

(1) 成本效用分析的由来 成本效用分析是近 20 年来发展起来的一种卫生项目评价方法,是制定卫生政策的决策工具之一。在成本效用分析中,通过比较项目获得每单位质量调整生命年 (QALY) 所消耗的成本,来对项目效率作出评价。在此基础上,该法得以延伸和扩展应用。目前,成本效用分析法在卫生系统、国际工程、武器装备评价等方面有着比较多的应用。在这里,笔者率先将该方法引入腐蚀防护工程项目的评价,无疑是一种探索。

(2) 成本效用分析法应用的条件

① 待评价的方案数目不少于两个,且所有方案都是相互排斥的方案;

② 各方案具有共同的目标或目的,即各方案是为实现同一使命而设计的;

③ 各方案的成本采用货币单位计量,各方案的效用采用非货币的同一计量单位计量。

(3) 成本❶效用分析的内容 成本效用分析的内容极为广泛而复杂,有时可能根本无从下手,鉴于这样一种实际情况,把成本效用分析的内容归于以下几个方面,供读者参考。

① 设计目标。目标是方案实施的目的。任何腐蚀防护技术应用项目都可能有一个或多个目标,这里所指的目标是指所选用的腐蚀防护技术应用项目所要完成的任务,换句话说,就是用它来干什么的。目标的选择是非常关键

---

❶ 成本与费用,在很多场合不作严格的区分。

的，也是最基本的，对于成本效用分析非常重要。目标的设计必须是真实可靠、合理和可以达到的。要使目标达到或符合这几个方面的要求，是一种较为困难的事，特别是涉及一些不确定因素的影响，目标的可靠性将会受到影响。尽管这样，有关设计人员还是应当准确合理地描述项目目标，因为任何一个没有目标的项目，就等于没有要求，从而是毫无实际意义的项目方案。

② 编制方案。方案是实现目标任务的具体措施。在腐蚀防护技术应用项目方案的规划编制中，只有唯一的一个方案能达到规定目标是罕见的，一般都有几个方案可供选择。每一个方案都有其自身的所需时间、人员、设备、材料和资金的价值特征。通常成本效用分析选择最优的方案。

在确定方案之前应对现有的技术系统、正在研究的技术系统、改进的技术系统和探索中的技术系统甚至包括国外这方面的技术系统逐个加以分析研究，特别是方案论证阶段进行成本效用分析时，更需要谨慎，防止以偏概全。

③ 计量成本费用。成本费用是实现目标的付出。除了货币外，还可能包括稀有资源、时间和人力等。一般情况下，实际成本费用要转化为货币单位，以便于分析能在一个共同的基础上进行。在估算一个方案的成本费用时，应当考虑到系统寿命期内所有的花费，包括该系统的使用保障费、运行费、维修保养费、操作人员的工资、福利，以及与使用该系统有关的系统、设备或设施的间接费用等。每一个方案的成本费用都应当经过仔细的分析计算并应尽可能力求精确。对于一些难以估计准确的有关成本费用，可以采用各种合适的量值进行比较分析。对于成本费用的估算值，一般都要通过敏感性分析予以检验，以便判断所得结果的可靠程度。

④ 度量效用。效用是指预计备选方案实现目标要求的能力，并要求用定量的方式加以描述，这种定量的描述称为效用度量。效用的度量应与系统的实际能力和使用要求相协调。作为效用度量自身，必须要满足可定量、可度量、可验证达到目标的程度等方面的要求。

⑤ 判断准则。准则是用来评判成本效用结果的标准。通常有三种方法：一是等成本费用准则。如果方案的消耗成本费用相等，分析确定哪一个方案能达到最大的效用。二是等效用准则。如果方案所能取得的效用相等，分析确定哪一个方案所需的成本费用最少。三是成本（费用）效用递增准则。是将方案所达到的效用增加的程度与所消费的增加的速率结合在一起进行分析，以判断哪个方案最优。

(4) 成本效用分析遵循的原则[7]　　成本效用分析，其难点在于效用的界定和度量。在效用范围的界定方面，既要考虑腐蚀防护技术项目获得的经济效用，也要考虑所获得的非经济效用；既要考虑即时取得的效用，又要考虑未来可能取得的效用；既要考虑企业内部效用，又要考虑外部社会效用等。在效用的度量方面，既要考虑可度量、能度量，又要考虑容易操作、好度量；既要考虑定量性的度量，又要考虑非定量性的度量；既要考虑具体目标的度量，又要考虑效用总目标的实际所需。

具体地说，成本效用分析应遵循以下基本原则。

① 成本效用分析内容应体现应用性为主的原则。应用性为主的原则是指，无论是什么样的腐蚀防护技术项目，若离开具体的要求搞项目成本效用分析，必将成为"无源之水，无本之木"。在项目成本效用分析过程中，应自始至终坚持应用为主导、需求为牵引的原则，要按照任务需求确定建设内容和实施方案，避免盲目追求高、新、尖、急功近利、短期效应和形式化。

② 成本效用分析过程要体现综合性的原则。综合性原则是指，使用比较系统的、规范的方法对于多个目标、多个单位同时进行分析评价的方法。综合性分析评价方法的特点：一是分析评价过程不是一个指标接一个指标顺序完成，而是通过一些特殊的方法将多个指标的分析评价同时完成；二是在综合分析评价过程中，要根据指标的重要性进行加权处理，使分析评价结果更具有科学性；三是分析评价的结果根据综合分值大小进行排序，并据此得出结论。

③ 成本效用分析方法要体现可行性的原则。可行性原则是指，所提出的方案易操作、好实施。要求成本效用分析法的制定必须符合客观实际，经过努力能够实现。而且要求分析评价方法简单易懂，便于工作人员掌握和运用，数据容易获取，便于统计计算和分析比较。切记不宜过多过杂、难以测试或一味求新求异求难。

④ 成本效用分析指标应体现系统性原则。系统性原则是指，所设置的效用指标能对效用作出恰当的度量，且能综合反映效用结果。多目标性腐蚀防护技术项目系统一般由大量既相互独立又相互依存、相互制约的分系统所组成，是多分系统、多构件的复合体，各组成部分的效用水平都在一定程度上影响着系统的整体效用，而且效用的发挥也受多种环境因素的影响，无法也没有必要对每一种环境下的各个具体组成部分的效用水平都进行准确的测量

和评价,因此其效用评估过程需要运用系统分析的方法对规定条件下的项目系统整体效用水平进行综合测评。

⑤ 成本效用分析结果应体现相对性原则。相对性原则是指,只有在同一环境条件下的不同方案的效用评估值才具有可比性,反之亦然。例如,大气环境中的防腐项目的效用与成本比较就不能与其他环境中的腐蚀防护项目相比。效用的相对性原则还体现在其评估目的的相对性,其评估不是为了追求评估值的绝对值,而是为了通过效用评估获得相同条件下不同腐蚀防护项目开发方案之间效用的相对可比性,进而决定系统开发方案的优劣取舍,从而优化项目设计和选择。

2. 计算公式

计算指标,可用效用成本比($R_{U/C}$)表示,即

$$R_{U/C} = \frac{U}{C} \tag{7-21}$$

式中　$R_{U/C}$——效用成本比;
　　　U——项目效用;
　　　C——项目成本。

3. 判断准则

对单方案而言:

若$R_{U/C} \geqslant 1$时,则方案可以考虑接受;

若$R_{U/C} < 1$时,则方案应当予以拒绝。

4. 分析步骤[8]

若采用无量纲总效用/无量纲总费用比法分析评价项目或方案时,一般分析步骤为:

(1) 建立项目综合效益评价指标体系　注意其末级评价指标应当尽可能分解到能用单一尺度定量描述。

(2) 效用无量纲化　确定末级评价指标的效益上限值,无量纲效用值=有量纲效益值/效益上限值。战略效益无量纲化时,取效益上限值=指标理想值;直接财务收益无量纲化时,取效益上限值=总费用。

(3) 效用按层次进行合并　以各级评价指标为准则,按照相对重要程度,确定权重因子,合成效用=∑(权重因子×无量纲效用值),然后逐级归一化。最高级合成效用即为无量纲总效用。

（4）费用无量纲化 无量纲总费用＝直接财务收益的权重因子×总费用/直接财务效益上限值。取直接财务效益上限值＝总费用，无量纲总费用＝直接财务收益的权重因子。

（5）计算效用费用比（$R_{U/C}$） 效用费用比（$R_{U/C}$）＝无量纲总效用/无量纲总费用。

5. 适用范围

成本效用分析适用于那些性质、计算单位不同，有效能、质量、可靠性、使用价值和受益等各种形式，不具直接可比性的公益性项目。

6. 应用举例

【例 7-13】 某国防科研部门研发了一款飞行器，需在严酷的环境中运行，对飞行器表面涂层的要求是：首先，具有隐身作用；其次，具有耐蚀、耐磨、耐高温性能；再次，具有结合力强、使用寿命长、维护保养费用低等综合性能。该飞行器在国际上具有重要的战略地位。有关数据见表 7-9。

试对该飞行器外涂层设计方案进行综合评价。

表 7-9 飞行器外涂层项目费用、效用及评价指标权重表

权重因子	评价指标		权重因子	无量纲效用
0.6	战略效益(U_s)	隐身性能 U_{s1}	0.25	0.7
		耐蚀性能 U_{s2}	0.20	0.6
		耐磨性能 U_{s3}	0.20	0.6
		耐高温性能 U_{s4}	0.20	0.6
		综合性能 U_{s5}	0.15	0.5
0.4	直接财务收益(U_f)	总财务收益现值＝500 万元		
		总费用现值＝1000 万元		

【解】 ① 首先对效益进行逐级合并。对应于战略效益 U_s 的无量纲合成效用为

$$U_s = 0.25 U_{s1} + 0.2 U_{s2} + 0.2 U_{s3} + 0.2 U_{s4} + 0.15 U_{s5}$$
$$= 0.25 \times 0.7 + 0.2 \times 0.6 + 0.2 \times 0.6 + 0.2 \times 0.6 + 0.15 \times 0.5$$
$$= 0.61$$

② 求出无量纲效用值 U_f。根据题意知，总财务收益现值 500 万元，总费用现值 1000 万元。假定 NPV＝0（即生产制造系统的直接财务收益等于项目实施费）就是投资者满意的财务效果，则财务收益现值的上限值（满意值）

为 1000 万元。对应于直接财务收益指标的无量纲效用值为

$$U_f = PB/PB_{max} = 500/1000 = 0.5$$

③ 求解项目综合效益的无量纲效用值为

$$\text{项目综合效益的无量纲效用值} = 0.6U_s + 0.4U_f$$
$$= 0.6 \times 0.61 + 0.4 \times 0.5$$
$$= 0.57$$

④ 求取与无量纲总效用可比的无量纲总费用为

$$\text{与无量纲总效用可比的无量纲总费用} = 0.4PC/PB_{max}$$
$$= 0.4 \times 1000/1000$$
$$= 0.4$$

⑤ 求取该方案的效用费用比。即

$$\text{效用费用比} = 0.57/0.4 = 1.43$$

计算结果表明,效用费用比大于1,说明该方案可以考虑。

参 考 文 献

[1] 戚安邦. 项目论证与评估. 2 版. 北京:机械工业出版社,2009.
[2] 巩艳芬,李丽萍,许冯军. 技术经济学. 长春:吉林大学出版社,2011.
[3] 何北超. 腐蚀经济学讲座(续一). 化工腐蚀与防护,1997 (1):54-60.
[4] [加] 里维 R W. 尤利格腐蚀手册. 2 版. 杨武,等译. 北京:化学工业出版社,2005.
[5] 杜春艳,唐菁菁,周迎. 工程经济学. 北京:机械工业出版社,2016.
[6] 建设部标准定额研究所. 建设部经济评价参数研究. 北京:中国计划出版社,2004.
[7] 胡晓惠,等. 武器装备效能分析方法. 北京:国防工业出版社,2008.
[8] 毛良虎. 技术经济学. 北京:北京大学出版社,2016.

第八章
腐蚀防护工程项目多方案的经济评价

多方案是相对单方案而言的。多方案是指项目具有多种可替代方案供选择。

上一章介绍了腐蚀防护工程项目单方案的经济评价,对于单方案的评价,只要在知道现金流要素的条件下,计算财务评价指标,然后通过某种判断准则,就可以决定方案的取舍。

然而,在工程实践中,常会面临着多方案的比较选择。多方案的比较选择是指对根据实际情况所提出的各个备选方案,通过选择适当的经济评价方法和指标,对各个方案的经济效果进行评价比较,最终选择出最佳投资方案。与单方案的经济评价相比,多方案的比较选择要复杂得多。由于不同的投资方案其投资、收益、费用及方案的寿命期都不同,我们在单方案评价中得出的一些结论不能直接用于多方案的比较选择。多方案的比较选择不仅要考虑单方案的经济可行性,还要考虑项目群的整体最优[1]。

第一节 概 述

对于多方案的经济评价,首先,应明确备选方案之间的关系,然后才能选择适宜的评价指标和评价方法。备选方案之间的关系不同决定了所采用评价方法的不同。其次，多方案的评价和选择，其备选方案应满足需要、消耗、价格和时间上的可比性，否则是不可以比较的。第三，对于多方案的选择，应遵循合法性、先进性、适用性、经济性和可靠性的原则，这些因素与经济评价有着必然的联系，且影响经济评价的结果。由此可见，多方案的经济评价，不仅是对单方案的评价，而且是对多方案的综合评价。

一、多方案之间的关系类型

对于一组可利用的多方案，其间具有的相互关系即为方案之间的关系类型。一般而言，多方案之间的关系类型，根据方案之间的相关性，技术方案可分为独立关系、互斥关系和相关关系三种基本关系。

1. 独立关系

独立关系是指在经济上互不相关的方案，各个方案的现金流量是独立的，不具相关性，其中任一方案的采用与否仅与其自身的可行性有关，而与其他方案是否采用没有关系。即接受或放弃某一方案，并不会影响到其他方案的选择，具有这种关系的备选方案即称为独立型方案。

2. 互斥关系

互斥关系，也称排他关系，是指各个方案间相互独立、存在着互不相容、互相排斥、具有排他性的关系，在进行比较选择时，在各个备选方案中采用其中某一方案就会自动排斥其他方案被选择，即只能选择一个，其余的均需放弃，不能同时存在，属于此类关系的方案称为互斥型方案。

3. 相关关系

相关关系，是指在各个备选方案之间，某一方案的采用与否会对其他方案的现金流量带来一定的影响，进而影响其他方案的采用或拒绝。相关方案可区分为现金流量相关型、资金约束相关型、混合相关型和依存从属相关型等。

综上，多方案间的关系类型如图 8-1 所示。

二、多方案的可比性

工程经济分析的实质，就是对实现某一预定目标的多种工程技术方案进行比较，从中选出最优方案。要比较就必须建立共同的比较基础和条件。

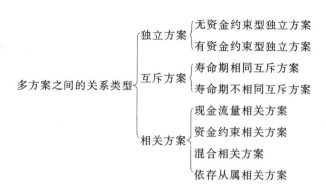

图 8-1 腐蚀防护工程项目多方案之间的关系类型

没有"比较"就无从选优,"比较"是工程经济分析的重要环节。但是,相比较的各个方案,总是在一系列技术经济因素上存在着差异。所以在方案比较之前,首先考虑方案之间是否可比,如果不可比,要作些可比性的修正计算,只有这样才能得到合理可靠的分析结果。

根据工程经济分析的比较原理,对多方案进行经济效益比较时,必须遵循以下四个可比。

1. 满足需要上的可比

满足需要上的可比是指参与比较的各个方案必须满足同样的实际需要,只有这样,各个方案才可以相互替代。

满足需要是根据方案实现目标确定的,不同的方案或项目具有不同的体现方式。对于防腐工厂化生产企业来讲,可比性具体表现为产品、产量、质量等的可比性;对于腐蚀控制技术项目而言,可比性具体表现为功能、服务和寿命期延长等的可比性。有些项目的效益难以量化比较,可用效益费用法进行比较。总之,满足需要的可比,必须是建立在相同可比条件下的可比,否则没有可比性。

2. 消耗费用上的可比

消耗费用上的可比包括三个方面的内容:

① 在计算和比较各个方案的费用指标时,除要考虑生产费用外,还要考虑储运、销售、使用等有关费用,达到寿命期成本的可比性。

② 在进行消耗费用的可比时,必须采用统一的定额和取费标准,对现有定额和取费标准没有包括新的费用开支时,需要合理制订。很明显,不同方案采用不同定额和取费标准,也就失去了它们之间的可比性。

③ 应从整个国民经济角度出发,分析和计算与实现本方案有生产联系的部门或单位的费用变化,达到相关费用的可比性。

3. 价格指标上的可比

价格上的可比是指计算和比较各个方案的经济效益时,应采用合理和一致的价格。合理的价格是指价格能够较真实地反映价值和供求关系,有关产品、服务之间的比价要合理;一致的价格是指不同时期的方案相比较时,应采用统一的、某一时刻的不变价格或用价格指数法折算成统一的现行价格,从而保证相互比较方案价格的可比性。

4. 时间上的可比

时间上的可比主要有以下两个方面需要强调:一是对计算期不同的技术方案进行比较时,应采用相同的计算期。如果甲、乙两方案的计算期分别为9年和3年,就不能把甲方案在9年期间的经济效果与乙方案在3年期间的经济效果作比较,因为这两个方案在时间上不可比。只有把它们折合成相同的计算期方可进行比较。二是技术方案在不同时间内产生的效益和费用,不能将其直接简单相加,必须考虑资金的时间价值。资金的价值与时间有着密切的关系。如果资金周转的速度快,自然产生的效益就高;如果资金闲置,不仅不能产生利润,而且还会损失或付出利息。

三、多方案选择的原则

多方案的评价与选择是一个复杂的系统工程,涉及许多因素,其中不仅仅包括经济性,而且包括与经济性相关的因素,如技术方案的合法性、先进性、适用性和可靠性等都与经济性有关联。没有技术方案的合法性,就没有经济效益的合理性;没有技术方案的先进性,就没有效益的可增性;没有技术方案的可靠性,就没有经济效益的稳定性。因此,多方案的评价与选择过程中,我们不仅要考虑各备选方案的经济性,而且还要考虑与经济性相关的影响。

1. 技术方案的合法性

技术方案的合法性是指项目方案采用的技术应符合国家有关法律、法规、相关规划和国家技术发展政策等,同时,还应符合地方社会发展规划,部门与地区规划,经济建设的指导方针、任务、产业政策、投资政策和技术经济政策等,符合国家进出口贸易政策和关税政策;符合当地的拟建厂址的自然、经济、社会发展规划等。

2. 技术方案的先进性

技术方案的先进性是指这种技术对当代生产发展起主要作用和影响，技术先进性是方案选择与成果评价的重要依据。技术的先进性评价包含技术的指标、参数、结构、方法、特征，以及对科学技术发展的意义等。具体说，有如下几点：一是在资源方面，能否充分合理利用我国自然资源，降低原材料消耗；二是在能源方面，能否显著地节约能源或充分利用再生资源；三是在产品方面，能否大大地改善产品数量、质量、品种；四是在劳动生产率方面，能否大幅度地提高劳动生产率；五是在生态保护方面，能否明显地减少和避免环境污染与生态破坏。

3. 技术方案的适用性

技术方案的适用性是指符合一定时间和空间范围内的实际情况，并能获得良好社会经济效益的切实可行的技术。重要特征是：一是符合采用单位的生产、技术、管理等实际水平；二是能迅速消化、掌握，变成现实的生产力，促进技术进步与经济发展。适用技术的跨度很大，既可以是成熟的先进技术，也可以是中等技术，甚至可以是较低水平的改良技术。但一般不包括处在试验阶段的最新技术和处在接近淘汰阶段的落后技术[2]。

4. 技术方案的经济性

技术方案的经济性是指项目所采用的技术方案能够在一定消耗水平下获得最好的经济效益。经济效益的大小是正确选择技术方案的重要依据之一。技术方案的经济效益是实现方案所投入的社会劳动消耗与产生符合社会需要的使用价值之间的比较。技术方案的使用价值包括企业本身直接取得的成果，也包括提供给社会的间接成果。技术方案的社会劳动消耗，是指实现该方案占用和消耗的活劳动、物化劳动和资源，包括企业本身的直接耗费，也包括社会上的间接耗费[3]。

技术方案经济性分析的原则：一是正确处理局部利益与整体利益之间的关系；二是正确处理近期利益与远期利益之间的关系；三是正确处理直接利益与间接利益之间的关系；四是正确处理经济利益与非经济利益之间的关系。只有正确处理这些关系，才能真实正确地反映和符合技术方案经济评价标准的要求。

5. 技术方案的可靠性

技术方案的可靠性是指在规定的时间内和规定的条件（如使用环境和维修条件等）下能有效地实现规定功能的能力。技术方案的可靠性不仅取决于技术规定的使用条件等因素，还与设计技术有关。技术方案的可靠性有三个重要指标：一是保险期，技术系统建成后能有效地完成规定任务的期限，超过这一期限技术系统可靠性就会逐渐下降；二是有效性，技术系统在规定时间内能正常工作的概率，其大小取决于技术系统故障率的高低、发现故障的快慢和故障修复时间的长短；三是狭义可靠性，由结构可靠性和性能可靠性两部分组成，前者指技术系统在工作时不出故障的概率，后者是指技术系统性能满足原定要求的概率。

总之，技术方案的评价与选择是决策者为了实现一定的经济技术和社会目标的重要手段，既是决策的过程，又是决策的目的。技术方案的评价选择是一个多层次、多因素的动态决策过程。对技术方案选择作出科学的评价，是为企业做出正确的决策提供科学依据，从而有利于企业提高整体绩效和竞争力，促进技术进步。技术方案的评价选择在企业发展过程中的影响有时是巨大的，甚至是至关重要的。

第二节 独立型多方案的经济评价

一、独立型多方案概述

1. 独立型多方案的概念

独立型多方案是指各个方案中现金流量是独立的，不具有相关性，并且任何一个方案的采纳与否都不会影响其他方案，简称独立方案。例如，现有A、B、C三个方案，投资期为一年，仅向A方案投资，投资额为300万元，收益为360万元；仅向B方案投资，投资额为400万元，收益为475万元；仅向C方案投资，投资额为350万元，收益为380万元。若以1050万元同时向三个方案投资，收益为1215万元，则说明这三个方案间加法法则成立，A、B、C三个方案是相互独立的。

2. 独立型多方案评价选择的原则

独立型多方案的比较选择与单方案相同，其遵循的基本原则如下：

① 独立型多方案的取舍只取决于方案自身的经济性，只要检验它们是否能够通过有关的评价指标，一组独立型方案中各方案之间无需进行相互比较。

② 在一组独立型方案中，各方案的寿命期可以相同，也可以不同，并不影响决策的后果。

③ 多个独立型方案的比较选择，可以都接受，也可以接受其中一个或几个，也可以一个也不接受，这取决于方案自身的经济性和决策者的选择。

④ 独立型多方案具有相加性，即不同方案之间的投资、费用、收益等可相加计算。

二、独立型多方案经济评价方法

在防腐工程实践中，独立型多方案的经济评价会遇到两种情况：一种是无资金约束的独立型多方案；一种是有资金约束的独立型多方案。由于受到现金流量的限制，其评价选择的方法各有不同。

（一）无资金约束独立型多方案的经济评价与选择

在资金不受限制的情况下，独立型多方案的评价选择与单方案的方法是相同的，其方案的采纳与否，只取决于方案自身的经济效果，即"绝对经济效果检验"，若方案通过了绝对经济效果检验，就认为方案在经济上是可行的，否则应予以拒绝。

应该注意的是，所谓"无资金约束"，并不是投资者自己有无限多的资金，而是指投资者有能力通过合法的渠道筹集到足够的资金来满足实施多个独立型方案的需要。

无资金约束独立型多方案的经济评价与选择方法很多，一般来说，凡适用于单方案评价的方法，都可用于多个独立型方案的评价。这里介绍几种常用方法。

1. 净现值（NPV）法

（1）基本概念　当各投资项目相互独立时，若资金对所有项目不构成约束，只要分别计算各项目的净现值 NPV 即可，选择所有 NPV$\geqslant$0 的项目。

（2）评价方法　一般方法为：

① 计算各方案自身的绝对经济效果指标——净现值 NPV；

② 凡是通过绝对经济效果检验的方案，就认为它在经济效果上是可以接受的，否则就应予以拒绝。

(3) 比较选择 凡是 NPV>0 的项目都可以选择，即都可以投资。

(4) 举例说明 见【例 8-1】。

【例 8-1】 某工程项目有 A、B 两个独立防腐保护方案。有关资料如表 8-1 所示，当 $i=15\%$ 时，试用净现值（NPV）法判断其经济性。

表 8-1 独立型方案 A 和 B 现金流量表　　　单位：万元

方案	投资额	年现金流入	寿命/年
A	500	150	15
B	500	160	15

【解】 计算两个方案的 NPV 得

$$NPV_A = -500 + 150(P/A, 15\%, 15) = 377.11(万元)$$
$$NPV_B = -500 + 160(P/A, 15\%, 15) = 435.58(万元)$$

计算结果表明，独立型方案 A 和方案 B 的 NPV>0，所以方案 A 和方案 B 都可取。

2. 净年值（NAV）法

(1) 基本概念 用净年值（NAV）法评价选择独立方案与净现值（NPV）法是一样的，评价选择时，只需按基准收益率计算各方案的 NAV，当方案的 NAV 为正数时，则说明该方案取得了基准收益率水平以上的收益，方案可取。

(2) 评价方法 一般方法为：

① 计算各个方案的净年值 NAV；

② 凡是通过了方案自身的"绝对经济效果检验"即认为它们在经济效果上达到了基本要求，可以接受，否则，应予以拒绝。

(3) 比较选择 根据净年值 NAV 的评价标准，凡是 NAV>0 的项目均可取。

(4) 举例说明 见【例 8-2】。

【例 8-2】 条件同【例 8-1】。

【解】 用净年值（NAV）法计算得

$$NAV_A = NPV_A(A/P, 15\%, 15) = 64.99(万元)$$
$$NAV_B = NPV_B(A/P, 15\%, 15) = 74.48(万元)$$

按 NAV 判断准则，NAV_A 和 NAV_B 都大于零，故方案 A 和方案 B 都可取。

3. 效益-费用（$R_{B/C}$）对比法

（1）基本概念　效益-费用（$R_{B/C}$）之比是一种效率型指标，净效益（B）包括投资方案所带来的全部收益，并减去方案实施所带来的损失；净费用（C）包括投资方案所有费用支出，并扣除方案实施对投资者带来的所有节约。

（2）评价方法　通常由以下几步构成：

① 识别阶段。判断某一项目或方案是否可以达到所希望的目标。

② 调查阶段。主要是了解能实现该目标的各项可能的投资方案。

③ 收集信息阶段。主要是获取有关各个备选投资方案效果的资料。

④ 选择阶段。采用不同的分析方法，确定各个项目或方案的优劣次序。

⑤ 决策阶段。以上述次序为依据，并视限制条件而定。

（3）比较选择　若方案的净收益大于净费用，即 B/C 大于1，则认为这个方案在经济上是可以接受的，反之，方案则是不可取的。

（4）举例说明　见【例8-3】。

【例8-3】　某工程项目有A、B、C、D四个独立防腐方案，有关资料如表8-2所示，当基准收益率 $i=20\%$ 时，试对方案进行选择。

表8-2　各独立方案的现金流量表　　　　　单位：万元

方案	投资	寿命/年	残值	年收益
A	2	5	0.4	0.6
B	15	10	0.7	4
C	3	20	0	1
D	16	30	1	4

【解】　根据效益-费用法的计算公式得

A方案：

$$\text{成本 } C = 2(A/P, 20\%, 5) - 0.4(A/F, 20\%, 5)$$
$$= 0.62 (\text{万元})$$

收益 $B = 0.6$（万元）

$$R_{B/C} = \frac{0.6}{0.62} = 0.97$$

B方案：

$$成本 C = 15(A/P, 20\%, 10) - 0.7(A/F, 20\%, 10)$$
$$= 3.55(万元)$$

收益 $B = 4$(万元)

$$R_{B/C} = \frac{4}{3.55} = 1.13$$

C 方案：

$$成本 C = 3(A/P, 20\%, 20) = 0.62(万元)$$

收益 $B = 1$(万元)

$$R_{B/C} = \frac{1}{0.62} = 1.61$$

D 方案：

$$成本 C = 16(A/P, 20\%, 30) - 1(A/F, 20\%, 30)$$
$$= 3.21(万元)$$

收益 $B = 4$(万元)

$$R_{B/C} = \frac{4}{3.21} = 1.25$$

除 A 方案 $R_{B/C} = 0.97 < 1$ 舍去外，其他方案 B、C、D 都可取。

（二）有资金约束独立型多方案的经济评价与选择

通常情况下，项目或方案不受资金约束的情况不是很多，除非是特别重要的、具有战略意义的项目，有时不计投入，只顾后果。除此之外，在经济建设中，资金短缺往往是一个普遍的现象。在资金受约束的情况下，独立型多方案相互之间就有了相关性。在评价选择过程中，就不能像资金无约束的情况那样，凡是通过"绝对经济效果检验"的方案都可采用。换言之，即使有些方案通过了绝对经济效果检验，由于受资金限制，也必须放弃。由此可见，受资金约束独立型多方案的评价选择原则是：在保证预算资金总额的前提下，取得最好的经济效果。

对于有资金约束独立型多方案的经济评价选择方法有净现值率排序法、内部收益率排序法和互斥化法。

1. 净现值率（NPVR）排序法

（1）基本概念　净现值率（NPVR）排序法，就是在计算各个方案净现值率的基础上，将净现值率按大小排序，并依此顺序选取方案，直至所选取方案的投资总额最大限度地接近或等于投资限额为止。

(2) 评价方法　一般步骤为：

① 计算各方案的净现值（NPV），排除 NPV<0 的方案；

② 计算各方案的净现值率（NPVR）；

③ 按 NPVR 数值从大到小排序。

(3) 比较选择　按 NPVR 从大到小的顺序依次选择方案，直至所组合方案的投资总额之和最大限度地接近或达到投资限额为止。

(4) 举例说明　见【例 8-4】。

【例 8-4】　某防腐工程改造项目，投资预算为 450 万元，可能的备选投资方案共有 10 个，各方案的有关数据如表 8-3 所示，基准折现率 $i=10\%$。试选择实施方案。

表 8-3　各方案有关数据　　　　　　　　单位：万元

方案	期初投资	1～10 年净收益
A	−240	48
B	−220	50
C	−280	38
D	−160	50
E	−240	34
F	−160	44
G	−220	44
H	−180	30
I	−260	46
J	−100	25

【解】　根据表 8-3 所给出的各个方案净现金流量，计算各方案的净现值（NPV）及净现值率（NPVR）得

$$\text{NPV}_A = -240 + 48(P/A, 10\%, 10) = 54.94 (万元)$$

$$\text{NPVR}_A = \frac{54.94}{240} = 0.229$$

$$\text{NPV}_B = -220 + 50(P/A, 10\%, 10) = 87.23 (万元)$$

$$\text{NPVR}_B = \frac{87.23}{220} = 0.397$$

$$\text{NPV}_C = -280 + 38(P/A, 10\%, 10) = -46.51 (万元)$$

$$\text{NPVR}_C = \frac{-46.51}{280} = -0.166$$

$$\text{NPV}_D = -160 + 50(P/A, 10\%, 10) = 147.23(万元)$$

$$\text{NPVR}_D = \frac{147.23}{160} = 0.920$$

$$\text{NPV}_E = -240 + 34(P/A, 10\%, 10) = -31.08(万元)$$

$$\text{NPVR}_E = \frac{-31.08}{240} = -0.130$$

……

以下计算过程省略，有关数据见表 8-4。

表 8-4　各方案有关指标计算表　　　　　单位：万元

方案	净现值(NPV)	净现值率(NPVR)	按 NPVR 排序
A	54.94	0.229	5
B	87.23	0.397	4
C	−46.51	−0.166	淘汰
D	147.23	0.920	1
E	−31.08	−0.130	淘汰
F	110.36	0.690	2
G	50.36	0.229	5
H	4.34	0.024	7
I	22.65	0.087	6
J	53.62	0.536	3

计算结果表明，NPV_C、NPV_E 两方案的净现值小于零，故被淘汰。剩下的方案，根据 NPVR 的大小排序（详见表 8-4），在不超出投资预算 450 万元的限制条件下，选择方案 D、F、J，所用资金总额为 420 万元，离 450 万元的资金约束还有 30 万元剩余。

2. 内部收益率（IRR）排序法

（1）基本概念　内部收益率（IRR）排序法，就是在计算各方案内部收益率的基础上，将内部收益率大于或等于基准折现率的方案按内部收益率大小排序，并依此次序选取项目方案，直至所选取方案的投资总额最大限度地接近或等于投资限额为止。

（2）评价方法　一般步骤为：

① 计算出各个方案的内部收益率（IRR），并将内部收益率（IRR）小于基准折现率的方案舍去；

② 将各个方案按内部收益率（IRR）从大到小顺序排列；

③ 从排列好的各方案中，依次选择投资方案，直至全部投资额最大限度地接近或等于投资限额为止。

（3）比较选择　在符合条件方案中，组建符合总投资额要求的所有可能组合方案，且以可能组合方案的总体收益率最大的为最优组合方案。

（4）举例说明　见【例 8-5】。

【例 8-5】 有六个独立型防腐投资方案，寿命均为 10 年，基准折现率 $i=13\%$。各方案有关数据见表 8-5。若资金总额为 320 万元，选择哪些方案最有利？若资金总额为 250 万元，选择哪些方案最有利？

表 8-5　各方案有关数据　　　　　　　　单位：万元

方案	期初投资	1~10 年净收益
1	−50	7.79
2	−70	13.95
3	−90	20.00
4	−100	23.85
5	−120	21.24
6	−110	30.80

【解】 $-50+7.79(P/A,\mathrm{IRR}_1,10)=0$，$\mathrm{IRR}_1=9\%$

$-70+13.95(P/A,\mathrm{IRR}_2,10)=0$，$\mathrm{IRR}_2=15\%$

$-90+20(P/A,\mathrm{IRR}_3,10)=0$，$\mathrm{IRR}_3=18\%$

$-100+23.85(P/A,\mathrm{IRR}_4,10)=0$，$\mathrm{IRR}_4=20\%$

$-120+21.24(P/A,\mathrm{IRR}_5,10)=0$，$\mathrm{IRR}_5=12\%$

$-110+30.8(P/A,\mathrm{IRR}_6,10)=0$，$\mathrm{IRR}_6=25\%$

各方案计算数据见表 8-6。

表 8-6　各方案有关指标计算表　　　　　　　　单位：万元

方案	IRR/%	按 IRR 排序
1	9	淘汰
2	15	4

续表

方案	IRR/%	按 IRR 排序
3	18	3
4	20	2
5	12	淘汰
6	25	1

若资金总额为 320 万元，选择方案：6＋4＋3 比较合适，此时实际投资总额为 300 万元，剩余资金 20 万元，已无其他方案选择。

若资金总额为 250 万元，选择方案：6＋4 较为合理，此时实际投资总额为 210 万元，剩余 40 万元，已不再能选择其他方案。

3. 互斥化法

(1) 基本概念　互斥化法就是在投资额约束条件下，首先利用某种方法把独立型项目化为若干个相互排斥的组合方案，然后根据互斥型项目选优的准则和方法，选择最优项目组合。

(2) 评价方法　一般步骤为：

① 列出独立方案的所有可能组合，形成若干个新的组合方案，若有 m 个独立方案，则组合方案数 $N=2^m-1$（不投资除外），即 N 个组合方案相互排斥；

② 每个组合方案的现金流量为被组合的各独立方案的现金流量的叠加；

③ 在所有的组合方案中，除去不满足约束条件的方案组合，并按投资额大小顺序排列；

④ 采用 NPV、IRR 等方法选择最佳方案组合。

(3) 比较选择　在满足约束条件的方案中组建互斥方案组合，且互斥方案组合的净现值最大（或内部收益率最大）的为最佳选择。

(4) 举例说明　见【例 8-6】

【例 8-6】　现有 A、B、C 三个独立方案的投资、年净收益及寿命，见表 8-7，基准折现率 $i=8\%$，投资总额最多不超过 1000 万元，试选择最优投资方案组合。

【解】　根据净现值法的计算公式得

$$NPV_A=-400+90(P/A,8\%,10)=203.91(万元)$$

$$\mathrm{NPV_B} = -360 + 124(P/A, 8\%, 10) = 472.05(万元)$$
$$\mathrm{NPV_C} = -200 + 112(P/A, 8\%, 10) = 551.53(万元)$$

列出所有可能的组合方案，结果见表 8-8。

表 8-7　A、B、C 三个独立方案的现金流量　　　　单位：万元

方案	初始投资	年净收益	寿命/年
A	400	90	10
B	360	124	10
C	200	112	10

表 8-8　A、B、C 互斥方案的组合　　　　单位：万元

序号	方案组合	初始投资	年净收益	寿命/年	NPV	结论
1	A	400	90	10	203.91	
2	B	360	124	10	472.05	
3	C	200	112	10	551.53	
4	A+B	760	214	10	675.96	
5	A+C	600	202	10	755.44	
6	B+C	560	236	10	1023.58	
7	A+B+C	960	326	10	1227.49	最佳

根据表 8-8 可知，所有可能组合方案中，方案 A+B+C 的投资额最接近投资限额 1000 万元，且净现值 NPV 最大，故 A+B+C 为最优组合方案。

第三节　互斥型多方案的经济评价

互斥型多方案的经济评价与选择方法与独立型多方案不一样，互斥型多方案的现金流结构具有特殊性，对于它的评价选择，情况比较复杂，有时采用不同的评价指标可能会导致相反的结论，需要根据具体情况选择适当的评价指标和比选方法。

一、互斥型多方案概述

1. 互斥型多方案的概念

所谓互斥型多方案是指各方案之间具有排斥性，即在多个方案中只能选

取一个，其余方案均须放弃，不允许同时存在。例如，阴极保护技术与阳极保护技术不能同时用于同一介质、同一设备的保护。选择了阴极保护，就不能再选择阳极保护，或者选择了阳极保护，就不能再选择阴极保护，它们之间具有排他性。"反电位"法阴极保护❶，虽然阴、阳极保护同时施加于同一介质、同一设备（管道）上，但它也是利用阴、阳极电位叠加而相互排斥的原理来延长管道保护距离的。

2. 互斥型多方案的评价选择原则

互斥型多方案的比较选择与独立型多方案不同，其遵循的原则为：

（1）须遵循"两种效果"检验的原则　即绝对经济效果的检验与相对经济效果的检验。"两种检验"的目的和作用不同，通常缺一不可。绝对经济效果检验是考察备选方案中各方案自身的经济效果是否满足评价准则的需求，相对经济效果检验是考察备选方案中哪个方案相对最优。

（2）须遵循可比性原则　参加评价比选的方案应具有可比性，如方案寿命期的可比性；收益与费用及计算范围的可比性；功能作用的可比性；方案风险水平的可比性等。如果不能满足可比条件，各个方案之间不能进行直接比较，必须经过一定转化后方能进行比较。

（3）须遵循合理选择评价指标的原则　各类腐蚀防护工程项目千差万别，各种经济评价指标各式各样，只有合理选择恰当的评价指标，才能作出科学的评价结果。

二、互斥型多方案经济评价方法

互斥型多方案的经济评价按各方案的寿命是否相同可以分为两类：一类是各方案寿命相同；一类是各方案寿命不相同。第一类自动满足了时间可比性的要求，可以直接比较；第二类需要借助某些方法进行时间上的变换，从而保证时间的可比性。

（一）寿命期相同互斥型多方案的经济评价与选择

对于寿命期相同的互斥型多方案的评价选择方法比较多，按大的分类有：增量分析法（包括：静态增量投资回收期法、动态增量投资回收期法、增量净现值法、增量内部收益率法和增量投资收益率法等）、直接分析法（包括：

---

❶ 其工作原理详见：王强编著《地下金属管道的腐蚀与阴极保护》，西宁：青海人民出版社，1984。

净现值法和净年值法等）和最小费用法（包括：费用现值法和费用年值法）。为了节约篇幅，这里只介绍几种常用的评价选择方法。

1. 净现值（NPV）法

（1）基本概念　净现值（NPV）法就是对互斥型多方案的净现值进行比较，以净现值最大的方案作为经济上最优的方案。

（2）评价方法　通常步骤为：

① 绝对效果的检验，即考察各个方案自身的经济效果净现值 NPV 是否可行；

② 相对效果的比选，即考察哪个方案经济效果相对最优。

（3）比较选择　若 $NPV_A > NPV_B$，表明方案 A 经济效果较好，应选择方案 A；若 $NPV_A < NPV_B$，表明方案 B 经济效果较好，应选择方案 B。

（4）举例说明　见【例 8-7】。

【例 8-7】　设 A、B、C 三个方案为互斥方案，其寿命期均为 8 年，$i=10\%$，净现金流量如表 8-9 所示，试用净现值法选择最佳方案。

表 8-9　互斥方案 A、B、C 的净现金流量表　　　　　　单位：万元

方案	初始投资	年净收益	寿命
A	3000	800	8
B	4000	1000	8
C	5000	1200	8

【解】　① 进行绝对经济效果检验。计算三个方案的 NPV 得

$$NPV_A = -3000 + 800(P/A, 10\%, 8) = 1267.92(万元)$$

$$NPV_B = -4000 + 1000(P/A, 10\%, 8) = 1334.90(万元)$$

$$NPV_C = -5000 + 1200(P/A, 10\%, 8) = 1401.88(万元)$$

计算结果表明，方案 A、B、C 的 NPV 值都大于零，即通过了绝对经济效果检验。

② 进行相对经济效果检验。将所有通过绝对经济效果检验的方案，进行 NPV 排序，即 $NPV_C > NPV_B > NPV_A$。根据净现值的判断准则，方案 C 为最优。

2. 净年值（NAV）法

（1）基本概念　净年值（NAV）法是通过计算各个互斥方案的净年值进

行比较，以净年值最大的方案为最优方案。

（2）评价方法　与 NPV 法大致相同，一般步骤为：

① 绝对效果检验。首先根据现金流量表分别计算各个方案的净年值 NAV，并检验，剔除 NAV<0 的方案。

② 相对效果检验。对所有通过绝对效果检验的方案，比较其净年值。

（3）比较选择　若 NAV≥0 且 NAV 最大，则该方案为最优方案。

（4）举例说明　见【例 8-8】。

【例 8-8】　现有 A、B、C 三个互斥型方案，有关数据见表 8-10。基准收益率 $i=10\%$，试用净年值法确定最佳方案。

表 8-10　【例 8-8】互斥型多方案的现金流量表　　　单位：万元

方案	初始投资	年净收益	寿命期/年
A	1000	280	8
B	1600	380	8
C	2000	500	8

【解】　根据净年值计算公式，求取 A、B、C 三方案的净年值得

$$NAV_A = -1000(A/P,10\%,8) + 280 = 92.60(万元)$$

$$NAV_B = -1600(A/P,10\%,8) + 380 = 80.16(万元)$$

$$NAV_C = -2000(A,P,10\%,8) + 500 = 125.20(万元)$$

根据 NAV 最大原则，方案 C 最优。

3. 费用现值（PC）法

（1）基本概念　在对多个互斥型方案进行比较选择时，如果各方案产出价值相同，或者各方案能够满足同样需要，但其产出效益难以用货币计量（如公益性项目）时，可以通过对各方案费用现值的比较进行选择。

（2）计算公式　费用现值（PC）的表达式为

$$PC = \sum_{t=0}^{P_t} CO_t(P/F,i,n) \tag{8-1}$$

式中　PC——费用现值；

CO_t——第 t 年的现金流出额；

i——基准折现率；

n——项目寿命年限。

（3）评价方法　一般步骤为：

① 计算各备选方案的费用现值；
② 以费用现值 PC 的大小排序。

（4）比较选择　以费用现值 PC 最低的方案为最优。

（5）举例说明　见【例 8-9】。

【例 8-9】　某工程有 A、B、C 三个防腐方案，均能满足工程的需要。其费用数据如表 8-11 所示。在基准收益率 $i=12\%$ 的条件下，试用费用现值（PC）法确定最优方案。

表 8-11　A、B、C 三个防腐方案费用数据表　　　　单位：万元

方案	投资(第0年)	年经营成本(第1~10年末)	寿命期/年
A	250	110	10
B	290	100	10
C	350	85	10

【解】　根据费用现值计算公式，计算各方案的费用现值得

$$PC_A = 250 + 110(P/A, 12\%, 10) = 871.50(万元)$$
$$PC_B = 290 + 100(P/A, 12\%, 10) = 855.02(万元)$$
$$PC_C = 350 + 85(P/A, 12\%, 10) = 830.27(万元)$$

根据费用最小的选择原则，方案 C 最优，方案 B 次之，方案 A 最差。

采用费用现值（PC）法比较方案，除以上方法外，SY/T 0042—2002《防腐工程经济计算方法》尚有规范的规定，可供选择。

值得注意的是，费用现值法只能用于多方案的比选，而不能评价单方案的经济性。

4. 费用年值（AC）法

（1）基本概念　与费用现值（PC）是一样的，当方案所产生的效益相同（或基本相同），但效益又无法或很难用货币直接计量时，可以采用费用年值（AC）法进行互斥方案的评价选择。

（2）计算公式　费用年值（AC）的计算表达式为

$$AC = PC(A/P, i, n)$$
$$= \sum_{t=0}^{P_t} CO_t(P/F, i, n) \times (A/P, i, n) \quad (8-2)$$

式中　AC——费用年值。

其他符号意义同上。

(3) 评价方法　与费用现值（PC）法相同，其一般步骤为：

① 计算各备选方案的费用年值 AC；

② 以费用年值 AC 的大小排序。

(4) 比较选择　以费用年值 AC 最低的方案为最优。

(5) 举例说明　见【例 8-10】。

【例 8-10】　条件同【例 8-9】，试用费用年值法选择最佳方案。

【解】　根据费用年值计算公式，A、B、C 三个方案的费用年值计算如下：

$$AC_A = 250(A/P, 12\%, 10) + 110 = 154.25(万元)$$
$$AC_B = 290(A/P, 12\%, 10) + 100 = 151.33(万元)$$
$$AC_C = 350(A/P, 12\%, 10) + 85 = 146.95(万元)$$

根据费用最小选优准则，方案 C 最优，方案 B 次之，方案 A 最差。

费用现值与费用年值的关系，如净现值与净年值的关系一样，所以就评价结论而言，二者是等效的评价指标。二者除了在指标含义上有所不同外，就计算的方便简易而言，在不同的决策条件下各有所长[4]。费用年值法也只适用于多方案的评价，而不适用于单方案的评价。

在实际应用时，PC 与 AC 之间可以很容易地转换。即

$$PC = AC(P/A, i, n) \tag{8-3}$$
$$AC = PC(A/P, i, n) \tag{8-4}$$

除以上方法，SY/T 0042—2002《防腐工程经济计算方法》中推荐的费用年值（AC）法，可供选择。

（二）寿命期不同互斥型多方案的经济评价与选择

以上互斥型多方案的评价方法，都是在各个方案寿命期相同的条件下进行的。然而，现实中很多防腐工程方案的寿命期往往是不同的。对于寿命期不同的互斥型多方案的评价与优选，就不能直接采用净现值等方法比较，因为寿命期长的防腐工程方案与寿命期短的防腐工程方案的净现值不具有可比性。因此，为了满足时间可比的要求，就需要对各备选方案的计算期和计算公式进行适当的处理，使各个对比方案在相同的条件下进行比较，以得出合理的结论。

为满足时间可比条件而进行处理的方法，常用的有净年值法、最小公倍数法和研究期法。

1. 净年值（NAV）法

（1）基本概念　净年值（NAV）是指按给定的折现率，通过等值换算将方案计算期内各个不同时点的净现金流量分摊到计算期内各年的等额年值。

在对寿命期不同的互斥型多方案进行评价选择时，采用净年值（NAV）法是最简便的方法，当比选的方案较多时，尤其如此。

采用净年值（NAV）计算寿命期不同的互斥型多方案，只要计算各互斥方案在其经济寿命期内的净年值，就可以进行互斥方案的比较。这比取各方案经济寿命期的最小公倍数作为方案评价的分析期，再用净现值法和净现值率法进行评价方便得多。

（2）评价方法　一般步骤为：

① 绝对经济效果检验。计算各个方案净年值 NAV，并检验，若某方案 NAV≥0，则该方案通过了绝对经济效果检验，可以继续作为备选方案，进入下一步的优选；若 NAV<0，则该方案没有资格进入下一步的优选。

② 相对经济效果检验。两两比较通过绝对经济效果检验各个方案的净年值 NAV 的大小，直至保留净年值 NAV 最大的方案。

（3）比较选择　以 NAV≥0 且 NAV 最大者为最优。

（4）举例说明　见【例 8-11】。

【例 8-11】　某防腐公司要购买一台防腐施工设备，现有两种设备供选择，设基准收益率为 10%，有关数据见表 8-12。试问应选择哪种设备？

表 8-12　两种防腐施工设备的有关数据表　　　　　　　　单位：万元

设备	总投资（第 0 时点）	使用寿命/年	年收益	年经营费用	净残值
A	160	6	110	52	15
B	270	9	110	46	30

【解】　根据净年值计算公式，各方案的 NAV 得

$$NAV_A = -160(A/P,10\%,6)+(110-52)+15(A/F,10\%,6)$$
$$= 23.21(万元)$$
$$NAV_B = -270(A/P,10\%,9)+(110-46)+30(A/F,10\%,9)$$
$$= 19.31(万元)$$

由于 $NAV_A > NAV_B$，故选择设备 A。

2. 最小公倍数法

（1）基本概念　最小公倍数法，又称方案重复法，是以各备选方案寿命

期的最小公倍数为比较期，在此期间各方案分别考虑以同样规模重复投资多次，据此算出各方案的净现值，然后进行比较选优。例如，有两个互斥方案，A方案的寿命期为6年，B方案的寿命期为8年，在这种条件下，各方案的现金流在各自寿命期内的现值不具有可比性。如果使用净现值指标进行方案比选，必须设定一个共同的分析期。则A、B方案共同的计算期为24年，在24年内，A方案共有4个周期，重复实施3次，B方案共有3个周期，重复实施2次，分别对其净现金流量进行重复计算，计算出在共同的计算期内各个方案的净现值，以净现值较大的方案为最佳方案。

（2）评价方法　一般步骤为：
① 求取不同方案使用寿命的最小公倍数作为共同的计算期；
② 算出计算期内各方案的净现值 NPV（或费用现值）；
③ 以净现值 NPV 大小排序。
（3）比较选择　以净现值 NPV 较大（或费用现值最小）的为最佳方案。
（4）举例说明　见【例 8-12】。

【例 8-12】　某企业防腐工艺生产线改造项目有两个方案可供选择，各方案的有关数据见表 8-13。试在基准折现率 $i=10\%$ 的条件下选择最优方案。

表 8-13　寿命期不同的互斥型多方案的现金流量　　　　单位：万元

方案	投资额	年净收益	寿命期/年
A	80	36	6
B	120	48	8

【解】　由于方案的寿命期不同，须先求取两个方案寿命期的最小公倍数，其值为24年。方案A重复实施3次，方案B重复实施2次。

根据净现值计算公式得

$$\begin{aligned}
\mathrm{NPV}_A &= -80+36(P/A,10\%,24) \\
&\quad -80(P/F,10\%,6) \\
&\quad -80(P/F,10\%,12) \\
&\quad -80(P/F,10\%,18) \\
&= 158.42(万元) \\
\mathrm{NPV}_B &= -120+48(P/A,10\%,24)
\end{aligned}$$

$$-120(P/F,10\%,8)$$
$$-120(P/F,10\%,16)$$
$$=229.19(万元)$$

由于 $NPV_B > NPV_A$，故方案 B 优于方案 A。

3. 研究期法

前面介绍的最小公倍数法是一种常用的比较寿命期不同方案的方法。但是，在一些情况下重复实施的假定是不太适宜的，比如，那些防腐产品和防腐技术更新较快的项目，由于旧的技术迅速地为新技术所替代，若仍以原方案重复实施，显然不合理。再如，当社会对某种防腐产品的需求期限有较为明确的估计时，则重复实施就是多余的，原方案的重复实施将是不经济的，甚至有时是不可能实现的。因此，用最小公倍数法，显然不能保证选择到最优的方案。

针对上述最小公倍数法的不足，对计算期不同的互斥型多方案，可采用另一种确定共同计算期的方法——研究期法。

（1）基本概念　研究期法是针对寿命期不同的互斥型多方案，直接选取一个适当的分析期作为各个方案共同的计算期，计算各个方案在该计算期内的净现值，以净现值较大者为优。

对于计算期的确定，通常有三种做法：一是取最短的寿命期作为共同的分析计算期；二是取最长的寿命期作为共同的分析计算期；三是取规划规定的年限作为共同的分析计算期。为了简便起见，往往直接选取诸方案中最短的寿命期作为各个方案的共同计算期，所以研究期法又称最小计算期法。

（2）评价方法　一般步骤为：

① 取其给定互斥型多方案中最短（或最长）的寿命期为共同的计算期；

② 计算各互斥型多方案的 NPV 值（或费用现值）。

（3）比较选择　以 NPV 值最大（或费用现值最小）的方案为最优方案。

（4）举例说明　见【例 8-13】、【例 8-14】。

【例 8-13】　某防腐公司欲购置防腐施工设备，现有 A、B 两个互斥的投资方案，其净现金流量如表 8-14 所示，基准收益率 $i=10\%$，试用研究期法进行比较。

表 8-14　A、B 方案的净现金流量　　　　　　　　　单位：万元

方案	1	2	3～5	6	7	8
A	−70	−55	50	62		
B	−120	−90	80	80	80	100

【解】 取年限短的方案的寿命期为计算期，即 6 年，分别计算计算期为 6 年时 A、B 两个方案的净现值：

$$\mathrm{NPV_A} = -70 \times (P/F, 10\%, 1) - 55 \times (P/F, 10\%, 2)$$
$$+ 50 \times (P/A, 10\%, 3) \times (P/F, 10\%, 2)$$
$$+ 62 \times (P/F, 10\%, 6) = 28.67(万元)$$

$$\mathrm{NPV_B} = [-120 \times (P/F, 10\%, 1) - 90 \times (P/F, 10\%, 2)$$
$$+ 80 \times (P/A, 10\%, 5) \times (P/F, 10\%, 2)$$
$$+ 100 \times (P/F, 10\%, 8)] \times (A/P, 10\%, 8)$$
$$\times (P/A, 10\%, 6) = 92.88(万元)$$

由于 B 方案的净现值大于 A 方案，即 $\mathrm{NPV_B} > \mathrm{NPV_A}$，故 B 方案为最优方案。

【例 8-14】 某公司有两种防腐施工方案，即 A、B 两个互斥的投资方案。这两个方案的工作效率和质量大致相同，但每年（已折算到年末）的作业费用不同，寿命也不同。有关数据见表 8-15。基准收益率 $i = 10\%$。试用研究期法比较哪种防腐施工方案好。

表 8-15　两种防腐设备的相关数据　　　　　　　　　单位：万元

投资方案	初期投资额	年作业费用	寿命期/年
A	50	6.5	4
B	60	6.0	6

【解】 取年限短的方案的寿命期作为共同的计算期，本例为 4 年。在其共同的计算期内 A、B 两个互斥方案的费用现值分别为

$$\mathrm{PC_A} = 50 + 6.5(P/A, 10\%, 4) = 70.60(万元)$$
$$\mathrm{PC_B} = [60(A/P, 10\%, 6) + 6] \times (P/A, 10\%, 4)$$
$$= 62.69(万元)$$

故两个方案中，B 方案的费用现值 $\mathrm{PC_B}$ 较小，因而方案 B 为优。

第四节 相关型多方案的经济评价

相关型多方案在防腐工程中会经常遇到，例如，海洋金属结构物的腐蚀防护，可以单独采用涂料保护，也可以单独采用牺牲阳极法或强制电流法阴极保护；还可以联合保护，即涂料保护＋牺牲阳极法阴极保护、涂料保护＋强制电流法阴极保护、涂料保护＋牺牲阳极法阴极保护＋强制电流法阴极保护。在封闭系统中，金属结构物可以涂刷涂料和阴极保护联合防腐，也可以涂刷涂料再添加缓蚀剂保护，等等。这样多方案之间就具有相关性，或条件型多方案，或互补型多方案，或现金流量相关型多方案。

一、相关型多方案概述

1. 相关型多方案的概念

相关型多方案又称配套方案，是指在多个方案之间具有一定经济或技术联系的方案，即这些方案的特点是：如接受（或拒绝）某一方案，会显著改变其他方案的现金流量，或者会影响其他项目的接受（或拒绝）。例如，某防腐工程投资项目，有五个备选方案，即 A 与 B 互斥，C 与 D 互斥，B 与 C 互补，B 与 D 互补，C 与 E 互补，这样使其方案之间就有了相关性，五个方案之间既不完全独立，又不完全互斥；既有正相关，又有负相关。

2. 相关型多方案的类型

常见的相关型多方案主要有如下几种类型。

（1）现金流量相关型多方案　即方案间既不完全互斥，也不完全互补，如果若干方案中任何一个方案的取舍会导致其他方案现金流量的变化，那么这些方案为现金流量相关型多方案。

（2）资金约束相关型多方案　如果没有资金总额限制，各方案具有独立相容性，但在资金有限的情况下，接受某些方案则意味着不得不放弃另外一些方案，这就是资金约束导致的方案相关，即为资金约束相关型多方案。

（3）混合相关型多方案　在方案众多的情况下，方案间的相关关系可能包括多种类型，既有相斥方案又有互补方案，对此，我们称之为混合相关型多方案。

(4) 依存从属相关型多方案　如果两个或多个方案之间，某个方案的实施要求以另一方案（或另几个方案）的实施为条件，则这两个方案（或若干个方案）具有相互依存性，或者说具有完全互补性，称这一类方案为依存从属相关型多方案。

3. 相关型多方案评价选择的原则

由于相关型多方案有其自身的特殊性，所以评价选择遵循的原则就有别于独立型多方案和互斥型多方案。

（1）明确相关型多方案之间关系　在实际操作中，首先应对相关型多方案整理归类，从原方案的影响角度考虑，可将相关型多方案确定为正相关或负相关关系。所谓正相关，即相关型多方案与原方案之间形成了互补型或条件型关系；所谓负相关，即相关型多方案与原方案之间形成了互斥型关系。

（2）相关型多方案分析方法　在明确了相关型多方案之间的关系之后，对于正相关型多方案，因其互为补充、彼此有利，所以可将其视为一个大的独立方案予以考虑；对于负相关型多方案，因其相互排斥、不能共存，所以可将其视为互斥型多方案。

（3）评价选择　先穷举所有可能的方案，再以互斥型方案的评价方法进行比选。

二、相关型多方案经济评价方法

相关型多方案之间既不完全独立，又不完全排斥，所以相关型多方案的经济评价不能简单地按照独立型多方案或互斥型多方案的经济方法进行决策。相关型多方案存在以下几种情况，应采用不同的评价方法进行评价选择。

1. 现金流量相关型多方案的经济评价与选择

（1）基本概念　现金流量相关型多方案是指在一组方案中，方案之间不完全是互斥关系，也不完全是独立关系，但一个方案的取舍会导致其他方案现金流量的变化。

（2）评价方法　对于现金流量相关型多方案的经济评价比选，应采用"互斥方案组合法"。一般步骤为：

① 确定方案之间的相关性，对其现金流量之间的相互影响作出准确的估计；

② 对现金流量之间具有正影响的方案，等同于独立方案看待，对相互之

间具有负影响的方案，等同于互斥方案看待；

③ 根据方案之间的关系，把方案组合成互斥的组合方案，然后按照互斥方案的评价方法对组合方案进行经济评价选择。

（3）比较选择　按照组合互斥方案的净年值 NAV（或净现值 NPV）最大为最佳方案。

（4）举例说明　见【例 8-15】。

【例 8-15】　为了满足市场需要，某企业拟建两个防腐厂，现有投资方案 A 和方案 B，方案 A 拟建在两省交界处，方案 B 拟建在省内企业集中地，寿命期都是 30 年，单独采用方案 A 或方案 B 的净现金流量如表 8-16 所示；如同时采用方案 A 和方案 B，由于业务量分流的影响，两个方案都将减少收入，其净现金流量见表 8-17。若基准折现率 $i=10\%$，应如何决策？

表 8-16　单独采用方案 A 或方案 B 时的净现金流量表　　单位：万元

方案 \ 年份	0	1～30
A	−500	100
B	−300	60

表 8-17　同时采用方案 A 和方案 B 时的净现金流量表　　单位：万元

方案 \ 年份	0	1～30
A	−500	85
B	−300	50
A+B	−800	135

【解】　① 先将各相关方案组合成互斥方案，见表 8-18。各方案的寿命期都是 30 年。

表 8-18　组合互斥方案的净现金流量　　单位：万元

方案 \ 年份	0	1～30
A	−500	100
B	−300	60
A+B	−800	135

② 对各互斥方案进行经济评价。因寿命期相同，计算净年值指标即可。

$$NAV_A = -500(A/P,10\%,30)+100 = 46.95(万元)$$
$$NAV_B = -300(A/P,10\%,30)+60 = 28.17(万元)$$
$$NAV_{A+B} = -800(A/P,10\%,30)+135 = 50.12(万元)$$

③ 在三个方案之间进行比选。因 $NAV_{A+B} > NAV_A > NAV_B > 0$，故两个厂同时建设为最佳方案。

2. 资金约束相关型多方案的经济评价与选择

（1）基本概念　在有些情况下，由于资金有限，使得多个原本相互无关的独立型多方案只能实施其中的某几个方案，从而使各方案间具有了资金约束条件下的相关性。这时的问题就成了在不突破投资总额的前提下如何获得最大收益。

（2）评价方法　对于资金约束相关型多方案的经济评价，其唯一的宗旨是充分地分配和利用资金，获得最好的经济效益，实现有限投资总额的总体收益最大化，总体投资利用率最高。基于这样一个原则，目前对受资金约束的相关型多方案的经济评价选择，主要有两种决策方法，即互斥方案组合法、净现值率排序法。

① 互斥方案组合法。原理是：列出独立方案所有可能的组合，并从中选出投资额不大于总投资额资金约束者，然后按照互斥方案的选择原则，选出最优方案组合。

互斥方案组合法的基本步骤是：

a. 列出全部互斥组合方案，若有 N 个方案，则有方案组合数 $n = 2^N - 1$；

b. 将所有互斥组合方案投资额大小顺序排列，除去不满足约束条件的方案组合；

c. 利用互斥方案的评价方法进行评价。

② 净现值率排序法。就是在计算各方案净现值率的基础上，将净现值率大于或等于零的方案按净现值率大小排序，并依次选取项目方案，直至所选取方案的投资总额最大限度地接近或等于投资限额为止。

净现值率排序法的基本步骤是：

a. 计算各方案的净现值；

b. 求取净现值率；

c. 按净现值率大小排序；

d. 在净现值率排序的基础上，选取方案的投资总额最大限度地接近或等于投资限额。

（3）比较选择　选择方法为：

① 互斥方案组合法。根据互斥方案选择原则净现值为正且最大者为最优选择。

② 净现值率排序法。在投资额一定的约束条件下使所选项目方案的净现值率最大。

（4）举例说明　下面分别举例。

① 互斥方案组合法应用举例。

【例 8-16】　某防腐公司有 A、B、C 三个独立的技术方案，各个方案有关数据如表 8-19 所示，该公司资金预算限额是 560 万元，基准收益率 $i=10\%$，问该如何决策？

表 8-19　A、B、C 独立方案的有关数据　　　　单位：万元

独立方案	初始投资	年净收益	寿命期/年
A	100	60	10
B	300	150	10
C	400	200	10

【解】　对于寿命期相同的独立方案，建立的互斥组合方案寿命期也相同，因此评价指标可以选择净现值（NPV）或净年值（NAV）。

a. 计算各独立方案的 NPV 得

$$\mathrm{NPV_A} = -100 + 60(P/A, 10\%, 10) = 268.68(万元)$$
$$\mathrm{NPV_B} = -300 + 150(P/A, 10\%, 10) = 621.75(万元)$$
$$\mathrm{NPV_C} = -400 + 200(P/A, 10\%, 10) = 828.92(万元)$$

b. 建立互斥的方案组合，并将组合方案投资从小到大依次排序，如表 8-20 所示，找出投资额不超过资金限额 560 万元的组合方案，再从中找出净现值最大的组合方案，即为最优方案。

表 8-20　组合方案 NPV 计算表　　　　单位：万元

方案	组合方案	初始投资	净现值 NPV	可行与否
1	A	100	268.68	√
2	B	300	621.75	√

续表

方案	组合方案	初始投资	净现值 NPV	可行与否
3	C	400	828.92	√
4	A+B	400	890.43	√
5	A+C	500	1097.60	√
6	B+C	700	1450.67	×
7	A+B+C	800	1719.35	×

计算结果表明，在组合方案中，第 6、第 7 组的投资额都超过 560 万元，故被淘汰，剩下的组合方案中，净现值最大的是第 5 组，即 A+C 组合方案为最优方案。

② 净现值率排序法应用举例。

【例 8-17】 某海洋金属构筑物腐蚀防护投资预算为 160 万元，有 5 个防腐保护方案，寿命期均 15 年，基准收益率 $i=12\%$，各方案的有关数据如表 8-21 所示。试问如何选择？

表 8-21　腐蚀防护方案有关数据　　　　　　　　单位：万元

方案	初始投资	年净收益
A	70	11
B	60	8
C	30	6
D	55	9
E	45	7

【解】 求取各备选方案的净现值率得

$$\mathrm{NPV_A} = -70 + 11(P/A, 12\%, 15) = 4.92 (万元)$$

$$\mathrm{NPVR_A} = \frac{4.92}{70} = 0.07$$

$$\mathrm{NPV_B} = -60 + 8(P/A, 12\%, 15) = -5.51 (万元)$$

$$\mathrm{NPVR_B} = -\frac{5.51}{60} = -0.09$$

$$\mathrm{NPV_C} = -30 + 6(P/A, 12\%, 15) = 10.87 (万元)$$

$$\mathrm{NPVR_C} = \frac{10.87}{30} = 0.36$$

……

以下计算过程略，计算结果见表 8-22。

表 8-22 腐蚀防护方案计算数据　　　　　　　　　　单位：万元

方案	净现值 NPV	净现值率 NPVR	净现值率排序
A	4.92	0.07	3
B	−5.51	−0.09	淘汰
C	10.87	0.36	1
D	6.29	0.11	2
E	2.68	0.06	4

根据计算结果，方案 B 的净现值 NPV 小于零，故应予以淘汰。对剩下的 4 个方案，按净现值率 NPVR 排序，并依次挑选中选方案，使合计投资总额小于或等于资金限额 160 万元，故应选择 C、D、A 三个方案。

3. 混合相关型多方案[5] 的经济评价与选择

（1）基本概念　混合相关型多方案是指在一组备选方案中，既有互补方案又有替代方案，既有互斥方案又有独立方案。对于这种类型的项目决策，根据方案之间的关系，把方案组合成互斥的组合方案。最终选择的不是单个方案，而是最佳的组合方案。

（2）评价方法　对于混合相关型多方案的经济评价，不管项目间是独立的/互斥的或是有约束的，它们的解法都一样，即把所有投资方案的组合列出来，计算评价指标，然后进行排序和取舍。具体方法为：

① 判断各个方案的现金流量之间的相互影响关系；
② 对现金流量之间具有正的影响的方案，等同于独立方案看待；
③ 对现金流量之间具有负的影响的方案，等同于互斥方案看待；
④ 根据方案之间的关系，把方案组合成互斥的组合方案；
⑤ 将所有可行的方案列举出来，采用前面介绍的互斥方案的方法来评价选定最佳方案组合。

（3）比较选择　如果采用净现值作为评价指标，则选择未超过投资限额且净现值最大的组合互斥方案为最优方案。

（4）举例说明　见【例 8-18】

【例 8-18】 某管道防腐生产厂有 5 个投资方案 A_1、A_2、B_1、B_2 和 C，它们各自的现金流量如表 8-23 所示。5 个投资方案之间的关系是：A_1 与 A_2 互斥，B_1 与 B_2 互斥，B_1 与 B_2 都从属于 A_2，C 从属于 B_1。设定资金限额为 2200 万元，基准收益率 $i=10\%$。试选择出最优投资组合方案。

表 8-23 【例 8-18】中各方案现金流量　　　　　单位：万元

投资方案	现金流量				
	0	1	2	3	4
A_1	−2000	800	800	800	800
A_2	−1200	480	480	480	480
B_1	−560	180	180	180	180
B_2	−600	200	200	200	200
C	−400	240	240	240	240

【解】 5 个投资方案共可组合 5 个互斥的组合投资方案，如表 8-24 所示。显然这些方案都未超过投资限额 2200 万元。采用净现值指标分析各方案的净现值得

$$\begin{aligned}\text{NPV}_{A_1} &= -2000+800(P/F,10\%,1)+800(P/F,10\%,2)\\&\quad+800(P/F,10\%,3)+800(P/F,10\%,4)\\&=539.92(万元)\end{aligned}$$

$$\begin{aligned}\text{NPV}_{A_2} &= -1200+480(P/F,10\%,1)+480(P/F,10\%,2)\\&\quad+480(P/F,10\%,3)+480(P/F,10\%,4)\\&=323.95(万元)\end{aligned}$$

$$\begin{aligned}\text{NPV}_{B_1} &= -560+180(P/F,10\%,1)+180(P/F,10\%,2)\\&\quad+180(P/F,10\%,3)+180(P/F,10\%,4)\\&=11.48(万元)\end{aligned}$$

$$\begin{aligned}\text{NPV}_{B_2} &= -600+200(P/F,10\%,1)+200(P/F,10\%,2)\\&\quad+200(P/F,10\%,3)+200(P/F,10\%,4)\\&=34.98(万元)\end{aligned}$$

$$\begin{aligned}\text{NPV}_{C} &= -400+240(P/F,10\%,1)+240(P/F,10\%,2)\\&\quad+240(P/F,10\%,3)+240(P/F,10\%,4)\\&=361.98(万元)\end{aligned}$$

根据各方案之间的相互关系，组合互斥方案。NPV 值如表 8-24 所示。

表 8-24　组合互斥方案 NPV 计算表　　　　　　　单位：万元

组合号	组合方案	投资	NPV
1	A_1	−2000	539.92
2	A_2	−1200	323.95
3	A_2+B_1	−1760	335.43
4	A_2+B_2	−1800	358.93
5	A_2+B_1+C	−2160	697.41

结论：根据 NPV 最大原则，组合方案 A_2+B_1+C 为最优方案。

4. 依存从属相关型多方案的经济评价与选择

（1）基本概念　如果在多个方案中，某一方案的实施必须以另一个（或另几个）方案的实施为条件，则它们之间具有依存从属性。

（2）评价方法　对于依存从属相关型多方案，同样应用互斥方案组合法进行评价。具体方法为：

① 明确各方案之间的关系；

② 根据各方案之间的关系，组合新的方案；

③ 计算各个方案的净现值；

④ 排除净现值 NPV<0 的方案；

⑤ 按净现值 NPV 由大到小排序。

（3）比较选择　在互斥组合方案中，选取净现值 NPV 最大者，为最佳组合方案。

（4）举例说明　见【例 8-19】。

【**例 8-19**】　现有 A、B、C、D 四个防腐方案，寿命期均为 6 年，各个方案的投资及现金流量如表 8-25 所示，其中 A、B、C 互斥，D 方案的采用与否取决于是否采用 A 方案，资金限额 550 万元，基准收益率 $i=12\%$，试做出最优选择。

表 8-25　方案的投资及现金流量表　　　　　　　单位：万元

方案	A	B	C	D
第 1 年初投资	200	240	260	300
年净收益	140	150	170	180

【**解**】　由于方案 A 和方案 D 是相互依存型方案，所以可以合并成一个新

的方案 AD 考虑，投资为 500 万元，年净收益 320 万元。原方案就转化为在 A、B、C、AD 四个方案中选择最优方案，见表 8-26。

表 8-26　互斥组合方案的评价结果　　　　　　单位：万元

组合方案	A	B	C	AD	初始投资	净现值 NPV	满足资金约束
1	*				200	375.60	√
2		*			240	376.71	√
3			*		260	438.94	√
4	*			*	500	815.52	√

计算各个方案的净现值：

$$NPV_A = -200 + 140(P/A, 12\%, 6) = 375.60 (万元)$$

$$NPV_B = -240 + 150(P/A, 12\%, 6) = 376.71 (万元)$$

$$NPV_C = -260 + 170(P/A, 12\%, 6) = 438.94 (万元)$$

$$NPV_{AD} = -(200 + 300) + (140 + 180)(P/A, 12\%, 6) = 815.52 (万元)$$

根据净现值最大原则，方案 AD 为最优方案。

综上所述，对于腐蚀防护工程项目多方案的经济评价，首先应明确多方案之间的关系类型，再采用相应的比选方法和评价指标进行多方案的技术经济论证。

独立型多方案是指作为决策对象的各个方案的现金流量是独立的，不具有相关性，任一方案的采用与否都不影响其他方案是否采用的决策，单方案决策是独立方案的特例。在无资金约束时，独立方案的比选方法和单方案的比选方法是一样的，可采用净现值法、净年值法和效益-费用对比法等。当有资金约束时，常采用净现值率排序法、内部收益率排序法和互斥化法。

互斥型多方案之间存在着互不相容、互相排斥的关系，多方案评价时，只能选择其中之一。互斥型多方案分为寿命期相同和寿命期不同两种类型，其方案评价分为绝对检验和相对检验两个过程。即考察各个方案自身的经济性，称为绝对经济效果检验；考察哪个方案相对最优，称为相对经济效果检验。对于寿命期相同的互斥型多方案，可采用净现值法、净年值法、费用现值法和费用年值法等。对于寿命期不同的互斥型多方案的比较，有净年值法、最小公倍数法和研究期法等。

相关型多方案存在着现金流量相关型多方案、资金约束相关型多方案、混合相关型多方案和依存从属相关型多方案等类型。相关型多方案根据各方案与原方案的影响程度，可分为正相关和负相关，正相关就是相关方案与原方案之间是互补或条件型关系，负相关就是相关方案与原方案之间存在排斥关系。正相关型多方案，它们互为补充，彼此有利，因此可以将其看成一个大的独立方案来考虑；对于负相关型多方案，由于彼此排斥，可将其看成是互斥多方案，方法是先穷举所有可能的方案，再以互斥方案的评价方法进行比选。

最后值得注意的是，腐蚀防护工程项目通常为服务项目，其产生的效益（收益）常归结于主体工程项目，或包含在产品（商品）的销售之中，在进行经济评价时，应把腐蚀防护工程项目产生的效益（收益）从主体工程项目（或产品、商品）中剥离出来，这在实际操作中有一定的难度，剥离的准确程度如何，直接影响腐蚀防护工程项目经济评价的结论。因此，无论是什么样的项目或方案，在剥离防腐工程产生的效益（收益）时，要十分谨慎，不可以把主体工程产生的某些效益（收益）归于防腐工程项目或方案，也不可以将防腐项目或方案产生的某些效益（收益）归于主体工程项目。比较简单的剥离方法是，采用"有无对比法"进行对比，以度量腐蚀防护工程项目的真实效益、影响和作用。

参考文献

[1] 张振林. 浅谈投资多方案间的比较和选择. 工程技术（文摘版），2016（6）：291.
[2] 何盛明. 财经大辞典. 北京：中国财政经济出版社，1990.
[3] 王文元，夏伯忠. 新编会计大辞典. 沈阳：辽宁人民出版社，1991.
[4] 郭洁，卢亚丽. 技术经济学. 北京：清华大学出版社，2016.
[5] 郑宁，郑彩云，韩星. 技术经济学. 2版. 北京：清华大学出版社，2016.

腐蚀经济学

第九章
腐蚀防护工程项目可行性分析

无论是什么样的大中型项目，在项目投资决策之前，要求进行投资项目可行性分析。其目的是使决策科学化、程序化，提高决策的可靠性，并为项目的实施和控制提供依据或参考。

腐蚀防护工程项目可行性分析是通过对项目的主要内容和配置条件，如市场需求、资源供应、建设规模、工艺路线、设备选型、环境影响、资金筹措、盈利能力等，从技术、经济、工程等方面进行调查研究和分析比较，并对项目建成以后可能取得的经济效益及社会效益进行预测，从而提出该项目是否值得投资和如何进行投资建设的咨询意见，为项目决策层提供依据的一种综合性的系统分析方法。可行性分析应具有预见性、公正性、可靠性、科学性的特点。

腐蚀防护工程项目的种类多种多样：既有生产性工程项目，也有非生产性工程项目；既有新建、扩建、改建、恢复和迁建项目，也有应用技术项目；既有内资项目，又有外资项目和中外合资项目；等等。我们不可能面面俱到，只能围绕着生产性与应用性项目进行讨论。在讨论过程中，有些内容分开介绍，有些则是概括而论，难免有偏差。

第一节 概 述

一、项目概述

1. 防腐工程项目的基本概念

在我国,关于防腐工程项目的界定尚无定论,参照有关资料,笔者概括为:防腐工程项目是指为创造独特的防腐产品、服务或成果而开展的活动,这些活动有着明确的目标或目的,必须在特定的时间、预算、资源限定内,依据规范完成。

2. 防腐工程项目效益的特点

(1) 效益的无实体性 防腐工程项目产出的效益是依附于被保护结构,即为被保护结构延长使用寿命、安全服役提供保证,它是一种无形的、非实体性的服务。

(2) 效益的非储存性 防腐工程项目效益输出的过程就是收益者的消费过程,效益及其费用是同时发生的,效益不可先储存后消费,这就是效益的非储存性。

(3) 效益作用为"减负"性 防腐工程项目的目标,不是直接为了盈利,而是为了"减负",即抑制腐蚀造成的损失。这与一般经济学所描述的"效益"是不同的。

(4) 效益的公用性 防腐工程项目产出的效益,是基于公共服务,为企业、民众的生产、生活安全提供最基本的支持,为保护资源、能源、环境、生态提供保障等,所产生的价值。因此,腐蚀防护效益的公用性体现了公共价值。其经济性与公用性是共融的。

3. 防腐工程项目的范围

防腐工程项目范围包括项目的最终产品或者服务,以及实现产品或者服务所需执行的全部工作。概括起来包括以下方面:

(1) 腐蚀防护新产品或新服务的开发与应用项目;

(2) 腐蚀防护技术改造与技术革新项目;

(3) 腐蚀防护科学技术研究与开发项目;

(4) 腐蚀防护信息系统的集成与开发项目；

(5) 腐蚀防护建筑物、构筑物建设项目；

(6) 腐蚀防护大型讲座、宣传、咨询、研究活动等。

4. 防腐工程项目的分类

防腐工程项目按照不同的方法，可以划分为不同的类型。其常用分类方法如下：

(1) 按项目的目标分类，可分为经营性项目和非经营性项目。经营性项目通过投资以实现所有权益的市场价值最大化为目标，以投资谋利行为为趋向。非营利性防腐项目不以追求盈利为目标，是以社会效益为主导。

(2) 按项目产出的属性（产品或服务）分类，可分为公共项目和非公共项目。公共项目是指为满足社会公众需要，生产或提供公共物品（包括服务）的项目，即非营利性项目。非公共项目是指公共项目以外的其他项目。

(3) 按项目的投资管理形式分类，可分为政府投资项目和企业投资项目。政府投资项目是指使用政府性资金的建设项目以及有关的投资活动。不使用政府性资金的投资项目都称为企业投资项目。

(4) 按项目与企业原有资产的关系分类，可分为新建项目和改扩建项目。新建项目是以基本建设投资为主，而改扩建项目是以设备更新和技术改造为主。新建项目是以形成新的固定资产，扩大生产能力为主要目的，而改扩建项目是以节约和降低原材料消耗，提高产品质量和劳动生产率为主要目的。

(5) 按项目的融资主体分类，可分为新设法人项目和既有法人项目。新设法人项目由新组建的项目法人为项目进行融资；既有法人项目要依托现有法人为项目进行融资。

(6) 按项目功能分类，可分为扩充型项目、研究型项目等。扩充型项目是指企业能够扩充已有的产品和市场，或者进入一个新的市场，生产新的产品的项目。研发型项目是指企业为了保证其长期发展能力，进行研究和发展科技产品和科技服务的项目。

(7) 按项目之间的关系分类，可分为相互独立的项目，相互排斥的项目和相互关联的项目。相互独立是指某一项目的接受或放弃不影响其他项目的考虑与选择。相互排斥是指两个项目是相互排斥的，不能同时接受。相互关联是指项目之间既存在相互影响又都不能完全排斥对方。

二、项目可行性分析的作用与意义

1. 项目可行性分析的作用

可行性分析是防腐项目投资建设前期分析的关键环节，无论是从宏观上还是从微观上都具有非常重要的作用。具体体现在以下几个方面。

(1) 可行性分析是项目投资决策和编制设计任务书的重要依据；

(2) 可行性分析是项目建设单位筹集资金的重要依据；

(3) 可行性分析是建设单位与各有关部门签订各种协议和合同的重要依据；

(4) 可行性分析是环保部门、地方政府和规划部门审批项目的重要依据；

(5) 可行性分析是建设单位向银行贷款的重要依据；

(6) 可行性分析是施工组织、工程进度安排及竣工验收的重要依据；

(7) 可行性分析是项目后评价的重要依据。

总之，可行性分析在项目投资中占有举足轻重的地位和作用，对项目成败及投入的收益将产生直接、巨大的影响，必须用心做好。

2. 项目可行性分析的意义

可行性分析是项目决策的基础和依据，是科学地进行项目建设、提高经济效益的重要手段。其意义主要有：

(1) 有利于排除项目决策的盲目性，提高科学性　大中型防腐工程项目的特点通常是耗费大、涉及面广、影响因素多、持续时间长。如果不能对投资项目所涉及的各个方面进行调研、预测和定量估算而盲目投资，就有可能造成项目决策上的失误，带来经济损失。通过全面的分析，权衡其利害关系，将有利于排除其盲目性，提高其科学性。

(2) 有利于正确处理企业投资过程中各种错综复杂的经济关系　一个项目从开始运作到成功投产要涉及好多部门，涉及一系列的内外经济关系。就企业内部而言，其投资便会涉及企业现行生产与消费、企业与职工、股东等方面的分配关系，资产存量的调整、劳动组合的变化以及新技术新观念的引入等诸多问题；就企业外部而言，企业投资牵涉企业与政府、金融机构、资本所有者、设计单位、投资品供应者、土地使用拥有者等多种经济主体之间的经济关系。因此，通过投资项目可行性分析，对企业投资项目与各种经济主体间相互关系进行分析与判定，便可以为企业妥善处理这些关系提供依据。

(3) 有利于促进投资项目工程优化，提高投资质量　防腐工程项目的产品或服务质量关系到国计民生的健康发展，为了实现防腐工程项目产品或服务质量的提升，必须要进行防腐工程项目产品或服务方案的优化，实现防腐工程项目产品或服务体系的健全，做好防腐工程项目产品或服务的方案制定工作，从市场、技术、经济和环保等方面进行分析，保证防腐工程项目产品或服务在技术上先进，经济上合理，环保上可行，从而保证投资项目工程的优化，为提升投资质量奠定基础。

(4) 有利于降低投资风险，提高投资效益　投资具有极强的时效性，如果错过机会，则可能面临因投资政策、价格、利率、税率等方面的变动和技术进步而导致投资项目成本上升，影响企业投资经济效益。企业通过投资项目可行性分析，对投资过程中可能遇到的风险因素进行详尽的分析，便可预先对投资风险做到心中有数，以有效的措施规避、分散、转移投资风险。

三、项目可行性分析的方法与内容

1. 项目可行性分析的方法

可行性分析就是对腐蚀防护工程项目进行系统技术经济论证，经济合理性综合分析。其目的是通过对技术先进程度，经济合理性和条件可行性的分析论证，选择以最少的人力、物力、财力耗费，取得最佳技术、经济、社会效益的切实可行方案。它是解决项目投资前期分析的主要手段。

(1) 调查研究法　是指通过考察了解客观情况直接获取有关资料，并对这些资料进行分析的研发方法。调查研究法是项目可行性分析中常用的方法之一，在描述性、解释性和探索性的分析中都可以运用调查研究法。

(2) 预测法　是指在掌握现有市场信息的基础上，依据一定的方法和规律对未来的市场进行测算，以预先了解市场发展的过程与结果。

(3) 多目标决策法　是指当决策对象具有多个行动方案时，从若干可行方案中，选择一个最优方案的决策方法。在调查研究、科学预测的基础上，对各种方案进行综合分析、评价，其后做出令人满意的选择。

2. 项目可行性分析的内容

可行性分析涉及面广、工作量大、影响因素多，虽然各国进行可行性分析的程序和内容没有很大的区别，但由于经济制度和社会体制的不同，其分析的侧重点和标准也不一样。我国在吸收了其他国家进行可行性分析有益经验的基础上，结合我国的国情，进一步完善了项目可行性分析的内容。通常情况下，就一般项目而言，可行性分析的主要内容有如下几个方面。

（1）投资的必要性分析　主要根据市场（或现场）调查及预测的结果，以及有关产业政策等因素论证项目投资建设的必要性。在投资必要性的论证上，一是要做好投资环境的分析，对构成投资环境的各种因素进行全面的分析论证；二是要做好市场调查研究，包括市场供求预测、竞争力分析、价格分析、市场细分、定位及营销策略论证。

（2）技术的可行性分析　主要从项目实施的技术角度去合理设计技术方案，并进行比较评价。各种不同的防腐工程项目，技术可行性的分析内容及深度差别很大。通常防腐生产项目比防腐应用技术项目要复杂。

（3）财务的可行性分析　主要从项目及投资的角度，设计合理的财务方案，从企业理财的角度进行资本预算，评价项目的财务盈利能力，进行投资决策，并从融资主体（企业）的角度评价股东投资收益、现金流量计划及债务清偿能力。

（4）组织的可行性分析　主要制定合理的项目实施进度计划、设计合理组织机构、选择经验丰富的管理人员、建立良好的协作关系、制订合适的培训计划等，保证项目顺利进行。

（5）经济的可行性分析　主要是从资源配置的角度衡量项目的价值，评价项目在实现区域经济发展目标、有效配置经济资源、增加供应、创造就业、改善环境、提高人民生活水平等方面的效益。

（6）社会的可行性分析　主要是分析项目对社会的影响，包括政治体制、方针政策、经济结构、法律道德、宗教民族、妇女儿童及社会稳定性等。

（7）风险因素及对策分析　主要是对项目的市场（或现场）风险、技术风险、财务风险、组织风险、法律风险、经济及社会风险等因素进行评价，制定规避风险的对策，为项目全过程的风险管理提供依据。

第二节　腐蚀防护工程项目市场可行性分析

腐蚀防护工程项目市场可行性分析，是项目可行性分析的第一步，也是可行性分析的重要基础。市场是项目的承载体，没有市场也就没有项目的存在。购买者、购买力和购买欲望是决定市场规模和容量的三要素。由此可知，无论是什么项目，在决策前都要进行市场可行性分析，以提高决策的科学性，减少其盲目性。

我国的防腐市场潜力巨大而广阔，目前约有 3 万亿元的市场容量，涉及方方面面。那么究竟目前市场最需要的防腐产品或服务是什么？哪些产品或服务经济效益高？市场前景好？需进行市场调查分析，仅靠理论或总量上的分析是远远不够的。

一、项目市场可行性分析概述

1. 市场可行性分析的概念[1]

防腐项目市场可行性分析是指收集市场信息资料，并进行分析和加工处理，寻找出内在的规律，预测防腐市场未来的发展趋势，用以帮助防腐市场的参与者掌握市场动态、把握市场机会或调整其市场行为的过程。

狭义的市场可行性分析是指市场调查研究。它是以科学方法收集消费者的购买和使用产品的事实、意见、动机等有关材料，并予以研究分析的手段。而广义的市场可行性分析则是通过市场调查的供求预测，根据项目产品的市场环境、竞争能力和竞争者状况，分析、判断项目投产后所生产的产品在有限的时间内是否有市场，以及应采取怎样的营销策略来实现销售目标。因此，广义的市场可行性分析不仅是单纯研究购买者或用户的心理和行为，而且还对各种类型防腐产品（包括服务）的营销活动的所有阶段进行研究。

市场分析是一门综合性科学，它涉及经济学、统计学、经济计量学、运筹学、心理学、社会学、语言学等学科。市场可行性分析已成为经济计划部门和现代企业管理人员不可缺少的分析技术。

2. 市场可行性分析的作用[2~5]

市场环境是动态变化的，为适应这种变化，企业必须通过市场调查分析来充分掌握市场信息，以利于做出正确的经营决策。

市场可行性分析的具体作用主要有如下几个方面。

（1）有助于企业开拓市场、开发新产品　随着科学的发展、社会的进步，人们对腐蚀防护的观念及其服务需求也在不断地发生变化，这种变化就孕育着新市场的机会；同时，由于老的防腐产品或服务的生命周期不断缩短，产品或服务更新换代步伐加快，通过市场分析，能够使企业掌握新机遇，了解竞争对手的产品销售状况和新产品的变化趋势,从而制定相应的新产品、新服务开发策略。

(2) 有助于企业改善经营管理,提高竞争力　由于现代社会大生产的发展和技术水平的进步,防腐项目产品或服务的竞争日益激烈。这种激烈竞争的实质是信息的竞争,谁先得到了重要信息,谁将会在市场竞争中立于不败之地。信息这一重要资源,只有通过一定的渠道收集才能得到。因此,市场分析则是一条重要的途径。

(3) 有助于企业科学决策,提高经济效益　当今世界,科技发展迅速,新发明、新创造、新技术和新产品层出不穷,日新月异,这种技术的进步自然会在商品市场上以产品的形式反映出来,通过市场分析,可以帮助企业及时地了解市场经济动态和科技信息,为企业提供最新的市场情况和技术生产情报,以便更好地学习和吸收同行业的先进经验和最新技术,改进企业的生产水平,提高科学决策能力,提升产品和服务质量,增强企业的活力,提高经济效益。

(4) 有助于企业预测市场,提高生存能力　有远见的企业家,在营销现有产品或服务的同时,还注意对未来市场的分析,了解市场未来的发展趋势,抓住新的发展契机。对未来市场的了解就是在市场调查分析的基础上进行的市场预测,为企业未来的发展奠定基础。

3. 市场可行性分析要点

要正确理解市场可行性分析的内涵,则需要把握好以下要点。

(1) 客观性　又称真实性,与主观性相对,客观性即客观实在性。强调调研活动必须运用科学的方法,符合科学的要求,以求市场分析活动中的各种偏差极小化,保证所获得的信息资料的真实性。

(2) 系统性　又称整体性,它要求把市场分析称为一个系统,以系统整体目标的优化为准绳,协调系统中各分系统的相互关系,使整个系统完整、平衡。

(3) 导向性　市场分析是为决策服务的。因此,市场分析应依据政府希望发展的方向,兼顾市场经济规律进行调查研究,使市场主体的行为方向与政府希望的发展方向尽可能一致。

(4) 可靠性　是指市场调查、分析等一系列资料值得信赖。市场分析中,应坚持"没有重大错误和偏差",做到技术上的正确性;"没有偏向",做到立场上的中立性;"如实反映",做到结果上的真实性。

二、项目市场可行性分析的方法和内容

1. 市场可行性分析的方法

防腐项目市场分析的方法,一般可按统计分析法进行趋势和相关分析。

(1) 系统分析法　是指把要解决的问题作为一个系统,对系统要素进行综合分析,找出解决问题的可行方案的咨询方法。运用系统分析的方法进行防腐市场分析,可以使研究者从企业整体上考虑营业经营发展战略,用联系的、全面的和发展的观点来研究防腐市场的各种现象,既看到供给侧,又看到需求侧,并预见到发展趋势,从而做出正确的营销决策。

(2) 比较分析法　也称对比分析法,通常是把两个相互联系的指标数据进行比较,从数量上展示和说明研究对象规模的大小,水平的高低,速度的快慢,以及各种关系是否协调。对比分析根据特殊需要又有绝对数比较和相对数比较两种形式。绝对数比较是指在一定情况下,事物所达到的规模和水平总量的比较;相对数比较是指将两个同类指标做静态对比得出综合指标,表明同类现象在不同条件下的数量对比关系。

(3) 结构分析法　是在统计分组的基础上,计算各组成部分所占比重,进而分析某一总体现象的内部结构特征、总体的性质、总体内部结构依时间推移而表现出的变化规律性的统计方法。结构分析法的基本表现形式,就是计算结构指标。结构指标(%)=(总体中某一项目/总体项目总量)×100%。

(4) 案例分析法　是指以典型企业的营销成果作为例证,从中找出规律性的东西。市场分析的理论就是从企业的营销实践中总结出来的一般规律,它来源于实践,又高于实践,用它指导企业的营销活动,能够取得更大的经济效果。

(5) 直接资料法　是指直接运用已有的本企业销售统计资料与同行业销售统计资料进行比较,或者直接运用行业地区市场的销售统计资料同整个社会地区市场销售统计资料进行比较。通过分析市场占有率的变化,调整营销战略。

2. 市场可行性分析的内容

防腐市场可行性分析的内容是由防腐市场分析的对象决定的。一般情况下,防腐市场分析的内容包括:市场宏观层面分析和市场微观层面分析。

(1) 市场宏观层面分析　对防腐产品和服务市场宏观环境分析的主要目的是发现市场提供的各种机会，以便进一步利用机会。同时，也是为了及时发现市场环境对企业可能产生的威胁，以避免或者减轻不利因素对企业造成的影响。

防腐市场宏观层面分析包括人口环境，经济环境，政策和法律环境，自然、资源环境等。

(2) 市场微观层面分析　是针对企业而言的，主要是指对防腐产品或服务"供、求"等的分析。具体分析包括市场供求现状分析、防腐产品种类或服务内容分析、消费者购买行为分析、市场细分和目标市场的选择、项目竞争环境分析和市场风险分析等。

三、项目市场调查与预测[6]

（一）防腐项目市场调查

1. 市场调查概述

(1) 市场调查的概念　防腐项目市场调查是指运用科学的方法，有目的、较系统地收集、记录、整理有关防腐产品或服务市场营销信息和资料，分析市场情况，了解市场的现状及其发展趋势，为市场预测和营销决策提供客观、正确的资料。

(2) 市场调查的内容　防腐项目市场调查的内容是指对防腐产品或服务市场基本情况的调查，它包括市场可行性调查、市场环境调查和市场需求调查等。

① 市场可行性调查。是指了解市场规模，分析市场前景。不同的防腐产品或服务有着不同的市场规模和市场潜力，企业只有在充分分析产品或服务的市场需求，研究分析潜在市场的规模、潜力的基础上，决定其是否投资以及投资规模。

② 市场环境调查。是指对影响企业生产经营活动的外部因素所进行的调查。它是从宏观上调查和把握企业运营的外部影响因素及产品或服务的销售条件等。对企业来说，市场环境调查的内容基本上属于不可控因素，包括政治、经济、社会、文化等。

③ 市场需求调查。是指估计市场规模的大小及产品或服务潜在需求量。市场需求的多少决定着市场规模的大小，对企业投资决策、资源配置和战略

研发具有直接的影响。市场需求调查内容包括市场需求量调查，需求结构调查，消费动机与行为调查和市场需求变动因素研究。

④ 市场竞争情况调查。是指企业通过某种分析方法识别出竞争对手，并对它们的目标、资源、市场力量和当前战略等要素进行评价。其目的是准确判断竞争对手的战略定位和发展方向，并在此基础上预测竞争对手未来的战略，准确评价对手对本企业的战略行为的反应，估计竞争对手在实现可持续竞争优势方面的能力。对竞争对手进行分析是确定企业在行业中战略地位的重要方法。

竞争情况调查包括：识别企业的竞争者、竞争者策略、竞争者目标、竞争者优势和劣势、竞争者反应模式等。

(3) **市场调查的原则**[4]　市场调查是企业决策的重要依据，其调查活动必须遵循以下原则。

① 实事求是原则。实事求是是指从实际对象出发，探求事物的内部联系及其发展的规律性，认识事物的本质。市场调查对于所获取的信息资料的准确性、客观性、可靠性要求非常高，这就需要市场调查人员必须从客观出发，避免主观性、避免以偏概全。对企业内外部的信息资料、情报、数据的收集、筛选、加工、整理和分析坚持实事求是是首要原则。

② 时效性原则。在现代市场经营中，时间就是机遇，也就意味着金钱。丧失机遇，会导致整个经营策略和活动失败；抓住机遇则为成功铺平了道路。市场调查的时效性就表现为应及时捕捉和抓住市场任何有用的情报、信息，及时分析、及时反馈，为企业在经营过程中适时地制定和调整策略创造条件。

③ 系统性原则。市场调查的系统性表现为应全面收集有关企业生产和经营方面的信息资料。因为在社会大生产的条件下，企业的生产和经营活动既受内部也受外部因素的制约和影响，这些因素既可以一并起积极作用，也可以一并起消极作用，并可以在某一方面起积极作用或消极作用。所以，只有全面系统地掌握市场信息资料才能够反映出企业所面临的市场环境全貌，使企业在制定决策时能够综合考虑对企业经营或服务存在影响的各个方面的因素，保证决策的准确性，避免失误和损失。

④ 科学性原则。市场调查不是简单地搜集情报、信息的活动，为了在时间和经费有限的情况下，获得更多更准确的资料和信息，就必须坚持以科学思想理念作指导，以严格的规章制度为准则，以合理的工作方法为要求，从

而保证调查结果科学、准确、可靠。

⑤ 适用性原则。目前,我们处在大数据时代,市场信息海量,不是所有的信息、数据对企业都有价值。过多的、不恰当的信息、资料、数据的收集不仅会浪费大量的人力、物力和财力,而且还会浪费大量的时间,而其结果不但没有价值,且可能对决策造成干扰或造成失误。因此,在市场调查过程中必须遵循适用性原则收集、加工、整理和利用有价值信息资料,没有经过筛选、比较、研究分析的信息资料不能用。

⑥ 经济性原则。所谓经济性原则,是指在开展市场调查过程中,对市场信息资料的收集、加工、整理和利用必须注重节约、高效和经济的原则。在保证调查内容全面准确的前提下,尽可能减少各类费用的开支,力求以最少的投入取得最好的调查结果。

2. 市场调查方法[6]

市场调查的方法很多,主要是通过文案调查法、实地调查法和网络调查法,经过研究、综合分析,得出有关结论。

(1) 文案调查法 又称间接调查法或桌面调查法,是指通过查阅、阅读、收集历史和现实的各种资料,并通过甄别、统计分析得到调查者想要得到的各种资料的一种方法。

文案调查法的优点是:不受时空的限制;收集容易,成本低;收集到的情报资料可靠性强。

文案调查法的缺点是:资料的适用性差;会有文献资料不足的缺憾;文案调查要求调查人员具有较多的专业知识、实践经验和技巧。

(2) 实地调查法 有很多种,按照采用的不同形式可以将其分为访问调查法、观察调查法和实验调查法三种形式。选择哪一种调查方法与调查目标、调查对象和调查人员的素质等有直接关系。

① 访问调查法。又称采访法、询问法,即调查人员直接向被调查人员提出问题,以获得信息资料的调查方法,它是市场调查中最常用的一种方法。访问调查法的类型有:面谈调查法、邮寄调查法、电话调查法和留置问卷调查法。

a. 面谈调查法。是指调查人员直接面对被调查人员了解情况、获得资料的方法,是一种最常用的方法。

面谈调查法的优点是:调查表回收率高;真实性较强;偏差小;灵活性

较好。

面谈调查法的缺点是：费用高；受主观因素影响大；对调查人员要求高。

b. 邮寄调查法。是指将设计好的调查表通过邮局寄给被调查人员，请被调查人员填好后在规定的时间里寄回。

邮寄调查法的优点是：调查区域广泛；节省费用；被调查者有较充分的时间填写问卷；匿名性强，可得到直接访问得不到的信息。

邮寄调查法的缺点是：问卷回收率低；信息反馈时间长，会影响资料的时效性；被调查人员容易漏答问题；被调查人员可能不熟悉这方面的情况，其回答带有盲目性；难以指导，无法纠正其偏差。

c. 电话调查法。是指通过电话与被调查人员交谈，从而获得调查资料的方法。

电话调查法的优点是：收集信息资料速度快；节省调查费用与时间；可按拟定的统一问卷询问，便于资料统一处理。

电话调查法的缺点是：调查对象只限于有电话的用户，调查总体不够完整；调查受到通话时间的限制，调查内容的深度不及其他调查方法；调查是通过电话进行的，难以判断所获信息的准确性和有效性。

d. 留置问卷调查法。是指调查人员将调查表当面交给被调查人员，并对有关问题进行适当的解释说明，留给被调查人员事后自行填写，问卷可以由调查人员按约定日期回收，也可以由被调查人员寄回。

留置问卷调查法的优点是：调查问卷回收率高；被调查者填写问卷的时间充裕，便于思考；被调查者意见不受调查人员的影响。

留置问卷调查法的缺点是：调查地域范围有限；调查费用较高；不利于对被调查者的管理监督。

② 观察调查法。简称观察法，是指调查人员凭借自己的感官和各种仪器在调查现场直接记录物体或文件的行为变化过程，以获取所需信息的方法。

观察调查法的优点是：直观性、可靠性、及时性、连贯性较强。

观察调查法的缺点是：只能观察到一些现象和行为，而不能说明其发生的原因和动机；调查的时间长，费用高；由于观察者的观察能力不一样，调查结果难统一。

③ 实验调查法。调查者有目的、有意识地改变一个或几个影响因素，来观察市场现象在这些因素影响下的变动情况，以认识市场现象的本质特征和

发展规律。

实验调查法的优点是：可以用来探索不容易确定的因果关系；其结果有较强的说服性。

实验调查法的缺点是：高昂的成本；保密性差；管理控制困难。

（3）网络调查法[7]　也称网上调查法，通过互联网、计算机通信和数字交互式媒体，发布调查问卷来收集、记录、整理、分析信息的调查方法。网络调查的类型有：网上问卷调查法、网上讨论法、网上测验法和网上观察法。

① 网上问卷调查法。是在网上发布问卷，被调查对象通过网络填写问卷，完成调查。

a. 站点法。即将问卷放在网络站点上，由访问者自愿填写、提交问卷，经调查者统计分析后再在网上公布结果的调查方法。

b. E-mail问卷法。被调查者收到问卷后，填写问卷，点击"提交"，问卷答案则回到指定的邮箱。

② 网上讨论法。可通过多种途径实现，如微信、网络会议、视频直播等，实际上是互联网集体访谈法。

③ 网上测验法。是指测验者在互联网上利用网站或E-mail等途径，向网民或受测者发出有测验内容的问卷或信件，请网民或受测者做出回答后反馈给测验者，测验者对反馈信息进行统计分析，并做出结论的测验方法。

④ 网上观察法。就是观察者进入聊天室观察正在聊天的情况，或利用网络技术对网站接受访问的情况以及网民的网上行为、言论，按事先设计的观察项目、要求做记录、观察或自动监测，然后进行定量分析研究，并得出结论的调查方法。

网络调查法的优点是：组织简单；费用低；速度快；客观性好，不受时空与地域限制。

网络调查法的缺点是：只能在那些互联网的用户中进行，缺乏代表性；网络的安全性不容忽视；受访对象难以控制。

3. 市场调查资料的整理与分析

各类调查工作全部结束之后，无疑会收集到大量的资料。这些资料如果未经加工整理和分析，是不能用以说明任何问题的，必须经过整理，才能保证资料的真实性、准确性和可靠性。

市场调查资料的整理与分析，一般包括下列工作程序。

(1) 市场调查数据的整理　包括文字资料的整理和数字资料的整理。

① 文字资料的整理。包括文献调查资料，观察、访谈记录，问卷答案等。整理文字资料的一般程序是审核、分类和汇编。

② 数字资料的整理。包括各种调查取得的数字资料、各种报表资料以及历史文献中的数字资料等。这些资料是调查研究定量分析重要依据。数字资料的整理一般程序包括：整理方案的设计，数字资料的审核、分组、汇总，制作统计表或统计图等。

(2) 市场调查数据的分析　直接来自市场的调查数据杂乱无章，无序可循，必须经过整理分析，才能成为定量分析的科学依据。

① 常用统计分析软件整理分析数据的步骤。常用统计分析软件包括计算机软件或自编程序。市场调查数据的整理分析包括对资料的登记和检查、编码、数据录入、拟订统计分析计划、统计运算、数据检查等步骤。

② 统计分析。所谓统计分析，就是运用统计学原理对调查总体进行定量研究、判断和推断，以揭示产品或服务内部的数量关系及其变化规律的一种逻辑思维方法。

统计分析法，按不同的分类标准，可划分为不同的类别，而常用的分类标准是功能标准，依此标准进行划分，统计分析可分为描述性统计和推论性统计两大类。

描述性统计是将研究中所得的数据加以整理、归类、简化或绘制成图表，以此描述和归纳数据的特征及变量之间的关系的一种最基本的统计方法。

推论性统计是指用概率形式来决断数据之间是否存在某种关系及用样本统计值来推测总体特征的一种重要的统计方法。它主要包括相关分析和回归分析两种方法。

描述性统计和推论性统计是现代统计学的两个组成部分，相辅相成，缺一不可。描述性统计是推论性统计的基础，推论性统计是描述性统计的升华。具体研究中，是采用描述性统计还是推论性统计，应视具体的研究目的而定，如果研究的目的是要描述数据的特征，则需采用描述性统计；若还需对各组数据进行比较或需以样本信息来推断总体情况，则需采用推论性统计。

③ 定性与定量分析。基本分析如下：

a. 定性分析。定性分析，亦称"非数量分析法"，是指依靠预测人员的丰富实践经验以及主观的判断和分析能力，推断出事物的性质和发展趋势的分析方法。对调查数据进行定性分析的常用方法有：汇集法、纵深法和推理法等。

b. 定量分析。是指对社会现象的数量特征、数量关系与数量变化进行分析的方法。对调查数据进行定量分析的常用方法有：对比法、化小法、转换法、替代法和图表法等。

（二）防腐市场预测

1. 市场预测概述

(1) 市场预测的概念　市场预测是指运用科学的方法，对影响市场供求变化的诸多因素进行系统调查研究、整理、分析并预见其发展趋势，掌握市场供求变化的规律，为经营决策提供可靠的依据。预测是为决策服务的，是为了提高管理水平，减少决策盲目性，我们需要通过预测把握经济发展或者未来市场变化的有关动态，减少未来不确定性，降低决策可能遇到的风险，使决策目标得以顺利实现。

(2) 市场预测的内容[6]　市场预测的核心内容是市场供应量和需求量。对市场供应量和需求量进行科学的预测，是安排和调节市场供求关系，更好地满足社会生产日益增长、不断发展变化的客观需要，同时也是企业生存条件的必需分析要素。

① 市场需求预测。是指通过对消费者的购买心理和消费习惯的分析，推断出社会市场总消费水平。其内容包括：一是对某种或几种防腐产品或服务潜在需求的预测；二是对潜在供应的估计；三是对拟设中的防腐产品或服务渗透程度的估计；四是某段时间内潜在需求的定量和定性特征。

② 市场占有率的预测。是指在一定市场范围内，对本企业产品销售量或销售额占市场销售总量或销售总额的比例的变动趋势预测。通常，市场占有率越高，企业的竞争力越强、盈利越多。

市场占有率又分为绝对市场占有率和相对市场占有率。通常，市场占有率即为绝对市场占有率。相对市场占有率是指本企业某种防腐产品或服务的市场占有率与同行业中销售量最大的企业的市场占有率的比率。

③ 企业资源预测。是指企业为找出具有未来竞争优势的资源，对所拥有的资源进行识别和评价的过程。它主要包括企业生产经营所具有的人力、财力和物力的满足程度。人力是指企业发展所需的各类人才；财力是指企业发展所需的资金；物力是指企业生产所需的原材料、能源、燃料、动力、设备、

零配件等物质资料。

④ 技术预测。由于技术进步的步伐不断加快，从技术发展到投入规模商品化应用的时间不断缩短、"产品生命周期"不断缩短和加速，以及由于技术进步对一个国家或一个企业的生存与发展的决定作用不断加大，从技术进步中获取的经济效益和社会效益越来越显著，所有这些趋势都使得技术预测日益重要。

（3）市场预测的原则　是指市场预测坚持的指导思想，它警示预测者在市场预测分析的过程中，必须运用科学的思想，借助数学、统计学等方法，有效的操作手段，对市场的现状和未来的发展变化趋势做出正确估计和推测。

① 相关原则。是指利用事物之间具有普遍联系的相关性特征，在两个具有相关关系的事物中，依据一事物的发展变化，可以预测另一事物的发展变化的一种方法。

最典型的相关有正相关和负相关，正相关是指事物之间相互"促进"，比如，从腐蚀损失的角度推断腐蚀防护产品和服务市场的需求量。负相关是指事物之间相互"制约"，一种事物发展导致另一种事物受到限制。如环保政策的严格实施，必然会限制一些环境污染严重的项目的发展。

② 惯性原则。是指利用事物发展所具有的惯性规律来进行预测的一种方法。惯性越大，表示过去对未来的影响就越大，研究过去所得到的知识和经验对研究未来的帮助也就越大，反之亦然。

③ 类推原则。是指用相似性原理，把预测目标同其他类似事物加以对比分析，推断其未来发展趋向的一种定性预测方法。类推原则有：由点到面的类推、由部分到全部的类推、由小见大的类推、由表及里的类推、由过去到现在的类推、由国外到国内的类推、由上而下的类推等。

④ 概率推断原则。概率是表示某种随机事件发生的可能性大小的百分率。某种随机事件的概率愈大，表明该事件发生的可能性程度就愈大；反之，其概率愈小，表明该事件发生的可能性程度也就愈小。因此，某一随机事件的概率大小，标示着该事件发生的可能性的大小。概率推断原则就是利用事物发展的随机特征，对预测对象的随机过程，用概率统计推断出某一防腐产品或服务发展趋势的一种推理。

2. 市场预测的方法

按市场预测的性质不同，市场预测可以分为定性预测和定量预测。

（1）定性预测　又称经验判断预测法，指测试者凭其经验、理论以及分析能力，对市场做出分析判断以此确定未来市场发展的趋势。定性预测法主要有经验判断预测法、专家预测法等。

① 经验判断预测法。是指预测者根据占有的历史资料和现实资料，凭借预测人员的直觉、主观经验、知识以及综合分析能力，对预测对象的未来发展前景做出性质和程度上的估计和推测的一种方法。

经验判断法又可分为个人经验判断预测法和集体经验判断预测法。

② 专家预测法。是以专家为索取信息的对象，运用专家的知识和经验，考虑预测对象的社会环境，直接分析研究和寻求其特征规律，并推测未来的一种方法。

专家预测法有专家会议预测法、头脑风暴法和德尔菲法三种。

a. 专家会议预测法。是指邀请有关方面专家通过会议的形式，对市场未来发展趋势或企业某一防腐产品或服务的需求前景做出判断，并在专家们分析判断的基础上，综合专家们的意见。

b. 头脑风暴法。是借用这个概念来比喻思维高度活跃，打破常规的思维方式而产生大量创造性设想的状况。

c. 德尔菲法。是根据经过调查得到的情况，凭借专家的知识和经验，直接或经过简单的推算，对研究对象进行综合分析研究，寻求其特性和发展规律，并进行预测的一种方法。

(2) 定量预测法　根据收集和整理的市场历史和现实数据，运用数学方法对市场发展趋势进行的预测方法。常用的定量预测法有：平均预测法、指数平滑预测法、季节指数预测法和回归分析预测法等。

① 平均预测法。是将一定观察期内预测目标的平均值作为下一期预测值的一种最简单的预测方法。常用的平均预测法有简单算术平均法和加权移动平均法。

a. 简单算术平均法。是以一定观察期内预测变量的算术平均值作为下期预测值的预测方法，这种方法适用于趋势比较稳定的时间序列的短期预测。

b. 加权移动平均法。是根据同一个移动段内不同时间的数据对预测值的影响程度，分别给予不同的权数，然后再进行平均移动以预测未来值。

② 指数平滑预测法。是以某种指标的本期实际数和本期预测数为基础，引入一个简单化的加权因子，即平滑系数，以求得平均数的一种指数平滑预测法。

指数平滑预测法按平滑次数的不同，可分为一次指数平滑预测法、二次指数平滑预测法和三次指数平滑预测法。

a. 一次指数平滑预测法。当时间序列无明显的趋势变化，可用一次指数平滑预测法。

b. 二次指数平滑预测法。是对一次指数平滑的再平滑。它适用于具有线性趋势的时间序列。

c. 三次指数平滑预测法。是在二次平滑基础上的再平滑。

③ 季节指数预测法。就是根据时间序列中的数据资料所呈现的季节变动规律性，对预测目标未来状况做出预测的方法。季节指数预测法又可分为不考虑长期变动趋势的季节指数法和考虑长期趋势的季节指数法。

a. 不考虑长期变动趋势的季节指数法。是假定预测对象的时间序列不受长期趋势的影响，呈现明显的季节变动，计算季节指数的方法。

b. 考虑长期趋势的季节指数法。是将长期变动趋势与季节变动趋势综合起来进行预测的方法。它的基本思想是将长期趋势预测模型和季节指数分别进行计算，之后再将两个因素相结合进行预测。

④ 回归分析预测法。是依据事物发展变化的因果关系预测事物未来的发展走势，它是研究变量间相互关系的一种定量预测方法。回归分析预测法有多种类型。依据相关关系中自变量的个数不同分类，可分为一元回归分析、多元回归分析和非线性回归分析。

a. 一元回归分析。回归分析中，当研究的因果关系只涉及因变量和一个自变量时，叫作一元回归分析。

b. 多元回归分析。当研究的因果关系涉及因变量和两个或两个以上自变量时，叫作多元回归分析。

c. 非线性回归分析。回归分析中，依据描述自变量与因变量之间因果关系的函数表达式是线性的还是非线性的，分为线性回归分析和非线性回归分析。

第三节　腐蚀防护工程项目技术方案可行性分析

防腐项目技术方案可行性分析，是在市场可行性分析的基础上进行的又一步工作，也是项目可行性分析的重要条件。技术是否可行是项目存在的前提，技术上的成功与否决定一个项目的成败。一个项目是否可行，首先要看其技术上是否可行，如果在技术上不安全、不可靠，项目就缺少存在的基础和前提，同时，项目技术方案又决定项目的经济效益。因此，项目的技术分析是项目组成部分及发展阶段上凡与技术问题有关的分析论证。项目的技术分析贯穿于可行性分析的项目确定、厂址选择、工程设计、设备选型和生产工艺确定等各项工作之中。

一、项目技术方案可行性分析概述

1. 技术的分类

就防腐技术而言，目前尚缺统一的分类方法。通常是把生产防腐产品或材料的技术称为生产性防腐技术，用于结构防腐的技术称为应用性防腐技术。

（1）生产性防腐技术　是指劳动者利用各类生产工具对各种材料、半成品进行加工或处理，最终使之成为产品的方法与过程。生产性防腐技术包括原料投入到产品包装全过程的原料配方、工艺路线、工艺流程、工艺步骤、工艺指标、操作要点、工艺控制等。不同的防腐产品有不同的生产技术，同一产品也可能有多种生产技术，产品研发和生产厂家、工艺设计者可根据当地资源、能源、环境条件、产业政策等具体情况，选择最合适的产品方案和生产技术。

生产性防腐技术涵盖的范围很广，比较常见、常用的有：

① 耐蚀材料研究与生产技术；

② 涂料与涂装技术；

③ 化学转化膜与缓蚀剂生产技术；

④ 化学镀与热浸镀技术；

⑤ 热喷涂及堆焊技术；

⑥ 气相沉积与高能束表面工程技术。

（2）应用性防腐技术　是指防止腐蚀的一些技术操作。防腐应用技术本身并不很复杂，但其操作性很强。比如阴极保护技术其原理不是很复杂，但其实际操作却蕴藏着许多技巧和奥妙。

目前，在工程建设中获得广泛应用的防腐技术主要有以下几种。

① 合理选择金属材料；

② 表面保护技术；

③ 电化学保护技术；

④ 添加缓蚀剂。

应该说明的是，以上分类是一个大致的划分，缺乏严谨，但不影响人们的理解与应用。有些防腐技术具有双重性，既是生产技术，又是应用技术，看站在哪个角度上说。如缓蚀剂技术、涂料技术即属于这一类。

2. 技术方案分析的内容

技术方案分析的可靠性如何，直接关系到建设项目后期设备方案的选择及其生产管理和经济效益。在具体分析时，应侧重以下几个方面。

（1）技术分析　对备选技术方案的性质、使用条件、应用范围、投产运行的可行性、发展趋势和前景等进行详细的估计和分析。同时，还要对替代技术方案产生的可能性及其前景做出准确的预测和分析。

（2）经济分析　详细估算备选技术方案的投资和成本，并从国民经济角度研究引进或发展某项技术对市场供应、国家财政、国民收入、经济结构等产生何种影响和变化。

（3）环境分析　按照环境保护法规，分析研究备选技术方案对环境影响的方式、范围、程度及可能采取的措施和对策。公众和环境保护组织的反应，也是项目技术方案是否可以实施的重要因素。因此，必须对备选技术方案做出严密的环评。

（4）社会分析　备选技术方案必须符合国家的有关路线、方针、政策和法规。要尽可能全面分析备选技术方案对政治体制、国家安全、劳动就业、收入分配、社会福利、文化教育、生活方式、伦理观念等社会方面的正负影响。对负面影响要提出切实可行的补救对策。

在实际分析中，以上四个方面之间存在着相互矛盾和相互制约的关系，这就需要在分析评估的基础上，根据有关部门的价值标准和原则，对方案进行综合的分析评估，选出整体最佳的方案。

3. 技术方案分析遵循的基本原则

随着科学技术的快速发展，无论是生产工艺技术的生产路线、新的工艺、新的生产设备以及新的材料，还是应用技术的新设备、新仪器、新方法都不断涌现，这使技术方案的选择日趋多样化，使技术方案分析评价的难度日趋复杂化。通常情况下，应遵循以下基本原则。

(1) 技术的先进性是前提　技术的先进性一般是指在世界范围内处于领先地位的技术，有时也指在一个系统、一个地区、一个国家范围内的生产中占领先地位的技术。分析项目所采用的技术是否具有先进性，具体体现在技术地位、设备选型、设计方案及其技术经济指标是否具有先进性。技术的先进性是决定项目技术市场竞争能力的重要因素，是项目技术的核心。因此，项目技术的选择应尽可能选用先进技术。

(2) 技术的适应性是基础　技术的适应性是指项目所采用的技术适应其使用的特定环境、技术条件、经济条件和社会条件，并能取得良好的经济效益和社会效果。不同技术的效果是不同的，即便是同一种技术，在不同使用条件下其效果也是不一样的。因此，采用某项技术，不仅要在技术上先进，而且还应能适应使用它的环境条件，否则就不能充分发挥它的效益和作用。

(3) 技术的可靠性是保障　技术的可靠性是指经实践检验可以信赖的技术。即在项目实际的运行中不会出现项目技术失效、过多的故障或问题，这与项目技术和技术设备及其项目工程技术等一系列的相关技术的可靠性有关。

(4) 技术的经济性是目标　技术的经济性是指项目技术能以较低的投入，较快地获得较好的经济效益。经济性要综合分析，要比较项目的投资成本和运行成本，确定技术是否经济。其中也包括项目技术的直接效益与间接效益；当前效益与长远效益；单项效益与综合效益；微观效益与宏观效益的分析。要防止片面追求局部利益而忽视了整体利益的倾向。

4. 技术方案选择的方法

技术方案选择的方法很多，比较常用的方法有以下几种。

(1) 专家评分法　又有总分法和加权平均法。

① 总分法。将技术方案应该具备的主要性能或应该（便于）考察的重要指标列出，根据指标值的高低确定一个分值范围。然后根据每个方案中技术表现打分，将方案的各项性能得分相加，其总分就是该方案的综合得分，分数越高则该方案越易入选。计算公式为

$$M = \sum_{i=1}^{n} m_i \tag{9-1}$$

式中　M——技术方案的综合得分；

　　　m_i——第 i 项性能指标的得分；

　　　n——指标项数。

总分法的优点是：简单易行；缺点是：由于没有考虑各项性能指标的重要程度的差异，当各项技术性能指标对最终方案的贡献差异较大时，容易产生决策失误。

② 加权平均法。又称综合加权平均法，在实际技术方案比选中，如果各评价项目重要程度相差很大，最好选择加权平均法。因为加权平均法考虑了各项指标的重要程度不同，赋予其一个权重。权重大的说明重要程度高，权重小的则说明该指标的重要程度相对较低。因而，加权平均法对技术方案的评估更客观、更合理。计算公式为

$$M = \sum_{i=1}^{n} w_i m_i \tag{9-2}$$

式中　M——该备选技术方案的评价总分；

　　　w_i——加权系数；

　　　m_i——第 i 项评价标准的评分值。

加权平均法的优点是：计算方法简单；缺点是：加权系数通常是由专家来确定，主观因素影响比较突出，不同人所给出的数据是有差异的，其结果就可能出现偏差。

(2) 定性描述法。是一种典型的模糊评价方法，评估人利用已有的经验来对项目的技术方案进行评价。其基本步骤是：首先，是对各个备选技术方案的每一单项指标的分析比较；其次，在各个方案单项因素分析评价的基础上，再加上评价者综合权衡基础上的倾向性意见。

定性描述法的优点是：操作简单；缺点是：没有统一的评判标准，主观因素较多，容易出现偏差。

(3) 多级过滤法　其原理类似于净水器。即根据项目技术的具体要求，设置技术方案相关的多级参数，进行层层筛选，凡符合要求的通过，最后就可求得符合项目技术要求的最佳技术方案。

多级过滤法的优点是：可靠性高；适用性强。缺点是：相关参数设置困难；标准难以统一。

总之，技术方案的选择是一项非常复杂的工作，它不仅仅是涉及技术本身的问题，而且涉及社会、政治、经济和环境相互牵制的问题，而且不能完全依赖于简单的计算就可作为决策的依据，任何一项技术方案的分析评价都要综合考虑。即不仅要考虑技术问题，而且还要考虑社会相关的问题；不仅

要评价近期的、有形的、直接的效果,而且还要评价远期的、无形的、间接的效果;不仅要有定性的分析,还要有定量的计算。在保证基本满足方方面面的需要时,才能最后做出决策。

二、项目技术方案可行性分析

防腐项目技术方案分析是项目技术可行性分析的重要环节。它包括防腐项目生产工艺技术方案分析和应用技术方案分析。

(一)防腐项目生产工艺技术方案分析

防腐项目生产工艺技术方案是指为完成项目产品的生产过程,保证项目正常运行而采用的生产工艺技术的方法。项目采用的生产工艺,决定着项目需要的生产设备,影响着项目投资额的大小,建设期的长短,未来的产品质量,产品的生产数量及其投资的经济效益。所以,项目的生产工艺技术分析在项目的技术评价中占有十分重要的地位。

1. 生产工艺技术方案分析[8]的内容

(1)合理性的分析 是指防腐项目所使用的生产工艺方法和过程符合项目产品或服务的客观规律和要求,并能够科学合理地利用资源和人力,减少不必要的资源和时间浪费,使项目运行达到科学高效。

合理性的分析,包括工艺过程的连续性分析,运行过程中的协调性分析和运行过程的特定要求分析等。

(2)适用性的分析 是指防腐项目所使用的生产工艺技术方案是否能够很好地适应项目,是否能够获得各种原材料,是否能够适应项目所在地的气候环境与地理条件等方面的分析。

具体分析包括原材料适用性分析,气候和地理条件的适用性分析和其他资源条件的适用性分析等。

(3)可靠性的分析 是指防腐项目所选择的生产工艺技术方案必须是成熟可靠的,运行中不会轻易出现故障,对人身、设备、项目主体和项目环境等一系列的相关要素的安全造成影响。特别是对于一些不确定的因素的分析,不仅估计到产生故障风险的原因,而且还要有规避风险的措施。

(4)先进性的分析 是指防腐项目生产工艺技术和设备应尽可能具有国际国内的先进或领先水平,而不是落后或被淘汰的技术。项目生产工艺技术的先进性与可靠性有时是对立矛盾的,在此情况下,技术分析评估中必须在坚持可靠性的基础上去追求技术生产工艺的先进性，从而达到二者的有机结合。

(5) 经济性的分析 是指防腐项目生产工艺技术方案的选择能以相对较低的生产代价获得相对较高的经济效益。因此，项目生产工艺技术分析评估必须对项目产品成本和收益进行分析评估。尽力寻求投入最小化，收益实现最大化的方案。

2. 生产工艺技术方案比选方法

生产工艺技术方案的比选，必须选择科学合理的方法，以保证为决策者提供科学依据。

(1) 费用效益分析法 通过分析和测算不同生产工艺技术方案的费用和效益水平，利用经济指标评价和度量的方法，比较各个生产工艺技术方案的费用和效益水平，最后决定其生产工艺技术方案的选择。计算公式有：总效益对总费用比率；或总费用对总效益比率。

(2) 差额投资收益率法 对两种或多种生产工艺技术方案都能满足相同的要求，但在投资和运行费用上有差异，可利用差额投资收益率法进行技术方案的选择。计算公式为

$$R_a = \frac{C_1 - C_2}{I_2 - I_1} \times 100\%$$

$$= \frac{\Delta C}{\Delta I} \times 100\% > i_C(i_S) \qquad (9\text{-}3)$$

式中 R_a——差额投资收益率；

C_1，C_2——两个比较方案的成本；

I_1，I_2——两个比较方案的投资额；

ΔC——两个比较方案的成本差额；

ΔI——两个比较方案的投资差额；

$i_C(i_S)$——行业基准收益率（或社会折现率）。

比选标准：如果差额投资收益率>设定的收益率 $i_C(i_S)$，则说明投资大的方案较优。

(3) 技术经济价值——S图法 见图9-1，S曲线图上的横坐标是拟预选方案的技术价值 X 的数据，纵坐标是经济价值 Y 的数据，X 和 Y 的交点 S，表示预选方案的综合价值，取其大者为最优方案。

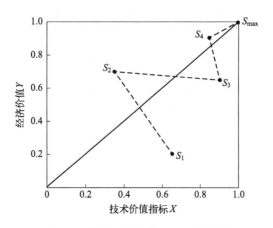

图 9-1 技术经济价值——S 曲线图

① 技术评价值的计算。

$$X = \frac{\sum_{i=1}^{n} P_i}{n P_{\max}} = \frac{P}{P_{\max}} \tag{9-4}$$

式中　X——预选方案的技术价值，理想技术价值为 1；

　　　P_i——第 i 个技术性能指标（项目）的评分值；

　　　$P_{\max}$——评价技术性能指标，理想分值为 4；

　　　n——评价技术性能项目的个数；

　　　P——预选方案各个项目评分的算术平均值。

如果各技术性能指标（项目）重要性差别较大，则要加上加权系数用下式进行计算：

$$X = \frac{\sum_{i=1}^{n} P_i \lambda_i}{P_{\max}} \tag{9-5}$$

式中　λ_i——第 i 个技术性能项目的加权系数，$\sum_{i=1}^{n} \lambda_i = 1$。

② 经济评价值的计算。

$$Y = \frac{H_i}{H} = \frac{0.7 H_{允许}}{H} \tag{9-6}$$

式中　Y——预选方案的经济价值；

　　　H_i——预选方案的理想成本；

　　　H——预选方案的实际成本；

$H_{允许}$——预选方案的允许成本。

③ 综合评价。

$$S=\sqrt{XY} \tag{9-7}$$

(二)防腐项目应用技术方案分析

防腐项目应用技术方案的分析,主要是针对其适用性、有效性、可靠性、长效性、经济性、先进性和兼容性等进行分析,以及技术方案的比较选择。

1. 应用技术方案分析的内容

应用技术类型繁多,应用环境和条件千差万别,其技术方案的分析内容不能一一给出,这里只能给一个基本原则。

(1) 适用性分析 适用性是指某项防腐技术满足给定环境条件的能力,它包括适应性和实用性。也就是说,一项防腐技术不是万能的,它有着自己的特定要求,违背了这些要求,则会失去原有的功能效力。

(2) 可靠性分析 可靠性是指防腐技术在给定的环境条件下、在规定的时间内完成规定的功能的能力。可靠性包含了耐久性、可维修性、设计可靠性三大因素。

(3) 长效性分析 长效性是指防腐技术能长期保证正常运行并发挥预期功能作用。结构性防腐,一般都要求腐蚀防护技术耐久、长效,少则几年,多则上百年。

(4) 经济性分析 经济性是指防腐技术能以最少的活劳动与物化劳动消耗,取得最大经济成果的能力。据介绍,如果能够采取有效的防腐技术,可将腐蚀损失至少减轻20%,如此巨大的经济效益显而易见。

(5) 先进性分析 先进性是指防腐技术与设备的选择能够反映当前腐蚀防护科学技术先进成果,在主要技术性能、自动化程度、结构优化、环境保护、操作条件、现代技术的应用等方面处于世界或国内领先地位,并在时效性方面能满足技术发展要求。但先进性是以适用性为前提,以获得最大经济效益为目的,绝不是不顾现实条件和脱离现场作业的实际需要而片面地追求技术上的先进。

(6) 兼容性分析 兼容性是指防腐技术投入运行后,所添加的物质与介质之间、结构与结构之间、添加物与结构之间,以及被保护整个系统之间的相互协调能力的程度。如果一项防腐技术的应用,能够相互配合、稳定地工作，无危害、无副作用，就说明它们之间的兼容性比较好，反之就不好。

(7) 环保性分析　环保性是指防腐技术的使用不能使其牵连环境受到污染和破坏，也包括对邻近自然环境，人类居住、生活环境，生物的多样性，空气、土壤、水等造成的影响。

2. 应用技术方案比选的方法

防腐项目应用技术方案的比选，可采用静态分析法或动态分析法。

静态分析法有：投资收益率法、静态投资回收期法、追加投资回收期法和最小费用法等。

静态分析主要用于项目技术可行性研究初始阶段的粗略分析和评价，以及技术方案的初选。

动态分析法有：净现值法、内部收益率法、净现值率法和动态投资回收期法等。

动态分析的一个重要特点是考虑了资金时间因素的影响，并把经济现象的变化当作一个连续的过程来看待，能较好地揭示经济运动的规律性，为实际政策的制定提供可靠的基础。

有关分析详见第七章。

三、项目设备方案可行性分析

当技术方案确定之后，将开始考虑其相适应的配套设备。设备是技术应用的载体，设备质量如何直接关系到项目技术应用的成败。因而，设备方案可行性分析就是要对主要设备的型号、规格、数量、技术性能指标和价格等因素考察评价。

（一）防腐项目生产工艺设备方案选择分析

1. 项目生产工艺设备方案分析的内容[8]

(1) 生产性能分析　生产性能是指设备的生产能力和效率，它可以用单位技术设备在一定时间内的生产能力来衡量。项目技术设备的生产性能是由技术设备的生产效率和技术设备在一定时间内的有效工作时间决定的。这一分析包括项目设备的生产能力与项目设计能力是否相吻合；项目技术设备方案中的设备台数及其生产能力的全面分析评估。

(2) 可靠性分析　可靠性是指设备在规定时间内和规定条件下，完成规定功能的能力，一般可用可靠度衡量。设备可靠性越好，其发生各类故障的可能性越小，设备保障产品生产和质量的能力就越高。因此，项目生产工艺技术设备可靠性的分析评估十分重要，这样可以满足生产工艺要求，连续不断生产出高质量的产品，避免设备故障可能带来的重大安全事故。

（3）耐用性分析　耐用性是指设备的使用寿命及其对于不利使用条件的抵抗性。设备的使用寿命分析评估要根据设备的物质寿命、技术寿命和经济寿命指标综合考虑。当其使用条件一定的情况下，设备的使用寿命越长越好。

（4）安全性的分析　安全性是指设备在项目产品生产安全保障方面的性能。在选择防腐生产工艺设备时，必须考虑其安全性，以保证生产人员、项目设备和环境安全。

（5）配套性分析　配套性是指整个项目的关联技术设备之间在数量和技术参数等方面的吻合程度。配套性分析评估包括单机配套分析、生产线配套分析和项目配套分析。

（6）灵活性分析　又称柔性分析。灵活性是指项目生产工艺技术设备对于原材料的其他运行条件要求的严格程度和技术设备适应项目产品生产方案的能力。灵活性越大的设备，在未来的项目产品生产中越容易适应变更后的项目运行要求。

2. 项目生产工艺设备方案比选的方法[9]

项目生产工艺设备方案的选择涉及多方面的因素，其中既有技术问题，又有经济问题；既有先进性问题，又可靠性问题；既有现时问题，又有未来问题，在实际选择时，应全面综合考虑，择选其优。

从经济的角度而言，常用的比选方法有投资回收期法、投资收益率法和费用效率分析法。

（1）投资回收期法　就是使累计的经济效益等于最初的投资费用所需的时间。投资回收期越短，投资效果越好；反之，投资效果越差。计算公式为

$$T = \frac{I}{C} \tag{9-8}$$

式中　T——投资回收期，年；

I——设备投资费用；

C——年利润或年成本节约额＋折旧费。

（2）投资收益率法　投资收益率（R）是净收益（NB）与设备投资总额（K）之比（$R = NB/K$）。在其他条件相同的情况下，设备投资收益高的设备

是最佳设备，应优先选择。

(3) 费用效率分析法　费用效率是指设备在其有效使用期内的系统效率与设备寿命周期总费用的比率。费用效率分析法主要是考虑了项目的功能水平与实现功能的寿命周期费用之间的关系，计算公式为

$$CE = \frac{SE}{LCC} \tag{9-9}$$

式中　CE——设备费用效率；

　　　SE——设备的营运效益❶；

　　　LCC——寿命周期总费用❷。

（二）防腐项目应用技术设备方案选择分析

与生产工艺技术设备方案选择相比较，应用技术设备的选择相对简单，所用设备的种类、型号比较单一，尽管如此，还是应该按照技术上先进，使用上安全、可靠，经济上合理的原则去选择。

1. 项目应用技术设备方案分析的内容

(1) 设备适应性分析　适应性包括两层含义：一是与该项技术性能指标相适应；二是与其使用环境条件相适应。防腐项目应用技术常用于户外场合，或是环境严酷、条件苛刻的条件下，这就要求所选用的设备必须具有这两个方面的适应性。

(2) 设备可靠性分析　可靠性包括稳定性、耐用性和安全性。设备的可靠性越高，应用技术的效果越好，因设备故障带来的经济损失和事故越少。

(3) 设备先进性分析　先进性包括设备的功效性、节能性和环保性。一套先进的设备，不仅在技术上先进，而且功效性高，经济性合理，节能性、环保性有保障。

(4) 设备耐用性分析　耐用性即使用寿命，设备耐用性越好，日常维护管理费用越少，经济效益越高；反之，设备耐用性越差，日常维护管理费用越高，经济效益越差。

2. 项目应用技术设备方案比选的方法

防腐项目应用技术设备方案的比选，可参照生产工艺设备方案的比选方

---

❶ 营运效益，既可用容易计量的产量、营业收入等指标来表示，也可用难以计量的各种功能来表示。
❷ 寿命周期总费用，由设备购置费和营运费两部分构成。

法，也可采用费用换算法。

费用换算法是通过比较设备的寿命周期费用来选择设备的评价方法。费用换算法有年费用法和现值法。

（1）年费用法　是通过计算、比较"年费"的方法来比较选择设备投资方案的方法。即将设备的最初购置费，按复利计算方法换算为设备使用寿命期内平均每年的费用，再与年使用费用（运营费用）相加，求出设备每年的总费用。通过比较不同设备购置方案的年总费用，在其他功能相同的条件下，选择设备总费用最小的方案为最佳方案。计算公式为

设备的年总费用＝初始投资费用×资本回收系数＋年运营费用　（9-10）

$$资本回收系数=(A/P,i,n)=\frac{i(1+i)^n}{(1+i)^n-1} \quad (9-11)$$

式中　i——利息率或收益率；

n——使用寿命期。

（2）现值法　是指设备的年维持费用，以基准收益率换算成设备投产初始时现值与初始投资费用形成总现值代数和来分析比较的评价方法。计算公式为

设备使用寿命期总费用＝最初投资＋年经营费用×年金现值系数（9-12）

$$年金现值系数=(P/A,i,n)=\frac{i(1+i)^n-1}{i(1+i)^n} \quad (9-13)$$

四、项目工程设计方案可行性分析

工程设计方案的选择分析，是指在已选定的防腐项目生产工艺技术方案和设备方案的基础上，分析论证防腐项目的总平面设计、空间平面设计和结构方案设计，以及主要建筑物、构筑物的建造方案。

1. 总平面设计方案的分析

通过总平面设计方案的分析，可以明确项目的具体构成内容及各系统之间的关系；了解各种建筑物、构筑物和土建工程的大小和位置；了解各种主要设备和装置、场内交通运输设施；以及各种生产、生活、休闲、娱乐设施的布置。

（1）总平面设计的原则　通常应遵循以下原则：

① 必须保持整体协调的原则；

② 必须满足生产要求的原则；

③ 必须符合规划要求的原则；

④ 必须保证安全生产的原则；

⑤ 必须满足环境保护的原则。

(2) 总平面设计的内容　总平面设计方案是根据企业的生产性质、生产规模、设备和生产工艺流程等要求，结合建厂地区的自然条件以及厂内外运输、公用设施和厂际协作条件，按照产品的生产工艺流程，对各分厂、车间、辅助生产车间和公用设施等建筑物和构筑物，在厂区内进行经济合理的布置，并对交通运输、环境美化、地上和地下的管线布置等方面进行合理的规划后设计的。工业企业的总平面设计方案应由以下几部分组成。

① 厂区总平面布置；

② 厂区的竖向布置；

③ 项目所涉及的铁路、公路、水路等运输线路布置；

④ 管道电缆线路布置；

⑤ 厂区及生活区的绿化及美化布置。

2. 项目土建工程方案的分析

项目土建工程方案的分析是根据生产工艺和设备方案的要求，考虑现场自然条件和经济效益等对建筑工程的要求，确定主要建筑物和构筑物的数量、建筑造型、建设标准以及建筑形式、厂房跨度、柱网布置等，并对各备选方案进行分析、比较、论证，选出最优方案的过程。

(1) 项目土建工程设计原则　通常应遵循以下原则：

① 符合区域规划或城市发展规划的要求；

② 满足项目对建筑功能的要求；

③ 选择合适的建筑结构；

④ 造价要经济；

⑤ 建筑形象要美观。

(2) 项目土建工程方案分析内容　主要包括土建工程基本情况概述和建筑结构形式的选择。

① 土建工程基本情况概述。拟建工程项目的自然条件，项目所在地区建筑状况，施工条件分析等。

② 建筑结构形式的选择。根据生产工艺技术方案要求，对地基基础、抗

震、防腐、防水、保温等涉及特殊设施的结构形式提出选择意见。

(3) 项目土建工程方案的评价论证

① 方案比较选择基本情况的分析与评价；

② 推荐方案的依据、理由，以及优缺点的分析；

③ 对不确定因素产生的原因和防护对策提出建议。

(4) 项目土建工程费用的估算　工程方案确定之后，开始对工程投资进行估算。其基本步骤：

① 先将该项建设工程层层分解为建设项目、单项工程、分部工程和分项工程等几种工程；

② 然后根据设计图纸，分别算出各项工程的工程量；

③ 利用各种定额、概算指标、收费标准、材料预算价格、工资标准、施工机械台班使用费用和设备预算价格等基础资料，分别计算出上述各种工程所需的投资费用。

(5) 项目固定资产投资成本的估算

① 编制出"设备技术成本明细表""建筑安装工程成本明细表""其他投资费用明细表"；

② 估算出各项技术设备的价格、各项建筑安装工程的成本投资以及各项其他费用；

③ 在以上工作基础上汇总编制出"固定资产投资成本估算表"。

以上分析，主要是针对防腐项目生产工艺技术方案，而防腐应用技术工程设计通常比较简单，其工作程序、工作内容可以简化。

第四节　腐蚀防护工程项目经济可行性分析

腐蚀防护工程项目经济可行性分析，是在市场可行性、技术可行性分析的基础上进行的又一个要素的分析。经济可行性分析的主要工作是通过防腐项目运行后的相关参数的估算，利用相关的经济指标，来分析判断防腐项目在经济上是否可行。防腐项目经济可行性分析，包括微观财务分析和宏观国民经济分析。

一、项目经济可行性分析概述

腐蚀防护工程项目经济可行性分析是对工程项目的经济合理性进行计算、分析、论证,并提出结论性意见的全过程,是工程项目可行性分析过程中一项重要的内容,也是最终可行性研究报告的一个重要组成部分。

腐蚀防护工程项目的经济可行性分析包括企业经济分析和国民经济分析。前者是从企业的角度进行企业盈利分析,后者是从整个国民经济的角度进行国家盈利分析,根据项目对企业和对国家的贡献情况,确定项目的可行性。对涉及整个国民经济的项目和严重影响国计民生的项目,对涉及产品原料、燃料进出口或代替进出口的项目,以及产品和原料价格明显不合理的项目等,除进行企业经济可行性分析外,必须进行详细的国民经济分析。当两者有矛盾时,项目的取舍将取决于国民经济分析。

二、项目财务经济分析

(一)财务分析概述

1. 财务分析的概念

财务分析,又称财务评价,是指在现行财务制度、税收法律和评价体系基础上,分析计算项目直接发生的财务效益与费用,编制财务报表,计算财务分析指标,考虑和分析项目的盈利能力、偿债能力和财务生存能力,判断项目的财务可行性。

2. 财务分析的作用

(1)财务分析是项目投资决策的重要基础;

(2)财务分析是构建现代企业制度的重要保障;

(3)财务分析是项目方案比选的重要依据。

3. 财务分析的内容

财务分析应在项目财务效益与费用估算的基础上进行。财务分析的内容应根据项目的性质和目标确定。对于经营性项目,财务分析应分析项目的盈利能力、偿债能力、财务生存能力,判断项目的财务可接受程度,明确项目对财务主体及投资者的价值贡献,为项目决策提供依据。对于非经营项目,财务分析应主要分析项目的财务生存能力。

(1)盈利能力分析 盈利能力通常是指企业在一定时期内赚取利润的能力,

也称为资金或资本增值能力。盈利能力分析主要是确定项目投资的盈利水平，它直接关系到项目投产后能否生存和发展，是评价项目财务可行性的基本依据。

（2）偿债能力分析　偿债能力是指企业用资产偿还长期债务与短期债务的能力。偿债能力分析主要是考察项目的财务状况和按期偿还债务的能力，它直接关系到企业面临的财务风险和企业的财务信用程度。偿债能力的大小是企业进行筹资决策的重要依据。

（3）财务生存能力分析　财务生存能力是指企业是否有足够的净现金流量维持项目正常运行，以实现财务的可持续性。财务生存能力分析是根据财务计划现金流量表，通过考察投资、融资和经营活动所产生的各项现金流入和流出，算出净现金流量和累计盈余资金，分析是否有足够的净现金流量维持正常运营，以实现财务的可持续性。

（4）不确定性分析　不确定性是指对决策方案受到各种事前无法控制的外部因素变化与影响所进行的研究与估计。在项目的财务分析时，所依据的项目的现金流量是估算的，或者说是通过预测得到的；在项目的国民经济分析时所依据的项目的效益与费用同样也是估算的或者预测的，这些估算的或者预测的数据在将来可能会发生变化与预测的不一致，因而，可能会给方案决策带来一定的风险。

4. 财务分析的基本步骤

（1）进行财务基础数据的分析和估算；

（2）编制财务基本报表；

（3）计算与分析财务评价的各项指标；

（4）提出财务评价结论。

（二）财务分析报表的编制[10]

1. 现金流量表

现金流量表是现金流入与流出的统称，它是以项目作为一个独立系统，反映项目在计算期内实际发生的现金流入和流出的活动及流动数量，是进行项目财务盈利能力分析的主要报表。现金流量表可分为全部投资现金流量表和自有资金现金流量表。

（1）全部投资现金流量表的编制　该表不考虑资金的借款及其偿还等财务条件，即将投入项目的不同来源资金均视为"自有资金"，来判断方案的可行性。见表9-1。

表 9-1　全部投资现金流量表

序号	科目	建设期		投产期		达产期			
		0	1	2	3	4	5	⋯	n
1	现金流入								
1.1	产品销售收入								
1.2	回收固定资产余值								
1.3	回收流动资金								
2	现金流出								
2.1	建设投资								
2.2	流动资金								
2.3	经营成本								
2.4	销售税金及附加								
2.5	所得税								
3	净现金流量(1−2)								

（2）自有资金现金流量表的编制　自有资金现金流量表是从投资者的角度出发，以投资者的出资额作为计算基础，把借款的本金偿还和利息支付等作为现金流出，用以判断方案的可行性。见表 9-2。

表 9-2　自有资金投资现金流量表

序号	科目	建设期		投产期		达产期			
		0	1	2	3	4	5	⋯	n
1	现金流入								
1.1	产品销售收入								
1.2	回收固定资产余值								
1.3	回收流动资金								
2	现金流出								
2.1	自有资金								
2.2	借款本金偿还								
2.3	借款利息支付								
2.4	经营成本								
2.5	销售税金及附加								
2.6	所得税								
3	净现金流量(1−2)								

2. 损益表

损益表是用以反映企业在一定期间利润实现（或发生亏损）的财务报表。损益表可以为报表的阅读者提供经营成果的分配依据；能综合反映生产经营活动的各个方面，可以有助于考核企业经营管理人员的工作业绩；可用来分析企业的获利能力、预测企业未来的现金流量。见表9-3。

表 9-3 损益表

项目	运行初期			正常运行期			合计
	1	…	…	…	…	n	
1. 财务收入							
2. 销售税金及附加							
3. 总成本费用							
4. 利润总额							
5. 应纳税所得额							
6. 所得税							
7. 税后利润							
8. 特种基金							
9. 可供分配利润							
9.1 盈余公积金							
9.2 应付利润							
9.3 未分配利润							
10. 累计未分配利润							

3. 资金来源与运用表

资金来源与运用表，简称资金表，是综合反映一定会计期间内营运资金来源和运用及其增减变动情况的报表。资金来源与运用表可用来选择资金筹措方案，制订适宜的借款及偿还计划，并为编制资产负债表提供依据。见表9-4。

表 9-4 资金来源与运用表

序号	科目	建设期		生产经营期				期末余值
		0	1	2	3	…	n	
1	现金来源							
1.1	利润总额							
1.2	折旧与摊销费							

续表

序号	科目	建设期		生产经营期				期末余值
		0	1	2	3	...	n	
1.3	长期借款							
1.4	短期借款							
1.5	自有资金							
1.6	回收固定资产余值							
1.7	回收流动资金							
2	资金运用							
2.1	固定投资							
2.2	建设期利息							
2.3	流动资金							
2.4	所得税							
2.5	应付利润							
2.6	长期借款本金偿还							
2.7	短期借款本金偿还							
3	盈余资金(1-2)							
4	累计盈余资金							

4. 资产负债表

资产负债表，又称财务状况表，是反映企业在某一特定日期（如月末、季末、年末）全部资产、负债和所有者权益情况的会计报表。资产负债表为会计上相当重要的财务报表，其最重要的作用在于表现企业的经营状况。见表 9-5。

表 9-5 资产负债表

序号	科目	建设期		生产经营期			
		0	1	2	3	...	n
1	资产						
1.1	流动资产总额						
1.1.1	应收账款						
1.1.2	存货						
1.1.3	现金						
1.1.4	累计盈余资金						
1.2	在建工程						

续表

序号	科目	建设期		生产经营期			
		0	1	2	3	...	n
1.3	固定资产净值						
1.4	无形资产及递延资产净值						
2	负债及所有者权益						
2.1	流动负债总额						
2.1.1	应付账款						
2.1.2	短期负债						
2.2	长期负债						
	负债合计						
2.3	所有者权益						
2.3.1	资本金						
2.3.2	资本公积金						
2.3.3	累计盈余公积金						

(三)财务分析指标体系[11]

财务分析指标体系是企业财务管理中的一项重要内容,它作为企业信息分析的重要资源,为企业决策者提供财务分析数据资料,做出科学的决策,实现企业价值最大化目标发挥了积极的支撑和保护作用。项目是多种多样的,涉及企业财务分析的指标数目也是多种多样的,而国家规定的考核指标则是分析的重点。

1. 盈利能力分析指标

(1) 投资利润率　是指项目达到生产能力后的正常生产年份的年利润总额与项目总投资的比率。对生产期内各年的利润总额变化幅度较大的项目,应计算年平均利润总额与总投资的比率。计算方法详见式(7-4)。

(2) 投资利税率　是指项目达到生产能力后的正常生产年份的年利税总额与项目总投资的比率。对生产期内各年的利税总额变化幅度较大的项目,应计算年平均利税总额与总投资的比率。计算方法详见式(7-5)。

(3) 资本金利润率　是指项目达到设计生产能力后的正常生产年份的年利润总额或项目生产经营期内的年平均利润总额与项目资本金的比较。计算公式为

$$\text{资本金利润率} = \frac{\text{年利润总额或年平均利润总额}}{\text{资本金}} \times 100\% \qquad (9\text{-}14)$$

(4) 财务净现值（FNPV） 是指按行业的基准收益率或设定的折现率 i_c，将各年的净现金流量折现到建设起点（建设期初）的现值之和。计算公式为

$$\text{FNPV} = \sum_{t=1}^{n}(\text{CI}-\text{CO})_t(1+i_c)^{-t} \qquad (9\text{-}15)$$

2. 清偿能力分析指标

(1) 流动比率 是指企业流动资产与流动负债之比。流动比率低，则意味着企业短期偿债能力不强；流动比率大，说明清偿能力强。计算公式为

$$\text{流动比率} = \frac{\text{流动资产}}{\text{流动负债}} \times 100\% \qquad (9\text{-}16)$$

(2) 速动比率 是指速动资产对流动负债的比率。速动比率低，则意味着企业短期偿债能力不强；速动比率高，说明企业可能不善举债经营，经营者过于保守，将导致企业短期资金的利用率较差。计算公式为

$$\text{速动比率} = \frac{\text{速动资产}}{\text{流动负债}} \times 100\%$$

$$= \frac{\text{流动资产总额}-\text{存货}}{\text{流动负债总额}} \times 100\% \qquad (9\text{-}17)$$

(3) 资产负债率 是指企业负债总额占企业资产总额的百分比。资产负债率越小，说明项目中负债数额越小，债权人的财务风险越小，建设项目的偿债能力越强。但如果过小，则说明该项目利用财务杠杆的能力较差。计算公式为

$$\text{资产负债率} = \frac{\text{负债总额}}{\text{资产总额}} \times 100\% \qquad (9\text{-}18)$$

(4) 利息备付率 是指在借款还期内的息税前利润与应付利息的比率。计算公式为

$$\text{利息备付率} = \frac{\text{息税前利润}}{\text{当期应付利息费用}} \times 100\% \qquad (9\text{-}19)$$

(5) 偿债备付率 是指项目在借款偿还期内，各年可用于还本付息的资金与当期应还本付息金额的比值。偿债备付率在一般情况应当大于1。当偿债备付率小于1时，表示当年资金来源不足以偿还当期债务，需通过短期借款偿付已到期债务。计算公式为

$$偿债备付率 = \frac{可用于还本付息的资金}{当期应还本付息金额} \times 100\% \qquad (9-20)$$

3. 财务生存能力分析指标

财务生存能力分析，也称资金平衡分析，是对企业资金来源与占用关系全貌进行的一种分析，通过分析以实现财务的可持续性。

财务生存能力分析指标有两个：

(1) 是否有足够的净现金流量维持正常运营　根据拟定的技术方案的财务计划现金流量表，通过考察拟定技术方案计算期内各年的投资融资和经营活动所产生的各项资金流入和流出，计算净现金流量和累计盈余资金，分析技术方案是否有足够的净现金流量维持正常运营，以实现财务可持续性。而财务可持续性应首先体现在有足够的经营净现金流量，这是财务可持续性的基本条件。

(2) 各年累计盈余资金是否出现负值　在整个运营期间，允许个别年份的净现金流量出现负值，但不能容许任一年份的累计盈余资金出现负值。一旦出现负值时应适时进行短期融资。如果这样持续下去或频繁进行，有可能导致以后的累计盈余资金无法实现正值，致使项目难持续运营。

4. 非经营性项目的财务分析

非经营性项目是为社会公众提供服务或者产品，不以盈利为主要目的的投资项目，包括社会公益事业项目、环保项目和某些公用基础设施项目。对这类项目进行财务分析的目的是考察项目的财务状况，了解是盈利还是亏损，以便采取措施使其能维持运营，发挥功能作用。

(1) 无营业收入的公益项目　对没有营业收入的项目，不进行盈利能力分析，主要考察项目财务生存能力。此类项目通常需要政府长期补贴才能维持运营，要在估算运营期运营成本的基础上，估算每年需要政府补贴的数额，分析、研究政府提供补贴的方式，确保项目运营的财务可持续性。

(2) 有营业收入但不足以弥补运营期运营成本的公益项目　应在估算运营期营业收入和运营成本的基础上，计算每年运营成本与营业收入的差额，据此估算需要政府补贴的数额。对有债务资金的项目，还应结合借款偿还要求进行财务可持续性分析。

(3) 运营初期收入不足以补偿全部成本费用的公益项目　可通过在运营期内逐渐提高价格（收益）水平，能逐步实现补偿运营维持成本，偿还借款利息、计提折旧摊销和偿还借款本金,并预期在中、后期能产生盈余的具有公益性质的项目,需要政府在一定时期内给予补贴,以维持运营。应估算运营初、中期各年所需的政府补贴数额,重点进行财务生存能力和偿债能力的分析。

(4) 对效益难以货币化的公益项目 可采用以下指标来分析投资、运营成本及服务收费的合理性。

① 单位功能(或单位使用效益)建设投资。这项指标是指建设一个单位使用功能或提供单位服务所需的建设投资。计算公式为

$$\text{单位功能建设投资} = \text{建设投资}/\text{设计服务能力或设施规模} \quad (9\text{-}21)$$

② 单位功能运营费用。这项指标是指提供一个单位的使用功能或提供单位服务所需费用。计算公式为

$$\text{单位功能运营费用} = \text{年运营费用}/\text{设计服务能力或设施规模} \quad (9\text{-}22)$$

③ 服务收费价格。这项指标是指向服务对象提供每单位服务收取的服务费,用以考察收费的合理性。

三、项目国民经济分析

(一) 国民经济分析概述

腐蚀防护工程项目国民经济分析,也称经济分析,是指从国家整体角度考察项目的效益和费用,是微观财务分析基础上的宏观分析。国民经济分析应与财务分析同时进行,只有财务分析和国民经济分析都可行的项目,方可确定为拟建项目。当两分析的结果发生冲突时,应按国民经济分析的结论考虑项目的取舍。

1. 国民经济分析的作用

(1) 从宏观上合理配置国家有限资源;

(2) 真实反映项目对国民经济净贡献;

(3) 使投资决策科学化。

2. 国民经济分析的内容

(1) 对投资项目的经济效益和费用的划分、识别进行鉴定分析与评价 国民经济评价中的费用与效益和财务评价中的相比,其划分范围是不同的。因此,在国民经济分析中,需要对项目给国民经济带来的收益与费用加以识别、归类和定量处理(或定性处理)。应重点注意转移支付的处理和对外部效果的

计算。

(2) 对计算费用和效益所采用的影子价格及其国家参数进行鉴定分析与评价　投资项目的费用和效益的计算是否正确，关系到项目在经济上是否合理可行，而使用现行市场价格是无法进行国民经济评价的。只有采用通过对现行市场价格进行调整计算而获得，能够反映资源真实经济价格和市场供求关系的影子价格，才能保证国民经济评价的科学性。这是因为与项目有关的各项基础参数都必须以影子价格为基础进行调整，才能正确地计算出项目的各项国民经济费用与效益。

(3) 对投资项目的经济效益和费用数值的调整进行分析与评价　可按照已选定的评价参数，计算项目的销售收入、投资和生产成本的支出，并分析与评估调整的内容是否齐全、合理，调整方法是否正确，是否符合有关规定。

(4) 对投资项目的国民经济评价报表进行分析与评价　主要是对所编制的有关报表进行核对，保证其符合规定及正确性。

(5) 对国民经济效益指标分析与评价　就是从国民经济整体角度出发，考察项目给国民经济带来的净贡献。

(6) 对投资项目不确定性分析与评价　包括对盈亏平衡分析、敏感性分析及概率分析所做出的分析与评价，以确定投资项目在经济上的可靠性。

(7) 对方案经济效益比选分析与评价　方案比选一般采用净现值法和差额收益率法，而对于效益相同和效益基本相同难以具体估算的方案，可采用最小费用法。

(8) 综合评价与结论　在进行综合评价之后，就可以做出评估结论，并对在评估中所出现和反映的问题，对投资项目需要说明的问题以及有关建议做简要说明。

3. 国民经济分析的步骤

(1) 选择、调整、计算有关资源（如主要原材料、人力等）的影子价格、社会折现率；

(2) 对投资估算中的费用进行调整；

(3) 计算国民经济效益值；

(4) 计算国民经济评价主要指标值，如经济内部收益率、经济净现值、经济效益费用比和投资回收期等；

(5) 进行国民经济评价指标的敏感性分析；

(6) 进行项目决策。

4. 财务分析与国民经济分析的关系

财务分析是国民经济分析的基础，国民经济分析则是财务分析的深化。二者相辅相成，互为参考和补充，既有联系，又有区别。

（1）财务分析与国民经济分析的共同点　见表9-6。

表9-6　财务分析与国民经济分析的共同点

类别	分析方法与内容
评价的目的相同	二者都以寻求经济效益最好的项目为目的，都追求以最小的投入获得最大的产出
评价基础相同	二者都是项目可行性研究的组成部分，需要在完成项目的市场预测、方案构思、投资金额估算和资金筹措的基础上进行，评价的结论也都取决于项目本身的客观条件
基本分析方法以及评价指标相类似	①二者都采用现金流量法通过基本报表来计算净现值、内部收益率等经济指标，经济指标的含义也基本相同 ②二者都是从项目的成本与收益着手来评价项目的经济合理性以及项目建设的可行性

（2）财务分析与国民经济分析的区别　见表9-7。

表9-7　财务分析与国民经济分析的区别

类别	财务分析	国民经济分析
评价的角度不同	是站在企业的角度，评价项目的盈利能力及借款偿还能力	是站在国家整体角度，评价项目对国民经济所做的贡献
评价的任务不同	可为项目选定和生产规模方案的选择提供财务数据	可用于拟建项目的择优及拟建项目生产规模的选择
评价的范围不同	效益评估范围较窄	效益评估的面较宽
项目费用与效益范围的划分不同	将项目的全部支出都作为费用	扣除了其中的转移支付（如税金、补贴、利息等）
使用的价格体系不同	投入产出物以市场价格为基础	投入产出物以影子价格进行评估
依据的参数不同	一般采用国家统一颁发的各行业的基准内部收益率作为计算和评价项目经济效益的依据	使用统一规定的理论利率作为评估依据

（二）费用效益识别

正确地识别费用与效益，是保证国民经济分析正确的前提。凡项目为国民经济所做的贡献，均计为项目的收益；凡国民经济为项目所付出的代价均计为项目的成本，并以此来评价投资项目可行性。

国民经济效益分为直接效益和间接效益，国民经济费用分为直接费用和间接费用。直接效益和直接费用可称为内部效果，间接效益和间接费用可称为外部效果。

1. **直接效益与直接费用**

（1）直接效益　是指项目产出物生成或直接生成，并在项目范围内用影子价格计算的经济效益。

（2）直接费用　是指为项目的建设而投入的各种资源用影子价格计算出来的费用。

2. **间接效益与间接费用**

（1）间接效益　是指由项目引起的但在直接效益中未得到反映的那部分效益。间接效益包括产业关联效益、环境和生态效益、技术扩散和示范效益。

（2）间接费用　是指由项目引起的，而在项目的直接费用中未得到反映的那部分费用。

3. **转移支付**

在工程项目费用与效益的识别过程中，经常会遇到国内借款利息、税金、折旧以及财政补贴等问题的处理。在国民经济分析中，对上述转移支付应予以剔除。因为转移支付只是账目的转移，并不涉及社会资源的增减变化，故不能计为国民经济分析中的费用或效益。

（三）国民经济分析参数

国民经济分析参数是指在项目经济分析中为计算费用和效益衡量技术经济指标而使用的一些参数，主要包括影子价格、影子汇率、影子工资和社会折现率等。

1. **影子价格**

所谓影子价格，是使资源有效配置的价格，是在最优计划下单位资源所产生的效益增量，它比财务价格更能有效地反映资源对国民经济的真实贡献。可见，影子价格是一种"预测价格"或称为"最优价格"，是为了实现一定的社会经济发展目标而人为确定的、更为合理（相对实际交换价格）的价格，是利用资源的效率价格。

调整价格就是把不合理的现行价格调整为基本合理的价格，即影子价格，在确定影子价格时，应先区分该货物的类型。根据项目投入和产出类型，可将货物分为：外贸货物、非外贸货物和特殊投入物三类。

(1) 外贸货物影子价格的确定　所谓外贸货物，是指其生产和使用将对国家进出口产生直接或间接影响的货物。

外贸货物影子价格的定价基础是国际市场价格。多数情况下不受个别国家和集团的控制，一般比较接近物品的真实价值。

外贸货物中的进口品应满足以下条件：

国内生产成本＞到岸价格（CIF），否则不应进口。

外贸货物中的出口品应满足以下条件：

国内生产成本＜离岸价格（FOB），否则不应出口。

到岸价格与离岸价格统称口岸价格。

在国民经济评价中，口岸价格应按本国货币计算，故口岸价格的实际计算公式为

$$到岸价格(人民币)＝美元结算的到岸价格×影子汇率 \quad (9\text{-}23)$$

$$离岸价格(人民币)＝美元结算的离岸价格×影子汇率 \quad (9\text{-}24)$$

工程项目外贸物的影子价格按下式计算：

① 产出物的影子价格（项目产出物的出厂价格）＝离岸价格（FOB）×影子汇率－国内运杂费－贸易费 $\quad (9\text{-}25)$

② 投入物的影子价格（项目投入物的到厂价格）＝到岸价格（CIF）×影子汇率＋国内运杂费＋贸易费 $\quad (9\text{-}26)$

式中，贸易费是指外经贸机构为进出口货物所耗用的、用影子价格计算的流通费用。贸易费用一般用货物的口岸价格乘以贸易费率计算。贸易费率由项目评价人员根据项目所在地区流通领域的特点和工程项目的实际情况测定。

(2) 非外贸货物影子价格的确定　非外贸货物是指其生产及使用不影响国家进出口的货物。非外贸货物分为天然非外贸货物和非天然非外贸货物。

天然非外贸货物是指使用和服务天然地限于国内，换句话说，天然地限制出口。非天然非外贸货物是指由于经济原因或政策原因不能外贸的货物，或者是说出口得不偿失而不能出口的货物。非外贸货物影子价格的确定原则和方法如下：

$$离岸价格＜国内生产成本＜到岸价格$$

工程项目非外贸货物的影子价格按下式计算：

产出物的影子价格（产出物的出厂价格）＝市场价格－国内运杂费 $\quad (9\text{-}27)$

$$\text{投入物的影子价格(投入物的到厂价格)} = \text{市场价格} + \text{国内运杂费} \quad (9\text{-}28)$$

(3) 特殊投入物的影子价格的确定　所谓特殊投入物是指项目在建设和生产经营中使用的劳动力、土地和自然资源等。

① 影子工资。所谓影子工资，是指项目使用劳动力、社会为此付出的代价。计算公式为

$$\text{影子工资} = \text{财务工资} \times \text{影子工资换算系数} \quad (9\text{-}29)$$

式中，影子工资换算系数的确定原则为：技术劳动力的工资报酬一般可由市场供求决定，影子工资可以以财务实际支付工资计算，即影子工资换算系数取值为1。对于非技术劳动力，其影子工资换算系数取值为0.25～0.8之间。

② 土地影子价格。应包括拟建项目占用土地而使国民经济为此而放弃的效益（即土地机会成本），以及国民经济为投资项目占用土地而新增加的资源消耗（如拆迁费用、剩余劳动力安置费等）。

$$\text{土地影子费用} = \text{土地机会成本} + \text{新增资源消耗费用} \quad (9\text{-}30)$$

式中，土地机会成本，包括土地补偿费、青苗补偿费等；新增资源消耗费用，包括拆迁费、安置费、养老保险费等。

③ 自然资源的影子价格。自然资源可分为可再生资源、不可再生资源和混合资源。可再生资源是指能够运用自然力保持或增加蕴藏量的自然资源，如水和森林资源。不可再生资源是指不能运用自然力增加蕴藏量的自然资源，如矿产资源等。混合资源是指可再生与不可再生资源的混合物，如土壤等。

不可再生资源的影子价格应按资源的机会成本计算；可再生资源的影子价格应按资源再生费用计算。

(4) 影子价格换算系数　影子价格换算系数是经过调整后所得到的经济价格与国内市场价格的比值。现行的影子价格换算系数主要有：建筑工程的换算系数取值为1.1，铁路货运的换算系数取值为1.84，公路货运的换算系数取值为1.26，沿海货运的换算系数取值为1.73，内河货运的换算系数取值为2.0。

已知货物的影子价格换算系数，再将其乘以货物的财务价格，就可以得到货物的影子价格，即

$$\text{影子价格} = \text{财务价格} \times \text{换算系数} \quad (9\text{-}31)$$

2. 影子汇率

所谓影子汇率，是指能正确反映外汇真实价值的汇率。影子汇率计算公式为

$$\text{影子汇率} = \text{外汇牌价} \times \text{影子汇率换算系数} \quad (9\text{-}32)$$

式中，影子汇率换算系数是影子汇率与国家外汇牌价的比值。

影子汇率的取值对于项目的决策有着重要的影响。影子汇率根据外贸货物比价、加权平均关税率、外贸逆差收入比率及出口换汇成本等指标分析和测算。

3. 社会折现率

社会折现率是社会对资金时间价值的估算，是从整个国民经济角度所要求的资金投资收益率标准，代表占用社会资金所应获得的最低收益率。

社会折现率的高低直接影响项目的可行性判断和方案比选的结果。

根据国家发改委和建设部联合发布的《建设项目经济评价方法与参数》（第三版），结合当前的实际情况，测定社会折现率为8%，对于受益长的建设项目，如果运营期效益较大，效益实现风险较小，社会折现率可适当降低，但不应低于6%。

（四）国民经济评价指标

国民经济评价与财务评价相似，也是通过评价指标的计算，编制相关报表来反映项目的国民经济效果。国民经济评价指标包括国民经济盈利的能力分析和外汇效果分析。

1. 国民经济盈利能力分析指标

工程项目国民经济评价中的经济效果，主要反映在国民经济盈利能力上，其基本评价指标有经济内部收益率和经济净现值。

（1）经济内部收益率（EIRR） 是反映项目对国民经济净贡献的相对指标，是项目在计算期内各年经济效益流量的现值累计等于零时的折现率。计算公式为

$$\sum_{t=1}^{n}(B-C)_t(1+\text{EIRR})^{-t}=0 \quad (9\text{-}33)$$

式中 EIRR——经济内部收益率；

B——效益流量；

C——费用流量；

$(B-C)_t$——第 t 年的净效益流量；

n——计算期。

(2) 经济净现值（ENPV） 是反映工程项目对国民经济净贡献的绝对指标，是用社会折现率将项目计算期内各年的净效益流量折算到建设期初的现值之和。计算公式为

$$\mathrm{ENPV}=\sum_{t=1}^{n}(B-C)_t(1+i_s)^{-t} \tag{9-34}$$

式中　ENPV——经济净现值；

i_s——社会折现率。

其他符号的意义同上。

(3) 经济效益费用比　是指项目在计算期内效益流量的现值与费用流量的现值之比。计算公式为

$$R_{B/C}=\frac{\sum_{t=1}^{n}B_t(1+i_s)^{-t}}{\sum_{t=1}^{n}C_t(1+i_s)^{-t}} \tag{9-35}$$

式中　$R_{B/C}$——经济效益费用比；

B_t——第 t 年的经济效益；

C_t——第 t 年的经济费用。

2. 外汇效果分析指标

对于出口创汇的产品及替代进口节汇的项目，应进行外汇效果分析，有关计算公式如下：

(1) 经济外汇净现值　是反映项目实施后对国家外汇收支直接或间接影响的重要指标，用以衡量项目对国家外汇真正的净贡献（创汇）或净消耗（用汇）。计算公式为

$$\mathrm{ENPV}=\sum_{t=1}^{n}(\mathrm{FI}-\mathrm{FO})_t(1+i_s)^{-t} \tag{9-36}$$

式中　ENPV——经济外汇净现值；

FI——外汇流入量；

FO——外汇流出量；

$(\mathrm{FI}-\mathrm{FO})_t$——第 t 年的净外汇流量；

n——计算期。

(2) 经济换汇成本　当有产品直接出口时，应计算经济换汇成本。计算

公式为

$$经济换汇成本 = \frac{\sum_{t=1}^{n} DR'_t (1+i_s)^{-t}}{\sum_{t=1}^{n} (FI' - FO')_t (1+i_s)^{-t}} \quad (9\text{-}37)$$

式中　DR'_t——项目在第 t 年为生产出口产品投入的国内资源价值（包括投资、原材料、工资、其他投入及贸易费用），元；

　　　FI'——第 t 年的外汇流入量，美元；

　　　FO'——第 t 年的外汇流出量，美元。

（3）经济节汇成本　当有产品替代进口时，应计算经济节汇成本。计算公式为

$$经济节汇成本 = \frac{\sum_{t=1}^{n} DR''_t (1+i_s)^{-t}}{\sum_{t=1}^{n} (FI'' - FO'')_t (1+i_s)^{-t}} \quad (9\text{-}38)$$

式中　DR''_t——项目在第 t 年为生产替代进口产品所投入的国内资源价值（包括投资、原材料、工资、其他投入及贸易费用），元；

　　　FI''——第 t 年生产替代进口产品所节约的外汇，美元；

　　　FO''——第 t 年生产替代进口产品的外汇流出，美元。

经济换汇成本或经济节汇成本（元/美元）小于或等于影子汇率，表明该项目产品出口或替代进口是有利的，项目是可以接受的。

第五节　腐蚀防护工程项目环境影响可行性分析

腐蚀防护工程项目可行性分析，不仅要对市场、技术、经济进行可行性分析，还要对环境影响进行可行性分析，因为防腐项目大都是化工生产类，造成环境影响的概率比较高，所以环境影响可行性分析显得更为重要。

一、项目环境影响可行性分析概述

1. 环境影响的概念与分类

（1）环境影响的概念　环境影响是指人类活动（经济活动、政治活动和

社会活动）对环境的作用和导致的环境变化及由此引起的对人类社会和经济的效应。

(2) 环境影响的分类　建设项目对自然环境的不利影响可有多种分类，比较常见的有如下几种：

① 按影响来源分，可分为直接影响、间接影响和累积影响；

② 按影响效果分，可分为有利影响和不利影响；

③ 按影响性质分，可分为可恢复影响和不可恢复影响；

④ 按影响时间分，可分为短期影响和长期影响；

⑤ 按影响范围分，可分为局部影响和大范围影响；

⑥ 按影响作用分，可分为即时影响和滞后影响；

⑦ 按影响时序分，可分为建设期影响、运营期影响以及退场后或终结后影响。

2. 环境影响分析的目的与作用

(1) 分析的目的　建设项目环境影响分析的主要目的如下。

① 明确开发建设者的环境责任；

② 对建设项目的环保工程设计提出具体要求和提供科学依据；

③ 为环保行政管理部门实行对建设项目的环境管理提供科学依据和具有约束力的文件。

(2) 分析的作用　环境影响分析是环境管理工作的重要组成部分，具有不可替代的预知功能、导向和调控作用。具体表现在以下几个方面。

① 有助于项目选址和布局的合理性；

② 有助于完善环境保护措施；

③ 有助于指导区域经济合理规划；

④ 有助于促进环保科学技术的发展。

3. 环境影响分析的基本原则与法律法规体系

(1) 基本原则　环境影响分析通常包括政策和技术经济两个大的方面，具体应遵循以下基本原则。

① 是否符合国家产业政策、环保政策和法规；

② 是否符合流域、区域功能区划、生态保护规划和城市发展总体规划，布局合理；

③ 是否符合清洁生产原则；

④ 是否符合国家有关生物化学、生物多样性等生态保护的法规和政策；

⑤ 是否符合国家资源综合利用政策；

⑥ 是否符合国家土地利用政策；

⑦ 是否符合国家和地方规定的总量控制的要求；

⑧ 是否符合污染物达标排放和区域质量的要求。

(2) 法律法规体系　我国环境影响评价制度的法律法规体系是以《中华人民共和国宪法》中关于环境保护的规定为基础，以综合性环境基本法为核心，以相关法律关于环境保护的规定为补充，是由若干相互联系协调的环境保护法律、法规、规章、标准所组成的一个完整而又相对独立的法律法规体系[12]。

① 国家法律。由全国人大常委会公布，由各级环境保护行政执法部门负责实施的有关环境保护法律。

② 行政法规。由国务院发布、有关环境保护执法部门实施的环境保护行政法规。

③ 地方性法规。由各省、自治区、直辖市人大常委会、政府发布的有关建设项目环境保护管理的条例、办法、政府令等。

④ 部委局规章。由国务院辖属的部委局联合发布或单独发布的有关环境保护的规章。

⑤ 地方政府规章。由地方政府发布的关于环境保护的有关规章。

二、项目环境影响分析步骤和内容

(一) 腐蚀防护工程项目环境影响分析的步骤

项目环境影响分析的步骤，也称环境影响评价程序。环境影响分析步骤是指按照一定的顺序或步骤指导完成环境影响评价工作的过程。

建设项目环境影响分析的步骤，通常可以分为以下几步。

(1) 环境影响评价委托；

(2) 研究国家和地方相关环境保护的法律、法规、政策、标准及相关规定等；

(3) 收集和研究项目相关技术文件和其他相关文件，进行项目的初步工程分析和环境状况调查；

(4) 环境影响因素识别和评价因子筛选，明确评价重点；

(5) 确定工作等级、评价范围、评价标准；

(6) 制定工作方案；

(7) 进行环境现状评价和进一步的工程分析；

(8) 各环境要素的环境影响预测与评价；

(9) 提出环境保护措施，进行技术经济论证；

(10) 给出建设项目环境可行性的评价结论；

(11) 完成环境影响评价文件的编制。

（二）腐蚀防护工程项目环境影响分析的主要内容

腐蚀防护工程项目环境影响分析的内容取决于建设项目对环境所产生的影响。就腐蚀防护工程项目而言，其分析的内容主要包括以下几个方面。

1. 建设项目基本情况调查

建设项目基本情况的调查，是环境影响分析的基础工作，主要分析和说明项目的基本情况和项目所处环境影响，并分析它们之间的相互影响。其调查的内容有：

(1) 建设项目名称、建设地点及性质；

(2) 项目建设规模、占地面积及厂区或路的平面布置；

(3) 主要设备装置、经济技术指标、产品方案、工艺方法或施工建设方案；

(4) 主要工程点（段）分布、工程建设进度计划、劳动定员和工程投资情况等。

如果是扩建、改建和技术改造项目，要说明原有及在建工程的规模、项目组成、产品方案和主要工艺方法，以及扩建、改建和技术改造项目与原有、在建工程的相互支撑关系。

2. 建设项目周围环境现状[13] 的调查

环境现状调查是建设项目环境影响分析工作不可缺少的重要环节。通过环境现状的调查，可以了解建设项目的社会经济背景和相关产业政策等信息，掌握项目建设地的自然环境概况和环境功能区划，获得建设项目实施前该地区的大气环境、水环境和声环境质量现状数据，为建设项目的环境影响预测提供科学依据。

(1) 自然环境调查　一般包括地理地质概况、地形地貌、气候与气象、水文、土壤、水土流失、水利资源利用情况等调查内容。

（2）社会环境状况调查　包括人口、居民收入及就业、产业结构、能源与利用方式、农业与土地利用、交通运输及经济发展状况、重要的人文遗迹、自然遗迹与"珍贵"景观及其建设项目的相对位置和距离等的调查。

（3）环境质量状况调查　包括环境空气质量、土壤环境质量、水环境质量、声环境质量以及放射性、光与电磁辐射、电干扰、电腐蚀、振动、地面下沉等项目的调查。

3. 建设项目工程分析[14]

工程分析是从有可能对环境产生影响的角度对建设项目的性质、生产规模、原料、能源、工艺、土地利用和污染特征进行系统全面的分析，以确定主要影响因子，查清其他影响的过程及危害特性。工程分析是环境分析的基础，并且贯穿于整个分析的全过程，可为项目决策提供基础资料，弥补可行性分析中对项目的产污环节和源强估算的不足。为环境保护设计提供优化建议，为项目的环境管理提供建议指标和科学数据。

根据腐蚀防护工程项目对环境影响表现不同，可分为以污染影响为主的腐蚀防护工程项目的工程分析和以生态破坏为主的生态影响腐蚀防护工程项目的工程分析。

（1）污染影响型腐蚀防护工程项目工程分析　对于环境影响以污染因素为主的腐蚀防护工程项目来说，工程分析的工作内容，原则上是根据腐蚀防护工程项目的工程特征，包括腐蚀防护工程项目的类型、性质、规模、开发建设方式与强度、能源与资源用量、污染物排放特征以及项目所在地的环境条件确定。

（2）生态影响型腐蚀防护工程项目工程分析　生态影响型腐蚀防护工程项目工程分析的内容应结合工程性质、特点、法律地位和保护要求提出工程施工期和运营期的影响和潜在影响因素，能量化的要给出量化指标。生态影响型腐蚀防护工程项目工程分析应包括：工程概况，施工规划，生态环境影响源强分析，主要污染物排放量，项目中重点设施、设置分析等。

4. 建设项目环境影响分析

在全面分析项目所在地及其周围环境信息后，就可根据工程项目类型、性质和规模来分析和预测该工程项目对环境的影响，为环境保护方案的设计提供决策依据。

建设项目对环境影响分析，可以从不同的角度切入。既可以从自然环境、生态环境、美学环境和社会环境四个方面进行分析,也可以按照项目实施过程的不同阶段进行分析。一般划分为三个阶段,即建设阶段、生产运行阶段和服务期满后的环境影响分析。

(1)建设阶段环境影响分析　主要是施工建设期间产生的粉尘,取、弃土区,取、弃运输及搅拌站对附近的环境影响分析;施工期间产生的电干扰、电腐蚀影响分析等。

(2)生产运行阶段环境影响分析　对于在运营阶段有污染物排放的建设项目,应预测分析建设项目生产运行期正常排放和非正常排放、事故排放等情况对环境影响。

(3)服务期满后的环境影响分析　对于可能产生累积影响的项目,在服务期满后,应进行期满后的影响分析。

在进行环境影响分析时,不仅要分析各类污染的信息资料,还要分析环境对建设项目的承载能力。一般情况下,应考虑污染影响的衰减能力或环境净化能力,即最差的时段和污染影响的衰减能力或环境净化能力。

5. 建设项目环境保护措施分析

在分析了环境影响因素及其影响程度的基础上,按照国家有关环境保护法律、法规和标准的要求以及公众意愿,提出减少环境污染和生态影响的环境治理方案。

对于通常污染的治理,按废气、废水、噪声、固废四个类别,根据工程分析结果及污染物排放特征给出环境保护措施。

对于用电量较大的项目或邻近用电状态较复杂时,应对电污染采取相应的防护措施。如交直流杂散电流干扰及腐蚀影响等。如果是临时性的干扰影响,应采取临时性的防护措施,如果是持久性的干扰影响,则需采用永久性防护措施。如果这些措施难以解决,那就需要采取避让措施或更改设计方案。

6. 建设项目对环境影响经济损益分析

环境影响的经济损益分析,也称环境影响的经济评价。在我国的环境影响评价制度中规定,必须对环境影响进行经济损益分析。环境影响的经济损益分析,是对环境影响的一种经济分析(即费用效益分析),对负的环境影响估算出的是环境成本;对正的环境影响估算出的是环境效益。

进行环境影响经济损益分析应从建设项目产生的正负两方面环境影响,以定性与定量相结合的方式,估算建设项目所引起环境影响的经济价值,并将其纳入建设项目的费用-效益分析中,作为判断建设项目环境可行性的依据之一。以建设项目实施后的影响预测与环境现状进行比较,从环境要素、资源类别、社会文化等方面筛选出需要或者可能进行经济评价的环境影响因子,对量化的环境影响进行货币化,并将货币化的环境影响价值纳入建设项目的经济分析。

建设项目环境影响的经济损益分析,可以通过以下公式进行估算。

$$\text{工程项目环境影响综合经济损益度} = \frac{\text{项目环境资源消耗费用} + \text{项目环境灾害损失费用} + \text{项目环境污染损失费用}}{\text{工程项目经济效益} + \text{工程项目社会效益}} \quad (9\text{-}39)$$

$$\text{工程项目投资经济损益度} = \frac{\text{项目环境资源消耗费用} + \text{项目环境灾害损失费用} + \text{项目环境污染损失费用} + \text{项目建设投资费用} + \text{项目建设运行费用}}{\text{项目建设经济效益} + \text{项目建设社会效益}} \quad (9\text{-}40)$$

式(9-39)是反映项目的建设和运行对周围生态环境的干扰和影响程度,为主要评价指标;式(9-40)是反映在环境核算的基础上,工程项目的投资经济可行性。评价指标值越小,反映项目的环境、经济效益越好。

7. 建设项目环境影响评价结论

环境影响评价结论是全部分析工作的结果,应在概括和总结全部评价的基础上,简洁、准确、客观地总结建设项目实施过程各阶段的生产和生活活动与当地环境的关系,明确一般情况和特定情况下的环境影响,规定采取的环境保护措施,从环境保护的角度分析,得出建设项目可行性的结论。

通常,其结论包括以下内容。

(1) 对环境质量影响程度;
(2) 建设规模、性质;
(3) 选址是否合理,是否符合环保要求;
(4) 采取的防治措施经济上是否合理,技术上是否可行;
(5) 是否需要做进一步评价等。

(三) 腐蚀防护工程项目环境影响报告书的编制

1. 编制原则

环境影响报告书是环境影响评价程序和内容的书面表现形式之一,是环境影响评价项目的重要技术文件。在编制时应遵循下列原则：

(1) 相关性、综合性原则；

(2) 准确性、可比性原则；

(3) 通俗性、及时性原则。

2. 编制基本要求

环境影响报告书的编写要满足以下基本要求：

(1) 总体编排结构符合要求；

(2) 基础数据可靠；

(3) 预测模式及参数选择合理；

(4) 结论观点明确，客观可信；

(5) 表达准确，篇幅合理；

(6) 署名符合要求。

3. 编制的要点

建设项目的类型不同，对环境的影响差别很大，环境影响报告书的编制内容也就不同。尽管如此，但其基本内容相差不大。环境影响报告书的编制要点，在 HJ 2.1—2016《建设项目环境影响评价技术导则 总纲》中已有规定，以下是典型的报告书编制要点。

(1) 前言；

(2) 总则；

(3) 建设项目概况；

(4) 建设项目工程分析；

(5) 建设项目周围地区的环境现状；

(6) 建设项目环境影响预测评价；

(7) 建设项目环境保护措施的可行性分析及建议；

(8) 建设项目对环境影响经济损益分析；

(9) 结论与建议；

(10) 附件、附图及参考文献。

三、项目环境影响识别

1. 环境影响识别

环境影响识别就是通过系统地检查拟建项目的各项"活动"与各环境要

素之间的关系，识别可能的环境影响因素。其内容包括环境影响因子、环境影响程度和环境影响的方式等。

(1) 环境影响因子识别　环境影响因子的选择应根据工程的组成、特性及其功能，结合工程影响地区的特点，从自然环境和社会环境两个方面考虑。

① 自然环境。自然环境要素可划分为地区、地形、地貌、水文、气候、地表水质、空气质量、土壤、森林、草场、陆生生物、水生生物等。

② 社会环境。社会环境要素可以划分为城市（镇）、土地利用、人口、居民区、交通、文物古迹、风景名胜、自然保护区、人群健康以及重要的军事、文化设施等。

(2) 环境影响类型识别　按照拟建项目的"活动"对环境要素的作用特性，环境影响可以划分为有利影响、不利影响、直接影响、间接影响、短期影响、长期影响、可逆影响、不可逆影响等。

① 有利影响与不利影响。有利、不利是针对效益而言的，两种影响有时同时存在。识别不利影响是环境影响评价的重点，但同样也应识别有利影响。

② 直接影响与间接影响。直接影响是指污染物通过某种途径直接进入环境造成的污染。间接影响是指污染物通过其他中间介质间接造成的影响。

③ 短期影响与长期影响。短与长是相对的，短期影响通常是指随着施工阶段造成的某些影响，其影响随着工程的停止而停止。长期影响通常是指项目运行期间造成的影响。

④ 可逆影响与不可逆影响。可逆影响是指停止或中断人工干预、干扰后环境质量可以恢复的影响。不可逆影响是指即便停止或中断人工干预、干扰后环境质量或环境状况不可以恢复至以前状态。

(3) 环境影响程度识别　环境影响程度是指建设项目的各种"活动"对环境要素的影响程度。在环境影响程度识别中，通常以3个等级或5个等级来定性地划分影响程度。按五级划分不利影响，见表9-8。

表9-8　环境影响程度识别

等级	概念
极端不利	外界压力引起某个环境因子无法替代、恢复与重建的损失，此种损失是永久的、不可逆的
非常不利	外界压力引起某个环境因子严重而长期的损害或损失，其代替、恢复和重建非常困难和昂贵，并需很长的时间

续表

等级	概念
中度不利	外界压力引起某个环境因子的损害或破坏,其代替或者恢复是可能的,但相当困难且可能需要较高的代价,并需比较长的时间
轻度不利	外界压力引起某个环境因子的轻微损失或暂时性破坏,其再生、恢复与重建可以实现,但需要一定的时间
微弱不利	外界压力引起某个环境因子暂时性破坏或受干扰,此级敏感度中的各项是人类能忍受的,环境的破坏或干扰能够较快地自动恢复或再生,或者其替代与重建比较容易实现

2. 环境影响识别方法

环境影响识别方法主要有核查表法、类比分析法、专家判断法和模型分析法。

(1) 核查表法 又称为列表清单法,是环境影响识别的方法之一。其基本做法是将实施的开发项目影响的环境因子和可能产生的影响性质,通过核查在一张表格的列与行中,在表格中以正负符号、数字、其他符号表示影响的性质、强度等,由此分析开发项目建设活动的环境影响。这种核查表有四种主要形式。

① 简单型核查表。仅是一个可能受影响的环境因子表,不做其他说明,可做定性的环境影响识别分析,但不能作为决策依据。

② 描述型核查表。比简单型核查表多了环境因子如何度量的准则。

③ 分级型核查表。在描述型核查表基础上增加对环境影响度的分级。

④ 分级-加权型核查表。在分级型核查表的基础上增加了对各参数值的等级和重要程度的说明。

核查表法的特点:简单明了,使用方便,针对性强,不需要对建设项目活动建立因果关系。但建立一个系统而全面的核查表是一项烦琐且耗时的工作,同时核查表没有将"受体"与"源"相结合,无法清楚地显示出影响过程、影响程度及影响的综合效果。

应用范围:在评价早期阶段应用,可保证重大的影响没有被忽略。

(2) 类比分析法 是一种比较常用的定性和半定量评价方法。它是将拟建项目对环境的影响在性质上做出全面分析和在总体上做出判断的基础上与已建项目进行比较,根据已建项目对环境产生的影响,对拟建项目对环境影响做出评价。

类比分析法的使用条件是:

① 具有与评价的拟建项目相似的自然地理环境；
② 具有与评价的拟建项目相似的工程性质、工艺、规模；
③ 类比工程应具有一定的运行年限，所产生的影响已基本全部显现。

类比分析法的特点：识别结果属于半定量性质。

应用范围：如评价工作时间较短等原因，无法取得足够的参数、数据，不能采用模型分析法进行识别时，可选用此方法。

（3）专家判断法　是指组织环境评价相关领域的专家，运用经验（即专家经验）进行类比，对比分析以及归纳、演绎、推理，来识别拟建项目的环境影响。

专家判断法的特点：定性反映建设项目的环境影响。

应用范围：建设项目的某些环境影响很难定量识别，如对文化遗迹、自然遗迹与"珍贵"景观的环境影响等，或由于评价时间过短等无法采用模型分析法、类比分析法进行识别时，可选用此方法。

（4）模型分析法　人类活动对环境的影响是通过人类-环境系统而发生作用的。环境影响可以通过环境系统模型来表达，故环境影响模型是以环境系统模型为基础的。常用的模型分析法有：数字模型法和物理模型法。

① 数字模型法。数字模型是用符号、函数关系将评价目标和内容系统规定下来，并把相互间的变化关系通过数字公式表达出来。

数字模型法的特点：能给出定量的识别结果，但需要一定的计算条件和输入必要的参数、数据。

应用范围：选用数字模型法应注意模型的应用条件，如实际情况不能很好地满足模型的应用条件而又拟采用时，要对模型进行修正并验证。

② 物理模型法。是指通过对实际问题进行抽象化处理，保留主要矛盾或特性，略去次要矛盾或特性，得出一种能反映事物本质特性的理想过程或物质方法。

物理模型法的特点：定量化程度较高，再现性好，能反映比较复杂的环境特征，需要有合适的试验条件和必要的基础数据，且制作复杂的环境模型需要较多的人力、物力和时间。

应用范围：在无法利用数字模型法识别而又要求识别结果定量精度较高，应选用此方法。

四、项目环境影响评价指标与综合评价方法

1. 环境经济指标体系

环境经济指标体系是由若干相互联系、相互补充的环境经济指标组成的系列。它的建立以环境损失、环保投资与环保投资效益三要素为基础,其内容按功能可分为四类:

(1) 计划类指标　反映环保投资占国民收入的比例;

(2) 控制类指标　反映万元国民收入的资源消耗、环境污染及环境损失;

(3) 评价类指标　评价环保投资的有效性;

(4) 约束类指标　作为经济-社会-环境系统优化的约束条件,对环境经济的计划、控制指标起反馈作用。

通过环境经济指标体系,可以科学地描述环境保护与经济社会发展的定量关系,为国民经济的决策管理服务。

2. 环境影响综合评价法

所谓环境影响综合评价是按照一定的评价目的,把人类活动对环境的影响从总体上结合起来,对环境影响进行定性或定量的评价。

环境影响综合评价常用方法有:指数法、矩阵法、叠图法、网络法和系统流图法。

(1) 指数法　该法可以简明直观地通过计算指数来判断环境质量的好坏及影响程度的大小。指数法大致可分为两大类,即单因子指数法和综合指数法。

① 单因子指数法。是将每个污染因子单独进行评价,利用概率统计得出各自的达标率或超标率、超标倍数、平均值等结果。单因子评价能客观地反映污染程度,可清晰地判断出主要污染因子、主要污染时段和主要污染区域,能较完整地提供监测区域的时空污染程度,反映污染区时。计算公式为

$$I_i = \frac{C_i}{C_{oi}} \tag{9-41}$$

式中　I_i——某种污染物的污染指数;

C_i——某种污染物的实例浓度;

C_{oi}——某种污染物的评价标准。

单因子指数法,适用于环境现状评价和预测评价。

② 综合指数法。综合指数法有简单叠加法、叠加均数法和几何均数法。这里只介绍简单叠加法。其计算公式为

$$P_i = \sum_{i=1}^{n} I_i = \sum_{i=1}^{n} \frac{C_i}{C_{oi}} \tag{9-42}$$

式中 P_i——综合指数；

　　　I_i——分指数。

指数法的优点是：简明扼要，且符合人们所熟悉的环境污染影响的评价；可以量化评价环境质量好坏与影响大小的相对程度；采用同一指数，还可做不同地区、不同方案间的相互比较。

指数法的缺点是：需明确建立表征生态质量的标准体系；难以赋权和准确定量。

（2）矩阵法[15]　　该法是将规划目标、指标以及规划项目与环境因素作为矩阵的行与列，并在相对应的位置填写用以表示行为与环境因素之间因果关系的符号、数字或文字。矩阵法不仅具有环境影响识别功能，还有影响综合分析评价功能，可以定量或半定量地描述拟建腐蚀防护工程项目对环境的影响。

矩阵法有相关矩阵法、迭代矩阵法。

矩阵法的优点是：简单实用，内涵丰富，易于理解。

矩阵法的缺点是：不能处理间接影响和时间特征明显的影响。

（3）叠图法[15]　　该法也称图形叠置法，是把两个以上的生态信息叠合到一张图上，构成复合图，用以表示生态变化的方向和程度。叠图法适用于评价区域现状的综合分析，环境影响识别以及累积影响评价。

叠图法的优点是：直观、形象、简单明了。

叠图法的缺点是：无法在地图上表达"源"与"受体"的因果关系，因而无法综合评定环境影响的强度或环境因子的重要性。

（4）网络法[12]　　该法是采用原因-结果的分析网络来阐明和推广的矩阵法。即建立一个网络来回答与每一个计划活动有关的一系列问题。网络法可以鉴别累积影响或间接影响。

网络法的优点是：操作简便，容易理解，可以较好地描述环境影响的复杂关系。

网络法的缺点是：该法是一种定性的概括，只能给出人类活动及其有关

的行为产生或诱发的环境影响概貌。

（5）系统流图法[15]　该法是将环境系统描述为一种相互关联的组成部分，通过环境成分之间的联系来识别次级的、三级的或更多级的环境影响，是描述和识别直接和间接环境影响非常有用的方法。系统流图法是利用进入、通过、流出一个系统的能量通道来描述该系统与其他系统的联系和组织。系统流图法可用来指导数据收集、组织并简要提出需要考虑的信息，突出所提议的规划行为与环境间的相互影响，指出哪些是需要更进一步分析的环境因素。

系统流图法的优点是：在描述和识别直接和间接影响方面具有得天独厚的优势。

系统流图法的缺点是：简单依赖并过分注重系统中的能量过程和关系，忽视了系统间的物质、信息等其他联系，可能造成系统因素被忽略。

第六节　腐蚀防护工程项目可持续性分析

在以上分析的基础上，还需要进行项目可持续性分析。可持续性分析是指在项目决策之前，对拟建腐蚀防护工程项目建成投入运营（行）后，项目是否能继续运营（行）下去，是否能继续产生良好的经济效益、社会效果，是否能继续满足工程所需，是否具有可重复性等原有功能作用做出的科学预测与分析。这种预测分析，是根据项目规划设计、工艺方案、设备设施功能等有关资料进行的，是项目可行性分析不可或缺的环节。

任何一个项目的建设，都是人力、物力、财务投入的结果。项目建成后，总是希望能够持续稳定地运营（行）发展下去，谁都不希望半途而废。否则，给投资者带来经济损失的同时，又带来了不良的社会影响。不论是过去，还是现在；不论是国内，还是国外，都有一些项目因为对可持续性研究分析不够深入，而造成项目的"短命"。沉痛的教训一再告诫人们，项目决策前，必须进行可持续性分析，这对于任何一个项目来说，特别是大中型项目，显得尤为重要。

一、项目可持续性分析概述

1. 项目可持续性的概念

项目可持续性概念的提出，源于社会经济可持续发展这一战略思想。可持续发展是 1987 年联合国世界环境与发展委员会发表的《我们共同的未来》报告中首先注释的概念，认为可持续发展是指既满足当代人的需求，又不对后代人满足其需求的能力构成危害的发展。从这以后，全球范围内对可持续发展问题的讨论形成了阵阵热潮，并成为全球社会经济发展战略。为了贯彻这一战略思想，各国、各行业和各部门相继引入了与可持续性相类似的概念。

腐蚀防护工程项目可持续性是指项目实施投产后，在相当长的时间内，其使用功能不随时空的发展变化而发生衰减或失效现象，即保持项目建设之初所具有的一切功能作用，且连续、持久。可持续性是一个涉及经济、技术、社会、环境条件的动态综合概念。

2. 项目可持续性的内涵

项目可持续性的内涵有两个最基本的方面[16]：

（1）项目自身的可持续性　项目自身的可持续性主要是指防腐项目建成投产后在整个生命周期内，其项目本身能持续稳定发挥使用功能和产生内部和外部经济效益（果），实现投资目标，满足用户需要。

① 应用性防腐项目本身的可持续性是指所拟选的防腐项目本身就具有可持续使用的功能作用。应用性防腐项目的可持续性固然与运营（行）管理有关，但最为关键的还是本身是否具有这种功能，有的防腐项目，再好的管理水平也难以为继。所以应用性防腐项目的选择，是否具有可持续使用的功能必须纳入项目可行性分析。

② 生产性防腐项目的可持续性。对于生产性防腐项目而言，其生产材料，特别是涉及资源一类的生产材料的存量和供应是影响项目可持续性的直接因素。生产材料短缺、供应紧张，必然会影响项目的可持续性。

③ 项目自身效益的可持续性。无论是应用性防腐项目，还是生产性防腐项目，都是现有财富消费的结果，当然需要它产生相应的投资效益，其中既包括经济效益，也包括社会效益，而且这种效益持续的时间越长，可持续性越有保障。否则该项目是一个失败的项目，更谈不上可持续性的问题。

（2）项目对社会经济发展影响的可持续性　其影响有正影响和负影响两种情况。

① 正影响。如果拟选的防腐项目，能够持续带动国民经济或区域经济、行业经济的发展，以及对安全生产、保护生态环境、合理利用资源能源等产生积极的作用和影响，项目可持续发展便有了基本保障。

② 负影响。如果拟选的防腐项目，仅有不错的自身效益，但对国民经济的发展，区域经济或行业经济的发展，以及对生态环境保护等产生副作用日益严重，那么项目可持续性就会受到影响，或行将终止。

总之，项目可持续发展的概念，不仅有着丰富的内涵，而且有着丰富的外延，是一种崭新的发展思想和发展战略。

二、项目可持续性分析的必要性

可持续发展的思想，在当今经济社会已经得到广泛的认同，对可持续性分析的研究也日益增多。但是，大多数研究分析都是针对国家或地区，或是某个行业的，很少对某个项目进行可持续性分析，即使有些研究者考虑到了项目的可持续发展，也只是针对诸如公路、铁路和水利项目的可持续性分析研究，而对于类似防腐项目一类的服务性项目却没有被广泛关注，这方面的研究鲜见。

在大中型建设项目的决策阶段，可持续发展越来越被视为一个基本目标。经济发展、社会进步、环境保护及资源的合理有效利用等是可持续发展相互依赖、相互促进的重要因素。

大中型建设项目可持续性分析，不应只限于单一视角的研究分析，应该是多视角的综合研究分析，这样才能实现经济社会的全面发展。

下面，就应用性防腐项目（指大中型项目）进行可行性分析的必要性作以讨论。

1. 项目决策的需要

在防腐项目建设决策、设计和建设之前，进行可持续性预测分析，能够从中选取最优防腐项目方案，减少或杜绝可持续性较差项目的盲目建设，为建设项目前期科学决策提供更为科学合理的依据。

2. 腐蚀发展的需要

由于各种腐蚀均是不以人的意志为转移的客观自然、社会现象，因此，腐蚀的发展也就具有了持续性、膨胀性和不可逆性，面对腐蚀不断发展的新趋势，我们不能绝对地阻止腐蚀的发展，也不能消极地看着腐蚀的不断发展，或者不负责任、不计后果地为了局部的、短期的利益来加速腐蚀的发展。正确态度应是通过各种防腐项目的建设使腐蚀得以减轻。也就是说，腐蚀在不断地发展，腐蚀控制技术必须持续推广应用，从而才能实现腐蚀损失最小化的总目标。

3. 经济发展的需要

材料腐蚀广泛存在于社会经济建设的各个领域，各类腐蚀引起的腐蚀损失触目惊心，持续影响着国民经济的发展。统计资料表明，2000年，我国的腐蚀损失为5000亿元人民币，占当年GNP的5%。到了2014年，我国的腐蚀损失攀升到21278.2亿元人民币，占当年GDP的3.34%，而且还在持续上升。由此可见，经济要持续发展，腐蚀控制措施必须持续推广应用。从某种角度说，减少的损失，也是正效益。

4. 安全生产的需要

腐蚀不仅可持续造成经济损失，而且可持续引起灾难性事故，如火灾、爆炸、人员伤亡及环境污染等。安全生产牵连到社会稳定，社会稳定又牵连着社会经济的可持续发展，因此，防腐项目作为安全生产的保障性措施，对社会经济可持续发展显得尤为重要。

5. 生态文明保护的需要

腐蚀会引起物料流失，跑冒滴漏，有毒物料逸散，污染大气、土壤、水源。腐蚀是造成环境污染的一个不可忽视的原因。保护生态文明是建设可持续发展社会最具有现实意义的措施，是人类对传统文明形态特别是工业文明进行深刻反思的成果，是人类文明形态和文明发展理念、道路和模式的重大进步。因此，大力推广应用现有成熟的腐蚀防护技术，是控制腐蚀污染，保护生态文明的必然选择。

6. 服务对象的需要

对于应用性防腐项目来说，服务对象的生命周期就是防腐项目的服役期。比如，一座钢筋混凝土建筑物，通常的生命周期一般要求在几十年或上百年。而钢筋混凝土结构物牺牲阳极法和强制电流法阴极保护在国内外建筑行业逐步推广应用。而阴极保护所需的阳极、参比电极等装置，都是在施工时埋设于混凝土结构之中的，属于隐蔽工程，生命周期内不允许凿开结构进行故障排除或维护。因此，所有装置的安装都必须做到"一劳久逸"。实际上，防腐项目在好多场合，通常没有选择，只是服从、服于被保护对象。

三、项目可持续性分析的内容

腐蚀防护工程项目具有优异的经济效益和社会效益，项目能否持续运行，将对社会经济、企业效益有很大的影响。因此，项目可持续性预测分析日益引起社会的广泛关注。根据 GB/T 30339—2013《项目后评价实施指南》给出的要求，可持续性分析评价可从内部因素和外部条件两个方面开展。

1. 影响可持续性内部因素预测分析

影响防腐项目可持续性的内部因素主要有：技术水平、财务状况和不确定性因素。

(1) 技术水平预测分析　其内容包括：

① 项目技术效果分析。包括技术水平，产业政策，节能环保，设计能力，设备、工艺、功能及辅助配套水平、设计方案，设备选择等。

② 项目技术标准分析。包括采用的技术标准是否满足国家或行业标准要求；工艺技术、设备参数是否先进、合理、适用，符合国情；工艺流程、运营（行）管理模式等是否满足实际要求等。

③ 项目技术方案分析。包括设计指导思想是否先进，是否进行多方案比选后选择了最优方案；技术方案是否经济合理、可操作性强；设备配备，工艺、功能布局等是否满足运营、生产需求等。

④ 技术创新分析。包括项目的科研、获奖情况；项目的技术创新产生的社会效益分析；技术创新在国内、国际的领先水平分析；分析技术创新的适应性及对工程质量、投资、进度产生的影响；项目取得的知识产权情况；新技术、新工艺、新材料、新设备的使用效果分析，以及对技术进步影响的分析。

(2) 财务状况预测分析　主要包括项目建设投资，建设期贷款利息，运营后年度实际收入、支出，年度收入、成本，以及其他与财务效益相关的预测分析。

(3) 不确定性因素预测分析　包括技术方案本身、财务状况及运营（行）过程中各种事前无法确定的风险因素。

2. 影响可持续性外部条件预测分析

影响防腐项目可持续性的因素，除了内部因素外，尚有外部条件。其预测分析的内容包括资源、政策、社会和环境条件等。

(1) 资源因素预测分析　对于资源开发型防腐项目和大量利用不可再生资源的项目，资源的储量和可持续性是影响项目可持续发展的重要因素。根据项目的生产规模和消耗能力，预测分析资源（包括不可再生资源）开发持续的时间，以判断对项目可持续性会带来哪些影响。

(2) 政策因素预测分析　政策具有管制功能、导向功能、调节功能和分配功能。因此，政策对项目的可持续性至关重要。对于防腐项目而言，其政策因素预测分析主要是产业政策、环保政策、国家经济发展政策等的预测分析。

① 产业政策。产业政策是国家根据一定时期国民经济发展的内在要求，通过各种直接、间接的政策手段调整产业结构、引导产业发展，一般包括产业结构政策、产业组织政策、产业技术政策、产业布局政策等。其中产业结构政策和产业组织政策是主要内容。预测分析产业政策调整是否会影响项目可持续发展。

② 环保政策。随着现代社会的发展与进步，国家对环境保护日益严厉，且日益看重。自2018年开始，在原有环境保护法的基础上，又增设了《环保税法》，同时又重新修订了《水污染防治法》《环境影响评价法》《建设项目环境保护管理条例》等。预测分析这一系列新政策的颁布实施，将对拟建防腐项目可持续发展有何影响，有何改进措施和建议。

③ 国家经济发展政策。经济发展政策是国家或地方政府为了增进整个社会经济福利、改进国民经济的运行状况、达到一定政策目标而有意识和有计划地运用一定的政策工具而制定解决经济问题的指导原则和措施，它包括综合性的国家或地区发展战略和产业政策、国民收入分配政策、价格政策、物流政策等。预测分析政策调整将对拟建防腐项目会带来哪些影响，特别是对项目的可持续发展会带来什么样影响。

(3) 社会因素预测分析　其内容包括项目对所在地居民收入、生活质量、就业，利益相关者、弱势群体利益，基础设施，社会服务容量，城市化进程，民族风俗习惯和宗教等影响分析，要分析影响范围、影响程度或可能发生的问题。特别是利益相关者、弱势群体利益的影响分析，需作为其中的重点内容。除此之外，社会因素分析的内容还包括社会结构、社会风俗习惯、信仰和价值观念、行为规范、生活方式、文化传统、人口规模与地理分布因素的分析评价。

(4) 环境条件预测分析　环境条件因素分析包括两个方面的内容：一是环境条件因素变化，对于应用性防腐项目可持续运行会带来哪些影响的分析评估；二是生产性防腐项目在生产过程中产生的"三废"污染，会对周边环境带来什么样的影响,是否会影响项目的可持续性。

3. 防腐项目持续性预测分析综合评价

通过对项目可持续性影响因素的预测分析,筛选出关键性因素,并就项目的可持续性做出综合评价,并提出改进意见和建议。

第七节 腐蚀防护工程项目目标设计可行性分析

在以上各要素预测分析的基础上,则需要对项目目标进行设计(或设定),把一些抽象的议论变成可操作的目标值,同时还需要对这些目标值可否实现进行预测分析。

项目目标是行动纲领,是行动的指南。一个项目如果没有目标,就不能称为项目。因为项目的定义是一系列独特的、复杂的并相互联系的活动,这些活动有着一个明确的目标或目的,必须在特定的时间、预算、资源限定内,依据规范完成。项目实施过程,实际上就是预定目标实现的过程,因此,防腐工程项目目标设计与可行性分析便成为项目可行性分析不可或缺的内容。

一、项目目标设计概述

1. 防腐项目目标的定义

项目目标是指一个项目的实施所要达到的期望结果,即项目所能交付的成果或服务。因此,防腐项目目标应该被清楚定义且可以是最终实现的、可测量的项目成功标准。

2. 防腐项目目标的特征

防腐项目目标具有主观性、多元性、相关性、现实性、动态性和服务性等特征。

(1)主观性 防腐项目目标是对项目实施预期结果的主观设想,是在头脑中形成的一种主观意识形态,以主观意识反映客观现实的程度,可分为必然目标、或然目标和不可能目标。

(2)多元性 对于一个防腐项目而言,项目目标往往不是单一的,而是一个多目标系统,希望通过一个项目的实施,实现一系列的目标,满足多方面的需求。

(3) 相关性　防腐项目目标的多元性，便构成目标之间的相关性。项目目标是多个子目标构成的目标体系，各个子目标并不是孤立存在，而是相互联系、相互影响、相互制约、对立统一的有机整体。

(4) 现实性　防腐项目目标的可操作性构成了目标的现实性。从现实目标满足期望程度看，有理想目标、满意目标、勉强目标和不得已目标。

(5) 动态性　防腐项目虽然是一个完整的体系，但是也不是一成不变的，由于内部因素和外部条件的变化影响，经常导致项目方案的变更，目标随之也要进行调整、优化、完善，使其适应变化的内外环境条件。

(6) 服务性　由于防腐项目属于服务性项目，其项目目标要求能够全程满足服务对象所需，而一般不能独立存在。

3. 防腐项目目标的作用

(1) 项目目标是工作方向的指南针　项目目标的设定为管理者提供了协调集体行动的方向，从而有助于引导项目成员形成统一的行动。所以，有人把目标的这一作用比喻为"北极星""指南针"。

(2) 项目目标是项目宗旨具体化的要求　项目目标是一个项目的宗旨，表明了项目所担负的职能和使命。防腐项目的根本宗旨就是保护金属结构免遭腐蚀危害，保证生产安全运行，保证产品质量，保护生态环境，延长设备、装置使用寿命等。只有将项目宗旨具体化，形成明确的工作目标，才可具体操作和组织实施。

(3) 项目目标是项目管理的依据　项目目标既是项目活动的出发点，也是项目活动所指向的终点。在从事计划、组织、领导和控制等管理时，项目目标是管理的基本依据，同时也是考核效率和成果的依据。

(4) 项目目标是激励项目单位和员工积极性的手段　项目目标的设定是由项目建设单位与员工积极参与讨论的结果，目标的贯彻强调以项目成员自我参与、自我控制的办法，以便发挥目标的激励作用。因此，目标可以激发项目成员工作的积极性、主动性和创造性。特别是当项目目标为全体员工所认识并同员工的个人利益能很好地结合时，目标的激励作用就可以充分发挥出来。

二、项目目标设计步骤与遵循的原则

1. 防腐项目目标设计步骤

项目目标设计是指在各要素调查、研究、分析的基础上，进行项目基本目标策划，结合项目主体自身状况设计出目标，建立目标系统。其设计步骤为：

(1) 项目情况分析　在市场调查，技术可行性、经济合理性、环保可行性等分析的基础上，对项目环境和项目主体能力进行综合分析评价，通过各个要素的分析，将感性的项目构思转化为理性的项目概念，并为项目目标设计提供坚实的理论与实践依据。

(2) 项目问题界定　对项目情况分析后，发现是否存在影响项目开展和发展的因素和问题，并对问题分类、界定，分析得出项目问题产生的原因、背景和界限。项目问题界定是项目目标设计的诊断，也是对项目目标设计的再深入分析。

(3) 确定项目目标因素　根据项目情况分析和问题界定，确定可能影响项目发展和成效的明确、具体、可量化的目标因素，如市场目标因素、技术目标因素、经济目标因素和环保目标因素等，具体应该体现在项目可行性分析中。

(4) 建立项目目标体系　在目标因素的基础上进行排序、选择、分解和结构优化，形成目标体系，并对项目目标的具体内容和重要性进行表述。

(5) 各目标关系的确认　哪些是必然（强制性）目标，哪些是期望目标，哪些是阶段性目标，不同的目标之间有哪些联系和矛盾，确认清楚后便于对项目的整体把握和推进项目的发展。

2. 防腐项目目标设计遵循的原则

(1) 全面性原则　就是目标设计要有大局意识、整体观念。其目标的设计，既要考虑经济效益，又要考虑社会效益；既要考虑近期影响，又要考虑远期影响；既要考虑直接作用，又要考虑间接作用等。通过综合分析多方面的问题，最后做出决断。这样可以避免片面性，防止顾此失彼。

(2) 重点性原则　一个项目的目标千头万绪，需要解决的问题很多。但是制定目标不能面面俱到，无所不能。必须明确项目中心任务，抓住主要矛盾，优先考虑项目要解决的最关键、最迫切的问题。制定目标还要有针对性，这样容易形成较大的凝聚力，容易收到成效。

(3) 可行性原则　有效的目标应该是通过努力可实现的，即要求目标制定必须符合客观实际，经过努力能够实现。且一般要量化，对于某些不能直接量化的目标，要采取转化的方式予以量化，对于一些定性结果可以采取主观打分的办法实现量化。

（4）灵活性原则　是指所设定的目标具有一定的弹性，在一定范围内，能够适应市场、技术、经济环境等的变化。

三、项目目标设计可行性分析

从某种角度来说，项目目标设计相对比较容易，而其可行性分析则是比较复杂的。它既受纵向因素的影响，又受横向因素的影响；既受内部因素的影响，又受外部因素的影响；既受经济因素的影响，又受政治因素的影响；既受已确定因素的影响，又受不确定因素的影响；等等。总之，它是一个多因素交织在一起的动态体系。因此，对项目目标设计的可行性分析，只能给出一个大致分析的路径，不能给出详细、具体的分析方法。即便是可能，也是参考意见。

一个项目目标既要有最高层次的战略目标，也要有较低层次的具体目标。通常明确定义的项目目标按照意义和内容表示为一个递阶层次结构，层次越低的目标描述得应该越清晰具体。依据这一基本理论，防腐工程项目目标设计可分为宏观目标和管理目标两个层次。

1. 宏观目标

项目的宏观目标是指项目建设对国家、地区、部门或行业要达到的整体发展目标所产生的积极作用和影响，或对技术、经济、社会、环境带来的重大影响。不同性质项目的宏观目标是不同的，防腐工程项目的宏观目标主要是满足国民经济或当地经济发展对项目产品或服务的需要，推动相关产业的发展。

项目宏观目标的设计分析，通常包括以下内容。

（1）满足国民经济或当地经济发展对项目产出（产品或服务）的需要，推动国民经济或地方相关产业经济的发展，从而拉动国民经济和当地经济增长的预测分析。

（2）项目对促进产业结构调整，优化产业布局，提高产品质量或服务功能增加值所占比例，增加对外出口商品的国民经济效益的预测分析。

（3）项目增加居民收入、就业，提高居民生活质量，改善居民健康状况，减少环境污染，改善环境质量，提高资源能源的综合利用水平，降低腐蚀事故，稳定社会经济和谐发展的预测分析。

2. 管理目标

项目管理目标是指项目预期产生的直接作用和效果。其目标的设置与可行性分析如下。

(1) 项目产品方案目标　项目产品方案目标，称项目产品大纲目标，主要是指建设项目主要产品的品种、规格、技术性能、生产能力以及同类产品的不同规格、性能、生产能力的优化组合方案。对于某些防腐项目来说，产品方案目标还应包括辅助产品或副产品。

项目产品方案目标的设置分析，应重点考虑产业政策、市场需求、产品定位、产品竞争力等。

(2) 项目产品目标市场　目标市场，又叫目标消费群或目标顾客群，是企业为了实际预期的战略目标而选定的营销对象，是企业试图通过满足其需求实现盈利目的的消费群。目标市场选择是市场定位的前提条件，而市场定位要根据目标市场进行。在确定目标市场时，应遵循三大原则：一是所确定目标市场必须足够大，或正在扩大，以保证项目获得足够的经济效益；二是所选择的目标市场是竞争对手尚未满足的；三是所确定的目标消费者最可能对本项目产品或服务做出肯定反应。

具体预测分析包括目标市场、市场占有份额等的确定。

(3) 项目建设规模目标　项目建设规模指的是项目占地面积、建筑面积、建筑功能、投资总额等。项目建设规模目标的选择，应达到规模经济的要求。但规模扩大所产生的效益不是无限的，它受到技术进步、管理水平、项目经济技术环境等多种因素的制约。项目规模目标的设定，直接受到市场因素、技术因素和环境因素的制约。项目建设规模目标的设定，可采用盈亏平衡产量分析法、平均成本法、生产能力平衡法以及按照政府或行业规定确定。

(4) 项目投资控制目标　指在工程项目各阶段，将工程项目投资控制在预先确定的投资限额内，随时纠正发生的偏差，保证工程项目投资目标的实现。投资控制贯穿于项目建设的全过程。

投资控制目标预测分析的内容包括：项目建设工程费、设备及工器具购置费、安装工程费、工程建设其他费用、基本预备费、涨价预备费和建设利息等。

(5) 项目建设进度目标　包括建设工程和施工进度安排。

建设工程是指工程项目从正式破土动工、按设计文件规定全部建成到竣工验收交付使用所用的全部时间,包括建筑、安装、试车、验收、交付使用等所需要的时间,但不包括施工准备时间。

施工进度是指施工过程中各个工序的安排与时间顺序,以及各个工序的进度。施工进度的控制是保证施工项目按期完成,合理进行资源配置,节约工程成本的主要措施。施工进度控制的总目标是在保证施工质量且不提高施工成本的前提下,合理地缩短施工工期。

(6) 项目技术效果目标　项目技术效果目标是指技术系统应当具有的技术功能和应当达到的技术水平指标。

对于应用性防腐项目,其技术效果目标的设定包括:项目对降低腐蚀风险,保证安全生产的预测分析;项目对降低腐蚀经济损失、事故损失的预测分析;项目对延长设备、装置使用寿命的预测分析;项目对保障生产过程连续性的预测分析等。

对于生产性防腐项目,其技术效果目标的设定包括:项目对提高产品的产量和质量,增加产品的品种,改善产品结构和性能的预测分析;项目对降低原材料和能源消耗,降低加工成本或产品成本,增强产品市场竞争力,提高市场占有率和获利能力的预测分析。

(7) 项目财务效益目标　财务效益目标的设定是根据项目过去的信息资料,结合现实的要求和条件,运用科学方法,对未来的财务状况和财务成果做出的科学预计和测算。

财务效益目标包括盈利能力指标,如项目财务内部收益率、资本金收益率、投资各方收益率、财务净现值、投资回收期、投资利润率等;也包括偿债能力,如借款偿还期、利息备付率和偿债备付率等。

财务效益目标预测分析方法有定性预测和定量预测两类。定性预测是通过判断项目所具有的各种因素、属性进行预测,它是建立在经验判断、逻辑思维和逻辑推理基础上的,主要特点是利用直观材料,依靠个人的经验综合分析财务效益目标。定量预测是通过分析项目各种因素、属性的数量关系进行预测。它的特点是根据历史数据找出其内在规律,运用数学运算对项目未来状况进行数量预测。

(8) 项目环境影响目标　项目环境影响,这里主要是指项目在关键时,以及运营后可能对环境造成的污染影响。根据环境要素,环境影响主要包括对大气环境、地表水环境、土壤环境、声环境、电环境、生态环境和固体废物环境影响等。项目可能造成的这些环境的污染必须符合国家环保有关法律法规给出的限值指标，应对实现这些限值指标进行可行性分析。

（9）项目可持续性目标　项目可持续性目标的设定，对于任何一个防腐项目来说都是非常重要的，特别是应用性防腐项目。如果可持续性目标实现不了，无论项目有多少优势，都要"忍痛割爱"。因为应用性防腐项目在很多场合是服务性的，如果在可持续性方面达不到服务对象的要求，就会失去拟选的机会。

项目可持续性目标预测分析包括内部因素和外部条件两个方面。内部因素有：项目技术功能、人才素质、财务状况等。外部条件有：政策、市场需求、环境条件等。

（10）项目风险控制目标　一个产品从它的可行性分析到投入市场再到消费者购买使用它，这些过程中都存在着不同的风险，主要包括政策风险、市场风险、财务风险、管理风险、技术风险、资金风险、环保风险和经营风险等，面对这些风险我们必须未雨绸缪，防患于未然，提前做风险值预测，并筹划出相关对策，争取将企业的损失控制到最低。

以上给出的目标与分析，只是在项目立项之前进行的可行性分析。究竟如何，尚需项目建成投产后进行后评价验证，以此来分析判断各目标设定的科学性、合理性等，进而判断目标是否符合项目进一步发展的要求。

第八节　腐蚀防护工程项目可行性分析报告的编制

在完成项目可行性分析工作后，应将其调查、预测、分析的结果进行归纳总结，形成项目可行性分析报告。项目可行性分析报告又可以称为项目可行性研究报告、可研报告（简称《报告》）。《报告》是一种格式比较固定的、用于向国家项目审核部门进行项目立项申报的商务文书，主要用来阐述项目在各个层面上的可行性与必要性，对于项目审核通过、获取资金支持、理清项目方向、规划抗风险策略都有非常重要的作用。

一、项目可行性分析报告编制概述

1.《报告》编制的定义

《报告》的编制是确定防腐项目前具有决定性意义的工作,是在投资决策上的合理性、技术上的先进性和适应性以及建设条件的可能性和可行性,从而为投资决策提供科学依据。《报告》是一种严谨的具有高数据量的商务文书。

2.《报告》编制的作用

(1) 作为防腐项目投资决策的依据 《报告》是防腐项目投资的首要环节,项目投资决策者主要是根据《报告》的评价结果,决定一个项目是否应该投资和如何投资。换言之,一个项目能否选择,其关键在于《报告》。

(2) 作为融资和筹措资金的依据 项目建设单位筹措资金特别是向银行申请贷款或向国家申请补助资金时,必须向有关部门报送《报告》。银行或国家有关部门通过对可行性分析的审查,并认定项目确定可行,才同意贷款或进行资金补助。

(3) 作为国家各级计划综合部门对固定资产投资实行调整管理,编制发展计划、固定资产投资、技术改造投资的重要依据 由于建设项目尤其是大中型项目考虑的因素多,涉及的范围广,投入的资金数额大,可能对全局和当地的近、远期经济活动带来深远的影响,因此,《报告》可作为计划综合部门对固定资产投资调控管理和编制国民经济及社会发展计划的重要依据。

(4) 作为工程设计、设备订货、施工准备等基本建设前期工作的依据 初步设计是根据《报告》对所要建设的防腐项目规划出实际性的建设蓝图,即较详尽地规划出此项目的规模、产品方案、总体布置、工艺流程、设备选型、劳动定员、"三废"治理、建设工期、投资概算、技术经济指标具体操作方案,初步设计不得违背《报告》已论证的原则。

(5) 作为环境评价、审批工业用地的依据 我国当前对项目的节能和环保要求逐渐提高,项目实施需要进行环境评价,《报告》可以作为环保部门审查项目对环境影响的依据,同时也可以作为向项目建设所在地政府规划部门申请工业用地、施工许可证的依据。

(6) 作为项目建设单位拟定采用新技术、新设备研制供需采购计划的依据 《报告》中对拟建防腐项目采用新技术、新设备已进行了可行性分析和论证,认为是可行的,项目建设单位可依据《报告》拟定的新技术引进和采购新设备的计划。

（7）作为项目后评价的依据　项目可行性分析和项目后评价，是目前我国大力推行工程项目管理的两个重要环节。可行性分析是在项目建设前进行的预测、判断和评价，是决定项目要不要上马的关键环节。而项目的实际效益（果）究竟如何，需要在项目竣工投产后根据实际数据资料进行再评价，因此，《报告》是项目后评价的基础，也是后评价的重要依据。

3.《报告》编制步骤

项目规模、性质不同，其《报告》编制的步骤也不完全相同，就一般情况而言，《报告》的编制步骤大致如下：

（1）组建工作小组　《报告》编制单位与委托单位签订委托协议后，编制单位便可根据防腐工程项目内容、范围、技术难度、时间要求等组建工作小组。

（2）制定工作计划　其内容包括项目人员分工、工作进度计划、工作重点和难点分析、费用预算，并将拟定的工作计划与委托单位沟通。

（3）调查研究收集资料　工作小组根据项目类型和具体特点开展现场调研，收集整理有关资料，包括向市场和社会调查，向行业主管部门调查，向项目所在地有关部门调查，向项目建设单位调查等，充分了解和掌握与《报告》有关的信息资料和数据。

（4）研究《报告》编制方案　在调查研究收集资料的基础上，对项目的建设规模与产品方案、技术方案、设备方案、工程方案、环保方案、组织方案、投资与资金筹措方案等进行综合归纳分析，推荐最优《报告》编制方案，并与委托单位沟通。

（5）编制《报告》　根据选定的方案要求，着手编制《报告》的初稿。初稿完成后，需从《报告》的结构、内容、方法、技术等方面进行内部审查，基本达到合同约定的要求后交建设单位征求意见。

（6）验收《报告》　将内审通过后的《报告》交建设单位验收，建设单位可自行组织验收或邀请第三方机构或专家进行评审，之后根据评审意见进行修改形成终稿。

二、项目可行性分析报告编制的依据与要求

1.《报告》编制的依据

（1）依据国家经济和社会发展规划，行业部门或地区规划　国家和地方

经济和社会发展规划是一个时期国民经济发展的纲领性文件，对防腐项目的选择建设具有重大指导作用或现实意义。部门与地区规划，经济建设的指导方针、任务、产业政策、投资政策和技术经济政策等，同样可作为项目选择与建设的依据。

（2）依据项目建议书（初步可行性分析报告）及其批复文件　经过批准的项目建议书和在项目建议书批准后签订的意向性协议等，是论证拟建防腐项目的必要性、经济合理性、技术可行性的书面文件，也是《报告》编制的依据之一。

（3）依据国家有关法律、法规和政策　《报告》的编制必须遵守国家有关法律、法规和政策，如税收制度、环保法律政策、国家指导的产业发展政策等。

（4）依据工程建设标准、规范、定额和经济评价指标与方法　工程建设标准、规范有的是强制性的，必须严格遵守；有的是选择性的，可就具体情况而定；工程定额和经济评价指标与方法，应将《建设项目经济评价方法与参数》（第三版）作为基本依据，此外尚有行业标准及国外权威标准与方法可作参照。

2.《报告》编制的要求

（1）一般要求　有如下几点：

① 公正性。《报告》的编写必须站在客观公正的立场进行调查、研究、分析，如实地反映社会、经济规律，从客观实际出发，通过科学分析，得出项目是否可行的结论。

② 可靠性。《报告》应认真研究确定项目的经济技术措施，以保证项目的可靠性。同时也应否定不可行的防腐项目或方案，以避免造成经济损失。

③ 预见性。《报告》不仅要对历史、现状进行研究和分析，更重要的是应对项目未来发展前景做出科学的预测。

④ 科学性。《报告》必须应用现代科学技术手段、科学的评价指标体系和分析方法评价项目经济、技术、环保、可持续性等，为项目决策提供科学依据。

（2）编制单位与人员的要求　承担《报告》编制单位和人员，应符合下列要求：

①《报告》编制单位应具有经国家有关部门审批登记的资质等级证明。

②《报告》编制单位应具有承担编制《报告》的能力和经验。

③《报告》编制人员应具有从事专业的中级以上专业职称，并具有相关

知识、技能和工作经历。

④《报告》编制单位及工作人员应坚持独立、公正、科学、可靠性的原则，实事求是，对提供的《报告》质量负完全责任。

三、项目可行性分析报告编制的内容与文本格式

（一）《报告》编制的内容

《报告》是投资人，国家、地方政府或项目主管部门对项目进行投资的重要依据，也是金融部门贷款机构参与投资决策和贷款决策的重要依据，是对项目实行全过程监督管理的重要举措。因此，《报告》编制的内容应该满足不同部门和不同角度的需要。

防腐工程项目的类型多种多样，其中既有生产型的，又有应用型的，每一种类型又可分为多种不同的类别，建设性质、规模和行业各不相同，使得《报告》编制的内容和重点也各有侧重、不尽相同。就一般项目而言，《报告》编制的内容主要包括以下几个方面。

1. 投资必要性

投资必要性是对拟建防腐项目能否确定、是否有建设必要所进行的审查和分析评价。其内容包括：拟建防腐项目产品的市场需求分析；拟建防腐项目的生产规模的分析；拟建防腐项目的产品竞争能力的分析；拟建防腐项目建设必要性的总评价。

2. 财务可行性

主要从防腐项目及投资者的角度，详细估算营业收入和成本费用，预测现金流量；编制现金流量表等财务报表，计算相关指标；进行财务盈利能力、清偿能力以及生存能力分析，评价财务的可行性。

3. 经济可行性

主要从国家和社会的角度，对于财务现金流量不能全面、真实地反映其经济价值的防腐项目，应进行经济分析。即从社会经济资源有效配置的角度，识别防腐项目产生的直接和间接的经济费用和效益，编制经济费用流量表，计算有关评价指标，分析项目建设对国民经济发展所做出的贡献，以及项目所耗费的社会资源，评价项目的经济合理性。

4. 非经济性

非经济性是指不能简单直接地用货币来衡量的收益，如生命、健康、环

境影响等，但是，对它需要做出客观合理的分析评价，以对防腐项目所产生的作用和影响给予充分的肯定。在很多场合，经济性不一定是选择防腐项目的重要依据，而非经济性因素却常常是决定防腐项目取舍的重要条件。例如，厂区输送管道的腐蚀保护，常是为了腐蚀安全而实施的防护措施，而不是经济因素决定的。因为更换或维修一节被腐蚀的管道，最多几千元或上万元，而腐蚀造成穿孔，进而造成伤亡事故、环境污染、生态破坏等损害，却不是几千元的损失。因此，防腐项目非经济性的分析评价不可忽视，而且也不能忽视，在《报告》中需要把这些问题表述清楚。

5. 社会性

对于涉及社会公共利益的防腐项目，分析评价拟建防腐项目的社会影响，分析主要利益相关者的需求对项目的支持和接受程度，分析项目的社会风险，提出防范和解决社会问题的方案。

6. 风险性

对防腐项目主要风险进行识别，如项目的市场风险、技术风险、财务风险、组织风险、法律风险、经济及社会风险等，用定性与定量分析方法估计风险程度，并提出风险管理措施。

7. 可持续性

主要是对防腐项目建成投产后能否继续稳定地发展下去的分析评价，包括内部影响因素和外部影响条件的分析评价。

8. 结论与建议

在完成以上各项分析研究之后，应做出归纳总结，说明所推荐方案的优点，指出存在的主要问题和可能遇到的主要风险，做出项目是否可行的明确结论，并对项目下一步工作和项目实施中需要解决的问题提出建议。

（二）《报告》编制的文本格式

1.《报告》文本排序

（1）封面　项目名称、分析阶段、编制单位、出版年月、并加盖编制单位印章。

（2）封一　编制单位资格证书。如工程咨询资质证书、工程设计证书。

（3）封二　编制单位的项目负责人、技术管理负责人、法定代表人名单。

（4）封三　编制人、校核人、审核人、审定人名单。

（5）目录。

(6) 正文。

(7) 附图、附表、附件。

2.《报告》文本外形尺寸

统一为A4纸（210mm×297mm）。A4纸是ISO 216定义的，世界上多数国家所使用的纸张尺寸都是采用这一国际标准。目前中国与国际通用。

四、一般工业项目可行性研究报告编制大纲

（一）总论

1. 项目背景

(1) 项目名称；

(2) 承办单位概况（新建项目指筹建单位情况，技术改造项目指原企业情况，合资项目指合资各方情况）；

(3) 可行性研究报告编制依据；

(4) 项目提出的理由与过程。

2. 项目概况

(1) 拟建地点；

(2) 建设规模与目标；

(3) 主要建设条件；

(4) 项目投入总资金及效益情况；

(5) 主要技术经济指标。

3. 问题与建议

（二）市场预测

1. 产品市场供应预测

(1) 国内外市场供应现状；

(2) 国内外市场供应预测。

2. 产品市场需求预测

(1) 国内外市场需求现状；

(2) 国内外市场需求预测。

3. 产品目标市场分析

(1) 目标市场确定；

（2）市场占有份额分析。

4. 价格现状与预测

（1）产品国内市场销售价格；

（2）产品国际市场销售价格。

5. 市场竞争力分析

（1）主要竞争对手情况；

（2）产品市场竞争力优势、劣势；

（3）营销策略。

6. 市场风险

（三）资源条件评价

（1）资源类型评价；

（2）资源品质评价；

（3）资源环境评价；

（4）资源可得性评价；

（5）资源可用性评价；

（6）资源可靠性评价；

（7）资源效益性评价；

（8）资源可持续性评价。

（四）建设规模与产品方案

1. 建设规模

（1）建设规模方案比选；

（2）推荐方案及其理由。

2. 产品方案

（1）产品方案构成；

（2）产品方案比选；

（3）推荐方案及其理由。

（五）场址选择

1. 场址所在位置现状

（1）地点与地理位置；

（2）场址土地权属类别及占地面积；

(3) 土地利用现状；

(4) 技术改造项目现有场地利用情况。

2. 场址建设条件

(1) 地形、地貌、地震情况；

(2) 工程地质与水文地质；

(3) 气候条件；

(4) 城镇规划及社会环境条件；

(5) 交通运输条件；

(6) 公用设施社会依托条件（水、电、汽、生活福利）；

(7) 防洪、防潮、排涝设施条件；

(8) 环境保护条件；

(9) 法律支持条件；

(10) 征地、拆迁、移民安置条件；

(11) 施工条件。

3. 场址条件比选

(1) 建设条件比选；

(2) 建设投资比选；

(3) 运营费用比选；

(4) 推荐场址方案；

(5) 场址地理位置图。

（六）技术方案、设备方案和工程方案

1. 技术方案

(1) 生产方法（包括原料路线）；

(2) 工艺流程；

(3) 工艺技术来源（需引进国外技术的，应说明理由）；

(4) 推荐方案的主要工艺（生产装置）流程图、物料平衡图，物料消耗定额表。

2. 主要设备方案

(1) 主要设备选型；

(2) 主要设备来源（进口设备应提出供应方式）；

(3) 推荐方案的主要设备清单。

3. 工程方案

(1) 主要建、构筑物的建筑特征、结构及面积方案；

(2) 扩建工程方案;

(3) 特殊基础工程方案;

(4) 建筑安装工程量及"三材"用量估算;

(5) 技术改造项目原有建、构筑物利用情况;

(6) 主要建、构筑物工程一览表。

(七) 主要原材料、燃料供应

1. 主要原材料供应

(1) 主要原材料品种、质量与年需要量;

(2) 主要辅助材料品种、质量与年需要量;

(3) 原材料、辅助材料来源与运输方式。

2. 燃料供应

(1) 燃料品种、质量与年需要量;

(2) 燃料供应来源与运输方式。

3. 主要原材料、燃料价格

(1) 价格现状;

(2) 主要原材料、燃料价格预测。

4. 编制主要原材料、燃料年需要量表

(八) 总图、运输与公用辅助工程

1. 总图布置

(1) 平面布置。列出项目主要单项工程的名称、生产能力、占地面积、外形尺寸、流程顺序和布置方案。

(2) 竖向布置。

① 场区地形条件;

② 竖向布置方案;

③ 场地标高及土石方工程量。

(3) 技术改造项目原有建、构筑物利用情况。

(4) 总平面布置图(技术改造项目应标明新建和原有以及拆除的建、构筑物的位置)。

(5) 总平面布置主要指标表。

2. 场内外运输

(1) 场外运输量及运输方式;

(2) 场内运输量及运输方式；

(3) 场内运输设施及设备。

3. 公用辅助工程

(1) 给排水工程。

① 给水工程。用水负荷、水质要求、给水方案。

② 排水工程。排水总量、排水水质、排放方式和泵站管网设施。

(2) 供电工程。

① 供电负荷（年用电量、最大用电负荷）；

② 供电回路及电压等级的确定；

③ 电源选择；

④ 场内供电输变电方式及设备设施。

(3) 通信设施。

① 通信方式；

② 通信线路及设施。

(4) 供热设施。

(5) 空分、空压及制冷设施。

(6) 维修设施。

(7) 仓储设施。

（九）节能措施

1. 节能的措施

2. 能耗指标分析

（十）节水措施

1. 节水的措施

2. 水耗指标分析

（十一）环境影响评价

1. 场址环境条件

2. 项目建设和生产对环境的影响

(1) 项目建设对环境的影响；

(2) 项目生产过程产生的污染物对环境的影响。

3. 环境保护措施方案

4. 环境保护投资
5. 环境影响评价

（十二）劳动安全卫生与消防

1. 危害因素和危害程度

（1）有毒有害物品的危害；
（2）危险性作业的危害。

2. 安全措施方案

（1）采用安全生产和无危害的工艺和设备；
（2）对危害部位和危险作业的保护措施；
（3）危险场所的防护措施；
（4）职业病防护和卫生保健措施。

3. 消防设施

（1）火灾隐患分析；
（2）防火等级；
（3）消防设施。

（十三）组织机构与人力资源配置

1. 组织机构

（1）项目法人组建方案；
（2）管理机构组织方案和体系图；
（3）机构适应性分析。

2. 人力资源配置

（1）生产作业班次；
（2）劳动定员数量及技能素质要求；
（3）职工工资福利；
（4）劳动生产率水平分析；
（5）员工来源及招聘方案；
（6）员工培训计划。

（十四）项目实施进度

1. 建设工期
2. 项目实施进度安排

3. 项目实施进度表（横线图）

（十五）投资估算

1. 投资估算依据

2. 建设投资估算

（1）建筑工程费；

（2）设备及工器具购置费；

（3）安装工程费；

（4）工程建设其他费用；

（5）基本预备费；

（6）涨价预备费；

（7）建设期利息。

3. 流动资金估算

4. 投资估算表

（1）项目投入总资金估算汇总表；

（2）单项工程投资估算表；

（3）分年投资计划表；

（4）流动资金估算表。

（十六）融资方案

1. 资本金筹措

（1）新设项目法人项目资本金筹措；

（2）既有项目法人项目资本金筹措。

2. 债务资金筹措

3. 融资方案分析

（十七）财务评价

1. 新设项目法人项目财务评价

（1）财务评价基础数据与参数选取。

① 财务价格；

② 计算期与生产负荷；

③ 财务基准收益率设定；

④ 其他计算参数。

(2) 销售收入估算（编制销售收入估算表）。

(3) 成本费用估算（编制总成本费用估算表和分项成本估算表）。

(4) 财务评价报表。

① 财务现金流量表；

② 损益和利润分配表；

③ 资金来源与运用表；

④ 借款偿还计划表。

(5) 财务评价指标。

① 盈利能力分析：

a. 项目财务内部收益率；

b. 资本金收益率；

c. 投资各方收益率；

d. 财务净现值；

e. 投资回收期；

f. 投资利润率。

② 偿债能力分析（借款偿还期或利息备付率和偿债备付率）。

2. 既有项目法人项目财务评价

(1) 财务评价范围确定。

(2) 财务评价基础数据与参数选取。

① "有项目"数据；

② "无项目"数据；

③ 增量数据；

④ 其他计算参数。

(3) 销售收入估算（编制销售收入估算表）。

(4) 成本费用估算（编制总成本费用估算表和分项成本估算表）。

(5) 财务评价报表。

① 增量财务现金流量表；

② "有项目"损益和利润分配表；

③ "有项目"资金来源与运用表；

④ 借款偿还计划表。

(6) 财务评价指标。

① 盈利能力分析：

a. 项目财务内部收益率；

b. 资本金收益率；

c. 投资各方收益率；

d. 财务净现值；

e. 投资回收期；

f. 投资利润率。

② 偿债能力分析（借款偿还期或利息备付率和偿债备付率）。

3. 不确定性分析

(1) 敏感性分析（编制敏感性分析表，绘制敏感性分析图）；

(2) 盈亏平衡分析（绘制盈亏平衡分析图）。

4. 财务评价结论

（十八）国民经济评价

1. 影子价格及通用参数选取

2. 效益费用范围调整

(1) 转移支付处理；

(2) 间接效益和间接费用计算。

3. 效益费用数值调整

(1) 投资调整；

(2) 流动资金调整；

(3) 销售收入调整；

(4) 经营费用调整。

4. 国民经济效益费用流量表

(1) 项目国民经济效益费用流量表；

(2) 国内投资国民经济效益费用流量表。

5. 国民经济评价指标

(1) 经济内部收益率；

(2) 经济净现值。

6. 国民经济评价结论

（十九）社会评价

1. 项目对社会的影响分析

2. 项目与所在地互适性分析

（1）利益群体对项目的态度及参与程度；

（2）各级组织对项目的态度及支持程度；

（3）地区文化状况对项目的适应程度。

3. 社会风险分析

4. 社会评价结论

（二十）风险评价

1. 项目主要风险因素识别

2. 风险程度分析

3. 防范和降低风险对策

（二十一）研究结论与建议

1. 推荐方案的总体描述

2. 推荐方案的优缺点描述

（1）优点；

（2）存在问题；

（3）主要争论与分歧意见。

3. 主要对比方案

（1）方案描述；

（2）未被采纳的理由。

4. 结论与建议

（二十二）附图、附表、附件

1. 附图

（1）场址位置图；

（2）工艺流程图；

（3）总平面布置图。

2. 附表

（1）投资估算表。

① 项目投入总资金估算汇总表；
② 主要单项工程投资估算表；
③ 流动资金估算表。

(2) 财务评价报表。
① 销售收入、销售税金及附加估算表；
② 总成本费用估算表；
③ 财务现金流量表；
④ 损益和利润分配表；
⑤ 资金来源与运用表；
⑥ 借款偿还计划表。

(3) 国民经济评价报表。
① 项目国民经济效益费用流量表；
② 国内投资国民经济效益费用流量表。

3. 附件

(1) 项目建议书（初步可行性研究报告）的批复文件；
(2) 环保部门对项目环境影响的批复文件；
(3) 资源开发项目有关资源勘察及开发的审批文件；
(4) 主要原材料、燃料及水、电、汽供应的意向性协议；
(5) 项目资本金的承诺证明及银行等金融机构对项目贷款的承诺函；
(6) 中外合资、合作项目各方草签的协议；
(7) 引进技术考察报告；
(8) 土地主管部门对场址批复文件；
(9) 新技术开发的技术鉴定报告；
(10) 组织股份公司草签的协议。

参考文献

[1] 李国强. 市场调查与市场分析. 北京：中国人民大学出版社，2010.
[2] 刘玉玲，王吉方. 市场调查与预测. 北京：科学出版社，2016.
[3] 林红菱，等. 市场调查与预测. 2版. 北京：机械工业出版社，2016.
[4] 丁洪福，战颂. 市场调查与预测. 2版. 大连：东北财经大学出版社，2016.

[5] 陈静. 市场调查与预测. 北京：中国人民大学出版社，2016.

[6] 魏玉芝，魏亚男. 市场调查与分析.3 版. 大连：东北财经大学出版社，2016.

[7] 马连福. 市场调查与预测. 北京：机械工业出版社，2016.

[8] 戚安邦. 项目论证与评估. 北京：机械工业出版社，2009.

[9] 宋维佳，王立国，王红岩. 可行性研究与项目评估.4 版. 大连：东北财经大学出版社，2015.

[10] 陈云钢，肖全东. 工程经济学. 武汉：武汉理工大学出版社，2015.

[11] 胡斌. 工程经济学. 北京：清华大学出版社，2016.

[12] 章丽萍，何绪文. 环境影响评价. 北京：煤炭工业出版社，2016.

[13] 沈洪艳，等. 环境影响评价教程. 北京：化学工业出版社，2017.

[14] 李庄. 环境影响评价. 武汉：武汉理工大学出版社，2015.

[15] 杨仁斌. 环境质量评价.2 版. 北京：中国农业出版社，2016.

[16] 吴瑞智. 建设项目可持续性分析及综合评价研究［D］. 重庆：重庆大学，2009.

腐蚀经济学

第十章
腐蚀防护工程项目费用收益分析与评价

腐蚀防护工程项目性质不同，其费用收益分析与评价也不尽相同。这里所介绍的费用收益分析，主要是针对应用性腐蚀防护工程项目。

腐蚀防护工程项目费用（成本）收益分析，也称腐蚀防护控制技术费用（成本）效果评价。费用（成本）是指为维持和保障被保护结构系统应有的功能得以充分发挥所付出的代价。收益是指腐蚀被控制后给企业、集体或个人及国家和社会带来的收益，即表示项目产出表现的形态。包括经济效益和非经济效益、经济效果和非经济效果、经济效用和非经济效用六个方面。但通常情况下，一个项目不可能同时具有"六种"收益，而一般只有一二两种。其中有些收益由于受统计技术的限制，尚难准确统计，目前只能是做一些探索性的研究。

常规经济收益分析运用的是"加法"，而腐蚀防护工程项目收益分析运用的是"减法"。所以常规财务分析不适用于防腐应用技术项目收益的分析。

本章围绕着应用性腐蚀防护工程项目费用效益、费用效果和成本效用的性质、特点、计量和应用等内容进行介绍，供读者参考。

第一节 概 述

所谓腐蚀防护，是指人类社会通过采取各种技术的和非技术的措施达到减轻腐蚀与腐蚀事故的活动。广义的腐蚀防护包括一切可以减轻或控制腐蚀与腐蚀事故的危害活动,以及包括及时的腐蚀监测、腐蚀风险预报、腐蚀鉴定等活动。狭义的腐蚀防护则主要是指腐蚀与腐蚀事故发生前的防控活动与事故发生后的救护活动,侧重点在于减轻腐蚀与腐蚀事故发生的次数和危害后果。

在长期与腐蚀斗争的过程中,人们逐步积累了丰富的腐蚀控制经验,使腐蚀与腐蚀事故造成的危害得以减轻。斗争的实践使人们认识到,腐蚀防护的经济意义在国民经济建设中的作用日益重要,腐蚀防护在国民经济建设的各个领域带来的丰厚成果日益受人关注,腐蚀防护为国民经济协调发展的功能作用日益凸显。时至今日,崛起的腐蚀防护产业,既是一大新兴产业,战略性产业,环保、资源保护型产业,又是国民经济可持续发展的保障性产业。

一、腐蚀经济的意义日益重要

研究腐蚀经济的根本目的,在于寻求腐蚀损失最小化,同时维护社会经济的可持续发展。而要实现这一目标,便必然需要政府、社会、企业乃至个人采取相应的腐蚀防护措施,并努力使各种腐蚀防护手段取得应有的效果。因此,腐蚀防护在客观上构成实现腐蚀经济学目的的必需手段和最具有经济意义的活动。

在人类漫长的腐蚀防护实践活动中,可以发现 3000 年前的腐蚀防护与当今的腐蚀防护目的几乎完全一致,都是维护人类既得的利益,追求财富损失的减少和整个社会经济的可持续发展,这正是腐蚀防护的根本目标,也是腐蚀经济学所追求的目标。历史和现实都表明,任何腐蚀防护措施都是对既得利益或现有财富的保护性措施,是避免既得利益和现有财富损失或减少其可能遭受的损失,并对人类社会未来的发展产生积极作用,从而揭示出腐蚀防护的直接目标是寻求腐蚀损失的最小化。

实事求是而论,各种腐蚀防护的投入都是以耗费现时的社会财富为代价,如果单纯是为长远利益或未来利益,人们将不会立即采取防腐行动。正因如此,好多的腐蚀与腐蚀事故是由短期行为所造成的。实质上,腐蚀防护的直接目标是努力保护既得利益和现时利益不受损失的同时,保护人类社会长远利益。

从经济学的角度出发,腐蚀防护投入日益增长,已被当代社会视为重要的经济行为。一方面,任何腐蚀防护项目都是以付出相应的经济代价即消耗现有财富为必要代价,而一个国家、部门和单位愿不愿为此做出付出,其财力、物力和人力是直接制约因素。宏观而论,凡是经济发达的国家,一般比较重视腐蚀问题。凡是经济薄弱和发展中国家,一般难以顾及这方面的损失。我国与日本相邻,气候环境相差不大,但在腐蚀防护方面的投入,日本远远高于我国,其腐蚀损失也低于我国。另一方面,腐蚀防护又影响现阶段的财力、物力和人力的分配格局,即腐蚀与腐蚀事故损失是非常规经济损失,腐蚀防护亦是非常规经济投入,从而必然对常规的经济分配格局产生影响,愈是重大腐蚀事故,愈是对国民经济和部门经济分配格局产生重大影响。例如,山东省青岛市"11·22"中石化东黄输油管道泄漏爆炸特别重大事故,事故发生时输油管道腐蚀破裂漏油,后因施救措施不力,引起爆炸,共造成62人死亡、136人受伤,直接经济损失7.5亿元,如果再把间接损失计入,其腐蚀损失还会大为增加。这样特别重大的腐蚀事故,造成如此巨大的经济损失,是在毫无准备的条件下发生的,别的且不论,就部门经济分配而言,必然要调整正常的分配方案来弥补异常的支出这一空缺。因而不难看出,腐蚀防护本身的经济行为性质与经济意义是毋庸置疑的。

另外,还需要说明的是,在当代经济建设中,腐蚀防护并非表现为完全以经济利益为目的,而在许多场合,考虑腐蚀安全对社会产生的影响要比考虑经济利益重要得多。如果忽视了这一点,将是对腐蚀防护应有之义的扭曲,也必将受到腐蚀之害。例如,1979年8月11日发生在印度古吉拉特邦马丘河上的2号大坝崩溃事件,导致莫尔维市及邻近地区3.7万人死亡,财产损失达1.3亿美元,成为世界水库建设史上最悲惨的事件。其原因是泄洪闸生锈固结无法排洪,属于管理问题[1]。

至此,我们可以得出这样的结论,没有腐蚀防护的投入便不可能实现腐蚀经济学寻求腐蚀损失最小化的目的,没有对腐蚀与腐蚀防护的研究便必然影响腐蚀经济学的积极意义。尤其是当代经济发展这样迅速,腐蚀与腐蚀事故的研究不仅是腐蚀经济学中的关键性课题,同时也是许多常规经济活动中的必要课题,从而是整个国民经济中的重要课题。

二、腐蚀控制效果日益受人关注

腐蚀问题的严重化及其对人类社会发展尤其是对经济持续发展的严重危

害，促使各国政府不得不日愈重视采取腐蚀控制措施减轻腐蚀问题。

中国作为四大文明古国之一在金属腐蚀防护研究方面走在前列。根据考古发掘和历史记载，公元前 2000 多年，中华先人已会铸铜。公元前 17 世纪前后，已开始冶铸青铜。公元前 1200 年，中国商代已能使用锡、铅及汞等化合物，并出现镀锡的铜器。公元前 6 世纪前后，中国发明了生铁冶炼技术。公元前 4 世纪左右，在战国初期发明了可锻铸铁。公元前 2 世纪，中国西汉时已有了关于利用胆水炼铜❶的湿法冶金记载。之后不久，我们的先人又发明了炒钢技术❷[2]。虽然人类对腐蚀的认识历史悠久，但由被动腐蚀到主动防腐，从个别行动和局部行动到普遍行动和全世界行动，都是 20 世纪 50 年代以来的事情。到了 20 世纪 70 年代，以大规模的治理腐蚀活动和国际减轻蚀活动为标志，全球腐蚀防护技术的应用进入蓬勃发展时期。

随着经济社会的发展，发达国家因其较早实现工业化，社会财富的积累日益雄厚，同时工业化带来的腐蚀问题日益严重，从而不得不率先反思传统的工业化，并凭借其雄厚的财富，于 20 世纪 40 年代开始，到 60~70 年代则进行大规模的腐蚀损失调查。其结果表明，部分国家年腐蚀直接损失占国民生产总值（GNP）的 3%~5%❸。如此严重的腐蚀损失引起了各国政府的高度重视，借此促进了腐蚀经济学的诞生与发展。

由于腐蚀损失的日趋严重，腐蚀防护的投入也日愈增加，其收益也日愈凸显。美国国家统计局的分析报告认为，只要利用现今的腐蚀防护技术，即可降低腐蚀损失费用的 15%。也有人估计可降低 25%~30%[3]。即使是按最低限计算的话，也将是一笔巨大的经济效益。

宏观而论是抽象的，微观而论也许更有说服力。例如中国石化仪征化纤厂生产设备，通过腐蚀防护，将大修周期 1 年改为 2 年，创造利润 22 亿~32 亿元/年。中原油田加强腐蚀防护投入，建立系统防腐蚀管理网络，制订防腐

---

❶ 胆水炼铜，也称胆水浸铜，是指把铁放在胆矾（硫酸铜的古称，又称石胆）水中浸泡铁片置换出胆铜，是古代人炼铜技术的一种。

❷ 炒钢因在冶炼过程中要不断地搅拌好像炒菜一样而得名。迄今世界上年代最早的炒钢冶金技术，我国在西汉早期就已发明和广泛应用了。徐州狮子山楚王陵考古发现：楚王陵保存着一处完整的西汉楚王武库，库中堆满各式成捆的实战楚汉兵器，兵器虽历时 2000 多年，依然锋利无比，轻轻一划刀锋力透十余层厚纸。北京科技大学冶金与材料史研究所对武器的研究分析表明：当时的钢铁技术正处于发展时期，淬火工艺、冷锻技术、炒钢制作均已使用。楚王陵的年代下限为公元前 154 年，这表明我国在西汉早期（公元前 2 世纪中叶）已发明并使用了炒钢技术。

❸ 详见：王强编著《电化学保护简明手册》，北京：化学工业出版社，2012 年，第 12 页。

管理规章制度。组织实施后 1999 年管道腐蚀穿孔次数比 1993 年减少 77.4%，腐蚀经济损失降低了 72.7%。大亚湾核电站实现微机化管理，建有较完备的腐蚀与防护技术档案，采用综合防腐措施后，使腐蚀控制成本降低（占核电站维修成本的 4%～6%），经济效益显著。格—拉管线是我国 20 世纪 70 年代建造的一条国内最长的成品油输送管道，沿线全部施加了强制电流法阴极保护，至今已安全运行了近 50 年，为边疆的经济发展和国防建设做出重要的贡献。其中，阴极保护功不可没。

21 世纪是环境的世纪，在资源和能源制约的条件下，可持续发展是工程技术面临的重要课题。在解决有限资源的利用和环境保护等重大课题的过程中，腐蚀防护作为一项可直接利用的重要技术应该充分发挥它的作用。中国正在进入大规模的经济建设时期。世界上工业发达国家的经验已经证明，基础设施投入的高峰期几十年后往往就是腐蚀问题频繁出现的高峰期。因此目前就应该广泛关注基础设施建设中的腐蚀问题。通过各种有效渠道，使腐蚀损失最小化的策略明确化就有可能减弱这种趋势，给国家带来巨大的经济利益。

三、腐蚀防护经济功能日益凸显

腐蚀防护是一种经济行为，它既要投入，又需要产生相应的经济效果，而腐蚀防护技术选择是否合理，使用是否得当，管理是否科学，都直接影响着腐蚀防护的经济效果。通过长时间的腐蚀防护研究和实际应用，腐蚀防护的经济功能日益凸显，在国民经济建设的各个领域发挥了积极作用。

1. 有助于减少财富的灭失，增加财富的积累

投入产出比是直接衡量防腐技术效果的标准。

首先，长期的腐蚀防护实践证明，投入很少的资金，便可取得巨大的收益。通常，裸金属构筑物阴极保护的费用约占总体投资的 1%～2%，而有覆盖层的金属构筑物则为 0.1%～0.2%[4]，对于复杂的环境，如城市、海洋，则为 3%～5%[5]。而腐蚀损失减少量可达 25%～30%。这可使腐蚀与腐蚀事故得到有效控制，并能使腐蚀损失得以减轻。

其次，腐蚀防护使其腐蚀事故概率大大降低，这不仅使腐蚀事故损失减少，而且使生产的发展具有了正常增长的前提与基础，进而使社会财富的积累得以加速，并进一步促进经济在不同层面上得到健康发展。因此，腐蚀防护的第一大作用便是减损,即通过减少腐蚀与腐蚀事故损失发生与减少来维护社会再生产的顺利进行,最终使社会财富的积累得以加速。

再次,腐蚀防护技术的推广应用,不仅是以"减损"形式创造效益,而且还可以以"增值"的形式创造效益,进一步增加社会财富的积累。

2. 有助于保护环境、生态,促进社会经济的可持续发展

当前,我国正进入大规模的经济建设时期,在基础设施建设中,如港口、铁路、高铁、地铁、桥梁、机场、"一带一路"沿线建设等都将使用大量传统的结构材料(如钢铁及其制品),是腐蚀消耗的大户。可预见,本世纪我国的腐蚀损失还将保持持续增长的态势。因此,腐蚀防护便成为当代社会经济建设中的重点保障措施。通过腐蚀防护不仅可以保护环境、生态,提高资源的利用率与再利用等,还可以促进社会经济的可持续发展。可见,腐蚀防护对经济、社会的可持续发展而言,既是必要的,又是重要的,也是先决条件。

3. 有助于直接创造效益,提高生产率

尽管腐蚀防护的主要目的是减轻腐蚀与腐蚀事故的危害,但并不妨碍谋求取得直接的经济效益和社会效益。如西气东输、南水北调等大型工程,不仅解决了资源分布不均、使用不合理的问题,而且促进了东、西,南、北双方的经济和社会发展。在这宏观收益中,就包含着管道腐蚀防护所带来的丰厚的微观收益。如果不是对地下管道实施有效防腐,钢质管道的服役寿命一般只有30年左右,且会因腐蚀造成"跑、冒、滴、漏",损失大量资源,并可能引发各类事故,造成财产和经济损失。施加了腐蚀防护措施后,不仅可以有效延长管道的服役寿命,而且会大大降低引发事故的概率。可见,腐蚀防护不仅能够减少腐蚀损失,而且会直接创造效益,提高生产率。类似之例,在其他领域尤其是石油、化工、海洋工程中也不罕见。

4. 有助于降低人的生存与经济发展代价,促进经济协调发展

目前我国的腐蚀总成本约占国内生产总值(GDP)的3.34%,由此可推算出,2020年,中国腐蚀损失超过3万亿元人民币。如此沉重的经济压力,无疑给经济协调发展设置了障碍。如果能够充分利用现有腐蚀防护措施,哪怕是降低15%的腐蚀损失,也将使人的生存与发展代价得以大幅度降低。这种成本的降低,既是"减负",亦是"正效益"。

第二节　腐蚀防护工程项目投入与产出理论分析

腐蚀防护工程项目的投入与产出两大要素具有相互联系、相互制约的关系，一般情况下，随着投入的增加，其产出也将随之增加，但这种"增加"与常规经济分析中的"增加"的内涵是不同的，腐蚀防护项目投入的增加，其产出是"减负"的增加，而常规经济投入的增加，其产出则是利润、利税的增长。由此可见，腐蚀防护项目的投入与产出理论分析不能用常规经济学分析方法，它有自己的特点。

一、项目投入理论分析

腐蚀防护工程项目投入的要素包括资金、人力、物力、技术及其他投入。通常是以资金投入的形式为主。

1. 投入的含义

像其他项目一样，腐蚀防护项目要取得成效也需要一定的投入。所谓腐蚀防护投入，是指为了提高被保护生产设备（施）的系统安全，防止腐蚀与腐蚀事故造成设备的损坏，污染产品、环境，影响人身健康和伤亡所支出的全部费用。投入腐蚀控制的一切人力、物力和财力的总和为腐蚀控制的总投入。预防性的投入是主动性投入，而事故损失是被动性投入。因此，腐蚀防护投入包括腐蚀防护性投入和腐蚀事故损失投入两部分。腐蚀防护投入是保障企业安全生产的必要条件。腐蚀控制保护了生产设备（施）、操作人员，以及生产资料和生产环境，使技术的生产功能得到充分发挥。从而可看出，投入是可以获得效益的。

在腐蚀防护活动中，需要配备专门腐蚀防护设备、专职工作人员，日常运营管理和维修保养、职工技术教育与岗位培训等产生的费用都是腐蚀防护投入。而腐蚀事故造成的生命、财产损失，劳动力和工作损失，事故赔偿等为非目的性的被动和无益的消耗，严格说不属于腐蚀防护投入的范畴。

2. 投入的基本原则

无论是什么样的腐蚀防护投入，都需要高效率地发挥资金的作用，且可能有良好的收益。通常腐蚀防护投入的基本原则为：

(1) 工程防腐投入与非工程防腐投入相结合　工程防腐投入是指人类社会通过投入相应的财力、物力、人力建造的各种腐蚀防护工程项目,以达到控制腐蚀与腐蚀事故的发生。工程防腐投入的特点是以特定的保护环境为实施空间,以固定的结构物为保护对象,以延长被保护设备(施)寿命为目的,以直接而具体的保护效果为实施目标,如各类长输油、气管道的腐蚀防护,各类海洋金属结构物的腐蚀防护,大气环境中各类金属结构物的腐蚀防护等都是工程防腐投入的重要表现形式。

非工程防腐投入是指人类社会通过投入相应的财力、物力、人力,利用传媒宣传腐蚀防护常识、组织腐蚀损失调查、提供腐蚀防护技术与信息服务等。非工程防腐投入的特点是以大众为服务对象,以各种传媒为传导机制,以专业人员为实施主体,以经常性活动为主要工作方式,以技术、信息服务和制度建设为主要内容。如腐蚀防护宣传、讲座、培训,腐蚀安全管理、监测、预警,技术服务、信息交流、专家咨询等即非工程防腐投入的表现形式。

由上可见,无论是工程防腐投入还是非工程防腐投入,都需要投入相应的人力、物力和财力,都需要有组织地实施,都需要将治本与治标之策有机地结合起来,且都能收到相应的腐蚀防护效果。实践证明,工程防腐投入与非工程防腐投入都属于不可缺少的腐蚀防护方式,并需相互结合,协同工作。

(2) 重点投入与一般投入相结合原则　腐蚀环境错综复杂,腐蚀种类繁多,腐蚀破坏的形式千姿百态,这给腐蚀防护控制增加了许多复杂性和不确定性。那么重点投入应放在哪里呢?一般情况下,腐蚀防护的重点投入应放在:

① 以腐蚀形态而言。腐蚀防护的重点应放在局部腐蚀。如电偶腐蚀、孔蚀、缝隙腐蚀、晶间腐蚀、选择性腐蚀、应力腐蚀开裂、腐蚀疲劳、氢损伤、磨损腐蚀。这类腐蚀破坏速度快、隐蔽性强、难以预测、控制难度大、危害性大,易发生突发性事故。

② 以腐蚀环境而言。要加大电解液中金属构筑物的腐蚀防护投入。如土壤、海水,以及酸、碱、盐溶液中,工业水中的金属腐蚀防护。非电解液中的金属腐蚀较以上环境相对较轻。

③ 以腐蚀危害而言。社会财富积累越丰富、人口越稠密、各类建设越集中、地域环境越繁华的地方,越要加大腐蚀防护的投入。如市政输油、输气、输水管道,各类储油、气罐,各类加油、气站,以及各类易燃易爆装置(如

锅炉、高压设备）等。同样的腐蚀破坏，处在市中心位置与处在荒芜的沙漠地带的危害是绝不一样的。

以上重点投入是相对而言的，并不是说一般的腐蚀环境就不需要投入。实质上，重点投入只是为了强调而已。

（3）讲求经济效益与社会效益相结合原则　腐蚀防护投入应既讲经济效益，又讲社会效益，两者不可偏废。以投资主体而言，企业投入关注更多的是经济效益，而作为政府投入而言，则关注更多的是腐蚀对社会造成的不安全的影响。实际上这也并不矛盾，用辩证法的观点看，企业投入主观上虽然是以获取经济利益为主要目的，但在客观上又为政府排忧解难。因为发生了腐蚀事故，不仅仅是企业本身的事，有关主管部门和地方政府也要承担其责。反过来，政府投入的主观目的是保一方平安，但客观上又促进了社会、经济的和谐发展，同样可取得经济效益。因此两者结合起来更有利于腐蚀防护的投入。

3. 投入影响因素分析

对常规经济投入而言，最大的影响因素莫过于市场供求关系和投资盈利；而对于腐蚀防护而言，既不存在市场供求关系的问题，也不能以盈利高低为出发点，而是受以下因素的影响。

（1）腐蚀因素　腐蚀可诱发多种危害，是各种天灾人祸中位居首位的问题。腐蚀问题已经成为影响国民经济和社会可持续发展的重要因素之一。可见，腐蚀因素是倒逼人们进行腐蚀防护投入的根本动力。在现实社会中，通常是腐蚀危害越严重、腐蚀防护的投入力度越大；反之，力度则越小。腐蚀问题的性质与程度往往对腐蚀防护活动产生直接的甚至是起支配作用的影响。当发生腐蚀事故之后，即便是财力不足，也会重视腐蚀防护问题；而在无腐蚀事故的情况下，人们便会产生麻痹思想，即便是具有比较富裕的财力也往往是优先考虑常规经济投入或其他见效快的项目。与此同时，人们对于显型灾害的防护投入往往优于隐型灾害的投入，如地震、火灾、水灾等往往能够引起各级政府和领导的重视，而对于隐型灾害——腐蚀防护的投入常常处于"头痛医头，脚痛医脚"的应付状态。

（2）财力因素　腐蚀防护投入有不同方式，有资金投入、人力投入、物力投入、技术投入及其他投入。这些投入都是开展腐蚀防护活动的基本要素，各种腐蚀防护投入在时段上又有腐蚀前防护投入、腐蚀进行时投入和腐蚀后救援投入。其中,资金投入是腐蚀防护投入中最基本的经济基础,资金投入的强度往往直接决定着腐蚀防护工程的规模与综合效能,而资金投入的多少又与各种腐蚀防护投资主体的财力状况有关。人力投资是腐蚀防护的基本要素,它包括腐蚀防护工程的设计或策划人员、施工或运作人员、管理与检测人员以及其他相关人员,这些人员的耗费,即投入是必要的,是整个腐蚀防护投入中的一部分。物力投入是指为腐蚀防护项目而投入的设备(施)、原材料等,它们是以物化资金投入的形态出现的,从而在本质上可以归入资金投入类别。技术及其他投入则在不同的腐蚀防护工程中表现出不同的重要性,如工程防腐不仅离不开技术投入,而且腐蚀防护的成败在很大程度上是取决于技术水平的高低。同时,各种投入要素的相互组合及内部的协调是否合理、科学、优化,也直接影响腐蚀防护投入资金的使用和整个腐蚀防护工程的效果。由此可见,腐蚀防护投入的要素结构中,资金是投入的关键要素,物力、人力、技术等则是必要的基本要素,只有将这些要素合理配置才能收到良好的效果。

(3) 利益因素 利益不仅是当代社会各种现象产生的重要因素,也是社会发展的原动力,马克思和恩格斯都强调"思想不能脱离利益",他们认为"利益不是仅仅作为一种普遍的东西存在于观念之中,而是作为彼此分工的个人之间的相互依存关系存在于现实之中"。因而,腐蚀防护投入若能够带来直接或间接的经济利益,便会积极开展各种腐蚀防护活动;反之,若腐蚀防护只能带来社会效益和公众利益,其积极性便会受挫。因此,一般腐蚀受害主体的腐蚀防护投入都会以相应的经济核算为依据并受直接或间接经济利益的约束。政府作为特殊的腐蚀受害客体,虽然要高度重视公众利益与社会效益,但也并非不关注经济利益,它同样需要追求腐蚀防护对经济发展的直接效益,防腐活动的开展还需要受本地、本单位经济发展需要的制约。因此,政府在开展各类腐蚀防护技术推广应用时往往会侧重于那些既能够减轻腐蚀危害又能够有利于经济发展的腐蚀防护工程项目,如大型交通桥梁、各类长输管道、各类船舶工程和各类危险性设备的防护。受腐蚀危害的主体——企业,既是腐蚀的重要致害源,又是既得利益的受害者,企业更加注重于直接和间接的经济利益,其对社会效益和公众利益也关心,但关心的程度远远小于关心经济利益。

(4) 观念因素 俗话说:观念影响我们的意识,意识强化我们的责任,责任规范我们的行为,行为表现我们的素质,素质决定我们的命运。腐蚀的普遍性,使人们对腐蚀防护投入麻木不仁;腐蚀的必然性,使人们对腐蚀防护投入缺乏积极性;腐蚀的潜伏性,使人们对腐蚀防护投入失去主动性;腐蚀的复杂性,使人们对腐蚀防护投入缺少科学性。总之,这类似的观念无不时时刻刻在左右着决策者对腐蚀防护的投入。通常,决策者对腐蚀的认知程度越高;腐蚀防护投入的积极性越高;反之,投入越消极。

(5) 法制因素 在经济利益主体多元化的条件下,靠受腐蚀主体的自觉性来开展防腐活动是极为不够的,尤其是一些危及公众安全及全局利益的腐蚀行为,更是需要国家和各级政府通过相应的防腐法制规范与行政强制干预才能保证取得良好的防腐效果。因此,在当代社会的腐蚀防护活动中,国家和各级政府需要有相应的防腐法制和法规约束具有腐蚀行为的部门和单位,同时,还需要有强有力的强制干预手段,专门的管理监督机构、专业的管理监督人员、专业技术监督手段等则是确保法规制度得以实施的保证。这在国内外已有先例,但不够普遍。如1971年,美国首次立法规定,对输送危险、重要物料的地下管线在施加涂层基础上,必须实施阴极保护。1972年,日本也设立了类似的法规,规定油气管道及储罐必须采用阴极保护与涂层联合防腐蚀。1988年,美国的环保法对地下储油罐提出了相关的规定,要求所有的地下储罐在1998年12月底前必须施加阴极保护,否则受到处罚。我国的石油行业也有明确的法律条文规定,地下输油输气管道必须实施阴极保护。这些行之有效的法制措施,必然会促进腐蚀防护技术的推广应用。

总之,腐蚀防护投入是国民经济发展过程中必不可少的支出,是现有财富的必然消耗,而要进行腐蚀防护投入并想取得较为理想的投入效果,就必须考虑上述影响因素。在市场经济条件下,既要注重发挥市场机制作用,又要将其与法治干预措施有机结合,以最有效的技术、措施、政策、法律全方位管理,其巨大的腐蚀损失将会得到抑制。

4. 投入的分类

根据不同的腐蚀防护目的,有其不同的分类方法,下面介绍几种常用分类方法。

(1) 按投入的功能划分 可分为工程项目投入、腐蚀日常管理投入、应急救援投入、腐蚀宣传教育投入、事故投入等。

① 工程项目投入。是指为保障工程项目安全生产和人身安全而进行的

投入。

② 腐蚀日常管理投入。是指企业和安全生产管理部门正常开展的腐蚀防护工作所需的投入。

③ 应急救援投入。是指为了有效控制腐蚀突发事故而预先计划的应急救援系统的费用。

④ 腐蚀宣传教育投入。是指对职工进行腐蚀防护知识培训的费用，包括腐蚀防护知识宣传、咨询服务活动的费用等。

⑤ 事故投入。是指在腐蚀事故发生后，企业为了控制腐蚀事故扩散、减少损失、恢复正常秩序等所需的花费。

(2) 按投入的作用划分　可分为预防性投入和控制性投入。

① 预防性投入。又称主动性投入，是指为了防止腐蚀与腐蚀事故而进行的腐蚀防护投入。

② 控制性投入。又称被动性投入，是指腐蚀事故发生中或发生后对伤亡和损失后果的控制性投入。

(3) 按投入的时序划分　可分为事前投入、事中投入和事后投入。

① 事前投入。是指腐蚀事故发生前所进行的腐蚀防护投入，能起到预防腐蚀事故的作用。

② 事中投入。是指腐蚀事故发生中各种救援、救护等发生的费用，如事故抢险、伤亡营救等发生的费用。

③ 事后投入。是指腐蚀事故发生后的处理、赔偿、治疗、修复等费用。

(4) 按投入的用途划分　可分为工程技术投入、工作人员投入和科学研究投入。

① 工程技术投入。是指用于工程项目所需要支持开展科技活动的投入。

② 工作人员投入。是指工作人员的工资、福利、奖金、补贴等费用。

③ 科学研究投入。是指用于腐蚀防护科学技术的研究和技术开发的投资。

5. 腐蚀防护投入与常规经济投入的比较

腐蚀防护投入与常规经济投入相较，其目的、要求、评价等存在着很大差异性，这种差异性使得常规经济学无法包容腐蚀投入经济问题。具体表现在以下几个方面。

(1) 投资的目的不同　腐蚀防护投入是为了减轻腐蚀与腐蚀事故造成的

损失，保护现有财富不受损害，维护既得利益。而常规经济投入则是为了扩大社会再生产，增加社会财富，最大限度地满足社会需求。

（2）投资的要求不同　腐蚀防护投入是为了缓解腐蚀危害对经济发展的影响，常规经济投入是有直接利益可图。

（3）投资的方式不同　腐蚀防护投入一般都以直接投资为主，极少采取间接融资的方式。常规经济投入其投资的方式是多种多样的，如发行股票、债券等。

（4）投资的对象不同　腐蚀防护投入是面对腐蚀环境中的设备，而常规经济的投入是面对市场。

（5）投资的效果不同　腐蚀防护投入是通过减损来实现投资效益。而常规经济投入则是获取利润为评价投资效果。

以上比较说明，腐蚀防护项目的投入与常规经济项目的投入是有多方面差异性的，无论是经济审计部门或是经济计划部门，在考核或审批腐蚀防护项目投入时，应该考虑到它们之间的差异性。

二、项目产出理论分析

腐蚀防护项目与常规经济项目相较，不仅投入存在着差异性，而且产出也有很大区别。腐蚀防护项目产出是以"减负"为关注的焦点，而常规经济项目的产出则是以"利润"或"利税"增长为出发点。同样是投入，其收益的目标不同。

腐蚀防护项目的产出，是指项目实施后给使用者和社会带来的收益，包括效益、效果和效用。

1. 收益的含义

腐蚀防护项目收益表现的形态是各式各样的，归纳起来主要有三种形态，即费用效益、费用效果和成本效用。

费用效益是指单位费用收到的利益。

费用效果是指单位费用达到的效果。

成本效用是指单位成本获得的满足程度。

2. 收益的分类

由于人们对腐蚀防护项目收益考察的角度不同，以及其收益自身的可计量性不同，腐蚀防护项目的收益的分类多种多样。通常可分类如下：

(1) 从收益特点上分 可分为效益、效果和效用。
(2) 从收益功能上分 可分为减损效益、增值效益和扩展效益。
(3) 从收益关系上分 可分为直接效益和间接效益。
(4) 从收益层次上分 可分为宏观效益和微观效益。
(5) 从收益性质上分 可分为经济效益和非经济效益。
(6) 从收益时间长短上分 可分为短期效益、中期效益和长期效益。

腐蚀防护项目收益的分类见图10-1。

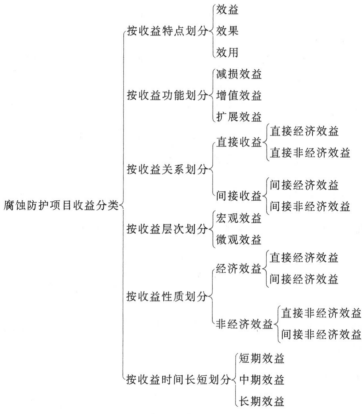

图10-1 腐蚀防护项目收益分类

3. 收益的特点

腐蚀防护项目与一般工程项目相比，其收益有以下鲜明特点。

(1) 减负性与增值性兼备 腐蚀防护项目既可减少腐蚀造成的损失，又可为国民经济带来财富的增加。

(2) 直接性与间接性兼备 直接性又称内部性，主要体现在人的生命、健康的保障和财产损失的减少；间接性又称外部性，是腐蚀防护项目对社会做出贡献而项目直接性未得到体现的那部分。

（3）多效性与长效性兼备　多效性是指腐蚀防护措施实施后通过多种形式表现出的有效成果；长效性是指腐蚀防护技术投入使用，不仅满足了现时需要，而且造福子孙后代。

（4）显现性与潜在性兼备　显现性是指实施腐蚀防护措施后，其收益通过多种途径直接显现、展示出其功效作用。潜在性更多不是直接从其本身的功能中表现出来，而是潜在于安全生产过程和安全目的背后。即隐含在因事故减少而提高了生产效率和获得生命、健康与幸福的员工群体中。

（5）多样性与滞后性兼备　多样性是指腐蚀防护项目产出的收益多种多样；滞后性是指腐蚀防护措施投入后，其收益不能"立竿见影"，而是有一个滞后期。

（6）有形性与无形性兼备　有形性是指腐蚀防护项目的收益可以采用货币计量单位或实物计量单位表示，无形性是指其收益无法用货币计量单位或实物计量单位表示。

（7）风险性与不确定性兼备　风险性是指有些腐蚀防护项目，不仅投资大，且收益慢。在长时间收益滞后的情况下，能否有足够的资金支持项目正常运行，存在一定的风险性；不确定性是指在恶劣、严酷的腐蚀环境下，腐蚀防护措施也存在人为、自然失效的可能性。

4. 收益计算的原则

对腐蚀防护项目收益的计算，应遵循以下原则：

（1）目标明确的原则　收益和费用是相对目标而言的，收益是相对目标的贡献，费用是为实现目标所付出的代价。因此，明确项目的基本目标，是识别收益的基本前提。腐蚀防护项目投资目标和产生的效果具有多元性，这也是造成评价困难的重要原因。因此在费用收益计算时，根据实际情况，给目标赋予不同权重，再进行计量比较。

（2）非重复性原则　在进行费用收益计算时，应严格区分发生各类费用（成本）及收益的范围，避免重复计算。在避免重复计算的同时，还应注意避免遗漏。因为腐蚀防护项目通常具有内、外部性双重特征，从而增加了费用收益识别和计量的难度。稍有不慎，也容易造成疏漏。

（3）增量计算原则　增量原则即有无对比原则。项目的费用和收益，是指项目的增量费用和增量效益。"无项目"状态即指不对该项目进行腐蚀防护投资时，项目有关的费用收益的预计发展情况；"有项目"状态是指对项目进行腐蚀防护投资后，在计算期内费用收益的预计情况。有无对比突出了项目的增量收益，排除了项目实施前各种条件的影响，突出了项目活动的效果。

(4) 最大限度货币化原则　对于能够采用货币计量费用（成本）收益的腐蚀防护项目，尽量采用货币计量。因为用货币单位度量费用（成本）收益的认可度比较高，既便于比较，又便于用统一标准衡量。

(5) 口径统一原则　腐蚀防护项目的费用收益的发生，具有时间性与空间性，在考察时应遵循时间和空间上的一致性。遵循时间和空间上一致性原则，就是要在相同的时间和相同的空间范围进行费用收益的考察。任意扩大或缩小都会造成计算的偏差。

5. 收益分析方法

腐蚀防护项目收益的分析是很复杂的，正因为如此，腐蚀收益的分析评价常常使其困惑。现推荐几种分析方法，供读者参考。

(1) 有无对比分析与综合分析相结合　有无对比分析是指施加了腐蚀防护项目后的结果及其带来的影响与没有项目而可能发生的情况进行全面的对比，从而度量项目的真实收益、影响和作用。综合分析是指运用各种统计综合指标反映和研究腐蚀防护项目各个部分的收益、影响和作用，结合为一整体概念的思维方法。在进行收益分析时，将两者结合起来，将更加有利于腐蚀防护项目科学评价。

(2) 微观分析与宏观分析相结合　微观分析是指一个企业、部门或一个项目在具体实施过程中收益的分析；而宏观分析则是指站在国家或社会的角度考察项目的收益。有的腐蚀防护项目两者收益可能皆有之，有的可能偏重一方，需进行全面的识别和度量。

(3) 定量分析与定性分析相结合　能够定量分析的指标，尽量定量分析，如果定量分析确有困难，就需要进行定性分析。定量与定性分析可互为补充，使分析结果更加科学、准确，更有利于正确评价其收益。

(4) 近期分析与远期分析相结合　一项防腐技术的应用，从近期看可能不一定划算，但从长远看，可能会带来丰厚的滞后效益。这是腐蚀防护特有属性决定的。因此，在进行腐蚀防护项目收益分析时，要运用动态的视角来分析，切不可用静止的、片面的观点来分析。

(5) 显性分析与隐性分析相结合　腐蚀防护项目的产出，一般既有显性收益，又有隐性收益。显性收益主要体现在产品质量的提高，生产能力的扩大，工艺时间的缩短，设备使用寿命的延长，日常维护管理费用的降低等。而隐性收益则体现在社会稳定、生态和谐、资源可重复利用和再利用等。在进行项目收益分析时，不可偏废。

第三节 腐蚀防护工程项目费用效益分析与评价

费用效益分析，又称效益费用分析，它是建立在费用与效益的货币计量基础上，通过权衡费用与效益来评价项目价值的一种方法，是分析评价腐蚀防护项目的重要方式。

费用效益分析与评价在腐蚀经济学研究中具有重要的价值，它基于腐蚀经济基本理论，运用数理统计方法，说明项目的经济意义和揭示腐蚀防护在国民经济建设中的作用。

腐蚀防护工程项目费用效益分析与评价的内容包括经济和非经济两个方面。

一、项目费用经济效益的分析与评价

（一）腐蚀防护项目费用经济效益分析的概念与方法

1. 费用经济效益分析的概念

关于费用经济效益分析的含义有好几种说法，比如产生和投入的比较，所得和所费的比较，收入和支出的比较，满足需要和劳动消耗的比较，等等。目前人们逐步达成共识，形成了费用经济效益分析比较科学的定义，即费用经济效益的分析是指有用成果与劳动耗费的比较。马克思在剩余价值理论中指出："真正的财富在于用尽量少的价值创造出尽量丰富的物质财富。"

费用经济效益的表达式[6]，即：

$$经济效益 = f(所得, 所费) \tag{10-1}$$

也就是说，将所得与所费进行比较和关联研究的任何表达式都属于经济效益的范畴，但其中只有三种表示法是费用经济效益的基本表达式。即：

$$纯（或净）经济效益 = 所得 - 所费 \tag{10-2}$$

$$\text{经济效率} = \text{所得}/\text{所费} \tag{10-3}$$

$$\text{纯(或净)经济效率} = (\text{所得} - \text{所费})/\text{所费} \tag{10-4}$$

2. 费用经济效益分析遵循的原则

费用经济效益分析着重于费用与经济效益两个方面的分别计量与相互比较。但它与财务会计核算不同,不是从企业角度而是从项目本身角度来计量的;不是只分析项目直接的经济效益与费用,而是分析包括间接的经济效益与费用在内的全部的效益与费用;甚至包括较难数量化的一些效益与费用的比较;不是考虑过去实际发生的经济效益与费用,而是预期项目后有关的未来的经济效益与费用。具体说来,一个腐蚀防护项目或方案的费用包括基本费用(投资费用和经营费用)、辅助费用(为充分发挥效益而产生的有关费用)、无形费用(教育、宣传、外出学习等费用)。一个腐蚀防护项目或方案的经济效益包括经济减损效益、经济增值效益、经济扩展效益和其他相关经济效益。也可归纳为直接效益与费用和间接效益与费用。

在实际分析时,应坚持以下基本原则。

(1) 全面分析原则　无论是什么样的腐蚀防护项目,其费用经济效益都应全面分析,分析得越全面,计算出的结果会越真实。凡是项目对企业、个人和社会所做出的贡献,均计为项目的经济效益。凡是企业、社会为项目所付出的代价均计为项目的费用,不能遗漏。

(2) 有无对比原则　判断腐蚀防护项目费用经济效益,要从有无对比的角度进行分析,将"有项目"与"无项目"的情况加以对比,以确定某项效益或费用的存在。沉没成本和已经实现的效益不应再计入。

(3) 时间跨度原则　费用效益分析的时间应足以包括项目所产生的全部重要效益和费用,时间跨度过短,难显露出所需费用和产生的效益。

(4) 地域性原则　腐蚀防护项目所处的环境千差万别,其腐蚀性也大不一样,例如,同样的腐蚀类型(斑点腐蚀),在鹰潭红土壤,其腐蚀速率为 $1.1559 \text{g}/(\text{dm}^2 \cdot \text{a})$,而在泸州则为 $0.0270 \text{g}/(\text{dm}^2 \cdot \text{a})$,在大庆只有 $0.0180 \text{g}/(\text{dm}^2 \cdot \text{a})$。高腐蚀速率与低腐蚀速率相差 60 余倍。腐蚀速率之差异性必然带来投入的不同,所带来的经济效益也不同。

(二) 腐蚀防护项目费用经济效益的计量方法

腐蚀防护费用经济效益的计量,目前尚缺统一规范的计量方法。笔者参考了郑功成教授著《灾害经济学》(湖南人民出版社,1998),罗云教授著

《安全经济学导论》(经济科学出版社,1993),刘伟、王丹教授主编《安全经济学》(中国矿业大学出版社,2008)等有关资料,结合腐蚀防护项目的特点,并根据工作经验,认为采用以下计量方法,更能科学、合理地反映腐蚀防护项目的经济效益。

1. 从经济效益结果的角度计量

从腐蚀防护项目产生经济效益结果的角度计量,可分为经济减损效益、经济增值效益和经济扩展效益。

(1) 经济减损效益的计量 经济减损效益是指腐蚀控制后腐蚀与腐蚀事故经济损失的减少量。计算公式为

$$经济减损效益 B_1 = \sum 经济损失减少量 - 防腐费用 = \sum 原始状态下的腐蚀损失 - 采用腐蚀防护技术后的腐蚀损失 - 防腐费用 \quad (10\text{-}5)$$

式中,"经济损失减少量",项目包括:计算期内伤亡损失减少量,财产损失减少量,环境污染治理费用减少量,设备渗漏导致贵重产品损失减少量,腐蚀造成设备或零部件更换费用的减少量等。用公式表示为

$$\begin{aligned} B_1 &= K_1 J_1 + K_2 J_2 + K_3 J_3 + K_4 J_4 \\ &= \sum K_i J_i \end{aligned} \quad (10\text{-}6)$$

式中 J_1——计算期内伤亡直接损失减少量(价值量),即 J_1 = 死亡减少量 + 受伤减少量;

J_2——计算期内财产直接损失减少量(价值量);

J_3——计算期内产品污染直接损失减少量(价值量);

J_4——计算期内设备或零部件直接损失减量(价值量);

K_i——i 种损失的间接损失与直接损失的比例倍数,$i = 1, 2, 3, 4$。

式中,"原始状态下的腐蚀损失"是指在未施加腐蚀防护措施的条件下遭受的腐蚀损失,它可以根据有关实际发生的数据资料进行计算,在没有实际数据资料的情况下,也可参照同类腐蚀环境、条件、类型实例进行估算。

式中,"采用腐蚀防护技术后的腐蚀损失"是指施加腐蚀防护技术后仍然发生的腐蚀经济损失,它可以根据实际损失进行计算。

式中,"防腐费用"则包括防腐项目最初投入总额和正常使用寿命期间的运行费、维修费、管理费等。

如果计算结果为正数,则表示腐蚀防护项目取得的是正效益,数额越大,效益越大;反之,如果计算结果为负数,则表示防腐项目实施后获取的是负

效益，即腐蚀损失并未减少，反而导致腐蚀损失的增加，从而可视为防腐项目的失败。出现这种情况的概率很小，但在实际应用中偶尔也会遇到。例如，有的储油罐实施阴极保护，不但没有得到有效保护，反而加速了储罐的腐蚀，查其原因是施工质量和运行管理不严格造成技术失效。

(2) 经济增值效益的计算　经济增值效益是指通过腐蚀防护措施的投入，使被保护设备的技术功能或生产能力得以保障和维护，从而使生产的总值达到应有量的增加部分。在实际工作中，有些情况比较单一，其经济增值效益的计量也比较简单。例如，阳极保护可将碳钢储槽的溶铁速率从 $5\sim20\mathrm{mg/(L\cdot d)}$ 降低到 $1\mathrm{mg/(L\cdot d)}$ 或更小。硫酸纯度大大提高，不仅满足市场低 Fe 含量酸的要求，而且市场价格也有较大上涨。不难看出，上涨的这一部分价值，便是腐蚀防护技术——阳极保护所带来的经济增值效益，也可称为经济增值产出。但是，在有些情况下，经济效益的计量就比较复杂。例如，腐蚀防护的经济增值效益是腐蚀防护技术对企业生产产值的贡献，应包括在产品的销售收入中。但是，在销售收入中这一部分腐蚀防护效益究竟有多大，却是很难确定的，这就需要采用比较合理的方法来计量。目前所能给出的计量方法是"贡献率"法。计算公式为

$$经济增值效益 B_2 = 腐蚀防护项目贡献率 \times 生产总值 \qquad (10\text{-}7)$$

式中，"腐蚀防护项目贡献率"的确定，可采取统计学方法和投资比重法。

① 统计学方法是指有关收集、整理、分析和解释统计数据，并对其所反映的问题做出一定结论的方法。即对腐蚀事故的经济影响和腐蚀防护促进经济发展的规律进行统计学的分析，对其腐蚀防护经济增值的"贡献率"做出确切的判断。这是一种实际统计测算，其结果较为合乎实际。但工作量大，统计、计算方法缺少规范性，其难度比较大。

② 投资比重法。即按腐蚀防护投资占生产总投资的比例，来确定其贡献率。以此比例系数作为腐蚀防护增值产生的取值依据。这种方法虽然计算简单，但腐蚀防护效益滞后性的特点，使得它不能即时反映出真正的腐蚀防护贡献率，所以又有人提出对它加以修正，或在此基础上进行适当放大，以便能更准确地反映腐蚀防护的贡献率。

(3) 经济扩展效益的计算　经济扩展效益的理解有两层含义：

一是指实施腐蚀防护项目后获取的除减损、增值效益之外的经济效益。

例如，某市投资 1000 万元建造了一条市政污水输送管道，由于受到杂散电流腐蚀，常发生"跑、冒、滴、漏"，造成环境污染以及事故，施加了腐蚀防护措施后，收效明显。①使该企业年均避免环境污染罚款 50 万元；②年均减少沿线造成的财产损失 100 余万元；③减少事故救护、抢修费 150 万元；④污水输送管道杂散电流腐蚀得到有效控制，使其相邻的自来水管道遭受杂散电流干扰，腐蚀的危害大为减轻，年均可节省维修费用近 100 万元。这一举例，前三项收益是经济减损效益，后一项虽然也是减少的费用，但它不是项目本身的减损，而是由于污水输送管道的有效保护给自来水管道带来的效益，属于扩展效益。

二是指腐蚀防护技术的扩散和示范作用所获得的收益。例如，1823 年，英国化学家汉费莱·戴维（Humphrey Davy）发明了用锌或铁可以对海水中的铜壳舰船实施保护，实船试验证明他的发明是正确的[7]。然而，这一发明沉睡了近百年，直到 20 世纪初才开始逐步扩展应用。1905 年，E. G. 卡姆伯兰德（Cumberland）将阴极保护技术引入保护蒸汽锅炉及其管子。1906 年，用于保护土壤中的铁质管道。自 20 世纪 60 年代以来，阴极保护技术已扩散到几乎所有的腐蚀环境中金属结构物的保护。如海水环境中的船舶、海洋平台、栈桥、钢管桩、闸门、钢质码头等；土壤环境中的地下管道、电缆、储罐、配电地网；暴露于大气环境中的钢筋混凝土桥梁、停车场、隧道、大楼；工业环境中的化工塔器、煤气柜、反应釜、锅炉、换热器、冷凝器等；生活环境中的汽车、热水器等的保护。可以试想，如果不是阴极保护技术扩散效应的作用，这些环境中的金属结构物的腐蚀防护可能还是以传统的涂料、氧化、磷化等为主要方法。因而不难看出，扩展效益的内涵是极为丰富的，收益是极为凸显的，目前的困惑是如何才能准确计算出来。为了便于理解，笔者这里给出一个参考公式，即

经济扩展效益 B_3＝扣除腐蚀防护技术后的直、间接效益额之外的效益额
　　　　　　　　－未引入腐蚀防护技术时的效益额－防腐费用　　（10-8）

如果式(10-8) 计算结果等于零，说明项目的实施并未给该产业带来扩展效益。当计算结果为正值时，则说明该项目的实施给该产业带来了扩展效益。当计算结果为负值时，表明不但没有带来效益，反而带来了负影响。

应该说明的是，腐蚀防护项目产出的经济扩展效益往往是在项目范围外循环，是一种跨项目、跨行业、跨部门、跨地区的经济效益。

(4) 总经济效益的计量　将以上计算结果累加起来，便是总经济效益。计算公式为

$$总经济效益 = B_1 + B_2 + B_3 + \cdots + B_n \tag{10-9}$$

2. 从经济效益关系的角度计量

从产生经济效益关系的角度来计量，腐蚀防护项目的经济效益可按下式计算：

$$\eta = C_A + C_B - C_C \tag{10-10}$$

式中　η——腐蚀防护项目经济效益；

C_A——腐蚀防护项目直接经济效益；

C_B——腐蚀防护项目间接经济效益；

C_C——腐蚀防护项目费用。

$$C_B = C_A \times 倍比系数(取2或4) \tag{10-11}$$

式中，"直接经济效益"是指由项目产出物直接生成，并在项目范围内计算的经济效益。一般表现为增加产出物的数量，提升产出物的质量，缩短产生物的时间，替代其他相同或类似功能材料，减少国家有用资源耗费（或损失）等。

式中，"间接经济效益"是指除项目直接经济效益外，对社会产生的效益。如降低污染处理、罚款、公共责任索赔费；避免停产损失费；减少泄漏产物的清除费及其市政工程受损索赔等。

式中，"腐蚀防护项目费用"的意义同上。

式中，"倍比系数"的确定，通常腐蚀其经济效益取2，腐蚀事故其经济效益取4。与腐蚀和腐蚀事故经济损失直间倍比系数相对应。

3. 从费用效益比的角度计量

有关公益性腐蚀防护工程项目的经济评价，可参考第七章给出的"费用效益分析法"。

（三）腐蚀防护项目费用经济效益分析的基本程序与应用

1. 费用经济效益分析的基本程序

（1）识别项目的费用和效益；

（2）把发生在未来的费用与效益贴现为现值；

（3）对经过贴现的费用和效益进行对比；

（4）计算评价指标，对项目进行评价。

2. 费用经济效益分析的应用

费用经济效益分析方法，是腐蚀防护项目分析常用的方法。其最大的特点是用货币直接计量腐蚀防护项目产出的经济效益，且脉络清晰，容易取值，计算简便。

费用经济效益分析的实质是有效成果与劳动耗费的比较。因此，它比较适用于劳动成果类的分析（如数量、质量、时间等）、劳动耗费类分析（如物化劳动、活劳动等）、经济效益类的分析（如有效成果与劳动消耗之比、有效成果与劳动占用比等）。

费用经济效益分析，在实际应用中应满足三个基本条件：一是共同的目标。比较方案具有共同的目标或目的是可比的；二是一个或一系列相互排斥的可行方案，每个可行方案的信息是可知的，包括项目投资、服役寿命、内外部条件等；三是费用效益可以用货币单位计量，对于非货币性费用效益，可以较合理地转化成货币性费用效益。

二、项目费用非经济效益的分析与评价

1. 费用非经济效益分析的含义

费用非经济效益分析是指腐蚀防护项目投入使用后，实现对生命、健康、商誉、环境、社会安全等所起的影响、积极作用和取得的成果的分析。非经济效益是不能以货币价值来直接衡量或替代衡量的效益，通常称为社会效益。腐蚀破坏是经济、社会发展进程中不可完全避免的破坏，且这种破坏因素造成的后果不仅仅是经济损失，而且包括各种非经济损失，腐蚀防护必然会减少腐蚀与腐蚀事故的破坏程度，达到减轻腐蚀与腐蚀事故造成的经济损失和非经济损失的目标，在此，追求非经济性效益亦是腐蚀防护项目的应有之义，而且是非常重要的目标。

常规经济活动则往往从盈利的角度出发，考虑的是投资回报率，追求的也是直接的经济效益，尽管有时也会考虑社会效益等，也会产生一定的非经济效益，但非经济效益仅仅是在其不影响追求经济效益的过程中实现的一种客观后果。因此，常规经济活动的非经济性效益一般小于腐蚀防护项目的非经济效益。非经济效益有时可能成为腐蚀防护决策的决定性因素，即在经济核算不利的情况下也谋求腐蚀防护项目坚持上马。但在常规经济活动中，非经济效益因素不可能成为决定性因素，甚至也不可能成为重要的影响因素，

它通常是在有利于促进经济效益的前提下被考虑进去的。

在漫长的腐蚀与防护历史中,腐蚀破坏的非经济性更多,更早被人们所认识;腐蚀防护所取得的非经济效益也更多、更早被社会所认可。但是,长期以来,由于受统计技术的限制,腐蚀防护项目的非经济效益的计量一直处在摸索之中,目前尚难给出一个完整、科学、合理的计量方法。

2. 费用非经济效益的分析与评价[8]

腐蚀防护项目非经济效益的计量,其大致思路与经济效益的计量是一样的,同样可分为减损效益和增值效益。

(1) 非经济减损效益　主要包括以下几个方面:

① 生命与健康的价值。评估时将人作为"经济人"而非自然人对待,即从人经济关系的角度考察人的经济活动规模而非人体本身的经济价值。因此,腐蚀事故死亡人的经济损失相当于其死亡年龄至退休年龄期间所能创造的经济价值及其退休后的消费额之和。而伤残造成的健康损失则可通过与死亡事故进行比较来估算。

② 企业商誉的价值。商誉是指企业由于技术先进、质量优异、服务良好、经营效率高、品牌历史悠久等原因而使企业享有良好的信誉。商誉是企业的无形资产,能使企业具有获取超额收益的能力,这种能力就是商誉的价值。

③ 自然资源的价值。自然资源是人类社会财富极为重要的构成部分,其特点是处于自然状态,未经人类加工,它的价值中不包括人的劳动价值。对人类社会而言,自然资源一方面是一种可供直接使用的财富,另一方面则是一种可供人类进行深加工并使其价值发生累增的财富。腐蚀本身就是资源的浪费,腐蚀事故可能造成环境污染和生态破坏,清除环境污染和恢复生态需要投入一定的费用,将这种费用作为腐蚀与腐蚀事故造成的环境损失价值。

④ 社会安定的价值。这是一种潜在的损失,可用社会安定损失占事故总经济损失(或非经济损失)的比例来进行评估。

以上项目损失量的降低,便是非经济减损效益。

(2) 非经济增值效益　非经济增值效益是指通过安全、洁净工作环境,满足人们对生命、健康、信誉、环境及社会安定等特殊需要,实现良好的、和谐的社会氛围从而创造的社会效益。

① 商誉的增值效益。最终体现为企业收益的增加。

② 生命与健康的增值效益。表现为人的健康体能水平得以充分发挥，从而提高生产效率所创造的价值。

③ 社会安定的增值效益。由于工作环境安全，整个社会运转有序，民众生活、工作安定舒适，对政府、企业无强烈的抵触情绪，愿为国家、集体多做贡献所创造的效益。

腐蚀防护的非经济效益其实与经济效益有着密切的联系。在考虑腐蚀防护的非经济效益时，为了明确、清楚地分析所得所费，以及便于对问题的定量分析，通常把腐蚀防护的非经济效益进行"经济化"处理。而这种"处理"也是可能的。因为腐蚀的非经济损失的"经济化"处理，已在社会的赔偿中得以应用，并收到了比较好的效果。如生命、健康损失的赔偿，环境、生态损失的赔偿等。既然非经济损失可以"经济化"处理，那么非经济效益同样可进行"经济化"处理。如上面介绍的对人的生命与健康，可从创造财富和价值的能力进行考察；环境、生态的经济意义可从工程消耗量来对其定量等。

腐蚀防护的经济效益与非经济效益既有区别，又有联系，它们是辩证统一的两个方面，不讲社会效益就背离了社会公德和人类文明伦理，这不是腐蚀防护项目的应有之义，但是不讲经济效益就不能收到良好的社会效益。经济与社会是相互联系的，没有绝对与社会分开的经济，也没有绝对与经济分开的社会。

综上分析，费用效益分析的优点是简洁、明了、结果透明，易于被人们接受。在市场经济中，货币是最为统一和被认可的参照物，在不同产出物（效果）的叠加计算中，各种产出物的价格往往是市场认可的公平权重。在腐蚀防护项目分析中，当项目效果或其中主要部分易于货币量化时，建议采用费用效益分析法。

三、项目费用效益分析应用举例[❶]

【例 10-1】 某主管部门对辖属企业进行了 2010 年与 2015 年的腐蚀防护投资效益调查，调查得到的相关数据见表 10-1。

---

❶ 举例中，有些参数是假设的，可能与实际情况有出入，在参考时应谨慎。下同。

表 10-1　腐蚀防护投资效益调查表　　　　　　　单位：万元

调查项目	2010 年		2015 年	
	数据	备注	数据	备注
企业固定资产净值	2791		3041	
工业产值	23790		28240	
完成工业增加值	4651		5591	
利税总额	1551		1751	
人均劳动生产率	2.9	按增加值计算	2.93	按增加值计算
腐蚀防护投入	477		628	
各类腐蚀事故	17 起	死亡:1 人 重伤:3 人 轻伤:10 人	12 起	重伤:1 人 轻伤:12 人
腐蚀事故直接经济损失	166		90	
平均产值利税率约为 6%				

试求 2015 年的腐蚀防护投资效益。

【解】 根据调查资料，现进行如下计算。

(1) 经济减损产出　取直间倍比系数为 1:4，则该企业 2010 年和 2015 年腐蚀事故总经济损失分别为

① 2010 年：$166 \times (1+4) = 830$(万元)

② 2015 年：$90 \times (1+4) = 450$(万元)

③ 2015 年的经济减损产出为 380 万元，对应的经济减损效益为 $380/628 = 0.605$，即 1 元的腐蚀防护投入能产生 0.605 元的经济减损效益。

(2) 经济增值产出　经济增值产出=企业总产出(行业增加值)×腐蚀防护投资占企业全部固定资产的比例=$5591 \times 628/3041 = 1154.6$(万元)，对应的经济增值效益为 $1154.6/628 = 1.839$(元)，即该企业 1 元的腐蚀防护投资能产生 1.839 元的经济增值效益。

(3) 非经济减损产出　包括生命与健康、商誉等。

① 生命与健康的减损产出：死亡职工年龄为 40 岁，假设人均寿命为 75 岁，职工退休年龄为 60 岁，退休后的消费额为 1.5 万元/年，则该死亡职工的生命价值=$2.9 \times (60-40) + 1 \times (75-60) = 73$(万元)。假设重伤和轻伤事故造成的生命健康损失分别为死亡事故的 80% 和 30%，则该企业 2015 年因腐蚀防护投入带来的生命与健康的减损产出为 $73 \times (1+3 \times 0.8+10 \times 0.3) -$

$73(1\times0.8+12\times0.3)=146$(万元)。

② 商誉的减损产出：假设折现率为10%，则2010年和2015年企业整体商誉的价值分别为

2010年的商誉价值$=(1551-6\%\times23790)/10\%=1236$(万元)

2015年的商誉价值$=(1751-6\%\times28240)/10\%=566$(万元)

通过专家评定，确定腐蚀安全信誉占该企业商誉的比重为20%，2010年和2015年因腐蚀事故引起的商誉损失系数分别为15%和10%。则该企业2015年因腐蚀防护投资带来的商誉减损产出为$1236\times20\%\times15\%-566\times20\%\times10\%=25.76$(万元)。

本例不考虑环境和社会安定等损失，则非经济减损效益为$(146+25.76)/628=0.27$，即1元的腐蚀防护投入能产出0.27元的非经济减损效益。

（4）非经济增值产出：非经济的增值产出有一部分计算在经济增值产出当中，而涉及社会伦理和道德等方面的效果由于目前统计技术的限制还很难进行合理的经济量化，因此不予考虑。

综上所述，该企业2015年的腐蚀防护投入产出比为$1:2.8(0.605+1.839+0.27)$，即1元的腐蚀防护投入能产出2.8元的效益。

从以上结果不难看出，腐蚀防护投入是有价值的，其产出的效益十分可观，是毋庸置疑的。

【例10-2】 某化工企业，生产过程中含有大量腐蚀性气体、液体和固体，使其生产设备和配件腐蚀严重，并造成产品污染和腐蚀事故，自施加了阳极保护技术后，各类腐蚀损失大为减轻，有关数据见表10-2。

试求阳极保护给企业带来的经济效益。

表10-2 某化工企业应用阳极保护减损情况表

直接经济损失减少量	间接经济损失减少量
(1)设备损失,由原来年均4台减少到2台 (2)主要配件损失,由原来年均25件减少到4件 (3)主要管道损失,由原来年均900余米减少到20m (4)生产介质损失,由原来年均15t减少到3t (5)产品污染损失,由原来年均80万元减少到20万元	(1)停产损失,由原来年均130万元减少到20万元 (2)停业损失,由原来年均90万元减少到15万元 (3)人员伤亡费用支出,由原来年均8万元减少到2万元 (4)现场施救费用支出： ①消防器材消耗,由原来年均30件(台)减少到5件(台) ②手工工具消耗,由原来年均20件(台)减少到5件(台) ③油料消耗,由原来年均10t减少到3t ④燃料消耗,由原来年均5t减少到2t ⑤工资补贴支出,由原来年均60万元减少到7万元

【解】 先求取直接经济损失减少额,再求取间接经济损失减少额,最后将两者相加便是总经济损失减少额,即为总经济效益。

(1) 直接经济损失减少额　主要包括以下内容:

① 设备损失年均减少额=(4-2)台(或件)×现行价格(元/台或件)×(1-年均折旧率%×已使用年限);

② 主要配件损失年均减少额=(25-4)件×现行价格(元/件);

③ 主要管道损失年均减少额=(900-20)米×现行价格(元/米);

④ 生产介质损失年均减少额=(15-3)吨×现行价格(元/吨);

⑤ 产品污染损失年均减少额=(80-20)万元。

(2) 间接经济损失减少额　主要损失有:

① 停产损失年均减少额=(130-20)万元=单位时间产出产品产量×停产时间×单位产品出厂价格;

② 停业损失年均减少额=(90-15)万元=每日营业额(元)×停业时间(日);

③ 人员伤亡损失年均减少额　根据伤害程度,可划分为三类:轻伤——损失工作日低于105日的失能伤害;重伤——损失工作日等于或超出105日,低于6000日的失能伤害;死亡——按损失工作日6000日计算。

人员伤亡损失年均减少额(元)=(8-2)万元=死伤人数×失能工作时间(日)×相应人员工资(元)。

④ 现场施救费用年均减少额　包括扑火消耗物资费用、参加扑火人员的工资支出、交通工具和租赁费用。

a. 消防器材消耗费用年均减少额=(30-5)台(或件)×现行价格(元/台或件)×(1-年均折旧率%×已使用年限);

b. 手工工具消耗费用年均减少额=(20-5)台(或件)×现行价格(元/台或件)×(1-年均折旧率%×已使用年限);

c. 油料消耗费用年均减少额=(10-3)t×现行价格(元/t);

d. 燃料消耗费用年均减少额=(5-2)t×现行价格(元/t);

e. 工资补贴支出年均减少额=(60-7)(万元)。

经以上计算则知:直接经济损失年均减少额,即为直接经济年均效益 C_A;间接经济年均减少额,即为间接经济年均效益 C_B。

根据式(10-10)可得:

$$\eta = C_A + C_B - C_C = (①+②+③+④+⑤) + (①+②+③+④) - C_C$$

第四节　腐蚀防护工程项目费用效果分析与评价

费用效果分析是指费用用货币计量，效果用非货币计量的经济效果分析方法。此方法与费用效益分析有相通之处，但又有自身的不同特点。

一、项目费用效果分析的概念与方法

1. 费用效果分析的概念

费用效果分析，其费用是指实现项目预定目标所付出的经济代价；效果是指项目的结果所起到的作用、效应和效能，是项目目标的实现程度。

由于有些腐蚀防护工程项目的结果不适用货币单位来计量，只能代之实物单位来计量，这就需要引入费用效果分析方法来度量腐蚀防护工程项目目标的实现程度。

2. 费用效果分析方法

费用效果分析，常用的方法有最小费用法、最大效果法和增量分析法。

(1) 最小费用法　当腐蚀防护工程项目目标是明确固定的，也即效果相同的条件下，选择能够达到效果的各种防护方案中费用最小的方案。这种满足固定效果寻求费用最小方案的方法称为最小费用法，也称固定效果法。

(2) 最大效果法　当腐蚀防护工程项目对费用有明确规定时，追求效果最大化的方法称为最大效果法，也称固定费用法。

(3) 增量分析法　有时，选择的各个方案的费用和效果都不固定，则必须进行增量分析，分析增加的效果与增加的费用相比是否值得。不可盲目选择效果与费用比值最大的方案。其原理与费用效益分析中不可盲目选择内部收益率（IRR）最大的方案相同。

3. 费用效果的计量

项目效果可以为一个，也可以不止一个。项目效果计量可参见式(7-20)。

从给出的计算方法可以看出，当效果费用比值大时，则经济效果大；反之，经济效果小。当费用一定时，效果大，则经济效果大；反之，效果小，则经济效果小。当效果一定时，费用大，经济效果小；反之，费用小，经济

效果大。

应该注意的是，效果与费用均有许多种类的指标，选用各种不同的效果和耗费指标，其经济效果有各不相同的众多表达形式和数值。由于腐蚀经济学尚处初创时期，难以建立统一认可的指标体系。因此，经济效果指标的概念，不同的人、不同的保护对象、不同的行业，就有不同的设置方法，也有不同的经济效果指标。

在腐蚀经济学的研究中，费用效果分析是一个非常重要的概念。因为经济效果指标既是反映腐蚀控制措施在经济上的优劣指标，又是腐蚀防护工程项目可行性分析的重要依据。

二、项目费用效果分析的基本程序与应用

1. 费用效果分析的基本程序

（1）确定腐蚀防护工程项目所要实现的目标或目的 费用效果分析的主要目的是识别实现预定目标的最优技术方案。腐蚀防护工程项目的目标可以是单一的，也可以是多目标。单一目标的分析评估相对简单容易，多目标的评估相对复杂和困难，应对项目的预定目标合理设置，防止目标设置得过多过乱。选择最主要目标作为考核内容，其他次要目标作为附带效果或参考效果进行适当分析。

（2）制定达到上述目标所需要的任务要求 确定任务要求的过程，既是明确如何实现目标的过程，又是检验能否实现目标的过程，因此，目标对制定任务要求具有规定性，任务要求对目标的合理制定具有反馈调整作用。

（3）构想并提出完成预定目标和任务的供选方案 供选方案的构想与提出，不仅取决于防腐技术实现的可能性，而且也取决于相关人员的知识、经验和创造性思维的发挥。

（4）对腐蚀防护工程项目方案的费用效果进行识别与计量 这里需要指出的是，不同腐蚀防护工程项目具有不同的目标，效果的性质也千差万别，所以在效果计量单位的选择上，既要便于计量，又要能够切实度量防腐项目目标的实现程度。

（5）腐蚀防护方案间的比较评价 一个结构物的腐蚀防护通常都会有几个保护方案，如何选定，需根据费用效果分析计算结果，综合比较、分析各个方案的优缺点，推荐最佳方案或提出方案优先采用的顺序。费用效果分析

采用的方法可以是固定效果法、固定费用法或效果费用比较法。在如何选用上应视防腐项目的具体要求和特点而定。

(6) 进行敏感性和不确定性分析　在进行腐蚀防护工程项目方案可靠性分析时，还应注意对敏感性和不确定因素对防腐工程项目目标的影响程度，对可控因素应制定控制措施，对于不可控因素，应分析其发生的概率并进行风险管理。

(7) 拟写分析或研究报告　对以上步骤的分析进行说明和总结，内容包括：防腐项目背景；问题与任务的提出；目标确定及依据；推荐方案与候选方案的技术特征与可行性；资源的可得性及资金来源与筹集；腐蚀防护项目的组织管理；费用效果的识别与计量及其有关假设与依据；不确定性分析的有关结论；比较评价分析，提出推荐方案或少数候选方案，分析论述有关方案优缺点，供最后决策。

2. 费用效果分析的应用

费用效果分析在文化、教育、卫生、国防、环保、城建、治安等方面有着比较广泛的应用，因为这些领域有很多效益是无法用货币来计量的，所以采用非货币化的效果指标与费用进行比较更为恰当。有些腐蚀防护项目亦是如此。例如，碳钢制造的螺旋管换热器在热的浓硫酸中工作一昼夜，就可能腐蚀损坏。不锈钢制造的螺旋管换热器在这种条件下腐蚀损坏也很快。然而，施加阳极保护后，不锈钢制造的螺旋管换热器的腐蚀速率降低到原来未施加阳极保护时的1/2300[9]。而对这一已知条件，费用效益分析就失去了应用的前提，这时采用费用效果分析法则更为方便。

由于费用和效果的计量单位不同，不具有统一的量纲，所以费用效果分析不能像费用效益分析那样用于有防腐项目和无防腐项目时的绝对经济效果评价，即无法判断腐蚀防护项目自身的经济性。

综上所述，费用效果分析的最大优点是回避了定价的难题，直接用非货币量化的效果指标与费用进行比较，方法相对简单，比较适用于效果难以货币化的腐蚀防护项目。因此，当腐蚀防护项目效果难以货币化或勉强定价，容易引起争议，降低评价的可信度时，建议采用费用效果分析法。

三、项目费用效果分析应用举例

【例10-3】某公司研发了一种新型牺牲阳极材料，分别用于土壤环境、海水环境、海泥环境和工业介质环境中金属结构物的腐蚀防护试验,结果指标为用户满意度。各个试验环境的费用及用户的满意度见表 10-3。试判断适用环境。

表 10-3　某公司研发的新型牺牲阳极材料费用及满意度表

试验环境	费用/万元	满意度	试验环境	费用/万元	满意度
土壤	2.2	0.90	海水	2	0.86
工业介质	2.2	0.85	海泥	2	0.85

【解】 采用固定费用法,土壤与工业介质费用相同,土壤的满意度高于工业介质,所以淘汰工业介质;海水与海泥费用相同,海水满意度高于海泥,所以淘汰海泥。剩下土壤与海水,利用费用效果指标判断。

$$[E/C]_{土壤}=0.90/2.2=0.41$$
$$[E/C]_{海水}=0.86/2=0.43$$

从计算的结果来看,新型牺牲阳极材料在海水环境中试验的效果好于土壤环境中,故该产品比较适宜用于海水环境中钢结构物的保护。

第五节　腐蚀防护工程项目成本效用分析与评价

腐蚀防护工程项目收益分析比较复杂,有些可以用数量反映,有些则很难用数量表示,即便能用数量表示,也不一定能用货币量来表示,更多的是定性描述,定性描述中,又可分为不同的类型。从某种意义上说,这些难以量化的收益更能反映腐蚀防护项目的本质属性。费用效果分析,虽然能够用于难以货币化计量的一些项目,但它不能包容思想认识方面的评价,然而,成本效用分析方法则具有这样的特殊功能,为评价腐蚀防护工程项目收益另辟蹊径。

效用现象,在腐蚀防护领域经常可见。同样是 50 万元的腐蚀防护费用,是在腐蚀事故之前就投入使用,还是在腐蚀事故之后用于整改,其效用是极其不一样的,前者的效用比后者往往要大得多;同样是一起腐蚀事故,它对于高风险的石油化工行业所产生的"负效用"可能是不足为奇的,而对低风险的机关、事业单位,教育、卫生等行业会产生极大的"负效用"。

关于效用理论的研究，迄今为止还没有一个很完整的理论得以公认。目前具有代表性的理论是基数效用论和序数效用论。

基数效用论认为效用是可以计量的，它同长度、重量等概念一样，可以具体衡量并求和，具体的效用量之间比较是有意义的。表示效用大小的计量单位被称为效用单位。序数效用论认为效用是一种主观感受，类似香、臭、美、丑的概念，其大小是无法具体衡量的，之间比较只能通过顺序或等级来表示。

一、项目成本效用分析的概念与方法

1. 成本效用分析的概念

成本与费用是两个并行使用的概念，两者既有联系又有区别。成本是按一定对象所归集的费用，生产成本是相对于一定的产品而言所发生的费用；费用是资源的耗费，它与一定的会计期间相联系，而与生产哪种产品无关，成本则与一定种类和数量的产品商品相联系，而不论发生在哪个会计期间。在进行腐蚀防护项目实际收益分析时，常将成本与费用混用。

效用（utility）原意是指人们消费某种物品或劳务时所带来的满足程度。经过几十年的发展与应用，效用的概念也发生了一些变化。在现代效用理论中，效用实际上就是价值的定量表述。

腐蚀防护项目效用分析的概念是指用户通过项目的应用使自己的要求、欲望等得到满足的一个度量。由此可见，这种度量是一种内在的、主观的偏好和评价，是一种无量纲尺度、相对尺度。

2. 成本效用分析方法

常用的方法有以下三种。

（1）效用固定法（最经济原则）　各方案具有相同效用时，按成本最小准则进行方案优选。它的基本思想是以尽可能低的成本实现相同的效用，从而达到成本效用比率最大。

（2）成本固定法（最有效原则）　各方案具有相同成本时，按效用最大准则进行方案优选，它的基本思想是以同样的成本实现尽可能大的效用，从而达到成本效用比率最大。成本固定法通常用于项目成本有严格限定的情况。

（3）最大效用成本比法（费用效益比原则）　各方案直接按效用成本比最大准则进行方案优选。它的基本思想是单位的成本效用最大的方案为最优方案。此法适用于对各供选方案的目标要求和（或）成本要求没有严格限定、允许有一定变动范围的情况。

3. 成本效用的计量

成本效用的评估是效率型指标，是用来反映腐蚀防护项目所投资金的使用效率，指标值是相对值。计算公式为 $R_{U/C}=U/C=$ 效用/成本（详见第七章）。

式中，"效用"既有定量指标，也有定性指标。在定量指标中有越大越好的，也有越小越好的。定量指标又有各种计量单位。定性指标虽然抽象、主观、缺乏说服力，但对项目价值总体的抽象描述也是不可缺少的。只有通过全面的评价，才能真正体现腐蚀防护项目的价值，便于项目方案之间的比较和选择。

在有些情况下，腐蚀防护项目目标不是一个而是多个，且各目标的效用计量不具有同一量纲，无法使用同一计量单位度量。这时可在专家调查的基础上，对腐蚀防护项目的不同目标进行标准化处理，并赋予不同权重，将方案取得的各目标值分别乘以各目标权重后求和，得到项目方案预期获得的总效用。之后，再可进行方案间的成本效用评价。

4. 效用值和权重的确定[10]

（1）分值 F_j 的确定方法　定性指标可由各专家小组会议进行评分或专家个人分别评分，然后采用算术平均法、加权平均法或中位数法进行整理后作为评价指标的分数值。

对定性指标进行评分时，可采用百分制或五分制作为评分标准。见表 10-4。

表 10-4　定性指标评分标准

满足程度	最好	良	中	差	很差
百分制	100	80	60	40	20
五分制	5	4	3	2	1

定量指标可通过直接计算求得，但当各指标的计量单位不同时，必须使用不同计量单位换算成统一的数值。此时，引入效用系数来消除各指标计量单位的不可比性，采用效用系数法计算有以下两种情况。

① 当指标要求越大越好时，其效用系数可用 $U_{j\max}$ 表示。计算公式为

$$U_{j\max}=\frac{X_j-X_{j\min}}{X_{j\max}-X_{j\min}} \tag{10-12}$$

式中 $U_{j\max}$——效用系数;

X_j——指标 j 的得分;

$X_{j\min}$——预先确定的第 j 个指标的最低值;

$X_{j\max}$——预先确定的第 j 个指标的最大值;

j——评价指标的数目,$j=1$,2,$\cdots$,n。

② 当指标要求越小越好时,其效用系数可用 $U_{j\min}$ 表示,计算公式为

$$U_{j\min}=\frac{X_{j\max}-X_j}{X_{j\max}-X_{j\min}} \qquad (10\text{-}13)$$

(2) 权重 W_j 的确定方法　W_j 为反映效果之间相对重要程度的权重数,也称权系数或相对权数。其确定的基本步骤为:

① 由防腐专家小组或防腐专家个人分别对各个效果的重要程度按百分制或五分制打分。

② 对防腐专家个人打分,用算术平均法、加权平均法或中位数法进行整理。

(3) 加权分值的确定　常用的有如下几种方法。

① 加法。将每个效果的分值与其相应的权重系数的乘积累加,可得项目方案的综合加权分值。计算公式为

$$F_\Sigma=\sum_{j=1}W_jF_j \qquad (10\text{-}14)$$

式中 F_Σ——综合加权分值;

W_j——每个指标根据重要程度确定的权重值;

F_j——每个指标得分值;

n——指标总数。

$$W_1+W_2+\cdots+W_n=1 \qquad (10\text{-}15)$$

加法的特点是计算简便,快捷。当各项效果指标得分差距不大,而重要程度差异较大时,宜采用加法。

② 乘积法。对方案各效果的分值的乘积开 n 次方,n 为连乘的效果数,可得项目或方案的综合加权分值。计算公式为

$$F_乘=\sqrt[n]{F_1F_2\cdots F_n} \qquad (10\text{-}16)$$

乘积法的特点正好同加法相反,适合于各效果指标值的差距较大,而权重值差距较小的情况。

③ 加乘混合法。用加法、乘积法求得的综合加权分值的和,得加乘混合

法的加权分值。计算公式为

$$F_{加乘} = F_\Sigma + F_乘 \tag{10-17}$$

加乘混合法既具有加法的特点，又有乘法的特点，可以较敏感地反映各个效果指标值的差异程度。因此，该法适用范围较宽。

④ 除法。在多重效果中，如果有些效果要求越大越好，另一些效果要求越小越好，在这种情况下用除法计算综合加权分值。计算公式为

$$F_除 = \frac{\beta_1 \beta_2 \cdots \beta_k}{a_1 a_2 \cdots a_j} \tag{10-18}$$

式中　$\beta_1 \beta_2 \cdots \beta_k$ ——要求越大越好的效果指标值；

　　　$a_1 a_2 \cdots a_j$ ——要求越小越好的效果指标值。

除法的特点是要求项目方案评价的效果指标能够区分出越大越好或越小越好两类指标。

⑤ 最小二乘法。首先对各项效果确定一个理想值，然后将实际值同理想值之差除以理想值的平方，相乘后再开方即为综合加权效用系数。计算公式为

$$F = \sqrt{\sum W_j [(A_j - A_{j0})/A_{j0}]^2}$$

式中　A_j ——每个效果指标的实际值；

　　　A_{j0} ——每个效果指标的理想值。

最小二乘法的特点是既反映了效果指标的重要程度，又反映了效果指标实际值与理想值之间的差距，用于项目方案综合评价是比较准确的。

二、项目成本效用分析的基本程序与应用

1. 成本效用分析的基本程序

成本效用分析与费用效果分析的程序有些类似，通常是：

（1）对项目做系统分析；

（2）计算成本；

（3）构建指标体系；

（4）确定评价标准；

（5）定性指标的定量化；

（6）计算效用系数；

（7）确定指标权重；

(8) 计算 U/C。

2. 成本效用分析应用

目前，成本效用分析在国际药物经济学领域有着广泛的应用，在我国医药、卫生、保健等方面已有较多的应用实例。但在其他方面的应用还比较少，特别是在腐蚀防护领域尚未见到这方面的报道。

成本效用分析在腐蚀防护领域有着广泛的应用空间，大量的腐蚀防护项目的产出，需要采用成本效用分析。例如，现代化武器是机电引发、传爆导爆、高能量火炸药的高度集成体，武器存储过程中关键材料的功能降低均会导致武器的失效，武器内部各单元本身性能降低及材料的相互作用均会引发武器故障。其中引信是弹药的引发单元，引信由金属转子、保险铜球和钟表机构的齿轮等金属工件构成，如果任一部件发生锈蚀就会引起运动阻滞使武器出现"瞎火"导致失效。引信所使用的金属铜、铁、锌等在制造中均经过钝化处理（即防腐处理），但经过长期的储存，还是有可能发生锈蚀"瞎火"的故障。假如是处在战争的条件下，其后果不堪设想。这里的腐蚀防护作用，难用"效益""效果"指标评价，那么就需要采用"效用"分析法来描述，才能比较恰当地反映出腐蚀防护的作用。类似的问题在国防工程建设、武器装备评价中，并不鲜见。

成本效用分析应用，虽然是一门较新的腐蚀防护评价技术，人们对它并不很熟悉，但从发展的角度看，成本效用分析的应用，会给腐蚀防护领域带来诱人的前景。

综上所述，成本效用分析是一种特殊形式的分析方法，虽然它能更全面、更真实地反映投入与产出之间的关系，弱化或减少费用效益、费用效果分析的局限性与不足，但成本效用分析也是一种容易引起争议的评价方法。争议的焦点是效用的识别与计量。目前，该法的应用在面上欠缺理论基础和完整、科学的评价指标体系。

三、项目成本效用分析应用举例

【例10-4】 某海水试验场设有一钢结构装置，为了防止腐蚀，已采取了腐蚀防护措施，但效果不够理想。该研究部门想重新选择腐蚀防护技术。现有四个方案可供选择，其有关数据见表10-5。已知出现污染环境的可能性越小越好，其最大值为0.3，最小值为0.02；保护寿命越长越好，其最大值取

10，最小值为 0；可靠性指标越高越好，其最大值为 250，最小值为 0。试选最优方案。

表 10-5 某海水试验场钢结构装置腐蚀防护项目方案有关数据表　　　　单位：万元

方案	费用现值	效果指标		
		污染环境 (0.02~0.3)权重 50%	保护寿命 (0~10)权重 30%	可靠性 (0~100)权重 20%
A	2.0	0.35	—	—
B	3.5	0.20	6	90
C	4.7	0.06	7	95
D	6.5	0.02	10	100

【解】 首先计算出各方案效果指标的各项目效用系数，再进行 U/C 值比较选择。

(1) A 方案　出现污染环境可能性超过事先规定的最大值，故被淘汰。

(2) B 方案　计算如下：

① 出现污染概率效用系数为

$$U_{j\min} = \frac{X_{j\max} - X_j}{X_{j\max} - X_{j\min}} = \frac{0.3 - 0.2}{0.3 - 0.02} = 0.36$$

② 保护寿命效用系数为

$$U_{j\max} = \frac{X_j - X_{j\min}}{X_{j\max} - X_{j\min}} = \frac{6 - 0}{10 - 0} = 0.6$$

③ 可靠性效用系数为

$$U_{j\max} = \frac{X_j - X_{j\min}}{X_{j\max} - X_{j\min}} = \frac{90 - 0}{100 - 0} = 0.9$$

④ 综合效用系数为

$$U = 0.36 \times 0.5 + 0.6 \times 0.3 + 0.9 \times 0.2 = 0.54$$

$$R_{U/C} = \frac{U}{C} = \frac{0.54}{3.5} = 0.15$$

(3) C 方案　计算如下：

① 出现污染概率效用系数为

$$U_{j\min} = \frac{X_{j\max} - X_j}{X_{j\max} - X_{j\min}} = \frac{0.3 - 0.06}{0.3 - 0.02} = 10.5$$

② 保护寿命效用系数为

$$U_{j\max}=\frac{X_j-X_{j\min}}{X_{j\max}-X_{j\min}}=\frac{7-0}{10-0}=0.7$$

③ 可靠性效用系数为

$$U_{j\max}=\frac{X_j-X_{j\min}}{X_{j\max}-X_{j\min}}=\frac{95-0}{100-0}=0.95$$

④ 综合效用系数为

$$U=10.5\times0.5+0.7\times0.3+0.95\times0.2=5.65$$

$$R_{U/C}=\frac{U}{C}=\frac{5.65}{4.7}=1.20$$

（4）D方案 计算如下：

① 出现污染概率效用系数为

$$U_{j\min}=\frac{X_{j\max}-X_j}{X_{j\max}-X_{j\min}}=\frac{0.3-0.02}{0.3-0.02}=1$$

② 保护寿命效用系数为

$$U_{j\max}=\frac{X_j-X_{j\min}}{X_{j\max}-X_{j\min}}=\frac{10-0}{10-0}=1$$

③ 可靠性效用系数为

$$U_{j\max}=\frac{X_j-X_{j\min}}{X_{j\max}-X_{j\min}}=\frac{100-0}{100-0}=1$$

④ 综合效用系数为

$$U=1\times0.5+1\times0.3+1\times0.2=1$$

$$R_{U/C}=\frac{U}{C}=\frac{1}{6.5}=0.15$$

根据式(10-12)和式(10-13)确定的各个方案的效用系数和效用成本 U/C 值，如表 10-6 所示。

表 10-6 效用成本指标计算表   单位：万元

方案	费用现值	效果指标			加权效用系数合计	U/C
		污染环境	保护寿命	可靠性		
		50%	30%	20%		
A	2.0	超过标准	—	—		淘汰
B	3.5	0.36	0.6	0.9	0.54	0.15
C	4.7	10.5	0.7	0.95	5.65	1.20
D	6.5	1	1	1	1	0.15

从 U/C 的结果来看，C 方案为最优，应选择。

【例 10-5】 我国某输油管线，全长 1000km 之多，沿线设计了 9 个阴极保护站，都与泵站建设相结合，其中有一段管线由于两站间距较长，中间管段的保护电位达不到规定的最小保护电位 $-0.85V$（CSE）的要求。要解决这一问题，开始时提出三个方案：方案 1，在原有阴极保护站的基础上再增加一套"反电位"设备，即"反电位法"阴极保护；方案 2，新增建一座阴极保护站；方案 3，在达不到保护电位的管段增设牺牲阳极保护作为补充。经专家分析讨论，认为前两个方案可行，后一方案由于土壤电阻率高达 $3000\Omega\cdot m$ 以上，采用牺牲阳极法难以奏效，而被否决。剩下方案 1 和方案 2 可供选择。

基准折现率 $i=8\%$，项目投资及经营维护费用见表 10-7。试求最佳方案。

表 10-7 两个方案的投资估算与运营成本表   单位：万元

项目	方案 1/年		方案 2/年	
	0	1～20	0	1～20
(1) 土建工程	66		74	
(2) 设备仪器购置费与安装费	31		39	
(3) 工作人员工资	18		20	
(4) 运营管理费	7		5	
(5) 增加流动资金	8		7.5	
(6) 电位巡回检测费		5.6		4.3
总计	130	5.6	145.5	4.3

【解】 基本过程如下：

(1) 效用分析 由于无论是方案 1 还是方案 2，都能满足阴极保护需要。因此就单一目标而言，两方案完全相同，所以可视两方案效用完全一致，设定为一固定值，只需将分析重点放在成本的比较上即可。

(2) 成本分析 建设期和计算期：方案 1 建设期为 1 年，运营期 20 年；方案 2 建设期为 1 年，运营期 20 年。

(3) 两方案比较评选 由于两方案效用相同，成本不同。因此固定效用，比较成本。本例采用费用现值法。

① 方案 1 费用现值为

$$PC_{方案1}=130+5.6(P/A,8\%,20)=184.98(万元)$$

② 方案 2 费用现值为

$$PC_{方案2}=145.5+4.3(P/A,8\%,20)=187.72(万元)$$

方案 1 费用现值小于方案 2 费用现值，所以前者优于后者，应选择方案 1。

（4）敏感性分析　是指在众多不确定性因素中找出对方案经济效益指标有重要影响的敏感性因素，并分析、测算其对方案经济效益指标的影响程度和敏感性程度，进而判断方案承受风险能力的一种不确定性分析。

① 基准折现率的敏感性分析。令两个方案费用现值相等，列式为

$$130+5.6(P/A,i,20)=145.5+4.3(P/A,i,20)$$

解得：$i=5.5\%$。

因此，只要基准折现率不低于 5.5%，则方案 1 始终优于方案 2。

② 运行期内的敏感性分析。令：

$$130+5.6(P/A,8\%,n)=145.5+4.3(P/A,8\%,n)$$

解得：$n=40$ 年。

因此只要使用年限不超过 40 年，方案 1 优于方案 2。

③ 投资额的敏感性分析。比如由于物价水平上涨等都会导致投资额的增长。假设两方案同幅度增大，增大比例为 a，则令：

$$130(1+a)+5.6(P/A,8\%,20)=145.5(1+a)+4.3(P/A,8\%,20)$$

解得：$a=-17.66\%$。

由计算结果可知，如果物价水平下跌 17.66% 以上，则方案 2 更优。

④ 经营成本的敏感性分析。若两个方案经营成本增加比例为 b，两方案费用现值仍相等，则有：

$$130+5.6(1+b)(P/A,8\%,20)=145.5+4.3(1+b)(P/A,8\%,20)$$

计算得：$b=21.44\%$。

结果表明，如果两个方案经营成本上涨超过 21.44%，则方案 2 更优。

由以上计算可看出，两方案经济指标影响程度都不太大，经营期限影响程度最小，其次是折现率和年经营成本，投资额影响略大一点。因此可得出结论：这个项目方案选用的风险性比较小。

⑤ 其他分析。从经济分析的角度来说，两方案相比，方案 1 可节省土建工程费用和工资开支，且工作方便。从技术角度来说，方案 1 采用的是"反电位法"阴极保护技术，在应用过程中或多或少存在一定的风险，即电位出

现"逆转"现象。所以"反电位法"阴极保护系统必须设置电位"逆转"中断开关，保证其保护电位始终处在－0.85～1.20V（CSE）之间。

参考文献

[1] 李原，苏资慧.20世纪灾祸志.福州：福建教育出版社，1992.
[2] 化学发展简史编写组.化学发展简史.北京：科学出版社，1980.
[3] 毕勒 H E，等.合理的防腐蚀设计.赵克勤，译.北京：化学工业出版社，1990.
[4] 贝克曼 W V.阴极保护手册.胡士信，等译.北京：人民邮电出版社，1990.
[5] 日本中川防蚀工业股份有限公司.电气防蚀法（广告）.
[6] 杨青.投资项目经济效益和择优标准.投资研究，1992（2）：27-28.
[7] 王强.电化学保护简明手册.北京：化学工业出版社，2012.
[8] 王直民.建筑安全投资效益评估方法研究.中国集体经济，2009（24）：108-109.
[9] 吴荫顺，曹备.阴极保护和阳极保护——原理、技术及工程应用.北京：中国石化出版社，2007.
[10] 郑宁，郑彩云.技术经济学.2版.北京：清华大学出版社，2016.

腐蚀经济学

第十一章
腐蚀防护工程项目后评价

项目后评价就是已经完成的腐蚀防护工程项目运行一段时间后，对项目的目的、执行过程、效益、作用和影响所进行的系统的、客观的分析和总结的一种经济活动。通过对投资活动实践的检查总结，确定投资预期的目标是否达到，项目或规划是否合理有效，项目的主要效益指标是否实现，通过分析评价找出成败的原因，总结经验教训，通过及时有效的信息反馈，为未来项目的决策和提高完善投资决策管理水平提出建议，同时也为被评项目实施运营中出现的问题提出改进建议，从而达到提高投资效益的目的。因而不难看出，腐蚀防护工程项目后评价也是腐蚀经济学研究的重要内容之一。

腐蚀防护工程项目后评价与腐蚀防护工程项目可行性分析一样，都包括生产经营类防腐项目和应用技术类防腐项目。在本章的讨论过程中，有些内容分开介绍，有些作了兼顾，有些则侧重于某一类型做了重点介绍。

第一节 概　　述

项目后评价起源于20世纪30年代的美国，美国政府有目的地开始项目后评价的重点是财务分析，以财务分析的好坏作为评价项目成败的主要指标。到了20世纪六七十年代，项目后评价被许多西方国家、世界银行和欧洲银行广泛用于能源、交通、通信等基础设施及社会福利事业项目后评价。UNDP组织的统计资料表明,世界上已有85个国家成立了中央评价机构,24个国际组织中有22个建立了后评价系统,评价费用占同期总投资的0.17%。

在我国,投资项目后评价始于20世纪80年代中后期,1988年,当时的国家计委正式委托中国国际工程咨询公司进行第一批国家重点建设项目的后评价,它标志着我国项目后评价工作的正式开始;1990年,国家计委正式下达通知,第一次提出项目后评价的内容和要求。1994年和1995年国家开发银行和CIECC先后正式成立后评价局,开展了数百个工程项目的后评价。这些机构大多类似于世界银行的模式,具有相对的独立性,国家重点建设项目和政策性贷款项目的后评价已经进入正轨。

目前,防腐行业尚无关于项目后评价方面的专门管理意见和实施标准规范,也无专门评价机构和专业团队,已滞后于工程实践的需要,同时也影响了防腐技术的推广应用,对防腐技术项目的作用缺乏全面、客观的认识。但我们相信,随着防腐技术的广泛应用,项目规模日益扩大,投资额日益增多,市场竞争日益激烈,防腐工程项目后评价会受到各级政府和有关部门的日益重视。

一、项目后评价的概念与特点

1. 概念

防腐工程项目后评价是指防腐工程项目建成投产并运行一段时间后,对项目立项、准备、决策、实施直到投产运行全过程的工程活动总结评价,从而判断防腐工程项目投资目标实现程度的一种方法。

防腐工程项目后评价是对项目决策前的可行性分析及其设计文件中规定的技术经济指标进行再评价,并通过对防腐工程项目建设过程中涉及的各阶段的工作进行整体回顾,将腐蚀工程项目全过程的实际情况(施工建设、投产经营等)与可行性分析的预期情况进行对比研究,衡量分析实际情况与预期情况的偏离程度,分析说明项目成功与失败的原因,全面总结工程项目管理的经验和教训。再将总结的经验教训反馈到将来的项目中去,作为参考借鉴,使项目的决策者、管理者和建设者获得有效信息,学习到更加合理的方法和策略,完善和调整相关的方针、政策和管理程序,提高项目决策、管理和建设的能力水平,对完善已建项目、改进在建项目和指导待建项目都具有重要的意义。

2. 特点

防腐工程项目后评价与项目前可行性分析相比，有如下特点：

(1) 现实性　防腐工程项目后评价是对项目投资后一段时间所发生的情况进行的一种总结。它分析研究的是项目实际情况，所依据的数据是现实发生的真实数据或根据实际情况重新预测的数据。所以，防腐工程项目后评价的现实性决定了其评价结论的客观性和可靠性。

(2) 全面性　在进行防腐工程项目后评价时，既要分析投资过程，又要分析经营过程；不仅要分析项目的投资经济效益，而且还要分析非经济效益（包括安全效益、环境效益等）；不仅要总结项目决策、建设和营运中成功的经验，更要发现问题，找出差距，分析研究原因，提出对策建议。

(3) 探索性　防腐工程项目后评价有其特殊性，因而需要项目后评价人员具有较高的综合素质和创造性的工作方法，准确把握防腐项目产生的效益与花费，选择恰当的分析评价指标等，尚需做些探索的研究，目前尚无统一、规范的资料可供参考。

(4) 反馈性　防腐工程项目后评价的目的在于检验和总结项目前所做的预测和判断是否正确，总结项目管理各个环节、各个阶段、各方面的经验教训，为有关部门反馈信息，为以后改进项目管理，制订科学、合理的投资计划提供参考依据，以提高决策和管理水平。因此，项目后评价结论的扩散和反馈，无论是对微观决策还是宏观决策都是非常重要的。

(5) 独立性　防腐工程项目后评价不受项目决策者、管理者和执行者的干扰，是由第三方评价机构、评价人员、评价程序及监督机制等方面加以落实保证，并且自始至终贯穿于整个项目评价过程，包括评价内容确定、指标选择、调查范围、报告编审等，都是独立完成的。避免项目决策者和管理者自己评价在发现问题、分析原因和做结论时避重就轻，做出不客观的评价。独立性标志着项目评价的公正性、合法性。

(6) 合作性　防腐工程项目后评价工作涉及范围广、合作单位多、参评人员复杂，尚需通力合作。因此，合作性是做好项目后评价的重要基础。

二、项目后评价的目的和作用

防腐工程项目后评价是对项目执行全过程每个阶段的实施和管理进行定

量和定性分析,重点包括法律法规执行程序,工程质量、进度、造价等的控制,技术经济效益分析,环境影响分析,持续性分析等。具体目的和作用如下。

1. 目的

防腐工程项目后评价是对已经完成的项目的目的、执行过程、效益、作用和影响进行系统的、客观的分析,完成项目活动实践的检查总结,其目的在于:

(1) 确定项目预期的目标是否达到,项目是否合理有效;

(2) 项目的主要效益指标是否实现,通过分析评价找出成功失败的原因,总结经验教训;

(3) 通过及时有效的信息反馈,为未来新项目的决策和提高完善投资决策管理水平提出建议,同时也为后评价项目实施运营中出现的问题提供改进意见,从而达到提高投资效益的目的。

2. 作用

防腐工程项目后评价的重要作用,凸显于以下几个方面:

(1) 有利于提高防腐工程决策水平 项目前可行性分析(或研究)只为项目投资决策提供依据。前评价中所做的预测是否正确,需要项目建设的实践来检验,需要项目后评价来分析和判断。通过建立完善的建设项目后评价制度和科学的评价方法体系,一方面可以促使前评价人员增强责任感,努力做好前评价工作,提高项目预测的准确性;另一方面可以通过项目后评价反馈的信息,及时纠正建设项目决策中存在的问题,从而提高未来建设项目决策的科学化水平。

(2) 有利于提高防腐工程项目设计施工水平 通过防腐工程项目的后评价,可以考核项目成果,检验工程设计、设备、设施的质量,及时发现和解决一些影响正常生产和使用服务的问题,确保项目按设计要求的技术经济指标交付使用,正常投产;对设计水平、设计合理性和技术先进性进行科学评价,促进设计工作的改进和提高。

(3) 有利于提高生产能力和经济效益 防腐项目投产后,经济效益好坏、何时能达到生产能力(或生产效益)等问题,是后评价十分关心的问题。如果防腐项目效益低下,达不到预期的目标,后评价时就要认真分析原因,提出措施,促其尽快达产,努力提高经济效益,使建成后的项目充分发挥作用。

(4) 有利于提高引进技术和设备的成功率　通过后评价,总结引进技术和装备过程中成功的经验和失误的教训,提高引进技术和装备的成功率。

(5) 有利于提高防腐工程项目的整体质量　防腐工程项目后评价实际是对项目建设全过程的监督,即哪些项目达到预期的目的或目标,哪些不符合要求,需要重新整改,并对未来提出建议等,这有利于提高防腐项目的整体质量,如果缺少了项目后评价,或许有的工程质量问题可能成为项目后的隐患,造成经济损失或人员伤亡事故。

(6) 有利于保证项目预定目标的实现　防腐工程项目后评价能够针对项目出现的问题提出切实可行的对策措施,为投资决策部门重新制订或优选方案提供决策依据,为项目执行部门改进项目建设运营提供方法和思路,保证建设项目预定目标的实现,提高建设项目的经济效益和社会效益。

三、项目后评价与前评价的区别及其程序

1. 后评价与前评价的区别

大中型项目,一般都要进行项目前可行性分析(研究)和项目后评价。项目后评价与前评价关系密切,前评价是后评价的基础和前提。两者的评价原则方法和性质目的是相同的,但是,后评价和前评价在项目全过程中所处的工作阶段不同,两者间存在着明显的区别,归纳起来,主要有如下几点:

(1) 评价选择的时点不同　防腐工程项目前评价是在项目决策的前期进行的,而后评价则是项目结束以后并投产运营一段时间后进行的评价,前后之间在时间上一般要相隔 3~5 年。

(2) 评价选择的内容不同　防腐工程项目前评价只研究论证项目应不应该立项实施,重点在于诊断和解决项目进行中发生的问题或争端,推动和保证项目的有效进行。而后评价是要对投资决策、设计、采购、施工直到运营若干年后全过程进行评价。

(3) 评价选择的目的不同　防腐工程项目前评价的目的在于评价项目技术上的可行性和经济上的合理性,为建设项目决策提供依据,以确定项目是否可以立项;后评价是在项目建成后,对项目进行的回顾总结和前景预测,总结经验、改进决策和管理。

(4) 评价选择的数据不同　防腐工程项目前评价主要是依据项目开工之前的历史资料、经验数据、预测数据进行评价;而项目后评价则依据的是实

际发生的数据或根据实际是否符合科学发展要求进行的评价。

(5) 评价的作用不同　防腐工程项目前评价只为优选项目方案提供依据，可选范围大，灵活性强，操作方便；而后评价是既成事实的评价，是项目决策的检验，无论是决策的调整还是操作方法的改变，都会受到约束，通常只能是在原有的基础上加以改进和完善。

(6) 评价的结论不同　防腐工程项目前评价的结论是项目是否可行以及预测其带来的各种后果。后评价的结论是项目成功与否，并分析前评价的预期与实际之间的差异，并提出改进措施和意见以及对未来的预测。

总之，防腐工程项目后评价不是对项目前评价的简单重复，而是依据国家现行政策和有关规定，对其项目的决策水平、管理水平和实施结果等进行的严格检验和评价。它是在前评价的基础上再总结、再检验的过程，是发现问题、改进措施的过程，是进一步完善项目方案的过程。

2. 基本程序

尽管因防腐项目类型、规模、复杂程度的不同，每个项目后评价的具体程序也有所区别，但从总的情况来看，一般项目后评价都遵循一个客观和循序渐进的过程，主要由策划、信息收集、汇总处理、分析评价、编制后评价文件等部分构成，并可视项目规模、利益相关要求、评价目的等因素删减或重复开展某些阶段的工作，直至获得全面合理的结论。防腐工程项目是服务项目，通常是主体工程的子项目，根据 GB/T 30339—2013《项目后评价实施指南》要求，防腐项目后评价的程序可按以下步骤进行。

(1) 组建项目后评价机构　防腐工程项目后评价是由独立的评价机构完成的。因此，首先需要组建项目后评价机构。这个机构应由具有良好的职业道德和较强的责任心、较好的社会信誉、较高的业务水平的人员组成。在这个机构中，既要有懂经济的专家，又要有懂腐蚀防护的专家；既要有懂投资管理的专家，又要有懂生产经营管理的专家；既要有懂市场营销的专家，又要有懂市场预测和统计分析的专家。总之，这个机构人员的组成，能够全方位满足项目后评价各个环节的需要。

(2) 明确评价对象　明确防腐项目后评价的具体对象、评价的目的及具体要求。就总体而言，原则上，对所有的大中型投资项目都要进行后评价，项目后评价应纳入管理程序之中。但事实上，因种种原因，项目后评价只能有选择地确定评价对象。尤其是防腐项目，常是服务项目，独立评价的机会很少,一般将其纳入被服务对象一起评价。然而,这种一揽子式评价,不仅不能全面、准确地反映防腐项目实际产生的效益、作用和影响,反而对防腐项目带来误导。被服务对象盈利了,不一定完全是防腐项目的作用、影响;同理,被服务对象亏损了,也不一定是防腐项目带来的。因此,要准确评价防腐项目的作用和影响,必须将其从服务对象中剥离出来,单独评价。

防腐项目独立评价的对象优先考虑以下类型项目。

① 对行业投资额巨大、建设工期长、建设条件较复杂,或跨省、区及跨行业有重大影响的防腐项目;

② 对采用新技术、新工艺、新设备、新材料、新型融资和运营模式,以及有特殊示范意义和重大科研价值的防腐项目;

③ 对节约资源、保护生态环境、促进社会发展、维护社会稳定具有重大影响的防腐项目;

④ 对国家急需发展、推广的短线投资防腐项目;

⑤ 投产后经济效益、社会效果明显不好,或因腐蚀造成重大事故的防腐项目。

(3) 深入调查搜集资料　翔实的基本资料是进行项目后评价的基础,后评价成果的可靠性在很大程度上取决于基本资料的准确程度。因此,做好基本资料的调查、搜集、整理、综合分析,是后评价工作中的一个重要环节。

根据防腐项目后调查计划,确定调查对象和调查方法,开展实际调查工作,根据后评价规定的任务和要求,防腐工程项目所需调查的数据资料通常包括以下几方面(主要是针对应用类防腐项目而言)。

① 被保护设备、装置有关结构方面的资料。防腐项目的选择与确定,首先需要调查了解被保护设备、装置的用材、结构状况、介质和运行条件等,然后根据给出的现有设备、装置和有关条件,选择适宜的防护措施。

② 腐蚀环境资料。典型的腐蚀环境资料有:

a. 水溶性介质。化学因素调查:溶液的组成、主要成分、次要成分及浓度;溶液中的杂质;pH或酸碱浓度;溶液的氧化还原性,所含氧化剂、还原剂的组成和浓度;溶解在水溶液中氧的浓度;沉淀物生成的可能性等。物理因素调查:溶液温度、流速、热应力、传热、局部加热、机械应力、外应力、振动、交变应力等。

b. 大气环境。大气环境腐蚀性因素的调查包括湿度、温度、降雨量、有害杂质成分等。

c. 土壤环境。土壤环境腐蚀影响因素有：孔隙度（透气性）、含水量、电阻率、酸度、含盐量、氧化还原电位、有机质、土壤黏土矿物的类型以及微生物的存在等。

d. 海水环境。腐蚀影响因素包括：盐度、pH、碳酸盐饱和度、含氧量、温度、流速、生物性等。

e. 微生物。与腐蚀有关的微生物主要是细菌类，其中最主要的是直接参与自然界硫、铁循环的微生物，如硫氧化细菌、硫酸盐还原菌、铁细菌等。

f. 工业水。主要腐蚀影响因素有：pH、水中盐类、水中溶解气体、悬浮物、微生物等。

g. 混凝土。影响腐蚀的因素主要有：混凝土的化学成分、混凝土的孔隙率、混凝土的密度和环境因素（如大气中 CO_2、酸性气体、温度、水等）。

h. 特殊环境。包括太空、深海、深地，以及雾霾污染、杂散电流干扰特别严重的腐蚀调查。

③ 防腐项目运营（行）后资料。对于生产类防腐项目，搜集的资料包括企业利润、利税情况；产品成本、价格情况；产品销售、市场占有份额等情况。对于应用类防腐项目搜集的资料包括腐蚀速率、保护度、保护效率等。

④ 防腐项目运行管理资料。包括：

a. 管理制度、机构设置、人员编制及职责资料；

b. 各年实际运行费（经营成本）及成本构成、成本计算资料；

c. 历年的实际效益，包括减损效益、增值效益和扩展效益等；

d. 历年上缴税金及利润等资料；

e. 投入运行后工程设备运行工况和工程质量、工程安全复核、工程可持续性等的分析资料；

f. 运行管理中经验教训总结资料；

g. 实际防腐效果的有关数据和资料；

h. 实际腐蚀数据、状态、可靠性测定等有关资料。

⑤ 与防腐项目有关资料。如国内外同类已建、在建和拟建防腐项目的投资、年运行费用（经营成本），各种工程量单价和经济效益、社会影响、环境影响等资料。

（4）分析与评价　根据调查资料，对防腐项目进行定量与定性分析评价，其工作步骤为：

① 对调查资料和数据的完整性和准确性进行检验，并依据核实后的资料数据进行分析。

② 计算各项能够定量的经济、技术、社会及环境评价指标。运用调查资料和各种有关评价参数，通过对历史资料的分析及对同类工程项目历史经验的参照，对比工程项目实际效果和原规划设计指标，对比有无项目的不同情况，计算出各项定量指标的实际数值，并评价优劣。对比后评价的实测值与前评价的预测值，找出存在的问题，总结经验教训。

③ 对于难以定量分析的效益、影响和作用等，可进行定性分析，以判断防腐项目对经济、社会、环境所发挥的作用和影响，如达不到预期目标，需查找原因，总结经验教训。

④ 进行综合分析评价。采用有无对比法、成功度法或逻辑框架法等，对防腐项目进行综合分析评价，得出后评价结论，提出今后的改进措施和建议。

第二节　腐蚀防护工程项目后评价的内容

目前在防腐行业，尚缺规范性项目后评价的条文，无遵循依据。笔者参考了世界银行的做法，借鉴了国内有关行业的经验，依据 GB/T 30339—2013《项目后评价实施指南》，提出防腐项目后评价的基本内容，即项目目标后评价、项目过程后评价、项目效益后评价、项目技术后评价、项目环境影响后评价和项目可持续性后评价，每个方面的具体评价内容可根据项目规模大小和要求增加或简化。

一、项目目标后评价的内容

防腐工程项目目标后评价是指项目建成投产后对照项目可行性分析所设定（或预测）的目标值进行的再审查、再评价，以判断防腐项目目标值设置的科学性、合理性。由于可行性分析是预测分析，难免考虑不周和有意外情况，其后评价与前分析可能有偏差，此时不求前后完全一致，只求科学、合理。

防腐工程项目目标后评价的内容与可行性分析是一致的，即可行性分析给出的目标值，都需要进行重新评价。除此外，尚有投入运营（行）后的有关目标也需纳入后评价之中。

1. 项目宏观目标的评价

从战略层面对防腐项目预设的宏观目标的实现程度和偏差程度进行评价，主要是考察防腐项目投产后产生的实际效果或呈现的客观状态与组织预期的吻合程度、背离和偏离情况等。评价的主要内容包括：

（1）项目实施对推动国民经济或地方经济相关产业发展的影响，促进全国或区域经济增长的评价。

（2）项目对促进产业结构调整，优化产业布局，提供产品或服务的社会影响分析评价。

（3）项目对保护生态环境，保证安全生产，提高资源综合利用水平，社会经济可持续发展的分析评价。

2. 项目管理目标的评价

对照项目可行性分析时所预测（或测算）的目标值和确定的主要指标，检查项目实际完成的情况，评价项目目标和主要指标的适宜性和实现程度。

评价的内容主要包括：

（1）防腐工程项目前期工作目标后评价；

（2）防腐工程项目实施目标后评价；

（3）防腐工程项目运营（行）目标后评价；

（4）防腐工程项目财务目标后评价；

（5）防腐工程项目经济目标后评价；

（6）防腐工程项目技术目标后评价；

（7）防腐工程项目环境影响目标后评价；

（8）防腐工程项目可持续性目标后评价。

防腐工程项目的性质、特点不同，其目标后评价选择的角度和侧重点也不尽相同。如对于应用性防腐工程项目来说，最为引人关心的是防腐效果目标的实现程度，至于其他目标便成为期望目标。具体评价，详见其后。

3. 项目目标后评价结论与建议

项目后评价要对照原来预定目标完成的主要指标，检查项目实际实现的情况和变化，分析实际发生变化的原因，以判断目标的实现程度，给出评价结论，并针对存在的问题，提出改进意见和目标要求。

二、项目过程后评价的内容

防腐工程项目过程后评价是指对项目各个阶段进行回顾的基础上，确认项目实施过程是否按计划进行，分析项目实施过程中产生的重大偏离和原因，以及对项目实施效果产生的影响，并对项目实施全过程的管理水平和工作质量做出评价。过程评价包括项目前期工作后评价、项目实施后评价和项目运营后评价，也可以再粗化或细化。

（一）防腐工程项目前期工作后评价

防腐工程项目前期工作后评价是指从项目的建议书到开工建设以前进行的各项工作的评价，它是项目建设的重要阶段，其工作质量对项目的成败起着决定性作用。其评价的内容如下。

1. 立项决策的评价

立项决策后评价是防腐项目后评价中的一个重要组成部分。立项决策的成功与否具有决定意义，决策的失误，可能是最大的失误。因此，在防腐项目后评价中加强对立项决策后评价是十分必要的。

决策是行为目标的选择和实现目标的方案选择。防腐工程项目决策的内容很广泛，在设计过程中对建设项目中的每一个具体方案的比较和选择也是一种决策行为，但范围和影响较小，所以这里所说的立项决策后评价不仅应包括开工前的规划设计和立项决策，还要包括对修改设计和重新决策的评价，全面总结规划设计和立项决策的经验教训。

防腐项目立项决策评价包括的内容主要有：决策程序、立项条件和决策依据、决策方法。

（1）决策程序的评价　决策程序的评价应对防腐工程项目整个决策形成和过程进行全面调查了解，对照不同时期国家规定的大中型基建项目审批程序，评价防腐项目的决策程序是否符合要求，是否有违反决策程序问题。

（2）立项条件和决策依据评价　查阅了解的内容包括：项目建议书、可行性分析（研究）报告、初步设计报告、项目评估报告和项目批复文件；了解防腐项目的实施，对区域经济、环境的影响；检查决策所依据的资料是否完备、齐全、准确，满足立项决策所需；查证分析防腐项目的投入与产出的相关数据，分析项目达到或实现原定目的和目标的程度，找出变化和差别，分析原因，对原定的目的和目标的正确性、合理性进行评价。

(3) 决策方法评价　即是否在科学的决策理论指导下，以科学的思维方式，应用各种科学的分析手段与方法，按照科学的决策程序进行客观实际的决策分析。有无简单拍板，随意决策，头脑发热，信口开河，独断专行的行为。

2. 勘测设计的评价

勘测设计评价是项目选择的重要环节，其内容包括对勘测设计的质量、技术水平和服务进行分析评价，要全面搜集和研究防腐项目有关的勘测、规划设计、科研技术文件及有关审查、批复文件，并召开有关座谈会，听取有关参与人员的意见，弄清防腐项目方案选择的来龙去脉，分析项目设计目标实现程度，并查找存在的问题，分析其原因。

(1) 勘测设计单位选择评价　承担勘测设计单位的力量与建设项目工程技术要求是否相适应，其资格、信誉状况如何。其勘测设计单位是否具备承担项目的资质和条件，有无与资质等级不符合承担的勘测设计任务。同时，对勘测设计单位的选择方式和程序进行分析，对有无违背相关程序的问题进行分析评价。

(2) 勘测设计资料评价　包括腐蚀环境调查、生产工艺流程调查，设备、装置用材调查，防腐技术项目应用效果的调查，对同类技术在国内外应用情况进行分析评价，同时，将勘测的结果与运行实际状态进行比较，如有较大的变化，需查证变化的原因。

(3) 分析防腐项目服务对象的有关情况　作为一位合格的腐蚀防护工程师，首先要全面了解防腐项目服务对象的有关情况。防腐项目不同于一般的传统材料施工，项目设计人员必须掌握以下情况：

① 对项目服务对象使用材料、工作介质、环境条件等要有全面的了解，根据给定的材料、介质和条件，比较选择既可行，又可靠、经济的防腐措施。

② 对项目服务对象使用的各种材料的特性、腐蚀破坏形式、腐蚀危害等有着较为详尽的了解，分析各种材料最适用的防护措施。

③ 对防腐项目的应用进行风险性分析，分析产生风险的可能性和风险防治的有关措施。如阳极保护在有些环境条件下应用，就需要考虑易燃、易爆的问题。尽管发生这种情况的概率很低，预防万一的措施不可无。

(4) 根据设计技术规范以及项目运营期的实证情况，分析项目设计方案中是否存在以下情况：

① 设计方案过于复杂，造成工程造价不必要的大幅提高；

② 设计方案过于简化，虽然降低了工程造价，但对项目运营安全、经济合理性、环保可靠性等带来较大影响；

③ 设计方案技术先进性、可靠性、适应性不够，造成运营期技术明显落伍；运营期中经常发生故障和表现出技术方案的不适应性。

3. 项目前期工作后评价结论与建议

在以上分析评价的基础上，对前期工作进行总体的总结与评价，在肯定成绩的基础上，找出差距和存在的问题，提出改进意见和工作要求。

（二）防腐工程项目实施后评价

防腐工程项目实施后评价是指项目开工建设到竣工验收的全过程，是防腐项目建设程序中耗时较长、耗资较大的时期。其评价内容如下。

1. 项目开工准备的评价

（1）项目开工条件是否具备，手续是否齐备，有没有先开工、后手续的情况？

（2）项目实际开工时间与计划的开工时间是否相符？提前或延迟的原因是什么？对整个项目建设乃至效益（果）发挥有何影响？

（3）项目资本金及其建设资金是否得到落实？

（4）项目施工图纸是否交付及时，是否满足连续施工的需要？

（5）项目租地、外部环境协调是否落实？是否满足开工的需要？

（6）项目所需物资是否及时到位？能否满足连续施工的需要？

（7）项目主体工程施工单位、项目管理单位招投标是否合法、规范？有无违纪、违规的现象？

2. 项目变更情况的评价

（1）项目范围变化是什么原因？

（2）项目设计变更与否？变化的原因是什么？

（3）项目范围变更、设计变更对项目建设工期、建设成本、投资总额的实际影响如何？

3. 项目施工组织管理的评价

（1）施工组织方式是否科学合理？是否符合行业有关规定？

（2）项目施工进度及其控制方法是否科学？其成效如何？

（3）项目成本及其控制方法是否科学、合理？有没有实际成本高于或低于计划成本？其原因何在？

（4）施工技术与防腐方案的制订依据是什么？有何独到之处？与别的方案相比，有什么优势？

4. 项目资金供应与使用情况的评价

（1）项目建设资金供应是否适时与适度？是否发生过施工单位停工待料或整个项目因资金不足停建缓建的情况？其原因何在？

（2）项目建设资金运用是否符合国家财政信贷制度规定？有无违规乱用、乱占项目建设资金的情况？

（3）考核和分析项目建设资金实际使用效率。

5. 项目建设工期的评价

项目建设工期评价的主要内容有：计算项目实际开工工期，计算工期变化率，分析工期变化的原因。

6. 项目建设成本的评价

（1）主要实物工程量的实际数量是否超出预算的数量？超出的原因何在？

（2）设备、工器具购置数量、质量是否与预算相符？是否有超预算购置超标设备和仪器，或压缩预算购置低劣设备、仪器及产品的情况？原因何在？对建设项目有何影响？

（3）各项费用的取费标准是否符合国家有关规定？是否与工程预算（概算）中的取费标准一致？不一致的原因何在？

7. 项目工程质量和安全情况的评价

（1）计算实际工程质量合格率、优良品率。

（2）设备及其安装工程质量能否保证项目投产后的正常需要？

（3）计算分析工程质量事故的经济损失，分析发生事故的原因是什么。

（4）有无重大安全事故，发生事故的原因，对项目的影响如何？

8. 项目竣工验收的评价

竣工验收是防腐项目建设施工周期的一个重要程序，也是项目将要投入使用的标志，其目的主要是全面考察工程的施工质量，明确合同责任，检验项目决策、设计、施工水平，总结工程经验。竣工验收评价内容有：

（1）竣工验收组织机构是否健全？

（2）竣工验收程序是否满足国家有关规定？是否遵守有关部门的验收标准？

(3) 竣工验收各种资料是否齐备？是否按有关规定对各项资料进行系统整理？

(4) 对收尾工程和遗留问题的处理情况，处理方案的执行情况与效果如何？对项目投资收益有何影响？

9. 项目实施后评价结论与建议

通过对项目建设实施各个环节、各方面的评价，就设计是否规范，有无重大的设计变更，设计进度是否满足施工要求，项目管理方式是否合理，施工准备是否充分，工程进度、质量、投资和安全目标是否实现等方面进行概括总结，得出综合评价结论，总结项目建设实施阶段各项工作的经验，吸取教训，指出项目实施过程中存在的问题，并提出整改建议。

（三）防腐工程项目运营后评价

防腐工程项目运营是指项目竣工投产后直到项目报废为止的整个过程。防腐工程项目运营后评价是通过项目投产后的有关实际数据资料或重新预测的数据，衡量项目的实际效果，系统地总结项目投资后果，实际上是对投资项目的前期工作决策、建设实施成果的检验。

防腐工程项目运营后评价，其运营时间的确定应比一般性工业项目要长，通常应选择在3～5年。时间过短，防腐项目产生的效益（果）、作用和影响难以表现彻底、完整；时间过长，防腐项目所产生的效益、作用和影响表现得倒是比较彻底、完整，但熟悉项目、掌握项目具体情况的工作人员难免有所变动，对后评价会有一定的影响。因此，将项目后评价时间点选择在3～5年还是比较恰当的。因为这时项目运行指标和经济影响已达到正常，建设、生产中各方面的问题得以充分表现，同时也可以积累足够供计算各项后评价指标所需的数据资料。当然，也不能千篇一律，视具体情况而定。

防腐工程项目运营后评价，本应分两种情况，分别讨论。一种是生产类防腐项目，另一种是应用类防腐项目，篇幅有限，这里只能将两者作以兼顾，一并介绍，但其例侧重点放在生产类防腐项目。

1. 企业经营管理状况的评价

(1) 项目投产以来经营管理机构的设置与调整情况。

(2) 项目管理人员配备情况。

(3) 经营管理的主要策略是什么？

(4) 现行管理规章制度情况。

（5）从项目经营管理中可以吸取哪些经验教训？

2. 主要装置达标评价

（1）评价方案选择合理性，分析项目过程中出现问题对项目选择准确性的影响。

（2）依据项目报告，将报告结果与可研、初设进行对比，填写各装置运行分析表，对比分析生产能力、消耗定额和产品质量等是否达到了可研值、初设值。

（3）通过系统分析，给出装置是否达标的总体评价结论。

3. 生产工艺技术评价

（1）根据运营情况，分析生产工艺的适用性；将产品质量指标与可研、初设指标进行对比，评价产品质量是否达到设计要求。

（2）统计非计划停工情况，分析生产技术及相关配套设备是否适应周期生产要求。如有问题，分析产生的原因，并提出改进意见。

4. 设备运行评价

（1）对关键设备的完好情况、平稳运行情况、运行指标情况进行统计分析，评价项目投产以来运行是否正常，是否能满足生产需要。

（2）在全面分析评价的基础上，对关键设备存在的问题分析原因，提出改进措施，给出关键设备是否能够满足生产需要的结论。

5. 项目产品生产成本评价

项目后评价时，进行项目产品生产成本评价的目的在于考核项目的实际生产成本，衡量项目实际生产成本与预测生产成本的偏离程度，分析产生这种偏离的原因，为今后项目投资进行成本预测提供经验，同时为提高项目实际投资效益提出切实可行的建议。其分析评价的内容有：

（1）计算项目实际产品生产成本，包括生产总成本和单位生产成本。

（2）分析总成本的构成及其变化情况，并分析变化的原因。

（3）分析实际单位生产成本的构成及其变化情况，如有变化，分析其原因。

（4）与项目可行性分析中的预测成本进行比较，如有变化，分析其原因。

（5）项目实际生产成本发生变化对项目投资效益的影响程度怎么样？降低项目实际生产成本的有效路径是什么？

6. 项目产品销售利润评价

评价项目产品品种、数量及市场销售情况,与可行性分析进行对比,如有变化,应分析原因。评价的内容包括:

(1) 统计生产运营期项目产品品种、数量、质量等有关情况,将其与可行性分析对比,评价其符合性,如有变化,应分析原因;

(2) 调查生产运营期市场销售项目产品品种、数量、价格和流向等情况,评价项目产品市场占有率;

(3) 计算分析项目产品销售利润,比较分析实际产品销售利润与项目可行性分析中的预测利润的偏离程度,如有偏差,分析其原因,提出进一步提高项目产品质量的措施。

7. 项目运营后评价结论与建议

在以上分析评价的基础上,对项目运营后做出综合评价。总结生产运行阶段各项工作的经验及教训,说明存在的问题,分析其原因,并提出合理、有效的解决措施。

三、项目经济后评价的内容

防腐工程项目是一项独特的经济活动,它与一般性项目相较,有其特别的差异,凸显于效益的度量。一般工业项目所讲的效益是"增长"的概念,而防腐项目虽然也讲效益,但通常所指的是"减负"的概念。由于防腐项目效益并非表现为直接"产出",且各种具体的防护措施是否取得经济效益还要取决于多种制约因素,因此,对防腐工程项目经济后评价不仅成为项目后评价的重要一环,而且也是腐蚀经济学研究的重要内容。

防腐工程项目经济后评价是以项目建设投产后的实际数据为基础,重新预测项目生命期内各项经济数据,计算出投资效益指标,然后将它们同项目前评价预测的有关经济指标进行对比。其目的是分析和评价防腐项目投产后,重新计算的项目经济指标与预测指标的偏差情况及其原因,吸取经验教训,为提高防腐项目投资实际效益和制定有关投资计划、政策服务。

防腐工程项目经济后评价,主要是从项目特殊经济性后、财务后和国民经济后的角度进行评价。

1. 特殊经济性后评价

特殊经济性后评价是指通常财务后评价和国民经济后评价所不能包容的

内容，或者说通常不包括的经济项目。如腐蚀防护降低腐蚀污染造成的环境价值损失，生命健康价值损失和社会影响价值损失等。在长期的腐蚀与控制的社会实践中，可以发现腐蚀防护的经济目的即维护人类既得的利益，追求财富损失的减少，与此同时，追求非经济利益和减轻非经济利益损失，亦是防腐工程项目的应有之义。因此，防腐项目经济后评价应将特殊经济性后评价纳入其中。其评价的内容包括：

（1）对降低腐蚀经济损失和提高企业经济效益的评价　评价的内容包括：停产损失，由于腐蚀造成的停产、停工和更换设备、管束造成的静止损失；产品损失，损坏管道系统中泄漏水、油、气等原料及修复的损失费用；降低生产效率，腐蚀产物堆积、附着造成的管线堵塞、降低热传递效率，而提高泵功率等费用；产品污染，腐蚀泄漏引起的产品污染而导致产品报废等费用；为了延长设备使用寿命，设备、构件、装置的过度设计，设计时加大设计腐蚀裕量增加管壁厚度等费用。可见，防腐项目的减损效益，亦是正效益，只是表现形式和涉及内容与常规项目不同而已。

（2）对降低腐蚀事故损失和促进社会稳定的评价　腐蚀事故不仅可造成巨大的经济损失，而且还可造成严重的非经济损失。经济损失评价的内容包括：设备、设施、工具等固定资产的损失；材料、产品等流动资产的物质损失，也包括事故现场抢救与处理费用，事故事务性开支，人员伤亡的丧葬、抚恤、医疗及护理、补助及救济费用等。非经济损失评价的内容包括：人的生命与健康损失，环境破坏损失，也包括工效影响损失，声誉损失，政治与社会安定损失等。通过有项目与无项目的对比分析，评价项目所起的作用和影响。

（3）对保护生态环境，提高资源的利用效率与再利用，促进社会可持续发展的评价　腐蚀带来的污染日益突出，人类面临着环境污染及其生产、生活环境的严重损害，这种损害不仅是耗费了现时财富的损失，而且是透支了可持续发展所需要的财富。而防腐项目可以有效抑制腐蚀造成的环境污染，无疑节省了现时财富的消耗，同时也提高了资源的利用效率和再利用，为社会经济可持续发展奠定了基础，积累了财富。由此可见，对于防腐项目效益的评价，不能只看一时、一事、一点，而是要多层面、多视角，长短期效益相结合、有形效益与无形效益相结合分析评价。对照设计规划提出的有关目标，查找发生或容易发生变化的原因，提出改进建议。

（4）对增进人类自身健康，降低人的生存与发展经济的代价的评价　腐蚀造成环境污染，不仅一般疾病的发病率会大幅提升，而且使一些恶性肿瘤等疾病有了可乘之机，使人的生存与发展代价因疾病的增长而日益增长。与此同时，人们为了生存又不得不付出沉重的代价来与疾病做斗争，因此腐蚀防护项目的实施，从客观上为增进人类健康，降低人的生存与发展经济的代价的一种保障措施，从客观上讲，亦是正效益。对照规划设计，查找存在的问题，提出改进意见。

（5）对直接创造和间接创造经济效益的评价　尽管防腐项目的目的是减轻腐蚀损失，但这并不妨碍项目所能取得直接效益和间接效益。如防腐项目的投入使用，使产品质量得以保证，生产效率得以提高，连续生产周期得以延长等都可作为项目直接创造的效益，对于停工停产损失、产品污染等损失、污染罚款和设备装置的过度设计等的减轻都可作为项目间接创造的效益。

总之，防腐工程项目特殊经济性后评价是一般工业项目所不具备的，或所不完全具备的，在后评价过程中，对其应加以重视，并能准确、恰切地给出评价。有关这方面的讨论，请参见第四章与第十章。

2. 财务后评价

防腐工程项目财务后评价，即从企业角度出发，根据项目投产后的实际财务数据，与项目前评价预测数据进行对比，分析两者发生偏差的原因，以对财务评价重新做出评价，吸取经验教训。

防腐项目财务后评价可分为三类：一类是营利性项目；一类是半营利性项目；再一类是非营利性项目。其营利性与非营利性的确定，是根据项目本身或服务对象的性质确定的。下面分别阐述其各类防腐项目财务后评价的方法与内容。

（1）营利性防腐项目财务后评价　其评价应根据国家财税制度和价格体系，在分析计算防腐项目实际发生的财务费用和财务效益的基础上，分项计算财务后评价指标，考察防腐项目实际的盈利能力和清偿能力。

① 项目盈利能力分析。盈利能力是指防腐项目赚取利润的能力，后评价过程中通过计算项目财务净现值和内部收益率等指标，对比项目实际的财务结果和项目前评价的计算值，并且考虑防腐项目的行业基准收益率和项目利润率的大小关系，用以评价项目的盈利能力。

② 偿债能力评价。偿债能力即防腐项目偿还债务的能力。偿债能力评价

可基于不同的财务报表计算得出，根据借款还本付息计划表可以计算得到借款偿还期、利息备付率和偿债备付率等；根据资产负债表可以计算得到资产负债率；根据流动资金估算表可以计算得到流动比率、速动比率等，以此判断项目运行状况。

（2）半营利性防腐项目财务后评价　这一类防腐项目，其财务收入很少，进行财务评价时，可只编制后评价现金流量表和总成本费用分析表，重点分析腐蚀防护成本与收益；对于使用贷款或部分贷款的防腐项目，还需做项目清偿能力的分析，主要内容是分析计算项目的后评价借款偿还期。其重点是以实现自我生存为目标的财务分析，分析研究项目使用单位在财务上、管理上存在的问题，并提出解决问题的办法等。

（3）非营利性防腐项目财务后评价　非营利性防腐项目是以社会效益为主，通常是指公益性项目，其功能不可代替，也不能进行市场调节，常无市场价格可参考，这类项目财务后评价的重点，是进行财务生存能力的分析。

财务生存能力指的是通过防腐项目财务计划现金流量表来考察项目是否有足够净现金流量维持项目正常运营，以实现财务可持续性的能力。财务生存能力通过财务计划现金流量表考察两个方面：一是是否拥有足够的经营净现金流量；二是各年累计盈余资金不出现负值是财务生存的必要条件。如果不能满足以上两个条件，则需查找原因，并说明采取的措施。

（4）改、扩建防腐项目财务后评价　改、扩建防腐项目是指改建、扩建和更新改造的项目，不包括更换旧设备、设施或重建项目。对于这一类项目财务后评价内容、方法、指标与一般建设项目类似，但要根据改、扩建防腐项目财务后评价现金流量表计算增量净效益指标，主要有：

① 增量总投资财务后评价内部收益率；
② 增量总投资财务后评价净现值；
③ 增量总投资回收期；
④ 增量总投资利润率、利税率。

将上述财务后评价指标与前评价指标进行对比分析，计算相应指标的偏差率，找出产生偏差的原因，并提出改善财务状况的措施。

（5）防腐项目财务后评价需说明的几个问题　防腐项目与其他项目类似，在进行财务后评价时，应注意以下几个问题。

① 关于基准年、基准点的确定。由于资金的价值是随时间变化而变化，

同样的一笔资金，在不同年份，其价值各不相同，因此，防腐项目后评价就需要确定基准年。基准年的选择有两种方法：一种是以竣工的年份为基准年；还有一种是以开工年份为基准年。通常以竣工年份为宜，因为这时防腐项目才开始正式发挥作用。但也有些工程项目，在开工不久，为了防止部分金属结构或零部件在施工期间腐蚀，这时就会启动部分防腐项目。

由于基准年是以年为单位，时间长，因此还有个基准点的选择问题，由于所有复利公式都是采用第一年年初作为折算的基准点，因此财务后评价时必须选择年初作为折算的基准点，不能选择其他时点作为基准点。

② 关于防腐项目费用和效益计算期不对应的处理。这一问题也是防腐项目财务后评价会遇到的问题。即有的防腐项目的计算期长达几十年，有的甚至上百年，在进行后评价时，防腐项目的运营期往往只有几年的时间，如果只计算到后评价开始年份为止，这时防腐项目的后期效益尚未发生，因此，就会产生费用和效益的计算期不对应问题，致使后评价的财务评价和国民经济评价都过分偏低的虚假现象。对此有两种解决办法，一种是把尚未发生年份的年效益、年运行费和年流动资金均按后评价开始年份的年值或按发展趋势延长至计算期末；另一种是在后评价开始年份列入回收的固定资产余值（残值）和回收的流动资金，作为效益回收。这两种办法都可采用，视具体情况选择。

③ 关于生产类防腐项目与应用类防腐项目效益计量的区别。生产类防腐项目通常称为工厂生产加工项目，有些防腐产品、材料，在厂期间产生的效益为加工增值效益，此效益不能计入防腐项目效益。必须将加工产品或材料用于防腐项目时才能算作项目效益。应用类防腐项目则不同，即投入使用之时就应计算其效益。在费用的计算上，生产类防腐项目在工厂期间产生的费用，大部分应归集于项目成本，而应用类防腐项目则应全部归集于项目费用。

（6）综合评价及建议　主要包括以下内容。

① 根据项目财务效益计算财务净现值和财务内部收益率情况，判断项目财务上是否可行；

② 根据项目偿债能力指标判断项目偿债能力情况；

③ 根据项目敏感性分析判断抗风险承受能力；

④ 综合评价项目效益目标的实际实现程度，并提出改善项目效益的合理化建议。

3. 国民经济后评价

防腐工程项目国民经济后评价，是从国民经济乃至全社会的角度出发，根据项目有关实际数据，计算出项目国民经济评价指标，比较分析重新计算的国民经济评价指标与前评价的国民经济评价指标的偏离程度及其原因，为提高今后宏观决策科学化水平提供依据。

（1）防腐工程项目国民经济后评价的内容

① 对投资项目的经济效益和费用的划分、识别进行鉴定分析与评价。在这一部分，应重点注意对转移支付的处理和对外部效果的计算。

② 对计算费用和效益所采用的影子价格及其国家参数进行鉴定分析与评价投资项目费用和效益的计算是否正确，关系到项目在经济上是否可行合理，而费用和效益的计算则涉及所采用的有关评价参数是否合理。因此，有关评价参数的分析与评价是国民经济后评价的主要内容。

③ 对投资项目的国民经济评价表进行分析与评价，主要是对所编制的有关报表进行核对，保证符合规定及正确性。

④ 对国民经济效益指标的评价，就是从国民经济整体角度出发，考察项目给国民经济带来的净贡献，即对项目国民经济盈利能力、外汇效果等进行评价。

⑤ 对方案经济效益比选的评价。在国民经济评价中，方案比选一般采用净现值法和差额收益率法，而对于效益相同和效益基本相同又难以具体估算的方案，可采用最小费用法。

⑥ 综合评价与结论建议。在对主要评价指标进行综合分析后，就可以做出评价结论，并对在评价中所出现和反映的问题、对投资项目需要说明以及有关建议做简要说明。

（2）防腐项目国民经济后评价需说明的问题

① 进行国民经济后评价时，社会折现率应采用国家发改委发布的不同时期的数值，以便与前评价对照分析。

② 国民经济评价的效益，除了计算多年平均效益外，还要考虑企业腐蚀风险带来的社会损失，避免的损失既是收益，也是效益的一种特殊形式。

③ 进行国民经济后评价时，基准年和基准点的计算，应与国民经济前评价一致，可定在建设期或正常运行期的第一年年初，投入物和产出物均应使用影子价格，按年末发生和结算。

④ 防腐项目对社会、经济、环境等带来的不利影响，应计算为负效益，这个"负效益"与"减负效益"是不同的两个概念，对于这一类不利影响的防腐项目，对未来发生且能采取措施进行补救的，应在项目费用中计入补救措施产生的费用；对已经发生且难以避免的损失，应从总效益中减去负效益，剩下的为净效益。

4. 经济后评价之外的思考

以上分析评价，都是围绕经济效益来分析评价的，尽管有些地方也提到非经济效益问题，但总体分析评价却是经济效益。这里需要再三强调的是：非经济效益亦是防腐项目本身的应有之义，不可忽视。比如，油气输送管道、交通运输大桥、高压容器、危险物储罐等防腐项目，固然要考虑延长设备、装置的使用寿命问题，而更为重要的考虑则是运行安全问题，即防止腐蚀穿孔，造成重大事故。因此，有许多场合，非经济因素影响着防腐项目的选择，这是一般项目所没有的情况。所以，在防腐项目后评价中，如果是忽视了非经济效益的评价，将是对防腐项目应有之义最大的扭曲。

目前，对防腐项目非经济效益的度量，存在不少困难，但绝非无法解决。经过科学家们的努力探索，好多棘手的问题，得以初步解决。如人的生命与健康的价值损失，环境价值损失，以及工效影响、声誉影响和社会稳定影响损失等，都是可以量化处理，并加以考察的。

（1）防腐工程项目非经济效益源于腐蚀非经济损失　非经济损失是指不能用货币直接衡量或替代衡量的损失。如腐蚀事故造成的人员伤亡，环境污染，生态破坏，社会秩序混乱等，都属于非经济损失。而通过防腐项目的实施，不仅可以减少腐蚀事故造成的经济损失，还可以保护生态环境不受损害，社会秩序不受其影响，公众精神稳定，人身安全、健康，此即防腐项目所带来的非经济效益。

（2）防腐工程项目的非经济效益必然要大于一般项目的非经济效益　通常，一般性项目以盈利为目的，不会一味追求非经济效益。而防腐项目则不然，在很多场合，并不把追求直接的经济效益放在首位，而是把腐蚀安全所带来的非经济效益放在最重要的位置来考虑，非经济效益有时可能成为防腐决策的决定性因素。因此，防腐项目的非经济效益通常要大于一般项目的非经济效益。

（3）防腐工程项目非经济效益需要转化，才能客观反映项目的总体效益在评估防腐项目价值时，对于财产、劳务等这些价值因素客观上就是商品，它们的价值一般来说容易做出定量的评价，而对于腐蚀事故造成的生命、健康、环境影响等非经济性价值因素都不是商品，不能简单直接地用货币来衡量，但是，在社会经济活动中，需要对它做出客观合理的估价，以对防腐项目所发挥的作用和影响做出科学的评价和明确的判断。当这些非经济性因素确定后，就需要采用科学的转化方法，要尽量用货币值或经济当量来反映。这不仅可以肯定防腐项目的直接效益或放大防腐项目的总体效益，而且也是对防腐项目给予了客观、公正的评价。

5. 经济后评价结论与建议

在以上分析评价的基础上，对经济后运行情况给出确切的结论，并对照项目可行性分析报告给出的评价，总结经验，吸取教训，提出项目经济后存在的问题，提出整改建议。

四、项目技术后评价[1, 2]的内容

防腐工程项目技术后评价主要是对技术方案和技术装备选择的可靠性、适用性、配套性、先进性、经济合理性的再分析。在决策阶段认为可行的工艺技术流程和技术装备，在使用中可能与预想的结果有差别，在评价中就需要针对实践中存在的问题、产生的原因认真总结经验，在以后的设计或设备更新中选用更好、更适用、更经济的设备；或对原有的工艺技术流程进行适当的调整，发挥设备的潜在效益。防腐工程项目技术后评价的主要内容有技术价值的评价、经济价值的评价和社会价值的评价。

1. 技术价值的评价

主要包括技术的先进性、可靠性、适用性、合理性等方面的评价。

（1）先进性　从防腐技术方案的选择、设计规范、工程标准、工程路线、装备水平和工程质量等方面评价项目采用的技术和设备在同类项目中的水平。

（2）适用性　从方案设计、设备配备等方面分析技术及设备的适用性。如技术的扩散效益，相关技术的匹配、适用程度，形成的技术优势等。对运行中发现的问题应分析原因，并简述整改措施。

（3）经济性　对比、分析防腐项目运行各项消耗指标，评价其在国内同行业所处的水平。

（4）可靠性　检验防腐技术与技术装备可靠性，即对项目技术和技术装

备在生产中的应用进行经验总结。同时对不成熟的防腐技术和技术装备给项目造成的损失，认真分析其原因，以便在今后的项目中吸取经验教训。

（5）合理性 项目所选择的防腐技术和设备是否符合项目生产（或实施）的要求，包括防腐技术与设备是否符合生产（服务）对象的特点，施加防腐项目后，生产加工和形成产品的过程是否顺畅、便捷，具有连续性和可容性，以及对整个生产的各种资源消耗情况是否合理等进行评价。

（6）保障性 主要通过对项目实际运行情况的分析、调查、核实、对比，衡量防腐技术和设备实际对生产过程、设备运行过程、产品质量、安全生产等所能起到的保障作用。如有隐患，分析原因，采取应对措施。

（7）可持续性 可持续性评价，是防腐项目技术后评价的一项重要内容，有些防腐项目要求服役寿命比较短，可持续性一般不存在问题。而有些防腐项目要求服役寿命较长，可持续性的问题就不得不纳入议事日程来考虑。尤其是隐蔽工程，基本上没有维修、维护的可能，必须一次到位，万无一失。

2. 经济价值的评价

经济价值的评价，主要是对技术的经济性做出评价。其评价的内容是多方面的，可以从产品质量、价格、成本、利润等加以评价；也可以从防护效果上进行评价，如设备、装置使用寿命延长率，生产环境安全保障程度等。如与项目可行性分析有差异，则需分析其原因，提出改进意见。

3. 社会价值的评价

社会价值的评价，即从社会角度上做出评价。如新技术的采用和推广应用应符合国家的产业政策、经济发展规划、有关法律法规，要有利于保护生态环境，有利于合理利用资源能源，有利于社会经济发展，有利于保护人民群众人身健康与安全等。

4. 评价结论与建议

分析评价项目设计指导思想是否先进，是否进行多方案比选后选择了最佳方案；采用的技术标准是否与可行性研究报告批复的标准相吻合；技术方案是否经济合理、可操作性强；设备配备、工艺、功能布局等是否满足运营、生产技术需求；对采用的新技术、新工艺、新材料的先进性、经济性、安全性和可靠性等，给出结论性评价，如存在问题提出改进意见。

五、项目环境影响后评价的内容

防腐项目环境影响后评价，是指参照项目前评估时批准的《环境影响报告书》重新审查项目环境影响的实际结果。分析评价的内容主要有以下几个方面。

1. 自然环境影响后评价

防腐项目对环境所产生的影响，尽管不同的项目对环境影响会有一定的差别，但从一般意义上来看，防腐项目对自然环境的影响，主要是对大气、水、土壤的影响后评价。

（1）大气环境影响后评价　按设计的多种预测情景分别进行实地测量或模拟计算，对测量结果进行评价。其分析评价的整个过程可分为三步：

第一，研究有关文件、环境空气质量调查、环境空气敏感区调查、评价因子筛选、评价标准选择与确定、气象特征调查、地形特征调查、工程概况分析、编制工作方案、确定评价工作等级和评价范围等。

第二，将第一步的有关调查情况与项目前可行性研究相关内容进行对比分析，查找出现偏差的原因，制订整改措施。

第三，给出大气环境影响后评价结论与建议，完成环境影响后评价文件的编写等。

（2）水环境影响后评价　水环境影响后评价是防腐项目环境影响后评价的重要内容之一，在准确全面的项目分析和充分的水环境状况调查的基础上，利用科学合理测量方法或数学模型对项目运营后给地表水环境带来的影响进行计算、预测、分析和论证，划分出环境影响的程度和范围，比较项目建设前后水体主要指标的变化情况，并结合当地的水环境功能区划，得出是否满足使用功能的结论，并进一步提出项目影响区域主要污染物的控制和防治措施。

（3）土壤环境影响后评价　是指根据不同的目的和要求，按一定的原则和方法，对项目影响区域内的土壤环境质量进行单项或综合的客观评价和分级，包括现状评价和预测评价。土壤环境质量的现状评价是对土壤环境的现状做出定量或半定量的评价，包括化学物质累积性评价和污染评价。土壤环境质量的预测评价是对未来土壤环境质量变化的预测。通过现状调查与项目可行性分析预测数据进行对比，分析产生偏差的原因，并提出改进措施。

2. 生态环境影响后评价

生态环境影响后评价是指生态环境系统受到外来作用时所发生的响应与变化的评价。生态环境影响后评价内容主要包括：

(1) 对生态系统结构与功能的影响评价　其内容包括整体性的变化、生物量的变化、净生产能力的变化、生物多样性的变化、景观多样性的变化、土地生态适宜性的变化等的分析，明确防腐项目对生态系统结构与功能的影响。

(2) 对自然资源的影响评价　主要评价项目对区域土地资源、特殊资源、稀缺资源和不可再生资源等的影响，明确这些再生资源与不可再生资源受到影响的程度和范围。

(3) 对敏感保护目标的影响评价　包括文物、古迹、纪念地等国家重点保护目标的影响进行深入分析，明确影响的性质和程度。

如果以上几个方面，已受到初步影响或严重影响，需要提出合理可行且有效的保护对策与措施。

3. 固体废物环境影响后评价

防腐项目在建设和运行过程中可能会产生固体废物，对环境造成不同程度的影响。固体废物环境影响后评价是确定拟建防腐项目在建设和运行过程中所产生的固体废物的种类、产生量，对人群和生态环境影响的范围和程度，提出处置方法，以及避免、消除和减少其影响的措施。固体废物对环境影响后评价的主要内容分为两大类型：第一类是对一般防腐项目产生的固体废物，由产生、收集、运输、处理到最终处置的环境影响后评价；第二类是对处理、处置固体废物设施建设项目（如固体废物的储存、处置场，危险固体废物存储场所，生活垃圾填埋场，生活垃圾焚烧厂等）的环境影响评价。

对第一类环境影响后评价的内容主要有：一是污染源调查；二是污染防治措施的论证；三是提出最终处置措施方案。

对第二类环境影响后评价的内容主要有：依据《环境影响评价技术导则》及相应的污染控制标准，进行环境影响评价。

4. 杂散电流干扰影响后评价[3]

杂散电流干扰是指设计或规定的回路以外流动的电流，由它引起的金属腐蚀破坏，称为杂散电流干扰腐蚀，也称"电蚀"或"干扰"。杂散电流干扰影响后评价，主要从两个方面进行分析评价。

（1）干扰源侧　可能是防腐项目，也可能是其他方面产生的干扰，称为干扰源侧。干扰源侧的调查与测定内容包括：直流变电所的位置及馈电状态、负荷的运行情况、轨道交通对地电压及分布、铁轨漏电电流及地电位梯度、铁轨漏泄阻抗等。

（2）被干扰体侧　可能是埋地管道、电缆、接地网等金属结构物。被干扰体侧的调查与测定内容包括：本地过去的腐蚀实例，与干扰源的相关位置、分布，干扰体内流动电流的大小和方向，流入、流出干扰体电流的大小与部位，被干扰体与干扰源间的电位和方向，被干扰体对地漏泄电阻，土壤电阻率和被干扰体已有电流保护运行状态参数，等。

随着电力事业的快速发展，电干扰的问题日益突出，这也是社会经济发展过程中面临的新问题，应当引起工程设计人员及社会有关部门的重视。

5. 项目环境风险影响后评价

防腐项目环境风险评价是对项目建设和运行期间发生的可预测突发性事件或事故引起有毒有害、易燃易爆等物质泄漏或突发事件产生的有毒有害物质所造成的对人身安全与环境的影响和损害进行评估，提出防范、应急与减缓措施。环境风险评价内容包括风险识别、源项分析、后果计算、风险计算和评价、风险管理等。

（1）风险识别　环境风险识别主要是通过风险识别辨别出风险因素，确定出风险的类型。根据有毒有害物质排放起因，将风险类型分为泄漏、火灾、爆炸三种。

（2）源项分析　在风险识别的基础上，通过源项分析，识别评价系统的危险源、危险类型和可能的危险程度，确定主要危险源。

（3）后果计算　其主要任务是确定最大可信事故发生后对环境质量、人群健康、生态系统等造成的影响范围和危害程度。

（4）风险计算和评价　根据最大可信事故的发生概率、危害程度，计算项目风险的大小，并确定是否可以接受。

（5）风险管理　主要评价内容是结合成本效益分析等工作，制定和执行合理的风险防范措施和应急预案，以防范、降低和应对可能存在的风险。

6. 综合评价与建议

在上述影响后评价的基础上，对照项目前分析评价给出的结论，结合项目所在环境已经产生或今后可能带来的影响及影响程度，进行对比分析，说明防腐项目是否符合国家有关环保法律法规，是否符合国家产业政策发展方向，总结成功的经验，提出减免不利影响的措施。

六、项目可持续性后评价的内容

可持续性后评价是指防腐工程项目实施后，既定目标是否还可能继续，项目是否可以持续、稳定、可靠地发展下去，是否具有可重复性等的评价。可持续性后评价内容有持续能力的内部因素评价和外部因素评价两个方面。

1. 持续能力的内部因素评价

（1）运营（行）与管理水平　其评价内容包括：

① 项目运营（行）期资源利用情况。主要包括：项目运营（行）所需资源，项目运营（行）产生的废弃物处理和利用情况的评价。

② 项目运营（行）状况。分析项目能力、运营所能达到的实际生产能力和预期目标等的评价。

③ 项目运营（行）管理情况。运营（行）管理单位的管理办法、规章制度及技术标准规程的制定与执行情况的评价。

④ 项目运营（行）管理单位安全生产、遵纪守法、文明建设等的评价。

（2）技术水平　分析评价的内容主要包括：技术效果、技术标准、技术方案和技术创新。对照可行性分析给出的目标值，找出存在的问题，提出改进的意见。

（3）人员素质　在激烈竞争的今天，企业要生存，要发展壮大，必须提高市场竞争能力。企业管理者和员工素质的高低直接影响到企业的发展，项目的生存和是否可持续。人员素质分析，根据不同的层次，不同的群体，有着不同的分析评价内容。

① 管理者。其分析评价的内容包括管理能力和管理技能。

管理能力的分析评价侧重于沟通能力、协调能力、决策与执行能力、统驭能力等。

管理技能的分析评价主要是围绕着技术技能、人事技能、思想技能、协作技能、处理复杂问题技能等。

② 员工。分析评价员工队伍受教育的程度及受培训的状况；员工队伍勇于担当、热爱工作、追求卓越、团队意识、遵纪守法、专业敬业等。

③ 招聘人员。主要是侧重于是否爱岗敬业、是否有责任心、是否积极主

动工作、是否有团队协作精神等的分析评价。

（4）财务状况分析评价　主要是对项目产生的直接经济效益和间接经济效益的分析评价，也包括非经济效益的分析与评价。

2. 持续能力的外部条件评价

（1）资源因素　对于生产类防腐项目来说资源的储量或储备的持续性是影响项目持续发展的重要因素。如果资源短缺或供应紧张，会给项目发展带来哪些影响的分析评价。

（2）政策因素　国家产业政策、环保政策和经济发展政策，如有调整将会对项目的可持续性带来哪些影响的分析评价。

（3）社会因素　主要是围绕着项目对所在地居民收入、就业、生活质量、相关利益者的影响分析与评价；基础设施、社会服务容量和城市化进程的影响分析与评价；少数民族民俗习惯、宗教等的影响分析与评价。

3. 综合评价与建议

综合分析影响可持续发展的内外部因素，客观评价项目可持续发展的前景和扩建的可能性，对项目是否可持续发展给出确定性的结论。

第三节　腐蚀防护工程项目后评价的指标[4~6]

项目后评价指标体系，是根据项目后评价内容而设计的。按理说，它们之间应该是对应的，即有什么样的后评价内容，就应设置什么样的后评价指标。但从目前来看，项目后评价指标的构建尚不完善，有些项目有评价内容，无评价计算指标，或无规范的计算评价指标。总体来说，后评价指标体系的构建中，技术、经济后的研究获得了较多的研究成果，但在可持续性评价研究等方面，成果较少。产生这种现象的原因是多方面的，其中，重要的原因是后评价内容"不规范"和各层次内容的定义混乱，致使后评价指标无所适从，难以完整、系统。

基于以上情况，防腐工程项目后评价指标的构建与设置更为困难。根据防腐项目的特点，其项目后评价指标体系的构建与设置应遵循以下基本原则。

（1）系统性与全面性相结合的原则　系统性也称为整体性，它要求把项目评价对象视为一个系统，以系统整体目标的优化为准绳，协调方方面面的评价内容，使系统完整、平衡。因此，项目评价指标构建与设置，应将各个方面的特性放到大系统的整体中去平衡，以整体系统的总目标来协调方方面面的目标。全面性是指评价指标体系要能全面反映防腐项目从准备到运营全过程的情况。

（2）可比性与通用性相结合的原则　可比性是指后评价指标与前评价、项目实施过程中的有关评价指标应基本一致，从而满足需要的可比性、价格可比性、时间上可比性等。通用性是指在进行项目后评价时，其计算指标的设置应与建设项目前评价时的技术指标相对应，应具有相通性。

（3）可评价性与适用性相结合的原则　可评价性是指构建的指标体系应能对评价项目的总体建设水平给出定性和定量评价。适用性是指设置的指标能够计算或观察到，能够尽可能利用已有的或常规的统计数据和调查方法加以确定，便于操作，具有适用性。

（4）定量分析与定性分析相结合的原则　防腐项目后评价是极为复杂的一项工作，对于它的分析评价，能量化分析的，尽可能采用量化指标，对于一些难以量化分析的内容，则需做定性分析，因此，定量分析与定性分析相结合的原则，是防腐项目后评价坚持的基本原则。

（5）动态分析与静态分析相结合的原则　动态分析考虑了资金的时间价值，在计算过程中考虑了利息对项目的影响，能够真实反映项目的实际经济效果，但计算复杂。静态评价分析在计算过程中不考虑资金的时间价值，也就是不考虑利息因素对项目的影响。静态分析评价法使用简单，计算方便。但不能真实反映项目运营期间的实际经济效果。在评价过程中，视项目的建设周期长短，选择动态分析评价法或静态分析评价法，或结合起来使用。

（6）单项指标与综合指标相结合的原则　单项指标也称个体指标，是从某一方面或某一角度反映项目实际效果大小的指标，它描述的是项目的技术参数，产品质量、数量等。综合指标是反映防腐项目功能、利润、工期、投资总额、成本效益（果）的指标，如投资总额、利润总额、投资回收期等。在后评价的过程中，有些项目可以采用单项评价指标，有些则可以采用综合评价指标，通常应将两者结合起来分析评价。

总之，防腐项目后评价指标体系的构建与设置，既要有反映策划、实施和运营等不同阶段效果的指标，又要有反映建设项目全寿命期效果指标；既要有反映项目经济效益指标，又要有反映项目社会效能、效用指标；既要有反映生产类防腐项目的评价指标,又要有反映应用类防腐项目的评价指标;既要有反映时间效果的指标,又要有反映技术效果的指标,全面覆盖项目后评价之所需。

一、项目目标后评价的指标

防腐项目目标后评价,尽管涉及的内容比较多,但作为应用性防腐项目来讲,其项目施工单位和使用单位,最为关心的是实施项目后被保护设备、装置有效寿命的评价和腐蚀风险评估。这两个目标既是最为重要的,也是最为迫切的,同时,也是最为困难的。

1. 腐蚀寿命预测[7] 评价指标设置的构想

设备、装置运行的基本和必要条件是要保证安全可靠。但是,在实际运行中金属材料的失效途径主要以腐蚀、断裂和磨损的形式出现。能够定量地解析评价项目后出现的金属腐蚀,进而准确预测未来腐蚀损伤设备、装置的服役寿命和确定、改善防腐措施,无疑是人们最为关心的重点问题。

金属设备、装置的腐蚀损伤是结构材料、工作环境、运行条件等许多因素相互作用引起的破坏。所以,要定量地给出一个简单易于计算公式来分析判断设备、装置的剩余寿命是十分困难的。但这方面的研究,已有很大的进展,特别是石油行业对埋地金属管道剩余寿命的预测与研究收获甚丰。经过研究发现,在局部腐蚀中,腐蚀数据本质上存在着统计分散性,而且最大腐蚀深度或最小破坏时间等因素对实际使用寿命有着重要相关性。即应用极值统计理论,分析小块测定面积内最大局部腐蚀深度的测定结果,预测整个装置中的最大局部腐蚀深度,再结合适当的局部腐蚀速率公式,可预测设备、装置的使用寿命。有关计算方法,请参见"技术后评价"。

2. 腐蚀风险与风险度评估指标[8]

腐蚀风险评估是对被保护系统危险性进行定性和定量分析,评估系统发生危险的可能性、造成的损失及其严重程度。严格地说,风险与危险是不同的,危险只是意味着一种坏兆头的存在,而风险则不仅意味着这种坏兆头的存在,而且还意味着有发生这个坏兆头的渠道和可能性。这样,风险可表示为事故发生概率及其后果的函数。

(1) 腐蚀风险评价指标 腐蚀风险评价指标可分为个体风险和总体风险。

① 个体风险($R_{个体}$)是一组观察人群中每一个体(个人)所承担的风

险。如果在给定时间内，每个人只会发生一次损失事件，或者这样的事件发生频率很低，使得几种损失连续发生的可能性可忽略不计，则单位时间每个人遭受损失或伤亡的平均频率等于事故发生概率 P_k。这样个体风险公式为

$$R_{个体} = C_k P_k \tag{11-1}$$

式中　　C_k——每次事故所产生同一种损失类型的损失量；

　　　　P_k——损失与伤亡事件的平均概率。

② 总体风险（$R_{总体}$）计算公式为

$$R_{总体} = N R_{个体} \tag{11-2}$$

腐蚀风险评估的目的是让管理者掌握设备、装置的完好程度和提前了解设备的危险程度，以便合理地防护，从而变设备的盲目被动保护维修为预知性的保护和维修。

（2）腐蚀风险度评价指标　腐蚀风险度表示发生腐蚀事故的危险程度，是由发生事故的可能性与系统的本质安全性决定的。风险度定义为标准方差 σ 与均值 $E(X)$ 之比。其计算公式为

$$R_D = \frac{\sigma}{E(X)} \tag{11-3}$$

式中　　R_D——风险度，也称变异系数。

风险度越大，将来的损失越没有把握，或未来危险和危害存在和产生的可能性越大。

将以上测定分析的数据与可行性分析给出的预测数据进行对照比较，如有较大偏差，研究分析其原因，并采取改进措施。

二、项目过程后评价的指标

过程后评价，可分为前期工作后评价、实施后评价和运营后评价。

（一）防腐工程项目前期工作后评价的指标

防腐工程项目前期工作评价内容比较多，常以定性评价为主，定量评价为辅。因此，可给出的定量评价指标不多。

1. 前期工作后评价指标

防腐项目前期工作后评价指标主要有项目决策周期和实际项目勘察设计周期。

（1）实际项目决策周期　指建设项目从提出项目建议书到项目可行性研

究批准所实际经历的时间,它是反映投资者与有关部门投资决策的效率指标,一般以月表示。

(2) 实际项目勘察设计周期 指从建设单位与设计单位签订委托设计合同生效之日起至设计完毕并提交建设单位所实际经历的时间,一般也以月表示。

2. 前期工作后评价指标偏离率

防腐项目前期工作后评价指标与可行性分析评价指标偏离程度的计算,主要有实际项目决策周期变化率和实际项目勘察设计周期变化率。

(1) 实际项目决策周期变化率 它是反映实际项目决策周期与可行性分析项目决策周期相比的变化程度的指标。其计算公式为

$$实际项目决策周期变化率=\frac{实际项目决策周期(月)-预计项目决策周期(月)}{预计项目决策周期(月)}\times100\%$$

(11-4)

(2) 实际项目勘察设计周期变化率 它是反映实际勘察设计周期与预计(合同)设计周期相比偏离程度的指标。其计算公式为

$$实际勘察设计周期变化率=\frac{实际设计周期-预计(或合同)设计周期}{预测(或合同)设计周期}\times100\%$$

(11-5)

(二) 防腐工程项目实施后评价的指标

1. 实施后评价的指标

(1) 实际建设工期 指建设项目从开工之日至竣工验收止所实际经历的有效日历天数,不包括开工后停建、缓建所间隔的时间。它是反映防腐项目实际建设速度的指标,工期的长短对项目投资效益影响较大。

(2) 竣工项目定额工期率 它是反映项目实施建设工期与国家统一制定的定额工期,或与设计确定的、计划安排的计划工期偏离程度的指标。也是评价项目实际建设速度的指标。其计算公式为

$$竣工项目定额工期率=\frac{竣工项目实际工期}{竣工项目定额(计划)工期}\times100\% \quad (11-6)$$

竣工项目定额工期率大于1,表明项目实际工期比定额工期或计划工期长;反之,则表明项目实际工期比定额工期或计划工期短。

(3) 单位工程平均定额工期率 它是考核建筑安装单位工程施工平均速

度的一项指标。其计算公式为

$$单位工程平均定额工期率 = \frac{各竣工单位工程实际时间}{各竣工单位工程定额(计划)时间合计} \times 100\%$$

(11-7)

如果竣工项目的单位工程较多,还可以通过完成工期定额的单位工程个数与单位工程总数的比率来衡量,计算方法同上。

(4) 实际建设成本　实际建设成本是竣工项目包括物化劳动和活劳动消耗在内的实际劳动总消耗,是对竣工项目以价值量形式表现的总投入。其构成包括固定资产和流动资产的投资支出、构成投资完成额而不构成固定资产与流动资产的核销性投资、转出投资,以及不构成的投资完成额的核销性费用支出等,全部计入实际建设成本。

(5) 实际投资总额　指防腐项目建设与运营过程中耗费的建设工程、流动资金和建设期利息之和。实际投资总额的构成包括:项目前期工作中实际发生的费用、项目实际投资支出、实际设备购置费、设备安装费、引进国外技术和购买国外设备时实际支付的技术资料费、其他费用和流动资金。

(6) 实际单位生产能力投资　指项目为形成单位生产能力而耗费的投资额。其计算公式为

$$实际单位生产能力投资 = \frac{实际投资总额}{实际形成的生产能力} \quad (11-8)$$

单位生产能力投资越少,则说明项目实际投资效果越好。

(7) 实际工程合格品率　指实际工程质量达到国家规定的合格标准的单位工程个数占验收的单位工程总个数之比。其计算公式为

$$实际工程合格品率 = \frac{实际单位工程合格品数量}{验收鉴定的单位工程总数} \times 100\% \quad (11-9)$$

实际工程合格品率越高,表明工程质量越好。

(8) 实际工程质量优良品率　指实际工程质量达到国家规定的优良品的单位工程个数占验收的单位工程总个数之比。其计算公式为

$$实际工程质量优良品率 = \frac{实际单位工程优良品个数}{验收鉴定的单位工程总数} \times 100\% \quad (11-10)$$

优良品率越高,工程质量越好。

(9) 实际返工损失率　指项目累计质量事故停工、返工增加项目投资额与项目累计完成投资额的百分率,是衡量项目质量事故造成实际损失大小的

相对指标。其计算公式为

$$实际返工损失率=\frac{项目累计质量事故停工返工增加投资额}{项目累计完成投资额}\times100\%$$

(11-11)

2. 实施后评价指标偏离率

(1) 实际建设工期变化率 指项目实际建设工期减去项目计划建设工期与项目计划建设工期之比率。其计算公式为

$$实际建设工期变化率=\frac{实际建设工期-计算建设工期}{计划建设工期}\times100\% \quad (11-12)$$

(2) 实际建设成本变化率 它是反映项目实际建设成本与批准的（概）预算所规定的建设成本偏离程度的指标，它可反映项目（概）预算的实际执行情况。其计算公式为

$$实际建设成本变化率=\frac{实际建设成本-预计建设成本}{预计建设成本}\times100\% \quad (11-13)$$

实际建设成本变化率大于零，表明项目实际建设成本高于预计或计划建设成本，正值越大，高出的就越多；反之，则表明项目实际建设成本低于预计或计划建设成本，负值越大，相对于预计或计划建设成本而言，节约的数额越多。

(3) 实际投资总额变化率 它是反映实际投资总额与项目前评价中预计的投资总额偏差大小的指标，有静态实际投资总额变化率和动态实际投资总额变化率之分。计算公式为

$$静态实际投资总额变化率=\frac{静态实际投资总额-预计静态投资总额}{预计静态投资总额}\times100\%$$

(11-14)

$$动态实际投资总额变化率=\frac{动态实际投资总额-预计动态投资总额}{预计动态投资总额}\times100\%$$

(11-15)

实际投资总额变化率大于零，表明项目的实际投资额超过预计或估算的投资额；反之，则表明项目实际投资额少于预计或估算的投资额。

（三）防腐工程项目运营后评价的指标

1. 运营后评价的指标

项目运营后评价，容易与经济后评价、技术后评价及环境影响后评价相

交叉,为了避免重复,这里只给出个别评价指标,其他与运营后评价相关的指标,将分解到其他项目后评价中。

(1) 实际达产年限 它是指投产的防腐项目,从投产之日到实际产量达到设计生产能力止所经历的全部时间。实际达产年限的长短是衡量和考核投产项目实际投资效益的一个重要指标。其计算公式为

$$设计生产能力=第一年实际产量\times[1+(平均年产能力增长率)^{n-1}]$$
(11-16)

式中 n——实际达产年限。

(2) 拖延达产年限损失 它是衡量项目未按设计规定达产能力而造成实际经济损失大小的指标。拖延达产年限越长,损失越大。其计算公式为

$$拖延达产年限损失=\sum(年设计产量-年实际产量)\times 单位产品销售利润$$
(11-17)

(3) 超产达产年限的实际效益 它是衡量项目按设计规定达产能力而超前达产的实际效益指标。其计算公式为

$$超前达产年限的实际效益=\sum(年实际产量-年设计产量)\times 单位产品销售利润$$
(11-18)

2. 运营后评价指标偏离率

实际达产年限变化率,它是反映实际达产年限与设计规定的达产年限偏离程度的一个指标。其计算公式为

$$实际达产年限变化率=\frac{实际达产年限-设计达产年限}{设计达产年限}\times 100\%$$
(11-19)

三、项目经济后评价的指标

防腐工程项目经济后评价指标有三大类:一类是特殊经济性后评价指标;一类是项目财务后评价指标;再一类是国民经济后评价指标。每类评价指标又可分为实际经济效益评价指标,与前评价或其他同类项目的经济效益指标偏离程度的指标。由于特殊经济性后评价,其特殊性与复杂性俱存,难以给出一系列普遍可接受的评价指标,故此处不做具体介绍,有关评价可参见第四章。但应该说明的是,防腐项目特殊经济性后评价绝不是虚无缥缈、难以企及的幻想,它是由一系列发展过程构成的消灭现存状况的客观收益,理应给出确切、恰当的评价。但由于这方面的统计科学滞后,无法完全满足生产

和工程的实际需要，尚有大量的工作需要研究探索。

（一）防腐工程项目财务后评价的指标

1. 财务后评价的指标

防腐工程项目财务后评价指标，主要有投资利润率、投资利税率、投资回收期、财务净现值、财务内部收益率、借款偿还期和资产负债率。其中，有的评价指标与项目可行性分析评价指标是一致的，有的其形貌相似，但所赋予的含义则不同，而不是简单地重复。

（1）实际投资利润率　是指防腐项目达到设计生产能力后的年实际利润总额与项目实际总投资的比率。其计算公式为

$$实际投资利润率 = \frac{年实际利润额或平均实际利润额}{实际投资总额} \times 100\% \quad (11\text{-}20)$$

（2）实际投资利税率　是指防腐项目达到设计生产能力后实际年利税总额与实际投资总额的比率，它表明单位实际投资实现利税的能力。其计算公式为

$$实际投资利税率 = \frac{实际年利税总额或年均利税总额}{实际投资总额} \times 100\% \quad (11\text{-}21)$$

（3）实际投资回收期　是指以防腐项目实际产生的净收益或根据实际情况重新预测的项目收益偿还实际投资总额所需要的时间。其计算公式为

$$\sum_{t=1}^{P_{rt}} (\text{RCI} - \text{RCO})_t = 0 \quad (11\text{-}22)$$

式中　P_{rt}——实际投资回收期；

$(\text{RCI} - \text{RCO})_t$——各年实际净现金流量。

（4）实际财务净现值　是依据防腐项目投产后的年实际净现金流量或根据实际情况重新预测的项目运行期各年的净现金流量，按行业基准收益率或资金来源利率，将各年净现金流量折算到建设期初的现值之和。其计算公式为

$$\text{RNPV} = \sum_{t=1}^{n} (\text{RCI} - \text{RCO})_t (1 + i_c)^{-t} \quad (11\text{-}23)$$

式中　RNPV——后评价实际财务净现值；

i_c——行业基准收益率或资金来源利率；

n——项目后评价计算期；

t——计算期内某一具体年份（$t = 1, 2, \cdots, n$）。

(5) 实际财务内部收益率 它是根据项目实际发生的年净现金流量或重新预测的项目运行期各年净现金流量的现值之和等于零时的收益率,即后评价净现值等于零时的收益率。其计算公式为

$$\sum_{t=1}^{n}(\text{RCI}-\text{RCO})_t(1+\text{RIRR})^{-t}=0 \qquad (11-24)$$

式中 RIRR——以实际财务内部收益率作为折现率。

(6) 实际借款偿还期 它是指在国家财政规定和项目具体财务条件下,根据项目投产后实际的或重新预测的可用作还款的利润、折旧或其他收益额偿还固定资产投资实际借款本息所需要的时间。其计算公式为

$$I_{Rd}=\sum_{t=1}^{P_{Rd}}(R_{Rp}+D'_R+R_{Ro}-R_{Rr})_t \qquad (11-25)$$

式中 I_{Rd}——固定资产投资借款实际本金利息之和;

P_{Rd}——实际借款偿还期;

R_{Rp}——实际的或重新预测的年利润总额;

D'_R——年实际可用于偿还借款的折旧;

R_{Ro}——年实际可用作偿还借款的其他收益;

R_{Rr}——还款期的年实际企业留利。

(7) 实际资产负债率 是指实际负债总额与实际资产合计的比值,是反映防腐项目计算期各年度实际所面临的财务风险程度及偿债能力的指标。其计算公式为

$$实际资产负债率=\frac{实际负债总额}{实际资产合计}\times 100\% \qquad (11-26)$$

资产负债率<50%,则表明项目面临的风险较小,偿债能力较强。对于生产类企业来讲,资产包括流动资产总额、在建工程占用资金、土建工程固定资产净值、生产设备固定资产净值、无形资产及递延资产净值。

以上给出的评价指标,式(11-20)~式(11-24)为财务盈利能力评价指标;式(11-25)、式(11-26)为清偿能力分析指标,这些评价指标,主要适用于大、中型防腐项目的财务后评价,对于小型项目可以简化。

2. 财务后评价指标偏离率

(1) 实际投资利润率变化率 它是衡量防腐工程项目实际投资利润率与预测(或其他项目)投资利润率或国内外其他同类项目实际投资利润率偏离程度的指标。其计算公式为

$$\text{实际投资利润率变化率} = \frac{\text{实际投资利润率} - \text{预测(其他项目)投资利润率}}{\text{预测(其他项目)投资利润率}} \times 100\%$$

(11-27)

(2) 实际投资利税率变化率　它是衡量防腐工程项目实际投资利税率与预测（其他项目）实际投资利税率偏差的指标。其计算公式为

$$\text{实际投资利税率变化率} = \frac{\text{实际投资利税率} - \text{预测(其他项目)投资利税率}}{\text{预测(其他项目)投资利税率}} \times 100\%$$

(11-28)

实际投资利税率变化率大于零，表明项目实际投资利税率高于预测或其他同类项目投资利税率；反之，则表明项目实际投资利税率低于预测或其他同类项目投资利税率。

(3) 实际投资回收期变化率　它是衡量实际投资回收期与预测投资回收期或其他同类项目实际投资回收期或部门基准投资回收期偏离程度的指标。其计算公式为

$$\text{实际投资回收期变化率} = \frac{\text{实际投资回收期} - \text{预测(其他项目或基准)投资回收期}}{\text{预测(其他项目或基准)投资回收期}} \times 100\%$$

(11-29)

实际投资回收期变化率大于零，表明项目实际投资回收期比预测、其他同类项目或基准投资回收期长；反之，则表明项目实际投资项目回收期比预测、其他同类项目或基准投资回收期短。

(4) 实际经济净现值变化率　它是衡量防腐工程项目实际净现值与预测净现值或其他同类项目实际净现值偏离程度的指标。其计算公式为

$$\text{实际净现值变化率} = \frac{\text{实际净现值} - \text{预测(其他项目)净现值}}{\text{预测(其他项目)净现值}} \times 100\%$$

(11-30)

实际净现值变化率大于零，表明项目实际净现值大于预测（或其他同类项目）净现值；反之，则表明实际净现值小于预测（或其他同类项目）净现值。

(5) 实际内部收益率变化率　它是衡量防腐工程项目实际内部收益率与预测内部收益率或其他同类项目内部收益率偏离程度的指标。其计算公式为

$$\text{实际内部收益率变化率} = \frac{\text{实际内部收益率} - \text{预测(其他项目)内部收益率}}{\text{预测(其他项目)内部收益率}} \times 100\%$$

(11-31)

实际内部收益率变化率大于零，表明项目实际内部收益率高于预测或其他同类项目内部收益率；反之，则项目实际内部收益率小于预测或其他同类项目内部收益率。同样，也可以测算实际投资利润率和利税率及有关经济效益指标和变化率。

（二）防腐工程项目国民经济后评价的指标

防腐工程项目国民经济后评价指标与前评价指标有的虽然相似，但又有若干不同之处，主要是参数的选择、效益与费用的计算等，都是实际发生的或根据实际情况重新预测的数据。

1. 国民经济后评价的指标

（1）实际经济内部收益率（REIRR） 它是反映防腐工程项目对国民经济实际贡献的相对指标，是使项目周期内实际经济净现值累计等于零时的折现率。其计算公式为

$$\sum_{t=1}^{n}(\text{RECI}-\text{RECO})_t(1+\text{REIRR})^{-t}=0 \qquad (11\text{-}32)$$

式中　　RECI——实际的或根据实际情况重新预测的经济现金流入量；

RECO——实际的或重新预测的经济现金流出量；

(RECI－RECO)$_t$——第 t 年的实际或重新预测的净经济现金流量；

n——计算期；

t——年份，等于 $1,2,\cdots,n$。

实际经济内部收益率大于或等于社会折现率时，项目的实际国民经济效益较好。

（2）实际经济净现值（RENPV） 它是反映防腐工程项目对国民经济实际贡献的绝对指标，是用社会折现率将项目计算期内各年的实际净效益折算到建设起点（建设期初）的现值之和。其计算公式为

$$\text{RENPV}=\sum_{t=1}^{n}(\text{RECI}-\text{RECO})_t(1+i_{RS})^{-t} \qquad (11\text{-}33)$$

式中　i_{RS}——后评价时选定的社会折现率。

实际经济净现值大于零，表明防腐工程项目除按社会折现率水平取得收益外，还有额外收益；实际经济净现值等于零，表明项目刚好以社会折现率作为投资收益率取得国民经济净效益；实际经济净现值小于零，表明项目的实际投资收益率低于社会折现率，其实际国民经济效益较差。

(3) 实际经济净现值率（RENPVR） 它是实际经济净现值与实际投资总额现值的比率，是衡量防腐工程项目投资的国民经济净效益的相对指标。其计算公式为

$$\text{RENPVR} = \frac{\text{RENPV}}{R_{P(D)}} \times 100\% \qquad (11\text{-}34)$$

式中 $R_{P(D)}$ ——实际投资总额的现值。

(4) 实际投资净效益率 它是反映防腐工程项目投产后单位实际投资对国民经济所做实际年净贡献的静态指标，是项目达到设计生产能力后的正常年份内的年实际净效益与项目实际投资总额的比率。当正常年份的实际年净效益变化幅度较大时，应计算年平均实际净效益与项目实际投资总额的比率。其计算公式为

$$\text{实际投资净效益率} = \frac{\text{年实际净效益或年平均实际净效益}}{\text{实际投资总额}} \times 100\% \qquad (11\text{-}35)$$

年实际净效益＝年实际产品销售收入＋年实际外部效益－年实际经营成本－年实际折旧费－年实际技术转让费－年实际外部成本 (11-36)

(5) 实际经济效益/费用比（REBCR） 实际经济效益/费用比应以项目实际效益现值与实际费用现值之比表示。其表达式为

$$\text{REBCR} = \frac{\sum_{t=1}^{n} \text{RB}_t (1 + i_{RS})^{-t}}{\sum_{t=1}^{n} \text{RC}_t (1 + i_{RS})^{-t}} \qquad (11\text{-}37)$$

式中 REBCR——实际经济效益/费用比；
　　　RB_t——第 t 年的效益，万元；
　　　RC_t——第 t 年的费用，万元。

当 REBCR≥1.0 时，该项目在经济上是合理的。

2. 国民经济后评价指标偏离率

(1) 实际经济内部收益率偏离率 它是反映防腐工程项目后评价经济内部收益率与前评价经济内部收益率或与国内外其他同类项目经济内部收益率偏离程度的指标。其计算公式为

$$\text{实际经济内部收益率偏离率} = \frac{\text{实际经济内部收益率(REIRR)} - \text{经济内部收益率(EIRR)}}{\text{经济内部收益率(EIRR)}} \times 100\% \qquad (11\text{-}38)$$

当实际经济内部收益率偏离率为正值，表示项目后评价实际国民经济盈利能力大于前评价预测的国民经济盈利能力；当实际经济内部收益率偏离率为负值，表示项目后评价实际国民经济盈利能力小于前评价预测的国民经济盈利能力。

（2）实际经济净现值偏离率　它是反映防腐工程项目后评价实际经济净现值与前评价经济净现值之间偏离程度的指标。其计算公式为

$$实际经济净现值偏离率 = \frac{实际经济净现值(RENPV) - 经济净现值(ENPV)}{经济净现值(ENPV)} \times 100\%$$

(11-39)

实际经济净现值偏离率与实际经济内部收益率变化率同理，不再重复。

（3）实际经济净现值率变化率　它是反映防腐工程项目后评价经济净现值率与前评价经济净现值率或国内外其他同类项目经济净现值率偏离程度的指标。其计算公式为

$$实际经济净现值率变化率 = \frac{实际经济净现值率 - 预测(其他项目)经济净现值率}{预测(其他项目)经济净现值率} \times 100\%$$

(11-40)

（4）实际投资净效益率变化率　它是反映防腐工程项目后评价投资净效益率与前评价预测的投资净效益或其他国内外同类项目投资净效益率偏离程度的指标。其计算公式为

$$实际投资净效益率变化率 = \frac{实际投资净效益率 - 预测(其他项目)投资净效益率}{预测(其他项目)投资净效益率} \times 100\%$$

(11-41)

（5）实际经济效益/费用比偏离率　它是反映防腐工程项目后评价实际经济效益/费用比与前评价经济效益/费用比之间偏离程度的指标。其计算公式为

$$实际经济效益/费用比偏离率 = \frac{实际经济效益/费用比(REBCR) - 经济效益/费用比(EBCR)}{经济效益/费用比(EBCR)} \times 100\%$$

(11-42)

四、项目技术后评价的指标

防腐工程项目技术后评价主要是对技术方案和技术装备选择的可靠性、

适用性、配套性、先进性、经济合理性的评价。其可靠性、适用性、配套性、先进性和经济合理性如何，最终应以项目结果来判断，并以此来佐证项目技术后产生的效益、作用和影响。

1. 生产类防腐项目技术后评价的指标

对于生产类防腐项目而言，技术后实际效果，可以从不同的角度进行分析评价。但从生产企业的角度，技术后的作用和影响，主要体现在产品价格的变化，产品成本的变化和产品销售利润的变化等。

(1) 实际产品价格变化率　它是衡量防腐工程项目前分析评价价格预测水平的指标。它可以部分解释实际投资收益与预测投资收益产生偏差的原因，并为重新预测项目周期内产品价格提供依据。其计算方法可分为三步进行：

① 计算投产后各主要产品年价格变化率。计算公式为

$$主要产品价格年变化率 = \frac{实际产品价格 - 预测产品价格}{预测产品价格} \times 100\% \tag{11-43}$$

② 用加权法计算产品平均年价格变化率。计算公式为

$$产品平均年价格变化率 = \sum 产品价格年变化率 \times 该产品产值占总产值比率 \tag{11-44}$$

③ 计算考核期实际产品价格变化率。计算公式为

$$实际产品价格变化率 = \frac{各年产品平均价格变化率总和}{考核年限} \tag{11-45}$$

(2) 实际产品成本变化率　它是反映实际投资效益的一项指标。它可以部分地解释实际投资效益与预测投资效益偏差的原因，也是重新预测项目生命期内产品成本变化情况的依据。其计算步骤如下。

① 计算主要产品从投产到后评价时点的成本年变化率。其计算公式为

$$主要产品成本年变化率 = \frac{实际产品成本 - 预测产品成本}{预测产品成本} \times 100\% \tag{11-46}$$

② 用加权法计算主要产品平均年成本变化率。其计算公式为

$$主要产品平均年成本变化率 = \sum 产品成本年变化率 \times 该产品成本占总成本的比率 \tag{11-47}$$

③ 计算考核实际产品成本变化率。其计算公式为

$$\text{实际产品成本变化率} = \frac{\text{各年产品成本年平均变化率之和}}{\text{考核年限}} \quad (11\text{-}48)$$

（3）实际销售利润变化率　它是综合反映防腐工程项目实际投资效益的主要指标之一。实际销售利润变化率是衡量项目实际投资效益和预测投资效益偏离程度的指标。计算步骤为：

① 计算考核期各年实际销售利润变化率。计算公式为

$$\text{各年实际销售利润变化率} = \frac{\text{该年实际销售利润} - \text{预测年销售利润}}{\text{预测年销售利润}} \times 100\% \quad (11\text{-}49)$$

② 计算各年平均销售利润变化率，即实际销售利润变化率。其计算公式为

$$\text{实际销售利润变化率} = \frac{\text{各年实际销售利润变化率之和}}{\text{考核年限}} \quad (11\text{-}50)$$

实际销售利润变化率大于零，表明项目投产后各年或年平均实际销售利润额超过预测年销售利润额，比率越大，说明项目实际销售利润超过预测销售利润越多；实际销售利润变化率小于零，表明项目投产后各年或各年平均实际销售利润额小于预测年销售利润额。

2. 应用类防腐项目技术后评价的指标

对于应用类防腐项目而言，技术后评价主要是对实际防腐效果的评价，即从被保护设备、装置（或结构物）的腐蚀状态的变化来判断项目所起到的作用和影响。

（1）腐蚀速率降低率　它是反映防腐工程项目后保护效果与无项目或其他同类项目腐蚀结果的对比指标。其计算公式为

$$\text{腐蚀速率降低率} = \frac{\text{无项目时(或同类型项目)腐蚀速率} - \text{有项目时腐蚀速率}}{\text{无项目时(或同类项目)腐蚀速率}} \times 100\% \quad (11\text{-}51)$$

（2）设备、装置使用寿命延长率　它是反映防腐效果的指标之一，是指被保护的设备、装置施加防腐项目后的使用寿命减去无防腐项目（或同类型项目）时设备、装置的使用寿命之差与无项目（或同类型项目）时使用寿命之比率。其计算公式为

设备、装置使用寿命延长率＝

$$\frac{项目后设备、装置使用寿命/年-无项目(或同类型项目)设备、装置使用寿命/年}{无项目(或同类型项目)设备、装置使用寿命/年} \times 100\% \tag{11-52}$$

设备、装置使用寿命延长率是衡量防腐项目效果的重要指标，使用寿命延长率越大，表明防腐项目效果越好；反之，设备、装置使用寿命延长率越小，则表明防腐项目效果越差。

(3) 设备、装置维修下降率❶　维修下降率是指防腐项目实施前设备、装置维修次数减去项目实施后设备、装置维修次数之差与项目前设备、装置维修次数之比率。其计算公式为

$$设备、装置维修下降率=\frac{项目前设备、装置维修次数-项目后设备、装置维修次数}{项目前设备、装置维修次数}\times100\% \tag{11-53}$$

维修下降率越高，说明防腐项目效果越好；反之，越差。

(4) 腐蚀事故降低率　腐蚀事故降低率是指防腐项目实施前设备、装置发生事故次数减去项目实施后设备、装置发生事故次数与项目前设备、装置发生事故次数之比率。其计算公式为

腐蚀事故降低率＝

$$\frac{项目前设备、装置发生事故次数-项目后设备、装置发生事故次数}{项目前设备、装置发生事故次数}\times100\% \tag{11-54}$$

有关其他方面腐蚀损失降低率（如腐蚀伤亡损失降低率、腐蚀经济损失降低率等）的计算方法同上，不再重复。

五、项目环境影响后评价的指标

环境影响后评价指标是为评价环境质量而针对环境要素设定的衡量标准。它具有法律效力，同时也是进行环境规划、环境管理、环境评价的依据。

由于防腐项目的性质不同，其对环境影响也不尽相同。就工业生产性防腐项目而言，投资项目后可能造成环境污染的因素主要包括三个方面：一是项目投产后的影响。其污染环境的因素主要有废水、废渣、粉尘、噪声、电

---

❶　是指因腐蚀损坏而造成的维修，不包括其他原因造成损坏而进行的维修。

干扰、辐射等。其中又以废水、废气、废渣这三种污染物最为常见、污染最大。二是破坏环境因素。主要是对地形、地貌等自然环境的破坏；对森林、草地、植被的破坏；对社会环境、文物古迹、风景名胜区、水源的破坏。三是项目投产后所用能源导致的污染。如煤、石油、天然气等燃料产生的硫的氧化物、氮的氧化物、一氧化碳和颗粒粉尘等。这些污染物除了危害人类呼吸系统外，还以酸雨形式返回地面，影响植物生长和污染江河水体与土壤。

防腐项目环境影响后评价指标的构建与设置，应以国家颁布的有关法律、法规为准绳。目前，现行常用的标准主要有：GB 3095—2012《环境空气质量标准》、GB 3838—2002《地表水环境质量标准》和 GB 15618—2018《土壤环境质量 农用地土壤污染风险管控标准（试行）》等。除此之外，尚有地方标准和行业标准，可借鉴。

1. 大气环境影响后评价的指标

对大气环境影响后评价就是运用大气质量指数对大气污染程度进行描述，分析大气环境质量随着时空变化而发生的变化，分析其原因，并对照前评价数据，找出差距，并提出改进措施。

目前，大气环境质量现状评价，主要是空气质量评价标准指数法和空气质量综合指数法。

（1）空气质量评价标准指数法　将防腐项目实施后的大气中污染物浓度与标准状态下污染物浓度进行比较。其计算公式为

$$P_i = \frac{C_i}{C_{si}} \tag{11-55}$$

式中　P_i——评价指数；

C_i——防腐项目实施后实测的污染物 i 的浓度，mg/L；

C_{si}——污染物 i 的大气环境标准浓度，mg/L。

通常情况下，P_i 值越大，表示 i 个评价因子的单项环境质量越差；$P_i > 1$ 时，表示污染物 i 已超标；$P_i = 1$ 时，则表明环境质量处在临界状态。

（2）空气质量综合指数法　亦可称为环境空气质量综合指数法，是描述城市环境空气质量综合情况的无量纲指数，综合考虑了《环境空气质量指数（AQI）技术规定（试行）》（HJ 633—2012）中规定的 SO_2、NO_2、PM_{10}、$PM_{2.5}$、CO、O_3 等六种污染物污染程度。空气质量综合指数值越大，表明综合污染程度越重。其计算公式为

$$I_{\text{sum}} = \sum_{i=1}^{6} P_i \tag{11-56}$$

式中 I_{sum}——环境空气质量综合指数；

P_i——污染物 i 的单项指数，i 包括全部六项指标。

当 $I_{\text{sum}} = 0 \sim 50$ 时，空气质量为优；$I_{\text{sum}} = 51 \sim 100$ 时，空气质量为良；$I_{\text{sum}} = 101 \sim 200$ 时，轻度污染；$I_{\text{sum}} = 201 \sim 300$ 时，中度污染；$I_{\text{sum}} \geqslant 300$ 时，重度污染。

2. 地表水环境影响后评价的指标

地表水环境质量评价，就是通过一定的数理方法与手段，对项目可能影响的某一水环境区域进行环境要素分析，对其做出定量描述，摸清影响区域环境系统的污染控制情况，并与前分析评价数据进行对比分析，如果发现变化，分析其原因。

地表水现状评价常采用单因子指数法和综合污染指数法。

（1）单因子指数法 单项水质参数 i 在第 j 点的标准指数为

$$S_{i,j} = \frac{C_{i,j}}{C_{si}} \tag{11-57}$$

式中 $S_{i,j}$——单项水质因子参数 i 在第 j 点的标准指数；

$C_{i,j}$——污染物 i 在第 j 点（预测点或监控点）的浓度，mg/L；

C_{si}——水质参数 i 的地表水相关标准的浓度限值，mg/L。

（2）综合污染指数法 是评价水环境质量的一种重要方法。综合污染指数评价项目选取：pH、溶解氧、高锰酸盐指数、生化需氧量、氨氮、挥发酚、汞、铅、石油类共计 9 项。其计算公式为

$$S_j = \frac{1}{n} \sum_{t=1}^{n} S_{i,j} \tag{11-58}$$

式中 S_j——综合污染指数。

其他符号的意义同上。

$S_j \leqslant 0.2$ 时，水质状况好；$S_j = 0.21 \sim 0.4$ 时，较好；$S_j = 0.41 \sim 0.70$，轻度污染；$S_j = 0.71 \sim 1.00$，中度污染；$S_j = 1.01 \sim 2.00$，重度污染；$S_j \geqslant 2.0$，严重污染。

3. 土壤环境影响后评价的指标

土壤环境影响后评价是指根据污染积累趋势对土壤环境质量的变化进行实测的调查评估工作，多根据污染物的迁移、积累规律，运用数学手段进行。

考察新建防腐项目对土壤环境变化产生的影响进行实地调查评估工作,是环境影响后评价的重要组成。

与大气、水质的现状评价方法相似,土壤环境污染现状评价也常用指数法,主要有单因子评价和多因子综合评价两种形式。

(1) 单因子评价　分别计算各项污染物的污染指数,然后进行分级评价。以实测值与评价标准相比计算土壤污染指数。其计算公式为

$$P_i = \frac{\rho_i}{S_i} \tag{11-59}$$

式中　P_i——土壤中污染物 i 的污染指数;
　　　ρ_i——土壤中污染物 i 的实测浓度,mg/kg;
　　　S_i——污染物 i 的评价标准,mg/kg。

当 $P_i \leqslant 1$,则表明土壤未受污染;当 $P_i > 1$,说明已受污染。P_i 越大,污染越严重。

(2) 多因子综合评价　叠加土壤各污染物的污染指数作为污染综合指数。其计算公式为

$$P = \sum_{i=1}^{n} P_i \tag{11-60}$$

式中　P——土壤污染综合指数;
　　　n——污染物种类数。

4. 环境损害后价值损失评价的指标

环境损害是指防腐项目的实施引起的不利于人类的环境变化。环境破坏和环境污染是环境损害最主要的形式。

环境损害价值的分析评价,可采用市场价值法,即利用环境质量变化而引起的产品产量利润的变化来评价环境质量变化的经济效果。其计算公式为

$$S = V \sum_{i=1}^{n} \Delta R_i \tag{11-61}$$

$$\Delta R_i = M_i (R_0 - R_i) \tag{11-62}$$

式中　S——环境污染或生态破坏的价值损失;
　　　V——受污染或破坏物种的市场价格;
　　ΔR_i——某种产品受 i 类污染或破坏程度的损失产量,i 一般分为三类($i=1,2,3$),分别表示轻度污染、严重污染或遭到破坏;
　　　M_i——某污染程度的面积;

R_0——未受污染或类比区的单产;

R_i——某污染程度的单产。

5. 生态质量影响后评价的指标

生态影响是指某一生态系统在受到外来作用时所发生的变化和响应,对某种生态的影响是否显著、不利影响是否严重及可否为社会和生态接受进行的判断。

生态影响评价应当根据评价对象的生态学特性,采用定量分析与定性分析相结合的方法进行后评价。常用的方法很多,综合指数法便是其中的一种。综合指数法是从确定同度量因素出发,把不能直接对比的事物变成能同度量的方法。由此计算出项目建设前、后各因子环境质量指标的变化率。最后,根据各因子的重要性给定权重再与各因子的变化值综合起来,便得到项目对生态的综合影响。其计算公式为

$$\Delta E = \sum_{i=1}^{n}(E_{hi} - E_{qi})W_i \qquad (11-63)$$

式中 ΔE——防腐项目建设前、后生态质量变化值,即项目对生态质量的综合影响;

E_{hi}——防腐项目建设后 i 因子的质量指标;

E_{qi}——防腐项目建设前 i 因子的质量指标;

W_i——i 因子的权值。

以上给出的计算公式,对于空气和水这些已有明确质量标准的因子,可直接用不同级别的标准值作上、下限;对于无明确标准的生态因子,须根据经济目的、评价要求和环境特点选择相应的环境质量标准值,再确定上限、下限。

6. 环境风险后评价的指标

环境风险是指由自然原因或人类活动引起,通过自然环境传递,以自然灾害或人为事故表现出来,能对人类社会及自然环境产生破坏、损害甚至毁灭性作用等不期望事件发生的概率及后果[9]。防腐项目多是化工类项目,项目在建设期间和运行期间可能因自然的原因或人为的原因,引起突发事件或事故,造成有毒、有害液体、气体的泄漏,从而引起易燃易爆等物质的燃烧和爆炸,造成生产环境和自然环境的毁坏,对其承受者造成损失和危害。

环境风险评价被认为是环境影响评价的一个分支,是环境影响评价和工

程项目风险安全评价的交叉学,也是新兴的边缘科学。

(1) 风险值　风险值是风险评价表征量,包括事故的发生概率和事故的危害程度。其计算公式为

$$R = PC \tag{11-64}$$

式中　R——风险值,死亡数/单位时间(或金额/单位时间);

P——最大可信事故概率(事件数/单位时间);

C——最大可信事故造成的危害(死亡数/事件或金额/事件)。

(2) 最大可信灾害事故风险值(R_{max})　风险评价需要从各功能单元的最大可信事故风险 R_i 中,选取危害最大的作为本项目的最大可信灾害事故,并以此作为风险可接受水平的分析基础。其计算公式为

$$R_{max} = \max(R_i) \tag{11-65}$$

(3) 风险评价　将 R_{max} 与同行业可接受风险水平 R_L 比较。当 $R_{max} \leq R_L$ 时,则认为本项目的建设、风险水平是可以接受的;当 $R_{max} > R_L$ 时,则对项目需要采取降低事故风险的措施,以达到可以接受水平,否则是不可接受的。有关计算,详见 HJ 169—2018《建设项目环境风险评价技术导则》。

7. 杂散电流干扰后评价的指标[3]

杂散电流干扰后的评价,分直流干扰和交流干扰两类。

(1) 直流干扰后评价的指标　GB/T 21447—2018 规定,处于直流电气化铁路、阴极保护电位及其他直流干扰附近的管道,当管道任意点上管-地电位较自然电位正向偏移 20mV 或管道附件土壤中的电位梯度 > 0.5mV/m 时,确认为直流干扰;当管道上任意点上管-地电位较自然电位正向偏移 100mV 或管道附近土壤中的电位梯度 > 2.5mV/m 时,对管道应及时采取防护措施。应该说明的是,由于各国的国情不一样,各国都有自己的判断指标。

(2) 交流干扰后评价的指标　CEN/TS 15280:2006 给出的评价指标为:交流电流密度 < 30A/m^2,腐蚀不存在或很低;交流电流密度 > 30A/m^2, < 100A/m^2,中等腐蚀;交流电流密度 > 100A/m^2,严重腐蚀。

杂散电流干扰,通常是意外事件。在项目勘察设计时,或是因为没有注意这方面的问题,或是注意到了,但对问题的严重性估计不足,或是一种无奈的选择,从而造成后天的复杂性。杂散电流干扰的排除,至今尚无特殊的好办法,只能是减轻,而不能从根本上消除。

六、项目可持续性后评价的指标

目前在整个建设项目后评价中,项目可持续性后评价指标的构建与设置是比较薄弱的环节,因为无论是什么样的项目,面对的未来环境、条件、政策等,都是难以预测确定的,尚有很多不确定的因素。因此,要构建一套完整、准确的可持续性评价指标体系,是很困难的。尽管如此,可持续发展是国家乃至全世界发展战略性指导思想,我们必须紧跟时代步伐,把可持续发展的思想落实到国民经济建设的方方面面。防腐工程项目可持续性后评价,不仅仅是社会发展所需,也是工程本身所需。

防腐工程项目可持续性后评价指标的确定,更显困难。面对未知的将来,要想通过计算方法来掌握和预知未来的情景,常成为腐蚀工作者的困惑。这里只能给出一个大致的思路,供读者参考。

1. 可持续性后评价的单项指标

从防腐项目可持续发展的概念出发,结合功能系数法的原理,可高度综合防腐项目可持续发展评价指标。根据可持续发展评价指标体系分别计算各单项评价指标。其计算公式为

$$\mathrm{DP}_i = \frac{x_i - \min X_i}{\max X_i - \min X_i} \tag{11-66}$$

式中 DP_i——项目可持续发展评价的单项指标;

X_i——第 i 项单项评价指标原始基础数据的实际值;

$\min X_i$——第 i 项单项评价指标原始基础数据体系中的可能最小值;

$\max X_i$——第 i 项单项评价指标原始基础数据体系中的可能最大值。

2. 可持续性后评价的综合指标

综合评价指标是在构建防腐项目可持续发展评价单项指标的基础上,运用加权平均的方法,对防腐项目可持续发展程度进行综合评价。其计算方法为

$$\mathrm{ZP} = \sum W_i \cdot \mathrm{DP}_i \tag{11-67}$$

式中 ZP——防腐工程项目可持续发展的综合评价指标值;

W_i——第 i 个单项评价指标的权重。

将以上评价结果与可行性分析报告中所给出的预测值进行对比分析,如果相差很大,则需从计算方法、项目效果的分析以及内外部条件等方面查找原因,并提出改进意见。

第四节　腐蚀防护工程项目后综合评价的方法

综合评价是指在完成前期工作、建设实施、生产运营、投资与经济效益、技术水平、环境影响和可持续性等评价的基础上，寻求项目整体优化的一项评价活动。由于防腐项目的影响因素众多，各种评判指标也只能反映投资项目的某些侧面或局部功能，因此采用综合评价法对项目后进行评价更能从整体上把握投资项目的建设质量和投资者的决策水平，更能确切地分析项目所得与所费的综合效益，更能确切地描述腐蚀、腐蚀控制与社会经济间的关系，更能有力地证明实现腐蚀目标最小化，必须保证项目综合效益的最大化。

综合评价的方法很多，如有无对比评价法、成功度评价法、逻辑框架评价法、层次分析法、因果分析法和综合评价法等。经比较分析，认为有无对比评价法、成功度评价法和逻辑框架评价法比较适宜于防腐工程项目后的综合评价。

无论是采用什么样的评价方法，都需要调查收集资料，在此基础上，再做具体分析。

调查收集资料的方法很多，比较常用的方法有：资料收集法、现场观察法、访谈法、座谈会法、问卷调查法和抽样调查法。

(1) **资料收集法**　通过收集各种有关腐蚀防护基础数据、资料、方法，以及有关材料功能、工艺流程、设备装置结构、环境条件等，摘取对后评价有用的相关信息，做好现有资料的整理准备。

(2) **现场观察法**　通过评价人员亲临项目现场，直接观察，从而发现问题的调查方法。现场观察法比较灵活，依据评价人员的感觉去发现被调查者不愿意直接回答的有关问题，但成本较高，时间较长，需实地工作经验丰富的人员参加；同时，也可能带有个人的偏见。

(3) **访谈法**　通过访谈人员，直接了解访谈对象的观点、态度、意见、情绪等，从而可以获取有价值的信息。

(4) **座谈会法**　通过邀请有关人员以召开座谈会的形式，了解后评价需要掌握的有关信息资料。

(5) **问卷调查法**　亦称"书面调查法"，或称"填表法"。就是把所调查的内容设计成标准统一的问卷,通过被调查回答问卷,来收集研究对象有关数据资料的一种研究方法。

(6) 抽样调查法　包括随机抽样、组簇抽样、分层随机抽样三种类型。这三种抽样调查方法各有利弊,可根据项目的具体情况和精度要求选用。

下面就有无对比评价法、成功度评价法和逻辑框架评价法做介绍,供读者参考。

一、有无对比评价法

国家发改委与建设部于2006年共同颁布了第三版《建设项目经济评价方法与参数》,其附件《建设项目经济评价方法》的"总则"里明确指出:建设项目经济评价必须保证评价的客观性、科学性、公正性,通过"有无对比",坚持定量分析与定性分析相结合,以定量分析为主;以动态分析与静态分析相结合,以动态分析为主的原则,强调了有无对比评价法(简称"有无对比法")作为经济评价定量分析基本方法的地位。同时,在"财务效益与估算"原则中再次强调:财务效益和费用估算应遵循"有无对比"的原则,正确识别和估算"有项目"和"无项目"状态的财务效益与费用。由此可见,有无对比法是项目后评价的一个重要方法。

1. 基本概念

有无对比是计算投资项目增量数据的方法,"有项目"状态下的数据与"无项目"状态下的数据相减,得到增量数据,这个增量数据序列,反映的是项目投资为企业产生的效益(果)。"有项目"状态是指对该项目进行防腐投资后,在计算期内,资产、费用与收益的预计情况。"无项目"状态是指不对该项目进行防腐投资时,在计算期内,与项目有关的资产、费用与收益的预计发展情况。"有无对比"的差额部分,即增量现金流量,才是由于防腐项目的建设增加的效益和费用。

采用有无对比法,是为了识别那些真正应该算作防腐项目效益的部分,即增量效益,排除那些由其他原因产生的效益,同时找出增量效益相对应的增量费用,只有这样才能真正体现防腐项目投资的净效益,突出防腐项目投资效果。

有无对比法比传统的"前后对比法"更能准确地反映真实成本和效益。因为前后对比法不考虑不上防腐项目时项目的变化趋势,而是假设当年的状态不变,将上防腐项目以后的成本/效益与评价当年的数据进行静态的对比,没有考虑无防腐项目时费用/效益在计划期内是可能发生变化的，这样就会夸大或低估效益。因此，简单的前后对比不能得出真正的防腐项目效果的评价结论。后评价中的效益评价就是要剔除那些非项目因素，对归因于项目的效果加以正确的定义和度量。

2. 操作方法

通常，防腐项目的效益和影响评价要分析的数据和资料主要有：项目前的基本情况、项目实施前的预测效果、项目的实际效果、无项目时可能实现的效果、无项目的实际效果等。图11-1为有无对比分析示意图[10]。

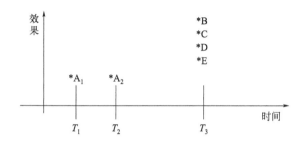

图 11-1 项目有无对比示意图

A_1—项目开工；A_2—项目完工；B—项目实际效果；C—项目实施前的预测效果；
D—无项目实施效果；E—无项目，外部条件与开工时相同；T_1—项目开工时间；
T_2—项目完工时间；T_3—项目后评价时间

在图11-1中，项目的有无对比不是前后对比（B/A_1，或 B/E），也不是项目实际效果与项目前预测效果之比（B/C），而是项目实际效果与若干项目实际或可能产生的效果的对比（B/D）。有无对比需要大量可靠的数据，最好有系统的项目监测资料，也可以引用同类项目的统计资料。在进行对比时，先要确定评价内容和主要指标，选择可比对象，通过建立比较指标的对比表，用科学的方法分析资料，然后进行评价。

3. 有无对比法在防腐项目后评价中的应用

虽然防腐项目后评价的机会比较少，但在日常工作中，有无对比法却有着广泛的应用。通过对"有项目"与"无项目"的对比，来分析判断防腐项目所产生的效益、作用和影响。

对于生产类防腐项目，采用有无对比法分析评价的主体对象是：实际产品价格变化率、实际产品成本变化率、实际销售利润变化率、实际利税率变化率等，通过变化来评价项目的作用和影响。

对于应用类防腐项目，采用有无对比分析评价的主体对象是：被保护设备、装置（或结构物）腐蚀速率的变化、腐蚀经济损失的变化、设备与装置使用寿命的变化、设备与装置腐蚀维修量的变化等，来分析评价项目所起到的作用和影响。

表 11-1 给出有无防腐项目对比指标，供参考。

表 11-1　有无防腐项目对比表

项目		分类	无防腐项目	有防腐项目	对比
应用类防腐项目	腐蚀速度指标	金属腐蚀速度的重量			
		金属腐蚀速度的深度			
		金属腐蚀速度的电流			
		金属材料力学性能			
	防腐效果指标	腐蚀经济损失			
		腐蚀事故损失			
		设备、装置服役寿命			
		安全生产时间/天			
		大修、维修次数			
生产类防腐项目	生产经营指标	资产报酬率			
		销售利润率			
		销售收入			
		税前利润			
		税金			
		人均销售收入			
		人均税前利润			
		人均税金			
	消耗指标	成本利润率			
		单位产品成本			
		单位产品人工成本			
		单位产品材料成本率			
		单位费用成本率			
	资金占用指标	总资产周转率			
		固定资产周转率			
		存货周转率			
		应收账款周转率			

4. 有无对比法的优缺点及适用范围

（1）优点　方法简单，易于操作，结果直观，容易接受。

（2）缺点　所需数据多，调查工作量大，需要选择"参照物"。而"参照物"的选择看来简单，但实际上是很复杂的，可以说，世界上没有一模一样的腐蚀，即便是选择贴近的"参照物"也不是一件容易的事。

（3）适用范围　主要适用于项目效益或效果后的评价。

5. 注意的问题

在运用有无对比法分析比较防腐项目新增效益和成本时，应注意以下几个问题。

（1）对于"无项目"的情况下，其效益和成本的计算，必须有根据实地预测在计算期内可能增加或减少的趋势，以避免人为过高或过低估计项目的效果。

（2）有项目与无项目相比，效益和成本的计算范围、计算期应保持一致，其办法是：以有项目的计算期为基准，对无项目的计算期加以调整。

（3）防腐项目是主体工程项目的服务项目，本身并不是纳税的主体，它的损益实际上应由主体工程项目建成后整个企业损益的变化来体现。因此，尽管从防腐项目本身来说较为独立，但在经济上又表现较难独立，与企业损益变化有着千丝万缕的联系，在进行具体分析时，一旦损益表中利润出现负值时，不能简单处理，应按有无对比法进行详尽分析。

（4）为全面反映防腐项目投入和产出的国民经济价值，应把大量不易计算的外部效果"内部化"，并反映在直接效果中。因此在国民经济后评价中，可通过合理确定影子价格体系和社会折现率，将外部效果"内部化"，以准确反映防腐项目的效益、效果。

二、成功度评价法

成功度评价法，也叫专家打分法，是依靠评价专家组的经验，对照防腐项目立项阶段以及规划设计阶段所确定的目标和计划，综合测评项目各项指标的评价结果，对项目的成功程度做出定性的分析。该方法在国际上得到普遍应用，在国内工程评价中，也有大量的分析评价案例。

1. 基本概念

成功度评价法是项目成败程度的衡量标准。成功度评价法是一种综合分析方法，也就是通常所讲的打分法。成功度评价法通常是依靠评价专家的经验，结合项目的运行制度系统标准或评价指标体系，根据项目各方面的执行情况综合评价各项指标，对各项指标打分或评级，最后得到项目的综合评级，对项目实施预期目标的成功度做出定性的结论。具体做法是以用逻辑框架法分析项目目标的实现程度和经济效益的评价结论为基础，以项目目标和收益为核心进行全面系统评价。

2. 分级标准

项目评价的成功度可分为五个等级，即完全成功、成功、部分成功、不成功和失败。具体分级标准，见表11-2。

3. 实施步骤

(1) 确定项目成功度的标准　在实际操作中，首先应根据防腐项目的特点进行分类，确定项目绩效评价标准，即根据哪些指标来判断项目的成功度。最常用的是以项目目标的完成程度作为评估成功度的尺度。

表 11-2　项目成功度分级标准表

等级	成功度分级(分值)	标准
1	完全成功(91～100分)、A	项目的各项目标已全面或超额实现；相对成本而言，项目取得巨大成果和影响
2	成功(76～90分)、B	项目大部分目标都已经完成；相对成本而言，项目达到了预期的效果和影响
3	部分成功(61～75分)、C	项目实现了原定的部分目标；相对成本而言，只取得了一定成果和影响
4	不成功(40～60分)、D	项目实现的目标非常有限；相对成本而言，几乎没有产生正面效益和影响
5	失败(0～39分)、E	项目的目标没有实现；相对成本而言，项目不得不终止

(2) 制定成功度评估表　防腐项目成功度评估表，通常是根据评价任务的目的和性质来确定，我国成功度评估表与国际上各个组织和机构有所不同，表11-3为国内比较典型的项目成功度评估表。

表 11-3　项目成功度评估表

项目评价指标	相关重要性	评价等级	备注
1. 宏观目标和产业政策			
2. 决策及程序			
3. 布局与规模			
4. 项目目标与市场			
5. 设计与技术装备水平			

续表

项目评价指标	相关重要性	评价等级	备注
6. 资源和建设条件			
7. 资金来源和融资			
8. 项目进展及控制			
9. 项目质量及控制			
10. 项目投资及控制			
11. 项目经营			
12. 机构与管理			
13. 项目财务效益			
14. 项目经济效益			
15. 社会和环境影响			
16. 项目可持续性			
项目总评			

（3）成功度的测定　评估人员根据具体防腐项目的类型和特点，确定表中指标与项目相关程度，把它们分为"重要""次重要""不重要"三类，在表中第二栏里（相关重要性）填注。对"不重要"指标不需要测定，只需测定重要和次重要的项目内容。

对各项指标的测定通常采取打分制，按照上述项目成功度标准评价的第1～5五个等级分别用A、B、C、D、E表示。把对指标重要性的分析和单项成功度的结论综合起来，我们就可以得到整个项目的成功度指标，一般也用A、B、C、D、E表示。

4. 成功度评价法在防腐项目后评价中的应用

下面以防腐工程项目为例，探讨研究成功度评价法在项目后评价中的应用。

防腐项目的成功度评价可分为以下两个步骤：

（1）确定综合评价指标及其项目相关重要程度　通过对防腐项目全过程进行综合分析和评价，专家组对各主要指标和项目综合成功度进行评价，对项目每个评价指标相关重要度分别划分为重要、次重要、不重要。如果指标的重要度为不重要，那么不需要对该指标进行评价；对于评定为重要和次重要的两类指标，按照综合项目成功度等级含义描述，分为A～E共五级进行评价。

（2）用权重制和打分制相结合的方法测定各项指标及总成功度 在测定各项指标时，采用权重制和打分制相结合的方法，先给每项指标确定权重，再根据实际执行情况逐项打分。测定各项指标时采用5级或10级打分制。最后，通过指标重要性权重分析和单项成功度结论的综合，可得到整个项目的成功度指标（总成功度）。

表11-4给出防腐项目综合成功度评估表，供参考。

表11-4 防腐工程项目综合成功度评估表

评估层评价指标	操作层评价指标	相关重要度	重要度分值	评级等级	权重
目标后评价	①项目产品成本变化 ②实际利润、利税变化 ③腐蚀状态变化 ④腐蚀损失变化				
过程后评价	①工程造价控制 ②工程质量控制 ③各种参数的合理性 ④各类设备、设施功能作用 ⑤运行管理水平				
经济后评价	①特殊经济后效果 ②财务经济后效益 ③国民经济后效果、效用				
技术后评价	①技术价值 ②经济价值 ③社会价值				
环境影响后评价	①环境影响 ②环境污染损失 ③环保设施效果 ④环境达标情况 ⑤群众满意度				
持续性后评价	①技术持续能力 ②经济持续能力 ③项目风险性 ④组织管理水平				
项目总评价					

5. 成功度评价法的优缺点及适用范围

（1）优点 简单易行，操作性强，结论明确，能使决策者较快、较容易地掌握防腐项目的整体评价结论。

（2）缺点 评价之前，需要提前设计并建立科学、合理的项目评价指标体系；当原定目标合理性差或者环境条件有较大变化时，评价效果不甚理想；主要依靠专家判断方式获得评价意见，结论主观性成分较多；分析过程中，定性分析占的比例较大，且带有模糊性，由此可能带来片面的、静止的结论。

(3) 适用范围　从不同的角度，有其不同的适用条件。

① 从优点来看，成功度法适用于前预测性评价且准确性要求较高的项目评价；

② 从评价时间、评价工作量和评价结果精确性角度来看，成功度法对评价时间要求低，可以同时对批量项目进行评价，评价结果精确性相对较高；

③ 从专家参与程度来讲，成功度法依靠专家对各项指标和项目整体的成功度做出评价，适合于实践经验含量高的项目。

三、逻辑框架评价法

逻辑框架法（logical framework approach，LFA）是美国国际开发署（United States Agency for Intenational Development，USAID）在1970年开发使用的一种设计、计划和评价的方法，主要用于项目后评价中。目前已有2/3的国际组织把逻辑框架法作为援助项目的计划管理和后评价的主要方法。逻辑框架法不是一种机械的方法程序，而是一种综合、系统地研究分析问题的思维框架。我们可以运用逻辑框架法的思路和方法，对防腐工程项目进行系统的后评价分析，以确定项目的成败。

1. 基本概念

逻辑框架法是一种综合、系统地研究和分析问题的思维框架模式，通过垂直逻辑关系检验项目的效果和作用，通过水平逻辑关系对资源和成果进行说明和评价。

逻辑框架法的核心概念是事物层次间的因果逻辑关系，即"如果"提供了某种条件，"那么"就会产生某种结果，这些条件包括目标内在影响因素和实现目标所需的外部条件。逻辑框架法是应用矩阵式图形对项目进行定性分析的方法。它将项目的关键要素组合起来分析其问题的因果关系与逻辑关系，从项目目标、目的确定及相应保证措施来评价投资活动，为项目计划者和评价者提供一种分析框架，用以确定项目的范围和任务，并对项目目标和达到目标所需要的手段进行逻辑关系的分析。

2. 逻辑框架法的模式

逻辑框架法的模式是由一个 4×4 矩阵组成（如表 11-5 所示），矩阵自下而上的四行分别代表项目的投入、产出、目的和目标的四个层次；自左而右 4 列则分别为各层次目标文字叙述、定量化指标、指标的验证方法和实现该目标的重要外部条件。

表 11-5 逻辑框架法的模式

层次描述	客观验证指标	验证方法	重要外部条件
目标/影响	目标指标	检测和监督手段及方法	实现目标的主要条件
目的/作用	目的指标	检测和监督手段及方法	实现目的的主要条件
产出/结果	产出定量指标	检测和监督手段及方法	实现产出的主要条件
投入/措施	投入物定量指标	检测和监督手段及方法	落实投入的主要条件

（1）垂直逻辑关系　在逻辑框架法中"垂直逻辑"可用来阐述各层次的目标内容及其上下间的因果关系，划分为四个层次，即目标、目的、产出和投入。

① 目标。通常指高层次的目标，即宏观计划、规划、政策和方针等，高层次目标的确定和指标的选择一般由国家或行业主管部门负责。

② 目的。指"为什么"要实施这个项目，即项目的直接效益或效果和作用，项目建成后能为主体项目带来什么，主要指经济效益和社会效果与作用。它通常由项目自身或独立的经济评价机构来确定，评价指标根据不同项目分别确定。

③ 产出。这里"产出"是指项目"干了什么"，即项目做了哪些成绩，取得了哪些成果，一般是指项目可计量的直接结果和间接结果，也包括可价值化的非经济效果。

④ 投入。指项目实施过程及内容，主要包括资本、劳动力、资源等要素的投入。

（2）水平逻辑关系　逻辑框架法的垂直逻辑关系分清了评价项目的层次，但尚不能满足对项目实施分析和评价的要求。而水平逻辑分析的目的是通过客观验证指标和验证方法来确定项目的资源和成果。对应垂直逻辑每个层次目标，水平逻辑对四个层次的结果加以具体说明。水平逻辑关系由客观验证指标、验证方法和重要外部条件等构成。

① 客观验证指标。是用来界定达到目标的程度。各层次目标应尽可能地有客观的可度量的验证指标，包括数量、质量、时间及人员等。

② 验证方法。是指用什么方法检查项目是否达到目标。如防腐项目要达到延长设备使用寿命，需要收集处在该腐蚀环境中的腐蚀速率变化等数据，以及该金属材料耐蚀性能有关资料。一般验证方法中包括资料的来源渠道和数据资料的采集方法。

③ 重要外部条件。是指环境风险和无法控制的因素，即项目无法直接控制的外部制约条件。如果这些风险和不可控制的因素一旦发生，会产生什么结果。这种风险和失控的发生有多方面的原因，一般应选择其中几个主要的因素作为外部的前提条件。

3. 逻辑框架法在防腐工程项目后评价中的应用

在防腐工程项目后评价中，通过应用LFA来分析项目的原定目标和目的是否可能达到，目标是否需要调整，项目的原定效益是否可能实现以及实现程度，项目要继续下去所面临的风险的性质和程度，项目目标的实现产生何种影响等。通过LFA分析，找出项目建设运营中存在的主要问题，为项目改进或新项目的决策提供客观、科学依据。

LFA的应用，一般由以下工作构成：

（1）防腐项目后评价内容的表述　在应用LFA时，首先应对防腐项目的目标做出明确的定义，要对防腐项目的重点内容进行清楚的表述。如项目的主要内容，可度量的目标，不同层次的目标和最终目标之间的关系，项目成功与否的测量指标和计划，设计时的主要假设条件等。

（2）防腐项目后评价垂直逻辑关系的构建　LFA的目标及因果关系可以划分为四个垂直逻辑层次关系，即宏观目标（影响）、项目目的（作用）、项目产出（实施结果）和项目投入（建设条件）。

① 宏观目标（影响）。宏观目标一般超越了项目范畴，它是指通过防腐项目的实施，对国家、地区、行业或投资组织的整体目标以及项目对其可能产生的影响。如对区域经济的发展，区域环境保护，区域生态安全和社会秩序稳定所起到的积极作用和影响。

② 项目目的（作用）。指实施防腐项目后，所带来的直接经济效益和社会效果，其中，也包括非经济效益和效果，以此来评价项目的综合作用。

③ 项目产出（实施结果）。指防腐项目产出对目的和目标的贡献程度。

一般要提供项目计量的直接效果。

④ 项目投入（建设条件）。指防腐项目实施过程及内容，主要包括资金、资源的投入量和时间等。反映项目投入转换为有用成果的程度，同时也反映项目管理水平。

(3) 防腐项目后评价水平逻辑关系的构建　对应垂直逻辑每个层次目标，水平逻辑对四个层次的结果做以具体说明。水平逻辑关系由验证对比指标、原因分析和可持续性（风险）构成。

① 验证对比指标。包括数量、质量、时间、人员等。在进行后评价时，一般每次验证对比指标均应具有三组数据，即项目原定指标、实际实现指标、原定指标与实现指标之间的变化和差距。

② 原因分析。包括内部原因和外部原因分析。内部原因主要包括技术因素、经济因素和管理水平等。外部原因主要包括环境条件、政策走向和意外变化等。

③ 可持续性（风险）。主要是通过分析防腐项目产出效果、影响的关联性，找出影响项目可持续发展的主要因素，分析这些因素产生影响的条件和可能性，并提出相应的措施和建议。

表 11-6 列出防腐项目后评价的逻辑框架模式，供参考。

表 11-6　防腐项目后评价的逻辑框架

项目层次	验证对比指标			原因分析		可持续性（风险）
	原定指标	实际实现指标	差别或变化	主要内部原因	主要外部原因	
宏观目标（影响）						
项目目的（作用）						
项目产出（实施结果）						
项目投入（建设条件）						

总之，LFA 并不是一个具体操作的方法程序，而是一种系统研究分析问题的思维框架。因此，在应用 LFA 时，应重视以方法的思维框架为指导，而不能过分追求其形式[11]。

4. 逻辑框架法的优缺点及适用范围

(1) 优点　能系统又符合逻辑地全面分析事物的各个方面，形成良好的项目策划方案；通过推理技巧，强调环境作用，提高规划设计水平；通过连续系统的日常监测，保证在管理人员变更后，管理方法和程序得以继续；能确保提出主要的问题，分析主要的缺陷，为决策者提供更为客观、科学的信息。

（2）缺点　逻辑框架法是项目准备、实施和评价过程中的一种思维模式，不能代替效益分析、进度计划、经济和财务分析、成本与效果分析、环境影响评价等具体方法；作为总体分析的工具，逻辑框架法只能就一些问题做一般分析；逻辑框架法需要详尽的数据，过分强调与原定目的和目标的对比，可能对实际发生的变化有所忽视。

（3）适用范围　逻辑框架法可应用于项目策划设计、风险分析与评估，实施检查、监测评价和可持续性分析，已成为一种通用的方法。

第五节　腐蚀防护工程项目后评价报告的编制

腐蚀防护工程项目后评价报告是对项目后评价工作进行的总结和后评价成果的表现形式，是项目后评价的最终结果。项目后评价报告，要准确、全面、系统、公正、客观、科学、合理地反映项目后评价的各个环节，通过项目报告，计划部门、决策领导和机关，能够掌握最为客观、最为真实的第一手资料。

由于腐蚀防护工程项目的类型、规模、性质、特点等不同，其后评价的内容和格式也不完全一致。目前对防腐工程项目的后评价尚缺规范性的条文，所以，此处只能根据国家及有关行业给出的项目后评价的内容和格式，提出腐蚀防护工程项目后评价报告编制的参考意见。

一、项目后评价报告编制的要求

腐蚀防护工程项目后评价报告编制的总体要求有如下几点。

1. 后评价报告编制遵循的原则

（1）客观性原则　客观性原则又叫真实性原则，是指评价报告的编制过程必须忠实于评价结果，实事求是地编制，排除一切人为干扰，力求准确、客观反映后评价结果。

（2）科学性原则　科学性原则是指后评价报告的编制过程中必须遵循科

学编制的程序，运用科学思维方式来进行后评价结果的整理与归纳。科学性原则的特点是准确、严细、客观、可靠，适用于解决多变量、大系统的各种新问题。

(3) 独立性原则　独立性原则包括形式上的独立性和实质上的独立性。形式上的独立性是一种外在表现，即后评价报告编制是一项独立性的工作，不受外界左右。实质上的独立性是一种内在状态，即编制人员不受损害职业判断的因素影响，诚信工作，遵循客观和公正原则，保持良好的职业道德。

(4) 公正性原则　公正性原则也可称为中立原则，是指后评价报告编制人员在编制过程中，要从客观的事实和数据出发，科学合理对评价结果进行选择，避免带有主观倾向性。无论是对过程的评价，还是对运营后的评价，都需要确保真实和准确性，使整个报告对所有信息、数据、资料、结论、建议等有一个完整、真实的反映。

2. 后评价报告编制要求

(1) 后评价报告撰写要求　项目报告是上报材料，是反馈信息和扩散材料，为了让更多的单位和个人受益，后评价报告的编制，要求报告条理清晰，文字准确，尽可能使用通用的词汇，少用或不用过分专业化的词汇。后评价结论要与项目未来的规划和政策的制定联系起来。为了提高信息反馈速度和扩散效果，在编制项目后评价报告时，还必须编制并分送评价报告摘要。

(2) 后评价报告编制格式　项目后评价报告是反馈经验教训的主要文件形式，为了满足信息反馈的要求，便于计算机输录，后评价报告的编制需要有相对固定的内容格式。

(3) 后评价报告内容构成　一般包括项目背景、实施评价、效果评价和结论建议等几个部分。

(4) 后评价报告结论　其结论要与问题的分析相对应，经验教训和建议要把评价的结果与将来规划和政策的制定及修订联系起来。

(5) 后评价报告整体要求　结构严谨、表达简明、语义确切。

3. 后评价报告编制注意事项

(1) 前言不要太多，要精练；

(2) 项目由来和项目意义不要写太多，不要与前言中重复太多内容，项目意义要精练；

（3）表格尽量不要跨页，跨页表格要有表头；

（4）总平面布局叙述要尽量按功能分区进行位置描述，要确定方位；

（5）生产工艺和设备布局分析中，生产工艺应有简图，并简要说明有关情况；

（6）对于改建、扩建的防腐项目要有利旧单元，将本项目利旧情况进行说明分析；

（7）报告中能用图、表说明的，尽量用图表说明；

（8）结论要简练，不要太多内容，尤其不要把前面的评价内容、存在问题再在这里进行阐述。

二、项目后评价报告编制的内容

项目后评价报告编制的内容，应与项目后评价内容大致相对应，除非是绝密资料、数据等有明确规定的内容不可泄漏外，其他评价内容一般都应包括在其中。根据防腐项目后评价的内容，其后评价报告编制的内容，大致包括以下几个方面。

1. 项目目标后总结与评价

项目目标后总结与评价，主要是对项目的工程建设目标、技术目标、系统功能目标、经济目标和影响目标的总结与评价。

2. 项目实施过程后总结与评价

防腐工程项目实施过程后总结与评价，包括三个方面的内容：

一是项目前期工作总结与评价。这一过程的总结与评价，主要是对项目立项论据、决策过程和程序、筹建单位及其工作效率、防腐技术方案的选择、项目配套工作和物资与资金落实情况的总结与评价。

二是项目实施后总结与评价。这一过程的总结与评价，主要是对项目开工手续是否完备、开工时间是否与计划时间一致、项目资金供应是否及时、项目质量是否与计划要求一致、项目竣工验收程序是否符合国家有关规定等的总结与评价。

三是项目运营后总结与评价。包括项目运营（行）结果、运营（行）水平、技术及管理水平、产品营销及占有市场情况；项目能力、运营（行）现状、达到预期目标可能性的总结与评价。

3. 项目经济后总结与评价

项目经济后总结与评价，包括经济特殊性后总结与评价、财务效益后总结与评价和国民经济后总结与评价。

（1）项目经济特殊性后总结与评价　主要针对项目"减负"收益的总结与评价，包括经济收益和非经济收益。

（2）项目财务效益后总结与评价　对于营利性项目而言，主要是对项目盈利能力、清偿能力的总结与评价；对于非营利性项目来说，主要是对项目生存能力的总结与评价。

（3）项目国民经济后总结与评价　包括项目的直接效益和直接费用的总结与评价，也包括项目的间接效益和间接费用，即项目的外部效果的总结与评价。

4. 项目技术后总结与评价

防腐项目技术后总结与评价，主要是对技术效果、技术标准、技术方案和技术创新的总结与评价。

5. 项目环境影响后总结与评价

项目环境影响后总结与评价，应针对施工期间和运营（行）期分别进行。总结评价的内容包括"三废"排放、噪声、粉尘、电干扰，也包括对生态环境的破坏和环境保护设施设置、运行情况的总结与评价。

6. 项目可持续性后总结与评价

项目可持续性后总结与评价，包括项目的技术性、经济性、资源储量、环境影响、社会进步等的总结与评价。

三、项目后评价报告编制的格式

由于腐蚀防护工程项目类型与规模不同，项目后评价报告编制格式也不尽相同。就大中型项目而言，后评价报告的编制格式，可以参照《国家发改委关于印发中央政府投资项目后评价管理办法和中央政府投资报告编制大纲（试行）的通知》（发改投资［2014］2129号）给出的编制格式。由于腐蚀防护工程项目与一般工业项目相比有其特殊性，在参考"标准格式"时，根据项目的性质和要求，可做适当的调整，使之更加贴近腐蚀防护工程项目的特点。

下面为给出的编制格式。

(一)项目概况

1. 项目基本情况

对项目建设地点、项目业主、项目性质和特点（或功能定位）、项目开工和竣工、投入运营（行）时间进行概要描述。

2. 项目决策理由与目标

概述项目决策的依据、背景、理由和预期目标（宏观目标和实施目标）。

3. 项目建设内容及规模

项目经批准的建设内容、建设规模（或生产能力），实际建成的建设规模（或生产能力）；项目主要实施过程，并简要说明变化内容及原因；项目经批准的建设周期和实际建设周期。

4. 项目投资情况

项目经批准的投资估算、初步设计概算及调整概算、竣工决算。

5. 项目资金到位情况

项目经批准的资金来源、资金到位情况，竣工决算资金来源及不同来源资金所占比重。

6. 项目运营（行）及效益现状

项目运营（行）现状，生产能力（或系统功能）实现现状，项目财务及经济效益现状，社会效益现状。

7. 项目自我总结评价报告情况及主要结论

8. 项目后评价依据、主要内容和基础资料

(二)项目全过程总结与评价

1. 项目前期决策总结与评价

（1）项目建议书主要内容及批复意见。

（2）可行性研究报告主要内容及批复意见。

① 可行性研究报告主要内容。主要包括项目建设必要性、建设条件、建设规模、主要技术标准和技术方案、建设工期、总投资及资金筹措，以及环境影响评价、经济评价、社会稳定风险评估等专项评价主要结论等内容。

② 可行性研究报告批复意见。包括项目建设必要性、建设规模及主要建设内容、建设工期、总投资及资金筹措等内容。

③ 可行性研究报告和项目建议书主要变化。对可行性研究报告和项目建

议书主要内容进行对比,并对主要变化原因进行简要分析。

(3) 项目初步设计(含概算)主要内容及批复意见(大型项目应在设计前增加总体设计阶段)。主要包括:工程特点、工程规模、主要技术标准、主要技术方案、初步设计批复意见。

(4) 项目前期决策评价。主要包括项目审批依据是否充分,是否依法履行了审批程序,是否依法附具了土地、环评、规划等相关手续。

2. 项目建设准备、实施总结与评价

(1) 项目实施准备。

① 项目实施准备组织管理及其评价。组织形式及机构设置,管理制度的建立,勘察设计、咨询、施审等建设参与方的引入方式及程序,各参与方资质及工作职责情况。

② 项目施工图设计情况。施工图设计的主要内容,以及施工图设计审查意见执行情况。

③ 各阶段与可行性研究报告相比主要变化及原因分析。根据项目设计完成情况,可以选取包括初步设计(大型项目应在初步设计前增加总体设计阶段)、施工图设计等各设计阶段与可行性研究报告相比的主要变化,并进行主要原因分析。对比的内容包括:工程规模、主要技术标准、主要技术方案及运营管理方案、工程投资、建设工期。

④ 项目勘察设计工作评价。主要包括:勘察设计单位及工作内容,勘察设计单位的资质等级是否符合国家有关规定的评价,勘察设计工作成果内容、深度全面性及合理性评价,以及相关审批程序符合国家及地方有关规定的评价。

⑤ 征地拆迁工作情况及评价。

⑥ 项目招投标工作情况及评价。

⑦ 项目资金落实情况及其评价。

⑧ 项目开工程序执行情况。主要包括开工手续落实情况,实际开工时间,存在问题及其评价。

(2) 项目实施组织与管理。

① 项目管理组织机构(项目法人、指挥部)。

② 项目的管理模式(法人直管、总承包、代建、BOT 等)。

③ 参与单位的名称及组织机构(设计、施工、监理、其他)。

④ 管理制度的制定及运行情况(管理制度的细目、重要的管理活动、管

理活动绩效）。

⑤ 对项目组织与管理的评价（针对项目的特点分别对管理主体及组织机构的适宜性，管理有效性、管理模式合理性、管理制度的完备性以及管理效率进行评价）。

(3) 合同执行与管理。

① 项目合同清单（包括正式合同及其附件并进行合同的分类、分级）。

② 主要合同的执行情况。

③ 合同重大变更、违约情况及原因。

④ 合同管理的评价。

(4) 信息管理。

① 信息管理的机制。

② 信息管理的制度。

③ 信息管理系统的运行情况。

④ 信息管理的评价。

(5) 控制管理。

① 进度控制管理。

② 质量控制管理。

③ 投资控制管理。

④ 安全、卫生、环保管理。

(6) 重大变更设计情况。

(7) 资金使用管理。

(8) 工程监理情况。

(9) 新技术、新工艺、新材料、新设备的运用情况。

(10) 竣工验收情况。

(11) 项目试运营（行）情况。

① 生产准备情况。

② 试运营（行）情况。

(12) 工程档案管理情况。

3. 项目运营（行）总结与评价

(1) 项目运营（行）情况。

① 运营（行）期限。项目运营（行）考核期的时间跨度和起始时刻的

界定。

② 运营（行）结果。项目投资（或运营）后，产品的产量、种类和质量（或服务的规模和服务水平）情况及其增长规律。

③ 运营（行）水平。项目投产（或运营）后，各分项目、子系统的运转是否达到预期的设计标准；各子系统、分项目、生产（或服务）各环节间的合作、配合是否和谐、正常。

④ 技术及管理水平。项目在运营（行）期间的表现，反映出项目主体处于什么技术水平和管理水平（世界、国内、行业内）。

⑤ 产品营销及占有市场情况。描述产品投产后，销售现状、市场认可度及占有市场份额情况。

⑥ 运营（行）中存在的问题。

a. 生产项目的总平面布置、工艺流程及主要生产设施（服务类项目的总体规模、主要子系统的选择、设计和建设）是否存在问题，属什么性质的问题。

b. 项目的配套工程及辅助设施的建设是否必要和适宜，配套工程及辅助设施的建设有无延误，原因是什么，产生什么副作用。

（2）项目运营（行）状况评价。

① 项目能力评价。项目是否具备预期功能，达到预定的产量、质量（服务规模、服务水平）。如未达到，差距多大。

② 运营（行）现状评价。项目投产（或运营）后，产品的产量、种类和质量（或服务的规模和服务水平）与预期存在的差异，产生上述差异的原因分析。

③ 达到预期目标可能性分析。项目投产（或运营）后，产品的产量、种类和质量（或服务的规模和服务水平）增长规律总结，项目可达到预期目标的可能性分析。

（三）项目效果和效益评价

1. 项目技术水平评价

（1）项目技术效果评价。主要内容包括：

① 技术水平。项目的技术前瞻性，是否达到了国内（国际）先进水平。

② 产业政策。是否符合国家产业政策。

③ 节能环保。节能环保措施是否落实，相关指标是否达标，是否达到国

内（国际）先进水平。

④ 设计能力。是否达到了设计能力，运营（行）后是否达到了预期效果。

⑤ 设备、工艺、功能及辅助配套水平。是否满足运营（行）、生产需要。

⑥ 设计方案、设备选择是否符合我国国情（包括技术发展方向、技术水平和管理水平）。

（2）项目技术标准评价。主要内容包括：

① 采用的技术标准是否满足国家或行业标准的要求。

② 采用的技术标准是否与可行性研究报告批复的标准吻合。

③ 工艺技术、设备参数是否先进、合理、适用，符合国情。

④ 对采用的新技术、新工艺、新材料的先进性、经济性、安全性和可靠性进行评价。

⑤ 工艺流程、运营（行）管理模式等是否满足实际要求。

⑥ 项目采取的技术措施在本工程的适应性。

（3）项目技术方案评价。主要内容包括：

① 设计指导思想是否先进，是否进行多方案比选后选择了最优方案。

② 是否符合各阶段批复意见。

③ 技术方案是否经济合理、可操作性强。

④ 设备配备、工艺、功能布局等是否满足运营、生产需求。

⑤ 辅助配套设施是否齐全。

⑥ 运营（行）主要技术指标对比。

（4）技术创新评价。主要内容包括：

① 项目的科研、获奖情况。

② 项目的技术创新产生的社会经济效益评价。

③ 技术创新在国内、国际的领先水平评价。

④ 分析技术创新的适应性及对工程质量、投资、进度产生的影响等。

⑤ 对技术是否在同行业等相关领域具有可推广性进行评价。

⑥ 新技术、新工艺、新材料、新设备的使用效果，以及对技术进步的影响。

⑦ 项目取得的知识产权情况。

⑧ 项目团队建设及人才培养情况。

2. 项目财务及经济效益评价

(1) 竣工决策与可行性研究报告的投资对比分析评价。主要内容包括：分年度工程建设投资，建设期贷款利息等其他投资。

(2) 资金筹措与可行性研究报告对比分析评价。主要内容包括：资本金比例，资本金筹措，贷款资金筹措等。

(3) 运营（行）收入与可行性研究报告对比分析评价。主要内容包括：分年度实际收入，以后年度预测收入。

(4) 项目成本与可行性研究报告对比分析评价。主要内容包括：分年度运营（行）支出，以后年度预测成本。

(5) 财务评价与可行性研究报告对比分析评价。主要内容包括：财务评价参数，评价指标。

(6) 国民经济评价同可行性研究报告对比分析评价。主要内容包括：国民经济评价参数，评价指标。

(7) 其他财务、效益相关分析评价。比如，项目单位财务状况分析与评价。

3. 项目经营管理评价

(1) 经营管理机构设置与可行性研究报告对比分析评价。

(2) 人员配备与可行性研究报告对比分析评价。

(3) 经营管理目标。

(4) 运营（行）管理评价。

4. 项目资源环境效益评价

(1) 项目环境保护合规性。

(2) 环保设施设置情况。项目环境保护设施落实环境影响报告书及前期设计情况、差异原因。

(3) 项目环境保护效果、影响及评价。

(4) 公众参与调查与评价。

(5) 项目环境保护措施建议。

(6) 环境影响评价结论。

(7) 节能效果评价。项目落实节能评估报告及能评批复意见情况，差异原因，以及项目实际能源利用效率。

5. 项目社会效益评价

（1）利益相关者分析。

① 识别利益相关者。可以分为直接利益相关者和间接利益相关者。

② 分析利益相关者利益构成。

③ 分析利益相关者的影响力。

④ 项目实际利益相关者与可行性研究对比的差异。

（2）社会影响分析。

① 项目对所在地区居民收入的影响。

② 项目对所在地区居民生活水平、质量的影响。

③ 项目对所在地区居民就业的影响。

④ 项目对所在地区不同利益相关者的影响。

⑤ 项目对所在地区弱势群体利益的影响。

⑥ 项目对所在地区文化、教育、卫生的影响。

⑦ 项目对当地基础设施、社会服务容量和城市化进程的影响。

⑧ 项目对所在地区少数民族风俗习惯和宗教的影响。

⑨ 社会影响后评价结论。对上述①~⑧部分，分别分析影响范围、影响程度、已经出现的后果与可行性研究对比的差异等。

（3）互适应性分析。

① 不同利益相关者的态度。

② 当地社会组织的态度。

③ 当地社会环境条件。

④ 互适应性后评价结论。对上述①~③部分，分别分析其与项目的适应程度、出现的问题、可行性研究中提出的措施是否发挥作用等。

（4）社会稳定风险评价。

① 移民安置问题。

② 民族矛盾、宗教问题。

③ 弱势群体支持问题。

④ 受损补偿问题。

⑤ 社会风险后评价结论。对上述①~④部分，分别分析风险的持续时间、已经出现的后果、可行性研究中提出的措施是否发挥作用等。

(四)项目目标和可持续性评价

1. 项目目标评价

(1) 项目的工程建设目标。

(2) 总体及分系统技术目标。

(3) 总体功能及分系统功能目标。

(4) 投资控制目标。

(5) 经济目标。对经济分析及财务分析主要指标、运营成本、投资效益等是否达到决策目标的评价。

(6) 项目影响目标。项目实现的社会经济影响,项目对自然资源综合利用和生态环境的影响以及相关利益群体的影响等是否达到决策目标。

2. 项目可持续性评价

(1) 项目的经济效益。主要包括:项目全生命期的直接经济效益,项目的间接经济效益。

(2) 项目资源利用情况。

① 项目建设期资源利用情况。

② 项目运营(行)期资源利用情况。主要包括:项目运营(行)所需资源,项目运营(行)产生的废弃物处理和利用情况,项目报告后资源的再利用情况。

(3) 项目的可改造性。主要包括:改造的经济可能性和技术可能性。

(4) 项目环境影响。主要包括:对自然环境的影响,对社会环境的影响,对生态环境的影响。

(5) 项目科技进步性。主要包括:项目设计的先进性,技术的先进性。

(6) 项目的可维护性。

(五)项目后评价结论和主要经验教训

1. 后评价主要内容和结论

(1) 过程总结与评价。根据对项目决策、实施、运营阶段的回顾分析,归纳总结评价结论。

(2) 效果、目标总结与评价。根据对项目经济效益、外部影响、持续性的回顾分析,归纳总结评价结论。

(3) 综合评价。

2. 主要经验和教训

按照决策和管理部门所关心问题的重要程度，主要从决策和前期工作评价、建设目标评价、建设实施评价、征地拆迁评价、经济评价、环境影响评价、社会评价、可持续性评价等方面进行评述。

（1）主要经验。

（2）主要教训。

（六）对策建议

1. 宏观建议

对国家、行业及地方政府的建议。

2. 微观建议

对企业及项目的建议。

附表：逻辑框架表和项目成功度评价表。

参考文献

[1] 李利纳，邹志云. 工程经济学. 西安：西北工业大学出版社，2017.
[2] 王少文，邵炜星. 工程经济学. 北京：北京理工大学出版社，2017.
[3] 王强. 电化学保护简明手册. 北京：化学工业出版社，2012.
[4] 任淮秀，汪昌云. 建设项目后评价理论与方法. 北京：中国人民大学出版社，1992.
[5] 中国水利经济研究会. 水利建设项目后评价理论与方法. 北京：中国水利水电出版社，2004.
[6] 牛东晓，王维军，周浩，等. 火力发电项目后评价方法及应用. 北京：中国电力出版社，2013.
[7] 梁成浩. 现代腐蚀科学与防护技术. 上海：华东理工大学出版社，2007.
[8] 罗云. 安全经济学. 北京：中国质检出版社、中国标准出版社，2013.
[9] 马太玲，张江山. 环境影响评价. 2版. 武汉：华中科技大学出版社，2012.
[10] 姜新伟，张三力. 投资项目后评价. 北京：中国石化出版社，2002.
[11] 陈文晖. 工程项目评价. 北京：中国经济出版社，2009.

腐蚀经济学

第十二章
腐蚀问题与可持续发展

把腐蚀问题与可持续发展联系起来思考，也许会使人始料不及；要说区区腐蚀问题能损害可持续发展，或许会使人瞠目结舌！实际上，这并不是危言耸听，而是腐蚀科学工作者与经济研究者，在对腐蚀问题进行科学研究分析的基础上，所做出的科学评估。

目前，危害社会经济发展的最大消极因素，不是地震、泥石流，不是干旱、飓风，也不是冰雪、沙尘暴，而是腐蚀！

高达3万亿元的年腐蚀损失，在造成巨大经济损失的同时，还悄悄地侵害着人类生命与健康，吞噬了大量宝贵的资源，污染环境，对社会可持续发展构成危害。面对如此严酷的现实，人类应用新的思维方式，去思考、研究腐蚀问题，探索控制腐蚀的方法，协调腐蚀与经济之间的关系，助力与推进经济社会的可持续发展。

本章在前十一章讨论的基础上，深入研究探讨腐蚀问题与可持续发展，并以此来延伸腐蚀经济学"寻求损失最小化"的研究主题。

第一节 概 述

腐蚀问题是全球性的重大而持久性的现实问题，无论是发达国家还是发展中国家都如此。近些年来，随着经济社会的快速发展，腐蚀问题呈不断严重化的趋势，对可持续发展构成了危害。因此，在腐蚀经济学中开展腐蚀问题与可持续发展的研究，具有重要的现实意义和长远意义。

一、可持续发展的概念与内涵

1. 可持续发展的概念

可持续发展是 20 世纪 80 年代提出的一个新的发展观。它是应时代的变迁、社会经济发展的需要而产生的。世界上第一次提出"可持续发展"是 1987 年以布伦特兰夫人为首的世界环境与发展委员会（WCED）发表的《我们共同的未来》。

可持续发展的概念是在人类深刻认识资源环境可持续能力基础上提出的。可持续发展的含义丰富，涉及面广，定义也很多。有的学者侧重于生态方面的可持续发展，其含义强调的是资源的开发利用不能超过生态系统的承受能力，保持生态的可持续性；有的学者侧重于经济的可持续发展，其含义则强调经济发展的合理性和可持续性；也有的学者侧重于社会的可持续发展，其含义则包含政治、经济、社会的各个方面，是个广义的可持续发展含义。尽管不同的学者、不同的国际组织和不同的国家对可持续发展概念的理解不同，给出的定义不同，表达的方式各异，但其理念得到全球范围的共识。

概括起来，可持续发展主要包括三个方面的含义：一是资源和生态环境的可持续发展，这是可持续发展的基础；二是经济的可持续发展，即经济的持续快速健康增长及结构转换，这是可持续发展的前提；三是社会的可持续发展，即人的素质的提高和社会的全面进步，这是可持续发展的条件和目标。可持续发展的实质是将发展建立在不破坏生态环境和可再生资源的基础上，它是一种既满足当代人的各种需要，又保护生态环境，不对后代人的生存和发展构成危害的发展观。

2. 可持续发展的内涵

（1）经济可持续发展　可持续发展鼓励经济持续增长，因为经济增长是国家实力和财富的体现，它既为提高人民生活水平及其质量提供保障，也为可持续发展提供必要的物力和财力。但是，可持续发展不仅重视经济数量上的增长，更追求质量和效益的提高。要求改变"高投入、高消耗、高污染"的粗放型生产方式，积极倡导绿色发展，以减少对资源的浪费，环境的污染，使得经济发展的同时，避免损害人类赖以生存的资源环境基础。

(2) 社会可持续发展　社会可持续发展不等同于经济可持续发展。经济发展是以"物"为核心，而社会可持续发展则是以"人"为中心，强调满足人类的基本需要。资源的可持续发展就成为满足人类对美好生活的愿望的物质基础。不管人类如何发展，福利的提高首先与物质产品的丰富联系在一起。而物质产品是资源经生产加工转化而来的。若资源缺乏，无论什么样的先进技术和管理水平，生产也难以继续下去。

人是可持续发展的主体，发展也是为了人。因此，在可持续发展的道路上，控制人口数量，提高人口质量是实现可持续发展的关键问题。此外，还要强调社会公平，没有公平，就没有社会的稳定，没有稳定，人们就不能安居乐业。同时还要强调人与自然的关系，调整生产方式和生活方式，控制人类不恰当的经济和生活行为，既顾及现代人利益，又顾及后代人利益，保证社会永续发展。

(3) 自然资源可持续利用　自然资源是指维持生命和生活所必需的和经常利用的物质，包括对土地资源、矿产资源、水资源、海洋资源以及气候资源等的利用。众所周知，人类的需要是无限的，而自然资源却是稀缺的。长期以来，各国以追求高速度、高增长、高消耗为特征的粗放型经济发展模式，虽然在短期内带来了可观的经济效益，但也产生了一系列不利后果：一方面，导致非再生资源呈绝对减少趋势，可再生资源也出现明显的衰弱趋势，生态平衡遭到不同程度的破坏，这些现实已经严重制约了社会经济的发展和人们生活水平的提高；另一方面，在利用自然资源时只考虑了经济效益，导致资源利用率低，环境破坏严重。为了改变这种状况，促进自然资源的可持续利用，我们必须重新认识资源，要以一种全面的、系统的、可持续发展的观点来考虑资源的利用率，即在利用资源时要考虑经济效益、社会效益、生态效益，使三者相互协调，使资源产生最大的综合效益。因此，资源的可持续利用，已成为现阶段迫切需要重视的问题。

(4) 环境的可持续性　可持续发展十分强调环境的可持续性，并把环境保护作为持续发展的重要内容和衡量发展质量、发展水平的主要指标之一。因为现代社会经济越来越依赖环境系统的支撑，没有良好的环境作为保障，就不可能实现可持续发展。建设生态文明，探索新型工业化道路，这是中国经济可持续发展的必然要求，也是发展中国家工业化面临的共同任务。作为负责任的大国,中国正致力于提高开放型经济政策,积极参与全球环境保护,严厉治理国内污染,努力寻求经济、社会、资源、环境的可持续发展。

(5) 全球可持续发展　可持续发展,不是一国、一地孤立发展的概念,而是全球性系统发展的概念。一个国家、一个地区的可持续发展,不是真正意义上的可持续发展,只有全球可持续发展,才符合可持续发展的本质内涵。具体而言,其内涵包括以下几个方面:

① 要使世界各国的当代人和后代人、发达国家和发展中国家都获得平等的发展机会;

② 要使世界各国所有人的基本需要得到满足,向所有人提供实现美好生活愿望的同等机会;

③ 要使人类和自然万物都享有同等的生存与发展的机会,做到人类生存发展权利与自然万物生存发展权利的统一。

总之,全球可持续发展,是指世界各国、各地区和每个国家内部各地区及各种经济成分的共同发展,人类社会与自然界的共同繁荣,人类社会财富的共同享受和共同富裕。

3. 可持续发展的原则

可持续发展的原则是公平性、持续性、共同性、需求性。

(1) 公平性原则　所谓公平性是机会选择的平等性。它包括本代人间的横向公平和代际间的纵向公平。可持续发展是一种机会、利益均等的发展。它既包括同代内区际间的均衡发展,即一个地区的发展不应以损害其他地区的发展为代价;也包括代际间的均衡发展,即既满足当代人的需要,又不损害后代人的发展能力。该原则认为人类各代都处在同一生存空间,他们对这一空间中的自然资源和社会财富拥有同等享用权,他们应该拥有同等的生存权。

(2) 持续性原则　是指人类经济活动、社会发展必须保持在资源环境的承载能力之内。资源环境是人类生存与发展的基础和条件,资源的持续利用和生态系统的可持续性是保持人类社会可持续发展的首要条件。如果人类继续像以往那样为所欲为,忘乎所以,必然是竭泽而渔,不仅无法实现可持续发展的目标,而且终将把人类经济社会推上绝路。因此,要持续发展,必须设置限制条件。其中,最为主要的是限制人类赖以生存的物质基础——自然资源与环境。可持续发展要求人们根据可持续性的条件调整自己的不当经济行为和生活方式，在资源、环境可能的范围内确定自己的消耗标准。

（3）共同性原则　地球是一个整体，地区性环境问题往往会转化为全球性问题。地区的决策和行动，应有助于实现全球整体的协调发展。因此，要实现可持续发展的总目标，必须共同遵守"只有一个地球"、"平等发展权利"、"互惠互济"和"共建共享"等原则，全球共同配合行动，这是由地球整体性和相互依存性所决定的。

（4）需求性原则　粗放型的经济增长方式，立足于市场需求，而忽视了资源环境成本，浪费了大量资源，污染了环境，致使人类需求的一些基本物质不能得到满足。而可持续发展则坚持公平性和长期性，是立足于满足所有人的基本需求的发展，是强调人的需求而不是市场需求的发展。

各国可持续发展的模式虽然不同，但无论是发达国家还是发展中国家，公平性原则、持续性原则、共同性原则和需求性原则是相同的，只有全人类共同努力，才能实现可持续发展的总目标。

二、可持续发展中的腐蚀问题

当今世界，面临着人口、资源、环境和发展一系列重大问题。可持续发展概念是在人类深刻认识资源环境的可持续能力基础上提出的。从18世纪第一次"工业革命"以来，生产力得到了极大的发展，人类获取自然资源的能力空前提高。但随之而来的是人口剧增、资源短缺和环境恶化等一系列自然-社会问题。而腐蚀问题就是在这样一个大背景条件下，日益严重化、全面化、全球化和深刻化，腐蚀本来属于纯自然现象，演化为自然-社会经济系统问题。

目前，严重的腐蚀问题对社会经济的可持续发展已经构成了危害，人类社会在陶醉于工业化所取得的经济成就和现代化生活享受时，亦正在全方位地承受着工业社会发展带来的种种具有灾难意义的负担，腐蚀便是其中的一种，而且是严重的破坏因素。社会经济的持续发展乃至整个人类社会的可持续发展，正在受到腐蚀和与腐蚀类似的种种破坏因素的挑战。

（一）腐蚀问题的全球性

腐蚀问题的全球性指腐蚀在全球每一个角落都可能发生。有人类居住的任何一块地方都不能逃脱腐蚀的侵害。

1. 全球腐蚀基本状况

随着社会经济的发展，腐蚀问题是当代社会公认的最严重的全球性问题之一，这种严重性不仅表现在各种腐蚀频繁发生，而且表现在腐蚀危害后果的日益严重化。有人曾作过推测，当你的手表上的秒针转过一圈半，世界上就有1吨的钢铁被腐蚀成铁锈。由此可见，与惊天动地的自然灾害——地震、海啸相比，腐蚀破坏的强度远远高于自然灾害，且是悄悄进行的，不为人们所觉察。

首先，腐蚀经济损失极为严重。许多国家腐蚀调查结果表明，腐蚀损失占GDP总量的3%～4%。2019年全世界腐蚀损失约为2.598万亿～3.464万亿美元，即相当于法国（2.8万亿美元）、英国（2.7万亿美元）、印度（2.7万亿美元）等国家一年的GDP总量，相当于韩国（1.6万亿美元）、俄罗斯（1.5万亿美元）、澳大利亚（1.5万亿美元）等国家两年的GDP总量。

其次，腐蚀消耗的钢铁极为严重。全世界每年被腐蚀损耗的钢铁材料约占年产量的10%～20%。以2019年为例，全世界年腐蚀损耗的钢铁材料为1.87亿～3.74亿吨，相当于欧洲各国2019年粗钢总产量（2.988亿吨）。

造成如此严重的腐蚀问题，究其原因主要有：一是人口持续膨胀，带来巨大的消费量，放大了腐蚀问题；二是工业化进程加快，环境污染严重，加重了腐蚀问题；三是享乐主义盛行，无益的消耗，扩展了腐蚀问题；四是高新技术的研发和大规模应用，带来新的腐蚀风险，延伸了腐蚀问题；五是人类控制腐蚀的能力有限，成就了腐蚀问题。其危害还具有持久性，不仅对今天的经济发展会造成损害，对未来的经济发展同样会造成损害。

2. 全球腐蚀问题发展趋势

其总的趋势大致如下：

（1）随着经济的全球化，腐蚀问题成为全球性问题日益凸显　如果说以往的腐蚀问题仅仅是一个国家、一个地区或一个企业自己的问题的话，那么，经过几十年的发展，腐蚀已渐显为全球性的问题。这种趋势的标志在于：

一是，一些腐蚀问题是多个国家共同造成的，要进行防控非一国之力能够做到，而是必须采取多国之间乃至全球的统一行动才可能取得预期的效果，从而使防腐成为国际社会的一个共同问题。如酸雨，是人类活动排入大气的二氧化碳、氮氧化物等酸性气体,在空气中氧化,并在适当条件下形成的酸度较高的降水,可导致水体、土壤酸化,对植物、建筑物、金属构件以及古文物造成腐蚀性的危害。地球是一个整体,两国或几国相近、相隔,就难免不受波及。

二是,在各国经济不断国际化的条件下,腐蚀问题的连锁反应经常影响到其他国家的经济发展,乃至世界经济的发展。如2006年美国阿拉斯加Prudhoe Bay油田 $\phi 863mm$ 的原油管道因腐蚀发生爆裂,发现前已损失约 76×10^4 L原油,随即关闭油田导致原油产量每天减少 11.6×10^6 L。这一事件立即引起世界性轰动。震动世界的效应力立即表现出来:全球石油价格飙升,纽约商业交易每桶突破77美元大关,伦敦交易所也大涨至每桶78.3美元;道琼斯平均指数、纳斯达克综合指数、标准普尔500指数分别下跌20.97点、12.55点、3.59点。日本股指大幅下挫2.3%,伦敦证交所跌逾2%。美国能源部立即作出反应,表示在需要的时候,动用战略储备,应对石油短缺。

三是,全球经济的发展与增长和腐蚀一直表现出持久的、互相制约的关系。纵观历史,横看世界,人类社会经济越发展,人类抵御腐蚀的能力就越强,同时会使一些腐蚀得以减轻,但是社会经济的发展又通常以对现有资源的消耗和对自然环境不同程度的破坏为基础,以物质财富的高速积累和新的腐蚀风险的高速形成为特征,它会使人为腐蚀和人为-自然腐蚀增加。如世界现阶段由于经济迅速发展环境污染导致腐蚀种类和破坏程度增加,使各类环境中的腐蚀问题日益严重而突出,社会经济发展与腐蚀问题之间的内在联系日趋紧密,是全球腐蚀问题的又一大趋势。

(2) 全球工业化进程加快,污染问题日益加重,腐蚀问题持续恶化 一方面,发达国家早已按传统的工业化道路实现了工业化,并正向以高新技术为经济发展的主要动力的知识经济时代发展,但工业化带来的环境问题仍然相当严重。资料显示,2015年美国 CO_2 排放量达28亿吨,德国3.56亿吨,英国2.12亿吨,日本4亿吨。可见,发达国家 CO_2 排放量是惊人的!另一方面,发展中国家仍在按照传统的工业化道路加速实现着自己的工业化目标,从而正在成为全球环境恶化的日益重要的污染源,成为全球生态环境问题的重灾区,进而加重了腐蚀问题。如亚太地区拥有中国和印度两个世界人口最多的国家和两个最大的 CO_2 排放国。2018年,中国、印度 CO_2 排放量分别为100亿吨、26亿吨。此外还包括印度尼西亚、巴基斯坦、孟加拉国、越南等其他快速发展和/或人口众多的国家。在过去十年中，该地区的CO_2排放量平均每年增长3.1%，几乎是全球平均水平的三倍。因此，亚太地区现在占全球CO_2排放量的近50%。总之，由工业带来的全球性生态环境问题仍然处于持续恶化之中，对腐蚀的影响也在持续扩大。

（3）高新技术的发展和大规模的应用，孕育着巨大的腐蚀风险　21世纪的社会是一个信息技术和高新技术十分发达的信息社会。随着现代社会的进步和发展，特别是高新技术在各行各业的广泛应用，人类的生活质量和健康水平有了很大的提高。专家预言，21世纪，高新技术在多个领域中的应用将会更为广泛。但值得警惕的是，高新技术是一种高风险产业，腐蚀便是高风险因素之一，如果缺乏可靠的保障措施，将可能对经济社会产生沉重的打击。

例如，1954年1月10日，英国彗星式民用客机、美国F11战斗机由于应力腐蚀发生空中坠毁，一时在国际上引起震动。1963年4月10日，美国攻击型核潜艇"长尾鲨号"在波士顿以东220海里处试航，下潜到130米时，进行压载舱的注水试验时沉没，艇上129人无一生还。后来调查结论称，可能是一根海水管道因腐蚀破裂，导致海水大量涌入舱内，一些电线被海水浸泡短路，影响了电气系统，从而使潜艇丧失动力，坐沉海底。2011年3月11日，日本福岛核电站因腐蚀造成高温核燃料泄漏事故，整个太平洋被福岛核废水灾难性地全面污染，造成生态环境的破坏，其巨大经济损失难以估计。

高新技术的发展虽然可以给人类社会带来丰厚的收益，亦会带来许多腐蚀风险，使得腐蚀问题日益广泛而深入，也给其可持续发展带来了负面影响。

（4）人口持续膨胀，导致资源、环境的损毁，使得各种致腐因素不断强化　据苏联人口学家 Б. Ц. 乌尔拉尼斯推断，公元前15000年的世界人口约为320万人。有了文字记载以后，尤其有了人口统计和人口普查，对世界人口数量的估算变得越来越可靠。乌尔拉尼斯估算，公元前5000年世界人口增加到3000万，公元1000年为3.05亿，1650年为5.5亿，1900年为15.56亿，1950年达25.10亿。联合国人口组织宣布，1987年，世界人口达到50.26亿，2011年达到70多亿，2025年世界人口将突破80亿，2050年将达到100亿，达到全球人口峰值，随后开始停止增长并缓慢下降。

随着人口的急剧膨胀，带来的资源、环境和消费等问题愈加突出，使腐蚀在这种恶劣的环境中进一步恶化。腐蚀危害的程度与人口数量有着密切的联系。公元前世界人口稀疏，腐蚀问题自然稀少。而目前世界人口达到 70 亿，腐蚀问题空前深刻而广泛地进入社会-经济系统，并成为可持续发展的最大障碍。假如达到 100 亿，其腐蚀损失就可想而知了。

3. 全球腐蚀问题的基本特征

腐蚀始终伴随着人类的发展史。经过考察，发现全球腐蚀问题的基本特征表现如下：

（1）腐蚀与人口、经济发展的依存关系十分密切　腐蚀危害依存于人类的诞生，腐蚀损失的大小依存于人类社会经济发展的状态，两者的依存度都很高。在狩猎时代，人口稀少，经济基础非常脆弱，腐蚀的危害与腐蚀损失微乎其微。进入农业文明时代，人口增长加快，经济发展增速，腐蚀危害对象及腐蚀损失随之增大。在进入工业文明时代之后，人口迅速增长，社会财富积累的速度日益见增，腐蚀危害及腐蚀损失随之不断增大，并且不断强化。自 20 世纪以来，人口不断膨胀，社会财富积累不断丰富，腐蚀问题日益严重，腐蚀损失日益巨大。

（2）腐蚀造成的经济损失绝对额呈现不断上升的趋势　当今的腐蚀问题，不但种类繁多，分布范围也越来越广，腐蚀损失绝对额也越来越大。腐蚀之初，只是一种自然现象，而随着社会经济的发展，逐渐由现象演变成灾难性的问题。

从整体上来看，世界各国对腐蚀的防控能力有所提升，但同时由于经济规模的扩张，腐蚀损失的绝对额也不断攀升。腐蚀所引起的经济损失不断增加，并非经济发展直接引起的，而是在社会经济发展过程中，人口的增长、生产规模的扩大、环境的恶化等综合因素造成的恶果。

（3）腐蚀造成的间接损失远远超过直接损失　腐蚀造成的直接损失包括：人身伤亡支出的费用、腐蚀善后处理费用、财产损失价值；间接损失包括：停产、减产损失价值，工作损失价值，处理环境污染的费用，员工培训费和其他损失费用。纵观历史，所有进行腐蚀调查的国家，其调查结果基本表明，腐蚀直接损失与间接损失的比例大致为 1：2，可见，腐蚀造成的间接损失比直接损失要大得多。目前各国腐蚀调查，一般只调查统计直接损失，而后采用比值法计算间接损失，最后将两者相加，作为总腐蚀的损失。

（二）发达国家的腐蚀问题

发达国家是指经济高度发达的国家，如美国、英国、法国、德国、日本、加拿大、澳大利亚等。这些国家的特点是较早地实现了工业化并向高新技术时代迈进，科技水平高，综合国力强，国家财富雄厚，国民生活水平较高。2018年，国际货币基金组织（IMF）发布的世界经济数据显示，美国、澳大利亚、德国、加拿大、法国、英国和日本人均GDP分别为62606美元、56352美元、48264美元、46261美元、42878美元、42558美元和39306美元。

以上数据从一个侧面显示，发达国家的经济实力继续保持领先水平，从而在相当长的时期内将能够继续维护其在世界经济领域中的领先地位。

发达国家雄厚的经济实力和领先的科技水平，必然对腐蚀问题的产生与控制起到十分重要的影响。

1. 发达国家腐蚀基本状况

由于发达国家率先实现了工业化，他们对腐蚀危害的认识，以及对腐蚀问题的研究早于发展中国家。

（1）率先开展腐蚀损失调查　早在1949年，美国H. H. Uhlig发表了"The cost of corrosion to the United States"一文。研究报告指出，美国每年的腐蚀损失约为55亿美元，该损失约为1949年美国GNP的2.1%；英国1957年进行腐蚀损失调查，年腐蚀损失为6亿英镑，约占GNP的3.5%；德国1968年进行了腐蚀损失调查，其结果为190亿马克，占GNP的3.0%。随后许多发达国家先后进行了腐蚀损失调查，而且有些发达国家还多次进行调查，如美国先后进行了6次，德国进行了4次，英国进行了3次。

发达国家对腐蚀问题认识较早，对腐蚀问题与社会经济发展联系起来思考始于20世纪五六十年代，这也可能是可持续发展启蒙思想构成的一部分。

（2）较早地开展腐蚀防护技术理论研究　早在1823年，英国化学家、当时的海军军官戴维（Davy）受海军部的委托，着手研究铜包覆的木船在海洋的防护问题。1824年，戴维在船体上进行了实用性试验，用铁作阳极，面积为铜皮总面积的1/80，取得了保护效果。但因种种原因，这一发明沉睡了百年后才被应用。1865年，法国人福里斯岑（Flishchen）在汉诺威召开的建筑工程协会上，报告了他把锌焊接或拧到铁上防止海水腐蚀的长期试验结果，指出"铁的有效保护毫无疑问来自电化学的影响"[1]。1906年，德国的哈博（Haber）和戈尔德史密特（Goldschmidt）在《电化学》杂志上阐述了测量电流密度、土壤电阻率、土壤电位的电路。1928年，美国阴极保护之父库恩

(Kuhn)在新奥尔良一条长距离输气管道上外加电流阴极保护,首次使用了阴极保护整流器,并开创了管道阴极保护的新篇章。

由上可见,发达国家较早地将新研发的腐蚀控制技术应用于工业领域,在推动工业化进程的同时,又带动了腐蚀防护技术的发展。

(3) 首先提出腐蚀防护效益理论　1971年,Hoar教授在发表的腐蚀防护状况调查报告中明确提出,通过更好地发挥和利用现有的腐蚀防护知识和技术,大约20%~25%的腐蚀损失是可以减轻的。这一理论的提出,从经济的角度看,腐蚀防护具有避免与减少腐蚀与腐蚀事故损失的功效,以及维护生产力与保障社会经济财富增值的双重功能和作用。从安全的角度看,腐蚀防护的目的首先是避免或减少人员的伤亡及职业病;使生产设备、工具、材料等免遭毁损,以及保障和提高劳动生产率,维护社会经济的发展;消除或减少环境污染,节省资源能源,使人的生存条件免遭破坏,促进社会经济健康、有序、平稳发展。

腐蚀防护产出效益的分析,包括两个方面:一是腐蚀防护能直接减轻或免除腐蚀危害,减少对人、社会、企业和自然环境、资源造成的损害,实现保护人类财富,减少无益消耗和损失的功能,简称"减损效益"。二是腐蚀防护能保障劳动条件和维护经济增值,简称"增值效益"。实际上,还远远不止这些,尚有延伸效益值得考虑。

2. 发达国家腐蚀问题的基本特征

发达国家的腐蚀问题,首先是随着工业化的进程逐步走向恶化,然而,在日益恶化的过程中,由于发达国家经济实力雄厚和领先的科学技术水平,使其恶化的腐蚀得以控制,逐步得以减轻。其表现出的基本特征是:

(1) 腐蚀损失的绝对额在不断增大,占GNP的比例在逐渐减小　一方面,发达国家科技水平高,探索的空间在不断拓展,接触腐蚀问题日益增多。如太空方面的腐蚀问题,首先是发达国家在探索太空的过程中发现的,从而使得发达国家的腐蚀种类在总量上出现了多样性、复杂性;同时,由于发达国家的社会财富积累雄厚,同样的腐蚀强度的腐蚀事故发生,在发达国家造成的损失比发展中国家要严重得多。另一方面,发达国家经济实力强,其腐蚀防护的投入力度也大,又使其控制腐蚀的能力大大高于发展中国家。但经济增长必定拉动腐蚀,使其绝对额随之增加。而腐蚀的防护投入,必定对腐蚀损失有抑制作用,所以,占GNP的比例将会逐年减小,这是发达国家腐蚀问题的重要特征。

例如，美国 1975 年的腐蚀损失为 825 亿美元，占 GNP 的 4.9%，到了 1995 年，腐蚀损失为 3000 亿美元，占 GNP 的 4.2%，20 年间减少了 0.7 个百分点。再如日本，1976 年腐蚀损失为 92 亿美元（11124.64 亿日元），占 GNP 的 1.6%，到了 1997 年，腐蚀损失为 435.2 亿美元（47945.98 亿日元），占 GNP 的 1%，20 年间减少了 0.6 个百分点，与美国相近。

(2) 发达国家的腐蚀问题向发展中国家转嫁，致使发展中国家的腐蚀问题日益严重　自 20 世纪五六十年代开始，发达国家向发展中国家转移劳动密集型、资源密集型和资本密集型产业，这些多为污染严重或对交通要求较高的重工业和部分低附加值的技术密集型产业。发展中国家成为发达国家接受低级工业和污染严重的工业项目的"殖民地"。这些类型的工业项目，一方面浪费了大量资源，造成严重的环境污染；另一方面加重了发展中国家腐蚀强度和腐蚀影响，损害着社会经济的可持续发展。

例如，20 世纪 70 年代，我国为了解决农业化肥紧缺的问题，分别从美国、日本、法国引进了 30 万吨合成氨生产设备。在当时我们并未注意腐蚀与污染的问题，而实际投入生产以后，腐蚀与污染的问题便暴露出来。以年产 30 万吨合成氨装置为例，每年因腐蚀失效导致物料泄漏、工艺流程停产一天就损失 60 万元人民币。该装置中的转化炉是其心脏设备，由于高温腐蚀，每更换一根炉管就会造成三天停产，每损坏 17 根炉管造成停产的损失相当于一台转化炉的造价；由于腐蚀，停车 100 次其损失相当于整个合成氨厂的总投资。一个年产 30 万吨乙烯的装置每停产一天造成的损失高达 750 万元。由此可见，发达国家在转移这类工业项目的同时，也把腐蚀转嫁给发展中国家了。

不仅如此，发达国家还将大量的垃圾出口给发展中国家，进一步恶化了发展中国家的环境，在加重腐蚀影响的同时，对人们的身心健康又造成了损害。在过去很长一段时间里，美国、英国、德国、加拿大、澳大利亚、日本等发达国家每年向中国、马来西亚、菲律宾等亚洲多个发展中国家出口数量惊人的"洋垃圾"。以德国为例，2018 年前 6 个月，出口到马来西亚的垃圾从 2016 年的 16.85 万吨上升到 45.6 万吨。资料显示，2015 年，全世界超过 70% 的废塑料和 30% 的废纸出口到中国。美国俄勒冈州被称为"绿色之州"，是全美环保领域的典范。然而，这位"环保标兵"的"宝贵经验"，竟是将 90% 的垃圾运往中国。日益剧增的"洋垃圾"给东南亚国家的生态环境、民众健康带来严重危害的同时,进而加重了腐蚀影响。

(3) 腐蚀损失是经济状态的函数,发达国家的腐蚀损失,一般高于发展中国家 从微观的角度,同样强度的两个腐蚀事件,一个发生在人烟稀少、经济欠发达的地区,腐蚀损失就少;另一个发生在人口稠密、经济发达的地区,人员伤亡和经济损失就大。但是腐蚀损失的程度以及由此所决定的腐蚀事件后重建恢复所需的时间则往往是前者远高于后者。从宏观的角度,发达国家与发展中国家相比较,亦是如此。同样强度的腐蚀事件发生在发达国家,因社会财富积累丰富,机械设备技术含量高,伤亡人员生命价值昂贵,腐蚀损失就大。例如,就生命价值而言,20世纪80~90年代,美国、英国、加拿大生命价值评估值分别为266万美元、50万美元、2200万~2700万加元。21世纪初,我国生命价值评估值只有0.4万~1.7万美元。因此,同样的腐蚀事件,发生在发达国家与发生在发展中国家的损失是不一样的,前者会远远高于后者。这样一个简单事例,说明了一个复杂的问题,即腐蚀损失是经济状态的函数。

3. 发达国家腐蚀问题的发展进程

腐蚀问题与一个国家社会经济发展状态、规模和方式相呼应,有什么样的社会经济状态,就会有什么样的腐蚀问题。例如,以美国为首的发达国家,其经济发展大体可以划分为四个阶段:第一阶段,第二次世界大战结束后,经过恢复与改造,到20世纪五六十年代,经济持续发展,西部、南部呈现繁荣景象。第二阶段,面对危机与"通胀",经过调整,80年代中期以后,经济形势好转,但债务负担沉重。第三阶段,通过调整政策,90年代以来,经济持续稳定发展,进入新经济时代。第四阶段21世纪初又发生经济衰退,这显示了美国等发达国家经济发展的周期性。腐蚀经济发展阶段与经济发展阶段大致相呼应,也可概括为四个阶段。

(1) 内增长型腐蚀经济阶段 所谓内增长型是指腐蚀危害基本上表现为对本国社会经济发展和国民生活环境影响,也可称为国内危害型。在这一阶段,发达国家的腐蚀问题是随着工业化的进程而在国内走向恶化,直接危害着本国的经济发展和国民生活的环境与质量。问题的严重性逐步被政府和国民所重视。

(2) 内外增长型腐蚀经济阶段 所谓内外增长型是指发达国家的腐蚀既影响国内,又影响国外,同时还影响着公共地。发达国家在国内腐蚀问题持续恶化的同时，开始向发展中国家输出污染严重的工业与低级工业项目，在加重发展中国家腐蚀的同时，其国内的致腐蚀因素又危害着全球的公共地，致使发达国家和发展中国家的问题趋向全球化。

(3) 内消外增长型腐蚀经济阶段　所谓内消外增长型是指发达国家的腐蚀问题逐步减轻，而发展中国家的腐蚀问题日渐加重。发达国家凭借其雄厚的经济实力和科技水平，日益重视国内的腐蚀防护问题，不断取得防腐减腐成就，使其国内的腐蚀问题在一定程度上有所减缓，同时又在发展中国家继续进行着污染工业和低级工业的生产并进一步助长着发展中国家以及全球的腐蚀问题。

(4) 内外消减型腐蚀经济阶段　所谓内外消减型是指发达国家与发展中国家都对腐蚀问题日益重视，发达国家的腐蚀在国内受其控制，在发展中国家亦受到重视。随着发达国家对腐蚀问题的日益重视，腐蚀问题在其国内的影响不断消减，而随着发展中国家的觉醒，对发达国家间接转嫁的腐蚀问题加以抵制，从而形成发达国家与发展中国家的腐蚀问题都在不断消减。

(三) 发展中国家的腐蚀问题

发展中国家也称作欠发达国家，指经济、技术、人民生活水平程度较低的国家。亚洲、拉丁美洲及其他地区的130多个国家均为发展中国家。这些国家的特点是：科技水平低，综合国力弱，国家财富贫乏，国民生活水平较低。2020年统计数据显示，俄罗斯、中国、马来西亚、巴西、菲律宾和印度人均GDP分别为：1.5万美元、1.11万美元、1.03万美元、6800美元、3300美元和1900美元。最低的布隆迪人均GDP只有253.6美元。

腐蚀是一种自然-社会综合现象，是自然系统与人类物质文明系统交互作用的产物，因而具有自然的和社会的双重属性，不同国家由于社会经济发展历程不同，其腐蚀经济关系的发展也有显著的差异。发展中国家对腐蚀问题的掌控又不同于发达国家。

1. 发展中国家腐蚀基本状况

(1) 较发达国家，发展中国家对腐蚀的危害作用认识较晚　发展中国家过去一般都是帝国主义的殖民地、半殖民地。经过长期的反帝反殖斗争，这些国家取得了独立，有些国家走上了社会主义道路，建立了独立的国民经济体系。但由于长期受帝国主义侵略和掠夺，经济发展水平较低，大多数国家虽然在政治上获得了民族独立，但在经济上还没有完全摆脱帝国主义的控制与剥削。在这样一个历史背景下，发展中国家对腐蚀的危害认识较晚。实际上，认识的早晚，与腐蚀破坏的强度有关。当没有多少腐蚀危害时，便不会对其危害产生深刻的认识；反之，腐蚀危害愈加严重，人们认识腐蚀的危机感则会日益迫切、强烈。就腐蚀损失调查而言，发展中国家大多始于20世纪六七十年代，比发达国家整整晚了二三十年。

印度是发展中国家进行腐蚀调查比较早的国家，1961年进行了腐蚀损失调查，估算出1960～1961年间腐蚀损失为15.4亿卢比（约3.2亿美元）。

与欧美等发达国家相比，中国腐蚀调查工作起步较晚。最早的一次调查始于20世纪80年代，而且是小范围的调查。到了20世纪末21世纪初才进行了两次全国性的腐蚀调查。与发达国家相比，整整晚了半个世纪。

由于发展中国家对腐蚀危害作用认识较晚，从而对先进的腐蚀防护技术理论的研究和在工业领域的推广应用也比较晚。美国著名发明家爱迪生（Edison）在1890年就采用外加电流法阴极保护对船体进行保护试验，虽然未获得成功，但为阴极保护积累了数据，奠定了基础，1902年得到实际应用。我国对阴极保护技术的研究和开发应用始于新中国成立后。20世纪50年代后期开始，首先在一艘钢壳船上和埋地油气管道上进行保护试验，60年代后期才开始在长输管道上进行实际应用。从70年代起，我国长输管道开始推广应用阴极保护技术。70年代中后期，阴极保护技术在国内的发展步伐加快，取得了长足的进步。

(2) 随着经济的快速发展，腐蚀问题日益恶化　自20世纪60年代中期至70年代末，发达国家的经济增长势头减弱，而发展中国家的经济却步入快车道，经济增长速度超过发达国家。从人均国民生产总值来看，1956～1960年、1961～1965年，年均增长5.1%、6.6%，分别高于发达国家的增长水平。这些数据说明，发展中国家的经济在加速发展之中。与此同时，发展中国家的经济增长又在很大程度上依赖于工业化。它一方面消耗了大量金属材料，造成腐蚀损失，同时造成环境污染又加重了腐蚀影响；另一方面，也使各种腐蚀事故迅速上升，从而使腐蚀问题迅速恶化，且随着经济发展进程仍将保持下去。因此，发展中国家正呈现这样一种态势，即经济发展迅速，而综合国力还较薄弱，腐蚀控制的能力还很有限，各种腐蚀问题居高不下，甚至超过了当年发达国家曾经历过的腐蚀多发时期。在这种背景下，发展中国家承受的腐蚀问题的压力愈益加重,并开始对社会经济发展产生越来越严重的消极作用。

(3) 腐蚀损失绝对额相对较小,占 GDP 的比例相对较高　发展中国家人口占世界总人口的 80%,国内生产总值占全球的 22%,而发达国家人口仅占世界总人口的 20%,国内生产总值却占全球的 78%。产生这种状况的主要原因是发展中国家经济基础太差,人口增长太快,每年新增的国内生产总值大多被新增人口所消费,很多发展中国家主要出售石油、矿石、木材、橡胶等原料,这些产品往往价格较低。发达国家利用从发展中国家购买的原料,制造汽车、轮船、飞机、高档用品等价格较高的产品,并把它们销售到世界各地。这样,发达国家社会财富积累越来越雄厚,发展中国家则很难摆脱贫困状况。发展中国家的经济总量一般较低,所以,腐蚀损失绝对额相对较小。然而,在 GDP 总量一定的情况下,腐蚀越严重,占 GDP 的比例越高。这也说明发展中国家科学技术落后,控制腐蚀的能力较差。

中国与印度是发展中国家最具代表性的国家。2000 年,中国腐蚀损失 5000 亿元人民币,占 GNP 的 5%。2011 年,印度再次进行了腐蚀调查,其结果为 659 亿美元,占当年 GNP 的 6%。相对发达国家美国与日本,要高出 1~3 个百分点。

2. 发展中国家腐蚀问题的基本特征

发展中国家的腐蚀问题,已由表观危害向深层次的危害发展,表观危害是即期经济发展的显性现实危害,深层次危害是未来经济发展的隐性潜在危害。经过一番考察,发展中国家腐蚀问题的基本特征表现为:

(1) 正在恶化的腐蚀问题直接影响经济可持续发展　可持续发展主要涉及人口、资源、环境,而发展中国家的腐蚀问题直接与人口、资源、环境发生着密切的联系。发展中国家的人口快速增长,带来了消费量的增长,使其腐蚀损失量进一步加大;发展中国家大多是粗放型经济增长方式,在消耗大量资源的基础上,又消耗了大量的金属材料,使腐蚀损失进一步加重;发展中国家的环境日益恶化,使腐蚀影响进一步扩大。因此,笔者一直认为,发展中国家的腐蚀问题,发展到今天,已不仅仅是自身的表观问题,而是制约经济可持续性发展的深层次问题,只是国情不一样,其制约的严重性有轻重之别而已。

(2) 腐蚀问题助长了资源危机,资源危机又直接制约经济的可持续发展　发展中国家正处于工业化加速发展阶段，第一、二产业比重较大，因而对资源的需求量越来越大，同时，由于生产技术落后，资源能源利用率低，加上人口基数比较大，消耗资源多，使其有限的资源渐就枯竭。再者，发展中国家控制腐蚀的能力有限，使其腐蚀又浪费了大量资源，既影响即期的发展，又制约未来的发展。

（3）环境污染日趋严重，损害经济的可持续发展　发展中国家处在经济发展初级阶段，环境承受着发展与人口的双重压力。发展中国家限于经济技术水平较低，没有足够能力进行环保，所以，发展中国家环境污染较发达国家要严重，从而带来的腐蚀问题也严重，从长远的角度看，它必将成可持续发展的重要制约因素。

3. 发展中国家腐蚀问题的发展进程

发展中国家腐蚀经济发展阶段，与其经济发展阶段相呼应，与发达国家类似。

发展中国家经济发展大体经历了以下几个阶段：第一阶段，20世纪60年代中期之前的经济起飞阶段，这一阶段发展中国家的经济普遍落后，但已初步发展。少数国家开始实行出口战略，经济增长速度超过发达国家。第二阶段，20世纪60年代中期到80年代前的经济高速增长阶段。这一阶段，不仅超过了发达国家的增长速度，而且超过自身历史上任何时期。第三阶段，20世纪80年代的经济停滞不前，徘徊于低谷的阶段，发展中国家经济增长速度低于发达国家，与发达国家的距离又拉大。第四阶段，20世纪90年代以来为经济恢复增长阶段。从90年代开始，发展中国家经济起步趋向好转，东南亚国家经济出现了高速增长，成为世界经济增长最有活力的地区。

发展中国家腐蚀经济的发展进程，与发达国家相比，有其相似之处，也有其独特的地方。

（1）内增长型腐蚀经济阶段　发展中国家的腐蚀问题随着工业化的发展而在本国境内逐渐恶化。其表现为腐蚀与腐蚀事故持续增多，腐蚀损失持续扩大，腐蚀问题对经济发展的制约日益明显，这与发达国家当初的腐蚀问题具有相似性。这一时期，腐蚀的危害也基本上表现为对本国社会经济发展和国民生活环境的影响。

（2）内外增长型腐蚀经济阶段　发展中国家的工业化大多为粗放型模式，即"高投入、高污染、低效率"。随着工业化进程的加快，尤其是发达国家大规模转嫁低级工业、废弃物，致使发展中国家的腐蚀环境持续恶化，对本国腐蚀问题的影响日益扩大的同时，又向全球公共地延伸，从而表现为腐蚀问题的内外增长型。

（3）内外消减型腐蚀经济阶段　随着发展中国家的觉醒和整个世界对腐蚀问题的重视，发展中国家的污染工业与低级工业日益受到发达国家和国际社会的监督，发展中国家及全球公共地的环境影响也会不断消减，从而将出现腐蚀问题内外消减局面。

（4）外扩张型腐蚀经济阶段　一方面，发达国家与发展中国家的腐蚀问题已经出现了此消彼长的势头，发展中国家境内的腐蚀开始受到严格的管理，使其受到遏制。但腐蚀是不可完全避免的，此时，发展中国家开始进行经济增长方式的改革、产业结构的调整，使其腐蚀损失逐步下降；另一方面，发展中国家的经济发展，必然产生类似发达国家以往的以损害全球公共地为代价的现象，即对大气、海洋、土壤、水资源等公共地的污染均以不断扩张的力度在持续增长，由此带来外扩张型腐蚀经济阶段。这种现象也称"跨国、跨界侵蚀"效应。

综上，发展中国家量大、面广，经济发展参差不齐，腐蚀发展的状况也大不相同，就多数发展中国家而言，仍是内增长型腐蚀经济阶段，有一部分国家已步入内外增长型腐蚀经济阶段。

（四）结论

通过以上分析可以发现，腐蚀产生的根源可以追溯到铁陨石在自然环境中的腐蚀现象，腐蚀产生的危害可以追溯到人类开始使用简单的劳动工具。有了人类才有了腐蚀危害，腐蚀危害是伴随着人类社会的发展而不断发展壮大的，并不断地恶化。换言之，人类社会的发展，一方面，积累日益庞大的社会财富；另一方面，也在积累着腐蚀，腐蚀问题的恶化，反过来又制约着经济的发展和社会财富的增长。

发达国家与发展中国家的腐蚀问题，有着极高的相似性，也存在特殊性，当相似性与特殊性的差距越来越小的时候，腐蚀问题就成为全球共同面对的问题。

腐蚀不仅损害着当今社会人类的既得利益，同时严重损害着全人类未来的发展。因此，研究腐蚀问题，不仅要站在当今的角度，而且还要站在未来的角度，去考察腐蚀与经济的基本关系，去调整经济增长与腐蚀之间的关系。

三、防腐减腐是可持续发展的基础

在可持续发展战略的推动下,我国逐步完善了可持续发展的战略布局。在实施绿色发展的基础上,风险防范和防灾减灾列入了国家实施可持续发展战略的重要组成部分,腐蚀亦是一种灾害,理应列入其中。

1. 防腐减腐是可持续发展的必然要求

人类防腐减腐活动由来已久,但过去往往局限于各种腐蚀现象防治的单一活动,而忽视了腐蚀背后的人为因素、环境因素和经济因素的综合研究。从人类经济发展过程来看,盲目追求经济增长,一味向自然界过度索取的结果造成了资源与环境的严重破坏。尤其是广大发展中国家正在成为全球恶化的日益严重的重要污染源,并成为全球生态环境灾害的重灾区,经济与社会的可持续发展正受到日益严峻的挑战。腐蚀在这样的背景下,表现为恶化型。在经济发展过程中,如何最大限度防止腐蚀造成的巨大经济损失及经济发展对环境、腐蚀产生的负面效应,已成为当今世界共同面临的一个极为紧迫而严峻的现实问题。防腐减腐是人类对待腐蚀危害冲击最主要的应对方式和策略选择,也是投入/产出效益最高的产业。减腐即意味着增加 GDP,有助于经济健康快速发展,有利于保护资源与环境,增加可持续发展的能力。腐蚀问题的实质是经济问题,基于腐蚀问题的严重性、普遍性和特殊性,迫切需要从经济学和可持续发展的角度进行系统研究。

具体而言,其必然要求体现在:一是深刻揭示腐蚀与经济增长和经济可持续发展之间的内在、复杂的互馈关系,指导人们选择合理的经济增长方式或经济发展模式,有助于保护生态环境,合理利用资源,为可持续发展创造条件;二是对腐蚀损失有一个准确的评估,为科学防腐减腐提供依据;三是运用腐蚀经济学的新理论、新方法来系统研究各种腐蚀问题,有利于提高全社会重视腐蚀、控制腐蚀、减轻腐蚀损失。

2. 防腐减腐是实现可持续发展的需要

自然生态环境是人类生存和社会经济发展的物质基础,腐蚀恶化了人类的生存环境,直接影响到社会生产力和人们生活质量。防腐减腐就是要针对科技进步和经济发展态势下环境污染、资源破坏、腐蚀频生的状况,促使人类生存的环境向好的方向变化。防腐减腐可以促进经济、生态和社会可持续发展。

(1) 防腐减腐是经济可持续发展的基础　可持续发展的核心思想是经济发展，保护资源和保护生态环境协调一致，让子孙后代能够享受充分的资源和良好的环境。腐蚀浪费了大量资源，污染了环境，必定使后代人享受充分的资源和良好的环境受到损害。加强腐蚀防护，减少腐蚀损失，从某种角度上说，就是保护资源环境，保护后代人的利益不受侵犯，呵护可持续发展。

(2) 防腐减腐是生态可持续发展的条件　生态环境是人类生存和发展的基本条件，是经济社会发展的基础。我国的生态环境脆弱、人均资源不足、滥用资源情况严重，必然导致人与自然存在尖锐的矛盾冲突。随着腐蚀破坏的日益加重，这种冲突愈加尖锐。通过防腐减腐，可以保护环境、保护生态平衡，为实现可持续发展提供条件。

(3) 防腐减腐是社会可持续发展的保障　可持续性的所有领域都是社会性的，包括生态、经济、政治和文化的可持续性。这些社会可持续性领域都依赖于社会和自然之间的关系。在这些方面，社会可持续性包括所有人类活动。腐蚀系统是一个经济-社会-环境的综合系统，它的产生、发展与影响，必定与生态、经济、社会系统有着千丝万缕的联系，加强腐蚀防护，减轻腐蚀损失，对保障社会的可持续发展是非常必要的。

3. 防腐减腐是实现可持续发展的重要因素

可持续发展的核心思想是既要发展经济，又要保护生态环境与自然资源，在不损害生态环境、资源可永续利用的条件下保证经济增长的发展模式，实际上是绿色发展。

首先，腐蚀损害了生态环境及经济发展的基本条件，是实现可持续发展的障碍。腐蚀与经济发展关系密切：一方面，腐蚀总是相伴经济发展而生。腐蚀直接破坏和阻碍社会经济的发展，是影响整体协调发展的一个重要因素。随着经济整体的发展，腐蚀发生的风险及其所造成的损失都在急剧增加。另一方面，不合理的经济活动与生产力布局又加剧了腐蚀的发生和发展。

从绿色发展的角度审视腐蚀问题，就可以看出，经济是增长了，但损害的是后代人的利益，是一种不可持续的发展。因此，研究腐蚀与经济发展的关系，必须把实现经济、社会和环境的可持续发展作为绿色发展的目标，提高防腐减腐能力，寻求经济发展进程中腐蚀损失的最小化，实现社会-经济-

生态协调发展。

其次,防腐减腐是缓解环境污染的重要途径。绿色发展强调,经济发展要建立在生态环境容量和资源承载能力的约束条件下,将环境保护作为实现可持续发展重要支柱的一种新型发展模式。但由于各种腐蚀的影响,资源环境遭到严重破坏和污染,其阻碍着经济可持续发展的同时,还影响着人的身心健康和生活质量。防腐减腐可以保护资源环境不受损害,人身健康不受或少受影响,保证经济健康、快速发展的同时,又为人们的生活、健康增添福祉。因此,把腐蚀损失降低到最小,必然会给资源环境带来效益的最大化,是实现绿色发展的重要路径。

4. 防腐减腐是协调可持续发展的重要保证

腐蚀与腐蚀损失是不可避免的,但腐蚀与腐蚀损失是可以减轻的,这是腐蚀的基本规律。在经济发展的过程中,人类必须为腐蚀付出一定的代价,这也是必不可少的。尽管各种腐蚀防护技术日益广泛应用,其最大的保护能力也只能是减少腐蚀损失的20%~40%,仍有60%以上是不可避免的。我们工作的着力点就是在20%~40%上下功夫,寻求腐蚀损失的最小化目标,保证社会-经济-生态的协调发展。

第二节 日益严重的腐蚀问题,损害可持续发展

人类自诞生的那一刻起,即承受腐蚀带来的忧虑。随着人类社会的发展,腐蚀也在发展,其危害日益见增,其经济损失日益见长,对可持续发展的影响日益见大。

可持续发展的核心问题是人口、资源、环境,而腐蚀的发生、发展,又与人口、资源、环境密切相关,是逆向运动的两个方面,是作用与反作用的关系。

一、人口膨胀,强化了腐蚀问题,损害可持续发展

人口与腐蚀之间有着亲缘关系,一路走来,形影相随。大量的社会案例分析表明,无论是作为生产者还是消费者,或者作为社会主体,人口在腐蚀问题中均起主导作用,是其他物质和非物质因素所不能取代的。在可持续发

展的当今,人口与腐蚀之间的矛盾日益尖锐,是可持续发展研究的关键问题。要实现可持续发展,无疑首先要重新认识和审视人类自身的行为,再去探索人口、腐蚀与可持续发展的基本关系。

(一)当今世界人口生产的现状

1. 世界人口发展历程的简单回顾

据估计,公元前400年世界人口约为1.0亿人,公元元年约为1.7亿人,直到公元1650年世界人口始有5亿人,1830年始达10亿人。此后人口增长速度加快,1930年达到20亿人,1960年达到30亿人,1975年达到40亿人,1987年达到50亿人,1999年达到60亿人。世界人口每增加10亿所经历的时间:人口10亿到20亿,用了100年;20亿到30亿,用了30年;30亿到40亿,用了15年;40亿到50亿,用了12年;50亿到60亿,用了12年;60亿到70亿,用了12年。速度极大地加快了[2]。

2. 地球的人口承载力估计

地球是人类栖息的场所。地球这个生态圈究竟能承载多少人?这是进行可持续发展分析不可回避的问题。

地球上的陆地有限,可供人居住的空间也是有限的。因此,地球能承载的人口也是有限的。从生物学的角度分析,地球植物的总产量,按能量计算每年约为 6.6×10^{17} kcal,平均每人每天需耗费2200kcal,即一年要耗费 8×10^5 kcal,故地球可养活8000亿人口。但是,以植物为食的不仅有人类,还有各种动物,而且很多动植物不能供人类食用,故人类只能获取植物总产量的很小一部分。经各方面分析研究,人类只能获取植物总产量的1%。由此可推算,整个地球只能养活80亿人口[3]。

人口爆炸与地球的一定的人口承载力之间的矛盾关系形成了人口过剩。人口过剩对于人类和人类所处的自然生态-社会经济关系系统具有极大的危害,如人口过剩对土地资源的压力、对水资源的压力、对能源的压力、对环境的压力等,同时,对金属材料腐蚀也造成一定的压力。

由上可见,人口的急剧膨胀趋势尚在继续,其后果必然是对资源的过度消耗,对环境造成进一步的污染,从而不仅使经济发展的基础进一步受到削弱,而且各种人为致腐因素也在积累、强化。

(二)人口膨胀带来的腐蚀问题

从系统论的观点分析,首先,人口系统是一个庞大的消耗系统,由此带出人口的消费力，而消费力的增长，又必然会引发腐蚀问题；其次，人口系统是一个庞大的排泄系统，由此带出的污染，也必然加重腐蚀问题；第三，人口系统是一个庞大的活动系统，活动过程的不断扩展，也必然引起腐蚀问题的不断增加。由此可见，人口系统既是一个庞大的物质输入系统，又是一个庞大的消耗系统。资料显示，中国物质输入量由1992年的296.62亿吨升至2014年的911.38亿吨，增长了2.07倍。中国人均直接物质输入量也呈持续升高趋势，由1992年的7.29吨/人升至2014年的22.73吨/人[4]。

我国废弃物排放（DPO）由1992年的28.62亿吨上升至2014年的100.39亿吨，年均增长6.08%。废弃物排放量不仅与人口膨胀有关，也与经济增长方式和社会运行状态有关。所以，腐蚀问题不断增加，且趋向恶化，也就不难理解。

1. 人口系统是一个庞大的消费系统，其消费必定产生腐蚀问题

人口越多，消费需求越大。改革开放前的1978年，农村居民人均收入130多元，城镇居民人均收入340多元，城乡居民平均收入235多元。改革开放四十年后的2018年，农村居民人均可支配收入14617元，城镇居民人均可支配收入39251元，全国居民人均可支配收入28228元，分别是1978年的112倍、115倍和120倍。

2018年中国人用于各类商品采购花费了38.1万亿元人民币，占到了当年中国GDP总额90万亿元的40%，差不多相当于2018年日本GDP（49709.1556亿美元）的总量，或法国（23503.5亿美元）和英国（28252.0795亿美元）GDP总量之和。

庞大人口基数带来的消费后遗症日益显露。其中，腐蚀问题便是一个方面。

（1）随着人口的增长，钢材表观消费量的增加，必定加大腐蚀问题　人类社会的发展历程，是以金属材料为主要标志的。历史上，金属材料被视为人类社会进化的里程碑。对金属材料的认识和利用的能力，决定着社会的形态和人类生活质量。18世纪，钢铁工业的发展，成为产业革命的重要内容和物质基础。直到20世纪中叶，金属材料在材料工业中一直占有主导地位。21世纪的今天，金属材料仍是人类赖以生存和发展、征服自然和改造自然的物质基础，也是人类社会发展的先导。历史数据显示，钢材表观消费量与社会经济状态密切相关。

根据世界钢铁协会统计数据，2018年世界人均钢表观消费量224.5千克，同比增长3.8%。其中，人均钢表观消费量最大的国家和地区是韩国，为1047.2千克；其次是中国台湾，为753.5千克；第三是捷克，为703千克；第四是中国（未包括台湾省），为590千克，同比增长7.5%；第五是日本，为514.1千克，同比增长1.8%。

我国人均钢表观消费量不是很大，但人口基数大，钢表观消费总量必然很大，从而带来的腐蚀问题会增多，腐蚀损失会增大，腐蚀影响会增强。

(2) 随着人口的增长，生活消费水平的提高，必定带来腐蚀问题　中国改革开放40多年，取得了伟大的成就。建立了全面的物质生产体系，保持经济持续高速增长，人民生活水平和社会发展水平大幅度提高，全面融入世界经济体系，国际地位不断上升。目前，我国消费市场规模位居世界前列。我国拥有全球最大的中等收入群体。以汽车、冰箱、电视机等家庭交通工具和电器为例，就可以看出消费水平的提高。

1949年新中国成立那一年，全国汽车保有量仅有5.1万辆。然而，随着人口的增长，社会经济的发展，到了2018年，公安部交通管理局公布，全国机动车保有量达3.19亿辆，其中私家车保有量为1.89亿辆；全国有61个城市汽车保有量超百万辆，有27个城市达200万辆以上，有8个城市超过300万辆。每千人汽车保有量170辆。

汽车保有量的迅猛增长，说明人民生活富裕，社会发展和进步；同时，也带来了巨大的腐蚀损失。2015年，中国汽车工程学会汽车防腐老化分会分析，平均每辆车的腐蚀成本约为6792.3~8882.3元，按此计算，截至2018年，中国机动车腐蚀成本约为21667.4亿~28334.5亿元。

除汽车之外，家庭消费还有冰箱、洗衣机、电视机等电器。据统计，2016年年底，国内居民电冰箱、洗衣机拥有量达93%以上，电视机平均每4人拥有一台。这些电器腐蚀造成的经济损失亦不能小觑。

我国人口众多，随着消费量的增长，带来的腐蚀问题日益增多。目前，腐蚀损失调查，尚缺这方面的内容，所以并未引起社会的关注。

(3) 随着人口的增长，居住条件的改善，必定增加腐蚀问题　改革开放以来，中国住房体制发生了根本的改变，原来的公有房已经大部分被私人买下。大城市房屋自有率已达70%~80%，房屋已经是家庭财产的重要组成部分。

调查显示，20世纪80年代，我国的人均居住面积还只有 $3.6m^2$，而到了 2018 年已经达到 $39.0m^2$，农村人均住房建筑面积达到 $45.8m^2$。虽然暂时还无法与发达的美国（$177.5m^2$/人）、英国（$97.9m^2$/人）、日本（$92m^2$/人）、法国（$86.4m^2$/人）相比，但《中国城市宜居指数 2005 年度报告》显示，2005 年中国城市宜居指数为 65.7 分，尚得到多数人的认可。

居住条件的改善，提高了人们生活的质量与品位的同时，又进一步加重了腐蚀影响。商品房一般分为砖混结构和框架结构，砖混结构的房屋用钢量较小，一般用钢量在 $30kg/m^2$ 左右；但框架结构的房屋用钢量则比较大，$40kg/m^2$ 以上直到几百千克每平方米不等。2018 年全国商品住宅销售面积 14.6 亿平方米，其中不包括农村，大致估算，用去钢材 5840 万吨。钢材用量的增加，必定带来腐蚀损失的增加，同时也进一步加重了对社会经济系统的影响。

以上分析，主要是针对人口的增长，带来消费力的增长，从而拉动了腐蚀损失的增长。实际上，消费力拉动腐蚀损失的增长，远远不止以上这些，它所牵连的方面是很多的。例如，奢侈的"吃、玩、行"等，同样会带来腐蚀问题，这里不一一列举。

2. 人口系统是一个庞大的排泄系统，其污染必定加重腐蚀问题

庞大的人口系统，在经济社会建设中，在日常生活中，吞食了大量的原材料，将其中的一部分以废气、废水和废渣的形式排出。这些废弃物散落于自然环境中，将会恶化生态环境，加重腐蚀影响。

（1）人口增长与环境污染的关系　人口增长与环境污染并不成正比关系，不能认为人口增长，环境污染就严重，人口少，环境污染程度就低。人口增长过快可能会给环境资源造成巨大压力，但是绝不能说造成环境污染的主要原因是人口数量的增长。在思考人口数量与环境污染的关系时，我们必须科学辩证地看待问题，即不能把人口数量增长看作是环境污染的唯一决定性因素，因为环境污染是由于经济发展过程中不重视生态环境保护所造成的后果，人口只是其中一个因素；同时，也不能否认人口数量增长对环境恶化的各种直接或间接的影响，这一基本的辩证关系说明，人口增长本身并不直接意味着对环境的破坏，但人口增长带来的为满足其生存需要而进行的各类经济活动却可能对环境造成巨大的压力。

（2）人口增长对环境的影响　其影响主要有三点：一是人口增长，给资源带来压力是对其环境产生的最基本影响；二是人口增长，人均消费水平的提高，会造成环境污染；三是人口增长，人类的生产规模不断扩大，当然会带来更多的废弃物，处理不当也会造成环境污染。

人口数量是当前环境影响的一个主要驱动因子，虽然它们之间不成正比关系，但成近似比例变化，富裕程度或现代化程度增加也将加剧人类对环境的影响。在过去的 40 年里，中国因为计划生育少生 4 亿多人。可想而知，如果再加上这么多人口，我们的生存环境又会怎么样？

（3）环境污染与腐蚀之间的关系　金属材料发生腐蚀的可能性和程度不仅与金属材料性质有关，还与环境（介质）有关。在金属材料性质一定的情况下，腐蚀发生的可能性和程度则主要取决于环境条件。环境优良，腐蚀发生的可能性和程度自然会小；反之，环境条件恶劣，腐蚀发生的可能性和程度就会加大。例如，酸雨主要是人为地向大气中排放大量酸性物质所造成的。我国的酸雨多为硫酸雨，少为硝酸雨，对金属材料和非金属材料都具有严重的腐蚀性。酸雨地区比正常地区的腐蚀速率要高出几十倍，甚至上百倍。

《人口爆炸》一书的作者艾里奇曾指出："一系列的（环境）恶化很容易追溯到它的根源。小汽车太多，工厂太多，洗涤剂太多，杀虫剂太多，飞机和导弹太多，处理污水设施不足，碳氧化合物太多——所有这些都能够很容易地找到它们的根源：人太多了[5]。"由此可见，在可供利用的环境资源不变的情况下，人口持续增长，资源则会持续减少，环境污染将持续受到影响，腐蚀风险将会持续增加，可持续发展的成本将会持续增大。

3. 人口系统是一个庞大的活动系统，其活动必定扩大腐蚀问题

人类活动是人类为了生存发展和提升生活水平，不断进行一系列不同规模、不同类型的活动，包括经济活动和社会活动。活动的过程中，必定要消耗大量的金属材料，同时也带来了大量的腐蚀问题。我们知道，为满足人口增长、生存和发展的需要，必须加强基础设施建设，能源设施建设，交通运输体系建设，生命线工程，生产制造业，等等。而这些设施与产业建设，在促进经济发展、社会进步的同时，又带来了腐蚀问题的增多。2014 年，全国腐蚀调查数据显示[6]，这些方面的损失是非常惊人的，见表 12-1。

表 12-1 2014 年中国五大经济领域直接腐蚀成本　　　　　单位：亿元

领域	行业	直接腐蚀成本	投资/产值/市场规模	占比/%
基础设施	公路桥梁	623.7	投资 15460.9	4.03
	港口码头	26.3	投资 1459.9	1.80
	水利工程	100.0		2.05
能源	煤炭工业	847.0	总值 18137.04	4.67
	火力发电	305.3	年度产值 15984.3	1.91
	石油天然气	347.0	生产总产值 12305.5	2.82
	电力输送	761.0	总产值 22178.7	3.58
交通运输	汽车	1872.5	交易额 6481.0	2.89
	造船	580.0	年收入 6334.0	9.16
	铁路	188.8	年度投资总额 8088.0	2.33
	飞机	45.9		
制造及公共事业	冶金及采矿业	1300.0		1.30
	化学工业	1471.0		1.67
	造纸	97.8	市场规模 7879.0	1.24
	电子工业及家电	2248.0		1.91
	农业	98.9		2.50
	文物古迹	122.0		
水环境	城市给排水工程	96.9	年度产值 2187.0	4.43

由上可见，人类活动消耗了大量金属材料，同时也带来了严重的腐蚀问题。其中，有些是不可避免的，有些是可以减轻的。人类不可能因为活动带来大量的腐蚀问题，而停止活动，也不应该为了人类活动而不顾及腐蚀问题。最佳的选择是，人类活动强度不断增强，而腐蚀损失强度应不断减小。

（三）人口与腐蚀，损害可持续发展

对于"可持续发展"的讨论总是和两个根本性的问题纠缠在一起：一个是环境问题，另一个就是人口问题。从环境问题本身来看，它的产生似乎同人口增长没有什么直接的和必然的联系。但是，人口与环境直接相关，而腐蚀又与环境直接相关。因此，人口、腐蚀与可持续发展有着直接联系。

1. 人口与腐蚀，对环境造成巨大压力，影响可持续发展

以上说过，人口与环境污染虽然不成正比关系，但存在近似比例关系。在原始社会，人类的生存主要依赖自然环境，由于人口数量很少，生活空间狭窄，人类活动对环境的影响是在不经意中发生的，其影响力也是很小的。随着人类社会由原始社会向农业社会、工业社会过渡，特别是工业化时代，生产力水平空前发展，客观上人类比以往具备了更大的改造自然环境的能力；而人口数量的不断增长，主观上形成了对金属材料需求量的增长，从而带来了腐蚀问题的增加。其中，腐蚀污染是尤为突出的破坏，给生态环境造成巨大的压力。造成如此严峻的环境形势，虽然有多方面的原因，但人口与腐蚀的消极作用尽显其中。

2. 人口与腐蚀，对资源造成巨大压力，制约可持续发展

资源是人类维持生命与繁衍生息的物质基础，也是社会经济可持续发展的重要物质条件。人口持续增长，带来金属材料的持续消费，又带来了资源的持续消耗，由此，金属腐蚀持续制约着可持续发展。

金属材料的冶炼，消耗了大量资源与能源，腐蚀把一个好端端的金属材料变成废铁，无疑浪费了大量的资源能源。资源的有限性，决定了资源利用的有效性。在腐蚀不可避免的情况下，应尽可能减少腐蚀，减少资源的浪费。专家们指出，现代工业社会，为维持一个人的生活，每年要从地球的土壤岩石中挖出25吨各种物质，可想而知，人口越多，资源消耗量越大，资源枯竭的速度越快。

目前，我国矿产资源虽然丰富，但是人均占有量却很低，如煤炭、石油、天然气我国人均占有量分别相当于世界平均水平的60%、10%和50%；2010年煤炭、原油和天然气分别短缺7400万吨、15亿桶、9亿～11亿立方米。总体而言，我国矿产资源人均占有量只有世界平均水平的58%左右。资源有限，随着人口与腐蚀的增长，资源造成的压力日益巨大，对可持续发展的影响日益见增。

3. 人口与腐蚀，造成经济发展成本上升，损害可持续发展

人口与社会财富的进一步增长以及社会经济活动的更加广泛，使其腐蚀危害对象空前增多，除了污染环境、浪费资源外，还造成经济发展成本上升、收益减少，损害可持续发展。在腐蚀问题不断恶化的背景下，实现经济发展，迫使国家和企业不得不加大防腐减腐的投入，造成经济发展的成本或代价上升；同时，在社会投入一定的前提下，防腐减腐投入的扩大，必然导致发展经济直接投入的减少，社会再生产的发展必然受到限制，可持续发展受到损害。

二、腐蚀浪费资源，延伸了腐蚀问题，制约可持续发展

资源有限性与人们需要无限性的矛盾是社会最基本的矛盾，社会的其他

矛盾都是在该矛盾的基础上形成的。过去我们的国民教育没有资源有限性的内容，是导致国民经济长期粗放型增长、资源浪费的原因之一。我们必须正本清源，确立资源有限性或稀缺性观念，深化改革经济发展中的问题，包括腐蚀问题，树立可持续资源观。

（一）我国矿产资源的现状与面临的形势

据有关资料统计，世界上工业制成品的原料70%来自矿产资源，能源有90%来自矿产资源。我国工业制成品原料的80%和能源的95%来自矿产资源，有近2000万人从事矿产生产，每年开采矿石70多亿吨。

据中国科学院可持续发展战略研究组统计，2012年中国以占世界19.2%的人口消费了世界50.2%的煤炭、55.4%的铁矿石，消耗的一次能源达到世界的21.9%，此外还消耗了世界23.4%的水电、44.4%的有色金属。不难看出，我国人口众多，经济发展在加速，资源紧缺的情况日益严峻。

1. 我国矿产资源现状

从总量看，我国的确是一个矿产丰富的资源大国。其总量丰富表现在以下几个方面：

（1）矿产品种齐全　截至2017年底，我国已发现矿产种类达到了173种，有探明储量的矿产162种。我国已成为世界上矿产品种齐全、配套程度较高的少数几个国家之一。

（2）探明矿产储量总量丰富　1991年资料显示，我国有45种矿产探明储量的潜在价值在世界相应45种矿产储量潜在价值中占9.86%，在全世界占第3位，仅次于美国和俄罗斯。

（3）单位国土面积的矿产资源丰富度高　据资料分析，我国每平方公里国土（大陆）里所拥有的探明资源的价值为全球陆地所拥有的相应资源价值的1.54倍。

（4）优势矿产占有较大的比重　1990年资料显示，我国稀土探明储量在世界总储量中占80%，锑占51.8%，钨占46.8%，煤占45.7%，菱镁矿石占30.2%，重晶石占24.1%，钒占14%，萤石占12.4%。

从以上四个方面看，我国仍不失为世界上"物博"的国家之一。但是，评价一个国家矿产资源的丰富程度，不仅要看总量，还要看人均占有量。因为人是需要消耗资源的。一方面，因为资源是有限的，而人的需求是无限的；另一方面，人开发资源和利用资源的能力也是有限的。所以，人均拥有资源量的多少，是衡量一个国家矿产资源丰富程度的重要标志。

由于我国人口众多，人均拥有矿产资源量为世界人均占有量的40%，是美国人均占有量的1/10。由此可见，从矿产资源人均占有量的角度看，我国又是"资源小国"。不是资源相对不足，而是资源明显不足，难以抗御腐蚀的侵害。

2. 我国矿产资源的特点

我国既是矿产资源大国，又是资源相对贫乏的国家；既有许多资源优势，同时又存在劣势。我国矿产资源总的特点是：

(1) 矿产资源总量大，但人均资源相对不足　中国每平方公里拥有矿产资源总值位居世界第24位，比美国低24%，人均拥有矿产资源量还不到世界人均占有量的一半。

(2) 一些重要矿产短缺或探明储量不足　我国石油、天然气、铁矿、铬铁矿、铜矿、铝土矿、钾盐等重要矿产短缺或探明储量不足，这些重要矿产的消费对国外依存度比较大。

(3) 大多矿产资源质量差，国际竞争力弱　与国外相比，我国矿产资源的质量不很理想。我国金矿、钾盐、石油、铅矿、锌矿的质量为中等；铁矿、锰矿、铜矿、铝土矿、硫矿、磷矿的质量处于最差地位。总体而言，我国大宗矿产，特别是短缺矿产的质量较差，在国际上缺乏竞争力。

(4) 贫、劣资源比重偏大，难利用的资源多　一是贫矿多，难选矿多。石油方面，除少数油田和单井的日产量较高外，大多数是产量偏低的贫矿。铁矿平均品位仅33%，比世界平均水平低10%以上，可直接入炉炼铁、炼钢的富铁矿资源储量仅占全国铁矿资源储量的2.7%。二是组分复杂的共伴生矿产多。我国有80多种矿产含有共伴生的资源储量，以有色金属矿产最为普遍。三是中小型矿和坑采矿多，大型、超大型矿与露采矿少。

3. 我国矿产资源形势严峻

21世纪我国处于加速工业化发展阶段，对矿产资源的需求提出更多的要求。矿产资源需求旺盛和资源短缺的局面不容乐观，特别是一些关系到国计民生的大宗矿产的供需矛盾，短期内不仅难以改善，而且有加剧的可能。例如，煤炭虽然资源充足，但在区域供应上仍较紧张；石油受资源短缺的限制，产量的增长滞后于需求增长幅度的矛盾越来越大，需要大量进口的趋势短期内不会改变；富铁矿、铜矿、铬铁矿依然紧缺；铝、铅、锌的资源虽然保证程度较好，但在国际上竞争力弱；钾盐资源依然短缺。据国务院发展研究中心资料，2020年，45类矿产品中，中国需要依靠进口满足的达到39类产品；石油进口比重将达到70%左右。可见，我国矿产资源形势严峻，任务艰巨（鞠建华，2018）。

(1) 地质勘查投入放缓，发展后劲不足 受全球矿业深度调整的影响，我国矿产勘查开发投入已是连续四年下降，累计降幅达40%。大部分矿种查明资源储量增长明显放缓，如2017年石油新增探明地质储量同比降低两成，铁矿石和铜矿等增长也明显放缓。

(2) 大宗矿产短缺，对外依存度不断攀升 目前，我国的石油、铁矿石、铜、铝等矿产缺口比较大，对外依存度分别为60%、80%、70%、50%以上，到2030年对外依存度将攀升或增加，预计为70%、85%、80%、60%左右。

(3) 资源储备起步晚、能力低 与美国、日本等发达国家相比，我国资源战略储备起步晚，2009年1月7日才明确规划中国实行战略矿产储备制度，与美国1979年实施资源储备制度晚了32年，与日本1983年10月开始储备稀有金属制度晚了26年。由于起步晚，资源储备能力不足。

(4) 资源消耗大，重要矿资源供给不足 目前，我国经济发展正由高速发展向中速发展过渡，但依然是世界资源消费大国。以石油和铁矿石为例，这两大战略资源，我国对外依存度都比较高。其中，2020年我国石油进口就达到5.42亿吨，对外依存度超过70%，相当一部分石油进口便来自世界"能源心脏"的中东。而铁矿石方面，我国对外依存度同样超过70%，2020年累计进口了11.7亿吨，来自澳大利亚的占比就达到60%左右。可想而知，如何确保我国战略资源的安全供应，是一件刻不容缓的事情。除此之外，天然气、铜、铝等许多重要资源需求缺口均超过50%。自2020年起的十年时间里，我国国民经济发展对主要矿产资源需求量将超过之前50年的累积需求。

(5) 主要矿产资源开采品位逐年降低 近年来，我国经济持续快速发展带来了对矿产资源需求的大幅度增加，长期大规模的资源开发使得我国主要矿产的开采品位逐年下降，开采深度逐渐加大。2006~2014年，我国地采铁矿采出品位下降约5.35%，降幅为13.97%；露采铁矿采出品位下降约4.48%，降幅为14.67%。2006~2013年，我国地采铜矿采出品位下降约0.2%，降幅为16.5%；地采铝矿采出品位下降0.6%，降幅18.6%；地采钨矿采出品位下降约 0.1%，降幅 23.7%。

（二）腐蚀带来的资源问题

要真正了解腐蚀带来的资源问题，首先应简单了解钢铁生产过程，然后才能准确把握腐蚀浪费资源的实际意义。以往在进行这方面的分析时，多是从概念上推测，而缺少实证分析。故这里从实证的角度分析腐蚀带来的资源问题。

1. 钢铁生产工艺流程

现代化钢铁联合企业的生产流程主要包括烧结（球团）、焦化、炼铁、轧钢等生产工序，即长流程（简称 BF-BOF 长流程），如图 12-1 所示。

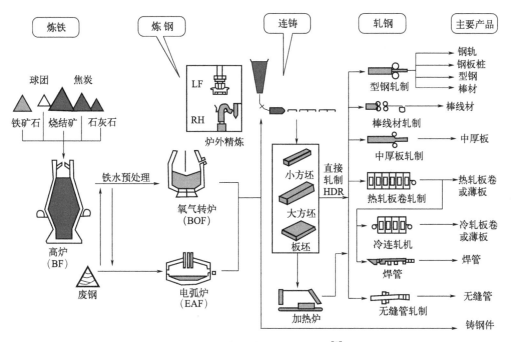

图 12-1 现代钢铁生产工艺流程[7]

（1）烧结 就是把铁矿粉造块，为高炉提供精料的一种方法。利用燃料燃烧，使部分含铁原料熔融，从而使散料黏结成块，并满足后续炼铁对原料强度和粒径的要求。

（2）炼铁 高炉炼铁是从铁矿石或铁精矿中提取铁的过程。焦炭、烧结矿、块矿连同少量的石灰石，一起送入高炉中冶炼成液态生铁（铁水），然后送往炼钢厂作为炼钢的原料。

(3) 炼钢　是把原料（铁水和废钢等）里过多的碳及硫、磷等杂质去掉并加入少量铁合金使钢水脱氧和合金化。

(4) 连铸　将钢水经中间罐连续注入用水冷却的结晶器里，凝成坯壳后，从结晶器以稳定的速度拉出，再经喷水冷却，待全部凝固后，切成指定长度的连铸坯。

(5) 轧钢　按轧钢温度不同可分为热轧工艺和冷轧工艺。热轧一般是将钢坯在加热炉中加热到1150～1250℃，然后在轧机中进行轧制；冷轧是将钢坯热轧到一定尺寸后，经过除磷，再在结晶温度下进行轧制。

以上这些生产流程，几乎都存在环境污染的问题，因此，在分析腐蚀污染时，不仅要考虑金属腐蚀过程的污染，而且还应考虑金属冶炼过程中造成的污染。而且金属生产过程中的污染比起腐蚀过程中的污染，有过之而无不及。金属材料腐蚀掉了，而生产过程造成的污染却存在于环境之中。反过来，环境污染恶化了，进一步加重了腐蚀影响，这样不断地周而复始循环，使腐蚀与腐蚀损失日益严重化和深刻化。

2. 生产钢铁所需的原料

生产钢铁所需要的原料分为四大类：

(1) 含有铁质的矿石原料　钢的源头是铁矿砂，即铁元素（Fe）在自然界中的存在形式，纯粹的铁在自然界中是不存在的，铁矿砂主要分为磁铁矿、赤铁矿、褐铁矿三种，这些都是铁的氧化物，不同之处在于它们的氧化方式。例如，磁铁矿也是一种氧化铁的矿石，主要成分为Fe_3O_4。赤铁矿也是一种氧化铁的矿石，主要成分为Fe_2O_3。褐铁矿是含氢氧化铁的矿石，它是铁矿和鳞铁矿两种不同结构矿石的统称，含铁（Fe）约62%，氧（O）27%，H_2O 11%，相对密度约为3.6～4.0，多半是附存在其他铁矿石之中。

(2) 煤和焦炭原料　炼钢基本上不用煤炭，而是用焦炭，只有炼铁的时候才会使用煤炭，不过炼铁时的主要燃料仍然是焦炭，至于会使用煤炭，那是为了降低焦炭的消耗量才用煤粉来作为高炉喷吹的燃料。

(3) 用来制造熔渣的熔剂原料　熔剂是钢铁冶炼中的一类重要造渣材料。连续铸钢炼铁过程中，它与铁矿石或铁水中的杂质形成易熔炉渣，将杂质从铁中分离出来，从而提高生铁的质量。钢铁冶炼常用的熔剂是碱性熔剂，如石灰石、白云石、石灰及消石灰。

(4) 各种辅助原料　主要包括废钢料，氧、氮、氩气等。氧、氮、氩气的作用十分重要。高炉炼铁及转炉炼钢过程都需要大量氧气；氮气由于其化学性质稳定，在钢铁生产中用来作为冷轧、镀锌、镀铬、热处理、连铸用的保护气，直接关系到钢铁产品的质量；此外，钛、锆、锗等特殊金属的冶炼过程都需要用氩气作为保护气。

3. 腐蚀浪费了大量的资源

国内资料显示，目前我国每生产 1t 粗钢，需消耗铁矿石 500kg、焦煤 610kg、原煤 60kg、块矿 150kg、熔剂 200kg、水 $5m^3$，除此之外，尚有其他辅料。

2020 年，我国粗钢产量 10.53 亿吨，同比增长 5.2%。按腐蚀造成钢铁年产量 10%～20% 的损失计算，即 2020 年我国腐蚀损失的钢铁为 1 亿～2 亿吨。依据钢铁生产原料，其腐蚀浪费的主要原料为：铁矿石 1.5 亿～3 亿吨，占当年铁矿产量（7702.1 万吨）的 19.5%～39.0%，占进口铁矿石（11.7 亿吨）的 12.8%～25.6%；焦煤 0.61 亿～1.22 亿吨，占当年焦煤产量（4.85 亿吨）的 12.6%～25.2%。除主料外，还浪费了大量的辅助原料。由此可见，腐蚀造成的浪费，不仅表现在金属材料自身的浪费，而且浪费了大量的不可再生资源和可再生资源。

由于资源的有限性，腐蚀浪费了大量资源，不仅损害当代人的利益，而且压缩了后代人发展的空间，对可持续发展造成深远性和制约性的影响。

（三）腐蚀浪费资源，制约可持续发展

资源的稀缺性决定了资源需要充分利用，不能造成浪费现象；可持续发展要求有限资源既能满足当代人的需求，又不损害后代的发展。因此，保护资源，充分利用有限资源，保证可持续发展，已成为当今世界和今后的主题。我国是世界上最大的发展中国家，在人均资源相对贫乏、生产力相对落后的条件下，要保持国民经济整体上长期持续发展，合理利用资源对可持续发展是非常重要的。

1. 腐蚀浪费资源对人口可持续发展的影响

（1）矿产资源是人类生存的物质基础　矿产资源是人类赖以生存的一种重要物质基础，是国家安全与经济发展的重要保证。然而，随着人口增长与腐蚀损失增加的同步进行，自然资源日趋紧缺，有些资源已接近资源承载极限，人类需求的无限性与自然资源的有限性之间的矛盾日益突出。目前及可预见的未来一段时间，95% 的能源和 75% 的工业原料还是要取自矿产资源，经济建设的持续快速发展必然要求矿产资源量的大幅增长来保证建设的需求。然而，腐蚀浪费了大量资源，无疑在影响经济发展的同时，又损害了人类生存的基础。

（2）矿产资源与人口增长的矛盾问题日益突出　其突出的矛盾表现在：

① 人均可利用矿产资源持续下降。在资源有限的情况下，随着人口的增长，工业化进程的加快，腐蚀问题日益严重，必定会使人均可利用的矿产资源持续减少，给未来的发展增加了难度。

② 人均矿产资源消费不断增加。伴随着人类社会经济的发展，一方面，人均矿产资源占有量急剧下降；另一方面，人均矿产资源浪费量在急剧增加。我国人均资源消费量已由 1 吨提高到目前的 5 吨。随着工业快速发展，要把生活水平提高到目前发达国家的标准，大部分矿产资源的消费量至少要达到目前产量的 5 倍。

③ 人口、资源与国际矛盾。由于世界各国的矿产资源禀赋不同，经济发展水平不同，对资源的占有量和消费量大不相同，造成人口、资源与国际矛盾。例如，占世界人口不到 1/4 的发达国家，消耗着全球 3/4 的矿产资源；而占全世界人口多达 3/4 的广大发展中国家，占矿产消费量的比例却不到 1/4。发展中国家急于发展经济，可利用的资源却有限，为了保证社会经济发展所需，必须保护好自己国家的资源；而发达国家为了占有更多的资源，总是千方百计寻找借口去侵占发展中国家的资源，因此，发达国家与发展中国家争夺资源的矛盾日益激烈。

2. 腐蚀浪费资源对经济可持续发展的影响

自然资源是保障经济增长和社会发展的重要物质基础。离开了资源就无从谈发展问题，所以，拥有资源量的多少是衡量一个国家综合实力的重要指标之一。

腐蚀消耗了大量资源，对社会经济增长必定产生一定的影响。但这种影响是隐性的，目前还不被社会认知。也许到了有所认知的时候，为时已晚。

首先，经济增长对矿产资源的需求最终体现为对矿产资源总量需求的增长，即经济增长与矿产资源总量需求是按相同方向变化的，并且在大多数时期基本上存在一定的比例关系。

其次，经济增长对矿产资源的需求，也日益体现为其对矿产资源种类或结构的需求。对矿产资源种类的需求在某些方面也包含着对质量的需求。从历史发展及其趋势看，经济增长对矿产资源种类、质量的需求也是按相同方向变化的，否则难以为继。

3. 腐蚀浪费资源对社会可持续发展的影响

支撑社会发展的元素很多，但最重要的是自然资源，自然资源作为自然要素禀赋，是社会可持续发展必不可少的条件。20世纪100年里，全球累计消费了1420亿吨石油、78亿立方米天然气、2650亿吨煤、380亿吨铁（钢）、7.6亿吨铝和4.8亿吨铜，以及大量的支撑现代社会经济发展的众多矿物原料。

社会可持续发展的核心思想是既要保障当代人的基本生活需求，又要考虑后代人的社会保障要求，不要以牺牲后代人的资源为代价来保障当代人的利益，不要给经济和社会带来太大压力。由此可见，资源是社会可持续发展的物质条件，腐蚀浪费资源，使有限资源锐减，对保障后代人的资源构成威胁。

三、腐蚀污染环境，扩大了腐蚀问题，影响可持续发展

环境是人类生存和活动的场所，也是向人类提供生产和消费所需要自然资源的供应基础。环境问题是关系人类生活生存发展和社会进步的全局性问题。引以为豪的是，我国是世界上最早设有环境保护机构的国家。据史书记载，中国古代就设有管理山林川泽的机构，称为"虞"，其职责是管理山川禁令、保护生物资源、保障物资供应[8]。我国也是世界上最早设有环境保护法律法规的国家。公元前11世纪，在西周王朝的《伐崇令》中，就明确提出保护建筑、水源、森林、动物的规定，并严厉指出："有不如令者，死无赦"。[8]

尽管在农业文明时期，中国有过世界最早的环境保护机构和法规，却未能阻挡住环境的恶化。目前，我国经济建设快速发展，在消耗大量金属材料的同时，又带来了环境污染问题，又进一步加重了腐蚀，使得腐蚀问题得以扩大，影响日益扩展。

（一）腐蚀带来的环境污染问题

在考察腐蚀污染时，人们最习惯的思考方式是金属材料遭受腐蚀破坏后，造成腐蚀事故或致使服役设备（设施）"跑、冒、滴、漏"对环境造成的污染，而忽视了钢铁生产冶炼过程中造成的环境污染。前者称为腐蚀造成的直接污染，后者称为腐蚀造成的间接污染。直接污染与间接污染的区别在于：直接污染是腐蚀与环境直接发生关联；而间接污染是在腐蚀与环境发生关联

的时候，必须借助一个中间媒介（生产过程）才能产生关联，没有中间媒介就不会产生关联。因此，腐蚀对环境的影响和环境对腐蚀的影响，具有交互影响的互馈关系，从而形成腐蚀-环境的对立统一。

1. 腐蚀造成的直接污染

腐蚀造成的直接污染是指材料在环境（介质）的作用下引起的破坏或变质，从而引发的腐蚀事故或"跑、冒、滴、漏"造成的环境污染。这类污染，既有均匀腐蚀造成的，也有局部腐蚀造成的。通常，多数腐蚀事故是由局部腐蚀造成的。据一些化工厂的统计，化工设备的破坏约有30%是由于均匀腐蚀引起的，70%则属于危险的局部腐蚀引起的。无论是哪种类型的腐蚀，都可能造成直接污染。

例如，1977年4月22日，菲利普斯石油公司的布拉沃钻井平台B-14钻井在挪威的埃科菲斯克油田发生了石油和天然气管道腐蚀爆炸事故。8天时间内共有8100万加仑的原油泄漏到大海中，导致方圆4000公里的海面为1～2毫米厚的浮油所覆盖，海洋生物遭到了无可挽回的损害。

2011年8月10日，壳牌位于英国北海地区的"塘鹅1号"钻井平台出现突发状况，与之相连的一条海底输油管道发生腐蚀破裂。据英国能源与气候变化部估计，泄漏在海中的原油超过500吨。英国媒体报道称，这是英国北海近10年最严重的一次漏油事件，其污染造成巨大损失。

2019年10月15日11时20分，广西玉林市陆川县北部工业园广西兰科新材料科技有限公司反应釜因腐蚀发生爆炸，事故造成4人死亡、2人重伤、4人轻伤。据了解，发生爆炸的部位为树脂合成反应车间的反应釜，反应釜主要用于甲醛和苯酚合成酚醛树脂，该化工厂发生反应釜内原料及半成品储量约5吨。由于反应釜反应物料是有毒有害危险化学品，此事故后果较一般爆炸事故更为严重，对环境的污染和人身的伤害也较一般的腐蚀事故要严重。

由上所见，腐蚀造成设备破坏引发的环境污染，在石油、化工行业屡见不鲜，往往导致灾难性后果。这类腐蚀破坏造成的环境污染，其危害特点：一是损失严重，影响大；二是生态环境受到严重破坏，恢复困难；三是链式反应快，扩散效应明显。

2. 腐蚀造成的间接污染

腐蚀造成的间接污染是指被腐蚀掉的那一部分金属在矿石开采、冶炼过程中造成的污染。这一类污染与直接污染相比，有过之而无不及。

(1) 选矿、采矿活动对环境造成的污染 矿产资源的开发,特别是不合理的开发、利用,已对矿山及其周围环境造成污染,并诱发多种地质灾害,破坏了生态环境。越来越突出的环境问题不仅威胁到人民生命安全,而且严重制约了国民经济的发展。特别是占矿山总数 59.06% 的乡镇集体矿山,环保工作差距较大;更为严重的是,占总数 36%～80% 的个体采矿点其环保工作令人担忧。

采矿活动对环境造成的污染重点表现在以下几个方面:

① 污染水体。采矿、选矿活动,使地表水或地下水呈酸性,含重金属和有毒元素,这种污染的矿山水通称为矿山污水。矿山污水危及矿区周围河道、土壤,甚至破坏整个水系,影响生活用水、工农业用水。当有毒元素、重金属侵入食物链时,会给人类带来潜在的威胁。例如,2010 年 7 月 3 日下午,福建省紫金矿业集团有限公司铜矿湿法厂发生铜酸水渗漏事故。9100m³ 的污染水顺着排洪涵洞流入汀江,大量网箱养鱼死亡。据统计,汀江流域仅棉花滩库区死鱼和鱼中毒约达 189kg。2011 年 12 月,江西铜业在江西德兴市下属的多家矿山公司常年排污于乐安河,祸及下游乐平市 9 个乡镇 40 多万群众。

② 污染大气。露天采矿及地下开采工作面的钻孔、爆破以及矿石、废石的装载运输过程中产生的粉尘,废石场废石(特别是煤矸石)的氧化和自然释放出的大量有害气体,废石风化形成的细粒物质和粉尘,以及尾矿风化物等,在干燥气候与大风作用下产生尘暴等,这些都会造成区域环境的空气污染。

③ 固体废弃物污染。采矿、选矿过程亦会产生大量的尾矿。全国每年工业固体废物排放量中 85% 以上来自矿山开采。2015 年《中国矿产资源节约与综合利用报告》显示,我国尾矿和废石累计堆存量目前已接近 600 亿吨,其中尾矿堆存 146 亿吨,83% 为铁矿、铜矿、金矿开采形成的尾矿;废石堆存 438 亿吨,75% 为煤矸石和铁铜开采产生的废石。堆存大量的废石和尾矿,造成河道淤塞,泄洪不畅,水患不断,破坏了农田、生态环境,造成严重后果。例如,美国有一座高达 244 米的煤矸石场滑进了附近一座城里,造成 800 余人死亡的惨案[9]。

④ 噪声污染。矿山的设备噪声级通常在 95～110dB(A)之间,有的超过 115dB(A),均超过国家颁发的《工业企业噪声卫生标准》。而这些噪声不

仅直接污染井下工作环境，还极容易造成安全事故，同时也影响矿区周围生活环境。

⑤ 土壤的污染。矿山开采，特别是露天开采造成大面积的土地遭到破坏或被占用，进而损失了大面积的土壤资源。开采矿山的尾矿粉尘飞扬进入土壤，经雨水冲刷、淋溶，其中的有毒有害物质极易渗入土壤中，造成土壤的强酸污染、有机毒物污染与重金属污染。重金属污染的隐蔽性和不被生物降解性，通过食物链不断在生物体内富集，最后进入人体内蓄积，对人身体健康造成危害。

(2) 钢铁生产过程对环境造成的污染　钢铁生产过程的烧结、球团、炼焦、炼铁、炼钢、锻压、金属制品与铁合金、耐火材料、碳素制品及动力等生产环节，都伴随着大量的废气、废水、废渣及其他污染物的排出，如图12-2所示。

钢铁厂产生的各种污染物主要有三大类：

① 大气污染物。钢铁行业排放的大气污染物包括烟（粉）尘、SO_2、NO_x、HF、苯、苯并[a]芘、二噁英、酸雾、碱雾等多达十余种，废气排放量最大，每冶炼1t钢产生废气量约为$6000m^3$、粉尘15~50kg、SO_2 0.94~2.2kg、NO_x约0.69kg。

主要污染物是SO_x、NO_x、煤尘和粉尘。产生的原因：SO_x是原料、燃料中硫黄成分燃烧产生的；NO_x是燃烧产生的；煤尘是燃烧产生的；粉尘是燃料运输过程产生的。污染来源：SO_x、NO_x来自烧结厂，煤尘来自烧结炉、加热炉，粉尘来自炼钢、炼铁。

② 污水。污染物主要有固体悬浮物、油、化学需氧量、酸、碱。产生的原因：固体悬浮物从排气集尘、高温物质的直接冷却等过程产生；油是机械漏油产生的；化学需氧量是煤炭干馏后的氨水、冷轧和电镀废水；酸、碱来自冷轧的酸洗、电镀的脱脂。污染来源：固体悬浮物来自排气冷却过程；油来自机械漏油及冷轧机油；化学需氧量来自炼焦、冷轧、电镀；酸、碱来自工艺过程。

③ 固体废弃物。污染物主要有炉渣、污泥和灰尘。产生的原因：炉渣是具体冶炼过程产生的；污泥是各种水处理过程中产生的；灰尘是从各种干式集尘机中产生的。污染来源：炉渣来自高炉、铁水预处理、转炉、高炉、二次精炼设备；污泥来自处理环节；灰尘来自干式集尘机。

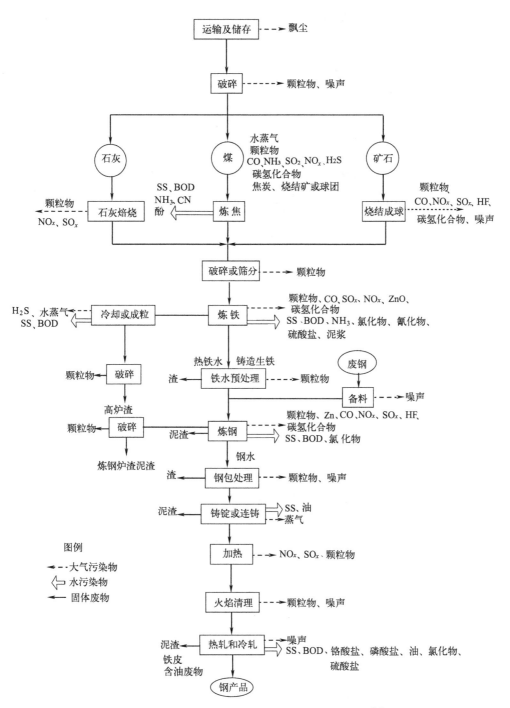

图 12-2 钢铁联合企业主要工艺及其污染物排放[7]

据有关部门统计，我国钢铁行业每生产 1t 粗钢所排放的各种污染物如图 12-3 所示。

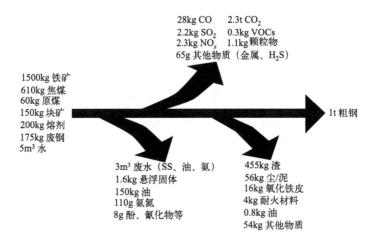

图 12-3　联合钢铁企业排污特征与能源-物料平衡[10]

输入能源分类：19.2GJ 煤、5.2GJ 煤、3.5GJ 电（364kW·h）、0.3GJ 氧气、0.04GJ 天然气。

输出能源分类：5.2GJ 蒸汽、3.4GJ 电（364kW·h）、0.9GJ 煤焦油、0.GJ 苯

据中国钢协副会长李新创在 2018 年（第九届）中国钢铁节能减排论坛上表示，近十年，中国钢铁行业二氧化硫、氮氧化物、颗粒物排放量在全部工业行业中分别排名第三、第三、第一。可见，钢铁业对环境污染的参与程度，从侧面佐证了腐蚀⇌环境的互馈关系。

3. 腐蚀造成环境污染经济损失估算

腐蚀造成环境污染经济损失的估算，包括直接污染和间接污染两部分。其内容包括大气污染、水体污染和固体废物污染。每大类中又可分为若干小类。目前，国内外尚缺这方面的分析。笔者根据有关数据资料作以下分析估算。

首先，让我们了解一下世界及我国权威部门和人士对环境污染经济损失的估算。中共中央、国务院批准转发的《环境与发展十大对策》：环境污染造成的损失约占国内生产总值的 6% 以上；世界银行：大气与水体污染损失为 GDP 的 8%，环境退化占 GDP 的 5%；中国科学院：环境污染和生态破坏造成的损失占 GDP 的 15%；中国首部环境绿皮书——《2005：中国环境危局与突围》：空气污染使慢性呼吸道疾病成为导致死亡的主要疾病，其

造成的污染和经济成本约占中国 GDP 的 3%～8%；宋健和拉贝尔主持的中国环境与发展回顾与展望课题组报告：中国空气污染造成的损失占 GDP 的 3%～7%。

以上给出的占比，尽管差异较大，涵盖的内容也不尽相同，有的是从某一个角度进行了估算，也有的是进行了综合估算，但总的看，环境污染和生态破坏造成了严重的经济损失。如果从污染造成的后果的角度，至少应该考虑到大气、水体、固体废物和生态退化等几个方面。这样，环境污染造成的经济损失占 GDP 的比例约为 6%～15%。

其次，根据以上给出的估算比例，来推算腐蚀污染环境造成的经济损失。先求出钢铁行业污染环境占总污染的相对值，再根据相对值推算因腐蚀造成环境污染的经济损失。根据中国的国情并参考相关资料，推算出 2018 年中国因腐蚀造成环境污染的经济损失约为 981 亿元，占 GDP 的 0.11% 左右。

由于受统计技术的限制，目前给出的环境污染造成的经济损失的估算，只是实际资源环境成本的一部分，有相当部分未包括其内，如地下水污染、土壤污染等重要部分都没有涉及。随着环境科学的发展，环境污染统计科学将会逐步完善，其统计结果也必然由粗放型向精细型转变。

（二）腐蚀污染环境，影响可持续发展

良好的生态环境是经济社会可持续发展的重要条件，也是一个民族生存和发展的重要基础。环境污染日趋恶化，不仅损害经济可持续发展的条件，而且影响民族生存和发展的基础。

如此严重的环境问题，不能完全归咎于腐蚀，但应该承认，腐蚀污染（直接污染＋间接污染）是一个具有重要影响的参与因素。腐蚀污染环境，影响可持续发展，凸显于以下几个方面：

1. 危及人体健康

（1）急性危害　污染物在短期内浓度很高，或者几种污染物联合进入人体可以对人体造成急性危害。

（2）慢性危害　主要指小剂量的污染物持续作用于人体产生的危害，如大气污染对呼吸道慢性炎症发病率的影响等。

（3）远期危害　环境污染对人体的危害，一般是经过一段较长的潜伏期后才表现出来，如环境因素的致癌作用等。

国内外的研究表明，SO_2 浓度与总死亡率和各种疾病的发病率密切相关。以北京为例，当 SO_2 浓度增长 1 倍，总死亡率增长 11%，慢性阻塞性肺病发病率增长 29%，心肺疾病增长 19%，心血管疾病增长 11%，其他慢性病增长 8%，癌症增长 2%[2]。

人是可持续发展的主体，人受到环境污染伤害，必定影响社会的可持续发展。因为可持续发展的核心思想是，既能满足当代人的需求，又不损害后代人的需要。离开了人，也就不存在可持续发展的问题了。

2. 制约经济发展

随着我国社会经济的快速发展，每个行业都在不断扩大规模，但由于环保意识淡薄、环保措施不到位，以及对经济利益最大化的盲目追求，随之而来的环境污染问题也越来越严重，环境污染和生态破坏造成的经济损失也随之日益增长。

环境造成巨大的经济损失，使经济社会发展的成本不断上升，而社会得到的收益却在减少，经济发展速度减缓。一方面，在环境、腐蚀问题不断恶化的背景实现经济发展，迫使国家不得不拿出大量的资金治理环境污染，造成经济发展成本或代价的上升；另一方面，目前我们国家正处于发展阶段，需要资金的地方很多，治理环境污染投入多了，必然会影响其他方面的投入，社会再生产必然会受到限制，可持续发展又会受到影响。

3. 影响国际贸易

近些年来，环境与国际贸易之间的关系逐渐引起世界各国的重视。随着公众的环境意识普遍增强，绿色消费成为潮流。发达国家环境标准不断提高，有些发达国家以环保为名行贸易保护之实，在贸易领域设置绿色壁垒。发展中国家与发达国家相比，其环境保护标准相对偏低，容易受制于发达国家，使其对外贸易受到影响。例如，2002 年 1 月，浙江舟山出口欧盟的 300 吨冻虾仁被当地检验部门以查出氯霉素为由全部退货并索赔。日本加强了对我国出口蔬菜的检验检疫，致使大批急待出口的蔬菜积压变质。

环境是贸易可持续发展的基础，环境的改善，可以拉动经济增长，同时为国际贸易所交换的商品提供了环境质量的保证，拓宽国际贸易的内容。而环境的持续恶化，会导致贸易资源的日益减少甚至枯竭，使贸易的可持续发展难以实现。

第三节　全面腐蚀控制，助力可持续发展

从以上分析可以看出，腐蚀危害是极为严重的，对社会经济发展的影响是深远持久的。但腐蚀原理告诉我们，腐蚀是不可避免的，但是可以减轻的。为了控制腐蚀，防腐蚀科技工作者经过不懈的努力，在实践中逐渐开发了许多防腐蚀技术和耐蚀材料以及管理腐蚀的经验。

"全面腐蚀控制"是20世纪80年代后期提出的腐蚀防护理念。其核心内容是将几十年形成的腐蚀防护技术方法（如电化学保护、覆盖层保护、缓蚀剂等）及管理经验分散、孤立的含义，转变到"腐蚀控制系统工程"的概念上来。"全面腐蚀控制"包括两个方面的内容，即对可能发生腐蚀的全过程进行控制和腐蚀的全面管理。通过工程的、非工程的腐蚀控制与管理，将可能发生的腐蚀与腐蚀事故消灭在萌芽之中。

一、钢结构物防腐设计

要有效防止钢结构物的腐蚀，不仅要采取防腐措施，还要在结构设计上进行改善：一方面，可以通过合理的设计尽可能避免产生腐蚀的条件；另一方面，可以通过结构设计的完善，把不可避免的腐蚀降到最低限度，从而达到延长设备（构件）使用寿命的目的。

（一）影响环境腐蚀的因素调查

在进行钢结构物设计之前，首先，应对钢结构物所处的环境介质状况有一清晰的把握，以保证钢结构物投入使用后耐腐蚀；其次，再根据环境介质状况进行设计，以尽最大的可能规避设计不妥留下的腐蚀隐患。

1. 自然环境腐蚀性调查

随着我国经济的快速发展和科学技术的进步，各种大型钢结构物投入大气、海洋、土壤等环境中的使用日益增多。如大型电视塔、各类化工生产塔釜；海洋大桥、海上采油平台、大型舰船、海底电缆；地下长输油气水管道、储罐、地铁、隧道工程机械等，长期处在恶劣环境介质中服役，其可靠性虽然与多种因素有关，但腐蚀是其中一个很重要的因素。因此，要提高钢结构

物的可靠性，环境腐蚀性调查必不可少。

（1）影响大气环境腐蚀的因素调查　大气腐蚀的影响因素很复杂，它主要取决于大气的湿度、成分、温度以及大气中的污染物。

① 大气湿度的调查。当空气中相对湿度达到某一临界值，水分在金属表面形成水膜，此时的相对湿度称为金属临界相对湿度。出现临界湿度，标志着金属表面产生了一层吸附的电解液膜，腐蚀速率大大增加。

② 大气温度的调查。大气温度变化会影响金属表面水汽的凝聚、水膜中各种腐蚀气体和盐类的溶解度、水膜的电阻以及腐蚀电化学反应的速率。因此，在温度很高的雨季或湿热带，金属的大气腐蚀很严重。

③ 降雨的调查。降雨既可加快金属构件的腐蚀，又可冲刷污染物降低腐蚀速率。

④ 大气成分的调查。主要有：含硫化合物（SO_2、SO_3、H_2S）、氮化合物（NO、NO_2、NH_3、HNO_3）、氯和含氯化合物（Cl_2、HCl）、含碳化合物（CO、CO_2）、灰尘、盐粒、固体颗粒。

（2）影响海水环境腐蚀的因素调查　主要包括：

① 含盐量。水中含盐量直接影响到水的电导率和含氧量，因此必对腐蚀产生影响。

② pH 值。一般来说，海水 pH 值高，有利于抑制海水对钢铁的腐蚀。

③ 海水温度。温度对腐蚀的影响比较复杂。海水温度升高，氧的扩散速率加快，海水电导率增大，这时将促进腐蚀过程。另一方面，海水温度升高，海水中氧的溶解度降低，同时促进保护性钙质水垢形成，又会减缓钢在海水中的腐蚀。

④ 溶氧量。海水中溶氧量是影响海水腐蚀的重要因素。大多数金属在海水中发生的腐蚀属于氧的去极化腐蚀。

⑤ 流速。海水流速的不同改变了供氧条件，因此对腐蚀产生重要的影响。对于不易钝化的金属，随着海水流速的增加，腐蚀速率亦增大，对于易钝化的金属，海水流速增加会促进钝化，提高耐蚀性。

⑥ 海洋生物。海洋生物的生命活动使氧含量增加，pH 值降低，提高了金属腐蚀速率，且能加剧局部腐蚀。

（3）影响土壤环境腐蚀的因素调查　影响土壤腐蚀性的因素很多，主要是环境因素。

① 电阻率。通常认为，土壤电阻率越小，腐蚀性越强。

② 酸度。随着土壤pH值的降低，土壤腐蚀速率增加，但是，当土壤中含有大量有机酸时，虽然土壤的pH接近中性，腐蚀性仍很强。

③ 微生物。最为重要的是厌氧的硫酸盐还原菌、硫杆菌和铁杆菌（好氧的细菌）。

④ 土壤中的氧。土壤中的氧气，有一些溶解在水中，有一些存在于土壤的毛细管和缝隙中，无论如何存在，对腐蚀都有一定影响。土壤中含氧量的不均匀性，正是造成氧浓度差电池腐蚀的原因。

⑤ 杂散电流。电气火车、电车等以接地为回路的交通工具以及电解槽、电焊机等直流电力系统都可在土壤中产生杂散电流，对邻近埋地金属构筑物造成腐蚀危害。除此之外，与交流输电线路平行埋设的金属管道、电缆等，也可能造成腐蚀危害。

2. 工业环境腐蚀性调查

酸、碱、盐是极其重要的化工原料，在石油、化工、化纤湿法冶金等许多工业部门的生产过程中都有着应用。但它们对金属的腐蚀性很强，为保证服役设备能连续稳定运行，必须对工业环境腐蚀性进行调查。调查的重点是酸、碱、盐介质对金属腐蚀的特点和规律。

(1) 酸介质的腐蚀性调查　酸是比较普遍使用的介质，最常见的无机酸有硫酸、硝酸、盐酸等。金属在酸溶液中的腐蚀，氧化性酸还是非氧化性酸具有不同的规律。非氧化性酸的特点是腐蚀的阴极过程纯粹为氢的去极化过程，腐蚀速率随氢浓度的增加而上升。氧化性酸的特点是腐蚀的阴极过程为氧化剂的还原过程，在一定范围内，氧化性酸浓度增加，腐蚀加快，而超过某一临界值，金属发生钝化，腐蚀速率下降。

(2) 碱介质的腐蚀性调查　碱溶液的腐蚀性通常比较小。在常温下，铁和钢在碱中是十分稳定的。pH=4~9，腐蚀速率几乎不变；pH=9~14，腐蚀速率大大降低。当碱的浓度继续增加（pH>14）时，腐蚀速率再次增加。在热碱溶液中，如果存在较大应力，会发生一种危险的应力腐蚀破裂。

(3) 盐类介质的腐蚀性调查　盐有许多形式，它们对金属的作用亦不同。对于中性盐而言，铁和钢的腐蚀速率随着盐溶液浓度变化而变化。通常低浓度的盐溶液其腐蚀速率比较大，高浓度的盐溶液腐蚀速率比较低。酸性盐，其腐蚀速率与相同pH值的酸差不多。碱性盐，当pH>10时，和稀碱液一样，腐蚀较小。氧化性盐是很强的去极化剂，所以对金属的腐蚀很严重。

3. 工业水腐蚀性调查[11]

工业水按其用途可分为冷却水、锅炉水和其他工业用水（洗涤水、空调水、工艺用水等）。

工业用水占世界用水量的比例很大，约为60%～80%。工业水对金属结构物的腐蚀既普遍又严重。无论是金属结构物的设计还是运行过程中的防护，都极为重要。其腐蚀性调查内容有：

（1）冷却水的腐蚀性调查　主要内容有：

① pH值。不同的金属材料，对pH值的响应不同。对于能够形成可溶于酸的金属氧化物，pH值降低时腐蚀性则会增强。对于两性的金属氧化物，pH值过高或过低都会加速腐蚀。贵金属的氧化物通常不受pH值的影响。

② 水中的盐类。氯化物的存在能破坏金属氧化膜，促进腐蚀。钙、镁、铝的某些盐类沉淀后能生成保护性的沉积层。

③ 水中溶解气体。水中溶解氧起阴极去极化作用，促进腐蚀。如CO_2、H_2S和氯气溶于水中使pH值下降，促使腐蚀增加。

④ 悬浮物。悬浮物的沉积可以形成氧浓差电池而加速腐蚀。

⑤ 微生物。在水冷却系统中应考虑到好氧菌与厌氧菌可能造成的腐蚀。

（2）高温、高压水的腐蚀性调查　影响高温、高压水腐蚀的主要因素有：

① 溶解氧。水中溶解氧是高温水腐蚀考虑的重要因素。溶解氧的存在，是形成局部腐蚀的最大可能。

② pH值。在室温下或高温下，钢的腐蚀速率随水的pH值的增加均会减小。所以，工艺过程中保持pH值在一个合理的范围内，可以减缓腐蚀。

③ 温度。局部温度过热，容易形成温差电池，腐蚀加速。

④ CO_2含量。CO_2溶于水后，pH值下降，腐蚀速率增加。

4. 特殊环境腐蚀性调查

随着科学技术的发展以及人类活动空间的不断拓展，网络、深海、极地、空天等原本属于全球公共的领域被赋予了国际关系中的"新边疆"概念。因此，腐蚀已由传统的环境向新空间发展。严酷的深海、极地与空天环境无疑给腐蚀领域增添了新问题。

对于特殊环境腐蚀性调查，主要包括两个方面的内容：

（1）化学因素调查　环境主要成分、次要成分及其浓度；环境中各类杂质;环境的pH值或酸碱度;环境的氧化还原性,所含氧化剂、还原剂的组成和浓度;环境中氧的浓度;等等。

(2) 物理因素调查 环境温度、液体流速,热应力、传热、局部加热,机械应力、外应力、振动、交变应力,辐射,等。

(二) 钢结构物选材

为了保证钢结构以及设备(装置)耐蚀安全运行,合理选择材料便成为首要的问题。合理选材是一项细致而又复杂的技术。它既要考虑工艺条件及其生产中可能发生的变化,又要考虑材料的结构、性质及其使用中可能发生的变化。在很多情况下,腐蚀与腐蚀事故的发生是由于选材不当造成的,因此,正确选材是最主要也是最广泛使用的防腐办法。

1. 选材的一般原则

从纯技术观点讲,要解决腐蚀问题的一个显而易见的答案,就是选择耐蚀材料。在许多环境中,用这种方法替代其他的腐蚀控制方法是经济的。耐蚀性不是选材时所考虑的唯一性能,但在实际应用中却是非常重要的性能。

材料的选择是几个方面因素综合考虑的结果。最终的选择,要综合考虑技术指标和经济指标两个方面的因素。在确定一种材料时,通常应遵守以下基本原则。

(1) 满足使用性能的原则 所谓使用性能,是指材料能够保证零部件正常工作所必须具备的性能,包括力学性能、物理性能和化学性能。一般选材时,首先要正确分析零部件所处的工作条件和主要失效形式,而后确定其选材。

① 分析零部件的工作条件。包括工件受力形式、载荷性质、受摩擦磨损情况;工作环境条件及导电、导热等特殊要求。

② 判断主要失效形式。要深入现场采集与腐蚀有关资料,进行相关分析,判断失效产生的原因,找出设计、管理、使用中存在的问题,为正确选材提供可靠的数据信息。

(2) 满足力学性能的原则 其选择的内容包括:屈服强度、极限强度、伸长率、断面收缩率、硬度、冲击韧性、疲劳性能等。正确运用材料的强度、塑性、韧性等指标,巧用硬度与温度等力学指标的关系。一般来说,对于形状复杂、精度要求高的零部件,应选择易塑变材料;对于承受负荷大的零部件,应选择高强度材料;对于承受摩擦和磨损的零部件应选择高硬度、耐磨材料；对于承受冲击负荷大的零部件，选择高韧性材料；对于承受交变负荷大的零部件，应选择高疲劳强度材料；对于既承受摩擦和磨损，又承受负荷大的零部件，应选择高韧性材料，要根据实际情况做出判断和决策[12]。

(3) 满足耐蚀性能的原则　在选材时要提高耐蚀性通常就相应地增加了投资，但这一投资总是低于由于早期失效而造成的产品污染或生产损失以及高昂的维修费。没有足够的耐蚀性，设备部件常达不到设计预期寿命。所以，选用的材料必须适用于使用功能的条件，适应所处的环境介质。具有耐各种腐蚀的能力，特别是耐局部腐蚀的能力，如点蚀、缝隙腐蚀、晶间腐蚀、应力腐蚀、氢损伤、选择性腐蚀、电偶腐蚀、摩擦腐蚀、腐蚀疲劳等。

(4) 满足加工工艺性能的原则　任何一种零部件都要通过若干加工工序制造而成。加工的难易程度必然影响到生产率和加工成本以及产品质量。材料的工艺性能是指材料适应某种加工的难易程度。许多具有良好的力学性能和耐蚀性能的优异材料却因不能加工而使用受到限制。有些材料在生产过程中加工性能很好，但由于时效使得在暴露于使用条件后不能改造和修理。因此，选择材料应考虑它们的原始加工性能和可维修性。一般而言，锻造耐热合金的加工性能优于铸造合金。

(5) 满足选材经济性的原则　腐蚀经济已不自觉进入企业的决策。但是重要的标准应该不是材料的初始价格，而是生命周期成本或成本效益。确定一种延长寿命的材料，特别是在一些难以维修的部位或在失效情况下容易引发重大腐蚀事故的工作环境显得更为重要。在这种情况下，材料的原始价格相对于由使用价格便宜但效果较差的材料而造成的生产损失就微不足道了。但在正常情况下，其经济性也是必定要考虑的因素。即零部件选用材料必须保证它的生产和使用的总成本最低。零部件总成本包括材料本身的价格，与生产有关的其他一切费用。在金属材料中，碳钢和铸铁的价格比较低廉，并有较好的工艺性，所以在满足使用性能的条件下应优先选用。低合金钢的强度比碳钢高，总的经济效益也比较显著，有扩大使用的趋势。

2. 选材时考虑的因素

金属设备、构件的生产制造，首先需要选择适宜的材料，材料选择不适宜，无论什么样的好的加工工艺，都难生产或制造出高质量的构件。因此，选材时既要考虑构件本身的需要，又要考虑客观的可能，两者结合起来综合考虑。

（1）环境因素和腐蚀因素是选材必须明确的条件，使用者与设计者应密切配合，并根据调查的情况，慎重决定所选材料。

（2）参考已有的数据资料，选出在相应腐蚀环境下的耐蚀材料。《腐蚀数据手册》《金属腐蚀手册》等工具书，均有这方面的资料，可供查阅。

（3）腐蚀试验。对于一些关键性构件或其功能难以确定的构件，虽然有关手册可以查到相关资料，为了可靠起见，还需做试验论证。

（4）经济性与耐用性综合考虑。既耐蚀又经济的材料是很少的，很多情况是要耐蚀，价格就贵，要便宜，耐蚀性就差，这就需要统筹兼顾考虑材料的经济性与可靠性，寻求折中方案。

（5）在选材时，还应考虑与之相适应的防护措施。尽管材料选择得很优异，但腐蚀是不可完全避免的。所以，在选材时，还应考虑与之相适应的防护措施。

（三）钢结构物防腐设计

钢结构物防腐设计是设备装置制造过程中的第一个环节，也是主要的环节。对于不同的腐蚀环境中的钢结构物，可通过改进结构以及设备装置的几何形状，以及合理装配等措施来达到减轻和防止腐蚀的目的。在设计钢结构物以及设备装置时，一般应考虑以下问题。

1. 钢结构物防腐设计遵循的一般原则[11,13]

（1）结构物形式应尽量简单合理　形状简单的结构件便于防腐、便于维修、便于保养和检查。因此，在满足结构物使用功能的条件下，尽可能简单合理。

（2）便于制造、维修或局部更换　设备的运行中的磨损、毁坏和腐蚀损害是不可避免的，构件的设计需考虑到便于维修和更换。

（3）消除滞留液、沉积物引起的腐蚀　有液体滞留的部位，有固体物质沉积的部位，会引起浓差电池腐蚀。因此，设计时要避免死角和排液不尽的死角和缝隙等。

（4）防止不利的连接、接触方式的腐蚀　不同类型金属彼此的连接，尽可能采用焊接结构，而不采用铆接和螺栓连接结构；不同金属在腐蚀介质中连接时，应注意避免产生电偶腐蚀；避免容器底部与多孔性基础直接接触，以防止产生缝隙腐蚀损坏容器底板。

（5）避免环境差异引起的腐蚀　环境温度差、通气差及溶液浓度差，都会造成氧浓度差电池或离子浓差电池，从而导致腐蚀。

(6) 避免介质流动引起的腐蚀　通常腐蚀速率随着溶液的流速增大而增加，特别是高流动的情况下，这种线性关系更加明显。

2. 钢结构物防腐设计

设计钢结构物时，应根据金属腐蚀理论，避免人为造成产生电化学腐蚀条件，尽量使设备设计合理，以便有较长的使用寿命。其重点是防止局部腐蚀。

(1) 防止电偶腐蚀　电偶腐蚀又称接触腐蚀或双金属腐蚀。

① 电偶腐蚀机理。由于腐蚀电位不同，造成同一介质中异种金属接触处所产生的电化学腐蚀。

② 电偶腐蚀产生的原因。有环境因素，介质导电性，阴阳极的面积比等。

③ 防止电偶腐蚀的方法。尽量避免电位差悬殊的异种金属做导电接触；避免形成大阴极小阳极的不利面积比；电位差大的异种金属组装在一起时，中间一般要加绝缘片；设计时，选用容易更换的阳极性部件，或将它加厚以延长寿命；可能时施加阴极保护或添加缓蚀剂。

(2) 防止缝隙腐蚀　缝隙腐蚀是指在腐蚀介质中金属表面上，在缝隙和其他隐蔽的区域内发生的局部腐蚀。

① 缝隙腐蚀机理。在缝隙中，液体的流动被阻挡，溶解氧被迅速耗尽。其缝隙内与暴露于空气的表面之间形成一个浓差电池，产生缝隙腐蚀。

② 产生缝隙腐蚀的原因。与金属的性质、环境因素、缝隙的几何形状等有关。

③ 防止缝隙腐蚀的方法。从结构设计上尽可能避免存在缝隙，对不可避免产生的缝隙，应采取适宜的保护措施，选择耐蚀的材料。

(3) 防止应力腐蚀　应力腐蚀是指材料在应力和腐蚀环境的共同作用下产生的失效现象。

① 应力腐蚀的机理。应力腐蚀是电化学腐蚀和应力机械破坏相互促进裂纹的生成和扩展的过程。

② 应力腐蚀产生的原因。主要包括环境因素、力学因素和冶金因素。

③ 防止应力腐蚀的方法。正确选材，合理设计、改进制造工艺，改善环境介质，电化学保护等。

（4）防止选择性腐蚀 在金属腐蚀过程中，在表面上某些特定部位有选择地溶解现象。

① 选择性腐蚀机理。多元合金在电解质溶液中由于组元之间化学性质的不均匀，构成腐蚀电池。

② 产生选择性腐蚀的原因。产生选择性腐蚀的因素有合金成分、腐蚀介质的性质、热处理、机械加工和焊接等。

③ 防止选择性腐蚀的方法。包括正确选材、改善介质组合，施加阴极保护与防护层等。

（5）防止点蚀 点蚀又称为孔蚀，是一种集中于金属表面很小的范围并深入金属内部的腐蚀形态。

① 点蚀的机理。点蚀是闭塞性腐蚀，在金属面上首先有金属的溶解，形成蚀坑，在蚀坑内氧浓度比外界低，形成浓差电池，使腐蚀进一步加速、蚀孔生长。

② 产生点蚀的原因。与环境因素、合金元素、热处理制度有关。

③ 防止点蚀的方法。选择耐点蚀的材料，改善使用材料的环境。

（6）防止腐蚀疲劳 腐蚀疲劳即在交变载荷和腐蚀性介质交互作用下形成裂纹及扩展的现象。

① 腐蚀疲劳机理。即金属在交变应力的作用下改变了结构的均匀性，破坏了原有的结晶结构，从而产生了电化学不均匀性，应变部位的金属为阳极，未应变的金属为阴极，在电化学和应力联合作用下，会产生微裂纹。

② 产生腐蚀疲劳的原因。主要来源于力学因素、环境因素和材料因素。

③ 防止腐蚀疲劳的方法。第一，合理设计。注意结构平衡，避免颤动、振动或共振出现，减少应力集中，适当加大危险截面尺寸。第二，合理选材。耐蚀性较高的材料，一般对腐蚀疲劳敏感性较小。第三，施加阴极保护或添加缓蚀剂。

（7）防止磨损腐蚀 磨损腐蚀是在材料表面磨损与腐蚀介质共同作用下所产生的局部性金属腐蚀。

① 磨损腐蚀机理。磨损腐蚀是腐蚀性流体与金属构件以较高速度相对运行而引起的金属损伤，损伤部位与腐蚀介质相互促进，从而明显加速了金属材料的破坏过程。

② 产生磨损腐蚀的原因。主要与流体的流速、流型和构件表面膜等

有关。

③ 防止磨损腐蚀的方法。一是正确选材，即选择较好的耐磨损腐蚀材料；二是合理设计，如适当增大管径可降低流速，保证流体处于层流状态；三是改变环境，如去除腐蚀危害成分或添加缓蚀剂、涂料与阴极保护联合防护。

(8) 防止空泡腐蚀　空泡腐蚀又称汽蚀，是磨损腐蚀的一种特殊形态。

① 空泡腐蚀的机理。空泡腐蚀是腐蚀流体与金属构件做高速相对运动，引起流体压力分布不均匀，气泡迅速产生和破灭过程反复进行而导致的局部腐蚀。

② 产生空泡腐蚀的原因。流体在经过弯曲的表面时压力会降低，当介质压力在某部分下降到介质蒸气压以下时就会局部产生气泡形成沸腾状态。这些气泡在金属表面着陆爆裂、形成反复不停的压力冲击，足以吞噬和挖空金属表面。

③ 防止空泡腐蚀的方法。采用阴极保护，清除腐蚀介质中的空气，采用耐蚀材料，对接触高速介质流体的金属表面从设计上最大可能去除压力降等，都可有效缓解空泡腐蚀。

(9) 防止杂散电流腐蚀　杂散电流也称"迷流"，其腐蚀是指在设计或规定回路以外流动的电流引起的腐蚀。

① 杂散电流腐蚀机理。杂散电流腐蚀本质上是电化学腐蚀，即阳极过程和阴极过程的氧化还原反应。

② 产生杂散电流腐蚀的原因。它可能由直流电或是频率为 50Hz 为主的交流电所造成。

③ 防止杂散电流腐蚀的方法。通过调整设计，外加电流法阴极保护，施加排流措施等加以减轻。

(10) 防止微生物腐蚀　微生物腐蚀是指与腐蚀体系中存在的微生物作用有关的金属腐蚀。

① 微生物腐蚀机理。在不同的环境中，不同种类的微生物能在材料上附着繁殖，其生命活动会引起或加剧材料的腐蚀。

② 产生微生物腐蚀的原因。最主要的原因是污泥积聚，污泥覆盖下的金属表面由于氧浓差电池作用，使金属遭受局部腐蚀。

③ 防止微生物腐蚀的方法。目前在微生物腐蚀的控制方面还没有一种尽

善尽美的方法；通常采用杀菌、抑菌、覆盖层，电化学保护和生物控制等的联用措施。

3. 钢结构物防腐强度设计

钢结构物防腐强度设计应注重考虑以下几点：

（1）腐蚀裕量的设计 腐蚀裕量是指考虑材料在使用期内受到接触介质（包括大气）腐蚀而预先增加的壁厚裕量，又称"腐蚀裕度"。其取值大小由介质对原材料在介质中的均匀腐蚀速率与零部件的设计寿命所决定。其计算公式为

$$S_n = KT \tag{12-1}$$

式中 S_n——腐蚀裕度，mm；

K——腐蚀速率，mm/a；

T——设计年限，a。

一般不同使用条件、不同材料的结构特点有详细设计参考值，查有关设计手册可知。在无特殊腐蚀情况下，对于碳素钢和低合金钢，腐蚀裕度取值不小于1mm；用不锈钢材料且介质腐蚀性极微小时，可取腐蚀裕度为零。这样就可以保证原设计的寿命要求。表12-2列出了腐蚀速率、腐蚀裕量和设备类型的关系，可供参考。

式(12-1)只适用于均匀腐蚀，而不适用于局部腐蚀。

表 12-2 腐蚀速率、腐蚀裕量与设备类型关系[14]

腐蚀速率 K/(mm/a)	设备类型	腐蚀裕量选取
<0.01	用于任何设备与机械	不考虑
0.01～0.1	用于任何设备与机械	$S_n=0.1T$
0.1～0.5	用于任何设备与机械，用普通金属建成	$S_n=0.5T$
0.5～1.0	用于结构不复杂且造价不高的设备如槽、罐	$S_n=T$
1～1.5	用于可更换的零件如蛇形管、搅拌等	$S_n=1.5T$
1.5～2.0	用于造价较低的厚壁铸造设备	$S_n=2T$
2.0～3.0	用于可更换的铸件如轴衬、搅拌等	$S_n=3T$
3.0～6.0	用于常更换的部件如扩散器、加热盘、管子等	不考虑
6.0～10.0	用于常更换、厚度>15mm的铸件	不考虑
>10.0	很少使用	不考虑

（2）局部腐蚀强度设计 对于许多特殊的局部腐蚀形式，如晶间腐蚀、选择性腐蚀、应力腐蚀破裂和氢脆等，在实际设计中，常采用力学性能指标，如强度指标（屈服极限、强度极限σ_b）、塑性指标（延伸率δ、断面收缩率

ψ）、刚性指标（弹性模量 E）等。由于局部腐蚀一般都伴随材料脆性增大，所以用得多的是塑性指标，其评价指标可从有关资料手册中查到。

（3）加工、施工对局部腐蚀强度的影响　由于加工、施工方法不当，有可能使本来可以满足局部腐蚀强度要求的零部件，而不能满足其要求。如不锈钢在焊接时，敏化温度影响而造成晶间腐蚀，使材料强度下降而会在使用中造成局部腐蚀事故。

二、钢结构物运行过程中的腐蚀控制

事实上，无论是怎样周密的设计，发生腐蚀的可能性总是存在的。为了防止发生腐蚀破坏，常需要在钢结构物或设备投入使用后进行腐蚀防护。这在全面腐蚀控制系统工程中是一个很重要的环节。

（一）电化学保护技术

根据电化学腐蚀原理，依靠外部电流的流入改变金属的电位，从而降低金属腐蚀速率的一种金属材料保护技术。根据保护电流的来源，可分为阴极保护和阳极保护。

1. 阴极保护

阴极保护有强制电流法和牺牲阳极法。强制电流法是由外部直流电源提供保护电流，电源负极连接保护对象，正极连接辅助阳极，通过电解质环境构成电流回路。牺牲阳极法是依靠电位负于保护对象的金属（牺牲阳极）自身消耗提供保护电流，保护对象直接与牺牲阳极连接，在电解质环境中构成保护电流回路。阴极保护主要用于土壤、海水等中性介质中金属构筑物的保护。例如，地下油气水管道、电缆、地电网等，港口码头、大型船舰、海上采油平台、海底管道电缆，以及大气环境中的桥板、楼房、停车场等。

2. 阳极保护

阳极保护通过提高可钝化金属的电位使其进入钝态而达到保护的目的。阳极保护是利用阳极极化电流使金属处于稳定的钝态，其保护系统类似于强制电流法阴极保护系统，只是极化电流的方向相反。只有具有活化-钝化转变的腐蚀体系才能采用阳极保护技术。例如，硫酸体系中金属结构物、氨水及铵盐溶液中金属结构物和造浆及造纸工业中钢结构物的保护。

（二）金属镀层技术

金属镀层技术，比较常用的有电镀、化学镀、热浸镀和涂镀。

1. 电镀

电镀是利用电化学的方法将金属离子还原为金属,并沉积在金属或非金属制品表面上,形成符合要求的平滑致密的金属覆盖层的一种表面加工工艺。

电镀作为表面处理手段其应用范围遍及工业、农业、军事、航空、化工和轻工业等领域。

2. 化学镀

化学镀也称为无电解镀,是一种不使用外电源,而是利用还原剂使溶液中的金属离子在基体表面还原沉积的化学处理方法,即 Me^{n+} + 还原剂 —→ Me + 氧化剂。

化学镀是一种新型的金属表面处理技术,该技术以其工艺简便、节能、环保日益受到人们的关注。目前,化学镀技术已在电子、阀门制造、机械、石油化工、汽车、航空航天等工业中得到广泛的应用。

3. 热浸镀

热浸镀简称热镀。所谓热浸镀就是将一种基体金属浸在熔融状态的另一种低熔点金属中,在其表面形成一层金属保护膜的方法。

热浸镀具有工艺简便、性能可靠、成本低廉、生产效率高、便于机械化生产、能迅速施加镀层等优点;热浸镀层美观,耐蚀性好。因此热浸镀在钢材防腐方面得到了广泛应用,如用于钢板(管)、型材、桥梁、铁塔、海洋栈桥、钻井平台和井架等。

4. 涂镀

涂镀是在工件表面局部快速电化学沉积金属的无槽电镀技术,所需设备较为简单轻便,主要包括一台专用电源设备,带有若干支石墨阳极的镀笔和辅助工具及涂镀液等。

涂镀时,接在电源正极上的镀笔与接在负极上的工件接触并做相对运动,通电时在电场的作用下,吸附在镀笔阳极棉套上的镀液产生电化学反应,涂液中的金属离子就在镀笔与工件接触的部位沉积,形成镀层。

涂镀技术是维修设备、修复废品、改善零件局部表面力学性能和理化性能的新技术。

(三)表面转化改性技术[15]

利用现代技术改变材料表面和亚表面的成分、结构、性能的处理技术称为表面改性转化技术或表面转化技术,主要包括以下几类。

1. 化学转化膜

化学转化膜，又称金属转化膜。它是金属或镀层金属表面原子与介质中的阴离子相互反应，在金属表面生成的附着性良好的隔离层。成膜的典型反应可用下式表示：$mM + nA^{z-} \longrightarrow M_m A_n + nze$。式中，M 为与介质反应的金属；$A^{z-}$ 为介质中的阴离子。

化学转化膜技术有着广泛的用途。它主要是用于防腐蚀，其次是用于冷加工。此外，由于氧化膜是多孔的，具有良好的吸附有机染料和无机染料特性，染色效果优异。

2. 电化学转化膜

电化学转化，也称金属或合金的阳极氧化。将金属或合金的制件作为阳极，采用电解的方法使其表面形成氧化物薄膜。如铝及其合金在相应的电解液和特定的工艺条件下，由于外加电流的作用，在铝制品（阳极）上形成一层氧化膜。阳极氧化如果没有特别说明，通常是指硫酸阳极氧化。金属氧化物薄膜改变了表面状态和性能，如表面着色，提高耐蚀性，增强耐磨性及硬度，保护金属表面等。

3. 表面形变强化

表面形变强化基本原理是通过机械手段（滚压、内挤压和喷丸等）在金属表面产生压缩变形，使表面形成形变硬化层。此形变硬化层的深度达 0.5～1.5 毫米。形变硬化层使得金属表面的强度、硬度得到了很大的提高，疲劳寿命也有了很大的改观。

（四）金属喷涂技术

喷涂即通过喷枪或碟式雾化器，借助于压力或离心力，分散成均匀而微细的雾滴，施涂于被涂物表面的涂装技术。

1. 热喷涂

热喷涂是将熔融状态的喷涂材料，通过高速气流使其雾化喷射在零件表面上，形成喷涂层的一种金属表面加工方法。根据需要选用不同的涂层材料，可以获得耐磨损、耐腐蚀、抗氧化、耐热等方面的一种或数种性能。

热喷涂是一种表面强化技术，是表面工程技术的重要组成部分，一直是我国重点推广的新技术项目。

2. 线（棒）材火焰喷涂

线（棒）材火焰喷涂是采用氧乙炔燃烧火焰作热源喷涂材料为线材的热

喷涂方法。线（棒）材火焰喷涂技术因使用成本低，涂层性优越而得到广泛应用，特别是在再制造过程中发挥着重要作用。

3. 粉末火焰喷涂

粉末火焰喷涂是采用气体燃烧火焰作热源，把自熔剂合金粉末喷涂在经过预处理的工件表面上，在保证工件不熔化的前提下，加热涂层，使其熔融并润湿工件，通过液态合金与固态工件表面的相互溶解、扩散，形成呈冶金结构并具有特殊性能的表面熔覆层。

4. 燃气爆炸喷涂

燃气爆炸喷涂是特殊设计的燃烧室内加入一定比例搭配的氧气和燃气，然后利用点燃混合气体发生爆炸所产生强大的热量和推力将粉末材料熔化高速喷向工件表面的过程。爆炸喷涂由于其推力大、速度快，因此能够实现涂层的高结合强度和低孔隙率。

5. 电弧喷涂

电弧喷涂是利用燃烧于两根连续送进的金属丝之间的电弧来熔化金属，用高速气流把熔化的金属雾化，并对雾化的金属离子加速使它喷向工件形成涂层的技术。电弧喷涂是钢结构防腐蚀、耐磨损和机械零件维修等实际应用工程中最为普遍使用的一种热喷涂方法。

6. 等离子喷涂

等离子喷涂技术是采用直流电驱动的等离子电弧作为热源，将陶瓷、合金、金属等材料加热到熔融或半熔融状态，并以高速喷向经过预处理的工件表面形成附着牢固的表面层的方法。喷涂可以使基体表面具有耐蚀、耐磨、耐高温氧化、电绝缘、隔热、防辐射和减磨等性能。

（五）气相沉积技术

气相沉积技术是利用气相中发生的物理化学过程，改变工件表面成分，在表面形成具有特殊性能的金属或化合物涂层的新技术。按照过程的本质可将气相沉积分为化学气相沉积和物理气相沉积两大类。

1. 化学气相沉积

化学气相沉积是利用气态物质在一定温度下于固体表面进行化学反应，并在其表面上生成固态沉积膜的方法。化学气相沉积是近几十年发展起来的制备无机材料的新技术。化学气相沉积技术已广泛用于提纯物质、研制新晶体等方面，已成为无机合成化学的一个新领域。

2. 物理气相沉积

物理气相沉积是在真空条件下，利用蒸发或溅射等物理形式，把固体的材料转化为原子、分子或者离子态的气相物质然后使这些携带能量的蒸发粒子沉积到基体或零件的表面上，以形成膜层的制备方法。

除上之外，尚有其他防腐技术可用。如缓蚀剂、涂料、堆焊、离子注入、高能束表面改性、纳米表面工程技术等。因篇幅有限，不能一一介绍。

综上，如果能将以上腐蚀防护技术恰到好处地使用，可将巨大的腐蚀经济损失减轻 20%～40%。以 2019 年为例，可减轻腐蚀经济损失 6700 亿～13000 亿元，相当于新疆 2019 年的经济总量（12199.08 亿元）。

追求腐蚀损失的最小化，既是社会经济发展微观、现实的目标，更是宏观、长远的目标；既是家庭个人乃至企业的基本目标，更是政府与社会的基本目标。能否把巨大的腐蚀损失降到最低限度，不仅关系到当代人的利益，而且关系到后代人的利益。

三、钢结构物其他过程中的腐蚀控制

"全面腐蚀控制"是一项系统工程，仅靠一两个环节是远远不够的。腐蚀无孔不入，凡有可能发生腐蚀的环节，都应该进行控制。除此之外，尚需在制造、安装、储运、检修过程中进行腐蚀控制。这些方面，常容易被人们所忽视，给腐蚀发生、发展提供了客观条件。

（一）制造（加工）、安装过程中的腐蚀控制

1. 制造（加工）过程中的腐蚀控制

设备装置零部件制造过程中产生腐蚀的环节很多，其中有几个环节，应尤为注意。

（1）铸造过程中的腐蚀控制　铸造是指将固态金属熔化为液态倒入特定形状的铸型，待其凝固成型的加工方式。一般来说，在材质和介质条件相同的情况下，铸钢件比轧材的耐蚀性要差。其主要原因是铸造过程中产生的砂眼和夹渣等造成缺陷，为引发腐蚀造成了客观条件。

铸造应力也是一个非常重要的影响因素。铸造应力指的是铸件在凝固和以后的冷却过程中体积的变化不能自由进行，于是在产生形变的同时还产生应力。应力和腐蚀介质的共同作用是引起腐蚀的条件，破裂则是腐蚀发生的结果，但应力和腐蚀介质的关系不是加和的关系，而是互相配合对腐蚀起促

进的作用。换言之，没有应力的配合，单纯有腐蚀介质或没有介质，单纯有应力作用都不会导致材料的破裂。因此，为了抑制铸造应力对腐蚀的影响，除了要改进铸造工艺、调整铸钢成分设计外，还要减小和消除铸造应力。常用的方法有：自然时效法、人工时效法和振动时效法。

（2）焊接过程中的腐蚀控制　焊接过程的不均匀温度场以及由它引起的局部塑性变形和比容不同的组织便产生焊接应力。焊接应力对焊接产生多方面的影响，如对强度的影响、对刚度的影响、对加工精度的影响、对尺寸稳定的影响和对耐蚀性的影响。

奥氏体不锈钢在焊接时，如果不对焊接接头采取有效的措施进行处理，在腐蚀介质工作一段时间后，其焊接接头会产生三种腐蚀现象：整体腐蚀、晶间腐蚀和应力腐蚀。其中晶间腐蚀是不锈钢最危险的一种破坏形式。因此，提高奥氏体不锈钢焊接接头抗晶间腐蚀的能力，对产品的使用寿命非常重要。

防止晶间腐蚀的措施有：采用超低碳不锈钢，重新固溶处理，稳定化处理，采用双相钢。

防止和减少焊接应力的方法有：选择合理的装焊接顺序，选择合理的焊接参数，预热法，加热"减应区"法，锤击法等。

（3）冷热作成型过程中的腐蚀控制[16]　在冷却加工时常产生较大的残余应力，当加工程度大，冷作硬化性高时残余应力更高，对腐蚀有较大影响。

在热作加工时，一般引起的残余应力较小，但加热不均匀、不适当的冷却操作及升温受约束可产生危险的残余应力，另外热加工可能引起碳钢的脱碳，不锈钢在敏化温度范围内加热可能产生晶间腐蚀倾向等，故热加工应选择正确的工艺。对不锈钢应选择适当的加热温度和时间，避免在敏化区进行处理。热加工后应根据不同的钢种，按不同规范进行热处理和表面酸洗钝化。由于冷却而产生的残余应力会促进应力腐蚀破裂，如果设备的工作介质对材料有应力腐蚀敏感的话，在制造中应采取消除应力的措施，或者采用热加工而后进行热处理。

2. 安装过程中的腐蚀控制

安装过程中依然存在许多腐蚀隐患，亦需加以控制。

（1）安装过程中防止碰撞、划伤，造成局部腐蚀；

（2）安装时防止残余应力过大和应力集中，进而造成应力腐蚀；

（3）安装异种零部件时，必须采取绝缘措施，防止产生异种金属腐蚀；

(4) 安装时对需要锉修或打磨的零部件，需重新进行防腐处理，以防造成局部腐蚀；

(5) 安装中防止强迫装配，构件之间配合过紧，会引起附加应力以及错位等缺陷；

(6) 安装过程中应彻底清除外来物，防止接触腐蚀；

(7) 安装过程中对不锈钢设备防止氯离子污染，对钛设备防止铁离子污染。

（二）储运、检修过程中的腐蚀控制

1. 储运过程中的腐蚀控制

储运过程中的腐蚀控制，是指储存与运输过程中的腐蚀控制。储运过程中的腐蚀控制，通常有如下措施。

(1) 临时涂层保护　临时涂层保护包括可剥离涂层、干漆涂层、蜡类涂层、脂类涂层、油类涂层。这些临时性的腐蚀防护可有效地防止设备零部件在储存、运输过程中环境的作用所造成的腐蚀损伤。但应尤为注意的是，临时性保护措施，不能对保护对象和环境造成危害，更不能对人身健康造成损害或由此而引发其他问题。

(2) 包装防护措施　运输途中的损坏是一种隐形的成本。腐蚀就是其中之一，潮湿是造成腐蚀的主要原因。对某种特定的器械和敏感的仪器，即便是短时间暴露在轻度潮湿的环境里也可能会带来不可估计的损失。那么选择适合的包装是极为重要的。目前推荐的防腐包装方法有：铝铂袋＋干燥剂、挥发性防锈抑制剂（VCI）。除此外，尚有一些传统的方法，如防锈油（油型、脂型、稀释型）、水基防锈剂、可剥性塑料（热浸可剥性、溶剂可剥性）。

(3) 库存防护措施　储库是金属设备、零部件临时存放或较长时间储存的场地。为了防止腐蚀，库存时应注意以下几点：

① 库存期间要保持环境干燥清洁，避免日晒雨淋，避免内部积水，并根据具体情况采取防锈措施；

② 设备、零部件入库时，应尽量不要把冷的构件立即放入储库温度较高的位置，防止结露发生腐蚀；

③ 储库的位置应避开污染源，以防止污染性气体、粉尘对设备零部件造成腐蚀损害；

④ 库存堆放过程中，应轻拿轻放，杜绝"野蛮搬运、装卸"，以防破损

而导致腐蚀；

⑤ 对库存时间较长的设备、零部件，应定期开窗通风，保持空气流通、干燥；

⑥ 库存的设备、零部件，其底部应采用隔潮材料铺垫，防止受潮腐蚀。

2. 检修过程中的腐蚀控制

对设备定期或不定期进行预防性的或恢复性的检查与修理工作，称为检修。检修是生产企业管理的重要组成部分，对生产设备的安全性、经济性有着重大影响。特别是对一些腐蚀风险极高的设备装置尤为重要。例如锅炉设备是在高温高压下工作，运行一段时间后，由于零部件的磨损、变形、严密性降低、材料使用寿命的缩短，受热面结垢、结渣、堵灰、腐蚀等现象的出现，均会影响锅炉运行的安全性与经济性。为此，必须定期地、有计划地对设备进行预防性的和恢复性的检修，以便及时地检查、发现和消除设备存在的缺陷，消灭潜在的事故因素，提高设备的安全性、可靠性、经济性，延长设备的使用寿命，降低能耗，减少污染，提高生产效率，降低生产成本等。

从腐蚀角度而言，检修既是对以往腐蚀状况的鉴定，同时也是对新选防腐措施的考察。因此，在检修过程中，应注重做好以下几点。

(1) 现场腐蚀状况的检查与评定　腐蚀状况的评定主要是对金属设备零部件本身进行检测，或者是对腐蚀介质的变化进行测定，也可以两者都进行考察。

① 表观检查评定。表观检查可以分为宏观检查与微观检查两种。宏观检查就是用肉眼或低倍放大镜对设备零部件的腐蚀形态进行仔细的观察和检查。它不依靠精密仪器，就能初步确定金属设备零部件的腐蚀形态、类型、程度等信息。微观检查就是利用金相显微镜或者扫描电镜、透射电镜、电子探针、X射线结构分析仪器对被腐蚀设备零部件的表面或断口进行检查，是宏观腐蚀检查的进一步确认，从而给出被腐蚀损坏的零部件是维修还是更换的结论。

② 重量法检查评定。对于一些方便设置"试片"的环境系统，可通过设置"试片"的方法，测量其重量变化进行检查评定，它可分为增重法和失重法两种。重量法可为检修人员提供设备零部件遭受腐蚀后，其重量、厚度、力学性能、组织结构等发生变化的有关信息，为评定前期腐蚀和下一步腐蚀控制提供第一手资料。

③ 提出鉴定结论与建议。通过以上或其他检查方法,给出检修鉴定意见,即现有零部件腐蚀状态,危险程度,使用意见等。

(2) 检修过程中的腐蚀控制　应注重以下几点:

① 对于停车检修的设备装置,应除去设备装置中的积液和腐蚀产物、垢物,以防止检修期间造成局部腐蚀。

② 对于需更换的零部件,要注意与原构件材质一致,避免发生电偶腐蚀。其连接应采取相应的规避腐蚀措施。

③ 对于检修的零部件,应尽可能避免产生残余应力,以防后期使用留下腐蚀隐患。

④ 对于需要清洗的零部件,要防止清洗过程中发生腐蚀和清洗后滞留残液造成腐蚀。

⑤ 检修过程中,不得损坏原有的腐蚀防护措施,必须损坏时,应重新按照原设计恢复。

⑥ 检修环境应清洁,防止检修期间环境污染造成腐蚀。

(3) 检修情况整理归档　检修结束后,应将检修产生的所有资料整理归档。内容包括:检修时间、腐蚀表观现象、腐蚀检查鉴定评价结论、更换或维修的零部件型号、配件编号、配件物资编码、检修单位、检修人员等。对于一些比较重要的情况,需要附加照片、详细记录、有关数据和信息资源等。

四、钢结构物腐蚀的全面管理

"全面腐蚀控制"是一项系统工程,它不仅包括工程防腐,还包括非工程防腐。以上给出的腐蚀控制方法是工程防腐;腐蚀全面管理则属于非工程防腐,即"全面腐蚀控制"的一个方面。工程防腐与非工程防腐之间的区别在于:工程防腐是技术问题;非工程防腐是规划管理问题。两者的联系是:互相补充,科学配置,缺一不可,协调运用才能收到最佳效果。

(一) 腐蚀全面管理的意义

我国是世界上腐蚀严重的少数国家之一,腐蚀种类多、分布地域广、发生频率高、造成损失重。在社会经济快速发展的背景下,我国腐蚀损失不断增加,腐蚀事故时有发生,我国面临的腐蚀形势严峻而复杂,腐蚀风险进一步加剧。在这种情况下,开展腐蚀全面管理,具有特别重要的意义。

1. 腐蚀全面管理事关经济发展

腐蚀导致经济的巨大损失已是众所周知的事实。无论是从微观上还宏观上，都损害着经济发展，阻碍社会的进步。据统计，我国每年汽车腐蚀造成的经济损失达1000亿元以上（来源：中国腐蚀与防护网），占汽车行业产值的2.2%。2014年，中国腐蚀总成本至少为21278.2亿元，占当年GDP的3.34%。从腐蚀损失的现象来看，损害的是当代人的即时利益，从长远来看，损害的是社会经济发展的未来利益。如果能够实施腐蚀全面严格管理，将巨大的腐蚀损失降低20%，是完全可能的。由此带来的巨大收益，显而易见。

2. 腐蚀全面管理事关国计民生

腐蚀浪费了大量资源能源，破坏了生态环境，损害经济发展的同时，又损害着人们的生命健康，从根本上损害了社会可持续发展的物质条件。严格实施腐蚀管理，不仅可以节约资源，保护环境，呵护人们的生命与健康，而且为社会经济可持续发展奠定了良好的基础。

3. 腐蚀全面管理事关生产安全、社会稳定

腐蚀造成危险物质泄漏引发的爆炸以及腐蚀破坏钢结构物的断裂，会给人们带来猝不及防的安全事故，危及财产和人身安全，影响社会稳定。实施腐蚀全面严格管理的目的就是要保证生产、人、环境三者的最佳安全经济效益和社会效益，为社会可持续发展提供良好社会环境。

4. 腐蚀全面管理事关高新技术产业的发展

新工艺、新技术必须要有新的设备材料才能实现工业化生产，如果腐蚀问题不能很好解决，就会造成巨大障碍。资料显示，早期高压尿素甲铵生产设备、早期油田开发设备、异丁烯生产装置等，都是因为腐蚀问题难以解决，而不能如愿以偿按期投入大规模生产。1986年1月28日，美国"挑战者号"航天飞机升空73秒发生空中爆炸，其事故的原因是O形密封圈在环境作用下出现老化失效，造成燃料泄漏发生爆炸。如果在安装、调试过程中注意到这方面的腐蚀问题，或许不会发生如此惨重的航天事故。不难看出，设备、构件在许多过程中的腐蚀控制与管理，容易被人们疏忽，否则会酿成恶果。

（二）腐蚀全面管理的特点

腐蚀经济学以及管理科学的性质与任务，决定了腐蚀管理具有综合性、整体性和群众性的特点。

1. 综合性

综合性就是把系统的各部分因素联系起来,考察其中的共同性和规律性。腐蚀全面管理涉及经济、技术乃至社会生活、社会道德、伦理等诸多因素,并且其论证、分析的对象往往是多目标、多因素的集合体。这里面既有经济分析问题,又有技术论证的要求;既要注重腐蚀控制对象的特点,又要考虑社会状态、经济发展水平、科学技术条件、工作人员的素质现状等背景对腐蚀全面管理方法是否提供了可行性的条件。显然,需要做综合的分析与思考,采用系统的、综合的方法处理和解决腐蚀问题。否则,以狭义的、片面的思维方式进行管理不但达不到预期的效果,还会产生负面影响。

2. 整体性

整体性,就是把研究对象看作由各个构成要素形成的有机整体,从整体与部分相互依赖、相互制约的关系中揭示对象的特征和运动规律研究对象整体性。

腐蚀全面管理是一项系统工程,凸显了整体性的特点。腐蚀全面管理对象的整体性是由形成它的各要素的相互作用决定的。因此,它不要求人们事先把管理对象分成许多简单成分,分别地进行考察,然后再把它们机械地叠加起来,而要求把腐蚀管理对象作为整体来对待,从整体与要素的相互依赖、相互关联、相互制约的关系中揭示腐蚀管理系统的整体性。

3. 群众性

群众性是指面向群众,联系群众,依靠群众,共同担当腐蚀管理责任。我们知道,腐蚀现象遍布世界每一个角落,危害着全人类共同的利益。我们每个人既是腐蚀的受害者,也是腐蚀的管理者,或是腐蚀安全的受益者。所以,自觉地预防和管理腐蚀,降低腐蚀与腐蚀事故损失是每一个社会公民应该担当的责任。因此,腐蚀全面管理应该从每个人做起,从现在做起,是一项永远、持久性的活动,这既是腐蚀全面管理的起点,也是实现腐蚀损失最小化目标的着力点。

(三)腐蚀全面管理的内容

依据腐蚀经济管理任务和特点,腐蚀全面管理的内容大致如下,供读者参考。

1. 腐蚀的制度管理

建立、健全腐蚀管理制度,是实现腐蚀全面管理的重要保证。其任务是督促各级、各部门和各企事业单位，用制度约束人们的社会经济和生活活动行为，有效地预防和减轻腐蚀与腐蚀损失。腐蚀经济也需要用制度进行管理、监督与指导。例如，腐蚀事故发生后，与事故有关的人员最关心的问题是责任由谁来担当，经济损失由谁来赔偿，包括刑事责任和经济责任。在实际操作中，腐蚀事故的处理，往往由于责任难以确定，经济损失难以统计等原因，迟迟不能得到公正处理。腐蚀管理制度的建立，可以明确地规定出事故经济责任的处理办法和意见，使事故经济责任对象以及责任大小的确定有明确的依据，并最终使事故经济责任的处理公平合理，这是实施腐蚀全面管理的重要内容之一，从而促进企事业单位在工程设计、选材、建设、运行维护等各个阶段，采取针对性的腐蚀防护措施。引导企事业单位统筹、长远地进行腐蚀管理，将设施、设备全寿命周期服役安全性、全寿命成本控制纳入具体实施设备的考核评价目标，并在腐蚀问题关乎人民群众生命安全敏感行业、部门和单位强制执行。

2. 腐蚀的经济管理

腐蚀经济管理，包括经济损失评估、非价值因素损失评估和腐蚀防护投入/产出评估三大部分。

（1）经济损失评估　腐蚀造成的经济损失的评估包括直接经济损失、间接经济损失，其统计的对象主要是物质或财产的毁坏、时间的损失等。这类损失可以直接用货币衡量。

（2）非价值因素损失评估　非价值因素损失的评估包括直接非经济损失、间接非经济损失，其统计的对象主要是生命、健康等非价值对象。这类损失不能直接用货币计量，需要采用一定的转换方法来计量。

（3）腐蚀防护投入/产出评估　投入/产出是经济效益评价指标，即"产出量"大于"投入量"所带来的效果或利益。一般来说，一定的腐蚀防护耗费和资金占用取得的有效成果越多，表明腐蚀防护效益越高；反之，为取得同量的有效成果，腐蚀保护耗费和资金占用越多，则表明经济效益越低。随着腐蚀防护技术的发展和普遍应用，腐蚀防护经济效益的作用日益凸显。腐蚀防护效益的价值也得到了普遍接受和认可。

3. 腐蚀的技术管理

技术管理是指企业的防腐蚀技术开发与应用、耐蚀产品与材料研发、防腐技术合作以及技术转让等进行计划、组织、指挥、协调和控制等一系列管理活动的总称。企业技术管理的目的，是按照科学防腐技术工作的规律性，建立科学的工作程序，有计划地、合理地利用企业技术力量和资源，把最好、最新的腐蚀控制技术尽快地转化为现实的生产力，以推动企业技术进步和经济效益的实现。

4. 腐蚀的宣传教育管理

腐蚀事故调查显示，由于人为操作失误、腐蚀防护安全意识薄弱，或由于人的思想意识、心理素质、态度和行为不能适应腐蚀客观规律的状态和发展所造成的事故约占事故总数的60%～80%。因此，开展干部、职工的腐蚀安全知识宣传教育尤为重要。唤起人们对腐蚀危害的觉醒，自觉呵护腐蚀安全，宣传教育是最佳、最有效的办法。

腐蚀的宣传教育管理包括：腐蚀危害教育、腐蚀安全教育、腐蚀防护基础知识教育、腐蚀事故救援教育、腐蚀经济管理和技术管理教育、腐蚀防护效益管理教育等。

（四）腐蚀全面管理的保障对策

腐蚀全面管理不是一句口号，而是一项实实在在的操作系统。要全面实施腐蚀管理战略，必须设置保障措施，才能使其落实到具体工作之中。

1. 要将腐蚀管理投入，纳入企业投资机制管理

（1）腐蚀管理投入的概念　腐蚀管理投入是腐蚀管理过程中发生的一切人力、物力和财力的总和。人员、技术、设施等的投入，腐蚀安全教育及培训费用，劳动防护及保健费用，事故救援及预防、事故伤亡人员的救治花费，等等，均视为全面腐蚀控制管理投入。

（2）明确企业腐蚀管理投入的比例　在腐蚀损失调查的基础上，明确企业腐蚀管理投入的比例，保证有钱干事。由于行业性质不同，腐蚀环境、条件不同，投入的比例也不尽相同。表12-1给出的中国五大经济领域直接腐蚀成本比，可用来作为腐蚀管理投入的比例参考值（反推法）。

（3）实行腐蚀管理经费稽查制度　有了专项腐蚀管理经费，还要保证用在"刀刃"上。腐蚀管理经费稽查，可利用财务审计，形成独立报告，报送生产监管部门备案，防止挪用、乱用，以保证投入到位，效果良好。

2. 要将腐蚀管理权限，纳入政府部门管理

政府部门管理是运用国家权力对社会事务的一种管理活动。政府部门管理系统是一类组织系统。它是社会系统的一个重要分系统。随着经济发展，涉及腐蚀问题日益广泛而繁多，且构成复杂的社会-经济-自然系统，腐蚀行政管理便显得尤为重要。

把腐蚀管理纳入政府部门管理，在国际上早有先例，苏联与英国之前就设有国家管理腐蚀的机构，运用国家权力对腐蚀问题实施全面管理，取得不菲效果。建议参考他们的做法，从国家到地方，设立（或指定）一个部门对腐蚀问题实施全面管理，进而增加腐蚀控制管理的话语权。这无论是从国家的层面，还是从基层的角度，都是非常必要的。目前，我们在这方面尚存在缺位，应当引起有关领导和部门的重视。

3. 要将腐蚀管理机制，纳入立法管理

腐蚀是"顽症"，必须采用铁腕根治，即立法管理是最好的选择。提出依法管理的依据主要有三点：一是腐蚀损失巨大，严重损害了社会财富和既得利益；二是腐蚀对公共安全、资源安全、生态安全构成危害；三是腐蚀问题日益恶化，需要采取强制措施整治。可以说，腐蚀问题是目前社会最严重、最现实的问题，也是其他灾害无法比拟的棘手问题，目前所能运用的措施，基本上都付诸实践应用，但最遗憾的是法律措施至今尚缺。

立法管理腐蚀也不是我们的发明，在发达国家已有应用。如美国、日本等在管理地下管道、杂散电流腐蚀方面，已有明确的法律条文，规定了"应该怎么办""不应该怎么办""不履行责任的怎么办"，收到良好效果。

将腐蚀问题立法管理，其重要性体现在：一是提高了腐蚀控制管理的指导性和约束性。法律对相关人员做些什么工作、如何开展工作都有一定的提示和指导，同时也明确相关人员不得做什么，以及违背了会受到什么样的惩罚。二是鞭策性和激励性。法律条文有时就张贴或悬挂在工作现场，随时鞭策和激励着人员忠于职守、事必躬亲、心无旁骛。三是规范性和程序性。法律对实现腐蚀控制管理工作程序的规范化，岗位责任的法规化，管理方法的科学化起着重大的监督作用。目前，国内有的行业已立法管理腐蚀，但在面上尚缺这方面的法律条文。

综上，全面腐蚀控制的目的是"守业"，其产生的效益是"减负"。这完全有别于常规经济学的概念，即社会财富的增加或经济的增长。"减负"的实质意味着"增长"，增长的作用，无疑助力了可持续发展。

第四节　调整经济与腐蚀之间的关系，推进可持续发展

自古以来，腐蚀与人口数量、社会状态和经济发展密切相关，有什么样的人口、社会、经济状况，就有什么样的腐蚀问题。原始社会，人口稀少，生产力极其低下，生产工具是石器，这时只有腐蚀现象，而没有什么腐蚀问题。腐蚀发展到今天，已由一个简单的"现象"演变成一个复杂的"问题"。研究可持续发展，需要把人与腐蚀之间、经济增长方式与腐蚀之间和产业结构与腐蚀之间的关系联系起来思考。这种思考与传统思考大不相同，传统的思考更多是被动、消极的防护，而这里所思考的是积极、主动从源头上阻断腐蚀。

一、更新思想观念，调整人与腐蚀之间的关系

全球性腐蚀问题的出现，导致了社会发展的负重前行。解决腐蚀问题的方法虽然很多，但首先要解决的是人与腐蚀之间的关系。

人与腐蚀的关系是随着人类生产能力的发展而变化的，二者的关系表现为一个历史性的发展过程。在早期社会，人类认识腐蚀和控制腐蚀的能力十分有限，在人与腐蚀关系上更多表现为人完全受制于腐蚀。随着人类生产水平的提高，人与腐蚀的关系开始发生转变，人类逐渐由完全受制于腐蚀转变为努力控制腐蚀，腐蚀成为人类控制的对象。农业社会以后，人类开始大规模改造自然，这样虽然扩大了耕地面积，满足了日益增长的粮食需求，却破坏了森林、草原、江湖，不仅导致了水土流失、土质下降、沙漠化、盐碱化，而且进一步使生态失去平衡，进而又加重了腐蚀影响。工业文明的出现使得人类和腐蚀的关系发生了根本性的改变：不被人类所重视的腐蚀现象，日益突出而严重。但进入20世纪以来，伴随着经济社会的发展，资源环境问题日益凸显，人们越来越认识到社会经济的发展是推动腐蚀发生、发展的原始动力。自此，人与腐蚀的关系问题正式进入了人们的研究视野。

当今，纯粹的自然环境很难找到，各类自然系统在不同层次、不同程度上受到人类活动的干扰，从而成为生态经济系统，随着生态经济关系的发展，腐蚀危害不断增加，强度不断增大，这也是腐蚀系统随着自然生态经济系统

的发展而发展的过程。研究腐蚀问题的注意力已由自然环境向人-自然环境转移。

调整人与腐蚀的关系,首先,应该了解腐蚀存在的状态;然后再去寻求调整人与腐蚀关系的有效方法和措施。

(一)人为腐蚀的基本特征

人为腐蚀是指由于人类自身的行为直接导致腐蚀的发生与发展,它是由于人类在生产、生活活动中的过错或过失造成的腐蚀。人为腐蚀的基本特征表现为以下几点。

1. 人为主导性

人为主导性是指人为因素具有主导性,其他因素成为附加条件。如人的过错与过失,都属于行为人主观方面的错误,但在很多情况下是无意识错误。比如应力腐蚀断裂事故,在很多情况下,是生产加工过程中无意识错误导致的结果。冬季公路撒盐融雪、防滑引起金属构筑物的腐蚀,也具有类似的性质。

2. 认知匮乏性

认识匮乏性是指由人们对于腐蚀原理缺乏深入了解而造成的腐蚀后果。例如,在机械装置生产制造过程中,把不同性质的金属材料连接在一起,并无任何防腐措施,从而造成异种金属接触腐蚀。还有微生物腐蚀的问题,也常被人们所忽视。然而,这种忽视多是认知匮乏造成的。

3. 违章违法性

违章违法是指主观上的过错所实施或导致的、具有一定的危害性,应当追究责任者责任。比如,有的行业有明文规定,埋地金属管道、储罐必须施加阴极保护,以保护设备、设施的安全,并要求定期巡查其管(罐)/地电位等参数。然而,管理单位为了节约开支,常不按规定巡查,这就属于违规操作,应当追究其责任。

4. 影响放大性

人为腐蚀比自然腐蚀更具破坏性,诸多社会人文因素对人为腐蚀具有效应放大的作用。一旦发生,就可能造成社会影响,从而引发一系列的扩张、延续、效应放大。在当今信息传播极快的社会,稍有影响的一件事,就会像多米诺骨牌一样,迅速衍生效应。例如,一起腐蚀爆炸事故,造成人员伤亡和环境污染,一夜之间就可能成为全国性乃至世界性新闻。

(二)人为自然腐蚀的基本特征

地球上自从有了人,世界就逐渐变了样。当今的世界已不再是原始的世界,而是人化了的世界,地球表面的现有面貌,已经包含了人类活动。它的许多方面的表现,都是人类活动的产物,其中,腐蚀已不再是原始生态环境中的腐蚀现象,而成为生态经济系统问题。人为自然腐蚀是自然系统和人类行为之间的物质和能量交互作用的结果,从而导致金属材料失效。其基本特征如下。

1. 因果表现不一

人为自然腐蚀是人的行为与自然环境因素交互作用造成的后果。实际上是人为引发的,而又以自然的形态表现出来。例如,酸雨的形成主要是人为地向大气中排放大量的酸性物质造成的,而又以自然的降雨形式表现出来。在人为自然腐蚀的最初阶段,是正常自然-社会现象,只有这种现象积累达到一定水平,才能表现为一种看似自然灾害形成的腐蚀。

2. 腐蚀孕育期较长

人为自然腐蚀是一个长期的社会过程,逐渐产生腐蚀破坏力。一旦爆发就会造成消极的效果。例如,大气与水体污染造成的腐蚀破坏,是由于自然环境自身难以完全净化人类排入大气和水体中的废气废水。而逐步积累造成的污染,进而又加重了对腐蚀的影响。

3. 循环破坏

人为自然腐蚀具有循环破坏性。人为自然腐蚀是人为与自然相互作用的结果,一方面,人为自然腐蚀以自然的形式爆发,必然会损害大气、水、土壤环境;另一方面,环境恶化,又进一步加重了金属材料以及非金属材料的腐蚀影响。如此循环往复,使环境不断恶化,腐蚀不断加重;腐蚀不断加重,环境又不断恶化……

(三)人为、人为自然腐蚀的综合特征

无论是什么样的腐蚀,都是一个极其复杂的系统问题,其发生、发展以及爆发事故的整个演化过程都是人与自然、自然与腐蚀、腐蚀与人之间关系的一种表现。概括起来,具有以下几个突出特征。

1. 腐蚀系统具有复杂性

腐蚀系统是由孕育腐蚀环境系统、致腐因子系统、承腐系统和操作系统

组成，而每一个系统又包括各自的子系统，从而构成因素众多、规模庞大、构成复杂、多输入、多输出、多干扰、多变量、多参数、多目标，并具有主动性、分散性、信息不完备性和不确定性等特点的复杂系统。

2. 腐蚀系统具有非线性性质

腐蚀系统对于环境输入的响应不具备线性叠加的性质，即在一个系统中，两个不同因素的组合作用不是两个因素单独作用的简单叠加。在自然腐蚀、人为腐蚀、人为自然腐蚀中大量存在的是非线性相互作用，即在一个系统中一个微小的因素能够导致用它的幅值无法衡量的结果。混沌理论、分形理论等非线性研究指出分叉、突变、对初始条件的敏感依赖性、长期行为不可预见性、自相似性等，是腐蚀系统具有非线性性质的基本特征。

3. 腐蚀系统具有开放性

腐蚀系统是一个"人-自然-社会"系统，这一系统不断地与其环境发生着物质能量和信息的交换。体现了这一系统的开放性。一方面，腐蚀危害的形成，需要一定的条件。例如，需要从其外部环境系统中得到能量、物质或信息，内部因素才会发生变化，没有外部环境因素的作用，腐蚀危害不可能发生。另一方面，由于腐蚀的发生，又对外部环境系统产生影响，如环境污染。

4. 腐蚀系统具有动态性

腐蚀系统随着时间、环境的变化而变化。这是由于它的环境介质系统在不断地变化，引起金属材料内部的变化，进一步引起腐蚀系统结构与功能的变化，从而呈现显著的动态性。

5. 腐蚀系统具有不确定性

腐蚀系统的不确定性包括腐蚀的发生与发展，各种腐蚀征兆与后果，腐蚀危害程度与破坏力等，都是难以辨识和判断的，具有很强的随机性。随着科学技术的发展，人们逐渐能够掌握和辨识腐蚀系统本身所发出的模糊的信息，从而了解腐蚀发生与发展的状态，并能在一定程度上调控腐蚀系统。

6. 腐蚀系统具有生态经济性

腐蚀破坏对象主要是生态经济系统，其危害作用对生态经济系统的许多方面都产生深刻而广泛的负面影响。如果离开生态经济系统，无从谈及腐蚀危害。

（四）更新观念，调整人与腐蚀之间的关系

人与腐蚀的关系问题始终伴随着人类的发展史。在人类没有诞生之前，腐蚀现象早已存在于自然环境之中，自人类诞生以后，才与腐蚀形影相随。

在人类诞生初期，由于生产力水平十分低下，人类与腐蚀相安无事，和谐共存。随着科学技术的快速发展，人类的认识水平和实践能力大大提高，利用科学技术改造自然的能力也大大增强，逐渐使人与腐蚀之间的矛盾日益凸显，并且呈现日趋恶化的形势，其带来的破坏性和灾难性的后果直接危害到人类的生存与发展。在经历了惨痛的教训后，人类逐渐开始反思自己的行为，并重新审视人与腐蚀之间的关系。人们逐渐认识到自身与腐蚀之间是辩证和谐统一的关系。即人与腐蚀是一个有机统一的整体，存在相互依存、相互依赖、协同发展的关系。人类是这对矛盾的主体，可以通过自身的努力，去主动调整人与腐蚀之间的关系。

1. 克服极端思想，服从腐蚀规律

古往今来，各种腐蚀都是客观的自然、社会现象，其总体上都具有不可避免性，可以相对减轻。人类长期以来，对腐蚀的认识有两个极端倾向。一是千方百计阻止腐蚀；二是放任腐蚀。经过长期的社会实践，证明这两种极端思想都是认识上的误差。腐蚀原理决定了腐蚀是不可完全阻止的，对社会经济的破坏作用自然是不可完全避免的。但经过人类长期不懈的探索，总有一些办法可将腐蚀与腐蚀损失相对减轻。因此，要实现人与腐蚀的协同发展，必须克服极端思想，服从腐蚀规律，将腐蚀与腐蚀损失降到最小化，使经济效益最大化，把腐蚀的发生与发展限制在一个合理的范围，既不可能完全阻止，又不能让它任性发展，这是目前人类协调与腐蚀关系的最佳选择。

2. 突破人类中心主义，保护生态文明

工业革命以来，随着科学技术的进步和生产方式的发展，人类奏出了文明发展的最强音，人类在自然面前俨然成为主人，与此相应产生了人类中心主义思想。人类中心主义强调人类对自然的无限制征服、掠夺，绝对地以人为中心，把自然界视作服务于人类的工具，人就以一种独立的力量出现在大自然中，以自己的智慧和力量影响着自然，改造着自然，而且这种影响和改造还将永不停止地继续下去[17]。人类为了生存和发展，在一定程度上选择、影响、调节和改造自然环境，使其为自己服务。然而，当能量从一种形式转换成另一种形式时，总要有所损失，付出代价。人类获得巨大财富的同时，

又破坏了自然环境，引起环境状态的恶化，使其腐蚀强度进一步加重。

尊重自然是人与自然相处时应秉持的首要态度，要求人对自然怀有敬畏之心、感恩之情、报恩之意，尊重自然界的创造和存在，绝不能凌驾于自然之上。建设良好的生态文明，既是普惠的民生福祉、人类生存与健康的基础、展现我国良好形象的发力点，是"生产力"和"金山银山"，同时也为缓解日益严重的人为腐蚀创造了良好条件。说到底，人与自然的关系协调了，腐蚀与自然之间的关系就会得到改善，人为自然腐蚀就能得到有效遏制。

3. 节制享乐欲，改变不合适的生活方式

目前，我国的消费趋势正从重视生活水平的提高向重视生活质量的提高，从满足基本生存需要向追求人的全面发展转变。在这一转变过程中，有一部分人开始追求享乐生活。资料显示，2010年中国境内奢侈品消费高达65亿美元，连续三年全球增长率第一，销售量第一。随着经济的发展，富裕起来的中国人对奢侈品消费的心理欲望越来越强烈，正以自己独特的方式，实现着有关奢侈的梦想。如豪华装修、奢华服饰、天价保健品和生活用品，以及各种各样变相的奢侈性娱乐方式，已经在人们的衣、食、住、行等各个方面愈演愈烈。享乐生活方式，使人过度掠夺自然资源、恶化生态环境。因此，一切享乐型产品和生活方式的问世和普及，都会进一步强化腐蚀问题和其他社会问题。

节制享乐欲望，改变不合适的生活方式，从根本上来说，就是提倡绿色消费，也称可持续消费，是指一种以适度节制消费，避免或减少对环境的破坏，对资源的浪费，崇尚自然和保护生态等为特征的新型消费行为和过程。绿色消费的本质特征直接体现了：节约资源，减少污染；绿色生活，环保选购；重复利用，多次使用；分类回收，循环再生；保护自然，万物共有。所以，绿色消费是一种适度消费，一种有节制的消费，一种保持物质与精神之间平衡的消费，一种保护资源、环境的消费，一种有利于遏制腐蚀的消费，应大力提倡。

4. 不满足于现状，大力发展新科技

摆在我们面前的两个事实必须承认：一是腐蚀是客观存在的自然、社会现象，在较长时间内是不可消灭的；二是人类经过上千年的探索，腐蚀控制是有效的，但不可完全阻止，所能达到的能力，也不过是腐蚀损失总量的1/3左右。在这种情况下，人类不应满足于已经取得的成就，应永不

懈怠地为更好控制腐蚀寻求新的科学技术方法。对于人类来说,要协调人与腐蚀之间的关系,科技发展是重要的前提条件。只有在人类掌握的科学技术水平能够控制、影响腐蚀的时候,才能彻底实现人与腐蚀的协同发展。协同发展中既有服从又有"斗争",协同是以人类科技、文化进步作为核心内容。就腐蚀本身而言,随着科学技术水平的提高,腐蚀的能量受到日益强大的科技力量的控制也是必然的,人类要彻底消灭腐蚀的梦想也可能成真。

总之,人类的发展受到腐蚀的制约,而人在腐蚀面前又是完全能够有所作为的,通过人类的努力,一定能够调整好人与腐蚀之间的关系,人类与腐蚀将会协同发展于社会进步之中。

二、转变经济增长方式,调整增长与腐蚀之间的关系

转变经济增长方式,狭义指 GDP 增长方式,即把 GDP 增长作为经济增长的目标与指标的增长方式;广义指社会财富的增加方式,即价值的增长方式。目前,我国的经济增长方式正由粗放型向绿色型转变。粗放型增长方式是依靠增加资金、资源的投入来增加产品的数量,推动经济增长的方式。绿色增长方式是在追求经济增长和发展,同时又防止环境恶化、生物多样性丧失和不可持续地利用自然资源的增长方式。作为可持续范式之一,绿色增长被普遍视作一个更能摆脱经济停滞的途径而受到理论界的广泛关注,然而它仍是一个较新的概念,尚需在理论上、实践上进一步研究探讨。

(一)粗放型经济增长方式的基本概念与特征

1. 粗放型经济增长方式的概念

粗放型经济增长方式是指在生产技术水平较低的条件下,主要依靠增加资金、人力、物力等生产要素的投入来提高产量或产值的那种经济增长。即通过扩大生产场地,增加机器设备,增加劳动力等来实现经济增长。

2. 粗放型经济增长方式的突出表现

(1)能源资源的消耗速度超过了经济增长速度 2001~2004 年,我国国内生产总值年均增长 8.7%,而能源消费年均增长 10.9%,能源消费弹性系数(能源消费增长速度与国内生产总值增长速度之比)达 1.3,这是改革开放以来能源弹性系数最高的时期。能源消耗水平比较见表 12-3。

表 12-3　能源消耗水平比较[18]

国家	日本	意大利	法国	德国	英国	美国	加拿大	中国
1美元所消耗的能源	1.00	1.33	1.50	1.50	2.71	2.67	3.50	11.50

注：以日本为基数 1.00。

(2) 能源资源利用率低，单位产品的能耗普遍高于世界平均水平　目前，我国能源利用效率仅33%，比发达国家低约10个百分点；电力、钢铁、有色、石化、建材、化工、轻工、纺织等8个行业主要产品的单位能耗平均比国际先进水平高40%。

(3) 盲目投资、重复建设导致的产业、产品趋同现象严重　铁合金行业2006年的生产能力为2213万吨，企业开工率仅有40%左右；铜冶炼行业建设总能力205万吨，2007年底形成近370万吨的能力，远远超过当年国内铜精矿预计保障能力。

3. 粗放型经济增长的特征[19]

(1) 从经济增长的目标角度出发，粗放型经济增长方式追求的是高速度和高增长，并且高速度是建立在高投入的基础上，通常表现的状态即有了高速度才会有高增长，速度是增长的前提，而没有速度就不会有增长。这种追求高速度和高增长的目标决定了经济增长主要依靠生产要素的不断投入，通过扩大生产规模和组建投资新项目来达到经济增长的目标，从而带来"高投入、高排放、低效率"等问题。

(2) 从经济增长的结果角度来看，粗放型经济增长方式是以高投入和高消耗来实现经济增长的，不考虑或很少考虑投入与产出的比重，所以粗放型经济增长对自然资源造成了严重的破坏，同时也产生了大量的污染，其结果是"收不抵支"。

(3) 从经济增长的代价角度考察，粗放型经济增长方式对生态环境造成了极大破坏。其破坏主要体现在两大方面：一是对资源的过度开采和过度利用；二是对环境过度破坏和污染。粗放型经济增长使生态环境的平衡遭到破坏，并且使人类赖以生存的自然环境遭到严重损害，已危及社会经济的可持续发展。

4. 粗放型增长方式，在经济发展进程中不可逾越

粗放型增长方式是不可持续发展模式，受到社会严厉批评。然而，粗放

型增长方式在中国经济发展进程中是一个不可逾越的过程。其主要原因有如下几点。

首先，从人口的角度，我国是有14亿人口的大国，其中，有7亿农民，农村剩余劳动力接近1.5亿人，是世界上劳动力资源丰富的国家之一，只有把重点放在发展劳动密集型产业上，才有可能逐步缓解我国数亿计的农村剩余劳动力的就业压力，以及充分发挥我国劳动力资源丰富，劳动力成本低廉的竞争优势。改革开放以来，我国工业化和城镇化之所以获得史无前例的发展速度，在相当程度上是由于我们充分发挥了劳动密集型产业的优势，把数亿计的农村剩余劳动力充分利用。如果没有这一部分人的辛勤付出，我国的工业化和城镇化就不可能发展到今天这样的规模。

其次，从劳动力素质的角度，我国劳动力平均受教育程度不高，高精尖人才缺乏，劳动技能水平较低等客观因素，决定了生产方式落后，粗放型的经济增长方式则成为必然的选择。

再次，从经济发展的角度，新中国成立之初，我国经济结构简单、物质基础薄弱，在"一穷二白"的情况下，要尽快改变极度落后的国家形象，我们采取了优先发展重工业，高积累、高速度的粗放型经济增长方式，这对改变落后的生产力面貌，合理布局生产力，提高人们生活水平，缓解供给不足等一系列社会、经济矛盾是十分重要的，而且取得了预期效果。由此可见，中国的国情决定了经济增长方式初期必然是粗放型的。或者说，粗放型经济增长方式，解决了中国的当务之急。

然而，在这种大背景下，腐蚀影响得到进一步的强化也是必然的。

（二）粗放型经济增长方式与腐蚀问题

粗放型经济增长方式是以高投入、高消耗、高污染为特征的增长方式，其结果必定会引起一系列的腐蚀问题。

我们知道，材料是人类赖以生存和发展的物质基础。20世纪70年代人们把信息、材料和能源誉为当代文明的三大支柱。80年代以高技术群为代表的新技术革命，又把材料、信息技术和生物技术并列为新技术革命的重要标志，就是因为材料与国民经济建设、国防建设和人民生活密切相关。粗放型经济增长方式以增加生产要素量的投入来扩大生产规模，实现经济增长。资料显示，铁路建设每投资1亿元，将平均消耗钢材0.333万吨。城市轨道交通建设每投资1亿元，平均消耗钢材1万吨左右。机场建设，每投资10亿元，约消耗钢材 1 万多吨。高速公路每公里耗钢量为 400~500 吨。每建一个混凝土港口泊位需耗钢 1000 吨左右，加上中转耗材一般不会超过 2000 吨。建造一艘 12000 吨载重量的货轮需要钢材 3600 吨，还未考虑钢材的实际利用率。在基础设施建设中投入了大量的钢材，必定会带来巨大的腐蚀损失。

粗放型经济增长方式与腐蚀之间有着如下密切联系。

1. 高投入/腐蚀强度增大

从腐蚀的角度，高投入表现在以下两个方面：

（1）金属材料高强度投入　据世界钢动态公司（WSD）分析，按 1990 年不变价格计算每 10 亿元 GDP 钢材需要量，2000 年中国为 1.4 万吨，而 2003 年已接近 2 万吨，2005 年超过 2 万吨。如此巨大的钢材消费强度，必然带来腐蚀强度增大。而正常的钢材消费强度应在 1.3 万~1.5 万吨。即便是这一"正常值"也要比美国高出 6 倍以上。不言而喻，同样的 GDP 总量，我国钢材腐蚀强度要比美国高出 6 倍以上。

（2）金属材料生产、制造过程中的高强度投入　据 2003 年数据，我国钢铁工业吨钢综合能耗为 770 千克标准煤，吨钢可比能耗 698 千克标准煤；2003 年日本钢铁工业吨钢综合能耗 656 千克标准煤，2000 年国外主要产钢国家（英、日、法、德）平均吨钢可比能耗 642 千克标准煤。这两项指标分别比国外先进水平高出 17.4% 和 8.7%。

国内外大型钢铁企业工序能耗指标的比较：在国外，先进企业的高炉焦比已达到 300kg/t 以下，燃料比小于 500kg/t，我国重点钢铁企业的高炉焦比为 426kg/t，部分企业为 488kg/t，燃料比为 560kg/t 左右，高炉工艺的能耗（标准煤）比世界先进水平高出 50~100kg/t。

余热利用上，日本新日铁公司的余热能回收率已达到 92% 以上，企业能耗费占产品成本 14%。我国比较先进的企业，如宝山钢铁股份公司的余热能回收率为 68%，其能源消费占产品成本的 21.3%。而大多数钢铁企业的余热能回收率则低于 50%，能源费占产品成本的 30% 以上。

以上分析不难看出，我国钢铁生产能耗高、效益低的特点非常明显。同样生产 1 吨钢材，我们的生产成本要比发达国家高不少。同理，我们腐蚀消耗 1 吨钢材，付出的成本要比发达国家高出很多。目前腐蚀损失统计，只计算了产品本身的市场价值，而并未考虑生产、制造、加工过程中产生的费用，这是腐蚀损失统计学非常欠缺的地方。除此之外，如果再把资源耗减成本和环境污染降级成本考虑进去，同样腐蚀损失量，我们比发达国家至少要高出20%以上的代价。

2. 高排放/腐蚀影响增强

根据国际钢铁协会的报告，全球钢铁工业每年的碳排放量约占全球温室气体排放总量的3%～4%，占全球整个工业系统温室气体排放总量的15%，因此，冶金行业是全球主要碳排放行业，是全球碳减排的重点。我国冶金行业高排放的情况较为严重。

据资料显示，2004年我国钢铁等金属生产过程中向大气排放的二噁英总量为2486gTEQ，占全国总排放量的49%，为二噁英的主要排放源。2011年我国钢铁行业6种有害重金属Hg、Pb、Cd、As、Cr、Ni的大气排放量分别约为18.8吨、3745.8吨、39.4吨、132.7吨、241.7吨、105.3吨，总排放量约为4283.7吨，其中Pb大气排放量占总排放量的87.5%。

2017年钢铁行业SO_2、NO_x和颗粒物排放量分别为106万吨、172万吨、281万吨，约占全国排放量的7%、10%、20%。中国钢铁行业污染物排放量已超过电力行业，成为工业部门最大的污染排放源。

高排放带来了高污染，高污染带来了高腐蚀，已成为腐蚀发展的趋向规律。应该承认，如此严峻的环境形势，不能完全归咎于腐蚀，但腐蚀作为一个重要的破坏因素是脱不了干系的。

3. 低效率/腐蚀成本增高

目前，我国炼铁冶金行业依然存在低效率的特征，其主要表现为：

(1) 能耗较高　目前，中国钢铁工业总能耗占全国总能耗的16.3%，钢铁工业总产值占全国GDP的3.2%。说明钢铁工业是能耗大户，对国民经济贡献率不是太高。调查显示，受到生产工业以及生产技术的限制，与先进国家钢铁行业的能耗相比，我国钢铁行业吨钢能耗比世界先进水平高10%～15%，一年约多消耗3000万吨标准煤。

(2) 高端产品占比低　在钢出口产品中，我国的初级产品比重高达60%，而高级产品的比重我国只有20%，仅占美国的30%、日本的27%、韩国的26%。并且，高附加值产品的比重仅为3%，与发达国家的差距更大。吨钢销售收入，我国为300美元，发达国家为500美元。

(3) 劳动生产率低　与国际先进水平相比，我国钢铁行业的劳动生产率近年来虽然有大幅度的提升，但仍存在差距。2016年、2017年，按照单钢口径、主业在岗职工总数来计算,钢铁行业实物劳动生产率分别达到602t/(人·a)、663t/(人·a)。而国际先进水平已达到1700t/(人·a),是我国的两倍以上。

在高消耗、低效率的生产条件下,吨钢的生产成本必然会拉高,而腐蚀成本也必然会增高。

以上这些数据不一定很确切,但从侧面说明我们存在的差距。

(三)坚持绿色增长方式,调整增长与腐蚀之间的关系

所谓绿色增长是指在确保自然资源能够继续为人类幸福提供各种资源和环境服务的同时,促进经济增长和发展。

1. 绿色增长的概念

"绿色增长"的概念与"低碳经济""循环经济""生态经济"等概念相比,它们的核心是一致的,倡导的都是一种经济社会与自然资源、生态环境全面协调和可持续发展的理念。差别只是视角和重点不同。低碳经济强调降低温室气体排放,循环经济强调提高资源有效利用率,生态经济强调保护自然生态环境。绿色增长则强调转变经济发展方式,以绿色产业的增长为标志,达到低耗能、低排碳和低污染,实现经济社会可持续发展。

2. 绿色增长是可持续发展的必然选择

中国经济正处于高速增长期,环境资源正在引发严重的社会问题,并将阻碍经济社会可持续发展,成为我国现阶段经济社会发展最重要的制约因素之一,绿色发展与增长是化解这个制约因素、推动我国经济朝着健康方向发展的战略性措施。绿色增长是一种新型的增长模式,强调的是经济增长与资源环境的协调统一,充分考虑到了日趋恶化的全球生态环境和经济危机频发的严峻形势,强调在经济增长过程中应更多地关注生态保护、资源节约和节能减排等方面,是应对气候变化和保护生态环境的关键战略。绿色增长模式的目的就是积极应对全球的气候变化,解决资源环境问题,保障能源安全,推动经济发展模式由高污染、高消耗、高排放向低污染、低消耗、低排放的新型增长模式转变。因此,绿色增长既是我国应对国际竞争,占领全球制高点的必由之路,更是我国实现全面、协调、可持续发展的必然选择,也是遏制腐蚀的有效方法。

3. 坚持绿色增长方式,调整增长与腐蚀之间的关系

坚持绿色增长方式,就是要转变粗放型增长方式,建立以绿色产业增长

为标志,达到低能耗、低排碳和低污染的可持续发展的增长方式。从宏观的角度,调整增长与腐蚀之间的关系,可从以下几个方面入手。

(1) 改变依靠生产要素高投入为重点的增长方式　粗放型增长方式是依靠增加生产要素量的投入来扩大生产规模,实现经济增长。以这种方式实现经济增长,消耗高,成本较高,产品质量难以提高,经济效益较低,带来的腐蚀问题较严重。

推行绿色发展,是依靠提高生产要素的质量和利用效率,来实现经济增长。以这种方式实现经济增长,消耗较低,成本较低,产品质量能不断提高,经济效益较高,带来的腐蚀问题较少。

(2) 改变以牺牲资源环境为代价的增长方式　资源环境是人类赖以生存的物质基础,也是发展经济的前提条件。

实践证明,粗放型经济增长方式是不可持续发展模式,应加以改变。坚持绿色发展,其核心思想是强调必须坚持节约资源和保护环境的基本国策,倡导绿色、生态、低碳、循环的理念,改变以资源耗竭、环境污染支撑经济增长的发展方式,对于保障中国经济在可持续发展的道路上行进至关重要。对于缓解日益严重的腐蚀问题,提供了良好的经济环境。

(3) 改变片面追求 GDP 增长为标志的增长方式　在传统的 GDP 核算体系下,至少有三个问题没有考虑到:环境资源的耗减核算、环境资源损失成本的核算和环境资源的恢复成本、再生成本和保护成本的核算。环境和生态是一个国家综合经济的一部分,由于没有将环境和生态因素纳入其中,GDP 核算法就不能全面反映国家的真实经济情况,核算出的一些数据有时会很荒谬——因为环境污染和生态破坏也能增加 GDP。腐蚀是消耗资源、污染环境的大户,而造成的巨大损失,现行 GDP 未能得到反映。面对我国尚未完全摆脱的粗放型增长,如过于单纯注重 GDP 的增长,必然会破坏环境、耗竭式使用资源。同时,从某种角度上说,也是在支持腐蚀。

改革现行的国民经济核算体系,对环境资源进行核算,从现行 GDP 中扣除环境资源成本和环境资源的保护服务费用,其计算结果可称为"绿色 GDP"。这样,腐蚀造成的大量资源浪费,污染环境以及保护资源、恢复环境等所产生的一切费用,从 GDP 中都可以得到反映,腐蚀产生的负面效应就会得到准确认定。

总之,通过改进增长方式,就能比较好地调整经济增长与腐蚀之间的关系，使日益恶化的腐蚀形势逐步得以缓解，为可持续发展夯实基础。

三、优化产业结构，调整产业与腐蚀之间的关系

产业结构是指农业、工业和服务业在一国经济结构中所占的比重。产业结构，亦称国民经济的部门结构，国民经济各产业部门之间以及各产业部门内部的构成。社会生产的产业结构或部门结构是在一般分工和特殊分工的基础上产生和发展起来的。研究产业结构与腐蚀之间的关系，从宏观的角度，主要是研究生产资料和生活资料与腐蚀之间的关系；从部门的角度，主要是研究重工业、建筑业、轻工业、农业、商业服务等部门与腐蚀之间的关系，以及各产业部门内部与腐蚀之间的关系。从经济增长的角度，就是通过产业优化，产业结构内部各生产要素之间关系相互转化实现生产要素改进，提高经济效率的同时，保护资源与环境，进而调整产业与腐蚀之间的关系。

（一）产业结构的释义与发展现状

1. 产业结构的释义

产业结构是指各产业的构成及各产业之间的联系和比例关系。各产业部门的构成及相互之间的联系、比例关系不尽相同，对经济增长的贡献大小也不尽相同。因此，把包括产业的构成、各产业之间的相互关系在内的结构特征概括为产业结构。

我国的三大产业分别指农业、工业和服务业。第一产业：农业（包括种植业、林业、牧业和渔业等）；第二产业：工业（包括采矿业，制造业，电力、煤气及水的生产和供应业，建筑业等）；第三产业：服务业（包括交通运输业、邮电通信业、商业、饮食业、物资供销和仓储业、金融业、保险业、综合技术服务业等）。

三大产业的关系为相互依赖、相互制约。第一产业为第二产业奠定基础；第二产业为第三产业的核心，对第一产业有带动作用；第三产业发展促进第一、二产业的进步。

2. 我国产业结构发展的演变

回顾历史，新中国开始几乎是纯农业国，从产业结构来看，第一、第二、第三产业所占比例约为58.5%、25.9%、15.6%，这样的比例结构，甚至低于库兹涅茨所描述的"标准结构"中最贫困国家的平均水平，是"一、二、三"型。1978~2009年，中国根据不同产业的特征，对计划经济下产业政策

进行了改革和调整,在农业和轻工业等领域发挥市场机制的作用,提高经济效率。在重化工业和能源交通基础行业等领域,通过政府干预将资源配置到有限的几个重点领域,推动了工业化进程,产业结构转变为"二、三、一"型。详见表12-4。

表12-4 产业结构(国内生产总值角度) 单位:%

国内生产总值产业结构	1978年	1900年	2000年	2009年	2018年
第一产业	28.18	27.11	15.06	10.3	4.5
第二产业	47.88	41.34	45.92	46.3	39.0
第三产业	23.94	31.55	39.02	43.4	56.5

自20世纪90年代以来,中国产业发展的任务从以数量扩张为主转向以素质提高为主的新阶段,产业结构比例失衡逐步得到了优化。2018年,我国第一产业增加值为8904.0亿元,比上年同期增长3.2%,产业比重为4.5%;第二产业增加值为77451.3亿元,比上年同期增长6.3%,产业比重为39%;第三产业增加值为112427.8亿元,比上年同期增长7.5%,产业比重为56.5%。"三、二、一"型产业结构初步形成。

总体而言,低收入国家的第一产业在国内生产总值中所占的比重很大,而第二、第三产业在国内生产总值中所占的比重很小。中下和中上等收入国家的第一产业在国内生产总值中所占的比重很小,而第二、第三产业在国内生产总值中所占的比重则很大。高收入国家的第一产业在国内生产总值中所占的比重更小,第二产业相对中等收入国家则更小些,第三产业在国内生产总值中所占的比重则达到更高程度。

我国三大产业的发展情况,目前正介于低收入国家和中等国家之间,即仍然存在农业基础薄弱和第三产业发展滞后的问题。

3. 我国产业结构存在的问题

近年来,随着工业化和城市化进程加快,我国的三大产业结构发生了显著变化:第一产业比重持续下降;第二产业所占比重持续上升,但增长幅度逐渐趋缓;第三产业比重总体上升,但有反复。这一变化过程基本符合产业结构趋向高度化的演进规律,与整个国民经济水平的不断提高相适应。但由于历史、体制等因素,当前产业结构仍然存在一些问题。

主要表现在:一是产业结构仍需进一步"纠偏"。当前,中国产业结构仍不够合理，第一产业劳动力过剩，第二产业比重大，第三产业发展仍显不足。二是产业内部结构升级比较缓慢。第一产业内部农、林、牧、渔结构虽有所优化，种植业比重有所降低，品种优化，但科技的运用有限，农业劳动生产率仍较低，制约农业的发展。第二产业比重稳步提高，对GDP的贡献率基本在60%以上，但结构升级较慢；技术开发与创新能力不强，水平较低，增长质量不高；传统产业比重过大，技术改造进展不大，高新技术产业发展对工业结构升级及带动作用较小。第三产业总量偏小、比重偏低，发展水平滞后；新兴现代服务业发展缓慢，传统服务行业比重较大，新兴行业比重不足；就业弹性下降，吸纳就业潜力尚未充分发挥。三是地区产业结构不平衡。东、西部地区在经济发展水平、增长速度和产业结构方面还存在较大差距。东部地区第二、三产业发达，占GDP比重逐年增长。而中西部地区第二、三产业增长速度虽然也较快，但第一产业的比重总体上还较高。

结构存在的问题，虽然是局部的、某些行业或部门的问题，但总体而言，亦是整体产业结构优化的问题。在这种背景下，腐蚀问题在面上虽有所收敛，但在一些行业或部门亦是严重的。

（二）产业结构与腐蚀问题

产业结构的性质与特点，决定了腐蚀与腐蚀损失发展的趋向。就宏观而言，第一产业、第三产业用钢量相对少，腐蚀与腐蚀损失相对较轻；第二产业用钢量大，腐蚀与腐蚀损失相对较高。因此，产业结构与腐蚀之间的关系极为密切。通常情况下，"二、三、一"型或"二、一、三"型结构，带来的腐蚀问题比较严重。因为制造业与建筑业是第二产业重要构成部分，这一类行业的特点是"大进大出"，资源消耗量高，污染严重，耗钢需求量也大，因此，带来的腐蚀问题既多又复杂。

1. 钢材消耗量大，腐蚀风险大

第二产业使用钢材最密集。统计显示，2011年，我国钢材消费量达到6.4亿吨，其中，建筑业钢材消耗占比达到49.1%，机械行业钢材消费量占比为15.2%。可见，第二产业用钢量远远高于第一产业和第三产业的用钢量。2013年，我国建筑行业、机械行业、汽车行业钢材的消费量分别为3.65亿吨、1.31亿吨、4420万吨，其占比分别为56%、22%、5%。钢材的高投入，必然带来腐蚀的高消耗和高风险。

2. 环境介质严酷,腐蚀损失严重

第二产业的工作环境决定了其腐蚀性要高于第一、第三产业,制造业和建筑业等尤为突出。2012年,我国工业年腐蚀损失超过1.5万亿元,占总腐蚀损失的50%左右。

如果把产业结构调整为"三、二、一"型,将会对腐蚀状况有很大的改善。因为第三产业占比的提高,不仅能够提高经济质量,而且节约资源,减少环境污染,钢材消费量也少,腐蚀风险也低,腐蚀损失也轻。

3. 制造加工复杂,腐蚀隐患多

中国制造业在2010年超过美国位居世界第一。目前在世界500多种工业品中,中国有220种产品的产量为世界第一,是全球制造业第一大国。机械制造工业是国民经济的基础产业,是典型的离散工业,与流程型工业(化工、冶金、电力等)相比,它首先采用各种成型、改性、加工工作将各种不同原材料制成性能各异的零件、元件、器件,然后依次组装成组件、部件、总成,最后装配成机械装置。整个工艺流程由多个独立的工作或工序组成。在其过程中,如冷拉、弯曲、切削加工、滚压、喷丸、铸造、锻压、焊接和金属热处理等,因不均匀塑性变形或相变都可能引起残余应力,使其机械设备、装置在使用过程发生应力腐蚀断裂。许多腐蚀事故则是由于以上过程存在应力隐患而酿成灾难性后果。

(三)优化产业结构,调整产业与腐蚀之间的关系

1. 产业结构优化的含义

产业结构优化是推动产业结构合理化和高级化发展的过程,是实现产业结构与资源供给结构、技术结构、需求结构相适应的状态。它是指产业与产业之间协调能力的加强和关联水平的提高。具体说,其内涵包括以下几点:

(1)产业结构优化是一个动态过程,是产业结构逐步趋于合理、不断升级的过程,在一国经济发展的不同阶段,产业结构优化的衡量标准不同。

(2)产业结构优化是一个相对的概念,并不是指产业结构水平绝对高低,而是既定目标下,调整产业结构,使之与各个国家各个时期的资源条件、科技水平、国际经济关系等相适应。

(3)产业结构优化的实质是实现资源在产业之间的优化配置和高效利用,促进产业经济协调、稳定、高效发展。

产业结构优化主要包括产业结构合理化和产业结构高度化。合理化反映

的是产业结构量上的客观要求，更多地着眼于经济发展的近期利益；高度化反映的是产业结构质上的客观要求，主要着眼于经济发展的长远利益。两者缺一不可，它们是相互影响、相互依存的。

2. 产业结构优化，促进可持续发展

经济可持续发展是产业结构调整的根本目标。产业结构是经济结构的重要组成部分，产业结构优化升级是转变经济增长发展方式，实现经济稳增长的必由之路；是应对国际复杂形势和协调生态、资源、环境的基础；是提升我国企业核心竞争力，保持在国际环境下顽强生命力，促进我国经济发展的必然选择。当前，我国正处于全面建成小康社会的关键时期，复杂的国际形势倒逼我们必须实现经济可持续发展，而解决问题的关键就在于产业结构优化，唯有产业结构优化升级，培育经济与人口、资源、环境结合发展的良好氛围才能促进经济又好又快发展。产业结构优化不仅能促进可持续发展，更是全面建成小康社会，实现中华民族伟大复兴的必然要求。同时，也是调整经济与腐蚀之间关系的最好选择。

3. 产业结构优化，调整产业与腐蚀之间的关系

产业结构优化就是经济增长方式的转变与经济发展模式的转轨。产业结构优化是产业升级从量变到质变的结果。产业结构优化是指产业结构从低级形态向高级形态转变的过程或趋势。目前，我国的产业结构虽然有了较大调整，但第三产业仍然滞后。2014年数据显示，发达国家和我国港澳地区的第三产业占比相对较高。如英国79.63%、法国78.89%、美国78.05%、日本72.58%、德国68.5%。中国澳门93.76%、中国香港92.74%，远远高于发达国家。中国内地为48.2%，2018年虽然有所提高（56.5%），但仍处于偏低水平。如果能将我国第三产业占比提升到70%左右，其经济质量会得到较大的提升，其腐蚀问题也会得到较大缓解。因为第三产业的特点是：GDP占比虽然很高，但资源消耗较低，环境污染较少，耗钢需求量很小，就业弹性很高，是促进产业结构高度化的重要因素，可以从结构层面上提高经济增长质量，从而有利于协调产业与腐蚀之间的关系。

（1）加快淘汰落后产能　加快淘汰落后产能是转变经济发展方式、调整经济结构、提高经济增长质量和效益的重大举措，是加快节能减排、积极应对全球气候变化的迫切需要，是走中国特色新型工业化道路、实现工业由大变强的必然需求。根据国发［2010］7号《国务院关于进一步加强淘汰落后产能工作的通知》要求，工作的重点为电力、煤炭、钢铁、水泥、有色金属、焦炭、造纸、制革、印染等行业。淘汰一批能耗、环保、安全、技术达不到标准和生产不合格产品，使其产能过剩矛盾得到缓解，环境质量得到改善，腐蚀负担得以减轻。

(2) 加快培育和发展战略性新兴产业　战略性新兴产业技术密集、资源消耗少、环境污染低、成长潜力大、综合效益好，代表科技和产业发展方向。加快培育和发展战略性新兴产业，既是调整产业结构、转变发展方式的有力手段，也是支撑和引领经济社会可持续发展的战略选择。根据战略性新兴产业的特征，立足我国国情和科技、产业基础，现阶段重点培育和发展节能环保、新一代信息技术、生物、高端装备制造、新能源、新材料、数字创意产业等。

其中，新材料是战略性新兴产业发展的支撑和保障，更是推动技术创新的先导。它同信息技术、生物技术一起成为21世纪最重要和最具发展潜力的领域。目前，按应用领域和当今的研究重点把新材料分为：电子信息材料、新能源材料、纳米材料、先进复合材料、先进陶瓷材料、生态环境材料、新型功能材料（含高温超导材料、磁性材料、金刚石薄膜、功能高分子材料等）、生物医用材料、高性能结构材料、智能材料、新型建筑及化工新材料等。

新材料具有比传统材料更优异的性能。例如，超高强度、超高硬度、超塑性，以及各种特殊物理性能，如磁性、超导性、耐蚀性等更为优异。因此，随着科学技术的进步、社会需求水平的提高，新材料日益成为发展国防军工与国民经济的重要战略物资，在军、民领域均具有广泛的应用前景。新材料的大量投入使用，必定会降低腐蚀风险，减轻腐蚀损失。

(3) 加快发展现代服务业　现代服务行业大体相当于第三产业。加快发展现代服务业，提高服务业在三次产业结构中的比例，尽快使服务业成为国民经济的主导产业，是推进经济结构调整，加快转变经济增长方式的必由之路，是有效缓解能源资源短缺的瓶颈制约、提高能源资源利用效率的迫切需要，是适应对外开放新形势、实现综合国力整体跃升的有效途径。现代服务业具有高人力资本含量、高技术含量、高附加值，且具有资源消耗少、环境污染少、低耗钢量等特点。现代服务业既包括新兴服务业，也包括对传统服务业的技术改造和升级，其本质是实现服务的现代化。通过加快发展现代服务业，把用钢量降下来，自然就会把腐蚀损失降下来，相应的腐蚀问题就会减少。

综上，经济发展与腐蚀之间的关系，就总体而言，是一种逆向关系，前者常常受到后者的威胁和破坏。经济越发展，腐蚀损失越严重。造成这种情况的主要原因是财富密度提高，腐蚀破坏的强度增大，造成的损失严重。这已为人类历史所证实。反过来讲，经济越发展，财富密度越大，腐蚀损失越小，无疑可推进经济可持续发展。

腐蚀经济学"寻求损失最小化"的研究主题到此结束，但探索永无止境，让我们笃行致远，砥砺奋进。

参考文献

[1] 胡士信. 阴极保护工程手册. 北京：化学工业出版社，2000.
[2] 张维庆，孙文盛，解振华. 人口、资源、环境与可持续发展干部读本. 杭州：浙江人民出版社，2004.
[3] 申曙光. 灾害学. 北京：中国农业出版社，1995.
[4] 中国发展研究基金会. 中国发展报告2017：资源的可持续利用. 北京：中国发展出版社，2017.
[5] [美]巴里·康芒纳. 封闭的循环. 侯文蕙，译. 长春：吉林人民出版社，1997.
[6] 侯保荣. 中国腐蚀成本. 北京：科学出版社，2017.
[7] 何志军，张军红，刘吉辉，等. 钢铁冶金过程环保新技术. 北京：冶金工业出版社，2017.
[8] 秦大河，张坤民，牛文元. 中国人口资源环境与可持续发展. 北京：新华出版社，2002.
[9] 王营茹，周旋，张汉泉. 选矿环境保护. 北京：化学工业出版社，2018.
[10] 王绍文，李惊涛，王海东. 冶金废水处理回用新技术手册. 北京：化学工业出版社，2019.
[11] 林玉珍，杨德钧. 腐蚀和腐蚀控制原理. 北京：中国石化出版社，2007.
[12] 王立文，王书田，李峰. 金属材料的选择原则. 内蒙古石油化工，2005 (2)：26-27.
[13] 中国腐蚀与防护学会. 金属防腐蚀手册. 上海：上海科学技术出版社，1989.
[14] 崔维汉. 防腐蚀工程设计与新型实用技术. 太原：山西科学技术出版社，1992.
[15] 李金桂. 腐蚀控制系统工程学概论. 北京：化学工业出版社，2009.
[16] 章葆澄，朱立群，周雅. 防腐蚀设计与工程. 北京：北京航空航天大学出版社，1998.
[17] 范宝俊. 灾害管理文库：第三卷 灾害理论研究（1）. 北京：当代中国出版社，1999.
[18] 中国科学院可持续发展战略研究组. 2000年中国可持续发展战略报告. 北京：科学出版社，2000.
[19] 肖彦苹. 粗放型经济增长条件下资源损失分析：[硕士论文]. 兰州：兰州大学，2011.

附录 1
金属腐蚀防护与工程经济术语

(一) 金属腐蚀基础术语

1. 一般术语

1.1 腐蚀 (corrosion): 广义定义, 是指材料受到环境介质的化学、电化学和物理作用产生的损坏或变质现象。狭义定义, 是指金属在周围介质作用下, 由于化学变化、电化学变化或物理溶解而产生的破坏或变质。

1.2 腐蚀科学 (corrosion science): 是一门与国民经济和国防建设有密切关系的应用科学, 它又是电化学、化学、物理学、力学、冶金学和微生物学等多门相关学科相互渗透、交叉的边缘科学。

1.3 腐蚀控制系统工程学 (corrosion control systems engineering): 是对腐蚀系统的组成要素、组织结构、信息流、控制机构等进行分析研究的科学。

1.4 腐蚀信息学 (corrosion information science): 是专门研究腐蚀信息的获取、处理、传递和利用的新兴学科。

1.5 腐蚀专家系统 (corrosion expert system): 是一种模拟人类专家处理腐蚀问题时的行为和运用知识及推理技术求解腐蚀问题的计算机程序或信息系统。

1.6 腐蚀性 (corrosivity): 给定的腐蚀体系内, 环境引起金属腐蚀的能力。

1.7 腐蚀活性点 (corrosion active point): 指易于优先发生腐蚀的点。

1.8 腐蚀环境 (corrosion environment): 含有一种或多种腐蚀介质的环境。

1.9 腐蚀介质 (corrosive medium): 与给定金属接触并引起腐蚀的物质。

1.10 腐蚀体系 (corrosion system): 由一种或多种金属和影响腐蚀的

环境要素所组成的体系。

注：环境的一部分可包括涂层、表面层、附加电极等。

1.11 腐蚀电位（corrosion potential）：也称"自然电位"或"自腐蚀电位"，是指在没有外加电流时金属达到一个稳定腐蚀状态时测得的电位。

1.12 腐蚀电流（corrosion current）：相应于腐蚀电位下的金属阳极溶解电流。

1.13 腐蚀破坏（corrosion damage）：因腐蚀导致结构完整性和系统功能受到损害或释放降解产物对产品质量产生影响等。

注：本术语不包括那些系统造成的后继破坏。

1.14 腐蚀产物（corrosion product）：由腐蚀形成的物质。

1.15 腐蚀深度（corrosion depth）：受腐蚀的金属表面某一点与其原始表面间的垂直距离。

1.16 腐蚀速率（corrosion rate）：即腐蚀速度。通常以单位时间内的失重或侵蚀深度表示。

1.17 腐蚀效应（corrosion effect）：腐蚀体系的任何部分因腐蚀而引起的变化。

1.18 腐蚀失效（corrosion failure）：导致技术体系的功能完全丧失的腐蚀损伤。

1.19 腐蚀倾向（corrosion tendency）：在给定的腐蚀体系中，定性和（或）定量表示预期的腐蚀效应。

1.20 腐蚀量（corrosion quantity）：表征金属的腐蚀程度及随时间而变化的规律的特征数据。

1.21 腐蚀裕量（corrosion allowance）：设计金属构件时，考虑使用期内可能产生的腐蚀损耗而增加的相应厚度。

1.22 腐蚀增量（corrosion weight grow）：由于腐蚀过程有氧等元素与金属组成化合物而使金属增加的重量。

1.23 腐蚀试片（corrosion coupon）：有代表性的金属样品，用于定量分析腐蚀或所实施的防腐保护技术有效性。

1.24 腐蚀面积比（corrosion area ratio）：试样上腐蚀面积与试验面积的比值，用百分数表示。

1.25 腐蚀控制（corrosion control）：对腐蚀产生与发展的把持。

1.26 腐蚀速度换算系数（corrosion rate conversion factor）：对用不同的单位给出的腐蚀速度进行换算的系数值。

1.27 腐蚀图（corrosion diagram）：表示腐蚀状况、原因、条件等的示意图。

1.28 腐蚀电位序（corrosion potential series）：测量一系列金属和合金在特定环境下的腐蚀电位，并表述这些电位的排序，是描述在这种特定环境下活性金属或合金腐蚀行为的一种方法。

1.29 电化学序（electrochemical series）：也称"电动序""电动势序""离子化序""标准电位序"，指按金属（包括氢）标准电极电位的大小排列的次序。

1.30 全面腐蚀（general corrosion）：暴露于腐蚀环境中的整个金属表面进行的腐蚀。

1.31 局部腐蚀（local corrosion）：暴露于腐蚀环境中，金属表面某些区域的优先集中腐蚀。

注：局部腐蚀可产生如点坑、裂纹、沟槽等。

1.32 化学腐蚀（chemical corrosion）：指金属表面与非电解质直接发生化学反应而引起的破坏，在反应过程中没有电流产生。

1.33 电化学腐蚀（electrochemical corrosion）：指金属表面与离子导电的介质发生电化学反应而产生的破坏，在反应过程中有电流产生。

1.34 物理腐蚀（physical corrosion）：金属由于单纯的物理溶解作用所引起的破坏。

1.35 阴极腐蚀（cathodic corrosion）：通常是指由两性金属同电解的碱性产物反应引起的腐蚀现象，它是发生在阴极区域内的腐蚀现象。

1.36 阳极腐蚀（anode corrosion）：作为阳极的金属发生溶解的现象。

1.37 等腐蚀线（iso-corrosion line）：指腐蚀行为图中表示具有相同腐蚀速率的线。

1.38 服役能力（关于腐蚀）[service ability（with respect to corrosion）]：腐蚀体系履行其遭受腐蚀而不受损伤的特定功能的能力。

1.39 服役寿命（关于腐蚀）[service life（with respect to corrosion）]：腐蚀体系能满足服役能力要求的时间。

1.40 持久能力（关于腐蚀）[durability（with respect to corrosion）]：满足特定的使用和保养要求下，腐蚀体系经过规定时间仍保持其服役能力的能力。

2. 金属腐蚀形态

2.1 腐蚀形态（type of corrosion；corrosion manner）：是指在一定的区域表面上金属发生腐蚀破坏的表现形式。

2.2 电偶腐蚀（galvanic corrosion）：亦称"接触腐蚀"或"双金属腐蚀"。由于腐蚀电位不同，造成同一介质中异种金属接触处的局部腐蚀。

2.3　点蚀（pitting）：是一种腐蚀集中在金属或合金表面数十微米范围内且向纵深发展的腐蚀形式。

2.4　溃疡腐蚀（ulcer-corrosion）：指金属表面蚀点（坑）向四周边不规则扩张而形成的一种腐蚀形态。

2.5　缝隙腐蚀（crevice corrosion）：由于金属表面与其他金属或非金属表面形成狭缝或间隙，在狭缝内或近旁发生的局部腐蚀。

2.6　刀口腐蚀（knife-line corrosion）：沿着（有时紧挨着）焊接或铜焊接头的焊料/母材界面产生的狭缝状腐蚀。

2.7　晶间腐蚀（intergranular corrosion）：沿着或紧挨着金属的晶粒边界所发生的腐蚀。

2.8　穿晶腐蚀（transgranular corrosion）：指金属或合金发生应力腐蚀开裂时，腐蚀裂纹穿越晶粒而延伸的腐蚀。

2.9　选择性腐蚀（selective corrosion）：某些部分不按其在合金中所占的比例优先溶解到介质中去所发生的腐蚀。

2.10　黄铜脱锌（dezincification of brass）：黄铜中优先失去锌的选择性腐蚀。

2.11　石墨化腐蚀（graphitic corrosion）：灰铸铁中金属组分优先失去，保留石墨的选择性腐蚀。

2.12　丝状腐蚀（filiform corrosiom）：在非金属涂层下面的金属表面发生的一种细丝状腐蚀。

2.13　应力腐蚀（stress corrosion）：指零件在拉应力和特定的化学介质联合作用下所发生的低应力脆性断裂现象。

2.14　氢损伤（hydrogen damage）：由于金属中存在氢或氢反应而引起的金属材料力学性能改变，统称为氢损伤，包括氢鼓泡、氢脆、脱碳和氢蚀。

2.15　氢鼓泡（hydrogen blister，HB）：金属中过高的氢内压使金属表面或表面下形成鼓泡的现象。

2.16　氢脆（hydrogen embrittlement）：由于原子态的氢扩散进入金属内部，生成脆性氢化物的现象。

2.17　氢蚀（hydrogen attack）：是指在高温高压环境下，氢进入金属内与一种组分或元素产生化学反应使金属破坏。

2.18　酸脆化(acid embrittlement)：氢脆的一种形式,此种破坏是由酸引起的。

2.19　碱脆（caustic embrittlement）：指金属材料（如碳钢）在碱溶液中，由于拉应力与腐蚀介质联合作用而产生的开裂。

2.20　硫化物应力开裂（sulfide stress cracking，SSC）：在存在水和 H_2S 的环境中，因拉伸应力和腐蚀的共同作用，引起金属材料脆性断裂的现象。它是氢应力开裂的一种形式。

2.21　氯化物应力腐蚀开裂（chloride stress corrosion cracking，CSCC）：在电解质（通常是水）、氯化物和拉伸应力的共同作用下，金属开裂的现象。

2.22　腐蚀疲劳（corrosion fatigue，CF）：指材料或物件在交变应力与腐蚀环境的共同作用下产生的脆性断裂。

2.23　腐蚀疲劳极限（corrosion fatigue limit）：在给定的腐蚀环境中，金属经特定周期数或长时间而不发生腐蚀疲劳破坏的最大交变应力值。

2.24　磨损腐蚀（erosion-corrosion）：指由于腐蚀介质与金属表面间的相对运动而引起的金属的加速破坏或腐蚀，简称磨蚀。

2.25　摩振腐蚀（fretting corrosion）：指在有负载的两种金属材料相互接触的表面之间，由于振动和滑移所产生的腐蚀。

2.26　湍流腐蚀（冲击腐蚀）[turbulent flow corrosion（impingement corrosion）]：指流速较快的溶液由于金属器件或管道的几何形状突然变化而冲击金属表面产生湍流，使金属发生的腐蚀破坏。

2.27　层流腐蚀（laminar flow corrosion）：液体层状流动时所引起的金属腐蚀称为层流腐蚀。

2.28　空蚀（cavitation corrosion）：由腐蚀和空泡联合作用引起的损伤过程。

2.29　斑点腐蚀（spot corrosion）：腐蚀像斑点一样分布在金属表面上，所占面积较大，但不很深的腐蚀形式。

2.30　脓疮腐蚀（abscess corrosion）：金属被腐蚀破坏的情形好像人身上长的脓疮，被损坏的部分较深较大。

2.31　流动相关腐蚀（flow-dependent corrosion）：腐蚀速度随单相或多相流体的流动速度而变化的腐蚀过程。

2.32　流动加速腐蚀（flow-accelerated corrosion）：亦称"流动助长腐蚀"，是一种由于受流体流动的影响而产生的腐蚀。

2.33　流动诱导腐蚀（flow-induced corrosion）：由于流体在一表面上流动而产生的流体扰动强度和质量传输的增加所导致的腐蚀。

2.34　流速差腐蚀（velocity difference corrosion）：是指当流体流速不同时，流速低处为阳极，流速高处为阴极形成的微电池腐蚀。

3. 金属在自然环境中的腐蚀

3.1 大气腐蚀 (atmospheric corrosion)：指在环境温度下，以地球大气作为腐蚀环境的腐蚀。

3.2 海洋大气腐蚀 (marine atmospheric corrosion)：指金属构件暴露在海上或岸边大气中发生的腐蚀。

3.3 雾霾腐蚀 (fog and haze corrosion)：雾霾，是雾和霾的组合词。由于雾霾含有大量的腐蚀性物质，当这些物质凝结在材料表面时，便可加速材料的腐蚀。

3.4 露点腐蚀 (dew point corrosion)：指金属表面温度降至露点而结露部分发生的湿式腐蚀。

3.5 二氧化硫腐蚀 (SO_2 gas corrosion; sulfur dioxide corrosion)：指二氧化硫遇水生成亚硫酸，对金属产生的腐蚀。

3.6 氯化氢腐蚀 (HCl corrosion; hydrogen chloride corrosion)：无水氯化氢无腐蚀性，但在潮气的情况下能腐蚀大多数金属。

3.7 燃气腐蚀 (fuel gas corrosion)：煤、重油等燃料燃烧后所产生的热气体混合物，以及悬浮于热气流中的灰分物质引起的金属材料的腐蚀。

3.8 混凝土的腐蚀 (corrosion of concrete)：指外部腐蚀介质通过混凝土空隙渗透到结构内部，引起混凝土结构腐蚀破坏的现象。

3.9 海水腐蚀 (sea water corrosion)：是以海水作为腐蚀环境的腐蚀。

3.10 污染海水腐蚀 (polluted sea water corrosion)：金属在污染海水中发生的腐蚀。

3.11 海生物腐蚀 (marine organisms corrosion)：是因生物附着、生长、繁殖、代谢和死亡直接或间接造成的腐蚀。

3.12 海洋腐蚀 (marine corrosion)：在海洋中以海水作为主要腐蚀环境的腐蚀。

注：该定义包括全浸区、潮差带、飞溅带。

3.13 全浸区腐蚀 (submerged zone corrosion)：金属构件全浸部位发生的腐蚀。

3.14 潮差区腐蚀 (tidal zone corrosion)：亦称"潮汐区腐蚀"，是指金属在海水潮差区的腐蚀。

3.15 飞溅区腐蚀 (splach zone corrosion)：指金属构件在海水飞溅条件下发生的腐蚀。

注：飞溅区指风浪、潮汐等激起的海浪、飞沫溅到的区域。

3.16 海泥区腐蚀 (sea mud zone corrosion)：指金属构件处在海底泥沙

中发生的腐蚀。

3.17 水线腐蚀（waterline corrosion）：由于气/液界面的存在，沿着该界面发生的腐蚀。

3.18 酸雨腐蚀（acid rain corrosion）：酸雨含有多种无机酸和有机酸，对金属材料与非金属材料造成的腐蚀。

3.19 梅雨季腐蚀（plum corrosion in rainy season）：由于梅雨季潮湿高温，是促进金属腐蚀一年中最严重的季节。

3.20 土壤腐蚀（soil corrosion）：以土壤作为腐蚀环境的腐蚀。

注：土壤不仅包括天然存在的物质，也包括其他物质，如常用于覆盖结构件的石渣、回填土等。

3.21 微生物腐蚀（microbiological corrosion）：又称"细菌腐蚀"，指由栖息于土壤内和水内的特殊细菌生命活动直接或间接导致的腐蚀。

3.22 厌氧菌腐蚀（anaerobic bacteria corrosion）：有厌氧性细菌参与的腐蚀，这类细菌只有在缺乏游离氧的条件下才能生存，硫酸盐还原菌就属此类，它广泛存在于中性土壤、河水、海水、油井、港湾及锈层中。

3.23 好氧菌腐蚀（aerobic bacteria corrosion）：指有好氧菌参与的腐蚀。好氧菌的活动，使环境中产生酸，从而加速钢铁的腐蚀。

3.24 硫酸盐还原菌腐蚀[sulfate reducing bacteria(SRB) corrosion]：SRB的生长代谢在金属表面形成生物膜，改变了生物膜内微环境，其代谢产物与金属基体相互作用，加速了金属的腐蚀过程。

3.25 硫氧化菌腐蚀（sulfur oxidizing bacteria corrosion）：硫氧化菌能把元素硫或其他还原态的硫化物氧化为硫酸，使介质的pH值降低，从而加速金属材料的腐蚀。

3.26 铁细菌腐蚀（iron bacteria corrosion）：铁细菌是一种特殊的自养菌类，其生长繁殖需要铁。它能使Fe^{2+}氧化成Fe^{3+}，而Fe^{3+}具有高的氧化性能，它可把硫化物氧化成H_2SO_4而加速钢铁的腐蚀。

3.27 生物黏泥腐蚀（biological slime corrosion）：生物黏泥是由多种微生物组成的集合体，并包容着水中的各种无机物和由铁细菌生成的铁氧化物等无机物沉积。生物黏泥是氧浓差电池的成因，因此产生局部腐蚀。

3.28 海水电导率（conductivity of sea water）：横截面积为1平方厘米的海水水柱单位长度的电导率称海水电导率。单位是欧·米（$\Omega \cdot m$）或欧·厘米（$\Omega \cdot cm$）。

3.29 土壤电阻率（soil resistivity）：单位长度的土壤电阻的平均值与截

面积乘积，单位是欧·米（Ω·m）。

4. 金属在工业环境中的腐蚀

4.1 金属在盐酸中的腐蚀（corrosion of metal in hydrochloric acid）：盐酸是典型的非氧化性酸，金属在盐酸中腐蚀的阳极过程是金属的溶解，阴极过程是氢离子的还原。很多金属在盐酸中都会受到腐蚀而放出氢气，称为氢去极化腐蚀。

4.2 金属在硝酸中的腐蚀（corrosion of metals in nitric acid）：硝酸是一种氧化性的强酸，在常温下能与除金、铂、钛以外的所有金属反应生成相应的硝酸盐。

4.3 金属在硫酸中的腐蚀（corrosion of metals sulfuric acid）：高浓度的硫酸是一种强氧化剂，它能使不少具有钝化能力的金属进入钝态，因而这些金属在浓硫酸中腐蚀率很低。稀硫酸是非氧化性酸，其腐蚀性很强。

4.4 金属在磷酸中的腐蚀（corrosion of metals in phosphoric acid）：高纯度的稀磷酸在常温条件下，对大多数金属的腐蚀程度极其轻微。但在高温高浓度的工业磷酸中，大部分金属均会受到剧烈的腐蚀。

4.5 金属在氢氟酸中的腐蚀（corrosion of metals in hydrofluoric acid）：氢氟酸是一种剧毒和强腐蚀性酸，对大多数金属来说，腐蚀是迅速的。

4.6 金属在碳酸中的腐蚀（corrosion of metals in carbonic acid）：碳酸酸性极低，对金属的腐蚀性很小。但碳酸增加了氢去极化腐蚀的可能性，可以加速铁的腐蚀。

4.7 金属在碱中的腐蚀（corrosion of metals in alkali）：碱的腐蚀性与碱金属的种类有关，一般认为金属的原子量越大，腐蚀性越强。

4.8 金属在盐溶液中的腐蚀（corrosion of metals in salt solutions）：盐溶液的腐蚀性取决于其pH值、氧化还原电位及某些离子，特别是阴离子的特性。

4.9 金属在卤素中的腐蚀（corrosion of metals in halogen）：卤素具有高的电子亲和力，是一活性高的元素族。水存在时，卤素对金属材料有极大的腐蚀性。但无水的液体或气体卤素，在一般的温度下，对多数金属是不腐蚀的。

4.10 金属在有机介质中的腐蚀（corrosion of metals in organic media）：大多数有机化合物的电离度很小，对金属的腐蚀性很弱。

4.11 金属在工业水中的腐蚀（corrosion of metals in industrial water）：工业水含有一定的氧、钙镁离子等，具有较高的电导率。其腐蚀性要比纯水强。

4.12 冷却水的腐蚀（corrosion of cooling water）：冷却水的腐蚀性与水中含腐蚀性因素（如pH值、水中的盐类、水中溶解气体、悬浮物、微生物等）有关。

4.13 高温高压水的腐蚀（corrosion of high temperature and high pressure water)：对于处在高温高压条件下运行的装置（设备）来说，其腐蚀性将明显加剧。

4.14 辐照腐蚀（radiation corrosion）：指在存在射线的腐蚀环境中所发生的腐蚀。

（二）金属腐蚀防护工程技术术语

1. 阴极保护技术

一般术语

1.1 阴极保护（cathodic protection）：通过降低腐蚀电位来控制金属腐蚀的一种电化学保护方法。

1.2 阴极保护系统（cathodic protection system）：提供阴极保护的所有装置，包括活性和非活性要素。

1.3 阴极保护电位（cathodic protection potential）：阴极保护时，使腐蚀微电池作用被迫停止所必需的阴极电位。

1.4 阴极保护准则（cathodic protection criterion）：指评价阴极保护有效性的标准。

1.5 通电电位-850mV准则（electric potential -850mV criterion）：指在通电情况下，测得的埋地或水中钢质及铸铁构筑物保护电位-850mV或更负(CSE)。

注：为准确分析电位，必须考虑除去结构物/电解质界面之外的那些压降，以便对这一电位测量的有效性做出解释。

1.6 极化电位-850mV准则（polarization potential -850mV criterion）：指断电瞬间测得的埋地或水中钢质及铸铁构筑物保护电位-850mV或更负（CSE）。

注：即无IR降电位。

1.7 100mV极化值准则（100mV polarization criterion）：指埋地或水中钢质、铝质、铜质及铸铁构筑物表面与参比电极之间的最小阴极极化值至少应达到100mV。极化值＝瞬间断电电位－自然腐蚀电位。

注：极化值可通过极化形成或衰减进行测量。

1.8 保护电位范围（protection potential range）：使金属腐蚀速率达到预定要求的极化电位值的区间。

1.9 最小保护电位（minimal protection potential）：阴极保护条件下，金属达到完全保护所需要的、绝对值最小的负电位值。

1.10 最大保护电位（maximm protection potential）：阴极保护条件下，允许的绝对值最大的负电位值。

1.11 保护电流（protection current）：为使被保护金属达到电化学保护目的而需要的电流。

1.12 电流遮蔽现象（current screening phenomenon）：指保护电流受到遮挡，使金属表面电流分布不均匀的现象。

1.13 临时性保护（temporary protection）：指在限定的时间内，当阴极保护系统未能正式投入运行时，所采取的临时性腐蚀控制措施。

1.14 区域性阴极保护（regional cathodic protection）：对处在相对狭窄区域内有众多金属结构物的密集区实施的阴极保护。

1.15 阴极保护区域的划分（division of cathodic protection area）：将其腐蚀性不同的区域划分成若干个相互独立的阴极保护单元。

1.16 过保护（over protection）：阴极保护时，由于极化电位过负而产生不良作用的现象。

1.17 阴极剥离（cathodic disbondment）：由于阴极反应所造成的覆盖层和涂敷表面之间粘接性的破坏。

1.18 耐阴极保护性（cathodic protection resistance）：指实施阴极保护时，涂刷在钢板表面的涂层，能承受阴极电位作用所引起的电化学腐蚀的性能。

1.19 欠保护（under protection）：阴极保护时，由于未达到保护电位而处于保护不足的状态。

1.20 运行率（operation rate）：年度内阴极保护有效投运时间与全年时间的比率。

1.21 最佳保护参数（optimal protection parameter）：指最适宜的阴极保护既能达到较高的保护程度，同时又能得到较大的保护效率的参数。

1.22 保护度（degree of protection）：通过保护措施实现的腐蚀损伤减小的百分数。

1.23 保护效率（protection efficiency）：是在阴极保护时施加单位极化电流量所获得的金属腐蚀速度减小值，即阴极保护产出收益与投入（阴极保护电流消耗量）的相对比率。

1.24 阳极地床（anode ground bed）：指埋地牺牲阳极或强制电流法阴极保护辅助阳极系统。

1.25 数值计算法（numerical method）：是一种研究并解决数学问题的数值近似解的方法。

1.26 有限差分法（finite difference method）：是一种求偏微分（或常微

分）方程和方程组定解问题的数值解的方法。

1.27 有限元法（finite element method）：是一种为求解偏微分方程边值问题近似解的数值技术。

1.28 边界元法（boundary element method）：是基于控制微分方程的基本解来建立相应的边界积分方程，再结合边界的剖分而得到的离散算式。

牺牲阳极法

1.29 牺牲阳极法（sacrificial anode method）：将被保护金属和一种可以提供阴极保护电流的金属或合金（即牺牲阳极）相连，使被保护体极化以降低腐蚀速率的方法。

1.30 牺牲阳极（sacrificial anode）：依靠自身腐蚀速率的增加而使之耦合的阴极获得保护的电极。

1.31 牺牲阳极材料（sacrificial anode material）：在阴极保护中，其电位较被保护金属为负，作为阳极而自身消耗并以电子供给被保护结构的金属材料。

1.32 锌合金牺牲阳极（zinc alloy sacrificial anode）：用锌基合金（如锌-铝-锰合金）材料制成的牺牲阳极。

1.33 镁合金牺牲阳极（magnesium alloy sacrificial anode）：用镁基合金（如镁-铝-锌系合金）材料制成的牺牲阳极。

1.34 铝合金牺牲阳极（aluminium alloy sacrificial anode）：用铝基合金（如铝-锌-铟系合金）材料制成的牺牲阳极。

1.35 铁阳极（iron anode）：用高钝铁材料制成的牺牲阳极。

1.36 复合阳极（composite anode）：由两种或两种以上材料结合构成的牺牲阳极。

1.37 带状阳极（ribbon anode）：指阳极构型为带状的阳极。

1.38 镯式阳极（bracelet anode）：指阳极构型类似于手镯形的阳极。

1.39 极性逆转（reversal of polarity）：指牺牲阳极在使用中改变了初始时的极性。

注：镁阳极工作电位随着交流电干扰的增强而明显正移，有时甚至可能正于铁的开路电位，出现所谓的"极性逆转"现象。

1.40 牺牲阳极填包料（filling material for sacrificial anode）：为活化牺牲阳极表面，使其溶解均匀而填充在牺牲阳极周围的导电电化学物质。

强制电流法

1.41 强制电流法（impressed current method）：亦称"外加电流法"，

是指由外部电源提供保护电流的阴极保护方法。

1.42 强制电流法阴极保护系统（impressed current cathodic protection system）：提供强制电流法阴极保护的所有设备和装置，包括活性和非活性因素。

1.43 外接电源（external power supply）：指由外部接入的电源提供阴极保护电流。

1.44 整流器（rectifier）：将交流电压转化为直流电压的设备。通过这种转化得到的直流电用于强制电流阴极保护系统的电源。

1.45 恒电位仪（potentiostat）：能随着环境条件的变化，自动地调整极化电流，使被控对象的极化电位保持恒定的仪器。

1.46 热电发生器（thermoelectric generator，TEG）：又称"温差发电器"，是利用热电偶工作原理制造的一种适用于无电或经常停电地区的阴极保护电源。

1.47 密闭循环蒸汽发电机（closed cycle vapor turbogenerator，CCVT）：也称"奥密特能源转换器（OEC）"，是利用高分子有机工质进行朗肯动力循环做功的小型独立发电设备。

1.48 风力发电机（wind turbine）：是将风能转换为机械功，机械功带动转子旋转的发电装置。

1.49 空冷型电源设备（air cold source equipment）：采用自然通风、强制风冷进行冷却的电源设备。

1.50 油冷型电源设备（oil cold source equipment）：采用变压器油冷却的电源设备。

1.51 直流供电电压标称值（nominal value of DC power supply voltage）：指直流电源的输出电压上限。

1.52 额定容量（rated capacity）：是额定空载电压、额定电流与相应系数的乘积。

1.53 额定输出电压（rated output voltage）：电源设备规定的最高输出电压。

1.54 额定输出电流（rated output current）：电源设备规定的最大输出电流。

1.55 额定功率（rated power）：指电源设备正常工作时功率。它的值为电源的额定电压乘以额定电流。

1.56 辅助阳极（auxiliary anode）：强制电流阴极保护系统中，与直流电源正极相连的电极。

1.57 立式阳极（vertical anode）：由一根或多根垂直埋入地中的阳极排列构成，电极间用电缆联结。

1.58　水平式阳极（horizontal anode）：将阳极以水平方向埋入一定深度的地层中所组成。

1.59　联合式阳极（combined anode）：指采用钢铁材料制成的地床，上端连接着水平干线的一排立式阳极所组成。

1.60　浅阳极地床（shallow anode bed）：一支或多支阳极垂直或水平安装于地下15m以内，对地下或水中金属构筑物提供阴极保护的地床。

注：指阳极体顶部距地面≤15m的阳极地床。

1.61　深井阳极地床（deep well anode ground bed）：由一支或多支阳极垂直安装于地下15m或更深的井孔中的地床。

注：指阳极体顶部距地面≥15m的阳极地床。

1.62　开孔法（open hole）：阳极周围只含有水电解质包围的一种安装方式。

1.63　闭孔法（closed hole）：阳极周围填满填料的一种安装方式。

1.64　端部效应（end effect）：由于端部电流密度过高而导致阳极材料端部消耗过快的现象。

1.65　下吹（blow down）：通过管子以高压向阳极区注入空气或水，以便清扫环状空间并尽可能消除由于气阻造成的高电阻。

1.66　气阻（gas blockage）：造成阳极被大量氧气、氢气或其他气体包围，减少了阳极与电解质或填料的接触，增加了阳极连接电阻，降低了阳极排出电流的现象。

1.67　排气（venting）：深阳极地床气体的排放。

1.68　活性区（active zone）：深阳极系统中排放电流的部分。

1.69　不溶性阳极（insoluble anode）：指电流通过时不发生或极少发生阳极溶解反应的辅助阳极。

1.70　包装式阳极（packing type anode）：装于容器中央，周围填满导电填料的辅助阳极。

1.71　连续性阳极（continuous anode）：导电性连续的单支辅助阳极。

1.72　钢阳极（steel anode）：以普通碳素钢为电极材料的一种消耗性辅助阳极。

1.73　高硅铸铁阳极（high silicon cast-iron anode）：以一定含硅量的硅铁铸件制成的一种微溶性辅助阳极。

1.74　石墨阳极（graphite anode）：指采用石油焦、针状焦为骨料，煤沥青为黏结剂，经过混捏、成型、焙烧、浸渍、石墨化、机械加工等一系列工艺过程生产制得的一种低溶性辅助阳极。

1.75 炭阳极（coke anode）：以炭质材料如无烟煤和冶金焦（或石油焦）为原料，煤沥青为黏结剂，不经石墨化，经压制成型而烧成的辅助阳极。

1.76 磁性氧化铁阳极（magnetic iron oxide anode）：磁性氧化铁即 Fe_3O_4，是指用精选磁铁矿粉末铸造而成的一种难溶性辅助阳极。

1.77 铁氧体阳极（iron oxide anode）：是由铁的氧化物及其他配料烧结而成的辅助阳极。

1.78 聚合物阳极（polymer anode）：也称"柔性阳极"或"缆形阳极"，是在铜芯上包覆导电聚合物而构成的连续性辅助阳极。

1.79 混合金属氧化物阳极（mixed metal oxide anode）：是在钛基材上覆盖一层具有电催化活性的金属氧化物制成的辅助阳极。

1.80 铅-银合金阳极（lead-silver alloy anode）：以一定含银量的铅-银合金制成的一种微溶性辅助阳极。

1.81 铅-银微铂阳极（lead-silver micro platinum anode）：在铅-银合金表面嵌有铂丝或铂片所构成的一种微溶性辅助阳极。

1.82 铅-磁性氧化铁阳极（lead-magnetic iron oxide anode）：由铅粉和 Fe_3O_4 粉的混合物压制而成的辅助阳极。

1.83 镀铂阳极（platinum plated anode）：在钛、铌或钽等表面镀有铂的一种不溶性辅助阳极。

1.84 包铂阳极（platinum clad anode）：在钛、铌或钽等表面包有铂箔的一种不溶性辅助阳极。

1.85 金属陶瓷阳极（metal ceramic anode）：由粉末冶金方法制成的陶瓷与金属的复合辅助阳极。

1.86 辅助阳极地床回填料（auxiliary anode ground bed packfill）：为改善阳极工作环境，提高阳极工作效率，在阳极周围填充的导电化学物料。

1.87 参比电极（reference electrode）：亦称"参考电极"，是平衡电极电位非常稳定和高度可逆的半电池，可以用它作为基准来测量其他电极的电位。也是外加电流阴极保护系统的组成部分之一。

1.88 标准氢电极（normal hydrogen electrode）：在标准状态下（即 25℃，0.1MPa 的电解质溶液中，该电极的金属离子活度为 1 时）的氢电极。

1.89 甘汞电极（calomel electrode）：由汞、氯化亚汞和一定浓度的氯化钾溶液组成。其电极结构式为：Hg/Hg_2Cl_2（固），KCl（溶液，浓度按规定）。

1.90 铜/饱和硫酸铜电极（copper/saturated copper sulfate electrode）：是将电解铜棒插入饱和硫酸铜溶液构成。其电极结构式为：Cu/$CuSO_4$（晶体），$CuSO_4$（饱和溶液）。

1.91 银/氯化银电极（silver/silver chloride electrode）：由金属银、氯化银和含有 Cl^- 的溶液组成。其电极结构式为：Ag/AgCl（固），KCl（a_{Cl^-}）。

1.92 锌电极（zinc electrode）：由高纯锌或锌合金直接作为参比电极。

1.93 全固态参比电极（all solid reference electrode）：广义上讲凡是电极的整体结构为固体状态的统称为全固态参比电极。包括高纯金属、合金、石墨类，金属固体粉末与改性和修饰物混合粉压型，以高分子聚合物为基体的全封闭式等。

特殊保护法

1.94 特殊阴极保护法（special cathodic protection method）：指不同于传统式的阴极保护方法。

1.95 反电位法阴极保护（reverse potential cathodic protection）：在汇流点施加一与阴极保护相反的正电位，通过提高汇流点负电位值来延长单站阴极保护距离的方法。

1.96 反电位法阴极保护原理（principle of cathodic protection by opposite potential method）：利用正负电位叠加效应的原理来延长单站保护距离的一种方法。

注：在 20 世纪六七十年代，有些长输管线穿山越岭，经过地段复杂，难用牺牲阳极保护，且缺少市电供电系统，自动工作的独立电装置尚未引入，所以为了解决两站间距比较长，传统阴极保护方法又难以满足保护电位时，研发一种特殊阴极保护方法，即"反电位法"。目前，已有各式各样能自动、独立工作的电源，"反电位法"的应用已经很少了。

1.97 反电位法阴极保护系统的构成（composition of cathodic protection system by the opposite potential method）：由主电源与辅助阳极，辅助电源与辅助阴极，以及控制电极构成。

1.98 气相环境中的阴极保护（cathodic protection in gas phase environment）：对处在气相环境中的金属结构物施加的阴极保护。

1.99 气相阴极保护原理（principle of gas phase cathodic protection）：在被保护金属（阴极）的表面上涂覆一层具有离子导电功能的固体电解质，

其上再均匀地涂覆一层具有电子导电功能的阳极涂层，与直流电源相连后，构成阴极保护电流的固相通路，即可实现气相环境中金属结构物的阴极保护。

1.100 气相阴极保护装置的构成（composition of the gas phase cathodic protection device）：由极化电源、极化电池和测量系统构成。

1.101 固体电解质（solid electrolyte）：固体状态下有显著离子导电性的物质统称为固体电解质。具有实用价值的固体电解质的电导率在 10^{-3} S/m 以上。

1.102 光致阴极保护（photo induced cathodic protection）：也称光电阴极保护，是利用半导体的光生伏特效应产生的电流来改变被保护金属电位的一种新型阴极保护技术。

1.103 光致阴极保护原理（principle of photo induced cathodic protection）：将半导体（常用 TiO_2）薄膜涂覆在被保护金属表面，在光照下，半导体薄膜受光激发后产生的光电子传输到被保护金属使之产生阴极极化，从而获得保护。

1.104 光电极（photoelectrode）：能在电极/电解液界面进行光致电流反应的电极。

1.105 光电催化（photoelectrocatalysis）：通过选择半导体光电极（或粉末）材料和（或）改变电极的表面状态（表面处理或表面修饰催化剂）来加速光电化学反应的作用。

1.106 光生伏特效应（photovoltaic effect）：指半导体在受到光照射时产生电动势的现象。

1.107 光电压（photovoltage）：光照下半导体的能带弯曲较之暗态为小，结果半导体中的电势更接近于平带电势。此光照态和暗态半导体电极的平衡电势的差值称为光电压或光电势。

1.108 光电流（photocurrent）由光电效应所产生的电流。

阴极保护技术要求及配件

1.109 电连续性（electrical continuity）：构筑物所处的物理状态，以致电流在构筑物内循环时不会产生明显的电压降。

1.110 连续性跨接（continuous bond）：为保证构筑物间电气上的连续性或等电位而设计和安装的电气连接。

1.111 等电位连接带（equipotential connection bond）：将分开的装置、诸导电物体用等电位连接导体或电涌保护器连接起来以减小外来电流在它们之间产生的电位差。

1.112 电绝缘装置（electric insulation device）：插入两结构物之间防止电连续的电绝缘部件，如整体绝缘接头、绝缘法兰等。

1.113 绝缘法兰（insulated flange）：连接相邻管道的法兰、螺母和螺钉与法兰是电气绝缘的，且垫片是不导电的，管道在这些连接处是电不连续的。

1.114 绝缘活接头（insulating joint）：一种装有绝缘材料的活（管）接头。

1.115 整体型绝缘接头（monobloc insulating joint）：一种在工厂制作，带有两片绝缘环和密封垫圈的分离体，通过焊接或用卡头固定而结合在一起的绝缘接头。

1.116 装配型绝缘接头（prefabricated insulating joint）：由工厂制造和测试，并可以迅速安装在管道上的成套装置。

1.117 阳极电缆（anode cable）：用于连接辅助阳极的电缆。敷设于土壤中，常选用VV22-0.6/1kV电缆，截面积$\geqslant 16mm^2$。

1.118 阳极连接密封（anode connection encapsulation）：一种安装于阳极与导线连接端部分侧面，保持阳极与导线电连接完好的绝缘材料。

1.119 阳极帽（anod cap）：一种盖住阳极端部导线连接处的电绝缘装置。

1.120 阴极电缆（cathode cable）：用于连接被保护体的电缆。敷设于土壤中，常选用VV22-0.6/1kV电缆，截面积$\geqslant 10mm^2$。

1.121 汇流点（drain point）：阴极电缆与被保护构筑物的连接点，保护电流通过此点流回电源。

1.122 铝热焊（aluminothermic welding）：也称"放热焊接"，是利用金属氧化物和金属铝之间的放热反应所产生的过热熔融金属来加热金属而实现结合的方法。

1.123 阳极屏蔽层（anod shield）：在强制电流阴极保护系统中，为使辅助阳极的输出电流分布到较远的阴极表面，以使被保护结构物的电位比较均匀而覆盖在辅助阳极周围一定面积范围内的绝缘层。

1.124 接地（earthing）：指电力系统和电气装置的中性点、电气设备的外露导电部分和装置外导电部分经由导体与大地相连。可以分为工作接地、防雷接地和保护接地。

1.125 测试桩（test pile）：用于阴极保护参数的检测及其有关功能测试的装置。

1.126 检查片（coupon）：为检查阴极保护效果，在典型地段埋设的与被保护体相同的金属试片。

2. 阴极保护检测技术
电位测试

2.1 自然电位（natural potential）：指无外电流影响的腐蚀体系中金属的电极电位。

2.2 通电电位（on potential）：阴极保护系统持续运行时测量的构筑物对电解质（土壤）电位。

2.3 断电电位（off potential）：断电瞬间的构筑物对电解质（土壤）电位。
注：通常情况下，应在切断阴极保护电流后和极化电位尚未衰减前立刻测量。

2.4 极化电位（polarized potential）：指无 IR 降电位。

2.5 控制电位（control potential）：指通电状态下，通电点的设定电位。

2.6 构筑物对电解质电位（structure-to-electrolyte potential）：用与电解质接触的参比电极测得的埋地或水下金属构筑物表面和电解质之间的电位差。

2.7 远大地电位（far-ground potential）：远离与管道的电连接点，直接在管道正上方测得的管道对电解质电位。

2.8 牺牲阳极开路电位（open potential for sacrificial anode）：牺牲阳极在电解质中的自然腐蚀电位。

2.9 牺牲阳极闭路电位（closed potential for sacrificial anode）：在电解质中牺牲阳极工作状态下的电位。

2.10 牺牲阳极驱动电压（driving voltage for sacrificial anode）：牺牲阳极闭路电位与被保护体的保护电位的差值。

2.11 远方大地（remote earth）：在该区域内任何两点之间都没有因电流流动而引起的可测量的电压降。

2.12 IR 降（IR drop）：根据欧姆定律，由于电流的流动在参比电极与金属构筑物之间电解质上产生的电压。

2.13 近参比电极法（reference electrode method close to structure）：将参比电极置放于贴近被测构筑物的土壤中测试构筑物电位的方法。

2.14 地表参比法（surface reference electrode method）：将参比电极置放于被测构筑物附近地面测试构筑物电位的一种方法。

2.15 远参比电极法（reference electrode method form structure）：将参比电极置放于距被测构筑物较远（地电位趋于零）的地面测量构筑物对地电位的方法。

2.16 滑动参比电极法（sliding reference electrode method）：采用移动参比电极测取储罐底板相应电位的一种方法。

注：在储罐底板下预埋一根硬塑料管，钻孔，用纱网包缠，测量时注满水，用一支带有海绵的参比电极在管内滑动测取罐底相应电位。

2.17 瞬间断电法（instant aneous power off method）：断开被保护构筑物上所有的连接及其保护装置，在测试点处不应有杂散电流干扰，采用响应速度快的自动记录仪测其电位的方法。

2.18 试片断电法（test piece method）：断开试片与被保护构筑物连接的瞬间测得保护电位的方法。

2.19 极化探头法（polarization probe method）：一种不必中断阴极保护电流，利用内置参比电极靠近极化试片的原理消除IR降的电位测量方法。

2.20 密间隔电位测量（close-interval potential survey，CIPS）：一种沿着管顶地表，以密间隔（一般1～3m）移动参比电极测量管地电位的方法。

2.21 同步测量（synchronized survey）：在所有阴极保护电源同时关闭时进行的断电密间隔测试。

2.22 冲击电压（voltage spiking）：阴极保护电流被中断或施加的瞬间，由过渡过程引起的结构物上的瞬间性电位波动。

2.23 上升时间(rise time)：在关闭之后，电压计正确测量电位所要求的时间。

2.24 电位准确测量技术（accurate potential measurement technology）：同时测量管地电位与垂直方向土壤电位梯度的技术。

注：通过电位准确测量技术可识别防腐层缺陷，并能够计算出缺陷处的消除IR降电位。

2.25 密间隔管地电位检测仪（dense interval tube ground potential detector）：一种能自动采集并记录管道沿线任意一点无IR降电位的测试仪器。

电流测试

2.26 线电流(line current)：也称"管线电流"，即管道上流动的直流电流。

2.27 长线电流（long-line current）：埋设在土壤中的管线或大型构件，由于相隔较远部分处的环境介质（溶液、土壤等）的不均匀性等因素形成宏观腐蚀电池，由此产生的腐蚀电流称为长线电流。

2.28 长线电流压降误差（long-line current voltage drop error）：指如果土壤中存在长线电流，即便是断电电位也存在电压降误差。

2.29 平衡电流（equalising current）：也称"二次电流"，指中断保护电流后，在构筑物的极化差异部位之间流动的电流，平衡电流可能是产生 IR 降电位的误差源。

2.30 短路电流（short-circuit current）：就是电流未经用电器而直接导通，它包括电源短路和一般局部短路。

2.31 牺牲阳极输出电流（sacrificial anode output current）：指它给保护体提供的保护电流。

2.32 牺牲阳极电流效率（current efficiency for sacrificial anode）：牺牲阳极实际供电量和理论供电量的百分比。

2.33 牺牲阳极利用系数（utilization coefficient for sacrificial anode）：牺牲阳极使用到不足提供被保护结构所必需的电流时，阳极消耗质量与阳极原质量之比。

2.34 理论电容量（theoretical capacitance）：根据法拉第定律消耗单位质量的牺牲阳极所产生的电量，单位：A·h/kg。

2.35 实际电容量（actual capacitance）：实际测得的阳极消耗单位质量所产生的电量。

2.36 直接测量法（direct measurement method）：将一只电流表直接串联到牺牲阳极输出电流的回路中，电流表的示值即为牺牲阳极输出电流值。

2.37 标准电阻法（standard resistance method）：在牺牲阳极保护回路中串入一个标准电阻，测取标准电阻上的电压降，计算牺牲阳极输出电流的一种方法。

2.38 双电流表法（double ammeter method）：选用两只同型号的电流表分别串联接入测量回路，测取电流 I_1 与 I_2，然后计算牺牲阳极输出电流（$I = I_1 I_2 / 2I_2 - I_1$）的方法。

2.39 管内电流测量（tube current measurement）：指管道内实际流过的电流的测试。

2.40 电压降法（voltage drop method）：即测取一段管道上的电压降，再通过计算得出管道内实际流过的电流的测试方法。

2.41 标准法（calibration method）：在被测管段 a、b 两点间施加一电流，使 c、d 两点间电位差补偿到零，即此时的补偿电流正好等于流过 cd 段的管内电流，但两者方向相反。

2.42 电流需求量测试（current requirement test）：从临时地床至被保护构筑物建立直流电流以确定阴极保护所需要的电流量。

2.43 断电周期（outage cycle）：在"通电"和"断电"周期中电流中断持续的时间。

2.44 负载循环（load cycling）：电流中断循环，通常以通电时间与每一循环周期总时间之比来表达。为了限制去极化，推荐负载循环最小值为75%。

2.45 慢循环断电（slow-cycle interruption）："断电"周期大于或等于1s的中断循环。

2.46 慢循环测量（slow-cycle survey）：采用慢循环断电密间隔测量。

2.47 快速循环中断（fast-cycle interruption）："off"周期小于1s的中断循环。

2.48 占空比（duty cycle）：阴极保护电流通电时间与断电时间的比值。

2.49 电流继电器（current relay）：中断阴极保护电流的设施。

电阻测试

2.50 接地极电阻（grounding resistance）：是电流由接地极流入大地再经大地流向另一接地极或向远处扩散所遇到的电阻。接地电阻值体现电气装置与"地"接触的良好程度和反映接地网的规模。

2.51 长接地体接地电阻（grounding resistance of long grounding body）：指强制电流辅助阳极地床（浅埋式或深井式阳极地床）对角线长度＞8m的棒状牺牲阳极组或长度＞8m的锌带接地体接地电阻。

2.52 短接地体电阻（grounding resistance of short grounding body）：指对角线长度＜8m的棒状牺牲阳极组或长度＜8m的锌带接地体接地电阻。

2.53 电阻分布测试（resistance profile test）：在深阳极地床的井孔中，电阻对数值对井孔深度的曲线测试。

2.54 电绝缘连接器绝缘性能的测试（test of insulation performance of electrical insulation connector）：用于评估连接器（绝缘接地、法兰）绝缘性能的测试。绝缘电阻、耐压试验和泄漏电流是常见的测试项目。

2.55 兆欧表法（megameter method）：用兆欧表直接测量绝缘连接器的绝缘电阻值，以此判断绝缘性能的方法。

注：兆欧表法仅适用于未安装到管道上的绝缘接头(法兰)的绝缘电阻测量。

2.56 电位法（potential method）：通过测量绝缘接头（法兰）通电前后电位值的变化来分析判断其绝缘性能的一种方法。

注：该法适用于安装在管道上的绝缘接头（法兰）的绝缘电阻测量。

2.57 漏电电阻法（leakage resistance method）：通过测量绝缘装置的漏

电电阻来定量评价其绝缘性能的一种方法。

注：此法适用于安装到管道上的绝缘装置的绝缘性能的测试。

2.58 PCM漏电率测量法（PCM leakage rate measuring method）：采用PCM测量正常使用中的绝缘接头的漏电率，判断其绝缘性能的一种方法。

2.59 接地电阻测量仪法（grounding resistance measuring instrument method）：采用接地电阻测量仪测试绝缘接头（法兰）绝缘性能的方法。

注：此法适用于在役管道绝缘接头（法兰）电阻的测试。

2.60 土壤电阻率的测量（measurement of soil resistivity）：土壤电阻率是土壤环境中金属腐蚀与阴极保护的重要参数之一，通常采用接地电阻测试仪测量。

2.61 等距法（equidistance method）：四极法测量土壤电阻率的一种电极布置方法。

2.62 不等距法（not equidistance method）：四极法测量土壤电阻率的又一种电极布置方法。

2.63 防腐层电阻（coating resistance）：是涂敷有防腐层的金属构筑物和电解质（土壤）之间的电阻。

注：防腐层电阻是衡量防腐层质量的标准。

2.64 防腐层电阻率（coating resistivity）：是防腐层电阻和防腐层表面积的乘积。

2.65 数字接地电阻测试仪（digital ground resistance tester）：采用先进的大规模集成电路，应用DC/AC变换技术将三端钮、四端钮测量方法合并为一种机型的新型接地电阻测量仪。

2.66 管道防腐层绝缘电阻测量仪（insulation resistance measuring instrument for pipeline auti-corrosion coating）：是按变频选频法原理研制的专用测量仪器。它可实现测量连续管道任意长管段防腐层绝缘电阻。

管道外防腐层地面检漏测试

2.67 防腐层破损点（damaged point on the coating）：也称"泄漏点""漏铁点""腐蚀点""针孔和缺陷"，指保护性覆盖层暴露在环境中容易遭到腐蚀破坏的点。

2.68 表面电位梯度测量（surface potential gradient survey）：一种沿着管道或垂直于管道上测量的一系列表面管道电位梯度的测量方法。表面电位梯度测量包括DCVG、ACVG、热点测量技术和管侧排流技术。

2.69 直流地电位梯度法（direct current voltage gradient survey，

DCVG）：一种通过测量沿着管道或管道两侧的由防腐层破损点泄漏的直流电流在地表所产生的地电位梯度变化，来确定防腐层缺陷位置、大小，以及表征腐蚀性的地表测量法。

2.70 交流地电位梯度法（alternating current voltage gradient survey，ACVG）：一种通过测量沿着管道或管道两侧的由防腐层破损点漏泄的交流电流在地表所产生的地电位梯度变化，来确定防腐层缺陷位置的地表测量方法。

2.71 交流电流衰减法（alternating current attenuation survey）：一种在现场应用电磁感应原理，采用专用仪器测量管内信号电流产生的电磁辐射，通过测量出的信号电流衰减变化，来评价管道防腐层总体情况的地表测量方法。收集到的数据可包括管道埋深、位置、异常位置和异常类型。

2.72 音频检漏法（audio leak detection survey）：即通过发射机向被测管道施加1000Hz左右的信号电流，在地面用一个专门的仪表检测这一信号强度变化，以此来确定防腐层破损点的位置和破损程度大小的方法。

2.73 管道电流测绘系统（pipeline current mapper system，PCM）：是一种采用电磁感应原理和计算机技术，通过给管道施加并可在地表测量出管道沿线交流信号电流变化的设备。

2.74 埋地管道防腐层检漏仪（leakage detector for anticorrosive coating of buried pipeline）：可以在不挖开覆土的情况下，探测出埋地管线的位置、走向、深度、防腐层破损点大小、防腐层的绝缘电阻的一种仪器。

杂散电流干扰测试

2.75 直流干扰测试（DC interference test）：指流失于环境介质（土壤、海水）中的直流杂散电流在金属结构物上引起的扰动的测试。

2.76 预备性测试（preliminary test）：一种直流干扰测试作业，用以一般了解管道干扰程度及管地电位特征和分布，为排流工程测试提供依据。

2.77 排流工程测试（engineering testing for drainage）：一种直流干扰测试作业，用以详细了解管道干扰程度及管地电位特征和分布，提供实施排流工程所依据的技术参数。

2.78 排流效果评定测试（testing for evaluating of drainage）：一种直流干扰测试作业，用以了解管道排流前后干扰程度的变化，用以评定排流效果并指导排流保护运行参数的调整。

2.79 测试时间段(testing period)：在干扰测试作业中每次测试的持续时间。

2.80 读数时间间隔（reading interval）：在规定的测试时间内，每次读取或记录测试值的时间间隔。

2.81 轨-地电位测试(track-ground potential test)：即轨道对地电位的测试。

2.82 轨-管电位差测试（track-pipeline potential difference test）：将一只高阻电压表直接串入轨道与埋地管道之间的测量回路中，电压表的示值即为轨-管电位差。

2.83 管地电位正向偏移法（positive displacement test method of pipe-to-potential）：以管地电位相对自然电位的正向偏移量来评价杂散电流的危害程度的一种测试方法。

2.84 杂散电流方向测试（stray current direction test）：即用于查找杂散电流干扰源的测试。

2.85 电位分布测试图（potential distribution test chart）：将测得的管地电位随距离的变化关系记录在电位-距离坐标图上称为管地电位分布测试图，用于分析杂散电流的干扰。

2.86 交流干扰测试（AC interference test）：指交流输电系统和交流牵引系统在管道耦合产生交流电压和电流的测试。

2.87 交流腐蚀风险测试（AC corrosion risk test）：指存在交流干扰的环境，某一时间段内，某一状态下，交流腐蚀发生的可能性的测试。

注：衡量交流腐蚀风险因素的指标，主要有交流干扰电压、交流电流密度和交/直流电流密度比。

2.88 交流干扰电压测试（AC interference voltage test）：即"地表参比电极法"。

注：在进行交流干扰电压测试时，仪表和连接导线在进行连接和拆卸时应采用"单手操作"法，防止电击伤害测试操作人员。

2.89 交流电流密度测试（AC current density test）：在 $1cm^2$ 的试片与管道组成的闭合回路中串联接入一个 10Ω 的电阻，通过测量电阻两端的电压来求取交流电流密度。

2.90 交直流电流密度比测试（ratio test of AC/DC current density）：测出交流、直流电流密度后求取 J_{AC}/J_{DC}。

2.91 单手操作法（single testing method）：是为安全测试而制定的一种电气操作方法。

注：这种方法：每次只进行一个操作（如测试引线的连接等），而且所有操作只用右手进行，而左手一直离开测试设备、引线等。

2.92　杂散电流测试仪（stray current tester）：能检测大地中杂散电流的仪器。其类型繁多。

3. 阳极保护技术

阳极保护原理

3.1　阳极保护（anodic protection）：通过提高腐蚀电位到钝态电位区实现的电化学保护。

3.2　外电源法（external power method）：将被保护金属与外部电源的正极相连接，使之钝化以防止金属腐蚀的方法。

3.3　保护器法（protector method）：也称"伽伐尼法"，是一种将被保护金属结构物与一种高电位材料相连接构成电偶电池，使之钝化以防止金属腐蚀的方法。

3.4　阳极保护原理（principle of anodic protection）：对金属或合金施加阳极电流使之极化，阳极过程受到强烈阻滞和失去活性所产生的高耐蚀性。

3.5　钝化区（passive zone）：金属维持钝态的区域。此区域是用一定的温度、浓度等参数表示的。

3.6　活化区（active region）：亦称"活性区"，是指维持金属活性状态的区域。

3.7　活化-钝化过渡区（activation-passivation transition region）：是指金属由活化态向钝态转变的区域。活化-钝化过渡区的电化学反应变化就是阳极保护过程。

3.8　稳定钝化区（stable passivation region）：在该区域，即使电位波动，亦不致出现金属由钝态转变为活化态或过钝化态的危险的区域。

3.9　过钝化区（transpassivation region）：指超过钝化区以后的区域。在该区域内，随着电位变得更正，电流密度显著增大（金属溶解增加）。

3.10　钝性（passivity）：指具有可钝化的性质。

3.11　钝态（passive state）：指金属由于钝化所导致的状态。

3.12　钝态金属（passive metals）：指因钝化而生有钝态薄膜或吸附层的金属。

3.13　不完全钝态（inperfect passivity）：指在钝化区内，对应孔蚀击穿电位和孔蚀保护电位之间金属所处的状态。

3.14　弗拉德电位（flade potential）：指钝态金属中断电流后电位很快下降，转变为原活化态时的电位，这个特征电位称为弗拉德电位，用 E_F 表示。E_F 越正，表明该金属丧失钝态倾向越大；反之，E_F 越负，该金属越容易保持钝态。

3.15　钝态的破坏（destruction of passivation state）：指处在钝化状态的金属，由于某种原因失去钝性，又回到活化状态的现象。

3.16　钝化（passivation）：指在一定的条件下，原先活泼溶解着的金属表面的状态发生某种突变，形成相膜或吸附层的现象。

3.17　钝化作用（passive action）：因钝化膜或吸附层的形成而使金属腐蚀速率降低。

3.18　化学钝化（chemical passivation）：又称"自动钝化"，指金属与钝化剂的自然作用而产生的钝化现象。

3.19　钝化剂（passivator）：指导致钝化的化学试剂。

3.20　电化学钝化（electrochemical passivation）：又称"阳极钝化"。金属因外加电流引起阳极极化而产生的钝化现象。

3.21　钝化理论（passivation theory）：指研究金属发生钝化原因及钝态形成的理论。目前最公认的有两种，即成相膜理论和吸附理论。

3.22　成相膜理论（oxide-film theory）：认为金属产生钝性状态是由于在溶液中反应时金属表面上生成了一层致密的、覆盖性良好的保护膜，将腐蚀介质与基体隔开。

3.23　吸附理论（adsorption theory）：认为金属钝化是由于在金属表面产生了氧或含氧离子的吸附层，使之降低了腐蚀活性，提高了电极电位。

3.24　钝化膜（passive film）：指金属和环境之间发生反应而形成于金属表面的薄的、结合紧密的保护层。

3.25　吸附层（adsorption layer）：可能是氧原子化学吸附在金属表面以抑制金属的活性，从而使腐蚀速率降低。

3.26　钝化电位（passivation potential）：指对应于最大腐蚀电流的电位值，超过该值，在一定电位区段内，金属处于钝态。

3.27　钝化电流（passivation current）：指在钝化电位下的腐蚀电流。

注：如果在钝化电位下腐蚀环境所包含的氧化剂被还原，所测得的净电流将低于钝化电流。

3.28　过钝化（transpassivation）：指超过钝化区以后处于过钝化区时的状态。

3.29　过钝化电位（transpassivation potential）：指金属处在过钝态下的腐蚀电位。

3.30　过钝化电流密度（transpassivation current density）：在某一很正的电位值下，金属从钝态重新转变为活化态，对应这一过钝化电位的电流密度称为过钝化电流密度。

3.31 过钝化腐蚀（transpassivation corrosion）：当电位高于稳定钝化区，电流又出现增大现象称为过钝化腐蚀。

3.32 去钝化（depassivation）：指钝态金属由于其钝化膜的全部或局部去除而引起腐蚀速率的增加。

3.33 去钝化剂（depassivator）：指具有去钝化作用的化学试剂。

3.34 活化（activation）：指金属表面由钝化状态转化为化学活态的现象。

3.35 活化态（active state）：指电位位于钝化电位以下的腐蚀金属的表面状态。

3.36 活化剂（activator）：指具有减小或消除金属钝态作用的制剂。

3.37 再活化（reactivation）：指因电极电位的降低而引起的去钝化。

3.38 再活化电位（reactivation potential）：指在其之下能发生再活化的腐蚀电位。

阳极保护的主要参数

3.39 阳极电流密度（anode current density）：指单位面积所通过的阳极电流。

3.40 致钝电流密度（current density of initiating passivation）：也称"临界钝化电流密度"，是指金属在给定环境条件下发生钝化所需的最小电流密度，以 $i_{致钝}$ 表示。

3.41 维钝电流密度（current densities of maintaining passivation）：也称"稳定钝化电流密度"，是指金属在给定的环境介质条件下维持钝态所需的电流密度，以 $i_{维钝}$ 表示。

3.42 稳定钝化区电位范围（stable passivation area potential range）：指钝化过渡区与过钝化区之间的电位范围。

3.43 重叠区域（overlap region）：将阳极保护电位控制在某一区域内时，各种金属在同一介质中，或者同一金属在不同的介质条件下，都能获得安全、可靠的保护效果，这一区域称为重叠区域。

3.44 最佳保护电位（optimal protection potential）：将被保护金属的电位控制在某一范围内时，所需的维钝电流密度最小，保护效果最好，这一电位区间称为最佳保护电位。

3.45 自活化时间（self activation time）：指切断阳极维钝电流，金属自发地由钝态转变为活化状态所需的时间。

3.46 经济电流密度（economic current density）：综合考虑，确定一个比较

合理的导线截面积,称为经济截面积,与其对应的电流密度称为经济电流密度。

3.47 阳极电流-阳极电位图(anode current-anode potential diagram):将流向阳极的电流作横坐标,电流流过的阳极电位作纵坐标所绘制的图。

3.48 阳极电流密度-电压图(anode current density-voltage diagram):阳极电流密度与电压的关系图。

阳极保护系统

3.49 阳极保护系统(anodic protection system):提供阳极保护的所有装置,包括活性和非活性要素。

3.50 阳极保护用电源(power supply for anode protection):为被保护金属(阳极)与辅助阴极之间提供直流电的装置。

3.51 阳极保护直流电源的选择(selection of DC power supply for anodic protection):要求是能在低电压下有较大的电流输出能力。

注:一般直流输出电压 12~24V,输出电流容量在 50~3000A 内一般够用。

3.52 周期转换可控硅恒电位仪(periodic conversion thyristor potentiostat):用于循环极化法、通/断式间歇法或连续式恒电位法阳极保护自动控制装置。

3.53 电位控制器(potential controller):一种控制阳极保护电位的装置。其功能类似于恒电位仪。

3.54 硅整流器(silicon rectifier):是利用硅二极管的单向导电性将交流电变为直流电,以用于阳极保护的电源。

3.55 可控硅整流器(silicon-controlled rectifier,SCR):是一种以晶闸管(电力电子功率器件)为基础,以智能数字控制电路为核心的电源功率控制电器。适合用于阳极保护致钝和维钝电源。

3.56 时序控制器(time schedule controller):设定点或参比信号自动按预定时间表给定的控制器。

3.57 辅助阴极(auxiliary cathode):指外电源法阳极保护,与直流电源负极相连的电极。

3.58 惰性阴极(inert cathode):指不易得失电子的,一般不与电解质反应的辅助阴极。

3.59 包铂阴极(platinum clad cathode):指在铜、黄铜、青铜、铜镍合金、铁、铅、银、钽等金属上包铂制作的辅助阴极。

3.60 哈氏合金 C 阴极(C cathode of HA's alloy):由含 Cr16%、Mo16%、Fe5%、W4%的镍基合金制造的辅助阴极。

3.61 铬镍不锈钢阴极 (chromium nickel stainless steel cathode)：由铬、镍两元素相配合制成的辅助阴极。

3.62 碳钢阴极 (carbon steel cathode)：指含碳量小于2.11%的铁碳合金制成的辅助阴极。

3.63 硅铁阴极 (ferrosilicon cathode)：是由铁和硅组成的合金制造的辅助阴极。

3.64 阳极保护用参比电极 (reference electrode for anode protection)：必须是坚固的，在腐蚀性液体中不易溶解，其电位能保持稳定的电极。

3.65 金属/金属难溶性盐电极 (metal/metal insoluble salt electrode)：将一种金属及其相应的难溶性盐浸入含有该难溶性盐的负离子的溶液中，达成平衡后，所构成的电极。

3.66 硫酸亚汞电极 (mercury sulfate electrode)：由汞、硫酸亚汞和含SO_4^{2-}的溶液组成的电极。

3.67 氧化汞电极 (mercuric oxide electrode)：由汞、氧化汞和碱性溶液组成的电极。

3.68 金属/金属氧化物电极 (metal/metal oxide electrode)：将金属表面覆盖一层微溶氧化物，然后浸入含有该微溶盐负离子或含有H^+、OH^-的溶液中，达成平衡后，所构成的电极。

注：阳极保护常用的金属/金属氧化物电极有 Pt/PtO 电极、Mo/MoO_3 电极、Au/Au_2O 电极等。

3.69 金属电极 (metal electrode)：以金属材料作为基体的电极统称为金属电极。

注：常作金属电极的有铂、铋、钼、镍和不锈钢等。根据金属的性质，用于不同类型的介质中作参比电极。

3.70 汇流排 (bus bar)：将电流导入阳极或阴极的刚性金属导体。

阳极保护操控方法

3.71 阳极保护致钝方法 (passivation method for anode protection)：指致钝操作时应尽量采用较大的电流密度，以便迅速建立稳定的钝化状态的方法。

3.72 整体致钝法 (whole passivation method)：通大电流使设备表面钝化的致钝方法。

3.73 逐步致钝法 (gradually passivation method)：光通电，使液面逐步升高，使表面逐步钝化的一种方法。

3.74 化学致钝法（chemical passivation method）：采用其他非工艺化学介质，使设备自钝化或减小体系的致钝电流密度的方法。

3.75 脉冲致钝法（pulse passivation method）：经过反复的阳极极化，导致完全钝化的致钝方法。

3.76 低温致钝法（low temperature passivation method）：使体系在低温下完成致钝操作，钝化后再投入工艺运行的一种致钝方法。

3.77 与涂层联合致钝法（combined passivation with coating）：将设备表面或局部表面涂刷涂层，以减小被保护面积的一种致钝方法。

3.78 阳极保护维钝方法（anodic protection passivation method）：指维持金属（阳极）钝化态的操作方法。

3.79 固定槽压法（fixed tank voltage method）：人为调整输出电压，槽压变化，保护电流随之变化，设备的电位也相应变化的方法。

3.80 蓄电池浮充法（battery floating charge method）：将一台整流器与蓄电池并联后再接于被保护体系的阴、阳极上，即构成蓄电池浮充法维钝电路，这也是一种固定槽压式的维钝方法。

3.81 恒电位法（constant potential method）：是利用恒电位原理，将设备电位控制在最佳保护电位下，实行连续的维钝方法。

3.82 电位区间控制连续极化法（electric potential interval control continuous polarization method）：指采用电位控制器使设备电位保持在预定的电位区间内的维钝方法。

3.83 电位区间控制间歇极化法（electric potential interval control intermittent polarization method）：按预定电位区间的上、下限，对设备实行开-关式间歇通电的维钝方法。

3.84 时间控制间歇极化法（time controlled intermittent polarization method）：按预定时间程序对设备实行开-关或间歇通电极化，使设备电位保持在预定的电位区间内的维钝方法。

3.85 循环极化法（cyclic polarization method）：指采用一台周期转换控制装置同时维持一群设备实施维钝的方法。

4. 化学转化膜与缓蚀剂技术

阳极氧化膜与化学转化膜

4.1 阳极氧化（anodizing）：将金属制件作为阳极，在电解质水溶液中进行电解，使金属表面氧化生成一层稳定而具有某种功能（如防腐性、装饰性或其他功能）的氧化膜的工艺方法。

4.2 阳极氧化膜（anodizing film；anodized film）：阳极氧化铝膜。

4.3 阳极氧化铝膜（anodized film of aluminium）：铝经过阳极氧化后获得的氧化膜。

4.4 阳极氧化膜厚度（thickness of anodizing film）：铝表面进行阳极氧化处理后，所产生的氧化铝膜的厚度。此膜越厚耐蚀性越好。

4.5 阳极氧化膜厚度测定法（thickness measuring method of anodizing film）：测定阳极氧化膜厚度的方法。可用目测测微计对其断面进行检测，亦可用膜厚测定计测定。

4.6 阳极氧化膜生成比（coating ratio of anodized film；coating ration；coating ratio for alumite）：阳极氧化后质量 W_2 与去除阳极氧化膜后质量 W_3 的差值除阳极氧化前质量 W_1 与 W_3 的差值，即阳极氧化膜生成比 $=(W_2-W_3)/(W_1-W_3)$。

4.7 化学转化膜（chemical conversion film）：是指利用化学或电化学的方法，在被保护金属自身表面生成一层结构致密的氧化膜保护层，使内金属与工作环境介质隔绝而得到保护的方法。

4.8 兹罗卡法（zroka process）：一种将铝制品放入加热至沸腾的碳酸钾、铬酸钾、铬酸钠、硫酸铜等混合液中，使铝制品表面生成耐蚀氧化膜的工艺方法。

磷化膜与钝化膜

4.9 磷化（phosphating）：利用含磷酸或含磷酸盐的溶液在钢铁制件表面形成一层难溶的磷酸盐保护膜的处理过程。

4.10 磷化处理（phosphating process）：产生磷酸盐薄膜的工艺处理方法。

4.11 磷化处理钢板（bonderized steel；phosphate treated steel）：经磷化处理后的钢板。可提高钢板的耐蚀性并增强涂膜的附着力。

4.12 磷酸（phosphoric acid，H_3PO_4）：是一种无色、无臭的糖浆状液体，味很酸，密度约为 $1.71g/m^3$。

4.13 磷酸锰浸渍生成法（atramental process）：将物体浸渍于磷酸锰溶液中以生成磷酸膜的方法。

4.14 磷酸清洗（phosphoric acid cleaning）：指用磷酸水溶液所进行的清洗。磷酸清洗后的表面有一层不溶性的磷酸铁，能获得较好的防锈效果。

4.15 磷酸铁钝化膜防蚀法（coslettizing）：将铁浸渍于 1L 磷酸、

1.15kg 黑色氧化锰及 500L 水组成的溶液中，以产生灰黑色钝化膜的方法。

4.16　磷酸铁膜处理法（iron phosphate coating process）：在钢铁表面进行磷酸盐处理使之生成一层具有防锈作用的磷酸铁薄膜的方法。

4.17　磷酸盐（phosphate）：由磷酸与金属所生成的盐类。含有锌、锰、铁的盐，可用作磷酸盐处理。

4.18　磷酸盐表面处理剂（bonderite）：进行金属表面处理的磷酸盐制剂。磷酸盐制剂可以在铁表面形成一层磷酸盐膜。

4.19　磷酸盐处理（phosphating）：将金属制品放在磷酸和可溶性磷酸盐为主的水溶液中，使其表面生成一层不溶性膜的处理方法。

4.20　磷酸盐处理镀锌钢板（bonderized steel after galvanizing）：经过磷酸盐处理的镀锌钢板，其防锈能力和涂料附着能力均增强。

4.21　磷酸盐膜（phosphate film）：用磷酸盐处理所得到的薄膜。因系非金属，所以防锈效果很好。

4.22　磷酸盐膜量（weight of phosphate coated film）：磷酸盐膜的重量。磷酸盐膜重量增加，其防锈能力也随之增加。

4.23　铬酸盐处理法（chromating method）：就是将金属工件或镀件浸在以铬酸盐或重铬酸盐为主要成分的处理溶液中，使金属表面生成一层钝化膜，提高防腐能力的处理方法。

4.24　无机盐的无铬钝化（inorganic salt chromte-free passivation）：主要包括钼酸盐钝化、钨酸盐钝化、稀土金属盐钝化处理。

4.25　有机物钝化（organic passivation）：包括有机钼酸盐钝化、植酸钝化、单宁酸钝化等。

4.26　浸泡钝化法（immersion passivation）：就是将要钝化的工件在钝化溶液中浸渍，并经过一段时间后，工件表面生成一层钝化膜的工艺方法。

4.27　淋涂法钝化（curtain coating passivation）：是将钝化溶液直接淋涂在金属工件表面，使其产生化学反应，生成一定厚度的钝化膜的工艺处理方法。

4.28　刷涂钝化法（brush coating passivation）：是用毛刷将钝化溶液直接刷涂在金属工件表面，经化学反应后生成钝化膜的工艺处理方法。

4.29　钝化临界电流密度（passivate critical current density）：即致钝电流密度。钝化所必需的阳极电流密度最低值。

4.30　钝化膜保护作用（passive state film protective action）：指由于钝化膜的生成而使基体金属的腐蚀停止或减慢的作用。

4.31 钝化型防锈剂（passive type corrosion protective agent）：使金属钝化防蚀的制剂。有铬酸盐、亚硝酸盐等。

着色膜、染色膜与现代转化膜新技术

4.32 着色（coloring）：在金属表面，人为地使它产生一层致密的氧化膜进行着色的方法。

4.33 着（染）色能力（dyeing power）：染料在阳极氧化膜或镀层上的附着能力。

4.34 着色膜（colored film）：是通过化学浸渍、电化学和热处理法等在金属表面形成一层带有某种颜色，并且具有一定耐蚀能力的膜层。

4.35 化学着色（chemical stain）：主要利用氧化膜表面的吸附作用，将染料或有色粒子吸附在膜层的空隙内，或利用金属表面与溶液进行反应，生成有色粒子而沉积在金属表面，使金属呈现出所要求的色彩。

4.36 电解着色（electrolytic coloring）：是将被着色的金属制件置于适当的电解液中，被着色件作为一个电极，当电流通过时，金属微粒、金属氧化物或金属微粒与氧化物的混合体，使电解沉积于金属表面的着色方法。

4.37 阳极氧化铝着色法（coloring of alumite; coloring of anodized aluminium）：用着色法能获得着色阳极氧化铝膜。

4.38 绿色磷化技术（green parkerising technology）：是将金属浸入磷化液，在其表面发生化学反应，形成磷酸盐转化膜工艺过程，是通过抑制金属表面腐蚀微电池的形成来有效防止其腐蚀。

4.39 硅烷化技术（silylation technology）：是以有机硅烷水溶液为主要成分对金属进行表面处理的过程。

4.40 锆盐陶化技术（zirconium salt vitrification technology）：是一种以氟锆酸为基础，在清洁的金属表面形成一层纳米陶瓷膜的前处理技术。

4.41 钼酸盐转化膜技术（molybdate conversion film technology）：是以钼酸盐作为处理液，对铝合金进行表面处理的工艺。

4.42 锂酸盐转化膜技术（lithium salt conversion membrane technology）：是以锂酸盐作为处理液，对铝合金进行无铬表面化学转化的处理方法。

4.43 钒酸盐转化膜技术（vanadium salt conversion membrane technology）：即把钒酸盐的溶液涂覆在镁合金上，并在钒酸盐转化膜上施涂氟树脂，所生成的膜叫作钒酸盐转化膜。

4.44 植酸转化膜技术（phytate conversion coating technology）：植酸是从

粮食等作物中提取的天然无毒有机磷酸化合物，它是一种少见的金属多齿螯合物。当其与金属络合时，转化生成的一层薄膜具有极强的附着力和耐蚀性。

4.45 单宁酸转化膜技术（tannin conversion coating technology）：单宁酸是一种多元苯酚的复杂化合物，水解后溶液为酸性，用单宁酸盐处理金属也能在其表面形成一层钝化膜。

4.46 生化膜技术（biochemical membrane technology）：即利用多种生物酸在酶的作用下，与金属表面的金属离子形成一层配合物薄膜。该膜致密牢固、防蚀性能好。

4.47 双色阳极氧化（two color anodizing）：是指在一个产品上进行阳极氧化并赋予特定区域不同的颜色。

缓蚀剂

4.48 缓蚀剂（corrosion inhibitor）：俗称"抑制剂""抑锈剂"，是一种以适当的浓度和形式存在于环境（介质）中时，可以防止或减缓腐蚀的化学物质或几种化学物质的混合物。

4.49 无机缓蚀剂（inorganic inhibitor）：一般指无机酸缓蚀剂。

4.50 有机缓蚀剂（organic inhibitor）：有缓蚀作用的有机物质。

4.51 阳极性缓蚀剂（anodic inhibitor）：亦称"阳极腐蚀抑制剂"，是通过抑制腐蚀的阳极过程而阻滞金属腐蚀的物质。

4.52 阴极性缓蚀剂（cathodic inhibitor）：通过抑制腐蚀的阴极过程而阻滞金属腐蚀的物质。

4.53 混合型缓蚀剂（mixed inhibitor）：这种缓蚀剂既可抑制阳极过程，又可抑制阴极过程。

4.54 氧化膜型缓蚀剂（oxidation film inhibitor）：通过使金属表面形成致密的、附着力强的氧化膜而阻滞金属腐蚀的物质。

4.55 沉淀膜型缓蚀剂（precipitation membrane inhibitor）：由于与介质的有关离子反应并在金属表面生成有一定保护作用的沉淀膜，从而阻滞金属腐蚀的物质。

4.56 吸附膜型缓蚀剂（adsorption film inhibitor）：能吸附在金属表面形成吸附膜从而阻滞金属腐蚀的物质。

4.57 盐水缓蚀剂（brine corrosion inhibitor）：含有盐液的缓蚀剂。

4.58 钝化型缓蚀剂（passivating inhibitor）：能使活性金属从活化状态进入钝化状态的缓蚀剂。

4.59 阻垢缓蚀剂（scale-corrosion inhibitor）：是由有机磷、优良共聚物及铜缓蚀剂等组成，对碳钢、铜及铜合金都具有优良缓蚀性能，对碳酸钙、磷酸钙有卓越的阻垢分散性能。

4.60 羧酸类缓蚀剂（carboxylic acid inhibitor）：是一种油溶性缓蚀剂。

4.61 硫酸缓蚀剂（sulphuric acid inhibitor）：减缓硫酸对金属基体的腐蚀，在各种化学酸洗过程中都有良好的缓蚀效果。

4.62 油溶性缓蚀剂（oil soluble inhibitor）：能溶于油的防锈缓蚀剂。

4.63 水溶性缓蚀剂（water-solubility inhibitor）：能溶于水的防锈缓蚀剂。

4.64 气相缓蚀剂（vapour phase pretreatment）：即挥发性缓蚀剂。

4.65 挥发性缓蚀剂（vapour phase corrosion inhibitor, VPCI; volatile corrosion inhibitor, VCI）：亦称"气相防锈剂""气相缓蚀剂""气化性防锈剂"，通过挥发形成的气相吸附于金属表面或挥发后在金属表面上成膜以防止金属在大气中腐蚀的抑制剂。

5. 电镀技术

常规电镀

5.1 电镀（electroplating）：利用电化学方法使金属和非金属制品的表面上镀覆一层金属镀层的方法。

5.2 干镀（dry plating; dry coating）："湿镀"的对称，是一种无水溶液介质情况下的干态镀覆。

5.3 湿镀（wet plating）："干镀"的对称，指镀覆过程中有液体介质参与的镀覆。有水溶液电镀、化学镀、浸镀等。

5.4 挂镀（rack plating）：利用挂具，将制件吊挂着进行的电镀。

5.5 滚镀（mechanical plating; barrel plating）：把被镀物、镀覆金属（锌、铝等）的粉末、金属球和适当的液体（石油等）四者放入回转器中，借碰撞而使工件表面黏附一层软金属的工艺方法。

5.6 闪镀（flash; flash plate）：通电时间极短产生薄镀层的电镀工艺。

5.7 外接电源（external electric power）：从外部供给电解槽电流所用的电源。

5.8 电镀钢板（electroplated steel plate）：以电镀工艺获得镀层的钢板。

5.9 电镀镉（cadmium electroplating）：用电镀工艺方法使工件覆盖上镉的工艺方法。

5.10 电镀铝（aluminium electroplating）：在基体材料上利用电镀方法

镀铝的工艺过程。

5.11 电镀铜（copper electroplating）：将钢铁制件放入含有铜盐的电镀液中作为阴极进行电镀而获得铜镀层的工艺方法。

5.12 电镀锡（tin electroplating；Sn electroplating）：用电镀液进行镀锡的工艺方法。

5.13 电镀锌（zinc electro plating；electro zinc plating）：将工件置于电解槽中，通电后，电解含有锌盐的水溶液而使工件获得具有较好防锈能力的锌镀层的工艺方法。

5.14 镀硬铬（hard chromium plating）：在钢铁表面不进行中间镀——镀镍，而直接镀铬。

5.15 多层电镀（multi layer plating）：在同一基体上先后镀上两层或两层以上性质或材料不同的金属镀层的电镀工艺。

5.16 多层镀铬（multi layer chromium plating）：为了改善普通镀铬的耐蚀性和均匀电沉积性而交替进行无孔性镀铬和普通镀铬的工艺方法。

5.17 多层镀镍（multi layer nickel plating）：即指一层以上的镀镍。

5.18 粉末镀锌（sheradizing）：即扩散渗镀锌。

5.19 复合镀镍（composite nickel plating）：指在镀镍的同时也能镀上其他合金元素或其他质点的镀镍工艺方法。

5.20 镉镀层（cadinium plating）：在氰化镉碱性溶液中电镀所得到的镀层。

5.21 镉-钛合金镀层（Cd-Ti alloy plating）：在氰化镉电镀液中，添加微量钛后所得的合金镀层。

5.22 光亮电镀（bright plating）：在适当的条件下，从镀槽中直接得到具有光泽镀层的电镀工艺方法。

5.23 光亮镀镍（bright nickel plating）：在镀镍时使用光亮剂而使镀层高度光亮的镀镍工艺方法。

5.24 合金电镀（alloy plating）：在电流作用下，使两种或两种以上金属（也包括一种金属或其他非金属元素）沉积的过程。

5.25 双层电镀（duplex plating）：在一层电镀层上再镀上第二层的电镀工艺方法。

5.26 双层镀铬（duplex chromium plating）：首先镀一层光泽性较差的镀铬层。再在其上镀一层光泽性好的镀铬层，从而得到双铬层的工艺方法。

5.27 双层镀镍（duplex nickel plating）：为了提高耐蚀性所进行的一层

为半光泽镀镍（即耐蚀性好的），一层为全光泽镀镍（耐蚀性差的）的两次重叠镀镍的工艺方法。

5.28 微孔镀铬（micro pore chromium plating）：在镀铜-镍合金的表面再镀铬，由于表面上显露出非导电性的微粒，使所得镀铬层中形成许多镍微孔的镀铬工艺方法。

5.29 微裂纹镀铬（micro crack chromium plating）：在一般镀铬液中加入硒等使镀层会有微裂纹的镀铬工艺方法。

5.30 无裂纹镀铬（crack free chromium plating；crackless chromium plating）：在镀铬液中加入少量的钛和铟以阻止裂纹发生的镀铬工艺方法。

5.31 组合电镀（composite plating）：即复合镀。

5.32 组合镀镍（combined nickel plating）：即复合镀镍。

5.33 槽电压（tank voltage）：电解时，电镀液或电解槽的阳极和阴极之间的总电压，即平衡反应电位，电流-电位（IR）压降和单个电极电位之和。

5.34 分散能力（throwing power）：在规定的条件下，特定镀液使电极（通常是阴极）上覆盖层（通常为金属）分布比初次电流分布更均匀的能力。

5.35 屏蔽（shield）：通过插入非导体以改变正常电流在阳极或阴极上的分布。

5.36 屏蔽物（shielding）：改变阳极或阴极电流分布的非导电中间物。

5.37 有效表面（significant surface）：工件表面上镀覆或待镀覆的表面，该表面上的覆盖层对于工件的使用性能和/或外观是极为重要的。

5.38 剥落（spalling）：通常用于热膨胀或收缩引起的覆盖层的碎裂。

5.39 起斑（spotting out）：电镀或其他精饰的表面延后出现的斑点或瑕疵。

5.40 粗糙（stardusting）：电镀表面上极细的不平的形式。

5.41 结瘤（nodle）：电镀过程中形成的、无放大情况下肉眼可见的圆形突出物。

5.42 麻点(pit)：电镀过程中或由于腐蚀作用在金属表面上形成的小坑或洞。

5.43 假阴极（dummy；dummy catode）：低电流电解作用下，用于去除电镀溶液中杂质的阴极。

5.44 覆盖能力（covering power）：在特定的电镀条件下，镀液在表面凹陷区域或孔内沉积金属的能力。

5.45 电压效率（voltage efficiency）：某特定电镀过程的反应平衡电位与测量的槽电压的比率。

5.46 电流效率（current efficiency）：某一特定的过程中，法拉第电解定律中有效电流的比例。

5.47 阴极效率（cathode efficiency）：沉积金属的电流占总阴极电流的比例。

5.48 退镀（strip）：从基体金属或底镀层上除去镀层。

5.49 导电盐（conducting salt）：添加到溶液中能够提高溶液电导率的盐。

5.50 腐蚀膏试验（corrodkote test）：镀层的加速腐蚀试验。

特种电镀

5.51 电刷镀（brush plating）：又称"金属笔镀"或"快速电镀"。借助电化学方法，以浸满镀液的镀笔为阳极，使金属离子在负极（工件）表面上放电结晶形成金属覆盖层的工艺过程。

5.52 非金属刷镀（nonmetal brush plating）：是指用某种表面处理工艺在非金属材料表面上沉积一层与基体结合良好的金属或非金属导电材料，然后再在其表面导电层上，用刷镀工艺刷镀所需要的金属镀层，从而达到耐磨、防腐、装饰等目的。

5.53 流镀（flow plating）：是以机械方式实现待镀工件的装夹、运转和阴极的进给运动，以保证电沉积过程中阴极和阳极的切向相对运动、镀液在沉积表面的流动和阳极沿工件轴向的往复运动。

5.54 摩擦电喷镀（friction electro spay plating）：是在刷镀、流镀和珩磨镀等电镀基础上发展起来的一种新型的电镀。

5.55 脉冲电镀（pulse plating）：是指用脉冲电源代替直流电源的电镀。可通过控制波形、频率、通断比及平均电流密度等参数，使电沉积过程在很宽的范围内变化，从而在某种镀液中获得具有一定特性的镀层。

5.56 复合电镀（composite plating）：又称"分散电镀"。分散电镀是用电镀方法使固体颗粒与金属共沉积从而在基体上获得基质金属（或称为主体金属）上弥散分布颗粒结构的复合镀层。

6. 化学镀与热浸镀技术

化学镀

6.1 化学镀（electroless plating）：又称"无电解镀"或"自催化镀"，是在无外加电流的情况下借助合适的还原剂，使镀液中金属离子还原成金属，并沉积到零件表面的一种覆盖方法。

6.2 纳米喷镀（nano spray plating）：是应用化学原理通过直接喷涂的方法使被涂物体表面呈现金、银、铬及各种彩色等各种镜面高光效果。

注：纳米喷镀也属于化学镀的范畴。

6.3 自催化镀（autocalytic plating）：非电解镀。被沉积金属或合金通过催化还原反应而形成沉积金属覆盖层。

6.4 接触镀（contact plating）：在含有被镀金属离子的溶液中将工件与另一金属保持接触，通过形成的内部电流沉积金属覆盖层。

热浸镀

6.5 热浸镀（hot dipping）：亦称"熔融涂覆"。将金属制件浸于熔融金属液而使制件表面镀覆一层金属膜的方法。

6.6 氢还原法热浸镀（hot dip coating by hydrogen reduction）：是将钢材经脱脂后，用氢气在高温下将钢材表面的氧化铁还原成活性铁，然后热浸镀的方法。

6.7 热浸镀锌（hot dip galvanizing）：工件在盛有熔融锌的槽中通过，使工件表面覆上锌层的工艺方法。

6.8 热浸镀锌腐蚀失重（corrosion weight loss of hot dip galvanizing）：热浸镀锌钢板在使用环境下的腐蚀失重。

6.9 热浸镀锌钢板（hot dip galvanized steel sheet）：即经热浸镀锌后的钢板。锌的附着量可达 $50\sim300g/m^2$，比电镀锌高。

6.10 热浸镀铝（hot dip aluminizing）：熔融镀铝。

6.11 热浸镀铅（hot dip lead plating）：亦称熔融镀铅。将需要涂覆的工作浸渍于熔融铅中所进行的镀铅方法。

6.12 热浸镀锡钢板（hot dip tinned steel plate）：经热浸镀锡的钢板。锡的附着量为 $20\sim30g/m^2$。

6.13 镀层金属（coated metal）：热浸镀金属的熔点要求比基体材料低得多，因此，常限于采用低熔点金属及其合金，如锌（419.5℃）、铝（658.7℃）、锡（231.9℃）、铅（327.4℃）及它们的合金。

6.14 溶剂法（solven method）：在热浸镀之前，在清洁的金属表面涂一层助镀剂，防止钢铁腐蚀。

7. 涂料及涂装技术

涂料

7.1 涂料（coating）：涂于物体表面能够形成具有保护、装饰或特殊性（如绝缘、导电、示温、隐身等）的固态涂膜的一类液体或固体材料总称。

7.2 有机涂料（organic coating）：主要成膜物质由有机物组成的涂料。

7.3 无机涂料（inorganic coating）：主要成膜物质由无机物组成的涂料。

7.4 转化型涂料或转变型涂料（convertible coating or transform coating）：涂料中成膜物质在成膜过程中，组成结构发生变化，即成膜物质形成与其原来组成结构完全不相同的涂膜，这类涂料称为转化型涂料。

7.5 非转化型涂料（non-convertible coating or intransform coating）：涂料中成膜物质在成膜过程中组成结构不发生变化，即成膜物质以原状存在于涂膜中，在涂膜中可以检查出成膜物质的原有结构，这类涂料称为非转化型涂料。

7.6 溶剂型涂料（solvent based coating）：完全以有机物为溶剂的涂料。

7.7 水性涂料（water based coating or water based paint）：完全或主要以水为介质的涂料。

7.8 水溶性涂料（water soluble coating or paint）：以水溶性树脂为主要成膜物质的涂料。

7.9 水可稀释性涂料（water-thinned coating or water reducible coating）：以微粒很细的、高聚物聚集体在水中的胶为主要成膜物质的涂料。

7.10 水乳胶涂料（乳胶漆）[latex coating（paint）]：合成树脂水乳胶为主要成膜物质制得的涂料。

7.11 水溶胶涂料（sol coating）：以水溶胶（粒子的大小在 $0.1\sim0.01\mu m$ 的高分子分散液）作为成膜物质的一类涂料。由于颗粒小于可见光波长，故呈透明状，但非真溶液。

7.12 水乳化涂料（water emulsified coating）：树脂在乳化剂作用下加水乳化制得的涂料。

7.13 粉末涂料（powder coating）：不含溶剂的粉末状涂料。

7.14 高固体分涂料（high solids coating）：挥发极低的涂料。调制到可施工黏度时固体分含量（体积计）可高达55%以上。

7.15 双（多）组分涂料；双（多）包装涂料（two-component coating; two-pack coating）：两（多）种组分分别包装，使用前必须按规定比例调和的涂料。

7.16 非水分散型涂料（non-aqaeeus dispersion coating）：分散于脂肪烃中的非水分散聚合物为成膜物质的一种液体涂料。

7.17 无溶剂涂料（solventless coating；non-solvent coating）：不含有可挥发的溶剂的涂料，或称100%固体分涂料。

7.18 气溶胶涂料（aerosol coating）：又称"罐喷涂料"。利用漆罐中气溶胶而喷涂的涂料。

7.19 辐射固化涂料（radiation curable coating）：利用辐射能固化成膜的涂料主要包括紫外线固化涂料、电子束固化涂料。

7.20 紫外线固化涂料（UV light curable coating）：采用 0.3～0.4μm 波长的紫外线引发聚合反应固化成膜的涂料。

7.21 电子束固化涂料（electron beam curable coating）：利用电子束照射而固化成膜的涂料。

7.22 塑性溶胶（plastisol）：主要成膜物质分散于增塑剂中的一类涂料，通常指溶胶级聚氯乙烯树脂分散在增塑剂中制成的涂料。

7.23 有机溶剂（organosol）：主要成膜物质分散于溶剂中的一类涂料。通常指溶胶级聚氯乙烯树脂分散在增塑剂及有机溶剂中制成的涂料。

7.24 气体固化涂料（vapour curable coating）：用催化剂的蒸气交联固化的聚氨酯涂料。包括气体渗透固化和气体喷射固化。

涂装

7.25 涂装（painting）：将涂料涂覆于基底表面形成具有防护、装饰或特定功能涂层的过程，又叫涂料施工。

7.26 车间涂装（shop painting）：在车间内进行的涂装，工件表面处理比较充分，可使涂层与基底结合更加牢固，提高防腐效果。

7.27 长效防腐涂装［long term anti-corrosion paintings（heavy duty painting）］：以长期保护基底为目的而进行的涂装，又称为重防腐蚀涂装。

7.28 复合涂装（composite painting）：通常为获得长效防腐效果，在工件表面热喷涂锌、铝及其合金等金属防护涂层，再通过涂覆有机涂层完成封闭的涂装。

7.29 重复涂装（repainting）：指在一层涂膜上再涂上一层涂膜的工艺，为了提高防腐效果，一般采用多次重复涂装，以增加涂层厚度。

7.30 重新涂装（refinishing repainting）：指完全除去旧的涂层，再进行新的涂装的工艺方法。特别是涂层日久老化，防腐能力差，应将旧层去掉，再重新涂装。

表面预处理

7.31 表面预处理（surface pretreatment）：在涂装前，除去工件表面附着物、生成的氧化物以及提高表面粗糙度，提高工件表面与涂层的附着力或赋予表面以一定的耐蚀性能的过程，又叫前处理。

7.32 机械预处理（mechanical pretreatment）：在涂装前，使用手工工具、

动力工具或喷丸、抛丸、喷粒等方法，除去工件表面附着物或氧化物的过程。

7.33 化学预处理（chemical pretreatment）：在涂装前，使用化学方法除去工件表面附着物或氧化物并形成转化膜的过程。

7.34 电化学预处理（electrochemical pretreatment）：在涂装前，使用电化学方法除去工件表面附着物或氧化物并形成转化膜的过程。

7.35 脱脂（degreasing）：用清洗剂除去基底表面油污的过程。

7.36 化学脱脂（chemical degreasing）：利用化学方法除去基底表面油污的过程。

7.37 电化学脱脂（electrochemical degreasing）：利用电化学方法除去基底表面油污的过程。

7.38 浸泡脱脂（soak degreasing）：将工件浸入清洗剂中（不加外电流）除去工件表面油污的过程。

7.39 喷淋脱脂（spray degreasing）：将脱脂剂喷淋于工件上除去油污的过程。

7.40 超声波脱脂（ultrasonic degreasing）：在清洗液中借助于超声振动加速除去工件表面油污的过程。

7.41 除锈（derusting）：除去金属工件表面锈蚀产物的过程。

7.42 修整（trim）：除去工件上毛刺、结瘤、焊渣、锐边、尖角等，使之适于涂装的过程。

7.43 酸洗（pickling）：用酸液洗去工件表面锈蚀物和轧皮的过程。

7.44 火焰清理（flame cleaning）：短暂地用还原性火焰喷烧金属构件，接着用动力钢丝刷除去工件表面附着物的过程。

7.45 手工工具清理（hand tool cleaning）：利用手工工具除去工件表面附着物和氧化物的过程。

7.46 动力工具清理（power tool cleaning）：利用动力工具除去工件表面附着物和氧化物的过程。

7.47 喷射处理（blasting）：利用高速磨料流的冲击作用清理和粗化工件表面的过程。

7.48 干喷射处理（dry blasting）：利用高速干磨料流的冲击作用清理和粗化工件表面的过程。

7.49 湿喷射处理（wet blasting）：利用磨料与水的混合物高速流的冲击作用清理和粗化表面的过程。

7.50 喷砂（sand blasting）：利用高速砂流的冲击作用清理和粗化基底表面的过程。

7.51 喷丸（shot blasting）：利用高速丸流的冲击作用清理和强化工件表面的过程。

7.52 锈蚀等级（rusting grade）：金属表面锈蚀程度的分级。

7.53 除锈等级（derusting grade）：金属表面锈蚀物除去程度的分级。

7.54 磨料（abrasive）：用作喷射处理介质的天然或合成固体材料。

7.55 棱角砂（grit）：喷射清理用的呈现棱角或不规则形状的粒子的一种磨料。

7.56 丸粒（shot）：喷射处理用的呈球状的一种磨料。

7.57 除旧漆（depainting）：去除旧的损坏的涂膜，以准备重新涂装的过程。

7.58 表面调整（surface conditioning）：把工件表面转化为能在以后的工序中得到成功处理的适当状态的过程。

7.59 转化处理（conversion treatment）：工件表面产生一种由基体金属化合物组成的膜的化学或电化学过程。

7.60 多合一处理（integral treatment）：除油、除锈或除油、除锈和磷化一道进行的过程。

7.61 暂时保护（temporary protection）：经过表面预处理的工件表面，在未涂装规定的涂层之前，实施的可方便去除的、临时性的保护涂装或措施。

7.62 硅烷处理（silane treatment）：基体材料表面经过水溶性硅烷偶联剂处理形成一层硅烷膜的过程。

涂装方法

7.63 手工刷涂（manual brushing）：利用漆刷蘸涂料进行涂装的方法。

7.64 空气喷涂（air spraying）：利用压缩空气将涂料雾化并射向工件表面进行涂装的方法。

7.65 高压无气喷涂（airless spraying）：利用动力使涂料增压，迅速膨胀而达到雾化和涂装的方法。

7.66 静电喷涂（electrostatic coating）：利用电晕放电原理使雾化涂料在高压直流电场作用下荷负电，并吸附于荷正电基底表面放电的涂装方法。

7.67 粉末静电喷涂（electrostatic powder spraying）：利用电晕放电原理使雾化的粉末涂料在高压电场的作用下荷负电并吸附于荷正电基底表面放电的涂装方法。

7.68 自动喷涂（automatic-spraying）：利用电器或机械原理（机械手或机器人）程序控制进行的一种喷涂方法。

7.69 电泳涂装（electro-coating）：利用外加电场使悬浮于电泳液中的颜料和树脂等微粒定向迁移并沉积于电极之一的基底表面的涂装方法。

7.70 阳极电泳涂装（anode electro-coating）：利用外加电场使悬浮于电泳液中的颜料和树脂等微粒定向迁移并沉积于阳极基底表面的涂装方法。

7.71 阴极电泳涂装（cathode electro-coating）：利用外加电场使悬浮于电泳液中的颜料和树脂等微粒定向迁移并沉积于阴极基底表面的涂装方法。

7.72 自泳涂装（autophoresis coating）：利用化学反应使涂料自动沉积在基底表面的涂装方法。

7.73 浸涂（dipping）：将工件浸没于涂料中，取出，除去过量涂料的涂装方法。

7.74 淋涂（flow painting）：将涂料喷淋或流淌过工件表面的涂装方法。

7.75 搓涂（tompoming）：利用蘸涂料的纱团反复画圈进行擦涂的方法，又叫揩涂法或擦涂法。

7.76 幕帘涂装（curtain painting）：使工件连续通过不断下流的涂料液幕的涂装方法。

7.77 辊涂（roller painting）：利用蘸涂料的辊子在工件表面滚动的涂装方法。

7.78 滚筒涂装（barrel enamelling）：将工件装于盛有烘漆的锥形滚筒中，使滚筒转动到所有涂件都涂上后，让滚筒在受热中继续转动到涂膜干燥的涂装方法。

7.79 离心涂装（centifugal enamelling）：将工件装于锥形筛网状套中，浸于涂料槽，提起滴干后，高速转动筛套甩去工件上过量涂料的涂装方法。

7.80 流化床涂装（fluidized bed painting）：将粉末涂料置于装有多孔隔板的圆筒或长方形容器中，压缩空气从底部通过隔板，将隔板上的涂料粒子悬浮翻腾成液体沸腾状的涂装方法，又叫沸腾床涂装。

7.81 静电流化床涂装（fluidized bed electrostatic painting）：利用静电作用的流化床涂装法。

7.82 粉末电泳涂装（powder electro-deposition）：将一定粒度的粉末涂料分散于含有电泳树脂的水溶液中，在直流电场的作用下，通过电泳树脂的载体作用将粉末涂料一起沉积于基底表面的电泳涂装法。

7.83 热熔敷涂装（hot melt painting）：先将工件预热到超过粉末涂料熔点，再喷涂的涂装方法。

7.84 卷材涂装（coil painting）：工件呈卷状进入涂装过程，开卷后完成前处理涂装和固化，最后又成卷材的涂装方法。

7.85 机器人涂装（robot painting）：利用机器人或机械手取代人工进行的自动涂装。

7.86 换色（colour changing）：喷涂过程中从喷涂一种颜色的涂料变换为喷涂另一种颜色涂料的过程。

7.87 涂底漆（priming）：施涂底漆的过程。

7.88 刮腻子（puttying）：刮填腻子的过程。

7.89 打磨（grinding）：利用砂布、砂纸风动工具等使涂膜平整的过程。

7.90 涂面漆（topcoating）：在底层或中间层上涂面层的过程。

7.91 罩光（glazing）：在面层上涂一道或几道清漆增加或改善涂面光泽的过程。

7.92 调漆（paint mixing）：涂装前将涂料原液调配到符合施工要求的黏度或颜色的过程。

7.93 遮蔽（masking）：用适当方法和材料将不需要涂装的邻接部位进行遮盖的过程。

7.94 湿碰湿（wet on wet）：在前一道未干燥固化的涂层上涂覆后一道涂层并最后一起干燥固化的涂装方法。

7.95 除余漆（detearing）：除去工件上过量漆液的过程，例如，滴干、甩干、静电除滴。

7.96 晾干（flash off）：使湿涂层大部分易挥发溶剂挥发，以便再涂或进行烘烤的过程。

7.97 晾干时间（flash off time）：湿碰湿的时间间隔，或烘烤前挥发去大部分溶剂的时间。

7.98 修补（repair）：局部涂覆填料或涂料，以修正表面缺陷部位或损坏的旧涂膜的过程。

7.99 抛光（polishing）：将涂膜推擦光亮化的过程。

7.100 擦净（tacring）：在喷涂面漆前用黏性擦布擦去工件表面异物的过程。

7.101 泳透力（throwing power）：在一定条件下，电泳涂料在工件背离电极的部位（内面，凹面，缝隙等）沉积涂层的能力。

7.102 涂覆间隙 (interval between coating)：在前一道涂层上再涂覆的时间间隔。

7.103 施工黏度 (applicable viscosity)：适合于某一施工方法的涂料黏度。

7.104 稀释比 (thinner ratio)：将涂料原液调配成某一施工黏度所需的涂料原液与稀释剂的比例。

7.105 阴阳极比 (cathode/anode ratio)：电泳涂装中的阴极与阳极的面积之比。

7.106 喷涂量 (quantity for spray)：单位时间内喷涂的涂料的体积或质量。

7.107 电泳条件 (deposition conditions)：电泳涂装中沉积符合规定要求的涂层所用的电压、电流和时间等工艺条件的总称。

7.108 涂装环境 (painting enviroment)：涂装温度、湿度、采光、空气清洁度，以及防火防爆等环境条件的总称。

7.109 涂布率 (spreading rate)：单位体积的涂料可涂覆的面积。

7.110 喷漆室 (spray booth)：进行喷漆操作时能防止漆雾飞散或能捕集漆雾的封闭或半封闭装置。

7.111 喷枪 (spray gun)：将涂料雾化和喷射到基底表面的一种工具。

7.112 卷材涂装机 (coil coater)：涂覆卷材的装置。

7.113 漆刷 (painting brush)：蘸涂料进行涂装用的刷子。

7.114 刮刀 (spatula)：刮涂腻子的工具。

7.115 挂具 (rack)：涂装过程中悬吊工件的吊架。

7.116 供粉器 (powder feeder)：输送并控制喷涂用粉末涂料的装置。

7.117 超滤系统 (ultrafiltration system)：超滤装置与电泳槽及后冲洗设备组成的封闭循环冲洗系统。

7.118 阴极罩 (cathode cell)：在阳极电泳涂装中用于控制电泳液 pH 和除去杂质离子的不透过颜料和树脂的吊挂阴极的罩子。此罩子由半透膜材料制成。

7.119 阳极罩 (anode cell)：在阴极电泳涂装中用于控制电泳液 pH 和除去杂质离子的不透过颜料和树脂的吊挂阳极的罩子。此罩子由半透膜材料制成。

7.120 飞漆 (overspray)：喷涂时未附着基底表面的飞散的漆雾。

干燥与固化

7.121 固化 (curing)：由于热作用、化学作用或光的作用产生的从涂料形成所要求性能的连续涂层的缩合、聚合或自氧化过程。

7.122　干燥（drying）：涂层从液态向固态变化的过程。

7.123　表干（surface dry）：涂层从液态变到表面形成薄而软的不黏滞膜的过程。

7.124　触干（dry touch）：涂层从液态变到表面在手指轻压时不出现压痕或不感到黏滞的状态。

7.125　实干（hard dry）：涂层从液态变到表面受压时不黏滞，以及可进行刷涂的状态。

7.126　干燥时间（drying time）：在一定条件下，一定厚度的涂层从液态达到规定干燥状态的时间。

7.127　烘干（stoving）：加热使湿涂层发生干燥固化的过程。

7.128　自干（air drying）：湿涂层暴露于常温空气中，自然发生干燥固化的过程。

7.129　红外干燥（infra-red drying）：利用红外辐射源干燥和固化湿涂层的过程。

7.130　对流干燥（convection drying）：利用热空气进行对流干燥和固化湿涂层的过程。

7.131　混合干燥（combination drying）：利用对流-热辐射等组合作用干燥和固化湿涂层的过程。

7.132　氧化干燥（oxidation drying）：湿涂层与空气中的氧发生氧化聚合进行干燥和固化的过程。

7.133　热聚合干燥（hot polymerization drying）：湿涂层树脂加热聚合进行干燥和固化的过程，也叫热固化。

7.134　催化聚合干燥（catalysis polymerization drying）：利用催化剂使湿涂层的树脂聚合进行干燥和固化的过程，也叫催化固化。

7.135　电子束固化（electron beam curing）：利用电子束辐射使湿涂层产生活性自由基引发聚合进行干燥固化的过程，也叫电子束聚合干燥。

7.136　光固化（photo-curing）：利用一定波长的光照射引起聚合使湿涂层干燥和固化的过程，也叫光聚合干燥。

7.137　电磁感应干燥（electromagnetic induction drying）：利用工频或高频电流在导线电路内部造成快速脉动磁场，使置于磁场内的工件表面产生感应电流的加速烘干湿涂层的过程。

7.138　紫外固化(ultra-violet curing)：利用紫外线干燥和固化湿涂层的过程。

7.139 过烘烤(overbaking)：涂膜烘烤过度而出现脆性、烧焦等的不良现象。

涂膜

7.140 涂层（coat）：一道涂覆所得到的连续膜层。

7.141 涂膜（film）：涂覆一道或多道涂层所形成的连续膜层。

7.142 涂层系统（coat system）：由同种或异种涂层组成的防护系统。

7.143 底层（priming coat）：涂层系统中处于中间层或面层之下的涂层，或直接涂于基底表面的涂层。

7.144 中间层(intermediate coat)：涂层系统中处于底层和面层之间的涂层。

7.145 面层（topcoat）：涂层系统中处于中间层和底层上的涂层。

7.146 罩光层（finish coat）：用于增加或改善涂层表面光泽的清漆层。

7.147 装饰涂层（decorative coat）：主要用于装饰的一类涂层。

7.148 防蚀涂层（anti-corrosive coat）：主要用于防止基底腐蚀的一类涂层。

7.149 功能涂层（functional coat）：主要具有特定功能的一类涂层。

7.150 涂层外观（appearance of coat）：在可见光下，矫正视力的肉眼可观测到的涂膜的表面状态。

7.151 光泽（gloss）：涂膜表面反射光线能力为特征的一种光学性质。

7.152 附着力（adhesion）：涂层与基底间结合力的总和。

7.153 涂膜硬度（hardness of film）：涂膜抵抗机械压入塑性形变、划痕或磨削作用的能力。

7.154 干膜厚度（thickness of dry film）：涂膜完全干燥后的厚度。

7.155 湿膜厚度（thickness of wet film）：涂料施涂后，尚未表干涂膜的厚度。

7.156 耐蚀性（anti-corrosion）：涂膜保护基体耐受环境腐蚀作用的能力，是评价涂膜防腐性能的关键指标。

7.157 耐久性（durability）：涂膜长期抵抗所处环境的破坏作用而保持其特性的能力。

7.158 耐光性（light fastness）：涂膜抵抗光作用保持其原有光泽和色泽的能力。

7.159 防锈性（anti-rusting）：涂膜防止基体金属及其合金材料或制件锈蚀的能力。

7.160 耐压痕性（print resistance）：涂膜抵抗外力使其表面压陷的能力。

7.161 柔韧性（flexibility）：涂膜适应其基体变形的能力。

7.162 防霉性 [mildew (fungus) resistance]：涂膜防止霉菌在其表面上生长的能力。

7.163 耐片状剥落性 (flaking resistance)：涂膜抵抗从工件表面片状剥落的能力。

7.164 耐丝状腐蚀性 (filiform corrosion resistance)：涂膜抵抗丝状腐蚀的能力。

7.165 耐开裂性 (cracking resistance)：涂膜抵抗受外界因素影响导致开裂的能力。

7.166 耐粉化性 (chalking resistance)：涂膜抵抗其表面产生白垩状粉末的能力。

7.167 耐擦伤性 (scratch resistance)：涂膜抵抗各种磨粒作用和压力作用导致涂膜损伤的能力。

7.168 耐磨性 (wear resistance)：涂膜抵抗磨损作用下导致涂膜失效的能力。

7.169 防污性 (anti-fouling)：涂膜表面防止有害生物生长和附着的能力。

7.170 耐溶剂性 (solvent resistance)：抵抗溶剂渗透和溶解作用导致涂膜脱落和其他损伤的能力。

7.171 耐油性 (oil resistance)：抵抗油类渗透作用导致涂膜脱落和其他损伤的能力。

7.172 耐水性 (water resistance)：抵抗水渗透作用导致涂膜发白、失光、起泡、脱落或基底锈蚀的能力。

7.173 耐化学性 (chemical resistance)：抵抗酸、碱、盐类物质渗透和溶解作用导致涂膜丧失对基底保护的能力。

7.174 耐崩裂性 (chipping resistance)：涂膜抵抗冲击作用引起涂膜局部碎落的能力。

7.175 耐候性 (weathering resistance)：抵抗在阳光、雨、露、风、霜等气候环境中涂膜老化（失光、变色、粉化、龟裂、长霉、脱落及基底腐蚀）的能力。

7.176 耐湿热性 (humidity resistance)：涂膜在特定湿热环境作用下保护基体不产生锈蚀的能力。

7.177 耐老化性 (ageing resistance)：涂膜抵抗环境因素导致老化的能力。

7.178 耐热性 (heat resistance)：在热作用下涂膜抵抗变色、粉化、脱落等的能力。

7.179 冲洗性 (washability)：涂膜抵抗除污冲洗引起破坏的能力。

7.180 耐冲击性 (impact resistance)：涂膜在冲击作用下保持完好无损的能力。

7.181 打磨性 (grindability)：涂膜表面用砂纸、砂布等打磨材料打磨平滑的性能。

7.182 鲜映性 (distinctness of image)：涂膜的平滑性和光泽的依存性质，用数字化等级表示。

7.183 缩孔 (craters)：涂膜表面产生小凹坑（直径 1~4mm）的现象。又叫麻坑。

7.184 收缩 (cissing)：湿涂膜局部缩回导致漏涂区域或涂层减薄的现象。

7.185 刷痕 (brush mark)：刷涂层干燥后出现的条状隆起痕迹。

7.186 起泡 (blistering)：涂膜脱起呈拱状或泡的现象。

7.187 渗色 (bleeding)：涂膜间颜色的迁移所致漆膜变色的现象。

7.188 浮色 (bloading)：涂膜中的可溶性有色物质从涂膜中扩散出来的现象。

7.189 蠕流 (creeping)：湿涂膜流展超过了原涂覆区的现象。

7.190 回黏 (after tack)：干涂膜复出现黏滞状态的现象。

7.191 发白 (blushing)：一般由潮气、起霜所致有机涂膜的变白或失泽现象。

7.192 橘皮 (orange peel)：涂膜上出现的类似橘皮的皱纹表层。

7.193 边痕 (edge tracking)：涂膜上出现的沿辊涂机辊边轨迹的残痕。

7.194 泛黄 (yellowing)：涂层，尤其白色涂层或清漆层在老化过程中颜色变黄的现象。

7.195 起皱 (wrinkling)：在干燥过程中涂膜通常由于表干过快所引起的折起现象。

7.196 针孔 (pin holes)：在涂覆和干燥过程中涂膜中产生小孔的现象。

7.197 起皮 (peeling)：涂膜自发脱离的现象。

7.198 流挂 (drop fomation)：在涂覆和固化期涂膜出现的下边缘较厚的现象。

7.199 老化 (weathering)：涂膜受大气环境作用发生的变化。

7.200 颗粒 (seed)：涂膜中小块异状物。

7.201 遮盖力 (hiding power)：涂膜遮盖底层色泽的能力。

7.202 大气暴晒试验 (atmospheric expose test)：试件暴露于大气条件下进行的旨在研究其在不同环境中腐蚀及污染程度与状态的试验。

7.203 加速老化试验 (accelerated weathering test)：模拟并强化自然户

外气候对试件的破坏作用的一种实验室试验，又叫人工老化试验，即试件暴露于人工产生的自然气候成分中进行的实验室试验。

7.204 湿热试验（humidity cabinet test）：试件在恒温恒湿箱中进行的检查其耐湿热性能的试验，又叫潮湿箱试验。

7.205 盐雾试验（salt spray test）：试件在盐雾箱中进行的检查其耐一定比例氯化钠盐雾性能的试验，盐雾试验分为中性盐雾试验、乙酸盐雾试验和铜加速盐雾试验。

8. 热喷涂及堆焊技术

热喷涂

8.1 热喷涂（thermal spraying；hot spray painting）：利用热源将金属或非金属材料熔化、半熔化或软化，并以一定速度喷射到基体表面，形成涂层的方法。

8.2 热喷涂防腐蚀涂层体系（thermal spraying coating system）：在钢板表面处理好后，由热喷涂防腐蚀涂层、封闭层和面层等构成的、为了对钢板长期保护而采用的涂层体系。

8.3 热喷涂技术（thermal spraying technique）：用喷涂方法制备涂层的技术，包括工艺、材料、装备、检测和基础理论等。

8.4 热喷涂涂层（thermal spraying coating；thermal spraying deposit）：用热喷涂方法在基体表面制备的覆盖层，简称热喷涂。通常有金属涂层及非金属涂层两大类。

8.5 无气热喷涂（airless hot spraying）：加热使涂料黏度降低，然后在3～4MPa压力下进行喷涂，是无气喷涂的一种。

8.6 爆炸喷涂（detonation flame spraying）：利用可燃气体和氧气混合物爆炸作热源的热喷涂方法。

8.7 热喷涂装置（hot spray apparatus）：进行加热喷涂加工的装置。

8.8 热喷涂枪（thermal spraying gun）：加热热喷涂材料，能喷射熔化、半熔化或软化微粒的器具，简称喷枪。

8.9 焊炬(torch)：在喷涂中指产生火焰用来加热工件或熔化涂层的工具。

8.10 热喷涂机（machine tool for thermal spraying）：为热喷涂操作提供机械动作的专用机械装置。

火焰喷涂

8.11 火焰喷涂（flame spray）：是以氧-燃料气体火焰作为热源，将喷涂材料加热到熔化或半熔化状态，并以高速喷射到经过预处理的基体表面上，从而形成具有一定性能涂层的工艺。

8.12 粉末火焰喷涂（powder flame spraying）：喷涂材料为粉末的火焰喷涂方法。

8.13 高速火焰喷涂（high velocity oxygen fuel，HVOF）：又称"超声速火焰喷涂"，是将助燃气体与燃烧气体在燃烧室中连续燃烧，燃烧的火焰在燃烧室内产生高压并通过与燃烧室出口连接的膨胀喷嘴产生高速焰流，喷涂材料送入高速射流中被加热、加速喷射到预处理的基体表面上形成涂层的方法。

等离子喷涂

8.14 等离子喷涂（plasma spraying）：是一种材料表面强化和表面改性技术，可以使基体表面具有耐磨、耐蚀、耐高温氧化、电绝缘、隔热、防辐射、减磨和密封等性能。

8.15 大气等离子喷涂（air plasma spraying）：是以 Ar、N_2 和 H_2 等气体作为产生等离子体的工作介质，并在大气环境下操作的热喷涂方法。

8.16 低压等离子喷涂（low pressure plasma spraying，LPPS）：又称"真空等离子喷涂"，是将等离子喷涂工艺在低压保护性气氛中进行操作，从而获得成分不受污染、结合强度高、涂层致密的一种工艺方法。

8.17 高频等离子喷涂（high frequency induction plasma spraying）：利用高频等离子体为热源的喷涂方法。

8.18 超声速等离子喷涂（supersonic plasma spraying）：通过混合非转型等离子弧和高速气流，得到稳定聚集的超声速等离子焰流进行喷涂的方法。

8.19 水稳等离子喷涂（water stable plasma spraying）：是一种高功率和高速度等离子喷涂的方法，其特点是工作介质不用气体而用水。

8.20 溶液等离子喷涂（solution plasma spraying）：是采用包含纳米粒子的溶液或料浆作为等离子喷涂涂层材料，制备具有纳米结构的涂层。

8.21 反应等离子喷涂（reactive plasma spraying）：是一种独特的利用等离子体的化学过程制造复合材料、陶瓷、金属间化合物等材料的涂层方法。

8.22 等离子喷涂物理气相沉积（plasma spray-physical vapor deposition，PS-PVD）：是基于高真空下的等离子体射流加热蒸发喷涂颗粒材料产生沉积物质气体而实现沉积的一种技术。

8.23 液料等离子喷涂（liquid plasma spraying）：即采用先驱体溶液

（或微纳米颗粒制备成悬浮液）作原料，分别送入等离子火焰加热获得微纳米结构颗粒沉积涂层。

8.24 等离子射流（plasma jet；plasma stream）：从喷嘴喷射出的高温高速等离子焰流。

堆焊

8.25 堆焊（built-up welding）：用电焊或气焊法把金属熔化，堆在工具或机器零件上的焊接方法。通常用来修复磨损和崩裂部分。

8.26 火焰堆焊（flame surfacing）：是用气体火焰作热源，使堆焊材料熔敷在基体表面的一种堆焊方法。

8.27 电弧堆焊（arc surfacing）：它是利用焊条或电极熔敷在基材表面的一种堆焊方法。

8.28 埋弧堆焊（sumberged arc surfacing）：是用焊剂层下连续送进的可熔化焊丝和基材之间产生的电弧作热源，使填充材料熔敷在基材表面的一种堆焊方法。

8.29 等离子弧堆焊（plasma arc surfacing）：是利用等离子弧为热源，使填充金属熔敷在基材表面的堆焊方法。

8.30 电渣堆焊（electroslag surfacing）：是利用电流通过液体熔渣所产生的电阻热作为热源，使填充金属熔敷在基材表面的堆焊方法。

8.31 激光堆焊（laser overlaying welding）：是以激光作为热源，在低于 10^5W/cm^2 的能量密度下可以实现自熔合金粉末的堆焊。

8.32 聚焦光束粉末堆焊（focused beam powder surfacing）：是以聚焦了的氙气辐射光为热源，加热堆焊材料使其熔化并熔敷在母体上形成堆焊层的方法。

8.33 摩擦堆焊（friction surfacing）：是利用堆焊材料与母材之间的相对运动所产生的摩擦热为热源，将堆焊材料转移到母材表面形成堆焊层的工艺方法。

9. 热处理表面工程技术

9.1 化学热处理（chemico-thermal treatment）：是表面合金化与热处理相结合的一种工艺。

9.2 渗碳（carburization）：是指为了增加工件表面的含碳量并获得一定的碳浓度梯度，而将工件放在渗碳介质中加热并保温，使碳原子渗入表层的化学热处理工艺。

9.3 气体渗碳（gas carburizing）：它是向密封的炉罐中通入能够分解出

碳原子的介质，形成渗碳气氛，对工件进行渗碳的工艺。

9.4 固体渗碳（pack carburizing）：它是将工件置于填充固体渗碳剂的渗箱内，箱盖用耐火泥密封，然后置于炉中加热来进行渗碳处理的方法。

9.5 液体渗碳（liquid carburizing）：是在液体介质（熔盐）中渗碳的工艺，也称盐浴渗碳。

9.6 盐浴渗碳（salt bath carburizing）：是利用熔融盐浴渗碳剂进行渗碳的工艺。

9.7 真空渗碳（vacuum carburizing）：在低于一个大气压的条件下进行的气体渗碳工艺。

9.8 离子渗碳（ion carburizing）：也称"等离子渗碳"，指在低于一个大气压的渗碳气氛中，利用工件（阴极）和阳极之间产生的辉光放电进行渗碳的工艺。

9.9 气体等温渗氮（gas isothermality nitride）：是指在温度460～530℃及氮分解率（20%～40%）均不变动的条件下进行渗氮。

9.10 渗氮（nitride）：是在一定温度下一定介质中使氮原子渗入工件表面的化学处理工艺。

9.11 氨氮混合气体渗氮（ammonia nitrogen mixing gas nitride）：将氨的体积分数为10%～30%的氨氮混合气体通入渗氮炉内，由于氮的稀释作用，氨分解后的活性氮含量降低，渗氮工件表面脆性显著降低，而硬度和层深还有所提高。

9.12 渗金属（diffusion metallizing）：是采用加热的方法，使一种或多种金属元素扩散渗入工件表面形成表面合金层的化学热处理工艺。

9.13 镀渗复合（electroplating compound）：钢铁、铜合金、铝合金等材料表面电镀几种金属或合金层，然后通过热扩散处理，可形成减摩与耐磨型镀渗层。

10. 气相沉积与高能束表面工程技术

气相沉积技术

10.1 气相沉积技术（vapor deposition technical）：是利用气相中物理、化学反应过程，在各种材料或制品表面沉积单层或多层薄膜，从而使材料或制品获得所需的各种优异性能。

10.2 气相沉积（vapor deposition）：是利用气相发生的物理、化学过程，在工件表面形成功能性或装饰性的金属、非金属或化合物涂层。

10.3 物理气相沉积（physical vapor deposition，PVD）：用物理的方法（包括真空蒸镀、溅射镀和离子镀等）使镀膜材料气化后在基体表面沉积成覆盖层的方法。

10.4 化学气相沉积（chemical vapors deposition，CVD）：是一种化工技术，该技术主要是利用含有薄膜元素的一种或几种气相化合物或单质，在衬底表面上进行化学反应生成薄膜的方法。

10.5 常压化学气相沉积（atmospheric pressure CVD，APCVD）：即在常压下加热至1000℃，利用气态物质在欲镀膜的合金工件上进行化学激活反应，生成固态的 TiN、NiC 或 Al_2O_3 硬质膜。

10.6 金属有机物化学气相沉积（metal organic chemical vapor deposition）：是一种利用有机金属热分解反应进行气相外延生长薄膜的化学气相沉积技术。

10.7 激光化学气相沉积（laser chemical vapor deposition）：是通过使用激光源产生出来的激光束实现化学气相沉积的一种方法。

10.8 化学气相渗入（chemical vapor infiltration）：是一种制备无机材料的新技术。其原理是将一种或几种气体化合物经高温分解、化合之后沉积在多孔介质内部，使材料致密化形成复合材料。

10.9 光化学气相沉积（photo chemical vapor deposition）：是指利用单光子吸收激发化学反应的化学气相沉积。

10.10 分子束外延（molecular beam epitaxy，MBE）：是一种制备单晶薄膜的新技术，它是在适当的衬底与合适的条件下，沿衬底材料晶轴方向逐层生长薄膜的方法。

高能束表面工程技术

10.11 激光熔覆（laser cladding）：即采用激光束在选定工件表面熔覆一层特殊性能的材料，以改善其表面性能的工艺。

10.12 激光表面合金化技术（laser surface alloying technology）：用高能激光束，以预置涂层法或同步送粉法方式，将其他元素的物质熔入基材表面的工艺过程。

10.13 激光诱导化学气相反应沉积（laser induced chemical vapor deposition，LICVD）：是将基片预置于充满活性气体的反应室中，然后采用激光照射基片，利用激光束的局部高温、高能效应诱导反应气体发生化学反应沉积薄膜的过程。

10.14 激光诱导化学镀（laser induced electroless plating，LIEP）：又称激光诱导液相反应沉积技术，是由激光束直接辐照浸在液态化学介质中的基板，使激光辐照区与基片接触的溶液活化，发生选择性反应，反应产物沉积在基片表面。

10.15 激光纳米 3D 打印技术（laser nano 3D printing technology）：又称激光非线性光聚合技术，它是利用特种透明的高分子材料对飞秒激光的非线性吸收特性（双光子或多光子吸收）、引发光敏聚合反应制作微纳结构图形的制造工艺过程。

（三）工程经济术语

1. 通用术语

1.1 经济发展（economic development）：是指在经济增长的基础上，一个国家的经济结构、社会结构不断变化和高度化的演进过程。

1.2 发展经济学（development economics）：旨在研究一个国家的经济如何从落后状态发展到现代经济形态，研究这个发展的过程、因素以及应采取的方针政策。

1.3 经济增长（economic growth）：是指一个国家或地区生产的产品和劳务总量的不断增加，即用货币形式表示的 GDP 的不断增加。

1.4 发展速度（speed of development）：是指动态数列中报告期水平与基期水平之比。

1.5 环比发展速度（period-over-period development rate）：是指动态数列中各期水平依次以前一期水平为基期之比。

1.6 平均增长量（average incremet）：是指衡量某一社会经济现象在一定时期内增加的平均水平的经济指标。

1.7 平均增长速度（average growth rate）：是指衡量一个社会经济现象增长程度在一个较长时期内平均水平的经济指标。

1.8 经济结构（economic structure）：是指国民经济的组成要素及这些要素的构成方式。

1.9 经济模型（economic model）：是指用各种符号和数字公式对复杂的社会现象和经济行为基本特征所做的概括。

1.10 经济模式（economic pattern）：是指经济主体运行中带有总体性的本质性的特征。

1.11 计划经济（planned economy）：是指由国家统一计划调节国民经济运行的经济体制。

1.12 市场经济（marker economy）：是指主要通过市场机制配置资源的经济组织运行方式。

1.13 社会主义市场经济（socialist market economy）：就是同社会主义基本社会制度结合在一起的市场经济，体现社会主义的根本性质。

1.14 中国特色社会主义经济（socialist economy with Chinese characteristics）：指从中国实际出发，对中国经济发展的基本性质、基本方向、基本宗旨以及由此决定所必须采取的基本经济制度、经济体制、分配方式、发展战略等一系列重大问题的确定。

1.15 开放经济（open economy）："封闭经济"的对称，是指与外部有经济往来的经济。

1.16 封闭经济（closed economy）："开放经济"的对称。

1.17 宏观经济（macroe economy）："微观经济"的对称，通常是指国民经济的总体活动。

1.18 微观经济（microeconomy）："宏观经济"的对称，通常是指单个经济单位的经济活动。

1.19 集约经济（intensive economy）："粗放型经济"的对称，是指在生产规模不变的基础上，采用新技术、新工艺，改进机器设备，加大科技含量的方式增加产量，这种经济增长方式又称内涵型增长方式。

1.20 粗放型经济（extensive economy）："集约型经济"的对称，是指主要依靠增加生产要素的投入，即增加投资、扩大厂房、增加劳动投入，来增加产量，这种经济增长方式又称外延型增长方式。

1.21 低碳经济（low-carbon economy）：是指以低能耗、低污染、低排放为特点的经济发展模式。

1.22 信息经济（information economy）：是以现代信息技术等高科技为物质基础，信息产业起主导作用，基于信息、知识、智力的一种新型经济。

1.23 网络经济（network internet）：是一种建立在计算机网络（特别是Internet）基础之上，以现代信息技术为核心的新的经济形态。

1.24 互联网经济（internet economy）：是基于互联网所产生的经济活动的总和，在当今发展阶段主要包括电子商务、互联网金融、即时通信、搜索引擎和网络游戏五大类，是信息网络时代产生的一种崭新的经济现象。

1.25 国内生产总值（gross domestic product，GDP）：是指按市场价格计算的一个国家（或地区）所有常住单位在一定时期内生产活动的最终成果，常被公认为衡量国家经济状况的最佳指标。

1.26 人均国内生产总值（real GDP per capital）：是人们了解和把握一

个国家或地区的宏观经济运行状况的有效工具，即"人均GDP"。

1.27 绿色GDP（green GDP）：是指一个国家或地区在考虑了自然资源（主要包括土地、森林、矿产、水和海洋等）与环境因素（包括生态环境、自然环境、人文环境等）影响之后经济活动的最终成果。

1.28 实际GDP（real GDP）：即实际国内生产总值。

1.29 名义GDP（nominal GDP）：即名义国内生产总值。

1.30 国民生产总值（gross national product，GNP）：是指一定时期一个国家的国民在国内外所生产的最终产品（含货物和服务）价值的总和。

1.31 人均国民生产总值（per capita gross national product）：是指一个国家在一定时期（通常是一年）生产的按市场价格计算的商品和劳务总值的按人口平均值。

1.32 国民生产净值（net national product，NNP）：又称国民净收入，是指一个国家在一定时期内，国民经济各部门生产的最终产品和劳务价值的净值。

1.33 国内生产净值（net domestic product，NDP）：是指在国内生产总值（GDP）中扣除生产资本的消耗后得到的国内生产总值。

1.34 农业总产值（gross value of agriculture output）：是指农业生产部门在一定时期（通常是一年）内所生产的农业总产品的价值。

1.35 工业总产值（gross value of industrial output）：是指工业生产部门或企业在一定时期（通常是一年）内所生产的工业产品总量的价值。

1.36 工业增加值（industrial added value）：是指工业企业在一定时间内全部生产活动的总产品扣除在生产过程中消耗或转移的物质产品和劳务价值后的余额。

1.37 净产值（net output value）：是指生产单位或生产部门或整个国民经济在一定时期（通常是一年）内新创造的价值。即该时期内所生产产品的全部价值中扣除物质资料消耗的转移价值后的余额。

1.38 第一产业（primary industry；primary sector）：是传统产业经济理论中对产业划分中的一个种类，指以利用自然力为主，生产不必经过深度加工就可消费的产品或工业原料的部门。

1.39 第二产业（secondary industry）：传统产业经济理论中对产业划分中的一个产业部门，指以对第一产业和本产业提供的产品（原料）进行加工的产业部门。

1.40 第三产业（tertiary industry）：即各类服务或商品，是经济产业的结构分类之一。

1.41 高新技术产业（new and high-tech industry）：通常是那些以高新技术为基础，从事一种或多种高新技术及其产品的研究、开发、生产和技术服务的企业集合，这种产业所拥有的关键技术往往开发难度很大，但一旦开发成功，却具有高于一般的经济效益和社会效益。

1.42 劳动密集型产业（labour-intensive industry）：是指进行生产主要依靠大量使用劳动力，而对技术和设备的依赖程度低的产业。

1.43 通货膨胀（inflation）："通货紧缩"的对称，指当通货膨胀时，商品和服务的价格会上涨。

1.44 通货紧缩（deflation）："通货膨胀"的对称，指当需求减少时，它就会发生，而这又会产生价格降低等结果。

1.45 贸易壁垒（trade barriers）：指涉及限制或控制国际贸易的政府政策或法规。如关税、贸易配额、禁运等。

1.46 绿色消费（gree consumption）：又称"可持续消费"，是从满足生态需要出发，以有益健康和保护生态环境为基本内涵，符合人的健康和环境保护标准的各种消费行为和消费方式的统称。

1.47 可持续发展（sustainable development）：指自然、经济、社会的协调统一发展，这种发展既满足当代人的需求，又不损害后代人的长远利益。

1.48 经济外部性（economic externality）：是指某个经济实体的行为使他人受益（正外部性）或受损（负外部效应），却不会因之得到补偿或付出代价。

1.49 消费者物价指数（consumer price inde，CPI）：是反映居民家庭一般所购买的消费品和服务项目价格水平变动情况的宏观经济指标。

1.50 恩格尔系数（Engel's coefficient）：是食品支出总额占个人消费支出总额的比重。其数值越小说明生活越富裕，反之越低。

1.51 价格补贴（price support）：是指政府为弥补因价格体制或政策原因造成价格过低给生产经营带来损失而进行的补贴，它是财政补贴的主要内容。

1.52 外生变量（exogenous variable）：亦称输入变量。完全由经济系统外部确定并输入系统的变量，它只对系统产生影响而不受系统的影响。

1.53 内生变量（endogenous variables）：又称非政策性变量、因变量，是指在经济机制内部由纯粹的经济因素所决定的变量，不为政策所左右。

1.54 发展中国家（developing country）："发达国家"的对称。也称"欠发达国家"，指经济、技术、人民生活水平程度较低的国家。

1.55 发达国家（developed country）：又称"已开发国家"和"先进国家"，是指那些经济和社会发展水准较高，人民生活水平较高的国家。

1.56 中等发达国家（moderately developed country）：是介于发达国家和第三世界国家之间的"过渡型国家"。

1.57 公共地悲剧（tragedy of the commons）：也可译为"共同悲剧""公地悲剧"，其含义是人们过度使用公共资源，从而造成资源的枯竭。

1.58 自然资源危机（nature resource crisis）：指世界自然资源供不应求的紧缺现象。

1.59 矿产资源危机（mineral resource crisis）：指当矿产资源消耗累积到一定程度时，矿产资源系统的部分或整体功能已难以维持人类经济生活的正常进行，甚至可能直接威胁到人类社会生存发展的状态。

1.60 土地资源危机（land resource crisis）：指耕地面积大量减少、水土流失、土地沙漠化及土壤污染等，对人类生存构成威胁的情形。

1.61 水资源危机（water resource crisis）：是指自然灾害和社会与经济异常或突出事件发生时，对正常的水供给或水灾防御秩序造成威胁的一种情形。

1.62 存量与流量（stocks and flows）：是指国民经济中一定时点或时期上存在的变量数值。

1.63 人口承载力（population carrying capacity）：是在一定的时空范围内，某地区所能承载的最大人口数。

1.64 人地系统（system of person）：是一个动态的、开放的、复杂的巨大系统。其中心目标是协调人地关系，重点研究人地系统的优化，并落实到区域或持续发展上。

2. 腐蚀经济分析

一般术语

2.1 腐蚀经济（corrosion economy）：即因腐蚀引起的社会经济问题。也包括揭示腐蚀经济的基本特征和演化规律。

2.2 腐蚀问题（corrosion problem）：主要是指经济利益的不当诱导和经济增长方式的不当引发的腐蚀危害所造成的经济问题。

2.3 腐蚀成本（corrosion cost）：是指腐蚀所消耗的人力、物力和财力的总和。

2.4 腐蚀经济学（corrosion economics）：是一门新兴的、跨腐蚀科学和经济科学两个领域的边缘科学。

2.5 宏观腐蚀经济学（macro corrosion economics）："微观腐蚀经济学"的对称，是使用国民收入、经济整体的投资和消费等总体性的统计概念来分析腐蚀经济运行规律的一个经济学科。

2.6 微观腐蚀经济学（micro corrosion economics）："宏观腐蚀经济学"的对称，是现代腐蚀经济学的一个分支，主要以单个经济单位（单个生产者、单个消费者、单个市场经济活动）作为腐蚀研究对象分析的一门学科。

2.7 实证腐蚀经济学（empirical corrosion economics）：又称"描述腐蚀经济学"，是腐蚀经济中按研究内容和分析方法与规范腐蚀经济学相对应的一个分支。是指描述、解释、预测腐蚀经济行为的经济理论部分，是腐蚀经济学的一种重要运用方式。

2.8 规范腐蚀经济学（standardize corrosion economics）：是指那些依据一定的价值判断，指出某些分析和处理腐蚀经济问题的标准，并以此树立起腐蚀经济理论的前提，作为腐蚀经济政策制定的依据。

2.9 积极经济学（active economics）："消极经济学"的对称，是专门研究经济效益和社会效益如何获得提高的一门经济学。它研究的基本出发点和归宿都是积极的，读取"正"的经济效益范围。

注：笔者在正文中，把"腐蚀经济学"与"积极经济学"做了区别，即从谋取"正"经济效益与谋取"负"经济效益作为划清腐蚀经济学与一般经济学的界限。

2.10 消极经济学（passive economics）："积极经济学"的对称，是专门研究各种不可抵抗的自然灾害给社会经济和社会秩序带来的破坏和损害作用的一门新兴边缘科学。消极经济学研究的是"负"的经济效益，即损失。

注：笔者在正文中，把"腐蚀经济学"归入"消极经济学"和"负经济学"范畴之内。

2.11 边缘科学（marginal science）：又称"交叉科学"，是指在原有学科之间相互交叉、渗透而形成的科学。

2.12 边缘学科（edge discipline）：指与两种或两种以上不同领域的知识体系有密切联系，并借助它们的成果而发展起来的综合性科学门类。

2.13 综合性科学（comprehensive science）：即对数据、理论和阐释进行有机综合，也就是将多学科的理论与方法综合起来，对某一特定现象进行综合研究的科学。

2.14 应用性科学（applied science）：指研究的方向性强，目的性明确，与实践活动的关系密切，且直接体现着人的需求的科学。

2.15 逆向思维法（contrary thinking method）：是指为实现某一创新或解决某一因常规思路难以解决的问题，而采取反向思维寻求解决问题的一种分析方法。

2.16 强制政策（coercion policy）：指权力机构制定，以强制某些单位开展某项活动的规定。

腐蚀损失调查分析

2.17 损失（loss）：指损毁丧失，毁坏。

2.18 腐蚀损失（corrosion loss）：即腐蚀带来的危害。包括经济损失和非经济损失两大类。

2.19 损失最小化（minimization of loss）：是指把损失降到最低点。

2.20 腐蚀事故（corrosion accident）：是指腐蚀发生于预期之外的造成人身伤害或财产、自然环境损失的事件。

2.21 腐蚀事故损失（corrosion accident loss）：是指由腐蚀事故造成的生命与健康损害，物质或财产毁坏，环境和生态破坏，商誉与时间损失等。

2.22 腐蚀事故直接损失（direct loss of corrosion accident）：是指与腐蚀事故事件直接相联系的、能用货币直接或间接定价的损失。包括腐蚀事故造成的直接经济损失和直接非经济损失。

2.23 腐蚀事故间接损失（indirect loss of corrosion accident）：是指与腐蚀事故间接相联系的、能用货币直接或间接定价的损失。包括腐蚀事故造成的间接经济损失和间接非经济损失。

2.24 腐蚀事故直接经济损失（direct economic loss of corrosion accident）：是指与腐蚀事故当时的、有直接联系的、能用货币直接估价的损失。

2.25 腐蚀事故间接经济损失（indirect economic loss of corrosion accident）：是指与腐蚀事故间接相联系的、能用货币直接估价的损失。

2.26 腐蚀事故直接非经济损失（direct non economic loss of corrosion accident）：是指与腐蚀事故直接相联系的、不能用货币直接定价（只能间接定价）的损失。

2.27 腐蚀事故间接非经济损失（indirect non economic loss of corrosion accident）：是指与腐蚀事故间接相联系的、不能用货币直接定价（只能通过转换技术计算）的损失。

2.28 财产物资损失（property loss）：主要是指腐蚀事故造成的存货与固定资产损失。

2.29 资源损失 (resource loss)：主要指因腐蚀或腐蚀事故造成的物质资源和自然资源损失。如矿产、水源、土地、草地、海洋、森林等。

2.30 环境损失 (environmental loss)：是指因腐蚀或腐蚀事故造成生产或生活环境的破坏。如水污染、空气污染等。

2.31 效益损失 (benefit loss)：是指因腐蚀或腐蚀事故发生导致生产经营单位停产或营业中断等所损失的价值。

2.32 劳动损失 (work loss)：是指因腐蚀或腐蚀事故使伤残人员的劳动功能部分或全部丧失而造成的损失。

2.33 工资损失 (wages loss)：是指因腐蚀或腐蚀事故而使劳动者心理承受力受到影响，从而导致工作效率的降低而形成的损失。

2.34 社会经济效益损失 (society economics effect loss)：指因腐蚀或腐蚀事故造成的当地乃至国家整个经济建设的影响而导致的经济损失。

2.35 声誉损失 (reputation loss)：指因腐蚀或腐蚀事故造成的影响，使人们对某一经济单位的印象、声望受到影响而造成的损失。

2.36 精神损失 (spirit loss)：指因腐蚀或腐蚀事故造成的影响，使劳动者的意识、思维活动受到的损害。

2.37 赔偿 (compensation)：指因腐蚀或腐蚀事故使他人或集体受到损失而给予的补偿。

2.38 罚款 (fine)：指因腐蚀或腐蚀事故造成公共危害，行政机关强制违法者缴纳一定数量的钱，是一种行政处罚。

2.39 歇工工资 (off work wage)：是指非因劳动者原因造成单位停工、停产在一个工资支付周期内的，用人单位应按劳动合同规定的标准支付劳动者工资。

注：在腐蚀经济学研究中，常指劳动者因腐蚀或腐蚀事故造成的伤残后实际歇工期间减少的收入。

2.40 腐蚀损失调查 (corrosion damage investigation)：指对腐蚀造成的经济损失与非经济损失的统计和考察。

2.41 Uhlig 调查法 (Uhlig survey method)：从生产、制造方面单纯地累加直接防蚀费用评估腐蚀直接经济损失的一种方法。

2.42 Hoar 调查法 (Hoar survey method)：按各个使用领域的腐蚀损失和防蚀费用的总和推算腐蚀直接经济损失的一种方法。

2.43 Battelle 调查法 (Battelle survey method)：根据企业生产关联表，用投入/产出矩阵方法测算腐蚀经济损失的一种方法。

2.44　系数估算法（coefficient estimation method）：是以直接腐蚀经济损失为基数乘以适当的系数，来估算间接腐蚀经济损失的一种方法。

2.45　人的生命价值（human life value）：也可称为人的价值，包括自我价值和社会价值。

2.46　人力资本法（human capital approach）：是依据个人创造财富或收入的能力，根据死者的年龄计算寿命期内预期收入的净现值，来评估死者的价值的一种方法。

2.47　支付意愿法（willingness to pay method）：本意是一个人愿意为确保其健康或接受某种治疗而自愿支付的最高金额。常用于评估生命价值。

2.48　商誉价值（value of goodwill）：通常是指企业在同等条件下，能获得高于正常投资报酬率所形成的价值。

2.49　超额收益法（excess profit method）：是以改组企业的超额收益为基础，以之评估企业商誉的方法。

2.50　割差法（cut difference method）：是用企业的总体价值扣除各项有形资产和可辨认的无形资产价值后的差额，以之来确定企业商誉价值的一种评估方法。

2.51　环境价值损失（losses of environmental value）：是指人类社会主体对环境客体与主体需要之间关系的定性或定量描述，是环境为人类所提供的效用的价值损失。

2.52　市场价值法（marketing value method）：就是利用因环境质量引起的产品产量和利润变化来计量环境质量变化的经济损失的评估方法。

2.53　机会成本法（opportunity cost approach）：是指在无市场价格的情况下，资源使用的成本可以用所牺牲的替代用途的收入来估算。

2.54　旅行费用法（travel cost method）：是利用旅行费用来计算环境质量发生变化后给旅游场所带来效益上的变化，从而估算出环境质量变化造成的经济损失或收益。

2.55　资产价值法（hedonic approach；asset value method）：是把环境质量看作是影响资产价值的一个因素，当影响资产价值的其他因素不变时，以环境质量变化引起资产价值的变化额来估计环境污染所造成的经济损失的方法。

2.56　工资差额法（wage differential method）：用不同环境质量条件下工资水平的差异衡量环境质量的货币价值的环境价值评估方法。

2.57　防护费用法（defensive expenditures）：是采取补偿的方法对环境

进行估价，也即以个人在自愿基础上为消除或减少环境恶化的有害影响而承担的防护费用作为环境产品和服务的潜在价值。

2.58 恢复费用法（replacement cost method）：通过计算恢复被污染的环境所需要的费用来评价环境污染造成经济损失的环境价值评估方法。

2.59 影子工程法（shadow engineering method）：是指某一环节污染或被破坏以后，人工建造一个工程来代替原来的环境功能，用建造该工程的费用来估计环境污染或被破坏造成的经济损失的一种方法。

2.60 海因里希法则（Heinrich's law）：又称"海因里希安全法则""海因里希事故法则""海因法则"，是通过分析工伤事故的发生率，为保险公司的经营提出的法则。

注：海因里希把一起事故的损失划分为两类。由生产公司申请、保险公司支付的金额划为"直接损失"，把除此以外的财产损失和因停工使公司受到损失的部分作为"间接损失"，并对一些事故的损失情况进行了调查研究，得出直接损失与间接损失的比例为1∶4。

2.61 抚恤金（consolation money）：是发给伤残人员或死者家属的费用。

2.62 丧葬费（funeral expense）：是指用于职工因工死亡或因工残废退职后死亡时的丧葬事宜的一次性费用。

2.63 医疗费（medical expenses）：是指受害人在遭受人身伤害之后，接受医学上的检查、治疗与健康训练所必须支出的费用。

2.64 事故损失降低率（accident loss reduction rate）：指后一时期事故损失降低量与前一时期事故损失量的比值，反映事故损失的增减变化情况。

2.65 事故伤亡减少率（accident casualty reduction rate）：指后一时期事故伤亡减少与前一时期事故伤亡量的比值，反映事故伤亡的增减变化状况。

2.66 安全成本下降率（safety cost reduction rate）：指后一时期安全成本降低量与前一时期安全成本量的比值，能反映安全成本下降变化状况。

腐蚀控制效益分析

2.67 腐蚀控制（corrosion control）：指遏制腐蚀发生、发展的方法与手段。

2.68 工程措施（engineering measures）：指为完成防腐工程保障任务所采取的手段和方法。

2.69 非工程措施（non-engineering measures）：是指通过法律、行政、经济手段以及直接运用腐蚀防护工程以外的其他手段减轻腐蚀损失的措施。

2.70 标本兼治（to address both the symptoms and root cause）：标就是

表面的，本就是根本的，把两者结合起来称为标本兼治。在腐蚀经济学中，常用于描绘治理腐蚀的措施。

2.71 效益（benefit）：是指效果与利益，也指项目对国民经济所做的贡献，它包括项目本身得到的直接效益和项目引起的间接效益。

注：在腐蚀防护经济效益分析中，其"效益"的概念不同于其他工程项目效果。

2.72 经济效益（economic benefits）：是指腐蚀防护活动中所取得的有效成果与劳动占用和劳动消耗量的比较。

2.73 非经济效益（non-economic benefit）：是指不能以价值来直接衡量或替代衡量的效益，通常可以称为社会效益、环境效益等。

注：在腐蚀经济学中，非经济效益即通过腐蚀防护的投入，减少腐蚀与腐蚀事故的危害损失，来维护社会秩序稳定、公众精神稳定和被腐蚀事故破坏的秩序尽快得以恢复，从而是一种公众利益的体现。

2.74 减损效益（depletion benefit）：是指减少腐蚀损失的绝对额，即防腐措施投入后腐蚀损失额与原状态下的可能腐蚀损失相比较下的绝对差额。

2.75 增值效益（added value benefit）：是指基于腐蚀防护技术（或措施）的技术功能保障与维护作用转为"增值产出"的"贡献率"。

2.76 扩展效益（extend benefit）：指防腐技术的投入使用后在扩展影响的基础上所获得的增加效益。

2.77 相对效益（relative benefit）：不同防腐工程项目活动之间的效益的比较。

2.78 效果（effect；effectiveness）：是由某种动因或原因所产生的结果、后果。

注：在腐蚀防护工程项目分析中，常用"效果"的概念去衡量其工程项目的影响和作用。

2.79 效用（utility）：是指对于消费者通过消费或者享受闲暇等使自己的需求、欲望等得到满足的一个度量。

注：在进行腐蚀防护工程项目分析时，有些项目产出的效果既不能采用"费用效益"分析法，也不能采用"费用效果"分析法时，这时就需要采用"成本效用"分析法。即成本采用货币计量，效用采用心理主观感觉衡量的一种项目结果分析方法。

2.80 总效用（total utility）：是指消费者在一定时间内消费一定量某物品所得到的总的满意程度。

2.81 边际效用（marginal utility）：是指消费者在一定时间内增加一单位物品的消费所得到的总的满足程度的增加量。

2.82 比值法（ratio method）：是指腐蚀安全增值产出加企业安全减损产出与腐蚀防护投入量之比值，是评价腐蚀防护效益的一种方法。

2.83 差值法（spline method）：是指腐蚀安全增值产出加上企业安全减损产出减腐蚀防护投入量，是评价腐蚀防护效益的一种方法。

2.84 负负得正（two negatives make an affirmative）：原意为负乘负为正。在腐蚀经济分析中，是指为防止腐蚀投入是一种"负"效益，腐蚀造成的损失部分也是负效益，而由于为防止腐蚀的投入发挥作用，腐蚀损失减少的部分是正效益。

2.85 腐蚀安全价值（corrosion security value）：是指腐蚀安全功能与安全投入的比值。

3. 资金时间价值与等值

资金的时间价值

3.1 资金的时间价值（time value of capital）：是指货币随着时间的推移而发生的增值，是资金周转使用后的增值额。

3.2 本金（principal）：俗称"母金"，指货币给别人或存入银行用来产生利息的原本金额。

3.3 资金（funds）：是指经营工商业的本钱，同时也是指国家用于发展国民经济的物资或货币。

3.4 固定资金（fixed assets）："流动资金"的对称，是用于购置机器设备、运输工具和其他耐用器材以及修建厂房、职工住宅等的资金。

3.5 流动资金（liquidity；fluid capital）："固定资金"的对称，指企业用以购买原材料、支付工资等的资金。

3.6 货币资金（money）：是指企业拥有的，以货币形式存在的资产，包括现金、银行存款和其他货币资金。

3.7 注册资金（registered capital）：即"资本金"。指集体所有制（股份合作）企业的股东实际缴付的出资数额；全民所有制、集体所有制企业法人经营管理的财产或全部财产的货币表现，是国家授予企业法人经营管理的财产或者自有财产的数额体现。

3.8 货币（currency）：固定充当一般等价物的特殊商品。

3.9 剩余价值（residual value；surplus value）：雇佣工人剩余劳动所创

造并被资本家无偿占有的价值。

3.10 现金流量（cash flow）：是指投资项目在其整个寿命期所发生的现金流出和流入的全部资金收付数量。

3.11 现金流入量（cash inflow）：是指投资项目增加的现金收入额或现金支出节约额。

3.12 现金流出量（cash outflow）：是指投资项目增加的现金支出额。

3.13 净现金流量（net cash flow）：指现金流入量与现金流出量之差。

3.14 现金流量图（cash flow diagram）：是在时间坐标轴上，用带箭头的短线条表示一个建设项目或一个企业的资金活动规律的图形。

3.15 现金流量表（statement of cash flow；cash flow statement）：所表达的是在一个固定期间（通常是每月或每季）内，一家机构的现金（包含银行存款）的增减变动情形。

3.16 利息（interest）：指借用本金经过某一期数后，按某一利率所应付给债主的报酬。

3.17 贴现（discount）：指收款人将未到期的商业承兑汇票或银行承兑汇票背书后转让给受让人，受让人按票面金额扣去自贴现日至汇票到期日的利息以将剩余金额支付给持票人。

3.18 贴现值（discounted present value）：经济学家经常使用贴现值来计算和表示将来的1块钱和当今的1块钱之间的差异。用于计算贴现值的是近似于银行利率的贴现率。

3.19 贴现息（discount interest）：是指在贴现中，企业或个人倒贴给银行的利息。

3.20 贴现率（discount rate）：是指将未来支付改变为现值所使用的利率，或指持票人以没有到期的票据向银行要求兑现，银行将利息先行扣除所使用的利率。

3.21 利率（interest rate）：是指一定时期内利息额与供贷资金额即本金的比率。

3.22 实际利率（real interest rate）：是指剔除通货膨胀率后储户或投资者得到利息回报的真实利率。

3.23 名义利率（nominal interest rate）：是央行或其他提供资金借贷的机构所公布的未调整通货膨胀因素的利率，即利息（报酬）的货币额与本金的货币额的比率。

3.24 市场利率（market rate of interest；market interest rate；market rate）：是由资金市场上供求关系决定的利率。

3.25 浮动利率（floating interest rate）：在统一的基本利率一定幅度范围内上下浮动的利率。

3.26 单利（simple interest）：是指一笔资金无论存期多长，只有本金计取利息，而以前各期利息在下一个利息周期内不计算利息的计息方法。

3.27 复利（compound interest）：是指一笔资金除本金产生利息外，在下一个计息周期内，以前各计息周期内产生的利息也计算利息的计息方法。

3.28 折现（discount）：是指将时点资金的时值折算为现值的过程。

3.29 折现率（discount rate）：是指将未来预期收益折算成等值现值的比率。

3.30 计息期（interest period）：是用以表示计算利息的时间单位。

资金等值

3.31 资金等值（equal value；capital equivalent）：指将发生在不同时点上的两笔或一系列绝对数额不等的资金额，按资金的时间价值尺度，所计算出的价值保持相等。

3.32 等值计算（capital equivalent calculation）：将某一时点发生的资金在一定利率条件下，利用相应的计算公式换算成另一时点的等值金额的过程称为资金的等值计算。

3.33 现值（present value，PV）：也称"折现值"，是指把未来现金流量折算为基准时点的价值，用以反映投资的内在价值。

3.34 终值（final value，FV）：是指现在某一时点上的一定量现金折合到未来的价值，俗称本利和。

3.35 年金（annuity）：是指一定时期内每次等额收付的系列款项。

3.36 一次支付（single payment）：又称"整付"，是指所分析的系统的现金流量，无论是流入还是流出均在某一个时点上一次发生。

3.37 等额支付（equal pay）：是指现金流量不是集中在一个时间点上发生，而发生在多个时点，且数额相等。

3.38 等差支付（equidifferent pay）：是指现金流入量呈等差数列规律变化，可能增，可能减，称为等差支付。

3.39 等比支付（proportional payment）：是指现金流量是成一定比率递增或递减的，称为等比支付。

4. 工程项目投入与资金筹措

投入

4.1 投入（inputs）：指的是生产物品和劳务的过程中所使用的物品或劳务。投入的另一个名称叫生产要素（factors of production）。

4.2 投资（investment）：指国家或企业以及个人，为了在未来可预见的时期内获得收益或是资金增值，在一定时期内向一定领域投放足够数额的资金或实物的货币等价物的经济行为。

4.3 总投资（total investment）：净投资与重置投资之和。即新增加的投资和生产过程中用以补偿消耗掉的资本设备的投资总和。

4.4 净投资（net investment）：资本总量的新增加部分。净投资等于总投资减去重置投资。

4.5 短期投资（current investment；temporary investment）：亦称"流动资产投资"，是指各种能够随时变现、持有时间不超过一年的有价证券以及不超过一年的其他投资，主要包括对现金、应收账款、存货、短期有价证券等的投资。

4.6 长期投资（long-term investments）：亦称"资本性投资"，是指不满足短期投资条件，即不准备在一年或长于一年的经营周期内转变为现金的投资。

4.7 直接投资（direct investment）："间接投资"的对称，是指投资者直接开厂设店从事经营，或者投资购买企业相当数量的股份，从而对该企业具有经营上的控制权的投资方式。

4.8 间接投资（indirect investment）："直接投资"的对称，是指投资者以其资本购买公司债券、金融债券或公司股票等各种有价证券，以预期获得一定收益的投资，由于其投资形式主要是购买各种各样的有价证券，因此也称为证券投资。

4.9 项目总投资（total project investment）：是指为完成工程项目建设，在建设期（预计或实际）投入的全部费用总和。

4.10 固定资产投资（investment in fixed assets）：是"流动资产投资"的对称，它是以货币形式表现的、企业在一定时期内建造和购置固定资产的工作量以及与此有关费用变化的情况。包括房产、建筑物、机械、设备、运输、运输工具投资等。

4.11 吸收直接投资（absorbing direct investment）：是指企业按照"共

同投资、共同经营、共担风险、共享利润"的原则直接吸收国家、法人、个人投入资金的一种筹资方式。

4.12 投资决策(investment decision-making):是指投资主体在调查、分析、论证的基础上,对投资活动所做出的最后决断。

4.13 建设规模(construction scale; scale of construction):又称"投资规模",国家为形成新的固定资产而花费的资金总额。

4.14 建设标准(construction standard):是指工艺设备、建设标准、配套工程、劳动定员等方面的标准或指标。

4.15 限额设计(quota design):是按照投资造价的限额进行满足技术要求的设计。

4.16 标准化设计(standardized design):是指按照建设工程有关标准、规范等设计具有通用性的建筑物、构筑物、配件、零部件、工程设备等,绘制出附有说明书的施工图。

4.17 建设项目总概算(overall budgetary estimate of construction project):是确定建设项目的分步建设费用的总文件,它包括该项目从筹建到竣工验收交付使用的全部建设费用。

4.18 固定预算(fixed budget):亦称"静态预算"。企业根据预算期内固有的经营活动水平编制的预算。

4.19 资产(assets):"负债"的对称,会计要素之一。指某一主体由于过去的交易或事项而获得或控制的能为企业带来未来经济利益的经济资源。

4.20 有形资产(tangible assets):指那些具有实物形态的资产,包括固定资产和流动资产。

4.21 无形资产(intangible assets):指不具备实物形态,能供长期使用并能为企业提供某种权利或特权的资产。

4.22 固定资产(fixed assets):可供较长期使用,反复多次地参加生产过程而仍保持原有实物形态的物质资料。

4.23 固定资产净值(net value of fixed assets):亦称"折余价值",固定资产的原始价值或重置完全价值减去累计折旧额后的余额。

4.24 净值(net value):是"固定资产净值"的简称,亦称固定资产折余价值,是固定资产原始价值减去已折旧累计额的余额。

4.25 固定资产损耗(wear of fixed asset):固定资产在使用期间发生的物质和非物质的磨损。包括有形损耗和无形损耗。

4.26 固定资产残值（scrap value of fixed assets）："固定资产残余价值"的简称。固定资产报废清理时可以回收的残余价值。

4.27 流动资产（current assets；liquid assets）：是指在企业生产经营过程中，经常改变其存在状态的那些资金运用（资产）项目。

4.28 流动资产投资（current assets investment）："固定资产投资"的对称，是指可以在一年或者超过一年的一个营业周期内变现或者耗用的资产。

4.29 递延资产（deferred assets）：即"递延费用"，指不能全部计入当年损益，应当在以后年度内分期摊销的各项费用，包括开办费、租入固定资产的改良支出等。

4.30 固定资金（fixed fund）："流动资金"的对称，指企业占用在厂房、机器设备、运输工具、管理用具等劳动资料上的资金。

4.31 流动资金（current funds；working fund）："固定资金"的对称，是指运营期内长期占用并周转使用的运营资金，不包括运营中需要的临时性运营资金。

4.32 流动资金定额（working capital norm）：简称"资金定额"，是指国家或银行对企业所需流动资金规定的限额。

4.33 流动资金周转率（working capital turnover rate）：是流动资金利用效率的衡量指标，一般以资金在一定时期内的周转次数或其周转一次所需天数表示。

4.34 生产资金（production fund）：是指企业所拥有的、处于生产领域中的固定资金和流动资金。

4.35 流动资产周转天数（turnover days of current assets）：是流动资产周转速度（以时间形式表示），是指企业的流动资产每周转一次所需要的时间。

4.36 流动资产周转次数（turnover times of current assets）：指在一定时期内流动资产完成的周转次数，反映流动资产的周转速度。

4.37 工程造价（engineering cost）：是指工程项目在建设期预计或实际支出的建设费用，包括工程费、工程建设其他费和预备费。

4.38 单位生产能力投资估算法（investment estimation method of unit production capacity）：是指根据同类项目单位生产能力所耗费的固定资产投资额来估算拟建项目固定资产投资额的一种方法。

4.39 建设投资分类估算法（classified estimation method of construction investment）：是指按照综合估算框架，根据建设投资的一般工作分解结构，自下而上、分类分层地分别进行估算的一种方法。

4.40 投入产出分析（input-output analysis）：有广狭两义。广义即投入产出法；狭义指利用投入产出表所做的各种经济分析。

4.41 投资效果系数（effect coefficient of investment）：也称"投资利润率"，反映消耗和占用的资金与利润之间的关系。

4.42 投资回收系数（coefficient of investment recovery）：计算投资一定数额，为达到既定的收益率，在一定期间内每期应收回的金额所用系数。

4.43 最大期望收益法（maximum expected income method）：是指用未来收益的期望值作为未来真实收益的代表，并据此利用净现值法、收益率法等进行投资决策。

4.44 投资收益（income from investments）：是指企业对外投资所得的收入（所发生的损失为负数）。

4.45 投资回收率（return on investment）：建设项目的投资回收总额占投资累计总额的比率。

4.46 工程项目发起人（project sponsor）：又称"工程项目主办人"，是项目公司的投资者。

4.47 存货（inventory stock）：通常指制造业部门和商业部门保持的商品（包括原材料、辅助材料、半成品和制成品）储存。

4.48 存量（stock）："流量"的对称，是指某一指定的时点上，过去生产与积累起来的产品、货物、储备、资产负债的结存数量。

4.49 流量（flow rate）："存量"的对称，是指按一定时期测度的变量。如一年的投资额是流量，年末的资本总额是存量。

4.50 等价物（equivalent）：在交换中用来表现其他商品价值的商品。

4.51 价值量（magnitude of value）：体现在商品中的社会必要劳动量，即社会价值量。

4.52 生产要素（production factors）：可用于生产的社会资源。

4.53 生产资料（means of production）：亦称"生产手段"，社会生产力的物的要素，包括劳动资料和劳动对象。

4.54 国产标准设备原价（original price of domestic standard equipment）：一般指的是设备制造厂的交货价，即出厂价。

4.55 国产非标准设备原价（original price of domestic non-standard equipment）：是指国家无定型标准，各设备生产厂不可能在工艺过程中采用批量生产，只能按订货要求并根据具体的设计图制造的设备。

资金筹措

4.56 资金筹措（fund raising）：又称"融资"，是指以一定的渠道为某种特定活动筹集所需资金的各种活动的总称。

4.57 项目融资（project financing）：广义的项目融资是指为了建设一个新项目或者收购一个现有项目，或者对已有项目进行债务重组所进行的一切融资活动。

4.58 既有法人融资（both corporate finance）：是指以既有法人为融资主体的融资方法。

4.59 新设法人融资（the new corporate financing）：是指以新组建的具有独立法人资格的项目公司为融资主体的融资方式。

4.60 权益融资（equity financing）：是指以所有者身份投入非负债性资金的方式进行的融资。

4.61 负债融资（debt financing）：是通过负债的方式筹集各种债务资金的融资方式。

4.62 长期融资（long term financing）：是指企业为购置和建设固定资产、无形资产或进行长期投资等资金需求而进行的资金筹措行为，一般资金使用期限在一年以上。

4.63 短期融资（short-term financing）：是指企业因季节性或临时性资金需求而进行的资金筹集行为，资金使用期限在一年以内。

4.64 项目融资方式（project financing）：是投资项目资金筹措方式的一种，特指某种资金需求量巨大的投资项目的筹资活动。

4.65 BOT（build-operate-transfer）项目融资模式：建设-经营-转让方式，是政府将一个基础设施项目的特许权授予承包商。承包商在特许期内负责项目设计、融资、建设和运营，并回收成本、偿还债务、赚取利润，特许期结束后将项目所有权移交政府。

4.66 ABS（asset-backed securitization）项目融资模式：是以项目所属的资产为支撑的证券化融资方式，即以项目所拥有的资产为基础，以项目资产可以带来的预期收益为保证，通过在国际资本市场发行高档债券来募集资金的一种证券化融资方式。

4.67 TOT（transfer-operate-transfer）项目融资模式：是指政府部门或国有企业将建设好的项目的一定期限的产权和经营权，有偿转让给投资人，由其进行运营管理；投资人在一个约定的时间内通过经营收回全部投资和得到合理的回报，并在合约期满之后，再交回政府部门或原单位的一种融资方式。

4.68　PFI（private finance initiative）项目融资模式：指政府部门根据社会对基础设施的需求，提出需要建设的项目，通过招标，由获得特许权的私营部门进行公共基础设施项目的建设与运营，并在特许期（通常为30年左右）结束时将所经营的项目完好、无债务地归还政府，而私营部门则从政府部门或接受服务方收取费用以回收成本的项目融资方式。

4.69　PPP（private public partnership）项目融资模式：是指政府、营利性企业和非营利性企业以某个项目为基础而形成的相互合作关系的模式。

4.70　融资风险（funding risk；financing risk）：是指融资活动存在的各种风险。融资风险有可能使投资者、项目法人、债权人等各方蒙受损失。

4.71　资本（capital）：是用于投资得到利润的本金和财产，是人类创造物质和精神财富的各种社会经济资源的总称。

4.72　资本金（capital；registered capital）：亦称"注册资本""法定资本"，创建企业必须具备的法定资金。

4.73　项目资本金（project capital）：是指在建设项目总投资中，由投资者认缴的出资额，对于建设项目来说是非债务性资金，项目法人不承担这部分资金的任何利息和债务；投资者可按其出资的比例依法享有所有者权益，也可转让其出资及其相应权益，但不得以任何方式抽回。

4.74　资本存量（capital stock）：是指企业现存的全部资本资源，它通常可反映企业现有生产经营规模和技术水平。

4.75　实收资本（paid-in capital；subscribed capital）：企业实际收到投资人投入的资本。

4.76　政府资本（government capital）：是指以国家预算资金为来源并列入国家计划的固定资产投资。

4.77　企业内部资本（enterprise internal capital）：即企业自有资金。

4.78　国外资本（foreign capital；external capital）：是指国外贷款。

4.79　投入资本筹资（capital financing）：是指企业以协议形式筹集政府、法人、自然人等直接投入的资本，形成企业投入资本的一种筹资方式。

4.80　发行债券筹资（issue bonds financing）：是企业按照债券发行协议通过发售债券直接筹资，形成企业债权资本的一种方式。

4.81　发行股票筹资（equity financing）：是股份公司按照公司章程依法

发行股票直接筹资，形成公司股本的一种筹资方式。

4.82 银行借款筹资（bank borrowing financing）：是各类企业按照借款合同从银行等金融机构借入各种款项的筹资方式。

4.83 商业信用筹资（credit standing financing）：是指商品交易中的延期付款或延期交货所形成的借贷关系，是企业之间的一种直接信用关系。

4.84 融资租赁（finance lease）：又称"设备租赁"或"现代租赁"，是指实质上转移与资产所有权有关的全部或绝大部分风险和报酬的租赁。资产的所有权最终可以转移，也可以不转移。

4.85 金融债券（financial bond）：各类银行和非银行金融机构为筹集中长期资金依法定程序向社会公开发行的债务凭证。

4.86 国库券（treasury bonds）：是指国家财政当局为弥补国库收支不平衡而发行的一种政府债券。

4.87 证券（negotiable securities）：以证明券票持有人享有的某种特定权益的法律凭证。

4.88 债券（bond）：依法定程序发行，约定在一定期限内还本付息的有价证券。

4.89 利率风险（interest rate risk；interest risk）：是指利率变动导致资金成本上升，给项目造成损失的可能性。

4.90 汇率风险（exchange rate risks）：是指由于汇率变动给项目造成损失的可能性。

4.91 项目贷款（project loan）：是指为某一特定工程项目而融资的方法，它是国际中、长期贷款的一种形式，工程项目贷款的简称。

4.92 贷款（loan）：银行或其他信用机构根据必须归还的原则，按一定利率供应资金的一种信用活动形式。分活期贷款和定期贷款。

4.93 贷款人（lender）：是指在借贷活动中运用信贷资金或自有资金向借款人发放贷款的人或金融机构。

5. 工程项目成本与费用

成本

5.1 成本（cost）：企业为生产商品和提供劳务等所耗费物化劳动，或劳动中必要劳动的价值的货币表现，是商品价值的重要组成部分。

5.2 总成本（total cost）：又称"寿命周期成本"，指产品从研制、生产、使用，直到淘汰整个时期的成本。

5.3 直接成本（direct cost）：亦称"直接费用"。"间接成本"的对称。直接计入某一成本计算对象的费用。

5.4 间接成本（indirect cost）：亦称"间接费用"。"直接成本"的对称。不能直接计入而须按一定标准分摊于不同成本计算对象的费用。

5.5 固定成本（fixed cost）："变动成本"的对称，是指成本总额在一定时期和一定业务量范围内，不受业务量增减变动影响而能保持不变的成本。

5.6 总固定成本（total cost）：是指每个时期厂商在不变投入品上的总支出。

5.7 变动成本（variable cost）："固定成本"的对称，指在一定范围内随产量（业务量）变动而变动成本。

5.8 总可变成本（total variable cost）：是指每个时期厂商在可变投入品上的总支出。

5.9 平均可变成本（average variable cost）：是可变成本除以产量。

5.10 半变动成本（semi-change cost）：亦称"半变动费用"，指虽也随着业务量的变动而变动，但变动的幅度不是成正比例增减的成本。

5.11 经营成本（handling cost；operation cost）：也称"运营成本""营业成本"，是指企业所销售商品或者提供劳务的成本。

5.12 会计成本（accounting cost）：是指企业在经营过程中所实际发生的一切成本。

5.13 资金成本（cost of funds）：是为取得资金使用权所支付的费用，项目投资后所获利润额必须能够补偿资金成本，然后才能有利可言。

5.14 环境成本（environmental costs）：又称"环境降级成本"，是指某一项商品生产活动，从资源开采、生产、运输、使用、回收到处理，解决环境污染和生产破坏所需的全部费用。

5.15 寿命周期成本（life cycle cost，LCC）：是一种计算发生在生命周期内的全部成本的方法，通常被理解为产品生产周期成本法，以此来量化产品生命周期内的所有成本。

5.16 沉没成本（sunk cost）：是指以往发生的，但与当前决策无关的费用。

5.17 机会成本（opportunity cost）：是指企业为从事某项经营活动而放弃另一项经营活动的机会，或利用一定资源获得某种收入时所放弃的另一种收入。

5.18 边际成本（marginal cost）：指的是每一个单位新增生产的产品（或者购买的产品）带来的总成本的增量。

5.19 生产成本（production cost）：为产品（劳务）的生产而发生的任

何一种成本，如原材料成本或工资成本等，不包括销售费。

5.20 产品销售成本（cost of goods sold）：是指企业销售产品和提供劳务等主要经营业务的实际成本。

5.21 债务资本成本（debt capital cost）：是指借款和发行债券的成本，包括借款或债务的利息和筹资费用。

5.22 权益资本成本（cost of equity capital；cost of equity）：是指企业通过发行普通股票获得资金而付出的代价，它等于股利收益率加资本利得收益率，也就是股东的必要收益率。

5.23 社会成本（social cost）：指消费或生产成本。不仅包括行为当事人的投入成本，而且包括由于消费或生产引起的外部性成本。

5.24 经济成本（economic cost）：指国民经济为兴建和经营某一项目而付出的经济代价，即所投入的全部物质资源，包括政府负担的代价，也包括私人所花的代价。

5.25 显成本（explicit costs）：是指厂商在生产要素市场上购买或租用所需要的生产要素的实际支出，即企业支付给企业以外的经济资源所有者的货币额。

5.26 隐成本（implicit cost）：是厂商本身所拥有的且被用于企业生产过程的那些生产要素的总价格。

5.27 选择成本（alternative cost）：也称"机会成本"，指如果以最好的一种方式使用的某种资源，它所能产生的价值就是选择成本。

5.28 平均成本（average cost）：也称"平均总成本"，是总成本除以产量。

5.29 平均固定成本（average fixed cost）：是固定成本除以产量。

5.30 功能成本（function cost）：是价值工程中以产品或零部件的各功能为对象所计算的成本。

5.31 股本（capital stock；share capital）：股份制企业股东投入的成本。

5.32 目标成本（target cost）：企业要求在一定时期内实现的一种预计成本。

5.33 实际成本（actual cost）：是指根据生产经营过程中的实际消耗而计算的成本。

5.34 短期成本（short run cost）："长期成本"的对称，是指厂商在短期内不改变其生产规模即设备、厂房等固定资产投入量，只改变原材料、燃料、劳动等的投入量来调整生产时发生的费用。

5.35 短期总成本（short-run total cost）：是短期内生产一定产品所需

要的成本总和。

5.36 短期平均成本（short-run average cost，SAC）：是短期内生产每一单位产品平均所需要的成本。

5.37 短期边际成本（short-run marginal cost，SRMC）：是指在短期内，厂商每增加一单位产量所引起的总成本的增加量。

5.38 长期成本（long-run cost）："短期成本"的对称，是指厂商在长期内根据所要达到的产量调整全部生产要素的投入量所发生的费用。

5.39 长期平均成本（long-run average cost，LAC）：是长期内厂商平均每单位产量花费的总成本。

5.40 长期边际成本（long-run marginal cost，LRMC）：是指工厂规模变动条件下，厂商每增加一单位产量所增加的长期总成本，是在长期中增加一个单位产量所引起的能使对应于不同生产规模的短期平均成本降至最低点的短期总成本的增加量。

5.41 总成本费用（total cost expenses）：是指在一定时期内为生产和销售产品所花费的全部费用。

5.42 综合资本成本率（comprehensive capital cost ratio）：是指一个公司全部长期资本的成本率，通常是以各种长期资本的比例为权重，对个别资本成本率进行加权平均测算的。

5.43 工资（wages）：按劳分配的基本形式，是国家或企业根据劳动者所提供的劳动的数量和质量，按事先规定的报酬标准，以货币形式分配给他们的那部分国民收入。

5.44 奖金（bonus）：社会主义按劳分配的形式之一。一般为超额劳动报酬。

费用

5.45 费用（expense）：是指企业在日常活动中发生的会导致所有者权益减少的、与向所有者分配利润无关的经济利益的总流出。

5.46 直接费用（direct expense）："间接费用"的对称，指为某一特定产品所消耗、能够根据原始凭证直接计入该产品成本的费用。

5.47 间接费用（indirect expense）："直接费用"的对称，是指制造企业各生产单位（分厂、车间）为组织和管理生产所发生的各种费用。

5.48 期间费用（period expense；period cost）：指企业日常活动发生的不能计入特定核算对象的成本，而应计入发生当期损益的费用。

5.49 预备费（reserve fund）："总预备费"的简称。亦称"不可预见费用"。

在编制总概算时，难以预料的，在建设过程中可能发生的其他工程和费用。

5.50 不可预见费（contingency cost）：又称"预备费"，是指考虑建设期可能发生的风险因素而导致的建设费用增加的这部分内容。

5.51 工程预备费（reserve fund of project）：指总概算中用以弥补在编制初步设计和总概算时难以预料，而实际可能发生的费用。

5.52 基本预备费（basic reserve fund）：又称"工程建设不可预见费"，主要为解决在施工过程中，经上级批准的设计变更和国家政策性调整所增加的投资以及为解决意外事故而采取措施所增加的工程项目和费用。

5.53 变动费用（variable cost）：也称"劳动成本"，是指随着产品产量或商品流转量或工作量等的变化而按比例增减的那部分费用。

5.54 工程建设费（expense of construction）：是根据有关规定应在基本建设投资支付的，并列入建设项目总概算或单位工程综合概预算的，除建筑安装工程费用和设备工器具购置费以外的费用。

5.55 建设用地费（construction land cost）：是指为获得工程项目建设用地的使用权而在建设期内发生的费用。

5.56 建设管理费（construction overhead expenses）：是指为组织完成工程项目建设在建设期内发生的各类管理性质费用。

5.57 可行性研究费（cost of feasibility study）：是指在工程项目投资决策阶段，对有关建设方案、技术方案或生产经营方案进行的技术经济论证，以及编制、评审可行性研究报告等所需的费用。

5.58 专项评价费（special evaluation cost）：是指建设单位按照国家规定委托有资质的单位开展专项评价及有关验收工作发生的费用。

5.59 研究试验费（research and test cost）：是指为建设项目提供或验证设计数据、资料进行必要的研究试验所发生的费用，以及支付科技成果和先进技术的一次性技术转让费。

5.60 勘察设计费（survey and design expense）：是建设单位自行或委托勘察设计单位进行工程水文地质勘察、设计所发生的各项费用（包括技术资料购置费）。

5.61 场地准备费（site preparation fee）：是指建设项目为达到工程开工条件的场地平整和对建设场地余留的有碍于施工建设的设施进行拆除清理的费用。

5.62 地上物补助费（ground object subsidy）：是指因征地导致被征用土地上的各种地上地下建筑物、构筑物拆迁和重建，林木迁移或砍伐等，国家给予所有者补偿的费用。

5.63 临时设施费（fees for construction site facilities）：是指施工企业为进行建筑工程施工所须搭设的生活和生产用的临时建筑物、构筑物和其他临时设施费用等。

5.64 基础设施配套费（infrastructure supporting fee）：是指拟建项目向政府城市建设、城市管理部门交纳的市政公用配套设施费，主要包括门前城市主次干道、给排水、供电、供气、路灯、公共交通、环境卫生和园林绿化等项目的建设和维护，是市政基础设施建设的补充，与各项城市建设资金统筹安排使用。

5.65 工程保险费（project insurance premium）：是指在建设期内对建设工程、安装工程、机械设备和人身安全进行投保而发生的费用。

5.66 生产费用（production cost）：企业在一定期间内为进行生产所发生的费用或总成本。

5.67 生产准备费（production preparation costs）：是指新建设企业或新增生产能力的企业，为保证竣工交付使用进行必要的生产准备所发生的费用，属于工程建设其他费用，与未来企业生产经营有关。

5.68 设备购置费（original equipment cost）：是指为工程建设项目购置或自制的达到固定资产标准的设备、工具、器具的费用。

5.69 资金筹措费（fund raising fee）：是指在建设期内应计的利息和建设期内因为筹集项目资金而产生的费用。

5.70 基本费用（basic fee）："一般费用"的对称，由产品生产的工艺技术过程所直接产生的各种费用。

5.71 递延费用（deferred charges；deferred expenses）：指不能全部计入当年损益，应当在以后年度内分期摊销的各项费用，包括开办费、租入固定资产的改良支出和固定资产的修理支出以及摊销期限在一年以上的其他待摊费用。

5.72 待摊费用（deferred expenses）：是指已经支出但应由本期和以后各期分别负担的各项费用。

5.73 低值易耗品（low-value consumption goods；free stock）：是指单位价值在规定金额以内或使用期限不满一年，能多次使用，基本上保持其原有实物形态的劳动资料。

5.74 低值易耗品摊销（amortization of low value consumable）：是指低值易耗品在使用过程中逐渐损耗转入产品成本或商品流通费的那一部分价值。

5.75　土地使用权转让（landuseconveyance）：是指土地使用者将土地使用权再转移的行为，包括出售、交换和赠送。

5.76　专有技术（technical know-how）：亦称"技术秘密""技术专门知识""技术诀窍"。意为"知道怎么做"。一般指先进、未公开、未申请专利的实用经验、知识和技巧。

5.77　实际费用法（actual cost method）：即根据索赔事件所造成的损失或成本增加，按费用项目逐项进行分析、计算索赔金额的方法。

5.78　总费用法（total cost method）：即总成本法，是指当发生多次索赔事件以后，重新计算工程的实际总费用，实际总费用减去投标报价时的估算总费用，即为索赔金额。

5.79　折旧（depreciation）：指对固定资产在使用过程中的损耗进行价值补偿。

5.80　折旧率（depreciation rate）：指一定时期内固定资产折旧额与固定资产原值的比率。

5.81　折余价值（depreciated value；residual value）：又称"净值"，是指固定资产原始价值或重置完全价值减去累计折旧额的余额。

5.82　平均年限折旧法（depreciation by composite life method）：又称"直线法"，是按固定资产的使用年限平均地折旧的方法。

5.83　工作量折旧法（work load depreciation method）：是指以固定资产能提供的工作量为单位来计算折旧的方法。

5.84　年数总和折旧法（sum-of-the-years digits depreciation method）：是指用固定资产原值减去预计残值后的净额，乘以一个逐年递减的分数（称为折旧率），计算折旧额的一种加速折旧的方法。

5.85　双倍余额递减折旧法（double declining balance depreciation method）：是指在不考虑固定资产预计残值的情况下，将每期固定资产的期初账面净值乘以一个固定不变的百分率，计算折旧额的一种加速折旧方法。

5.86　有形磨损（material abrasion）：又称"实物磨损"，是指机械设备在使用或闲置过程中所发生的实体磨损或损失。

5.87　无形磨损（immaterial abrasion）：又称"精神磨损"，是指设备或物体不是由于生产过程中使用或自然力作用造成的，而是由社会经济变化造成的价值贬值，是技术进步的结果。

5.88　综合磨损（comprehensive abrasion）：是指设备在有效使用期内发生的有形磨损和无形磨损的总和。

5.89 经济寿命（economic life）：指固定资产在经济上的可用时间，也就是从费用成本的角度来研究固定资产更新的最佳周期。

5.90 物理寿命（physical life）：又称"物质寿命"，是指设备以全新的状态投入使用开始，经过有形磨损，直至技术性能上丧失原有用途不能继续使用为止所经历的时间。

5.91 折旧寿命（accounting life）：是指按国家有关部门规定或企业自行规定的折旧率，把设备总值扣除残值后的余额，折旧到接近零时所经历的时间。

5.92 技术寿命（technical life）：是指由于科学技术的发展，不断出现技术上更先进、经济上更合理的替代设备，使现有设备在物质寿命或经济寿命尚未结束之前就提前报废。

5.93 自然寿命（natural life）：是指设备从投入生产开始使用，用到不能修理、修复而报废的全部经历时间。

5.94 使用寿命（service life）：指设备从新的直到完全不能使用为止的时间。

6. 工程项目营业收入、利润与税金

营业收入

6.1 营业收入（operating revenue）：是指从事主营业务或其他业务所取得的收入。

6.2 产品销售收入（product sales revenue）：指工业企业在销售产成品、自制半成品时，按销售价格从购货单位取得的货款收入（包括价外补贴收入）。

6.3 营业外收入（nonbusiness income）：亦称"营业外收益"。"营业外支出"的对称，指与生产经营过程无直接关系，应列入当期利润的收入。

6.4 级差土地收入（differential land income）：土地的等级不同或土地上的集约化经营水平与效果不同，所产生的生产率不同，从而使生产率较高的单位获得一种差额收入。

6.5 预收账款（deposit received）："预付账款"的对称，是指企业向购货方预收的购订货订金或部分贷款。

6.6 应收票据（notes receivable）：是由付款人或收款人签发、由付款人承兑、到期无条件付款的一种书面凭证。

6.7 租赁（lease）：是指在约定的期间内，出租人将资产使用权让于承租人以获取租金的行为。

6.8 租金（rent）：指租赁业中出租人向承租人收取的转让资产使用权

的补偿款。

6.9　收益（profit）：既有可计量的，也有不可计量的。精神收益、实收益、货币收益是收益的三种形态。会计收益是来自企业期间交易的已实现收入和相应费用之间的差额。

6.10　工程索赔（engineering claim）：是指在工程合同履行中，对于并非自己的过错，而是由对方承担责任的情况造成的实际损失向对方提出经济补偿和（或）时间补偿的要求。

6.11　工期索赔（claim for extension of time）：是指由于非承包商责任的原因而导致施工进度延误，要求批准顺延合同工期的索赔，称为工期索赔。

6.12　劳务（labour service）：又称"服务"，指以劳动形式而不以实物形式为他人提供某种使用价值的经济过程。

6.13　服务（service）：亦称"劳务"，不以实物形式而以提供活劳动的形式满足他们某种需要的活动。

利润

6.14　利润（profit）：指企业销售产品的收入扣除成本价格和税金以后的余额。

6.15　营业利润（operating profit）：是指企业一定期间取得的主营业务利润和其他业务利润减去期间费用之后的余额。

6.16　销售利润（profit on sales）：一定时期内销售利润与销售收入之比。

6.17　产品销售利润（profit on sales）：是企业产品销售收入扣除生产成本、销售费用和销售税金以后的余额。

6.18　税后利润（净利润）（after-tax profits）：指企业在缴纳所得税后的剩余利润。

6.19　平均利润（average profit）：指收入各个不同部门的等量资本取得的等量利润。

6.20　目标利润（target profit）：企业在计划期内预期要达到的利润。

6.21　每股利润（earning sper share）：亦称"每股净收益"，以货币单位表示的股份公司纯利润的普通股股数之比。

6.22　让渡利润（profit upon alienation）：亦称"相对利润"，商品的出售价格由于高于价值而产生的利润。

6.23　正常利润（normal profit）：机会成本减去会计成本后的余额。

6.24　经济利润（economic profit）：又称"超额利润"，收益减机会成本后的余额。

6.25 预期利润（expectep profit）：是指长期的平均利润值，也就是用所出现的概率加权以后的各种可能的利润水平之和。

6.26 资产利润率（return on assets）：亦称"净资产收益率"，企业税后利润与净资产平均余额的比率。

6.27 成本利润率（cost-profit ration）：一定时期内企业产品销售利润与销售成本之间的比值。

6.28 成本费用利润率（ratio of profits to cost）：是企业的利润总额与成本费用总额的比率。

6.29 销售收入利润率（sales revenue profit margin）：是指企业实现的总利润与同期的销售收入的比率。

6.30 资金利润率（profit rate on funds）：是指一定时期内利润总额与同时期内所运用资金的数额之比。

6.31 平均利润率（average profit rate）：亦称"一般利润率"，指全部剩余价值同全部预付资本之比。

6.32 年利润率（annual rate of profit）：企业在一年内生产的剩余价值总量或利润总量对全部预付资本（即不变资本加可变资本）的比值。

6.33 总资产报酬率（rate of return on toal assets）：亦称"资金利润率"，企业税后利润与全部资产平均余额的比率。

6.34 利润总额（total amount of profits）：是企业在一定期间各项收支相抵后的盈亏总额。

6.35 利润表（income statement；profit statement）：即"损益表"。

6.36 损益表（profit and loss statement）：亦称"利润表"，企业会计报表的一种，用以反映企业在一定时期内经营成果的形成情况。

6.37 毛利（gross profit）：销售净额减去销售成本后的余额。

6.38 赢利（earnings；profit）：企业产品销售收入扣除成本后的余额，等于企业利润加税金。

税金

6.39 税金（taxes）：是指企业发生的除企业所得税和允许抵扣的增值税以外的各项税金及其附加。

6.40 税收（tax revenue）：又称"赋税"，国家为维护存在和实现其职能，凭借政治权力，按照法律规定的标准，参与一部分社会产品的分配，强制和无偿地取得财政收入的一种形式。

6.41 税源（tax fund）：税收收入的来源。

6.42 税种（tax categories）：国家税收制度中规定的税收种类。

6.43 税负（tax burden）："税收负担"的简称。纳税人在一定时期内所应缴纳的税款。

6.44 税目（tax items）：税法规定的课税对象的具体项目。

6.45 税基（tax base）："课税基础"的简称。

6.46 税率（tax rate）：对征税对象的每一课税单位的征收比例或征收额度，是税收范畴和税收制度的基本要素之一和计算税额的尺度。

6.47 税率结构（tax rate structure）：用于描绘某一给定会计期间内征收的税收与税基间的关系。

6.48 负税人（tax bearer）：税款的实际负担人，一般为纳税人。

6.49 纳税义务人（taxpayer）：亦称"课税主体"或"纳税人"。税法上规定的负有纳税义务的组织或个人。

6.50 课税主体（subject of taxation）：即"纳税义务人"。

6.51 课税对象（objects of taxation）：亦称"课税客体"。课征税收的依据。

6.52 税收政策（tax policy）：税收作为强制性的贡献，纳税人得不到明显的对等利益。

6.53 税制结构（tax structure; structure of tax system）：又称"税制体系"。税收制度中各税系、各税种、各税制要素之间相互组合、相互制约形成的有机体系。

6.54 税收转嫁（tax shifting）：纳税人在名义上缴纳税款之后，主要以改变价格的方式将税收负担转嫁给他人的过程。

6.55 税收归宿（tax incidence）：税收负担的最终归着点或税收转嫁的最终结果。

6.56 税收超额负担（tax excess burden）：是指政府通过征税将社会资源从纳税转向政府部门的转嫁过程中，给纳税人造成了相当于纳税税款以外的负担。

6.57 税收转让（tax sparing）：又称"转让抵免"，指居住国政府在按照本国居民、公司在世界范围所得，计算应纳所得税款时，对其在国外享受优惠待遇而获减免的所得税额，允许视为已纳税款人应纳本国税额中扣除的一种特殊抵免措施。

6.58 税收抵免（tax credit）：准许纳税人把某种或某些给予规定特殊支

出项目，按一定的比率或全部冲抵其纳税，从而减轻其税收负担。

6.59 税收返还（duty drawback）：指的是政府按照国家有关规定采取先征后返（退）、即征即退等办法向企业返还的税款，属于以税收优惠形式给予的一种政府补助。

6.60 累进税（progressive tax）："累退税"的对称，税率随同一课税对象的数额大小增加而递增的税。分"全额累进税"和"超额累进税"。

6.61 累退税（regressive rote）："累进税"的对称，纳税人的负担率随课税对象数额的增加而递减的税。

6.62 实物税（real tax）："货币税"的对称，以实物形式征收的税。

6.63 货币税（money tax）："实物税"的对称，以货币形式缴纳的税。

6.64 直接税（direct tax）："间接税"的对称，对税收的一种分类。一般以税收能否转嫁作为划分直接税和间接税的标准。直接税被认为是不能转嫁的税。

6.65 间接税（indirect tax）："直接税"的对称，对税收的一种分类。一般以税收能否转嫁作为划分直接税和间接税的标准。间接税被认为是能转嫁的税。

6.66 营业税（sales tax）：是对在中国境内提供应税劳务、转让无形资产或销售不动产的单位和个人，就其所得的营业额征收的一种税。

6.67 资源税（resource tax）：是指以各种自然资源及其级差收入为课税对象征收的一种税。

6.68 教育费附加（educational surtax）：是指按规定比例随同有关税收征收的用于加快地方教育事业发展的一种附加费。

6.69 城市维护建设税（urban maintenance and construction tax）：是以纳税人实际缴纳的增值税、消费税的税额为计税依据，依法计征的一种税。

6.70 消费税（consumption tax）：广义指以消费品或消费行为作为课征对象的各种税收的统称。

6.71 契税（contract tax）：是指不动产（土地、房屋）产权发生转移变动时，就当事人所订契约按产价的一定比例向新业主（产权承受人）征收的一次性税收。

6.72 印花税（stamp tax）：是对经济活动和经济交往中订立、领受具有法律效力的凭证的行为所征收的一种税。

6.73 所得税（income tax）：国家对个人、企业和社会团体的各种所得所征收的税的通称。

6.74 企业所得税（business income tax）：是对我国内资企业和经营单

位的生产经营所得和其他所得征收的一种税。

6.75 个人所得税（individual income tax）：对个人的各种所得课征的税。个人所得税的课征原则各个国家不尽相同，按照属人主义原则，只对本国的公民或居民征税，不论其收入来源于国内还是国外。

6.76 利息税（coupon tax；interest tax）：主要是指个人在中国境内储蓄人民币、外币而取得的利息所得征收的个人所得税。

6.77 增值税（value added tax，VAT）：以企业生产经营中新增价值为对象而课征的税。

6.78 土地增值税（land value incrment tax）：亦称"土地增价税"，根据土地价格增加的数额向土地所有人课征的税，又区分为土地转移增值税和土地定期增值税。

6.79 土地税（land tax）：对土地所征税赋的总称。以土地为课税对象，按照土地的面积、等级、价格、收益或增值等进行计征的一种税。

6.80 城镇土地使用税（urban land use tax）：是指国家在城市、县城、建制镇、工矿区范围内，对使用土地的单位和个人，以其实际占用的土地面积为计税依据，按照规定的税额计算征收的一种税。

6.81 燃油税（fuel tax）：是指政府对燃油在零售环节征收的专项性质的税收。

6.82 目的税（earmarked tax）：亦称"特别税"。"一般税"的对称，指为了专门用于某种特定支出而课征的税收。

6.83 特别税（special taxes）：即"目的税"。指的是按征税有无特定目的或用途分类的一种税。

6.84 社会保险税（social security tax）：为筹措社会福利保险基金，把企业的工薪支付额作为课税对象征收的一种目的税。

6.85 反倾销税（antidumping duty）：为关税的一种，是进出国海关对外国向本国倾销的商品所征收的一种进口附加税。

6.86 通货膨胀税（inflation tax）：由于通货膨胀而引起的税收增加。

6.87 财产税（property tax）：是对法人或自然人在某一时点占有或可支配财产课征的一类税收的统称。

6.88 遗产税（inheritance tax）：是一个国家或地区对死者留下的遗产征税，国外有时称"死亡税"。

6.89 出口退税（export tax rebate）：是国家运用税收杠杆奖励出口的

一种措施。

6.90 船舶吨税（tonnage tax）：又称"吨税"。海关对外国籍船舶航行进出本国港口时，按船舶净吨位征收的税。

6.91 国内税（internal taxes）：对国内的商品课征的税。

6.92 差别关税（differential customs duties）：指对同一进出口商品视其不同情况或不同来源国，按不同税率征收的关税。

6.93 销售税金（sales tax）：是工业企业因发生销售业务而在销售环节缴纳的、直接从销售收入中支出的税金。

6.94 价内税（tax included in price）："价外税"的对称，包含在产品价格内的流转税。

6.95 价外税（taxes not included in the quoted prices）："价内税"的对称。税款不包含在商品价格内的税。

6.96 正税（regular tax；normal tariff）："附加税"的对称，指税法规定的常规的正式税。

6.97 从价税（ad valorem tax）：是指从课税对象的价格为计税依据计征的各种税。

6.98 从量税（specific tax）：是以课税对象的实物量为计税依据计征的税种。

6.99 综合税（consolidated tax）：指按企业销售各种产品缴纳的工商统一税以及城市房地产税、车船使用牌照税、工商统一税附加，按一个税率合并缴纳的一种税。

6.100 不含税价格（price not including tariff）："含税价格"的对称，不包含税金的计税价格。

6.101 实际税率（effective tax rate）：也称"有效税率""实际负担率"，是实际税额与实际收益额之间的比率。

6.102 名义税率（nominal tariff rate）："实际税率"的对称，指税法规定的税率。由于与实际税率有时不等，故称"名义税率"。

6.103 边际税率（marginal tax rate，MTR）：就是征税对象数额的增量中税额所占的比率。

6.104 综合税率（composite tax rate）：并不是一个法定或者规范的名词，而是对销售某个货物、劳务或服务的流转过程中所有税费与销售额的比率。

6.105 定额税率（quota tax rate）：又称"固定税率"，是按课税对象的计量单位直接规定应纳税的税率形式。

6.106 超额累进税率（excess progressive tax rate）：是指把同一计税基数划分为相应等级，分别适用各等级的税率分别计算税额，各等级税额之和才是应纳税额。

6.107 比例税率（flat rate）：是指对同一课税对象不论数额大小，都按同一比例征税，税额占课税对象的比例总是相同的。

6.108 拉弗曲线（laffer curve）：以美国经济学家拉弗的名字命名的，表示税率与政府税收收入之间关系的曲线。

6.109 滞纳金（late fee）：税务机关对不按规定期限交纳税款的纳税单位或个人加收的罚款。

6.110 完税价格（dutiable price；dutiable value）：是指海关规定的对进出口货物计征税时使用的价格。

7. 工程项目方案类型与评选方法

方案类型

7.1 单方案（single scheme）：也称"独立型方案"，是指与其他投资方案完全互相独立、互不排斥的一个或一组方案。

7.2 多方案（multiple schemes）：是指工程项目存在多个备选方案。包括互斥型、互补型、相关型、混合型等类型。

7.3 独立型方案（independent scheme）：指在没有资源约束的条件下，在一组方案中，选择其中的一个方案并不排斥接受其他方案。

7.4 互斥型方案（mutual exclusion scheme）：指在没有资源约束的条件下，在一组方案中，选择其中的一个方案则排除了接受其他任何方案的可能性，则这一组方案称为互斥型方案。

7.5 混合型方案（hybrid scheme）：是指有若干个独立型方案，独立型方案又包含互斥型方案的组合型方案。

7.6 互补型方案（complementary type scheme）：指在多方案中，出现技术经济互补的方案，称为互补型方案。

7.7 相关型方案（correlation type scheme）：是指各种方案中某一方案的采纳或放弃，会明显地改变其他方案现金流量的方案。

7.8 可行方案（feasible scheme）：亦称"可行性方案"，是指能够达到预期目标的方案。

7.9 正相关性（positive correlation）：指一个项目的采纳将提高另一个项目的经济利益或价值。

7.10 不相关性（irrelevance）：指一个项目的采纳或放弃对另一个项目的经济收益或价值没有影响。

7.11 互不相容性（mutual exclusive）：指如果采纳某一项目就自动（在技术上或经济上）排斥其他项目，那么这两个项目就存在互不相容性。

方案评选方法

7.12 静态评价法（static evaluation method）："动态评价法"的对称，是指对投资项目进行财务评价时，不考虑资金的时间价值因素的一种评价方法。

7.13 Uhlig 公式计算法（Uhlig formula calculation method）：是以设备的寿命延长率、方案的费用增加率为基本要素，通过计算来确定方案是否可行的一种方法。

7.14 Uhlig 公式计算修正法（Uhilg formula calculation amendment method）：是在原公式的基础上，加以设备维修费和残值的计算，称为 Uhilg 公式计算修正法。

7.15 追加投资回收期法（additional payback period method）：又称"差额投资回收期""追加投资返本期指标"，指采用某建设方案后，用年生产成本或经营费用的节约额来回收追加投资额的期限。

7.16 静态投资回收期法（static payback period method）：简称"回收期"，是指以投资项目经营净现金流量抵偿原始总投资所需要的全部时间。

7.17 动态评价法（dynamic evaluation method）："静态评价法"的对称，它是在评价投资项目经济效益时，对项目所涉及的各年现金流（所有支出和收入），除计算它们本身的原值外，还把资金的时间价值计算进去的一种评价方法。

7.18 净现值（net present value，NPV）：指未来资金（现金）流入（收入）现值与未来资金（现金）流出（支出）现值的差额。

7.19 净现值率（net present value rate，NPVR）：又称"净现值比""净现值指数"，是指项目净现值与总投资现值的比率。

7.20 净现值指数（net cash index）：又称"净现值率"，是指项目或方案的净现值与总投资现值之比，反映单位投资现值所获得的收益。

7.21 净年值（net annual value，NAV）：是指按给定的折现率，通过等值换算将方案计算期内各个不同时点的净现金流量分摊到计算期内各年的等额年值。

7.22 净终值（net future value，NFV）：是指将各期的现金流量以投资计划中最后一期的货币价值来计算，然后将各期现金流量的终值加和。

7.23 费用现值（present cost，PC）：是指用净现值指数评价投资方案的经济效果，要求用货币单位计算项目的收益，如销售收入额、成本节约额等。

7.24 费用年值（annual cost）：是指按基准折现率，通过等值换算，将方案计算期内各个不同时点的现金流出分摊到计算期内各年的等额年值。

7.25 最低价格（lowest price）：由于方案的特殊（产量、服务不同，产品价格、服务收费标准难以确定）的原因，可采用最低价格（或收费标准）来比较方案优劣的一种方法。

7.26 外部收益率（external return ratio，ERR）：假定项目寿命期内所有投资按某个折现率折算的终值恰好可用项目每年的净收益按基准折现率折算的终值来抵偿时得到的折现率。

7.27 动态投资回收期（dynamic payback period）：是指在考虑资金时间价值的条件下，以方案的净收益回收项目全部投入资金所需要的时间。

7.28 时间性指标（temporal indices）：以实际为计量单位衡量项目对其投资的回收或清偿能力，如投资回收期、借款偿还期等。

7.29 价值性指标（value index）：以货币单位考察投资净收益的大小，如净现值、净年值、费用年值、费用现值等。

7.30 比率性指标（ratio indexes）：反映项目单位在投资获利能力或项目贷款利率的最大承受能力，如内部收益率、净现值率等。

7.31 增量分析法（incremental analysis）：是指对被比较方案的成本、收益等方面的差额部分进行的分析，进而对方案进行比较、选优的方法。

7.32 互斥方案组合法（analytical hierarchy process method）：在考虑资金约束的情况下，将所有满足资金约束的可行的组合方案——列举出来，每一个组合代表一个相互排斥的方案，再用互斥方案比选的方法来选择方案组合。

7.33 净现值率排序法（NPVR ranking method）：是指将净现值率大于零或等于零的各个方案按净现值率的大小依次排序，并依次选取方案，直至所选取的组合方案的投资总额最大限度地接近或等于投资限额为止。

7.34 最小公倍数法（least common multiple method）：又称"方案重复性假设法"，是以各备选方案寿命期的最小公倍数作为方案比选的共同分析期，并假定各方案均在这样一个共同期限内反复实施，直到分析结束的一种分析方法。

7.35 研究期法（study period method）：又称"最小计算期法"，是通过研究分析，直接选取一个适当的计算期作为各个方案共同的计算期，计算各个方案在该计算期内的净现值，以净现值较大的为优，是计算期不同的互斥型方案的经济评价方法。

7.36 加权综合评价法（weighted comprehensive evaluation method）：指采用了层次分析法来确定指标权重，并运用线性加权综合评价法进行项目方案比选。

7.37 专家评价法（expert evaluation method）：它是在定量和定性分析的基础上，以打分等方式做出定量评价，其结果具有数理统计特征的一种评价方法。

7.38 比较分析法（comparative analysis）：亦称"对比分析法"，对不同的可行方案进行对比，衡量其利弊得失，以供选择最优方案的一种分析方法。

8. 工程项目可行性与不确定性分析

可行性分析

8.1 可行性分析（feasibility analysis）：是指通过对项目的主要内容和配套条件等多方面进行调查研究和分析比较，为项目决策提供依据的一种综合的系统分析方法。

8.2 可行性研究（feasibility studies）：也称"可行性分析"，是指在投资决策前，对拟建项目的市场需求状况、建设条件、生产条件、协作条件、工艺技术、设备、投资、经济效益、环境和社会影响以及风险等问题的研究。

8.3 投资机会研究（study of investment opportunities）：也称"投资机会鉴别"，是指为寻求有价值的投资机会而进行的准备性调查。

8.4 初步可行性研究（preliminary feasibility study）：也称"预备可行性研究"，是正式的详细可行性研究前的预备性研究阶段。

8.5 详细可行性研究（detailed feasibility study）：又称"最终可行性研究"，一般是在初步可行性研究的基础上进行的详细研究。

8.6 技术可行性分析（technical feasibility analysis）：是指决策的技术和决策方案的技术不能突破组织所拥有的或有关人员所掌握的技术资源条件的边界。

8.7 经济可行性分析（economic feasibility analysis）：亦称"经济可行性研究"，主要是对整个项目投资及所产生的经济效益进行分析，包括支出分析、收益分析、投资回报分析以及敏感性分析等。

8.8 项目建议书（project proposal）：又称"项目立项申请书"或"立项申请报告"，是新建、扩建项目单位向发改委项目管理部门申报的书面申请文件。

8.9 投资估算（investment estimate）：是指对拟建项目固定资产投资、流动资金和项目建设期贷款利息的估算。

8.10 市场（market）：是各方参与交换的多种系统、机构、程序、法律强化和基础设施之一。

8.11 目标市场（target market）：是指企业决定进入的、具有共同需要或特征的购买者集合。

8.12 目标市场选择（market targeting selection）：是指估计每个细分市场的吸引力程度，并选择进入一个或多个细分市场。

8.13 市场预测（market prediction）：对市场未来变动趋势的展望和推测。

8.14 定性预测（qualitative prediction）："定量预测"的对称，主要是利用市场调查得到的各种信息，根据预测者个人的知识、经验和主观判断，对市场的未来发展趋势做出估计和判断。

8.15 定量预测（quantitative prediction）："定性预测"的对称，是根据以往比较完整的历史统计资料，运用各种数学模型对市场未来发展趋势做定量的计算，求得预测结果。

8.16 市场容量（market capacity）：指在不考虑产品价格或供应商营销策略的前提下，市场在一定时期内能够吸纳某种产品或劳务的单位数目。

8.17 市场导向（market orientation）：亦称"顾客导向"。随着时代变革，企业需要以市场需求为中心，进行生产经营活动的安排。

8.18 市场定位（market positioning）：亦称"产品定位""产品市场定位"，是指为使产品在目标消费者心中相对于竞争产品而言占据清晰、特别和理想的位置而进行的安排。

8.19 市场调研（market research）：是一种把消费者及公共部门和市场联系起来的特定活动——这些信息用以识别和界定市场营销机会和问题，产生、改进和评价营销活动，监控营销绩效，增进对营销过程的了解。

8.20 市场调研报告（marketing research report）：是市场调查与市场研究的统称，它是个人或组织根据特定的决策问题而系统地设计、搜集、记录、整理、分析及研究市场各类信息资料、报告调研结果的工作过程。

8.21 市场潜力（market potential）：亦称"市场潜量"，是指在某一特定时期和特定条件下，某一市场对某一产品的购买量的最乐观估计。

8.22 市场行情（market info；market quotation）：指一定时期内市场上作为商品交易的各种资源的供求、价格、竞争等变化情况。

8.23 直接访问法（direct access method）：就是将拟调查的事项以面谈、电话或书面向被调查者提问，以获得所需资料信息的调查方法。

8.24　面谈调查（personal interview）：调查人员直接访问被调查者，通过面谈形式获得所需情报与资料。

8.25　电话调查（telephone interview；telephone survey）：指的是调查者按照统一问卷，通过电话向被访者提问，笔录答案。

8.26　问卷调查（survey by questionnaire）：是指通过制定详细周密的问卷，要求被调查者据此进行回答以收集资料的方法。

8.27　直接观察法（direct observation；direct observation method）：是指调查人员亲临现场对调查单位的调查项目进行清点、测定、计量，并加以登记，以取得第一手资料的一种方法。

8.28　德尔菲法（delphi method）：是采用背靠背的通信方式征询专家小组成员的预测意见，经过几轮征询，使专家小组的预测意见趋于集中，最后做出符合市场未来发展趋势的预测结论。

8.29　移动平均法（moving average method）：是用一组最近的实际数据来预测未来一期或几期内公司产品的需求量、公司产能等的一种简单平滑预测技术。

8.30　市场分析（market analysis）：是对市场供需变化的各种因素及其动态、趋势的分析。

8.31　市场分析报告（market analysis report）：是指行业市场规模、市场竞争、区域市场、市场走势及吸引范围等调查资料所进行的分析结论加以整理，报告给有关部门和读者。

8.32　回归分析法（regression analysis method）：是根据预测变量（因变量）与相关因素（自变量）之间存在的因果关系，借助数据统计中的回归分析原理，确定因果关系，建立回归模型并进行预测的一种定量预测方法。

8.33　回归分析预测法（regression analysis prediction method）：是在分析市场现象自变量和因变量之间相关关系的基础上，建立变量之间的回归方程，并加以外推，用于预测今后因变量的变化的分析方法。

8.34　指数平滑预测法（exponential smoothing prediction method）：指以某种指标的本期实际数和本期预测数为基础，引入一个简化的加权因子，即平滑系数，以求得平均数的一种时间序列预测法。

8.35　综合预测法（integrated prediction method）：是指综合利用两种以上不同的预测方法进行预测。

8.36　社会评价（social assessment；social valuation）：是指分析投资项目对实现社会目标方面的贡献的一种方法。

8.37 环境影响评价（environmental impact assessment，EIA）：是指对规划和建设项目实施后可能造成的环境影响进行分析、预测和评估，提出预防或者减轻不良影响的对策和措施，进行跟踪监测的方法与制度。

8.38 营销策略（marketing strategy）：是企业以顾客需要为出发点，根据经验获得顾客需求量以及购买力的信息、商业界的期望值，有计划地组织各项经营活动。

不确定性分析

8.39 不确定性分析（uncertainty analysis）：是指在对建设项目进行了财务评价和国民经济评价的基础上，对决策方案受到各种事前无法控制的外部因素变化的影响所进行的研究和估计。

8.40 盈亏平衡分析（break-even analysis）：又叫"损益平衡分析"，它是通过盈亏平衡点（BEP）分析项目成本与收益的平衡关系的一种方法。

8.41 本量利分析（cost-volume-profit analysis，CVP）："成本-业务量-利润分析"的简称，是管理会计中经营决策的一种方法。

8.42 盈亏平衡点（break even point，BEP）：又称"零利润点""保本点""盈亏临界点""损益分歧点""收益转折点"，通常是全部销售收入等于全部成本时（销售收入与总成本线的交叉点）的产量。

8.43 临界点（critical point）：是指项目允许不确定性因素向不利方向变化的极限值，超过此极限，项目将由可行变为不可行。

8.44 图解法（graphic method）：是一种通过绘制盈亏平衡图直观反映产量、成本和盈利间的关系，确定盈亏平衡点的分析方法。

8.45 方程式法（equation method）：是利用数学方程式来反映产销量、成本和利润之间关系，确定盈亏平衡点的一种方法。

8.46 代数解析法（algebraic analysis method）：也称"公式法"，是在销售收入及总成本都与产量呈线性关系的情况下，以代数方程式表示产品销售的数量、成本、利润之间的数量关系，然后再以此确定盈亏平衡点的方法。

8.47 敏感性分析（sensitivity analysis）：是指从定量分析的角度研究有关因素发生某种变化对某一个或一组关键指标影响程度的一种不确定分析技术。

8.48 利润敏感性分析（profit sensitivity analysis）：是研究和制约利润的有关因素发生某种变化时，利润变化程度的一种分析方法。

8.49 敏感度系数（sensitivity coefficient）：是项目效益指标变化的百分率与不确定因素变化的百分率之比。

8.50 线性盈亏平衡分析（linear break-even analysis）：是指项目的收入与成本都是产量的一次线性函数的分析。

8.51 非线性盈亏平衡分析（non linear break-even analysis）：是指一个拟建生产项目，在实际运营中，成本函数与销售收入函数等并不完全表现为线性关系。

8.52 概率分析（probability analysis）：是使用概率预测分析不确定因素和风险因素对项目经济效果的影响的一种定量分析方法。

8.53 期望值法（expectancy value method）：是通过计算项目净现值的期望值和净现值大于或等于零时的累计概率，来比较方案优劣，确定项目可行性和风险程度的方法。

8.54 标准差（standard deviation）：也称"均方差"，用来表示随机变量的离散程度。

8.55 变异系数（coefficient of variation）：是概率分布离散程度的一个归一化量度，是指标准差与平均值之比。

8.56 风险（risk）：是指某种特定的危险事件（事故或意外事件）发生的可能性与其产生的后果的组合。

8.57 风险估计（risk estimation）：是指对不利事件所导致损失的历史资料分析的基础上，运用概率统计等方法对特定不利事件发生的概率以及风险事件发生所造成的损失做出定量估计的过程。

8.58 主观概率（subjective probability）："客观概率"的对称，是定性的市场预测分析方法之一。一般由分析者对预测事件发生的概率做出主观估计，或者对事件变化动态做出一种心理评价，然后计算其平均值，以此作为市场预测的结论。

8.59 客观概率（objective probability）："主观概率"的对称，是根据事件发展的客观性统计出来的一种概率。

8.60 风险识别（risk indentification；risk recognition）：是指在风险事故发生之前，人们运用各种方法系统、连续地认识所面临的各种风险，以及分析风险事故发生的潜在原因。

8.61 工程项目风险（engineering project risk）：项目所处环境和条件本身的不确定性和项目业主/客户、项目组织或项目其他相关利益者主观上不能准确预见或控制的影响因素，使得项目的最终结果与当事者的期望产生背离，从而给当事者带来损失或机遇的可能性。

8.62 经济风险 (economic risk)：是指那些可能结果都可以用经济价值来衡量的风险。

8.63 责任风险 (liability risk)：主要是指企业或个人由于疏忽或过失造成的对他人的人身伤害和财产损坏而必须承担赔偿责任的风险。

8.64 经营风险 (business risk)：是由于生产经营变动或市场环境改变导致企业未来的经营性现金流量发生变化，从而影响企业的市场价值的可能性。

8.65 财务风险 (financial risk)：又称"筹资风险"，它是指企业因借入资金而产生的丧失偿债能力的可能性和企业利润（股东收入）的可变性。

8.66 市场风险 (market risk)：是指由于基础资产市场价格的不利变动或者急剧变动等不确定性因素带来的经营风险。

8.67 技术风险 (technical risks)：是指伴随着科学技术的发展、生产方式的改变而产生的威胁人们生产与生活的风险。

8.68 信用风险 (credit risks)：又称"交易对方风险"或"履约风险"，指交易对方不履行到期债务的风险。

8.69 政策风险 (political risk)：是指因国家宏观政策（如货币政策、财政政策、行业政策、地区发展政策等）发生变化，导致市场价格波动而产生的风险。

8.70 自然风险 (natural risk)：因自然力的不规则变化产生的现象所导致危害经济活动、物质生产或生命安全的风险。

8.71 人力风险 (personal risk)：是指由于人的活动而带来的风险，可细分为行为、经济、技术、政治和组织风险等。

8.72 投机风险 (speculative risk)：是指既有损失机会，又有获利可能的风险。

8.73 纯粹风险 (pure risk)：指只有损失机会，而无获利可能的风险。

8.74 风险决策 (risk decision)：是指决策者在可能存在经济主体损失和损害的情况下选择最优方案的过程。

8.75 决策树法 (decision tree method)：是一种运用概率与图论中的树对决策中的不同方案进行比较，从而获得最优方案的风险型决策方法。

8.76 故障树法 (fault tree method)：是由上而下的演绎式失效分析法，利用布林逻辑组合低价事件，分析系统中不希望出现的状态。

8.77 概率树法 (probability tree method)：是借助现代计算技术，运用概率论和数理统计原理进行概率分析，求得风险因素取值的概率分布，并计算期望值、方差或标准差和离散系数,表明项目的风险程度。

8.78 层次分析法(analytic hierarchy process,AHP):是指将与决策总是有关的因素分解成目标、方案等层次,在此基础上进行定性、定量分析的决策方法。

8.79 风险解析法(risk breakdown structure,RBS):也称"风险结构分解法",它将一个复杂系统分解为若干子系统,通过对子系统的分析进而把握整个系统的特征。

8.80 项目结构分解法(project structure decomposition method):是指在分析项目的组成,各组成部分之间的相互关系,项目同环境之间的关系等前提下,识别其存在的不确定性,以及这一不确定性是否会对项目造成损失。

8.81 幕景分析法(scenarios analysis method):是一种能识别关键因素及其影响的方法。一个幕景就是一项事业或组织未来某种状态的描述,可以在计算机上计算和显示,也可用图表曲线等简述。

8.82 核对表法(checklist method):是指基于以前类比项目信息及其他相关信息编制的风险识别核对图表。

8.83 财务报表分析(financial statement analysis):是对企业财务报表所提供的数据进行加工、分析、比较、评价和解释。

8.84 环境扫描法(environmental scanning method):是指获取关于事件、趋势以及组织与环境关系的信息,这些信息将有助于高层管理者识别、理解战略性机会与威胁,标定企业未来的发展路径。

8.85 筛选-监测-诊断法(screening-monitoring-diagnostic method):是指对各种风险因素进行分类,确定哪些风险因素会明显地引起损失,哪些因素需要进一步地研究,哪些因素由于不重要应该排除出去。

8.86 蒙特卡洛法(Monte Carlo method):也称"统计模拟方法",是把概率现象作为研究对象的数值模拟方法。

8.87 专家调查法(expert investigation method):又称"特尔菲(Delphi)法",指围绕着某一主题或问题,征询有关专家或权威人士的意见和看法的调查方法。

8.88 风险应对(risk response; risk treatment):就是在相关的风险评价之后,研究规避、控制与防范风险的措施,为项目全过程风险管理提供依据。

8.89 风险规避(risk aversion):是在考虑到某项活动存在风险损失的可能性较大时,采取主动放弃或加以改变,以避免与该项活动相关的风险的策略。

8.90 风险转移(transfer of risk):是指通过合同或非合同的方式将风

险转嫁给另一个人或单位的一种风险处理方法。

8.91 风险自留（risk self-retention）：也称"风险承担"，是指企业自己非理性或理性地主动承担风险，即指一个企业以其内部的资源来弥补损失。

8.92 风险控制（risk management）：是指风险管理者采取各种措施和方法，消灭或减少风险事件发生的各种可能性，或风险控制者减少风险事件发生时造成的损失。

8.93 风险分散（risk diversification）：是指工商企业运营中对风险管理的一种方法。

9. 工程项目评价

财务经济评价

9.1 财务评价（financial evaluation）：是根据国家现行财税制度和价格体系，分析计算项目的财务效益和费用，编制财务报表，计算财务指标，考察项目盈利能力、清偿能力等财务状况。

9.2 借款偿还期（loan repayment period）：即在国家财政规定和项目具体财务条件下，以项目投产后可用于还款的资金，偿还国内借款本金和建设期利息所用的时间。

9.3 投资利润率（return on investment，ROI）：又称"投资报酬率"，是指项目的年利润总额与总投资的比率。

9.4 投资利税率（profit and tax investment ration）：是指在正常年份中，项目的年利税总额与投资的比率。

9.5 资本金利润率（capital profit margin）：是利润总额占资本金（即实收资本、注册资金）总额的百分比，是反映投资者投入企业资本金的获利能力的指标。

9.6 财务内部收益率（financial inernal rate of return，FIRR）：是反映项目实际收益率的一动态指标，一般情况下，财务内部收益率大于等于基准收益率时，项目可行。

9.7 财务净现值（financial net present value，FNPV）：亦称"累计净现值"，拟建项目按部门或行业的基准收益率或设定的折现率，将计算期内各年的净现金流量折现到建设起点年份（基准年）的现值累计数，是企业经济评价的辅助指标。

9.8 财务净现值率（financial net present value rate，FNPVR）：亦称"内部收益率""企业内部收益率""贴现现金流量回收率"。使拟建项目在计算期内各年净现金流量贴现值的累计数（即项目净现值）等于零的贴现率。

9.9 流动比率（current ration）：是流动资产对流动负债的比率，用来衡量企业流动资产在短期债务到期以前，可以变为现金用于偿还负债的能力。

9.10 速动比率（acid-test ratio；quick ratio）：是指企业速动资产与流动负债的比率，速动资产是企业的流动资产减去存货和预付费用后的余额，主要包括现金、短期投资、应收票据、应收账款等项目。

9.11 资本负债率（capital debt ratio）：又称"举债经营比率"，是指企业负债总额与资产总额的比率。

9.12 产权比率（equity ratio）：是负债总额与所有者权益总额的比率，是评估资产结构合理性的一种指标。

9.13 利息备付率（interest coverage ratio，ICR）：是指项目在借款偿还期内，各年可用于支付利息的税息前利润与当期应付利息费用的比值。

9.14 偿债备付率（debt service coverage ratio，DSCR）：是指项目在借款偿还期内，各年可用于还本付息资金与当期应还本付息金额的比值。

9.15 财务杠杆效应（financial leverage effect）：是指由于固定费用的存在而导致的，当某一财务变量以较小幅度变动时，另一相关变量会以较大幅度变动的现象。

9.16 财务杠杆（degree of financial leverage，DFL）：又称"筹资杠杆"或"融资杠杆"，它是指由于固定债务利息和优先股股利的存在而导致普通股每股利润变动幅度大于息税前利润变动幅度的现象。

9.17 经营杠杆（degree of operating leverage，DOL）：又称"营业杠杆"或"营运杠杆"，反映销售和息税前盈利的杠杆关系。

9.18 复合杠杆（degree of compound leverage，DCL）：是指由于固定成本和固定财务费用的存在而导致的普通股每股利润变动率大于产销量变动率的杠杆效应。

9.19 财务分析方法（financial analysis method）：是以企业财务报告等会计资料为基础，对企业的财务状况和经营成果进行分析和评价的一种方法。

9.20 趋势分析法（trend analysis method）：通过比较两期或连续数期财务报告中的相同指标，确定其增减变动的方向、数额和幅度，来说明企业财务状况或经营成果的变动趋势的一种方法。

9.21 对比分析法（comparative analysis method）：也称"比较分析法"，是通过实际数与基数的对比来提示实际数与基数之间的差异，借以了解经济活动的成绩和问题的一种分析方法。

9.22 比率分析法（ratio analysis method）：是通过财务报表的有关指标的比率计算，分析企业财务状况和经营成果，了解企业发展前景的分析方法。

9.23 因素分析法（factor analysis）：是依据分析指标与其影响因素的关系，从数量上确定各因素对分析指标影响方向和影响程度的一种方法。

9.24 偿债能力分析（solvency analysis）：是指企业用其资产偿还长期债务与短期债务的能力。

9.25 财务生存能力分析（financial viability analysis）：即企业是否有足够的净现金流量维持正常运营，以实现财务的可持续性分析。

9.26 企业盈利能力分析（profitability analysis）：是指企业获取利润的能力。

9.27 企业营运能力分析（analysis of enterprises operating capacity）：主要指企业营运资产的效率与效益分析。

9.28 总投资收益率（return on investment，ROI）：又称"投资利润率"，是指投资方案在达到设计一定生产能力后一个正常年份的年净收益总额与方案投资总额的比率。

9.29 财务报告（financial report；financial statement）：是反映企业财务状况和经营成果的书面文件。

9.30 资产负债表（balance sheet）：亦称"财务状况表"，表示企业在一定时期（通常为各会计期末）的财务状况（即资产、负债和业主权益的状况）的主要会计报表。

9.31 资产负债率（asset liability ratio）：又称"举债经营比率"，它是期末负债总额除以资产总额的百分比，也就是负债总额与资产总额的比例关系。

9.32 负债（liabilities）：是指企业过去的交易或者事项形成的，预期会导致经济利益流出企业的现时义务。

9.33 债权人（creditor）："债务人"的对称，是指银行等金融机构借贷人和供应商。

9.34 债务人（debtor）："债权人"的对称，是指根据法律或合同、契约的规定，在借贷关系中对债权人负有偿还义务的人。

国民经济评价

9.35 国民经济评价（national economic evaluation）：它从国家整体角度考察项目的效益和费用，考察的对象是包含项目在内的国民经济系统，除了计算项目的直接效益和直接费用外，还要计算分析项目的间接效益和间接费用，即项目的外部效果。

9.36　直接效益（direct benefit）：又称"内部效益"，是指直接用货币计量的效益。

9.37　间接效益（indirect benefit）：又称"外部效益"，是指除项目直接收益外，对社会产生的其他效益。

9.38　直接效果（direct effect）："间接效果"的对称，是指工程项目直接效益和直接费用的统称。

9.39　间接效果（indirect effect）："直接效果"的对称，是指工程项目带来的效果不是直接产生的，而是通过其他形式或借助中介反映出来的效果。

9.40　外部效果（external effects）："内部效果"的对称，即与本项目无直接关联所导致的效益和费用。

9.41　内部效果（internal effects）："外部效果"的对称，是直接经济效益和直接经济费用。

9.42　相邻效果（adjacent effect）：由于项目的实施而给上游企业和下游企业带来的辐射效果。

9.43　乘数效果（multiplier effect）：由于项目的实施而使与项目相关的产业部门的闲置资源得到有效利用，进而产生一系列的连锁反应，带动某一行业、地区或全国经济发展所带来的外部净效益。

9.44　费用效益分析（cost-benefit analysis）：着重于费用、效益两方面的分别计算与相互比较。

9.45　费用效果分析（cost-effectiveness analysis）：是项目的结果起到的作用、效用和效能与费用的比较，是项目目标实现的程度。

9.46　经济费用（economic cost）：在特定的社会经济背景条件下相关利润主体付出的代价。

9.47　影子价格（shadow price）：又称"最优计划价格"或"计算价格"，它是依据一定原则确定的，能够反映投入物和产出物真实经济价值、反映市场供求状况、反映资源稀缺程度、使资源得到合理配置的价格。

9.48　影子汇率（shadow exchange rate）：亦称"计算汇率""调整汇率"，是指能正确反映外汇真实价值的汇率，即外汇的影子价格。

9.49　影子工资（shadow wage）：是指项目使用劳动力、社会为此付出的代价。

9.50　离岸价格（free on board，FOB）：亦称"船上交货价格"，是卖方在合同规定的港口把货物装到买方指定的运载工具上，负担货物装上运载工具为止的一切费用和风险的价格。

9.51 到岸价格（cost insurance and freight，CIF）：也称"抵岸价格"或"成本加保险费、运费（目的港）价格"，它是指卖方负责租船或订舱，按照合同规定将货物运至目的港办理保险事宜，支付运费和保险费，买方凭单据支付的货款。

9.52 外贸货物（foreign trade goods）："非外贸货物"的对称，在国际市场进行贸易的货物。

9.53 非外贸货物（non-foreign trade goods）："外贸货物"的对称，指不可能进口或出口的货物。

9.54 经济净现值（economic net present value，ENPV）：是指用社会折现率将项目计算期内各年净效益流量折算到项目建设期初的现值之和，是反映建设项目对国家所做净贡献的一个绝对指标。

9.55 经济内部收益率（economic internal rate of return，EIRR）：是指项目计算期内经济净现值累计数等于零的折现率。它是反映项目对国民经济贡献的相对指标。

9.56 经济外汇净现值（economic net present value of foreign exchange）：是用以衡量投资项目对于国家外汇的真正净贡献（创汇）或净消耗（用汇）的指标。

9.57 经济换汇成本（economic exchange cost）：是指用影子价格、影子工资和社会折现率计算的为生产出口商品而投入的国内资源现值与生产出口产品的经济外汇净现值之比。

9.58 经济节汇成本（economic foreign exchange saving cost）：是指用于分析评价项目实施后其产品在国际上的竞争力，进而判断其产品是否出口或进口的指标。

9.59 投资净收益（net investment profit；net returns investment）：是指企业投资收益扣除投资损失后的余额。

9.60 效益费用比（benefit-cost ration）：是项目在计算期内效益流量的现值与费用流量的现值比率。

9.61 汇率（exchange rate）：一国货币单位兑换他国货币单位的比率。

9.62 固定汇率（fixed exchange rate）："浮动汇率"的对称，规定在平价上下一定幅度内波动的一种汇率。

9.63 浮动汇率（floating exchange）："固定汇率"的对称，不规定上下波动幅度的一种汇率。

9.64 双重汇率（dual exchange rate）：多种汇率制的一种。一国货币单位兑换他国货币单位时，同时并存两种汇率。

9.65 中间汇率（middle exchange rate）：买入汇率与卖出汇率的算术平均数。

9.66 社会折现率（social discount rate）：是社会对资金时间价格的估算，是从整个国民经济角度所要求的资金投资收益率标准，代表占用社会资金所应获得的最低收益率。

9.67 现金流分析（cash flow analysis）：是对项目筹资、建设、投产运行至关闭整修的周期内，现金流出和流入的全部资金活动的分析。

9.68 最小费用法（minimal cost method）：也称"经济批量法"，是指根据单位产品支付费用最小原则确定批量的方法。

9.69 最大效果法（maximum efficiency method）：也称"固定费用法"，是指在费用相同的条件下，应选择效果最大的备选方案的一种选择方法。

项目后评价

9.70 项目后评价（post project evaluation）：是指在项目已经完成并运行一段时间后，对项目的目的、执行过程、效益、作用和影响进行系统、客观的分析和总结的一种技术经济活动。

9.71 跟踪评价（tracking evaluation）：又称"中间评价"或"过程评价"，是指项目开工后到项目竣工以前任何一个时点所进行的评价。

9.72 影响评价（post-project evaluating）：又称"事后评价"，主要指在项目效益得到充分发挥后（一般是投资完成3~5年后）直到项目报废为止整个运营阶段中任何一个时点，对项目所产生的影响进行的评价。

9.73 完成评价（complete evaluation）：也称"总结评价"或"终期评价"，是指在项目投资结束，各项工程建设竣工，项目的生产效果已初步显现时所进行的一次较为全面的评价。完成评价是对项目建设全过程的总结和对项目效益实现程度的判断。

9.74 前后对比法（before and after comparison method）：将项目实施前与后的情况加以对比，以确定项目的作用与效益的一种对比方法。

9.75 有无对比法（with and without comparison method）：是指将项目实际发生的情况与若无项目可能发生的情况进行对比，以度量项目的真实影响和作用。

9.76 逻辑框架法（logical framework approach，LFA）：是一种概念化论述项目的方法。即用一张简单的框图来清晰地分析一个复杂项目的内涵和关系，使之更易理解。

9.77 目标（goal）：通常是指最高层次的目标，即宏观计划、规划、政策和方针等，是逻辑框架分析的一个要素。

9.78 目的（objectives）：通常是指行为主体根据自身的要求，借助意识、观念的中介作用，预先设想的行为目标和结构，是逻辑框架分析的一个要素。

9.79 产出（output）：是指生产过程中创造的各种有用的物品或劳务，它们可以用于消费或用于进一步生产，是逻辑框架分析的一个要素。

9.80 投入和活动（input and activities）：是指项目的实施过程及内容，主要包括资源投入量、工程建设活动和时间等，是逻辑框架分析的一个要素。

9.81 鱼骨分析法（fishbone analysis method）：又称"因果分析法"，是一种发现问题"根本原因"的分析方法。

9.82 头脑风暴法（brain storming method）：一种通过集思广益、发挥团体智慧，从各种不同角度找出问题所有原因或构成要素的会议方法。

9.83 成功度评价法（success appraisal method；success evaluation method）：也称"专家打分法"，是依靠专家组的经验，对照项目立项阶段以及规划设计阶段所确定的目标和计划，综合测评项目各项指标的评价结果，对项目的成功程度做出定性的分析。

参考文献

[1] 陈同庆，王明新，李维博. 海洋腐蚀与防护辞典. 修订版. 北京：海洋出版社，2010.

[2] GB/T 10123—2001 金属和合金的腐蚀 基本术语和定义.

[3] [加]Roberge P R. 腐蚀工程手册. 吴荫顺，李久青，曹备，等译. 北京：中国石化出版社，2003.

[4] GB/T 21448—2017 埋地钢质管道阴极保护技术.

[5] GB/T 21447—2018 钢质管道外腐蚀控制规范.

[6] SY/T 0087.1—2018 钢质管道及储罐腐蚀评价标准 第一部分：埋地钢质管道外腐蚀直接评价.

[7] NACE SP 0169—2013 埋地或水下金属管道系统的外腐蚀控制.

[8] NACE TM 0497—2002 埋地或水下金属管道系统阴极保护准则的测试方法标准.

[9] BS EN 12954:2001 埋地或水下金属构筑物的阴极保护——通用原则和在管道上的应用.

[10] GB/T 21246—2020 埋地钢质管道阴极保护参数测量方法.

[11] NACE RP 0502—2002 Pipeline external Corrosion direct assessment methodology.
[12] GB/T 50698—2011 埋地钢质管道交流干扰防护技术标准.
[13] GB 50991—2014 埋地钢质管道直流干扰防护技术标准.
[14] GB/T 3108—1999 船体外加电流阴极保护系统.
[15] GJB 157A—2008 水面舰船牺牲阳极保护设计和安装.
[16] NACE SP 0176—2007 海上钢质固定石油生产构筑物腐蚀控制的推荐做法.
[17] SL 105—2007 水工金属结构防腐蚀规范.
[18] GJB 156A—2008 港工设施牺牲阳极保护设计和安装.
[19] SY/T 6536—2020 钢质储罐、容器内壁阴极保护技术规范.
[20] NACE RP 0388—2001 碳钢储水罐浸水内表面强制电流阴极保护的推荐做法.
[21] NACE RP 0196—2004 钢制储水罐浸水内表面牺牲阳极阴极保护的推荐做法.
[22] ISO 12696—2022 混凝土中钢筋的阴极保护.
[23] NACE RP 0290—2000 大气中钢筋混凝土结构强制电流阴极保护推荐性规程.
[24] GB/T 28725—2012 埋地预应力钢筒混凝土管道的阴极保护.
[25] GB/T 33378—2016 阴极保护技术条件.
[26] SY/T 0042—2002 防腐蚀工程经济计算方法标准.
[27] GB/T 3138—2015 金属及其他无机覆盖层表面处理 术语.
[28] DIN 50961—2012 电镀层、钢铁材料的镀锌层、术语、试验和耐腐蚀（中文版）.
[29] 于光远. 经济大辞典. 上海：上海辞书出版社，1992.
[30] 剧锦文，阎坤. 新经济辞典. 沈阳：沈阳出版社，2003.
[31] 陈昌智. 经济发展大辞典. 北京：人民出版社，2017.
[32] 厉以宁. 市场经济大辞典. 北京：新华出版社，1993.
[33] 张跃庆，张念宏. 经济大辞海. 北京：海洋出版社，1992.

附录 2
复利系数表

$i=1\%$

n	$(F/P,i,n)$	$(P/F,i,n)$	$(F/A,i,n)$	$(A/F,i,n)$	$(P/A,i,n)$	$(A/P,i,n)$	$(F/G,i,n)$	$(P/G,i,n)$	$(A/G,i,n)$
1	1.0100	0.9901	1.0000	1.0000	0.9901	1.0100	0.0000	0.0000	0.0000
2	1.0201	0.9803	2.0100	0.4975	1.9704	0.5075	1.000	0.9803	0.4975
3	1.0303	0.9706	3.0301	0.3300	2.9410	0.3400	3.0100	2.9215	0.9934
4	1.0406	0.9610	4.0604	0.2463	3.9020	0.2563	6.0401	5.8044	1.4876
5	1.0510	0.9515	5.1010	0.1960	4.8534	0.2060	10.1005	9.6103	1.9801
6	1.0615	0.9420	6.1520	0.1625	5.7955	0.1725	15.2015	14.3205	2.4710
7	1.0721	0.9327	7.2135	0.1386	6.7282	0.1486	21.3535	19.9168	2.9602
8	1.0829	0.9235	8.2857	0.1207	7.6517	0.1307	28.5671	26.3812	3.4478
9	1.0937	0.9143	9.3685	0.1067	8.5660	0.1167	36.8527	33.6959	3.9337
10	1.1046	0.9053	10.4622	0.0956	9.4713	0.1056	46.2213	41.8435	4.4179
11	1.1157	0.8963	11.5668	0.0865	10.3676	0.0965	56.6835	50.8067	4.9005
12	1.1268	0.8874	12.6825	0.0788	11.2551	0.0888	68.2503	60.5687	5.3815
13	1.1381	0.8787	13.8093	0.0724	12.1337	0.0824	80.9328	71.1126	5.8607
14	1.1495	0.8700	14.9474	0.0669	13.0037	0.0769	94.7421	82.4221	6.3384
15	1.1610	0.8613	16.0969	0.0621	13.8651	0.0721	109.6896	94.4810	6.8143
16	1.1726	0.8528	17.2579	0.0579	14.7179	0.0679	125.7864	107.2734	7.2886
17	1.1843	0.8444	18.4304	0.0543	15.5623	0.0643	143.0443	120.7834	7.7613
18	1.1961	0.8360	19.6147	0.0510	16.3983	0.0610	161.4748	134.9957	8.2323

续表

n	$(F/P,i,n)$	$(P/F,i,n)$	$(F/A,i,n)$	$(A/F,i,n)$	$(P/A,i,n)$	$(A/P,i,n)$	$(F/G,i,n)$	$(P/G,i,n)$	$(A/G,i,n)$
19	1.2081	0.8277	20.8109	0.0481	17.2260	0.0581	181.0895	149.895	8.7017
20	1.2202	0.8195	22.0190	0.0454	18.0456	0.0554	201.9004	165.4664	9.1694
21	1.2324	0.8114	23.2392	0.0430	18.8570	0.0530	223.9194	181.6950	9.6354
22	1.2447	0.8034	24.4716	0.0409	19.6604	0.0509	247.1586	198.5663	10.0998
23	1.2572	0.7954	25.7163	0.0389	20.4558	0.0489	271.6302	216.0660	10.56526
24	1.2697	0.7876	26.9735	0.0371	21.2434	0.0471	297.3465	234.1800	11.0237
25	1.2824	0.7798	28.2432	0.0354	22.0232	0.0454	324.3200	252.8945	11.4831
26	1.2953	0.7720	29.5256	0.0339	22.7952	0.0439	352.5631	272.1957	11.9409
27	1.3082	0.7644	30.8209	0.0324	23.5596	0.0424	382.0888	292.0702	12.3971
28	1.3213	0.7568	32.1291	0.0311	24.3164	0.0411	412.9097	312.5047	12.8516
29	1.3345	0.7493	33.4504	0.0299	25.0658	0.0399	445.0388	333.4863	13.3044
30	1.3478	0.7419	34.7849	0.0287	25.8077	0.0387	478.4892	355.0021	13.7557
31	1.3613	0.7346	36.1327	0.0277	26.5423	0.0377	513.2740	377.0394	14.2052
32	1.3749	0.7273	37.4941	0.0267	27.2696	0.0367	549.4068	399.5858	14.6532
33	1.3887	0.7201	38.8690	0.0257	27.9897	0.0357	586.9009	422.6291	15.0995
34	1.4026	0.7130	40.2577	0.0248	28.7027	0.0348	625.7699	446.1572	15.5441
35	1.4166	0.7059	41.6603	0.0240	29.4086	0.0340	666.0276	470.1583	15.9871
36	1.4308	0.6989	43.0789	0.0232	30.1075	0.0332	707.6878	494.6207	16.4285
37	1.4451	0.6920	44.5076	0.0225	30.7995	0.0325	750.7647	519.5329	16.8682
38	1.4595	0.6852	45.9527	0.0218	31.4847	0.0318	795.2724	544.8835	17.3063
39	1.4741	0.6784	47.4123	0.0211	32.1630	0.0311	841.2251	570.6616	17.7428
40	1.4889	0.6717	48.8864	0.0205	32.8347	0.0305	888.6373	596.8561	18.1776

$i=2\%$

n	$(F/P,i,n)$	$(P/F,i,n)$	$(F/A,i,n)$	$(A/F,i,n)$	$(P/A,i,n)$	$(A/P,i,n)$	$(F/G,i,n)$	$(P/G,i,n)$	$(A/G,i,n)$
1	1.0200	0.9804	1.0000	1.0000	0.9804	1.0200	0.0000	0.0000	0.0000
2	1.0404	0.9612	2.0200	0.4950	1.9416	0.5150	1.0000	0.9612	0.4950
3	1.0612	0.9423	3.0604	0.3268	2.8839	0.3468	3.0200	2.8458	0.9868
4	1.0824	0.9238	4.1216	0.2426	3.8077	0.2626	6.0804	5.6173	1.4752
5	1.1041	0.9057	5.2040	0.1922	4.7135	0.2122	10.2020	9.2403	1.9604
6	1.1262	0.8880	6.3081	0.1585	5.6014	0.1785	15.4060	13.6801	2.4423
7	1.1487	0.8706	7.4343	0.1345	6.4720	0.1545	21.7142	18.9035	2.9208

续表

n	(F/P,i,n)	(P/F,i,n)	(F/A,i,n)	(A/F,i,n)	(P/A,i,n)	(A/P,i,n)	(F/G,i,n)	(P/G,i,n)	(A/G,i,n)
8	1.1717	0.8535	8.5830	0.1165	7.3255	0.1365	29.1485	24.8779	3.3961
9	1.1951	0.8368	9.7546	0.1025	8.1622	0.1225	37.7314	31.5720	3.8681
10	1.2190	0.8203	10.9497	0.0913	8.9826	0.1113	47.4860	38.9551	4.3367
11	1.2434	0.8043	12.1687	0.0822	9.7868	0.1022	58.4358	46.9977	4.8021
12	1.2682	0.7885	13.4121	0.0746	10.5753	0.0946	70.6045	55.6712	5.2642
13	1.2936	0.7730	14.6803	0.0681	11.3484	0.0881	84.0166	64.9475	5.7221
14	1.3195	0.7579	15.9739	0.0626	12.1062	0.0826	98.6969	74.7999	6.1786
15	1.3459	0.743	17.2934	0.0578	12.8493	0.0778	114.6708	85.2021	6.6309
16	1.3728	0.7284	18.6393	0.0537	13.5777	0.0737	131.9643	96.1288	7.0799
17	1.4002	0.7142	20.0121	0.0500	14.2919	0.0700	150.6035	107.5554	7.5256
18	1.4282	0.7002	21.4123	0.0467	14.9920	0.0667	170.6156	119.4581	7.9681
19	1.4568	0.6864	22.8406	0.0438	15.6785	0.0638	192.0279	131.8139	8.4073
20	1.4859	0.6730	24.2974	0.0412	16.3514	0.0612	214.8685	144.6003	8.8433
21	1.5157	0.6598	25.7833	0.0388	17.0112	0.0588	239.1659	157.7959	9.2760
22	1.5460	0.6468	27.2990	0.0366	17.6580	0.0566	264.9492	171.3795	9.7055
23	1.5769	0.6342	28.8450	0.0347	18.2922	0.0547	292.2482	185.3309	10.1317
24	1.6084	0.6217	30.4219	0.0329	18.9139	0.0529	321.0931	199.6305	10.5547
25	1.6406	0.6095	32.0303	0.0312	19.5235	0.0512	351.5150	214.2592	10.9745
26	1.6734	0.5976	33.6709	0.0297	20.1210	0.0497	383.5453	229.1987	11.3910
27	1.7069	0.5859	35.3443	0.0283	20.7069	0.0483	417.2162	244.4311	11.8043
28	1.7410	0.5744	37.0512	0.0270	21.2813	0.0470	452.5605	259.9392	12.2145
29	1.7758	0.5631	38.7922	0.0258	21.8444	0.0458	489.6117	275.7064	12.6214
30	1.8114	0.5521	40.5681	0.0246	22.3965	0.0446	528.4040	291.7164	13.0251
31	1.8476	0.5412	42.3794	0.0236	22.9377	0.0436	568.9720	307.9538	13.4257
32	1.8845	0.5306	44.2270	0.0226	23.4683	0.0426	611.3515	324.4035	13.8230
33	1.9222	0.5202	46.1116	0.0217	23.9886	0.0417	655.5785	341.0508	14.2172
34	1.9607	0.5100	48.0338	0.0208	24.4986	0.0408	701.6901	357.8817	14.6083
35	1.9999	0.5000	49.9945	0.0200	24.9986	0.0400	749.7239	374.8826	14.9961
36	2.0399	0.4902	51.9944	0.0192	25.4888	0.0392	799.7184	392.0405	15.3809
37	2.0807	0.4806	54.0343	0.0185	25.9695	0.0385	851.7127	409.3424	15.7625
38	2.1223	0.4712	56.1149	0.0178	26.4406	0.0378	905.7470	426.7764	16.1409
39	2.1647	0.4619	58.2372	0.0172	26.9026	0.0372	961.8619	444.3304	16.5163
40	2.2080	0.4529	60.4020	0.0166	27.35555	0.0366	1020.0992	461.9931	16.8885

$i=3\%$

n	(F/P,i,n)	(P/F,i,n)	(F/A,i,n)	(A/F,i,n)	(P/A,i,n)	(A/P,i,n)	(F/G,i,n)	(P/G,i,n)	(A/G,i,n)
1	1.0300	0.9709	1.0000	1.0000	0.9709	1.0300	0.0000	0.0000	0.0000
2	1.0609	0.9426	2.0300	0.4926	1.9135	0.5226	1.0000	0.9426	0.4926
3	1.0927	0.9151	3.0909	0.3235	2.8286	0.3535	3.0300	2.7729	0.9803
4	1.1255	0.8885	4.1836	0.2390	3.7171	0.2690	6.1209	5.4383	1.4631
5	1.1593	0.8626	5.3091	0.1884	4.5797	0.2184	10.3045	8.8888	1.9409
6	1.1941	0.8375	6.4684	0.1546	5.4172	0.1846	15.6137	13.0762	2.4138
7	1.2299	0.8131	7.6625	0.1305	6.2303	0.1605	22.0821	17.9547	2.8819
8	1.2668	0.7894	8.8923	0.1125	7.0197	0.1425	29.7445	23.4806	3.3450
9	1.3048	0.7664	10.1591	0.0984	7.7861	0.1284	38.6369	29.6119	3.8032
10	1.3439	0.7441	11.4639	0.0872	8.5302	0.1172	48.7960	36.3088	4.2565
11	1.3842	0.7224	12.8078	0.0781	9.2526	0.1081	60.2599	43.5330	4.7049
12	1.4258	0.7014	14.1920	0.0705	9.9540	0.1005	73.0677	51.2482	5.1485
13	1.4685	0.6810	15.6178	0.0640	10.6350	0.0940	87.2597	59.4196	5.5872
14	1.5126	0.6611	17.0863	0.0585	11.2961	0.0885	102.8775	68.0141	6.0210
15	1.5580	0.6419	18.5989	0.0538	11.9379	0.0838	119.9638	77.0002	6.4500
16	1.6047	0.6232	20.1569	0.0496	12.5611	0.0796	138.5627	86.3477	6.8742
17	1.6528	0.6050	21.7616	0.0460	13.1661	0.0760	158.7196	96.0280	7.2936
18	1.7024	0.5874	23.4144	0.0427	13.7535	0.0727	180.4812	106.0137	7.7081
19	1.7535	0.5703	25.1169	0.0398	14.3238	0.0698	203.8956	116.2788	8.1179
20	1.8061	0.5537	26.8704	0.0372	14.8775	0.0672	229.0125	126.7987	8.5229
21	1.8603	0.5375	28.6765	0.0349	15.4150	0.0649	255.8829	137.5496	8.9231
22	1.9161	0.5219	30.5368	0.0327	15.9369	0.0627	284.5593	148.5094	9.3186
23	1.9736	0.5067	32.4529	0.0308	16.4436	0.0608	315.0961	159.6566	9.7093
24	2.0328	0.4919	34.4265	0.0290	16.9355	0.0590	347.5490	170.9711	10.0954
25	2.0938	0.4776	36.4593	0.0274	17.4131	0.0574	381.9755	182.4336	10.4768
26	2.1566	0.4637	38.5530	0.0259	17.8768	0.0559	418.4347	194.026	10.8535
27	2.2213	0.4502	40.7096	0.0246	18.3270	0.0546	456.9878	205.7309	11.2255
28	2.2879	0.4371	42.9309	0.0233	18.7641	0.0533	497.6974	217.532	11.5930
29	2.3566	0.4243	45.2189	0.0221	19.1885	0.0521	540.6283	229.4137	11.9558
30	2.4273	0.4120	47.5754	0.0210	19.6004	0.0510	585.8472	241.3613	12.3141
31	2.5001	0.4000	50.0027	0.0200	20.0004	0.0500	633.4226	253.3609	12.6678
32	2.5751	0.3883	52.5028	0.0190	20.3888	0.0490	683.4253	265.3993	13.0169

续表

n	(F/P,i,n)	(P/F,i,n)	(F/A,i,n)	(A/F,i,n)	(P/A,i,n)	(A/P,i,n)	(F/G,i,n)	(P/G,i,n)	(A/G,i,n)
33	2.6523	0.3770	55.0778	0.0182	20.7658	0.0482	735.9280	277.4642	13.3616
34	2.7319	0.3660	57.7302	0.0173	21.1318	0.0473	791.0059	289.5437	13.7018
35	2.8139	0.3554	60.4621	0.0165	21.4872	0.0465	848.7361	301.6267	14.0375
36	2.8983	0.3450	63.2759	0.0158	21.8323	0.0458	909.1981	313.7028	14.3688
37	2.9852	0.3350	66.1742	0.0151	22.1672	0.0451	972.4741	325.7622	14.6957
38	3.0748	0.3252	69.1594	0.0145	22.4925	0.0445	1038.6483	337.7956	15.0182
39	3.1670	0.3158	72.2342	0.0138	22.8082	0.0438	1107.8078	349.7942	15.3363
40	3.2620	0.3066	75.4013	0.0133	23.1148	0.0433	1180.0420	361.7499	15.6502

$i=4\%$

n	(F/P,i,n)	(P/F,i,n)	(F/A,i,n)	(A/F,i,n)	(P/A,i,n)	(A/P,i,n)	(F/G,i,n)	(P/G,i,n)	(A/G,i,n)
1	1.0400	0.9615	1.0000	1.0000	0.9615	1.0400	0.0000	0.0000	0.0000
2	1.0816	0.9246	2.0400	0.4902	1.8861	0.5302	1.0000	0.9246	0.4902
3	1.1249	0.889	3.1216	0.3203	2.7751	0.3603	3.0400	2.7025	0.9739
4	1.1699	0.8548	4.2465	0.2355	3.6299	0.2755	6.1616	5.2670	1.4510
5	1.2167	0.8219	5.4163	0.1846	4.4518	0.2246	10.4081	8.5547	1.9216
6	1.2653	0.7903	6.6330	0.1508	5.2421	0.1908	15.8244	12.5062	2.3857
7	1.3159	0.7599	7.8983	0.1266	6.0021	0.1666	22.4574	17.0657	2.8433
8	1.3686	0.7307	9.2142	0.1085	6.7327	0.1485	30.3557	22.1806	3.2944
9	1.4233	0.7026	10.5828	0.0945	7.4353	0.1345	39.5699	27.8013	3.7391
10	1.4802	0.6756	12.0061	0.0833	8.1109	0.1233	50.1527	33.8814	4.1773
11	1.5395	0.6496	13.4864	0.0741	8.7605	0.1141	62.1588	40.3772	4.6090
12	1.6010	0.6246	15.0258	0.0666	9.3851	0.1066	75.6451	47.2477	5.0343
13	1.6651	0.6006	16.6268	0.0601	9.9856	0.1001	90.6709	54.4546	5.4533
14	1.7317	0.5775	18.2919	0.0547	10.5631	0.0947	107.2978	61.9618	5.8659
15	1.8009	0.5553	20.0236	0.0499	11.1184	0.0899	125.5897	69.7355	6.2721
16	1.8730	0.5339	21.8245	0.0458	11.6523	0.0858	145.6133	77.7441	6.6720
17	1.9479	0.5134	23.6975	0.0422	12.1657	0.0822	167.4378	85.9581	7.0656
18	2.0258	0.4936	25.6454	0.0390	12.6593	0.0790	191.1353	94.3498	7.4530
19	2.1068	0.4746	27.6712	0.0361	13.1339	0.0761	216.7807	102.8933	7.8342
20	2.1911	0.4564	29.7781	0.0336	13.5903	0.0736	244.4520	111.5647	8.2091
21	2.2788	0.4388	31.9692	0.0313	14.0292	0.0713	274.2300	120.3414	8.5779

续表

n	(F/P,i,n)	(P/F,i,n)	(F/A,i,n)	(A/F,i,n)	(P/A,i,n)	(A/P,i,n)	(F/G,i,n)	(P/G,i,n)	(A/G,i,n)
22	2.3699	0.4220	34.2480	0.0292	14.4511	0.0692	306.1992	129.2024	8.9407
23	2.4647	0.4057	36.6179	0.0273	14.8568	0.0673	340.4472	138.1284	9.2973
24	2.5633	0.3901	39.0826	0.0256	15.2470	0.0656	377.0651	147.1012	9.6479
25	2.6658	0.3751	41.6459	0.0240	15.6221	0.0640	416.1477	156.1040	9.9925
26	2.7725	0.3607	44.3117	0.0226	15.9828	0.0626	457.7936	165.1212	10.3312
27	2.8834	0.3468	47.0842	0.0212	16.3296	0.0612	502.1054	174.1385	10.6640
28	2.9987	0.3335	49.9676	0.0200	16.6631	0.0600	549.1896	183.1424	10.9909
29	3.1187	0.3207	52.9663	0.0189	16.9837	0.0589	599.1572	192.1206	11.3120
30	3.2434	0.3083	56.0849	0.0178	17.292	0.0578	652.1234	201.0618	11.6274
31	3.3731	0.2965	59.3283	0.0169	17.5885	0.0569	708.2084	209.9556	11.9371
32	3.5081	0.2851	62.7015	0.0159	17.8736	0.0559	767.5467	218.7924	12.2411
33	3.6484	0.2741	66.2095	0.0151	18.1476	0.0551	830.2382	227.5634	12.5396
34	3.7943	0.2636	69.8579	0.0143	18.4112	0.0543	896.4477	236.2607	12.82324
35	3.9461	0.2534	73.6522	0.0136	18.6646	0.0536	966.3056	244.8768	13.1198
36	4.1039	0.2437	77.5983	0.0129	18.9083	0.0529	1039.9578	253.4052	13.4018
37	4.2681	0.2343	81.7022	0.0122	19.1426	0.0522	1117.5562	261.8399	13.6784
38	4.4388	0.2253	85.9703	0.0116	19.3679	0.0516	1199.2584	270.1754	13.9497
39	4.6164	0.2166	90.4091	0.0111	19.5845	0.0511	1285.2287	278.4070	14.2157
40	4.8010	0.2083	95.0255	0.0105	19.7928	0.0505	1375.6379	286.5303	14.4765

$i=5\%$

n	(F/P,i,n)	(P/F,i,n)	(F/A,i,n)	(A/F,i,n)	(P/A,i,n)	(A/P,i,n)	(F/G,i,n)	(P/G,i,n)	(A/G,i,n)
1	1.0500	0.9524	1.0000	1.0000	0.9524	1.0500	0.0000	0.0000	0.0000
2	1.1025	0.9070	2.0500	0.4878	1.8594	0.5378	1.0000	0.9070	0.4878
3	1.1576	0.8638	3.1525	0.3172	2.7232	0.3672	3.0500	2.6347	0.9675
4	1.2155	0.8227	4.3101	0.2320	3.5460	0.2820	6.2025	5.1028	1.4391
5	1.2763	0.7835	5.5256	0.1810	4.3295	0.2310	10.5126	8.2369	1.9025
6	1.3401	0.7462	6.8019	0.1470	5.0757	0.1970	16.0383	11.9680	2.3579
7	1.4071	0.7107	8.1420	0.1228	5.7864	0.1728	22.8402	16.2321	2.8052
8	1.4775	0.6768	9.5491	0.1047	6.4632	0.1547	30.9822	20.9700	3.2445
9	1.5513	0.6446	11.0266	0.0907	7.1078	0.1407	40.5313	26.1268	3.6758
10	1.6289	0.6139	12.5779	0.0795	7.7217	0.1295	51.5579	31.6520	4.0991

续表

n	(F/P,i,n)	(P/F,i,n)	(F/A,i,n)	(A/F,i,n)	(P/A,i,n)	(A/P,i,n)	(F/G,i,n)	(P/G,i,n)	(A/G,i,n)
11	1.7103	0.5847	14.2068	0.0704	8.3064	0.1204	64.1357	37.4988	4.5144
12	1.7959	0.5568	15.9171	0.0628	8.8633	0.1128	78.3425	43.6241	4.9219
13	1.8856	0.5303	17.7130	0.0565	9.3936	0.1065	94.2597	49.9879	5.3215
14	1.9799	0.5051	19.5986	0.0510	9.8986	0.1010	111.9726	56.5538	5.7133
15	2.0789	0.4810	21.5786	0.0463	10.3797	0.0963	131.5713	63.2880	6.0973
16	2.1829	0.4581	23.6575	0.0423	10.8378	0.0923	153.1498	70.1597	6.4736
17	2.2920	0.4363	25.8404	0.0387	11.2741	0.0887	176.8073	77.1405	6.8423
18	2.4066	0.4155	28.1324	0.0355	11.6896	0.0855	202.6477	84.2043	7.2034
19	2.5270	0.3957	30.5390	0.0327	12.0853	0.0827	230.7801	91.3275	7.5569
20	2.6533	0.3769	33.0660	0.0302	12.4622	0.0802	261.3191	98.4884	7.9030
21	2.7860	0.3589	35.7193	0.0280	12.8212	0.0780	294.3850	105.6673	8.2416
22	2.9253	0.3418	38.5052	0.0260	13.1630	0.0760	330.1043	112.8461	8.5730
23	3.0715	0.3256	41.4305	0.0241	13.4886	0.0741	368.6095	120.0087	8.8971
24	3.2251	0.3101	44.5020	0.0225	13.7986	0.0725	410.0400	127.1402	9.2140
25	3.3864	0.2953	47.7271	0.0210	14.0939	0.0710	454.5420	134.2275	9.5238
26	3.5557	0.2812	51.1135	0.0196	14.3752	0.0696	502.2691	141.2585	9.8266
27	3.7335	0.2678	54.6691	0.0183	14.6430	0.0683	553.3825	148.2226	10.1224
28	3.9201	0.2551	58.4026	0.0171	14.8981	0.0671	608.0517	155.1101	10.4114
29	4.1161	0.2429	62.3227	0.0160	15.1411	0.0660	666.4542	161.9126	10.6936
30	4.3219	0.2314	66.4388	0.0151	15.3725	0.0651	728.7770	168.6226	10.9691
31	4.5380	0.2204	70.7608	0.0141	15.5928	0.0641	795.2158	175.2333	11.2381
32	4.7649	0.2099	75.2988	0.0133	15.8027	0.0633	865.9766	181.7392	11.5005
33	5.0032	0.1999	80.0638	0.0125	16.0025	0.0625	941.2754	188.1351	11.7566
34	5.2533	0.1904	85.0670	0.0118	16.1929	0.0618	1021.3392	194.4168	12.0063
35	5.5160	0.1813	90.3203	0.0111	16.3742	0.0611	1106.4061	200.5807	12.2498
36	5.7918	0.1727	95.8363	0.0104	16.5469	0.0604	1196.7265	206.6237	12.4872
37	6.0814	0.1644	101.6281	0.0098	16.7113	0.0598	1292.5628	212.5434	12.7186
38	6.3855	0.1566	107.7095	0.0093	16.8679	0.0593	1394.1909	218.3378	12.9440
39	6.7048	0.1491	114.0950	0.0088	17.0170	0.0588	1501.9005	224.0054	13.1636
40	7.0400	0.1420	120.7998	0.083	17.1591	0.0583	1615.9955	229.5452	13.3775

$i = 6\%$

n	(F/P,i,n)	(P/F,i,n)	(F/A,i,n)	(A/F,i,n)	(P/A,i,n)	(A/P,i,n)	(F/G,i,n)	(P/G,i,n)	(A/G,i,n)
1	1.0600	0.9434	1.0000	1.0000	0.9434	1.0600	0.0000	0.0000	0.0000
2	1.1236	0.8900	2.0600	0.4854	1.8334	0.5454	1.0000	0.8900	0.4854

续表

n	(F/P,i,n)	(P/F,i,n)	(F/A,i,n)	(A/F,i,n)	(P/A,i,n)	(A/P,i,n)	(F/G,i,n)	(P/G,i,n)	(A/G,i,n)
3	1.1910	0.8396	3.1836	0.3141	2.673	0.3741	3.0600	2.5692	0.9612
4	1.2625	0.7921	4.3746	0.2286	3.4651	0.2886	6.2436	4.9455	1.4272
5	1.3382	0.7473	5.6371	0.1774	4.2124	0.2374	10.6182	7.9345	1.8836
6	1.4185	0.7050	6.9753	0.1434	4.9173	0.2034	16.2553	11.4594	2.3304
7	1.5036	0.6651	8.3938	0.1191	5.5824	0.1791	23.2306	15.4497	2.7676
8	1.5938	0.6274	9.8975	0.1010	6.2098	0.1610	31.6245	19.8416	3.1952
9	1.6895	0.5919	11.4913	0.0870	6.8017	0.1470	41.5219	24.5768	3.6133
10	1.7908	0.5584	13.1808	0.0759	7.3601	0.1359	53.0132	29.6023	4.0220
11	1.8983	0.5268	14.9716	0.0668	7.8869	0.1268	66.1940	34.8702	4.4213
12	2.0122	0.4970	16.8699	0.0593	8.3838	0.1193	81.1657	40.3369	4.8113
13	2.1329	0.4688	18.8821	0.0530	8.8527	0.1130	98.0356	45.9629	5.1920
14	2.2609	0.4423	21.0151	0.0476	9.2950	0.1076	116.9178	51.7128	5.5635
15	2.3966	0.4173	23.2760	0.0430	9.7122	0.1030	137.9328	57.5546	5.9260
16	2.5404	0.3936	25.6725	0.0390	10.1059	0.0990	161.2088	63.4592	6.2894
17	2.6928	0.3714	28.2129	0.0354	10.4773	0.0954	186.8813	69.4011	6.6240
18	2.8543	0.3503	30.9057	0.0324	10.8276	0.0924	215.0942	75.3569	6.9597
19	3.0256	0.3305	33.7600	0.0296	11.1581	0.0896	245.9999	81.3062	7.2867
20	3.2071	0.3118	36.7856	0.0272	11.4699	0.0872	279.7599	87.2304	7.6051
21	3.3996	0.2942	39.9927	0.0250	11.7641	0.0850	316.5454	93.1136	7.9151
22	3.6035	0.2775	43.3923	0.0230	12.0416	0.0830	356.5382	98.9412	8.2166
23	3.8197	0.2618	46.9958	0.0213	12.3034	0.0813	399.9305	104.7007	8.5099
24	4.0489	0.2470	50.8156	0.0197	12.5504	0.0797	446.9263	110.3812	8.7951
25	4.2919	0.2330	54.8645	0.0182	12.7834	0.0782	497.7419	115.9732	9.0722
26	4.5494	0.2198	59.1564	0.0169	13.0032	0.0769	552.6064	121.4684	9.3414
27	4.8223	0.2074	63.7058	0.0157	13.2105	0.0757	611.7628	126.8600	9.6029
28	5.1117	0.1956	68.5281	0.0146	13.4062	0.0746	675.4685	132.1420	9.8568
29	5.4184	0.1846	73.6398	0.0136	13.5907	0.0736	743.9966	137.3096	10.1032
30	5.7435	0.1741	79.0582	0.0126	13.7648	0.0726	817.6364	142.3588	10.3422
31	6.0881	0.1643	84.8017	0.0118	13.9291	0.0718	896.6946	147.2864	10.5740
32	6.4534	0.1550	90.8898	0.0110	14.0840	0.0710	981.4693	152.0901	10.7988
33	6.8406	0.1462	97.3432	0.0103	14.2302	0.0703	1072.3861	156.7681	11.0166
34	7.2510	0.1379	104.1838	0.0096	14.3681	0.0696	1169.7292	161.3192	11.2276

续表

n	$(F/P,i,n)$	$(P/F,i,n)$	$(F/A,i,n)$	$(A/F,i,n)$	$(P/A,i,n)$	$(A/P,i,n)$	$(F/G,i,n)$	$(P/G,i,n)$	$(A/G,i,n)$
35	7.6861	0.1301	111.4348	0.0090	14.4982	0.0690	1273.9130	165.7427	11.4319
36	8.1473	0.1227	119.1209	0.0084	14.6210	0.0684	1385.3478	170.0387	11.6298
37	8.6361	0.1158	127.2681	0.0079	14.7368	0.0679	1504.4686	174.2072	11.8213
38	9.1543	0.1092	135.9042	0.0074	14.8460	0.0674	1631.7368	178.2490	12.0065
39	9.7035	0.1031	145.0585	0.0069	14.9491	0.0669	1767.6410	182.1652	12.1857
40	10.2857	0.0972	154.7620	0.0065	15.0463	0.0665	1912.6994	185.9568	12.3590

$i=8\%$

n	$(F/P,i,n)$	$(P/F,i,n)$	$(F/A,i,n)$	$(A/F,i,n)$	$(P/A,i,n)$	$(A/P,i,n)$	$(F/G,i,n)$	$(P/G,i,n)$	$(A/G,i,n)$
1	1.0800	0.9259	1.0000	1.0000	0.9259	1.0800	0.0000	0.0000	0.0000
2	1.1664	0.8573	2.0800	0.4808	1.7833	0.5608	1.0000	0.8573	0.4808
3	1.2597	0.7938	3.2464	0.3080	2.5771	0.3880	3.0800	2.4450	0.9487
4	1.3605	0.7350	4.5061	0.2219	3.3121	0.3019	6.3264	4.6501	1.4040
5	1.4693	0.6806	5.8666	0.1705	3.9927	0.2505	10.8325	7.3724	1.8465
6	1.5869	0.6302	7.3359	0.1363	4.6229	0.2163	16.6991	10.5233	2.2763
7	1.7138	0.5835	8.9228	0.1121	5.2064	0.1921	24.0350	14.0242	2.6937
8	1.8509	0.5403	10.6366	0.0940	5.7466	0.1740	32.9578	17.8061	3.0985
9	1.9990	0.5002	12.4876	0.0801	6.2469	0.1601	43.5945	21.8081	3.4910
10	2.1589	0.4632	14.4866	0.0690	6.7101	0.1490	56.0820	25.9768	3.8713
11	2.3316	0.4289	16.6455	0.0601	7.1390	0.1401	70.5686	30.2657	4.2395
12	2.5182	0.3971	18.9771	0.0527	7.5361	0.1327	87.2141	34.6339	4.5957
13	2.7196	0.3677	21.4953	0.0465	7.9038	0.1265	106.1912	39.0463	4.9402
14	2.9372	0.3405	24.2149	0.0413	8.2442	0.1213	127.6865	43.4723	5.2731
15	3.1722	0.3152	27.1521	0.0368	8.5595	0.1168	151.9014	47.8857	5.5945
16	3.4259	0.2919	30.3243	0.0330	8.8514	0.1130	179.0535	52.2640	5.9046
17	3.7000	0.2703	33.7502	0.0296	9.1216	0.1096	209.3778	56.5883	6.2037
18	3.9960	0.2502	37.4502	0.0267	9.3719	0.1067	243.1280	60.8426	6.4920
19	4.3157	0.2317	41.4463	0.0241	9.6036	0.1041	280.5783	65.0134	6.7697
20	4.6610	0.2145	45.7620	0.0219	9.8181	0.1019	322.0246	69.0898	7.0369
21	5.0338	0.1987	50.4229	0.0198	10.0168	0.0998	367.7865	73.0629	7.2940
22	5.4365	0.1839	55.4568	0.0180	10.2007	0.0980	418.2094	76.9257	7.5412
23	5.8715	0.1703	60.8933	0.0164	10.3711	0.0964	473.6662	80.6726	7.7786
24	6.3412	0.1577	66.7648	0.0150	10.5288	0.0950	534.5595	84.2997	8.0066

续表

n	(F/P,i,n)	(P/F,i,n)	(F/A,i,n)	(A/F,i,n)	(P/A,i,n)	(A/P,i,n)	(F/G,i,n)	(P/G,i,n)	(A/G,i,n)
25	6.8485	0.1460	73.1059	0.0137	10.6748	0.0937	601.3242	87.8041	8.2254
26	7.3964	0.1352	79.9544	0.0125	10.8100	0.0925	674.4302	91.1842	8.4352
27	7.9881	0.1252	87.3508	0.0114	10.9352	0.0914	754.3846	94.4390	8.6363
28	8.6271	0.1159	95.3388	0.0105	11.0511	0.0905	841.7354	97.5687	8.8289
29	9.3173	0.1073	103.9659	0.0096	11.1584	0.0896	937.0742	100.5738	9.0133
30	10.0627	0.0994	113.2832	0.0088	11.2578	0.0888	1041.0401	103.4558	9.1897
31	10.8677	0.0920	123.3459	0.0081	11.3498	0.0881	1154.3234	106.2163	9.3584
32	11.7371	0.0852	134.2135	0.0075	11.4350	0.0875	1277.6692	108.8575	9.5197
33	12.6760	0.0789	145.9506	0.0069	11.5139	0.0869	1411.8828	111.3819	9.6737
34	13.6901	0.073	158.6267	0.0063	11.5869	0.0863	1557.8334	113.7924	9.8208
35	14.7853	0.0676	172.3168	0.0058	11.6546	0.0858	1716.4600	116.0920	9.9611
36	15.9682	0.0626	187.1021	0.0053	11.7172	0.0853	1888.7768	118.2839	10.0949
37	17.2456	0.0580	203.0703	0.0049	11.7752	0.0849	2075.8790	120.3713	10.2225
38	18.6253	0.0537	220.3159	0.0045	11.8289	0.0845	2278.9493	122.3579	10.3440
39	20.1153	0.0497	238.9412	0.0042	11.8786	0.0842	2499.2653	124.2470	10.4597
40	21.7245	0.0460	259.0565	0.0039	11.9246	0.0839	2738.2065	126.0422	10.5699

$i=10\%$

n	(F/P,i,n)	(P/F,i,n)	(F/A,i,n)	(A/F,i,n)	(P/A,i,n)	(A/P,i,n)	(F/G,i,n)	(P/G,i,n)	(A/G,i,n)
1	1.1000	0.9091	1.0000	1.0000	0.9091	1.1000	0.0000	0.0000	0.0000
2	1.2100	0.8264	2.1000	0.4762	1.7355	0.5762	1.0000	0.8264	0.4762
3	1.3310	0.7513	3.3100	0.3021	2.4869	0.4021	3.1000	2.3291	0.9366
4	1.4641	0.6830	4.6410	0.2155	3.1699	0.3155	6.4100	4.3781	1.3812
5	1.6105	0.6209	6.1051	0.1638	3.7908	0.2638	11.0510	6.8618	1.8101
6	1.7716	0.5645	7.7156	0.1296	4.3553	0.2296	17.1561	9.6842	2.2236
7	1.9487	0.5132	9.4872	0.1054	4.8684	0.2054	24.8717	12.7631	2.6216
8	2.1436	0.4665	11.4359	0.0874	5.3349	0.1874	34.3589	16.0287	3.0045
9	2.3579	0.4241	13.5795	0.0736	5.759	0.1736	45.7948	19.4215	3.3724
10	2.5937	0.3855	15.9374	0.0627	6.1446	0.1627	59.3742	22.8913	3.7255
11	2.8531	0.3505	18.5312	0.0540	6.4951	0.1540	75.3117	26.3963	4.0641
12	3.1384	0.3186	21.3843	0.0468	6.8137	0.1468	93.8428	29.9012	4.3884
13	3.4523	0.2897	24.5227	0.0408	7.1034	0.1408	115.2271	33.3772	4.6988

续表

n	$(F/P,i,n)$	$(P/F,i,n)$	$(F/A,i,n)$	$(A/F,i,n)$	$(P/A,i,n)$	$(A/P,i,n)$	$(F/G,i,n)$	$(P/G,i,n)$	$(A/G,i,n)$
14	3.7975	0.2633	27.9750	0.0357	7.3667	0.1357	139.7498	36.8005	4.9955
15	4.1772	0.2394	31.7725	0.0315	7.6061	0.1315	167.7248	40.1520	5.2789
16	4.5950	0.2176	35.9497	0.0278	7.8237	0.1278	199.4973	43.4164	5.5493
17	5.0545	0.1978	40.5447	0.0247	8.0216	0.1247	235.4470	46.5819	5.8071
18	5.5599	0.1799	45.5992	0.0219	8.2014	0.1219	275.9917	49.6395	6.0526
19	6.1159	0.1635	51.1591	0.0195	8.3649	0.1195	321.5909	52.5827	6.2861
20	6.7275	0.1486	57.2750	0.0175	8.5136	0.1175	372.7500	55.4069	6.5081
21	7.4002	0.1351	64.0025	0.0156	8.6487	0.1156	430.0250	58.1095	6.7189
22	8.1403	0.1228	71.4027	0.0140	8.7715	0.1140	494.0275	60.6893	6.9189
23	8.9543	0.1117	79.5430	0.0126	8.8832	0.1126	565.4302	63.1462	7.1085
24	9.8497	0.1015	88.4973	0.0113	8.9847	0.1113	644.9753	65.4813	7.2881
25	10.8347	0.0923	98.3471	0.0102	9.0770	0.1102	733.4706	67.6964	7.4580
26	11.9182	0.0839	109.1818	0.0092	9.1609	0.1092	831.8177	69.7940	7.6186
27	13.1100	0.0763	121.0999	0.0083	9.2372	0.1083	940.9994	71.7773	7.7704
28	14.4210	0.0693	134.2099	0.0075	9.3066	0.1075	1062.0994	73.6495	7.9137
29	15.8631	0.0630	148.6309	0.0067	9.3696	0.1067	1196.3093	75.4146	8.0489
30	17.4494	0.0573	164.4940	0.0061	9.4269	0.1061	1344.9402	77.0766	8.1762
31	19.1943	0.0521	181.9434	0.0055	9.4790	0.1055	1509.4342	78.6395	8.2962
32	21.1138	0.0474	201.1378	0.0050	9.5264	0.1050	1691.3777	80.1078	8.4091
33	23.2252	0.0431	222.2515	0.0045	9.5694	0.1045	1892.5154	81.4856	8.5152
34	25.5477	0.0391	245.4767	0.0041	9.6086	0.1041	2114.7670	82.7773	8.6149
35	28.1024	0.0356	271.0244	0.0037	9.6442	0.1037	2360.2437	83.9872	8.7086
36	30.9127	0.0323	299.1268	0.0033	9.6765	0.1033	2631.2681	85.1194	8.7965
37	34.0039	0.0294	330.0395	0.0030	9.7059	0.1030	2930.3949	86.1781	8.8789
38	37.4043	0.0267	364.0434	0.0027	9.7327	0.1027	3260.4343	87.1673	8.9562
39	41.1448	0.0243	401.4478	0.0025	9.7570	0.1025	3624.4778	88.0908	9.0285
40	45.2593	0.0221	442.5926	0.0023	9.7791	0.1023	4025.9256	88.9525	9.0962

$i = 12\%$

n	$(F/P,i,n)$	$(P/F,i,n)$	$(F/A,i,n)$	$(A/F,i,n)$	$(P/A,i,n)$	$(A/P,i,n)$	$(F/G,i,n)$	$(P/G,i,n)$	$(A/G,i,n)$
1	1.1200	0.8929	1.0000	1.0000	0.8929	1.1200	0.0000	0.0000	0.0000
2	1.2544	0.7972	2.1200	0.4717	1.6901	0.5917	1.0000	0.7972	0.4717

续表

n	(F/P,i,n)	(P/F,i,n)	(F/A,i,n)	(A/F,i,n)	(P/A,i,n)	(A/P,i,n)	(F/G,i,n)	(P/G,i,n)	(A/G,i,n)
3	1.4049	0.7118	3.3744	0.2963	2.4018	0.4163	3.1200	2.2208	0.9246
4	1.5735	0.6355	4.7793	0.2092	3.0373	0.3292	6.4944	4.1273	1.3589
5	1.7623	0.5674	6.3528	0.1574	3.6048	0.2774	11.2737	6.3970	1.7746
6	1.9738	0.5066	8.1152	0.1232	4.1114	0.2432	17.6266	8.9302	2.1720
7	2.2107	0.4523	10.0890	0.0991	4.5638	0.2191	25.7418	11.6443	2.5515
8	2.4760	0.4039	12.2997	0.0813	4.9676	0.2013	35.8308	14.4714	2.9131
9	2.7731	0.3606	14.7757	0.0677	5.3282	0.1877	48.1305	17.3563	3.2574
10	3.1058	0.322	17.5487	0.0570	5.6502	0.1770	62.9061	20.2541	3.5847
11	3.4785	0.2875	20.6546	0.0484	5.9377	0.1684	80.4549	23.1288	3.8953
12	3.8960	0.2567	24.1331	0.0414	6.1944	0.1614	101.1094	25.9523	4.1897
13	4.3635	0.2292	28.0291	0.0357	6.4235	0.1557	125.2426	28.7024	4.4683
14	4.8871	0.2046	32.3926	0.0309	6.6282	0.1509	153.2717	31.3624	4.7317
15	5.4736	0.1827	37.2797	0.0268	6.8109	0.1468	185.6643	33.9202	4.9803
16	6.1304	0.1631	42.7533	0.0234	6.9740	0.1434	222.9440	36.3670	5.2147
17	6.8660	0.1456	48.8837	0.0205	7.1196	0.1405	265.6973	38.6973	5.4353
18	7.6900	0.1300	55.7497	0.0179	7.2497	0.1379	314.5810	40.9080	5.6427
19	8.6128	0.1161	63.4397	0.0158	7.3658	0.1358	370.3307	42.9979	5.8375
20	9.6463	0.1037	72.0524	0.0139	7.4694	0.1339	433.7704	44.9676	6.0202
21	10.8038	0.0926	81.6987	0.0122	7.5620	0.1322	505.8228	46.8188	6.1913
22	12.1003	0.0826	92.5026	0.0108	7.6446	0.1308	587.5215	48.5543	6.3514
23	13.5523	0.0738	104.6029	0.0096	7.7184	0.1296	680.0241	50.1776	6.5010
24	15.1786	0.0659	118.1552	0.0085	7.7843	0.1285	784.6270	51.6929	6.6406
25	17.0001	0.0588	133.3339	0.0075	7.8431	0.1275	902.7823	53.1046	6.7708
26	19.0401	0.0525	150.3339	0.0067	7.8957	0.1267	1036.1161	54.4177	6.8921
27	21.3249	0.0469	169.3740	0.0059	7.9426	0.1259	1186.4501	55.6369	7.0049
28	23.8839	0.0419	190.6989	0.0052	7.9844	0.1252	1355.8241	56.7674	7.1098
29	26.7499	0.0374	214.5828	0.0047	8.0218	0.1247	1546.5229	57.8141	7.2071
30	29.9599	0.0334	241.3327	0.0041	8.0552	0.1241	1761.1057	58.7821	7.2974
31	33.5551	0.0298	271.2926	0.0037	8.0850	0.1237	2002.4384	59.6761	7.3811
32	37.5817	0.0266	304.8477	0.0033	8.1116	0.1233	2273.7310	60.5010	7.4586
33	42.0915	0.0238	342.4294	0.0029	8.1354	0.1229	2578.5787	61.2612	7.5302
34	47.1425	0.0212	384.5210	0.0026	8.1566	0.1226	2921.0082	61.9612	7.5965

续表

n	$(F/P,i,n)$	$(P/F,i,n)$	$(F/A,i,n)$	$(A/F,i,n)$	$(P/A,i,n)$	$(A/P,i,n)$	$(F/G,i,n)$	$(P/G,i,n)$	$(A/G,i,n)$
35	52.7996	0.0189	431.6635	0.0023	8.1755	0.1223	3305.5291	62.6052	7.6577
36	59.1356	0.0169	484.4631	0.0021	8.1924	0.1221	3737.1926	63.1970	7.7141
37	66.2318	0.0151	543.5987	0.0018	8.2075	0.1218	4221.6558	63.7406	7.7661
38	74.1797	0.0135	609.8305	0.0016	8.2210	0.1216	4765.2544	64.2394	7.8141
39	83.0812	0.0120	684.0102	0.0015	8.2330	0.1215	5375.0850	64.6967	7.8582
40	93.0510	0.0107	767.0914	0.0013	8.2438	0.1213	6059.0952	65.1159	7.8988

$i=15\%$

n	$(F/P,i,n)$	$(P/F,i,n)$	$(F/A,i,n)$	$(A/F,i,n)$	$(P/A,i,n)$	$(A/P,i,n)$	$(F/G,i,n)$	$(P/G,i,n)$	$(A/G,i,n)$
1	1.1500	0.8696	1.0000	1.0000	0.8696	1.1500	0.0000	0.0000	0.0000
2	1.3225	0.7561	2.1500	0.4651	1.6257	0.6151	1.0000	0.7561	0.4651
3	1.5209	0.6575	3.4725	0.2880	2.2832	0.4380	3.1500	2.0712	0.9071
4	1.7490	0.5718	4.9934	0.2003	2.855	0.3503	6.6225	3.7864	1.3263
5	2.0114	0.4972	6.7424	0.1483	3.3522	0.2983	11.6159	5.7751	1.7228
6	2.3131	0.4323	8.7537	0.1142	3.7845	0.2642	18.3583	7.9368	2.0972
7	2.6600	0.3759	11.0668	0.0904	4.1604	0.2404	27.1120	10.1924	2.4498
8	3.0590	0.3269	13.7268	0.0729	4.4873	0.2229	38.1788	12.4807	2.7813
9	3.5179	0.2843	16.7858	0.0596	4.7716	0.2096	51.9056	14.7548	3.0922
10	4.0456	0.2472	20.3037	0.0493	5.0188	0.1993	68.6915	16.9795	3.3832
11	4.6524	0.2149	24.3493	0.0411	5.2337	0.1911	88.9952	19.1289	3.6549
12	5.3503	0.1869	29.0017	0.0345	5.4206	0.1845	113.3444	21.1849	3.9082
13	6.1528	0.1625	34.3519	0.0291	5.5831	0.1791	142.3461	23.1352	4.1438
14	7.0757	0.1413	40.5047	0.0247	5.7245	0.1747	176.6980	24.9725	4.3624
15	8.1371	0.1229	47.5804	0.0210	5.8474	0.1710	217.2027	26.6930	4.5650
16	9.3576	0.1069	55.7175	0.0179	5.9542	0.1679	264.7831	28.2960	4.7522
17	10.7613	0.0929	65.0751	0.0154	6.0472	0.1654	320.5006	29.7828	4.9251
18	12.3755	0.0808	75.8364	0.0132	6.1280	0.1632	385.5757	31.1565	5.0843
19	14.2318	0.0703	88.2118	0.0113	6.1982	0.1613	461.4121	32.4213	5.2307
20	16.3665	0.0611	102.4436	0.0098	6.2593	0.1598	549.6239	33.5822	5.3651
21	18.8215	0.0531	118.8101	0.0084	6.3125	0.1584	652.0675	34.6448	5.4883
22	21.6447	0.0462	137.6316	0.0073	6.3587	0.1573	770.8776	35.6150	5.6010
23	24.8915	0.0402	159.2764	0.0063	6.3988	0.1563	908.5092	36.4988	5.7040
24	28.6252	0.0349	184.1678	0.0054	6.4338	0.1554	1067.7856	37.3023	5.7979

续表

n	$(F/P,i,n)$	$(P/F,i,n)$	$(F/A,i,n)$	$(A/F,i,n)$	$(P/A,i,n)$	$(A/P,i,n)$	$(F/G,i,n)$	$(P/G,i,n)$	$(A/G,i,n)$
25	32.9190	0.0304	212.7930	0.0047	6.4641	0.1547	1251.9534	38.0314	5.8834
26	37.8568	0.0264	245.7120	0.0041	6.4906	0.1541	1464.7465	38.6918	5.9612
27	43.5353	0.0230	283.5688	0.0035	6.5135	0.1535	1710.4584	39.2890	6.0319
28	50.0656	0.0200	327.1041	0.0031	6.5335	0.1531	1994.0272	39.8283	6.0960
29	57.5755	0.0174	377.1697	0.0027	6.5509	0.1527	2121.1313	40.3146	6.1541
30	66.2118	0.0151	434.7451	0.0023	6.5660	0.1523	2698.3010	40.7526	6.2066
31	76.1435	0.0131	500.9569	0.0020	6.5791	0.1520	3133.0461	41.1466	6.2541
32	87.5651	0.0114	577.1005	0.0017	6.5905	0.1517	3634.0030	41.5006	6.2970
33	100.6998	0.0099	664.6655	0.0015	6.6005	0.1515	4211.1035	41.8184	6.3357
34	115.8048	0.0086	765.3654	0.0013	6.6091	0.1513	4875.7690	42.1033	6.3705
35	133.1755	0.0075	881.1702	0.0011	6.6166	0.1511	5641.1344	42.3586	6.4019
36	153.1519	0.0065	1014.3457	0.0010	6.6231	0.1510	6522.3045	42.5872	6.4301
37	176.1246	0.0057	1167.4975	0.0009	6.6288	0.1509	7536.6502	42.7916	6.4554
38	202.5433	0.0049	1343.6222	0.0007	6.6338	0.1507	8704.1477	42.9743	6.4781
39	232.9248	0.0043	1546.1655	0.0006	6.6380	0.1506	10047.7699	43.1374	6.4985
40	267.8635	0.0037	1779.0903	0.0006	6.6418	0.1506	11593.9354	43.2830	6.5168

$i=20\%$

n	$(F/P,i,n)$	$(P/F,i,n)$	$(F/A,i,n)$	$(A/F,i,n)$	$(P/A,i,n)$	$(A/P,i,n)$	$(F/G,i,n)$	$(P/G,i,n)$	$(A/G,i,n)$
1	1.2000	0.8333	1.0000	1.0000	0.8333	1.2000	0.0000	0.0000	0.0000
2	1.4400	0.6944	2.2000	0.4545	1.5278	0.6545	1.0000	0.6944	0.4545
3	1.7280	0.5787	3.6400	0.2747	2.1065	0.4747	3.200	1.8519	0.8791
4	2.0736	0.4823	5.3680	0.1863	2.5887	0.3863	6.8400	3.2986	1.2742
5	2.4883	0.4019	7.4416	0.1344	2.9906	0.3344	12.2080	4.9061	1.6405
6	2.9860	0.3349	9.9299	0.1007	3.3255	0.3007	19.6496	6.5806	1.9788
7	3.5832	0.2791	12.9159	0.0774	3.6046	0.2774	29.5795	8.2551	2.2902
8	4.2998	0.2326	16.4991	0.0606	3.8372	0.2606	42.4954	9.8831	2.5756
9	5.1598	0.1938	20.7989	0.0481	4.0310	0.2481	58.9945	11.4335	2.8364
10	6.1917	0.1615	25.9587	0.0385	4.1925	0.2385	79.7934	12.8871	3.0739
11	7.4301	0.1346	32.1504	0.0311	4.3271	0.2311	105.7521	14.2330	3.2893
12	8.9161	0.1122	39.5805	0.0253	4.4392	0.2253	137.9025	15.4667	3.4841
13	10.6993	0.0935	48.4966	0.0206	4.5327	0.2206	177.4830	16.5883	3.6597

续表

n	(F/P,i,n)	(P/F,i,n)	(F/A,i,n)	(A/F,i,n)	(P/A,i,n)	(A/P,i,n)	(F/G,i,n)	(P/G,i,n)	(A/G,i,n)
14	12.8392	0.0779	59.1959	0.0169	4.6106	0.2169	225.9796	17.6008	3.8175
15	15.4070	0.0649	72.0351	0.0139	4.6755	0.2139	285.1755	18.5095	3.9588
16	18.4884	0.0541	87.4421	0.0114	4.7296	0.2114	357.2106	19.3208	4.0851
17	22.1861	0.0451	105.9306	0.0094	4.7746	0.2094	444.6528	20.0419	4.1976
18	26.6233	0.0376	128.1167	0.0078	4.8122	0.2078	550.5833	20.6805	4.2975
19	31.9480	0.0313	154.7400	0.0065	4.8435	0.2065	678.7000	21.2439	4.3861
20	38.3376	0.0261	186.6880	0.0054	4.8696	0.2054	833.4400	21.7395	4.4643
21	46.0051	0.0217	225.0256	0.0044	4.8913	0.2044	1020.1280	22.1742	4.5334
22	55.2061	0.0181	271.0307	0.0037	4.9094	0.2037	1245.1536	22.5546	4.5941
23	66.2474	0.0151	326.2369	0.0031	4.9245	0.2031	1516.1843	22.8867	4.6475
24	79.4968	0.0126	392.4842	0.0025	4.9371	0.2025	1842.4212	23.1760	4.6943
25	95.3962	0.0105	471.9811	0.0021	4.9476	0.2021	2234.9054	23.4276	4.7332
26	114.4755	0.0087	567.3773	0.0018	4.9563	0.2018	2706.8865	23.6460	4.7709
27	137.3706	0.0073	681.8528	0.0015	4.9636	0.2015	3274.2638	23.8353	4.8020
28	164.8447	0.0061	819.2233	0.0012	4.9697	0.2012	3956.1166	23.9991	4.8291
29	197.8136	0.0051	984.0680	0.0010	4.9747	0.2010	4775.3399	24.1406	4.8527
30	237.3763	0.0042	1181.8816	0.0008	4.9789	0.2008	5759.4078	24.2628	4.8731
31	284.8516	0.0035	1419.2579	0.0007	4.9824	0.2007	6941.2894	24.3681	4.8908
32	341.8219	0.0029	1704.1095	0.0006	4.9854	0.2006	8360.5473	24.4588	4.9061
33	410.1863	0.0024	2045.9314	0.0005	4.9878	0.2005	10064.6568	24.5368	4.9194
34	492.2235	0.0020	2456.1176	0.0004	4.9898	0.2004	12110.5881	24.6038	4.9308
35	590.6682	0.0017	2948.3411	0.0003	4.9915	0.2003	14566.7057	24.6614	4.9406
36	708.8019	0.0014	3539.0094	0.0003	4.9929	0.2003	17515.0469	24.7108	4.9491
37	850.5622	0.0012	4247.8112	0.0002	4.9941	0.2002	21054.0562	24.7531	4.9564
38	1020.6747	0.0010	5098.3735	0.0002	4.9951	0.2002	25301.8675	24.7894	4.9627
39	1224.8096	0.0008	6119.0482	0.0002	4.9959	0.2002	30400.2410	24.8204	4.9681
40	1469.7716	0.0007	7343.8578	0.0001	4.9966	0.2001	36519.2892	24.8469	4.9728

$i = 25\%$

n	(F/P,i,n)	(P/F,i,n)	(F/A,i,n)	(A/F,i,n)	(P/A,i,n)	(A/P,i,n)	(F/G,i,n)	(P/G,i,n)	(A/G,i,n)
1	1.2500	0.8000	1.0000	1.0000	0.8000	1.2500	0.0000	0.0000	0.0000
2	1.5625	0.6400	2.2500	0.4444	1.4400	0.6944	1.0000	0.6400	0.4444
3	1.9531	0.5120	3.8125	0.2623	1.9520	0.5123	3.2500	1.6640	0.8525

续表

n	(F/P,i,n)	(P/F,i,n)	(F/A,i,n)	(A/F,i,n)	(P/A,i,n)	(A/P,i,n)	(F/G,i,n)	(P/G,i,n)	(A/G,i,n)
4	2.4414	0.4096	5.7656	0.1734	2.3616	0.4234	7.0625	2.8928	1.2249
5	3.0518	0.3277	8.2070	0.1218	2.6893	0.3718	12.8218	4.2035	1.5631
6	3.8147	0.2621	11.2588	0.0888	2.9514	0.3388	21.0352	5.5142	1.8683
7	4.7684	0.2097	15.0735	0.0663	3.1611	0.3163	32.2939	6.7725	2.1424
8	5.9605	0.1678	19.8419	0.0504	3.3289	0.3004	47.3674	7.9469	2.3872
9	7.4506	0.1342	25.8023	0.0388	3.4631	0.2888	67.2093	9.0207	2.6048
10	9.3132	0.1074	33.2529	0.0301	3.5705	0.2801	93.0116	9.9870	2.7971
11	11.6415	0.0859	42.5661	0.0235	3.6564	0.2735	126.2645	10.8460	2.9663
12	14.5519	0.0687	54.2077	0.0184	3.7251	0.2684	168.8306	11.6020	3.1145
13	18.1899	0.0550	68.7596	0.0145	3.7801	0.2645	223.0383	12.2617	3.2437
14	22.7374	0.0440	86.9495	0.0115	3.8241	0.2615	291.7979	12.8334	3.3559
15	28.4217	0.0352	109.6868	0.0091	3.8593	0.2591	378.7474	13.3260	3.4530
16	35.5271	0.0281	138.1085	0.0072	3.8874	0.2572	488.4342	13.7482	3.5366
17	44.4089	0.0225	173.6357	0.0058	3.9099	0.2558	626.5427	14.1085	3.6084
18	55.5112	0.0180	218.0446	0.0046	3.9279	0.2546	800.1784	14.4147	3.6698
19	69.3889	0.0144	273.5558	0.0037	3.9424	0.2537	1018.2230	14.6741	3.7222
20	86.7362	0.0115	342.9447	0.0029	3.9539	0.2529	1291.7788	14.8932	3.7667
21	108.4202	0.0092	429.6809	0.0023	3.9631	0.2523	1634.7235	15.0777	3.8045
22	135.5253	0.0074	538.1011	0.0019	3.9705	0.2519	2064.4043	15.2326	3.8365
23	169.4066	0.0059	673.6264	0.0015	3.9764	0.2515	2602.5054	15.3625	3.8634
24	211.7582	0.0047	843.0329	0.0012	3.9811	0.2512	3276.1318	15.4711	3.8861
25	264.6978	0.0038	1054.7912	0.0009	3.9849	0.2509	4119.1647	15.5618	3.9052
26	330.8722	0.0030	1319.4890	0.0008	3.9879	0.2508	5173.9559	15.6373	3.9212
27	413.5903	0.0024	1650.3612	0.0006	3.9903	0.2506	6493.4449	15.7002	3.9346
28	516.9879	0.0019	2063.9515	0.0005	3.9923	0.2505	8143.8061	15.7524	3.9457
29	646.2349	0.0015	2580.9394	0.0004	3.9938	0.2504	10207.7577	15.7957	3.9551
30	807.7936	0.0012	3227.1743	0.0003	3.9950	0.2503	12788.6971	15.8316	3.9628
31	1009.7420	0.0010	4034.9678	0.0002	3.9960	0.2502	16015.8713	15.8614	3.9693
32	1262.1774	0.0008	5044.7098	0.0002	3.9968	0.2502	20050.8392	15.8859	3.9746
33	1577.7218	0.0006	6306.8872	0.0002	3.9975	0.2502	25095.5490	15.9062	3.9791
34	1972.1523	0.0005	7884.6091	0.0001	3.9980	0.2501	31402.4362	15.9229	3.9828
35	2465.1903	0.0004	9856.7613	0.0001	3.9984	0.2501	392.0453	15.9367	3.9858

续表

n	$(F/P,i,n)$	$(P/F,i,n)$	$(F/A,i,n)$	$(A/F,i,n)$	$(P/A,i,n)$	$(A/P,i,n)$	$(F/G,i,n)$	$(P/G,i,n)$	$(A/G,i,n)$
36	3081.4879	0.0003	12321.9516	0.0001	3.9987	0.2501	49143.8066	15.9481	3.9883
37	3851.8599	0.0003	15403.4396	0.0001	3.9990	0.2501	61465.7582	15.9574	3.9904
38	4814.8249	0.0002	19255.2994	0.0001	3.9992	0.2501	76869.1978	15.9651	3.9921
39	6018.5311	0.0002	24070.1243	0.0000	3.9993	0.2500	96124.4972	15.9714	3.9935
40	7523.1638	0.0001	30088.6554	0.0000	3.9995	0.2500	120194.6215	15.9766	3.9947

$i=30\%$

n	$(F/P,i,n)$	$(P/F,i,n)$	$(F/A,i,n)$	$(A/F,i,n)$	$(P/A,i,n)$	$(A/P,i,n)$	$(F/G,i,n)$	$(P/G,i,n)$	$(A/G,i,n)$
1	1.3000	0.7692	1.0000	1.0000	0.7692	1.3000	0.0000	0.0000	0.0000
2	1.6900	0.5917	2.3000	0.4348	1.3609	0.7348	1.0000	0.5917	0.4348
3	2.1970	0.4552	3.9900	0.2506	1.8161	0.5506	3.3000	1.5020	0.8271
4	2.8561	0.3501	6.1870	0.1616	2.1662	0.4616	7.2900	2.5524	1.1783
5	3.7129	0.2693	9.0431	0.1106	2.4356	0.4106	13.4770	3.6297	1.4903
6	4.8268	0.2072	12.7560	0.0784	2.6427	0.3784	22.5201	4.6656	1.7654
7	6.2749	0.1594	17.5828	0.0569	2.8021	0.3569	35.2761	5.6218	2.0063
8	8.1573	0.1226	23.8577	0.0419	2.9247	0.3419	52.8590	6.4800	2.2156
9	10.6045	0.0943	32.0150	0.0312	3.0190	0.3312	76.7167	7.2343	2.3963
10	13.7858	0.0725	42.6195	0.0235	3.0915	0.3235	108.7317	7.8872	2.5512
11	17.9216	0.0558	56.4053	0.0177	3.1473	0.3177	151.3512	8.4452	2.6833
12	23.2981	0.0429	74.3270	0.0135	3.1903	0.3135	207.7565	8.9173	2.7952
13	30.2875	0.0330	97.6250	0.0102	3.2233	0.3102	282.0835	9.3135	2.8895
14	39.3738	0.0254	127.9125	0.0078	3.2487	0.3078	379.7085	9.6437	2.9685
15	51.1859	0.0195	167.2863	0.0060	3.2682	0.3060	507.6210	9.9172	3.0344
16	66.5417	0.0150	218.4722	0.0046	3.2832	0.3046	674.9073	10.1426	3.0892
17	86.5042	0.0116	285.0139	0.0035	3.2948	0.3035	893.3795	10.3276	3.1345
18	112.4554	0.0089	371.5180	0.0027	3.3037	0.3027	1178.3934	10.4788	3.1718
19	146.1920	0.0068	483.9734	0.0021	3.3105	0.3021	1549.9114	10.6019	3.2025
20	190.0496	0.0053	630.1655	0.0016	3.3158	0.3016	2033.8849	10.7019	3.2275
21	247.0645	0.0040	820.2151	0.0012	3.3198	0.3012	2664.0503	10.7828	3.2480
22	321.1839	0.0031	1067.2796	0.0009	3.3230	0.3009	3484.2654	10.8482	3.2646
23	417.5391	0.0024	1388.4635	0.0007	3.3254	0.3007	4551.5450	10.9009	3.2781
24	542.8008	0.0018	1806.0026	0.0006	3.3272	0.3006	5940.0086	10.9433	3.2890
25	705.6410	0.0014	2348.8033	0.0004	3.3286	0.3004	7746.0111	10.9773	3.2979

续表

n	$(F/P,i,n)$	$(P/F,i,n)$	$(F/A,i,n)$	$(A/F,i,n)$	$(P/A,i,n)$	$(A/P,i,n)$	$(F/G,i,n)$	$(P/G,i,n)$	$(A/G,i,n)$
26	917.3333	0.0011	3054.4443	0.0003	3.3297	0.3003	10094.8145	11.0045	3.3050
27	1192.5333	0.0008	3971.7776	0.0003	3.3305	0.3003	13149.2588	11.0263	3.3107
28	1550.2933	0.0006	5164.3109	0.0002	3.3312	0.3002	17121.0364	11.0437	3.3153
29	2015.3813	0.0005	6714.6042	0.0001	3.3317	0.3001	22285.3474	11.0576	3.3189
30	2619.9956	0.0004	8729.9855	0.0001	3.3321	0.3001	28999.9516	11.0687	3.3219
31	3405.9943	0.0003	11349.9811	0.0001	3.3324	0.3001	37729.9371	11.0775	3.3242
32	4427.7926	0.0002	14755.9755	0.0001	3.3326	0.3001	49079.9182	11.0845	3.3261
33	5756.1304	0.0002	19183.7681	0.0001	3.3328	0.3001	63835.8937	11.0901	3.3276
34	7482.9696	0.0001	24939.8985	0.0000	3.3329	0.3000	83019.6618	11.0945	3.3288
35	9727.8604	0.0001	32422.8681	0.0000	3.3330	0.3000	107959.5603	11.0980	3.3297
36	12646.2186	0.0001	42150.7285	0.0000	3.3331	0.3000	140382.4284	11.1007	3.3305
37	16440.0841	0.0001	54796.9471	0.0000	3.3331	0.3000	182533.1569	11.1029	3.3311
38	21372.1094	0.0000	71237.0312	0.0000	3.3332	0.3000	237330.1039	11.1047	3.3316
39	27783.7422	0.0000	92609.1405	0.0000	3.3332	0.3000	308567.1351	11.1060	3.3319
40	36118.8648	0.0000	120392.8827	0.0000	3.3332	0.3000	401176.2756	11.1071	3.3322

后 记

本书创作之初，就没有指望它有什么功利可收，只是对这一冷门话题甚感兴趣，便选择了这个题目。腐蚀现象是人们既熟悉又陌生的一个问题，其经济性的系统研究尚属空白。借此，萌生了开荒创作之旅。心想，本人能力虽然有限，写出来的东西可能不甚理想，但总比没有人写要好，至少可以警示世人重视腐蚀问题，或许还能起到抛砖引玉的作用。

继《电化学保护简明手册》出版发行（化学工业出版社，2012年）后，我便开始琢磨、构思和筹划这本书，自落笔撰稿，到脱稿完成，前后共花费了近七年的绝大部分时间，就经济成本而言，代价不菲。像这样规模的作品，手快的作者用不了几个月，慢的年把也能完成，可见本人的写作效率低下。

本书写作花费了这么长的时间，并非是笔者懒惰，不够勤奋，而是这本书的创作比以往我的任何一部著作的难度都要大。即便是处女作《地下金属管道的腐蚀与阴极保护》（青海人民出版社，1984）也只用了7个月的时间。在落笔之前，我想得太乐观了，感到本人在校是学防腐专业的，同时还学习了一些经济学方面的课程，参加工作后，又从事专业工作，并参加了不少短期、长期经济学习班。我想，将学过的腐蚀科学与经济学结合起来，不就是腐蚀经济学吗？然而，随着学习研究的不断深入，发现并不是这回事，两者绝不是简单的相加关系，而是相融关系，只有将两学科及相关学科有机融为一体，才能形成边缘科学——腐蚀经济学，才能揭示腐蚀与经济之间的内在联系和规律。比如，"实现腐蚀损失最小化目标"就是腐蚀学与经济学边缘化后形成的腐蚀经济学结论。因此，将腐蚀学、经济学及其相关学科边缘化便成为本书写作的焦点。实质上，焦点也是难点。正是这个难点，耗费了我六七年的时间。

如何相融、边缘化，常闹得我寝食难安。我在最困惑无奈的时候，想到了中国国家图书馆。国家图书馆储藏各类文献资料3768.62万册，亚洲最大，世界第三。社会上称：在国家图书馆，只有想不到的，没有查不到的。于是我信心满满去了国家图书馆，经过一个多月的查询，只查到几份散见于有关腐蚀防护著作之中的零星资料，且我已掌握。无奈！只好沮丧而归。此时，我又想到国外的同事、朋友，委托他们帮助查询，他们从发达国家查到发展中国家，几乎翻了一遍，其结果收获甚微。

从查询反馈的信息来看，腐蚀经济学的研究无论是在国内还是在国外，只有极少数人在"零打碎敲"，无人进行全面、系统、深入的研究。这并不是因为该研究本身不重要，而是因为该领域的研究跨学科特征比较突出，常使研究者"茫然失措，欲作书召燕达，战怖不能下笔"。所以，虽然个别著作中或多或少涉猎这方面的内容，但很少有学者长期深入跟踪系统研究这一问题。然而，人类社会的发展进程尤其是工业化以来的发展过程表明，各种经济活动既能带来社会财富或物质利益的增长，也可能带来社会财富或物质利益的丧失。因此，经济学不仅需要研究社会财富或物质利益的增长问题，而且应当研究社会财富或物质利益的丧失和既得利益的维护以及损失的减少等问题。前者是常规经济学研究的问题，属于"正经济学"；后者则是腐蚀经济学一类学科研究的范畴，属于"负经济学"，这也是世界范围内研究的热点问题。

当我弄清了问题的来龙去脉和重要意义时，便放下包袱，鼓足勇气，开始了"明知山有虎，偏向虎山行"的艰苦创作之旅。

在六七年的写作过程中，我几乎把所有能利用的时间全部用上了，把所有的个人爱好全部放弃了，把所有的社会、同事、朋友圈的活动全部停止了，专心致志去写作，基本上是两耳不闻窗外事，一心著书立说的书痴。

在这六七年的时间里，我尝到了酸甜苦辣的滋味，每当写完一章或一节时，心里总是美滋滋的，有一种成就感，有时便喝点小酒自我陶醉。当写作中遇到"节子"难以克服时，会挠头抓耳，焦虑不安，甚至会对他人发无名之火，当平静下来时，又深感愧疚。

面对重重压力，起初的"明知山有虎，偏向虎山行"的意志开始动摇，曾几次想放弃这一选题。在写与不写之间反复徘徊，经过一番激烈的思想斗争，决定不放弃初衷，相信只要发扬"精卫填海"的精神，必能收到"滴水穿石"的效果。于是，我一鼓作气写了下去。

该书的面世，是酸咸甘苦的浓缩，是心血的结晶。我虽然是本书的唯一作者，但其后隐藏着诸多默默奉献者。实质上，我只是众多奉献者的代表。

首先，要感谢中国国家图书馆，为本书的写作给予的热情支持和周到服务。同时，还要感谢海外同事、朋友和学者的热心帮助。感谢化学工业出版社给予的全力支持。

后　记

　　本书创作之初，就没有指望它有什么功利可收，只是对这一冷门话题甚感兴趣，便选择了这个题目。腐蚀现象是人们既熟悉又陌生的一个问题，其经济性的系统研究尚属空白。借此，萌生了开荒创作之旅。心想，本人能力虽然有限，写出来的东西可能不甚理想，但总比没有人写要好，至少可以警示世人重视腐蚀问题，或许还能起到抛砖引玉的作用。

　　继《电化学保护简明手册》出版发行（化学工业出版社，2012年）后，我便开始琢磨、构思和筹划这本书，自落笔撰稿，到脱稿完成，前后共花费了近七年的绝大部分时间，就经济成本而言，代价不菲。像这样规模的作品，手快的作者用不了几个月，慢的年把也能完成，可见本人的写作效率低下。

　　本书写作花费了这么长的时间，并非是笔者懒惰，不够勤奋，而是这本书的创作比以往我的任何一部著作的难度都要大。即便是处女作《地下金属管道的腐蚀与阴极保护》（青海人民出版社，1984）也只用了7个月的时间。在落笔之前，我想得太乐观了，感到本人在校是学防腐专业的，同时还学习了一些经济学方面的课程，参加工作后，又从事专业工作，并参加了不少短期、长期经济学习班。我想，将学过的腐蚀科学与经济学结合起来，不就是腐蚀经济学吗？然而，随着学习研究的不断深入，发现并不是这回事，两者绝不是简单的相加关系，而是相融关系，只有将两学科及相关学科有机融为一体，才能形成边缘科学——腐蚀经济学，才能揭示腐蚀与经济之间的内在联系和规律。比如，"实现腐蚀损失最小化目标"就是腐蚀学与经济学边缘化后形成的腐蚀经济学结论。因此，将腐蚀学、经济学及其相关学科边缘化便成为本书写作的焦点。实质上，焦点也是难点。正是这个难点，耗费了我六七年的时间。

　　如何相融、边缘化，常闹得我寝食难安。我在最困惑无奈的时候，想到了中国国家图书馆。国家图书馆储藏各类文献资料3768.62万册，亚洲最大，世界第三。社会上称：在国家图书馆，只有想不到的，没有查不到的。于是我信心满满去了国家图书馆，经过一个多月的查询，只查到几份散见于有关腐蚀防护著作之中的零星资料，且我已掌握。无奈！只好沮丧而归。此时，我又想到国外的同事、朋友，委托他们帮助查询，他们从发达国家查到发展中国家，几乎翻了一遍，其结果收获甚微。

从查询反馈的信息来看，腐蚀经济学的研究无论是在国内还是在国外，只有极少数人在"零打碎敲"，无人进行全面、系统、深入的研究。这并不是因为该研究本身不重要，而是因为该领域的研究跨学科特征比较突出，常使研究者"茫然失措，欲作书召燕达，战怖不能下笔"。所以，虽然个别著作中或多或少涉猎这方面的内容，但很少有学者长期深入跟踪系统研究这一问题。然而，人类社会的发展进程尤其是工业化以来的发展过程表明，各种经济活动既能带来社会财富或物质利益的增长，也可能带来社会财富或物质利益的丧失。因此，经济学不仅需要研究社会财富或物质利益的增长问题，而且应当研究社会财富或物质利益的丧失和既得利益的维护以及损失的减少等问题。前者是常规经济学研究的问题，属于"正经济学"；后者则是腐蚀经济学一类学科研究的范畴，属于"负经济学"，这也是世界范围内研究的热点问题。

当我弄清了问题的来龙去脉和重要意义时，便放下包袱，鼓足勇气，开始了"明知山有虎，偏向虎山行"的艰苦创作之旅。

在六七年的写作过程中，我几乎把所有能利用的时间全部用上了，把所有的个人爱好全部放弃了，把所有的社会、同事、朋友圈的活动全部停止了，专心致志去写作，基本上是两耳不闻窗外事，一心著书立说的书痴。

在这六七年的时间里，我尝到了酸甜苦辣的滋味，每当写完一章或一节时，心里总是美滋滋的，有一种成就感，有时便喝点小酒自我陶醉。当写作中遇到"节子"难以克服时，会挠头抓耳，焦虑不安，甚至会对他人发无名之火，当平静下来时，又深感愧疚。

面对重重压力，起初的"明知山有虎，偏向虎山行"的意志开始动摇，曾几次想放弃这一选题。在写与不写之间反复徘徊，经过一番激烈的思想斗争，决定不放弃初衷，相信只要发扬"精卫填海"的精神，必能收到"滴水穿石"的效果。于是，我一鼓作气写了下去。

该书的面世，是酸咸甘苦的浓缩，是心血的结晶。我虽然是本书的唯一作者，但其后隐藏着诸多默默奉献者。实质上，我只是众多奉献者的代表。

首先，要感谢中国国家图书馆，为本书的写作给予的热情支持和周到服务。同时，还要感谢海外同事、朋友和学者的热心帮助。感谢化学工业出版社给予的全力支持。

其次，要感谢已双双远去的父母，他们虽然未能再为我做点什么，但他们却把"勇敢、勤奋、倔强、进取"的性格遗传于我，使我有这个胆量在艰难的人生道路上打拼。还要感谢年迈的岳母，她虽然90多岁高龄，但身体健康，思维敏锐，绘画、弹琴、上网，样样自理，从不用照料，我才有更多的时间去写作。

再次，要感谢家属及女儿，她们为了支持我的工作与写作，不得不放弃和牺牲属于自己的享乐。我家属一人撑起工作、家务两副重担，大事小事由她一人担当，我便成为饭来张口、衣来伸手、大事不管、小事不问的"甩手掌柜"。不知哪位哲人曾说过："一个成功男人背后都有一个伟大的女人。"在我看来，即便是一个平平凡凡的男人背后也有一个默默支持他的女人。我女儿与女婿工作很繁忙，每当我需要她们帮忙的时候，他们总是百呼百应，从不厌烦，且千方百计做得更好，使我免去后顾之忧，让我心无旁骛，一门心思在写作上。

最后，要感谢外孙女，她的诞生之日，就是我创作此书之时，六七年过去了，我写了这本书，她由哇哇啼哭的婴儿，长成天真、活泼、可爱的儿童了。在我写作困惑、疲劳、烦心的时候，她会给我揉揉肩，掂掂背，摸摸头，有时还翻看我的书稿，并给打上对钩或100分。别看这些出自孩子之手，但我却感受到无比的欣慰、满足、幸福和温馨，浓浓的亲情流淌着爱的血脉，顿时负面情绪烟消云散。借此，一并对她们致以诚挚的感谢！

当我把书稿交给出版社时，一瞬间如释重负，似乎是出了笼子的鸟，可以享受自由了，不再是书稿的"奴隶"了！每次写完一部书稿，都会发出这样的感慨，然而，时景不长，又会投入新的写作之中，去重复昨天的故事，去继续书写属于自己的人生。

然而，也许有读者会问，你花费了这么长的时间，付出了那么多的心血与代价，又不图功利，那你图的是什么？我敢给你肯定的回答：人到了这个年龄，不诱于誉，不恐于诽；怡然自得，自得其乐。写作使我失去了纠结、狭隘、短视和计较，使我收获了康宁、适性、快意和宽慰。写作的真心所图是"要用我的手写我的心"。

王强
于北京